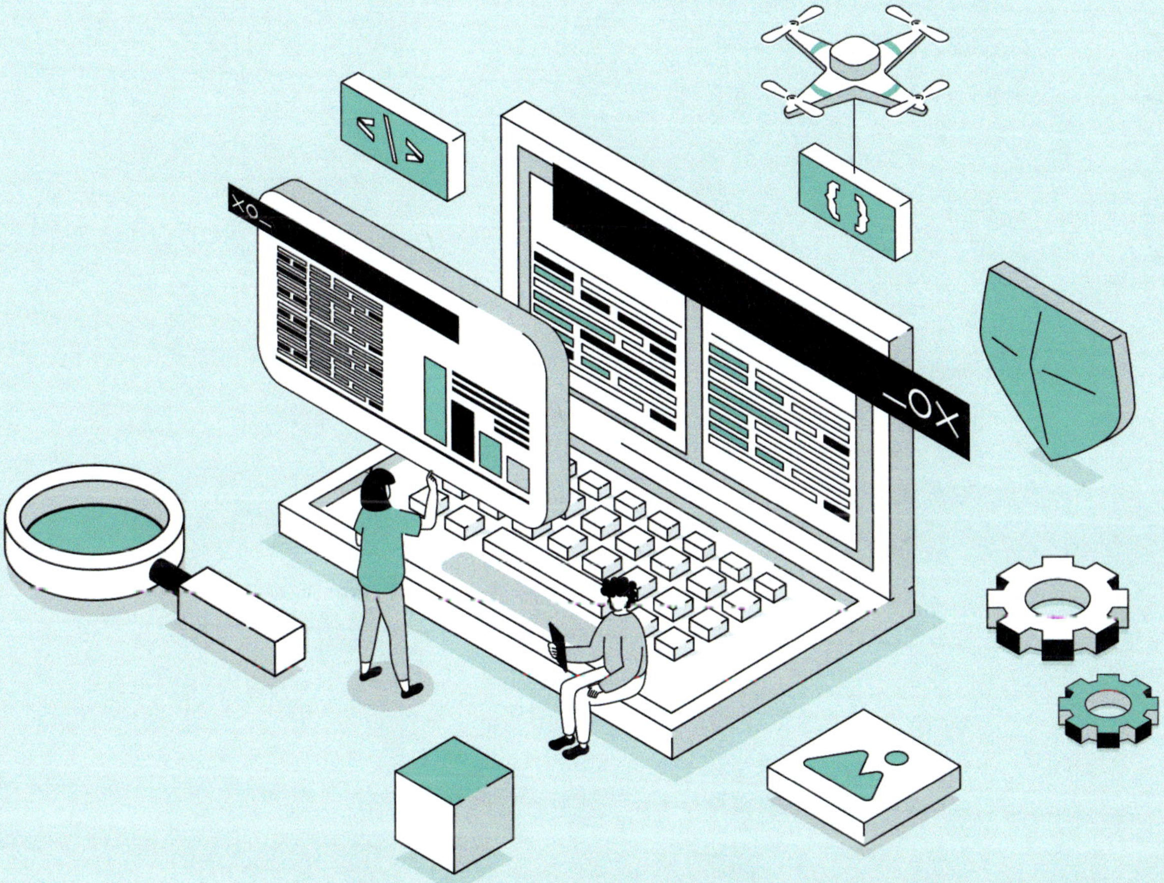

고품질·고효율을 위한

소프트웨어공학

SOFTWARE ENGINEERING

이 종 연 지음

21세기사

PREFACE

소프트웨어공학은 소프트웨어 개발 생명주기의 모든 과정을 체계적이고 효율적으로 관리하는 학문입니다. 아울러 국내 대부분 대학의 컴퓨터 및 소프트웨어 관련 학과는 소프트웨어공학 교과목을 개설하여 운영하고 있습니다. 하지만 국내 대학과 산업현장에서 대부분의 소프트웨어 개발 프로젝트는 소프트웨어공학을 적용하여 체계적이고 효율적으로 개발되거나 관리되지 못하는 실정입니다. 대부분 대학에서 소프트웨어공학 교과목을 가르치고 있고 국내 많은 연구원과 소프트웨어 회사들도 소프트웨어공학에 의한 프로젝트 진행을 갈망하고 있으나, 실제 소프트웨어공학에 의한 프로젝트 관리는 이뤄지지 않고 있습니다. 그 이유를 알아보기 위해 필자의 지난 회사 생활을 잠시 회고해 보겠습니다. 필자는 1990년 현대전자산업(주) 소프트웨어연구소 연구원 생활을 시작하면서 우연히 연구소의 소프트웨어 개발 표준지침서를 개발하였고, 이를 직접 개발 프로젝트에 적용하는 기회를 경험하였습니다. 그 당시에는 정말 매 순간 '가슴이 설레였고 과연 잘 될까?'하는 걱정이 많았습니다. 아무도 건너보지 못한 강을 건너라 하니 적용하는 방법(소프트웨어공학)도 서툴렀고, 적용했을 때 그 결과는 정말 좋은 결과물을 생성할 수 있을지가 걱정이었습니다. 그런데 결과는 대성공이었습니다. 개발 프로젝트는 개발기간 2년에서 1개월을 단축하였고, 결과물도 성공적으로 완성할 수 있었습니다. 필자는 지난 35년의 연구개발 경험을 통해 소프트웨어 개발 프로젝트에 지연이 발생하지 않았습니다. 필자는 그 이후 모든 프로젝트에 소프트웨어공학 방법론을 적용하여 과제를 진행하였고 모든 과제는 항상 개발기간 내에 모두 성공이었습니다. 모든 프로젝트에서 지연은 발생하지 않았으며, 항상 프로젝트를 종료했을 때 모든 개발문서(요구사항명세서, 설계명세서, 검토보고서 등)와 프로그램 코드의 성공적인 결과물을 자연스럽게 생산할 수 있었습니다. 개발 프로젝트에 소프트웨어공학을 처음 적용할 때 추억을 되살리면, 짧은 개발 주기마다 작성해야 하는 요구사항명세서, 설계명세서 작성이 다소 낯설었고 그 시기가 금방 다가와서 초기에는 소프트웨어 엔지니어로서 다소 스트레스를 받았던 경험이 있습니다. 그런데 중요한 점은 소프트웨어공학을 적용하여 프로젝트를 진행하면, 코딩과 테스트 단계가 시작되면 집에 일찍 퇴근할 수 있었습니다. 현재 국내 많은 소프트웨어 회사와 대학에서 소프트웨어 개발 과제를 진행하면 으레 Code-and-Fix 방식에 익숙해 있고 코딩과 테스트 단계에 진입하면 언제나 바쁘고 밤을 새운다는 사실에 필자는 늘 마음이 불편합니다. 특히 소프트웨어 직종이 3D 업종이라는 소리까지 들었습니다. 또한 지난 30년 동안 소프트웨어공학을 강의하면서 실용적인 소프트웨어공학 교재가 있으면 좋겠다는 생각이 있었습니다.

이에 필자는 대학과 산업현장에서 적용할 수 있는 실무자용 소프트웨어공학 교재의 집필을 목표로 결정하였습니다. 따라서 이 교재의 특징은 읽기 쉽고 이해하기 쉬우며 프로젝트 수행에 꼭 필요한 핵심 사항 위주로 문제 해결 방법을 명확히 제공하는 데 목표를 두었습니다. 특히 객체지향 개발방법론과 폭포수 모델, 프로토타이핑 모델, 애자일 모델 등의 소프트웨어 개발 프로세스 모델을 적용하여 소프트웨어 프로젝트를 진행한다면 프로젝트는 지연되지 않고, 더욱이 개발하는 소프트웨어의 품질 향상에 기여할 것이라 확신합니다. 산업현장에서 소프트웨어공학을 적용한다면, 적용하는 소프트웨어 개발 프로세스 모델과 무관하게 단계별 산출물을 충실히 생성하고 프로젝트 수행은 성공할 것이라 확신합니다. 본 교재는 소프트웨어공학 이론과 실무 경험을 바탕으로 교재 내용을 구성하였으며, 대학용 교재와 산업체 프로젝트 개발지침서에 아주 적합하므로 적극 추천 드리는 바입니다.

또한 대학에서 소프트웨어공학 교과목 강의를 진행한다면, 다음과 같은 운영계획이 좋을 듯하여 대략 15~16 주차 강의 일정계획을 안내해 드립니다. 강의 일정계획에서 6장의 객체지향 분석-기초설계 부분에서 다소 시간이 소요될 수 있으며, 이 부분을 적절히 조절한다면 원활한 강의 일정을 맞출 수 있을 것입니다. 교재에서 사실 8장 설계 패턴은 자바, C# 언어에서 특수 기능을 처리하기 위한 라이브러리를 설명한 것으로 소프트웨어공학 강의에서 제외해도 무방할 것으로 생각합니다. 따라서 이에 대한 상세한 설명보다는 간략히 정리하고 넘어가도 좋을 것입니다.

주차	강의 내용	비고
1	Chapter 1 개요	Part 1. 소프트웨어공학의 기초
2	Chapter 2 소프트웨어 개발 프로세스 모델	
3	Chapter 3 프로젝트 계획 수립과 비용 산정	
4	Chapter 4 요구사항 분석	Part 2. 객체지향 분석
5	Chapter 4 요구사항분석(계속); Chapter 5 소프트웨어 설계 원리	Part 3 객체지향 분석 - 기초설계
6	Chapter 6 객체지향 분석 - 기초설계	
7	Chapter 6 객체지향 분석 - 기초설계 (계속)	
8	중간고사	
9	Chapter 7 시스템 아키텍처 설계; Chapter 8 설계 패턴	Part 4 상세 설계
10	Chapter 9 사용자 인터페이스 설계	
11	Chapter 10 데이터 설계	
12	Chapter 11 알고리즘 설계; Chapter 12 코딩 규칙	Part 5. 코딩 및 테스트
13	Chapter 13 테스트 방법론	
14	Chapter 14 유지보수; Chapter 15 품질관리와 품질보증	Part 6. 유지보수와 품질관리
15	Chapter 15 품질관리와 품질보증 (계속)	
16	기말고사	

끝으로 최근에는 소프트웨어 프로젝트 개발 프로세스 모델인 폭포수 모델, 프로토타입 모델, 또는 애자일 모델 등의 모델 선택에 치중하고 있으나 실제 중요한 점은 어떤 개발 프로세스 모델을 적용하느냐가 중요한 것이 아니라 단계별 산출물을 생성하는 프로젝트 진행만이 성공임을 확신합니다. 본 교재의 출간으로 대학에서 강의하는 교수님께는 교재로, 산업현장에는 소프트웨어 개발 표준지침서로 도움이 되었으면 하는 마음입니다. 본 교재와 함께 여러분의 목적에 항상 성공하는 길잡이가 되기를 소망합니다. 필자는 항상 여러분과 함께 앞으로 더 좋은 교재로 발전할 수 있도록 열심히 노력하겠습니다. 감사합니다.

저자 이종연 드림

CONTENTS

PREFACE 3

PART 1 소프트웨어공학의 기초

CHAPTER 1 개요 23

1.1 소프트웨어란 무엇인가? 25
1.2 소프트웨어 분류 26
1.3 Code-and-Fix 방식의 문제점 및 소프트웨어 위기 29
1.4 소프트웨어공학이란? 34
1.5 소프트웨어 개발 생산성에 영향을 주는 핵심 요소 35
1.6 소프트웨어 개발 생명주기 36
1.6.1 소프트웨어 개발 생명주기 37
1.6.2 소프트웨어 개발 생명주기(SDLC) 적용의 이점 38
■ 연습문제 39

CHAPTER 2 소프트웨어 개발 프로세스 모델 43

2.1 프로세스 45
2.1.1 프로세스란 무엇인가? 45
2.1.2 단계적 개발 프로세스와 주요 산출물 46
2.2 소프트웨어 개발 방법론 52
2.2.1 기능 중심 개발방법론 54
2.2.2 데이터 중심 개발방법론 55

C O N T E N T S

2.2.3 객체지향 개발방법론 55
2.3 소프트웨어 생명주기 관련 프로세스 종류 57
2.4 소프트웨어 개발 프로세스 모델 59
2.4.1 폭포수 모델 59
2.4.2 프로토타이핑 모델 62
2.4.3 나선형 모델 64
2.4.4 V-모델 66
2.4.5 반복적 증감형 프로세스 모델 67
2.4.6 애자일 프로세스 모델 69
2.4.7 익스트림 프로그래밍 모델 76
2.5 소프트웨어 개발 프로세스 모델 적용에서 주의할 점 79
■ 연습문제 80

CHAPTER 3 프로젝트 계획 수립과 비용 산정 85

3.1 프로젝트란 무엇인가? 87
3.2 프로젝트 식별 90
3.3 프로젝트 관리와 프로젝트 관리자 96
3.4 작업계획 및 일정계획 97
3.4.1 작업계획-업무분석체계(WBS) 98
3.4.2 CPM 네트워크 99
3.4.3 간트 차트 102
3.4.4 일정계획 102
3.4.5 프로젝트 관리 소프트웨어 105
3.5 소프트웨어 개발 비용 지출 요소 106
3.5.1 자료조사와 계획수립 106
3.5.2 적용 기술 106
3.5.3 프로젝트 복잡도와 규모 106
3.5.4 UI/UX 요구사항 108
3.5.5 작업자의 고용 모델 108
3.5.6 유지보수와 지원 규모 108

C O N T E N T S

3.6 프로젝트 비용 예측 모델의 종류와 절차 108

3.7 LOC 기반 프로젝트 비용 예측 모델 112

3.7.1 기본 COCOMO 모델에 의한 비용 예측 113

3.7.2 중간 COCOMO 모델에 의한 비용 예측 116

3.7.3 상세 COCOMO 모델에 의한 비용 예측 118

3.8 기능점수 기반 프로젝트 비용 예측 모델 118

3.8.1 기능점수 기반 비용 예측 모델 119

3.8.2 기능점수 추정 절차 및 예제 123

3.9 조직 계획 128

3.9.1 계층형 팀 구조 129

3.9.2 수석 프로그래머 팀 구조 129

3.9.3 매트릭스 팀 구조 130

3.9.4 민주적 팀 구조 131

3.9.5 전형적인 소프트웨어 개발팀 구조 131

3.9.6 애자일 소프트웨어 개발팀 구조 133

3.10 위험관리 계획 134

3.10.1 소프트웨어 개발의 기술적인 위험 요소 135

3.10.2 소프트웨어 개발에서 운영적 측면의 위험 요소 136

3.10.3 소프트웨어 개발에서 사업적 측면의 위험 요소 137

3.11 사업의 타당성 분석 138

3.11.1 경제적 타당성 138

3.11.2 기술적 타당성 139

3.11.3 조직적 타당성 140

3.11.4 법적 타당성 141

3.11.5 일정계획 타당성 141

3.12 프로젝트 관리 표준지침 141

■ 연습문제 144

C O N T E N T S

PART 2 객체지향 분석

CHAPTER 4 요구사항 분석 155

4.1 요구사항 정의 157
4.1.1 기능적 요구사항 158
4.1.2 도메인 요구사항 159
4.2 비기능적 요구사항 160
4.2.1 성능 요구사항 161
4.2.2 운영성, 이식성, 호환성 요구사항 161
4.2.3 사용성 요구사항 162
4.2.4 신뢰성, 유지보수성, 활용성 요구사항 163
4.2.5 보안성 요구사항 164
4.2.6 안정성 요구사항 164
4.2.7 확장성 요구사항 164
4.2.8 경제성 요구사항 165
4.2.9 비기능적 요구사항의 테스트 방법 165
4.3 요구사항 엔지니어링 프로세스 166
4.3.1 요구사항 도출과 타당성 분석 167
4.3.2 요구사항 정제 168
4.3.3 요구사항 명세 168
4.3.4 요구사항 검증 170
4.4 요구사항분석 방법 171
4.4.1 이해관계자 분석 171
4.4.2 인터뷰 171
4.4.3 문서 분석 173
4.4.4 인터페이스 분석 173
4.4.5 포커스 그룹 173
4.4.6 설문조사 174
4.4.7 관찰 175
4.4.8 브레인스토밍(Brainstorming) 175
4.4.9 프로토타이핑 176
4.4.10 Joint Application Development Team 177

CONTENTS

4.4.11 벤치마킹 177
4.4.12 가장 인기 있는 6가지 요구사항 분석 방법 178

4.5 그 밖의 요구사항분석 방법 178
4.5.1 사용사례 분석 178
4.5.2 사용자 스토리 분석 179

4.6 시스템 제안서 작성 180

4.7 플랜트 엔지니어링 절차와 소프트웨어 개발 생명주기 비교 185

■ 연습문제 189

PART 3 객체지향 분석 – 기초 설계

CHAPTER 5 소프트웨어 설계 원리 197

5.1 분할-정복 접근 방식 199

5.2 모듈화 201

5.3 추상화 205

5.4 단계적 정제 209

5.5 정보은닉 211

5.6 모듈의 응집력 높이기 212

5.7 모듈 간의 커플링 줄이기 214

5.8 그 밖의 소프트웨어 설계 원리 217
5.8.1 소프트웨어 아키텍처 설계 217
5.8.2 클래스 설계 패턴 217
5.8.3 리팩토링 217

5.9 소프트웨어 시스템 구축의 접근 방법 217
5.9.1 자체 개발 218
5.9.2 상용 솔루션 커스터마이징 219
5.9.3 아웃소싱에 의한 외부 개발 220

■ 연습문제 222

C O N T E N T S

CHAPTER 6 객체지향 분석-기초설계 225

6.1 객체지향 개념들 229
6.1.1 현실 세계, 개념 세계, 논리 세계와 물리 세계 229
6.1.2 객체와 클래스 232
6.1.3 상속 관계 233

6.2 UML 234
6.2.1 UML 개요 235
6.2.2 UML 다이어그램 종류 236
6.2.3 UML 도구 237
6.2.4 StarUML 238
6.2.5 Draw.io 240

6.3 기능 모델링 - 사용사례 다이어그램 240
6.3.1 사용사례 다이어그램 241
6.3.2 사용사례 다이어그램 예제: 수강 신청 관리시스템 246
6.3.3 사용사례 다이어그램 예제: 온라인 쇼핑몰 관리시스템 249
6.3.4 사용사례 다이어그램 사용의 이점 252
6.3.5 사용사례 명세 253

6.4 구조적 모델링 - 클래스 다이어그램 255
6.4.1 클래스 다이어그램의 구성 요소 255
6.4.2 클래스 간의 관계 유형 256
6.4.3 클래스 다이어그램 예제: 수강 신청 관리시스템 262
6.4.4 클래스 다이어그램 예제: 온라인 쇼핑몰 관리시스템 267

6.5 동적 모델링 - 시퀀스 다이어그램 270
6.5.1 시퀀스 다이어그램 작성 방법과 설계 대상 272
6.5.2 사용사례 '학생을 등록하다'에 대한 시퀀스 다이어그램 276
6.5.3 사용사례 '수강 신청하다'에 대한 시퀀스 다이어그램 277
6.5.4 사용사례 '제품을 구매하다'에 대한 시퀀스 다이어그램 278

6.6 메소드 알고리즘 표현 방법 280
6.6.1 알고리즘 표현 방법 280
6.6.2 요구사항분석 단계에서 알고리즘 명세 282

6.7 HW/SW/NW 외부 인터페이스 요구사항 명세 285

CONTENTS

6.8 소프트웨어 요구사항명세서(SRS) 양식 285
6.8.1 개요 286
6.8.2 기능적 요구사항 287
6.8.3 도메인 요구사항 288
6.8.4 비기능적 요구사항 288
6.8.5 외부 인터페이스 요구사항 289
6.8.6 소프트웨어의 기초설계 내용 289
6.9 소프트웨어 요구사항명세서 평가지표 292
6.10 요구사항분석 도구 295
■ 연습문제 296

PART 4 상세 설계

CHAPTER 7 시스템 아키텍처 설계 301

7.1 소프트웨어 설계의 활동 범위 304
7.2 소프트웨어 아키텍처 유형 306
7.2.1 MVC 구조 306
7.2.2 클라이언트-서버 구조 307
7.2.3 계층형 구조 309
7.2.4 파이프-필터 구조 309
7.2.5 데이터 중심 구조 310
7.2.6 서비스 중심 구조 311
7.2.7 이벤트 기반 구조 312
7.2.8 클라우드 컴퓨팅 구조 313
7.3 네트워크 인프라 설계 318
7.4 하드웨어 아키텍처 설계 - 시스템 배치도 320
7.5 HW/SW/NW 장비 사양 322
■ 연습문제 325

CONTENTS

CHAPTER 8 설계 패턴 329

8.1 생성형 설계 패턴 333
8.1.1 추상 팩토리(Abstract Factory) 패턴 334
8.1.2 빌더(Builder) 패턴 335
8.1.3 팩토리 메소드(Factory Method) 패턴 336
8.1.4 객체 풀(Object pool) 패턴 337
8.1.5 프로토타입(Prototype) 패턴 338
8.1.6 싱글톤 패턴 338
8.1.7 생성형 설계 패턴의 요약 340

8.2 구조적 설계 패턴 340
8.2.1 어댑터(Adapter) 패턴 341
8.2.2 브리지 패턴 342
8.2.3 컴포지트 패턴 343
8.2.4 데코레이터 패턴 344
8.2.5 파사드 패턴 345
8.2.6 경량급 패턴 346
8.2.7 프록시 패턴 346
8.2.8 구조적 설계 패턴의 요약 347

8.3 행위 설계 패턴 348
8.3.1 책임의 사슬 패턴 350
8.3.2 명령어 패턴 350
8.3.3 인터프리터 패턴 351
8.3.4 반복자 패턴 352
8.3.5 중재자 패턴 353
8.3.6 머멘토 패턴 354
8.3.7 널 객체 패턴 355
8.3.8 옵저버 패턴 356
8.3.9 상태 패턴 356
8.3.10 전략 패턴 357
8.3.11 템플릿 메소드 패턴 358
8.3.12 행위 설계 패턴의 요약 359

8.4 J2EE 설계 패턴 360
■ 연습문제 361

CHAPTER 9 사용자 인터페이스 설계 365

9.1 사용자 인터페이스 설계 원리 367
9.2 사용자 인터페이스 설계 프로세스 373
9.3 사용자 인터페이스 구성 요소 376
9.4 내비게이션 설계 378
9.5 입력 구성 요소 및 설계 390
9.6 출력 구성 요소 및 설계 394
9.7 도움말(helpers) 구성 요소 395
9.8 사용자 인터페이스 설계에서 국제적 및 문화적 고려사항 398
9.9 사용자 인터페이스 평가 방법 400
■ 연습문제 408

CHAPTER 10 데이터 설계 413

10.1 객체지향 시스템에서 추상화 수준 415
10.2 클래스 설계 416
10.3 데이터베이스 스키마 테이블 설계 418
10.4 추상 클래스 및 Interface 클래스 설계 422
10.5 물리적 데이터 저장 구조 설계 425
■ 연습문제 427

C O N T E N T S

CHAPTER 11 알고리즘 설계 433

11.1 메소드 알고리즘 설계 435
11.2 사용사례(시퀀스 다이어그램)에 대한 알고리즘 설계 439
11.3 질의의 SQL 설계 441
11.4 비기능적 요구사항에 대한 알고리즘 설계 442
11.5 알고리즘 설계 규칙 442
11.6 소프트웨어 설계명세서(SDD) 양식 444
- 11.6.1 개요 444
- 11.6.2 설계상 고려사항 444
- 11.6.3 외부 인터페이스 설계 444
- 11.6.4 사용자 인터페이스(스크린 이미지) 설계 444
- 11.6.5 시스템 아키텍처 설계 445
- 11.6.6 데이터 설계와 데이터베이스 스키마 테이블 설계 445
- 11.6.7 사용사례(시퀀스 다이어그램)에 대한 알고리즘 설계 445
- 11.6.8 클래스의 메소드 알고리즘 설계 446
- 11.6.9 비기능적 요구사항에 대한 소프트웨어 설계 446
- 11.6.10 테스트 계획수립 446

11.7 소프트웨어 설계명세서 평가지표 449
- 연습문제 451

PART 5 코딩 및 테스트

CHAPTER 12 코딩 규칙 455

12.1 좋은 프로그래밍 코드의 품질 458
12.2 명명 규칙 460
12.3 문장 및 수식 표현 규칙 462

12.4 오류 처리 규칙 465

12.5 이식성을 고려한 코딩 규칙 467

12.6 주석 달기 468

12.6.1 파일 헤더 주석 468

12.6.2 메소드 헤더 주석 470

12.6.3 메소드 내부 주석 처리 471

12.7 코드 품질 향상 기법 473

12.7.1 리팩토링 474

12.7.2 코드 인스펙션 477

12.7.3 정적 분석과 동적 분석 479

12.7.4 McCabe's 순환 복잡도에 의한 정적 분석 484

12.7.5 페어 프로그래밍 485

■ 연습문제 487

CHAPTER 13 테스트 방법론 493

13.1 테스트 기초 496

13.1.1 오류, 결함, 하자, 버그, 실패 496

13.1.2 소프트웨어 테스트 생명주기 497

13.1.3 테스트 케이스 500

13.2 단위테스트 – 블랙박스 테스트 501

13.2.1 동치 클래스 분할 502

13.2.2 경계값 분석 502

13.2.3 원인-결과 그래프 503

13.2.4 상태 전환 테스트 507

13.3 단위테스트 – 화이트박스 테스트 508

13.3.1 제어 흐름 그래프 510

13.3.2 테스트 검증기준: 문장·분기·조건·경로 커버리지 511

13.3.3 또 다른 테스트 검증기준 생성의 예제 514

13.4 통합테스트 515

13.4.1 빅뱅 통합 516

CONTENTS

13.4.2 하향식(top-down) 통합 517
13.4.3 상향식(bottom-up) 통합 517
13.4.4 혼합식(hybrid) 통합 518
13.4.5 통합테스트의 범주 519
13.5 시스템테스트 519
13.5.1 기능 테스트 - 요구사항 기반 테스트 520
13.5.2 성능 테스트 521
13.5.3 사용성 테스트 521
13.5.4 호환성 테스트 522
13.5.5 보안성 테스트 523
13.6 인수테스트 523
13.7 테스트 자동화 도구 524
13.7.1 테스트 케이스 생성 자동화 도구 525
13.7.2 단위테스트 자동화 도구 527
13.7.3 인기 있는 테스트 자동화 도구 528
■ 연습문제 532

PART 6 유지보수와 품질관리

CHAPTER 14 유지보수 539

14.1 유지보수 개념과 종류 541
14.2 유지보수 프로세스와 추진전략 545
14.2.1 소프트웨어 유지보수 프로세스 546
14.2.2 소프트웨어 유지보수 비용 548
14.2.3 소프트웨어 유지보수 전략 549
14.3 소프트웨어 형상 관리 550
14.3.1 형상 관리 항목 551
14.3.2 형상 관리 활동 555
14.3.3 형상 변경제어 절차 557

C O N T E N T S

14.3.4 형상 관리 담당자 558
14.3.5 형상 관리 계획서 559

14.4 역공학 561

14.5 유지보수 도구 563
14.5.1 형상 관리 도구 563
14.5.2 테스트 지원 도구 566
14.5.3 버전 관리 도구 570

■ 연습문제 575

CHAPTER 15 품질관리와 품질보증 581

15.1 품질 개념 583

15.2 품질 평가모델의 분류 587
15.2.1 제품 품질 평가모델 587
15.2.2 프로세스 품질 평가모델 588

15.3 소프트웨어 품질 평가모델 589
15.3.1 소프트웨어 내부 품질과 외부 품질 평가지표 589
15.3.2 소프트웨어 내부 품질과 외부 품질의 관계 596
15.3.3 소프트웨어 내부 품질을 개선하는 방법 596
15.3.4 소프트웨어 내부 품질과 외부 품질의 중요성 598

15.4 품질관리(QC) 활동 599
15.4.1 검토회의 601
15.4.2 공식적인 기술 검토 602
15.4.3 인스펙션 회의 602
15.4.4 코드 검토 602
15.4.5 테스트 진행 603

15.5 품질보증(QA) 활동 604
15.5.1 품질보증의 기본적인 구성 요소 604
15.5.2 품질보증 활동 범위 606
15.5.3 품질보증 조직 607
15.5.4 품질 측정 및 개선 전략 610

CONTENTS

15.6 소프트웨어 품질보증 계획 611

15.6.1 품질보증 계획의 목표 611

15.6.2 소프트웨어 품질보증 계획의 예제 613

15.7 프로세스 품질 평가모델 616

15.7.1 CMMI 616

15.7.2 SPICE 프로세스 평가모델 622

15.7.3 CMMI와 SPICE 평가모델의 차이점 626

15.8 품질보증 도구 627

15.8.1 테스트 관리 도구 627

15.8.2 테스트 자동화 도구 628

15.8.3 정적 분석 도구 628

15.8.4 성능 테스트 도구 629

15.8.5 코드 커버리지 도구 629

■ 연습문제 630

APPENDIX

부록 1. 〈소프트웨어 개발 문서 및 평가지표 양식 목록〉 636

부록 2. 〈표 3.1〉 시스템 요청서 양식 637

부록 3. 〈표 4.1〉 소프트웨어 개발을 위한 시스템 제안서 양식 638

부록 4. 〈표 6.9〉 소프트웨어 요구사항명세서(SRS) 양식 640

부록 5. 〈표 6.10〉 소프트웨어 요구사항명세서(SRS) 평가지표 642

부록 6. 〈표 11.1〉 소프트웨어 설계명세서(SDD) 양식 643

부록 7. 〈표 11.2〉 소프트웨어 설계명세서(SDD)의 평가지표 645

부록 8. 〈표 14.1〉 형상 관리 계획서 양식 646

참고문헌 649

INDEX 671

PART 1

소프트웨어공학의 기초

CHAPTER 1 개요

CHAPTER 2 소프트웨어 개발 프로세스 모델

CHAPTER 3 프로젝트 계획 수립과 비용 산정

CHAPTER 1

개요

1.1 소프트웨어란 무엇인가?

1.2 소프트웨어 분류

1.3 Code-and-Fix 방식의 문제점 및 소프트웨어 위기

1.4 소프트웨어공학이란?

1.5 소프트웨어 개발 생산성에 영향을 주는 핵심 요소

1.6 소프트웨어 개발 생명주기

■ 연습문제

학습목표

이 장은 소프트웨어공학의 필요성을 알아보고 소프트웨어공학의 개념을 이해하는데 학습 목표를 두며, 그 세부적인 학습 목표는 다음과 같다.

- 소프트웨어 개념을 이해하고 그 구성 요소를 설명할 수 있다.
- 소프트웨어 종류를 이해하고, 이에 따라 우리가 사용하는 소프트웨어를 분류할 수 있다.
- Cod-and-Fix 방식의 전통적인 소프트웨어 개발 방법을 이해하고 이의 문제점을 설명할 수 있다.
- 소프트웨어공학의 공학적 접근 방법의 도입 필요성을 이해하고 설명할 수 있다.
- 소프트웨어공학의 개념을 이해하고 설명할 수 있다.
- 소프트웨어 개발 생명주기를 이해하고 설명할 수 있다.
- 소프트웨어공학 적용으로 얻어지는 주요 잇점을 설명할 수 있다.
- Code-and-Fix 모델과 소프트웨어공학의 소프트웨어 개발 생명주기에 의한 소프트웨어 개발의 차이점을 비교하여 설명할 수 있다.
- 소프트웨어 개발 생산성에 영향을 주는 핵심 요소를 열거하고 그 개념을 설명할 수 있다.
- 인간의 생애주기와 소프트웨어 개발 생명주기를 이해하고 상호 간의 관계에서 유사성을 설명할 수 있다.
- 소프트웨어 개발에서 소프트웨어 개발 생명주기의 적용으로 얻어지는 주요 이점을 이해하고 설명할 수 있다.

이 장에서는 먼저 기존의 code-and-fix 모델에 의한 소프트웨어 개발의 문제점을 살펴보고, 이의 해결책으로 소프트웨어공학의 공학적 접근 방법 도입 필요성을 알아본다. 이를 위해 소프트웨어의 개념, 소프트웨어 분류의 개념을 소개하고, 기존의 전통적인 code-and-fix 모델에 의한 소프트웨어 개발 방법의 문제점과 산업현장에서 소프트웨어 위기의 특징을 알아본다. 그리고 이의 해결책으로 소프트웨어공학의 개념과 그 도입 필요성을 소개하고, 소프트웨어 개발 생명주기와 이 방식의 적용에 의한 소프트웨어 개발에서 얻어지는 주요 이점에 대해 학습한다. 끝으로 소프트웨어 개발 생산성에 결정적으로 영향을 주는 핵심 요소(PPT)를 학습한다.

1.1 소프트웨어란 무엇인가?

일반적으로 시스템은 하드웨어(hardware)와 소프트웨어(software)로 구성된다. 여기서 하드웨어는 시스템을 구성하는 기계장치를 가리키며 딱딱한 물체를 의미한다. 반면 소프트웨어는 시스템 동작에 필요한 컴퓨터 프로그램으로 부드러운 물체를 뜻한다. ISO/IEC에 의하면, 소프트웨어[1]란 '특정 목적을 수행하는 데 필요한 프로그램, 사용 지침, 관련 모든 문서와 데이터 일체'라고 정의한다. 즉 **소프트웨어**란 <그림 1.1>과 같이 '**어떤 특정 목적을 수행하는 데 필요한 사용 지침, 데이터, 컴퓨터 프로그램 및 모든 관련 문서 일체**'라고 정의된다.

- 시스템이란 일반적으로 하드웨어와 소프트웨어로 구성된다.
- 소프트웨어란 '특정 목적을 수행하는 데 필요한 사용 지침, 데이터, 컴퓨터 프로그램과 관련 모든 개발문서 일체'이다. 어떤 장치에서 실행 중인 모든 프로그램, 스크립드, 애플리케이션을 통칭하여 소프트웨어라 한다.

하드웨어와 소프트웨어의 차이점을 살펴보면, 하드웨어는 물리적 객체로서 만질 수 있고 사람의 눈으로 볼 수 있고, 마모 시 새로운 부품으로 교체할 수 있다. 반면 소프트웨어는 프로그래밍 언어로 구현된

1 (ISO/IEC, 2020) "ISO/IEC 2382:2015". ISO. 3 September 2020. Retrieved 26 May 2022. [Software includes] all or part of the programs, procedures, rules, and associated documentation of an information processing system.

명령어 집합(a set of command)과 관련 문서 일체로서 물리적으로 만질 수 없으나 출력하여 코드를 볼 수 있는 수준이고, 마모 시 백업 카피를 통해 재설치하면 마모를 해결할 수 있는 특징이 있다. 한편 우리 '**소프트웨어**'와 '**프로그램**'의 용어는 빈번히 혼용하여 사용한다. 하지만 다음과 같이 약간의 의미상 차이가 존재한다.

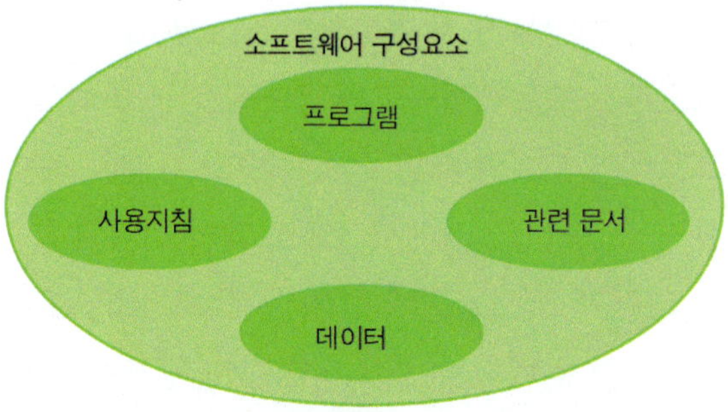

〈그림 1.1〉 소프트웨어의 구성 요소

- 프로그램(Program): 프로그래밍 언어로 작성된 코드로서 컴퓨터가 특정 기능을 수행하고 특정 결과를 달성하기 위한 **명령어 집합**이다. 즉 컴퓨터가 특정 작업을 수행하고 특정 결과를 달성하기 위한 명령 또는 순서화된 작업의 집합이다.
- 소프트웨어(Software): 소프트웨어는 하드웨어가 특정 작업을 수행할 수 있도록 하는 일련의 프로그램, 절차, 데이터 또는 지침들의 집합이다. 컴퓨터에서 실행하는 모든 프로그램은 소프트웨어이다.

결과적으로 한 개의 소프트웨어는 여러 개의 프로그램으로 구성될 수 있으며, 소프트웨어는 여러 개의 프로그램, 절차, 데이터, 관련 지침 등의 집합으로 구성된다는 점이다. 또한 소프트웨어와 하드웨어를 비교할 때, 소프트웨어가 갖는 주요 특징은 다음과 같다.

- 무형(intangible)이다.
- 비가시성(invisible)을 띤다. 단지 코드로 볼 수 있으나 비가시성을 띤다.
- 개발 과정이 복잡(complex)하다.
- 비정형적인(informal) 구조를 갖는다.

1.2 소프트웨어 분류

우리가 사용하는 소프트웨어를 대분류하면, <표 1.1>과 같이 시스템 소프트웨어, 유틸리티 소프트웨어, 응용 소프트웨어의 세 가지로 나눌 수 있다.

〈표 1.1〉 소프트웨어 분류 체계

소프트웨어 분류	주요 기능	예제
시스템 소프트웨어	• 사용자와 하드웨어에 어떤 기능을 제공하거나 서로 간의 상호작용을 도와주는 역할 • 컴퓨터 시스템의 분석, 최적화, 환경설정, 유지보수 등의 지원을 도와주는 역할	• 운영체계 • 디바이스 드라이버 • 펌웨어(firmware) • 컴파일러 또는 인터프리터 • 어셈블러, 로더(loader), 링커 • 그래픽 라이브러리 • 통신 소프트웨어 등
유틸리티 소프트웨어	• 시스템 소프트웨어 일부로서 주로 back-end에서 실행됨 • 사용자가 컴퓨터 시스템을 좀 더 쉽고 효율적으로 사용할 수 있도록 도와주는 역할 • 컴퓨터 시스템을 최적화, 유지관리, 분석하는데 필요한 서비스 기능을 제공	• vi 편집기 또는 메모장 • 시스템 정리 • 디스크 조각 모음 • 파일 압축 도구 • 알집 • 백신 프로그램 (보안) • PDF reader • WinZip • 바이러스 검사 프로그램 등
응용 소프트웨어	• 최종사용자가 어떤 특정한 임무 수행을 위해 사용하는 프로그램으로 사용자가 원하는 기능을 수행할 수 있도록 도와주는 역할	• 동시성 제어 소프트웨어 • DBMS 소프트웨어 • 멀티미디어 소프트웨어 • 워드 프로세서 • 교육용 및 참조용 소프트웨어 • 그래픽 소프트웨어 • 웹 브라우저 • 그밖의 모든 응용 소프트웨어

- 시스템 소프트웨어(system software): 사용자와 하드웨어에게 어떤 기능을 제공하거나 서로 간의 상호작용을 도와주는 소프트웨어를 말한다. 즉, 응용 소프트웨어를 실행하기 위한 플랫폼을 제공하고 컴퓨터 하드웨어(CPU, 메모리, 입출력장치 등)를 효율적으로 동작시키고 제어할 수 있는 프로그램이다. 대표적인 시스템 소프트웨어에는 **운영체계**(i.e. Unix, Linux, Ubuntu, Android, CentOS, iOS, Mac OS, MS Windows 등), 디바이스 드라이버, 펌웨어(i.e. bios, 임베디드시스템, 주변장치 소프트웨어), 컴파일러, 인터프리터, 로더(loader)[2], 편집기[3], 그래픽 라이브러리, 통신 소프트웨어 등을 들 수 있다. 운영체계는 주로 컴퓨터 시스템의 하드웨어 자원인 CPU, 메모리, 입출력장치 등의 효율적

인 운영과 사용자에게 편리한 사용자 인터페이스를 제공하며, 컴퓨터 시스템의 분석, 최적화, 환경 설정, 유지보수 등을 지원하는 소프트웨어이다.

- 유틸리티 소프트웨어(utility software): 일명 '**서비스 프로그램**'이라 하며 사용자가 컴퓨터 시스템을 좀 더 쉽고 효율적으로 사용할 수 있도록 도와주는 프로그램이다. 한편 유틸리티 소프트웨어는 시스템 소프트웨어의 일부이며 컴퓨터가 계속 실행되도록 특정 작업을 수행한다. 유틸리티 소프트웨어는 항상 백그라운드에서 실행된다. 유틸리티 소프트웨어는 컴퓨터를 동작시키는데 필수적인 소프트웨어는 아니지만, 컴퓨터 시스템을 최적화, 유지관리, 분석하는데 필요한 서비스 프로그램을 말한다. 대표적인 유틸리티 소프트웨어에는 **보안용 백신 프로그램**, **최적화 프로그램(디스크 조각 모음, 시스템 정리, 디스크 조각 모음, 파일 압축 도구)**, **알집**, **PDF reader** 등을 들 수 있다. 유틸리티 소프트웨어는 주로 핵심적인 컴퓨터 시스템의 환경설정이나 유지보수에 필요한 소프트웨어이다. 한편 "편집기는 왜 시스템 소프트웨어에 속하는가?"하는 의문을 가질 수 있다. 사실 Linux, Unix 같은 운영체계에서 vi 또는 메모장과 같은 편집기가 없다면 운영체계의 환경설정에 제약이 따르므로 단순 기능이지만 핵심적인 시스템 소프트웨어로 분류된다. 그래픽 라이브러리와 통신 소프트웨어와 같이 기본적으로 운영체계를 사용하려면 윈도우 화면을 띄우고 통신환경을 설정하는데 필요한 프로그램을 연상하면 쉽게 이해된다.
- 응용 소프트웨어(application software): 최종사용자가 어떤 임무 수행을 위해 사용하는 프로그램으로 사용자의 원하는 기능 수행을 도와주는 모든 소프트웨어를 말한다.

응용 소프트웨어는 시스템 소프트웨어가 설치되고 사용자가 실행할 수 있는 모든 소프트웨어를 가리킨다. 예로, 워드 프로세서, DBMS, 동시성 제어 소프트웨어, 멀티미디어 소프트웨어, 교육용 및 참조용 소프트웨어, 그래픽 소프트웨어, 웹 브라우저 등을 들 수 있다. 한편 응용 소프트웨어는 그 사용 목적에 따라 다양한 종류의 소프트웨어로 상세히 분류될 수 있다.

---

2 로더(loader)는 수행할 프로그램을 메인 메모리로 적재하는 프로그램이다.

3 여기서 말하는 편집기는 아래한글, MS Office 같은 편집기가 아니라, Unix 또는 Linux 등의 운영체계에서 시스템 환경설정에 필요한 기본적인 vi 편집기나 메모장 등을 가리킨다.

1.3 Code-and-Fix 방식의 문제점 및 소프트웨어 위기

일반적으로 건축공학, 기계공학, 전자공학과 같은 하드웨어 제작에서 어떤 제품을 시공하려면 일정한 개발 방법, 절차, 도구를 사용하여 공사를 진행한다. 예로, **건축공학**에서 새로운 건물을 건설하는 경우, 먼저 고객의 요구사항을 파악하고 이의 설계과정에서 건물에 대한 '평면도-입면도-단면도-상세도-실내 등'의 설계 도면을 설계하고 시공을 진행한다. 이어서 건축 시공은 '준비작업-철근가공-거푸집 제작-지보 조립-거푸집 조립-철근 조립-콘크리트 치기-양생' 과정을 거쳐 시공을 완성한다. 또한 **토목공사**도 '가설공사-기초공사 및 토공사-철근콘크리트 공사-조적공사' 공정을 거쳐 공사가 완성된다. 한편 **기계공학**에서 기계제품을 제작하는 경우, 역시 건축공학과 유사하게 기계제품에 대한 요구사항을 파악하고 이를 기반으로 기계에 대한 '조립도-부품도-설명도-전개도 등'의 설계도를 완성하고 이를 기반으로 제작과 조립공정을 거쳐 제품을 완성한다. 여기서 특이한 점은 이러한 하드웨어 시공은 그 순서를 건너뛰거나 변경할 수도 없이 정해진 절차에 따라 모든 공사가 진행된다는 것이다.

한편 **플랜트 설계**[4]는 <그림 1.2>와 같이 '문제분석, 개념설계-기본설계(Front-End Engineering Design, FEED)-상세설계-부품 조달-시공(EPC)' 단계를 거쳐 완성된다. 여기서 기본설계는 기초설계를 의미하며, 기초설계를 마치고 상세설계를 완성하게 된다. 이런 하드웨어 개발 과정은 소프트웨어 개발 과정에도 유사하게 적용되고, 이러한 하드웨어 개발 과정은 앞뒤 순서를 바꾸어 역순으로 실행될 수 없는 특징이 있다.

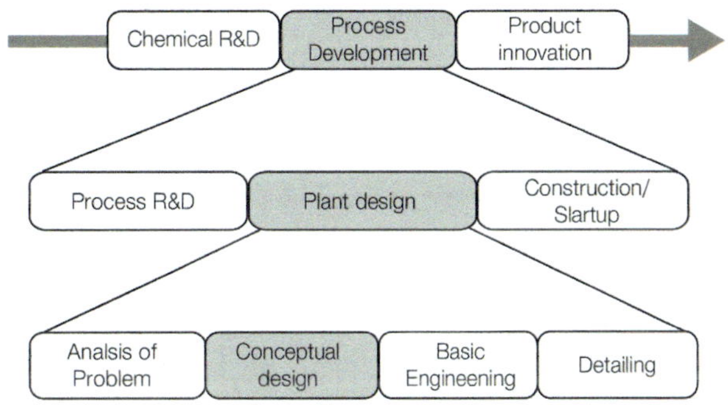

〈그림 1.2〉 플랜트 설계 프로세스 임베딩

반면에 소프트웨어 개발의 경우, 지금까지 많은 소프트웨어 엔지니어들은 프로그램 개발 시 컴퓨터 앞에서 아무런 계획 없이 프로그램 코딩(coding)을 시작하고 반복적인 수정작업(fixing)과 기능 추가를 통해 원하는 소프트웨어 개발을 완성한다. 또한 소프트웨어 프로젝트 완료와 함께 산출되는 개발문서(요구사항 정의서, 요구사항명세서, 설계명세서, 결과보고서, 품질보증계획서 등)도 주로 프로젝트 완료 시점에서 밤을 새우며 시간에 쫓기면서 작성하는 형태를 띠있다. 여기서 주의할 점은 작성 문서가 프로

4 https://www.researchgate.net/figure/Embedding-of-plant-design-process_fig1_228609283

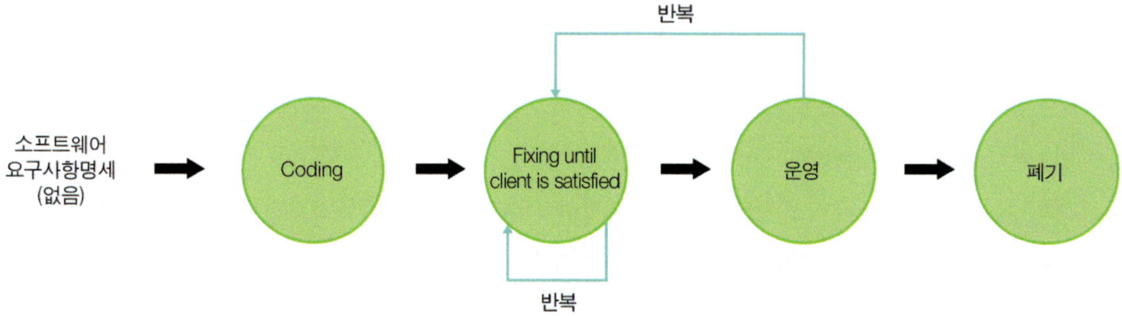

〈그림 1.3〉 Code-and-Fix 모델

젝트 완성단계에서 코드를 보면서 모든 개발문서가 완성되므로 개발문서는 프로그램 코드와 거의 유사하고 결과적으로 작성된 개발문서의 가치가 거의 없다는 점이다. 다시 말하면, 지금까지 많은 소프트웨어 개발은 어떤 공학적이고 체계적인 접근 방식 없이 컴퓨터 앞에서 프로그램 코딩(Coding)과 반복적인 수정 작업(Fixing)을 중심으로 프로그램을 개발해 왔으며, 이러한 비공학적 소프트웨어 개발 방식을 일명 **'Code-and-Fix model'**(일명 **'Cowboy Coding'**이라 부름)이라 부른다, 즉, **'Code-and-Fix 모델'**이란 <그림 1.3>과 같이 프로그램 코딩 및 반복적인 수정작업을 통해 프로그램을 개발하는 **'비공학적 소프트웨어 개발 접근 방식'**을 의미한다.

결과적으로 이러한 'Code-and-Fix 모델'에 의한 소프트웨어 개발에서 나타나는 주요 문제점은 다음과 같이 요약된다.

- 개발 지연과 비용손실: 소프트웨어 개발을 시작할 때, 명확한 계획수립과 개발목표가 이뤄지고 이를 기반으로 프로젝트 진행 과정에서 철저한 모니터링과 검토가 이뤄져도 프로젝트 지연이 발생하는 것이 현실이다. 예로, Statista(2024년 6월)[5] 보고에 의하면, 세계적으로 2015~2023년 사이에 소프트웨어 전문 서비스가 정상적으로 인수된 프로젝트 비율은 약 75.2% 정도로 나타났으며, 소프트웨어 프로젝트의 지연 비율은 24.8%로 분석되었다<그림 1.4>. 이것은 정상적으로 프로젝트 개발방법론을 적용한 소프트웨어 프로젝트의 지연 비율이고, 'Code-and-Fix 모델'의 비공학 접근 방식에 의한 소프트웨어 개발은 반복적인 요구사항 변경과 이로 인한 재작업으로 개발 지연과 인건비와 간접비 증가로 인한 비용손실은 거의 확실하다. 방위 산업 보고서에 의하면, 장비 고장의 70% 이상이 소프

5 https://www.statista.com/statistics/936785/software-professional-services-worldwide- projects-delivered-on-time/

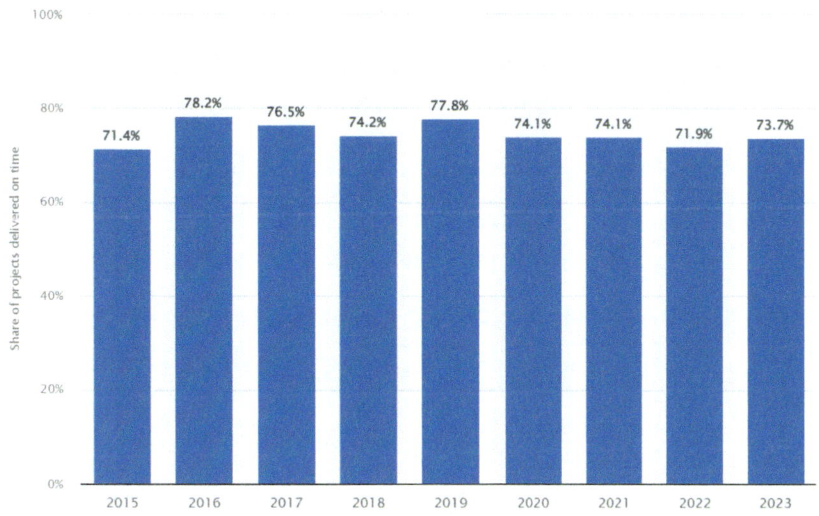

〈그림 1.4〉 2015~2023년 기간에 소프트웨어 회사 전문 서비스 기관에 의해 지연 없는 프로젝트 인수 비율 (Statista, 2022년 9월)

트웨어 오류에서 발생한다고 보고된 바 있다. 따라서 소프트웨어 개발에 대한 명확한 계획수립과 목표 설정, 개발 프로세스에 의한 공학적 접근 방법을 적용하지 않는 프로젝트 수행은 필연적으로 개발 지연과 이로 인한 비용손실이 증가할 수 있는 치명적인 단점을 갖는다.

- 산출물의 품질 저하 및 낮은 신뢰성: 소프트웨어 개발 결과물에는 코드와 관련 개발문서(요구사항명세서, 설계명세서, 매뉴얼 등)를 포함한다. 하지만 'Code-and-Fix 모델'에 의한 비공학적 소프트웨어 개발은 프로그램 코드 및 개발문서의 품질 저하와 낮은 신뢰도가 예상된다. 그 이유는 'Code-and-Fix의 비공학적 접근 방식'에 의한 산출된 코드도 충분한 알고리즘의 검토과정 없이 생성되므로 신뢰성이 크게 떨어진다. 또한 'Code-and-Fix 모델'에 의한 소프트웨어 개발에서 개발문서의 가치는 크게 떨어질 수 있다. 그 이유는 개발문서(요구사항명세서, 설계명세서, 사용설명서 등)가 거의 프로젝트 마지막 단계에서 코드를 보면서 역순으로 작성되고 그 내용도 코드와 거의 유사하므로 개발문서 품질이 크게 떨어지는 것은 당연하다.
- 품질 평가 수단 없음: Code-and-Fix 모델은 소프트웨어 개발의 진도관리, 품질, 위험성을 평가할 수 있는 수단이 없다. 즉, Code-and-Fix 방식에 의한 소프트웨어 개발은 개발 프로세스를 적용하지 않으므로 개발 단계별로 충분한 품질 검토과정이 없고 프로젝트의 진척도를 관리할 수 있는 마땅한

수단을 제공하지 못하는 단점을 갖는다.

- 인수 대상과 전달 시기 불명확성: Code-and-Fix 방식에 의한 소프트웨어 개발은 명확한 소프트웨어 개발 생명주기도 없으므로 단계별 산출물이 무엇이며 그 전달 시기도 명확하지 않은 단점이 있다.
- 변경 관리와 유지보수 어려움: Code-and-Fix 방식에 의한 소프트웨어 개발의 특징은 항상 모든 작업이 'Code-and-Fix 방식'에 의해 진행되므로 다음 단계의 작업내용 예측도 어렵고, 이로 인해 프로젝트 관리도 어려운 문제점을 내포하고 있다. 한편 소프트웨어 개발 중이거나 완성된 이후에 발생하는 많은 변경사항 관리에도 취약할 수 있다. 또한 Code-and-Fix 방식에 의한 소프트웨어 제품은 유지보수에 필요한 관련 지침과 문서 일체가 불명확하므로 유지보수에 어려움을 초래한다.

이러한 소프트웨어 위기(Software Crisis)는 필요한 시간 내에 유용하고 효율적인 소프트웨어를 개발하는 것이 어렵다는 것을 의미한다. 소프트웨어 위기는 급증하는 소프트웨어 수요, 소프트웨어의 복잡성, 소프트웨어 문제에도 불구하고 기존의 동일한 인력, 동일한 방법, 동일한 도구의 사용에서 발생한다. 소프트웨어의 복잡성이 증가함에 따라 기존 방법으로는 미흡하여 많은 소프트웨어 문제가 발생하게 되었다. 즉 소프트웨어 수요, 소프트웨어 복잡성 및 소프트웨어 문제가 빠르게 증가하였음에도 기존의 동일한 인력, 동일한 방법 및 동일한 도구를 사용한다면 소프트웨어의 예산 문제, 효율성 문제, 품질 문제, 소프트웨어 관리 및 제공 문제 등과 같은 문제가 발생한다. 이러한 상태를 '**소프트웨어 위기(Software Crisis)**'라고 한다. '소프트웨어 위기'라는 용어는 1960년대와 1970년대 소프트웨어 산업이 직면한 수많은 도전과 어려움을 의미한다. 이것은 소프트웨어를 개발하는 기존 방법으로 증가하는 복잡성과 새로운 프로젝트의 요구를 따라잡을 수 없다는 것이다. 이로 인해 높은 비용, 잦은 지연 및 낮은 품질의 소프트웨어 위기가 발생한다. 이러한 문제를 해결하려면 새로운 방법론과 도구가 필요하다는 것이다. 지금까지 소프트웨어 산업에서 나타나는 **소프트웨어 위기의 특징**을 살펴보면 다음과 같다.

- 크기(Size): 시간이 지나면서 소프트웨어의 복잡성과 기대치가 높아짐에 따라 소프트웨어는 점점 더 비싸고 복잡해진다. 예로, 소비자의 소프트웨어 제품의 크기는 2년마다 두 배로 증가하고 있다는 것이다.
- 품질(Quality): 많은 소프트웨어 제품의 품질, 즉 비효율적인 테스트 기법으로 인해 사용 후 소프트웨어 제품에 결함이 발생하는 경우가 많다. 예로, 소프트웨어 테스트는 일반적으로 코드 1000줄당 25개의 오류가 발견한다고 한다.

- 비용(Cost): 소프트웨어 개발은 개발에 필요한 소요 시간과 비용 측면에서 비용이 많이 든다. 예로, 미국 연방 항공청의 고급 자동화 시스템 개발에는 코드 한 줄당 700달러 이상의 비용이 들었다고 한다.
- 배송 지연(Delivery Delays): 소프트웨어 프로젝트의 경우 심각한 일정 초과가 빈번히 발생한다. 이것은 소프트웨어 개발이 예상 시간보다 오래 걸리는 경우가 많으며, 이것은 결국 비용 상승으로 이어진다는 의미이다. 예로, 대규모 개발 프로젝트 4건 중 1건은 완료되지 않는다는 통계가 있다.

이러한 소프트웨어 위기의 원인과 소프트웨어 위기를 발생시키는 요인은 다음과 같이 요약된다.

- 소프트웨어를 소유하고 유지보수하는 비용은 소프트웨어를 개발하는 비용만큼 비싸다.
- 소프트웨어 프로젝트는 늘 초과 근무를 한다.
- 소프트웨어 개발은 늘 매우 비효율적이다.
- 소프트웨어의 품질은 항상 낮다.
- 소프트웨어는 종종 사용자 요구사항을 충족하지 못한다.
- 소프트웨어 프로젝트는 평균적으로 소요 시간을 초과한다.
- 소프트웨어 개발에는 최적이 아닌 넘치는 자원을 활용한다.
- 소프트웨어는 변경, 디버깅 및 개선이 어렵다.
- 소프트웨어 복잡성은 내용 변경을 어렵게 한다.
- 소프트웨어 위기는 열악한 프로젝트 관리 기술에 있다.
- 소프트웨어공학에 대한 적절한 교육이 부족하다.
- 숙련되지 않은 프로젝트 구성원이 많다.
- 소프트웨어 생산성 향상이 낮다.

이 문제 해결을 위해 소프트웨어 개발은 기계공학, 건축공학, 토목공학, 하드웨어 등의 제품개발 기술과 같이 체계적이고 공학적인 개발 방법의 도입이 요구된다. 즉 소프트웨어 개발에서 소프트웨어공학의 도입 필요성이 대두되며, 모든 소프트웨어 개발의 계획수립, 개발, 유지보수, 폐기에 이르는 모든 공정의 효율적인 관리 방법이 요구되는 상황이다.

1.4 소프트웨어공학이란?

따라서 소프트웨어 개발의 모든 공정을 체계적으로 관리할 수 있는 공학적 관리 방법 도입은 필수적이며, 이의 개념을 알아보자. 간략히 **소프트웨어공학이란 '소프트웨어 생애주기인 계획수립, 개발, 전개, 유지보수, 폐기에 대한 효율적이고 체계적인 관리방법론'**으로 정의된다. 지금까지 여러 국제기구에 의해 소프트웨어공학 개념은 많이 정의된 바 있다. 대표적으로 IEEE[6]에 의하면, "Software engineering is a systematic engineering approach to software development."으로 정의하였다. 즉 **'소프트웨어공학'**이란 소프트웨어 생명주기인 계획수립, 개발, 전개, 유지보수, 폐기의 모든 공정에 대해 효율적이고 체계적인 개발방법론이다. 앞으로 소프트웨어공학을 공부하다 보면, 기본적으로 계획수립 프로세스, 개발 프로세스, 전개 프로세스, 유지보수 프로세스, 폐기 프로세스, 그리고 프로젝트 관리 프로세스, 품질보증 프로세스 등의 많은 프로세스가 소개될 것이다. 결과적으로 소프트웨어공학은 소프트웨어 관련 모든 작업을 효율적이고 체계적으로 관리하는 **방법, 절차, 규정**을 정의하는 형태가 될 것이다. 그러므로 소프트웨어공학은 소프트웨어 개발 관련 계획수립, 개발, 유지보수 및 소프트웨어 폐기에 대해 체계적이고 공학적인 관리 방법을 위한 여러 가지 프로세스를 소개한다. 예를 들면, 소프트웨어 개발에 대한 계획수립 프로세스, 소프트웨어 개발 프로세스, 소프트웨어 유지보수 지원 프로세스, 소프트웨어 폐기 프로세스 등의 다양한 프로세스가 등장하며, 또한 다양한 프로세스 유형이 소개될 것임을 상상할 수 있다. 소프트웨어공학에 취급하는 주요 프로세스는 뒷부분에서 다시 소개될 것이다. 본 교재는 이 중에서 소프트웨어 개발 관련 중요 프로세스인 주로 '**계획수립 프로세스**', '**개발 프로세스**', '**유지보수 프로세스**', '**품질관리 프로세스**'에 초점을 두어 소개할 것이다.

> 소프트웨어공학이란 '소프트웨어 생애주기인 계획수립, 개발, 전개, 유지보수, 폐기에 대한 효율적이고 체계적인 관리방법론'이다[IEEE].

소프트웨어공학은 <그림 1.5>와 같이 소프트웨어공학 국제표준협회 IEEE의 'IEEE Computer Society'와 'IEEE Standards Board'의 통합위원회인 **'Software Engineering Standards Committee (SESC)'**의 발표내용을 기반으로 소개된다.

---

6 IEEE(Institute of Electrical and Electronics Engineers): 전기전자공학자협회로서 전기/전자/전산 분야의 국제 학회이다.

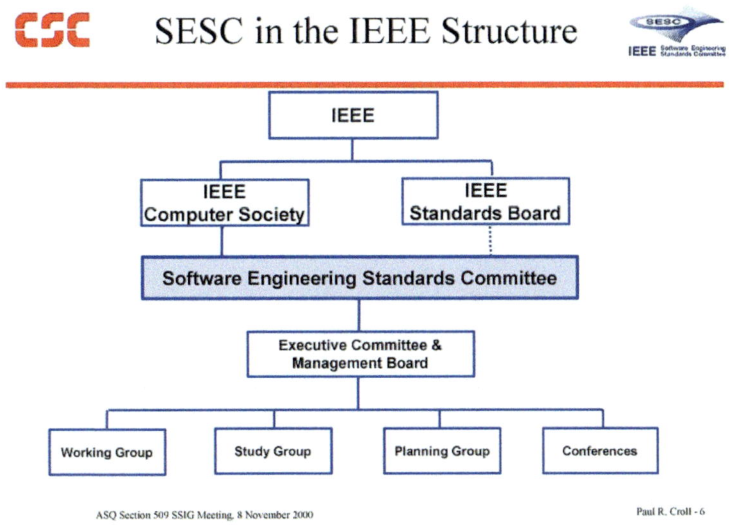

〈그림 1.5〉 Software Engineering Standards Committee (SESC)의 조직 구성도

1.5 소프트웨어 개발 생산성에 영향을 주는 핵심 요소

소프트웨어 개발의 최종 목표는 '**좋은 품질과 높은 생산성을 갖는 소프트웨어 개발**'에 있다. 개발자 측면에서 소프트웨어 개발 생산성(software development productivity)에 영향을 주는 핵심 요소는 <그림 1.6>과 같이 '**인력(People), 프로세스(Process), 기술(Technology)**' 프레임워크('**PPT 프레임워크**')로 설명된다.[7] 이것은 또한 조직 관리의 효율성과 혁신을 위한 핵심 동인인 PPT(사람, 프로세스, 기술) 프레임워크의 핵심이며, Toyota의 유명한 운영 방식에서 잘 드러나는 원칙이다. 이 핵심 요소에 대한 세부적인 설명은 다음과 같다.

- 인력(people): 개발 인력에서 팀원 간의 상호작용, 동기부여, 의사소통, 자신감, 전문기술과 경험 등이 소프트웨어 개발 생산성에 결정적인 영향을 준다.
- 기술(technology): 개발하려는 제품에 대해 개발자가 갖춘 프로그래밍 언어, 기술 플랫폼, 소프트웨어

7 Edna Dias Canedo, Giovanni Almeida Santos. 2019. Factors Affecting Software Development Productivity: An empirical study. In XXXIII Brazilian Symposium on Software Engineering (SBES 2019), September 23–27, 2019, Salvador, Brazil. ACM, New York, NY, USA, 10 pages. https://doi.org/10.1145/3350768.3352491

복잡도와 크기 등이 결정적인 영향을 준다.

- 프로세스(process): 소프트웨어 개발 조직이 지켜야 하는 지침서와 절차, 규정, 관리시스템, 관리 프레임워크 등이 생산성에 중요한 역할을 한다.

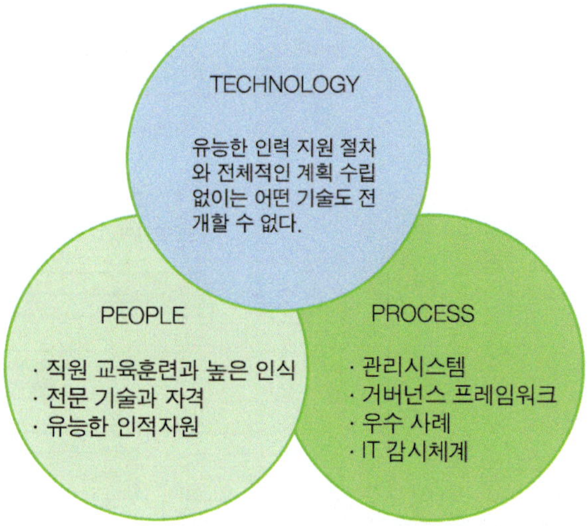

〈그림 1.6〉 소프트웨어 개발 생산성에 영향을 주는 핵심 요소(PPT)

중요한 점은 소프트웨어 개발 생산성에 결정적인 영향을 주는 '인력'과 그 인력이 갖춘 상호작용 능력, 동기부여, 기술과 경험, 의사소통, 자신감 등은 다른 교과목을 통해 교육·훈련될 수 있다. 또한 '기술'은 소프트웨어 개발자가 갖춘 프로그래밍 언어, 기술 플랫폼, 소프트웨어 복잡도와 크기 등은 다른 교과목을 통해 교육·훈련될 수 있다는 점이다. 끝으로 '프로세스'는 소프트웨어공학에서 제공하는 여러 가지 프로세스 모델에 의해 제공된다. 따라서 **소프트웨어공학은 체계적이고 효율적인 소프트웨어 개발을 관리할 수 있도록 하는 관리시스템과 관리 프레임워크의 제공으로 '소프트웨어 프로젝트 관련 다양한 프로세스 정보'**를 제공할 것이다.

우리가 공부하는 소프트웨어공학의 교육은 체계적이고 효율적인 소프트웨어 프로젝트 관리를 위한 다양한 소프트웨어 개발방법론과 개발 프로세스를 교육하고 훈련하는 데 초점을 둘 것이다. 세부적으로, 소프트웨어공학은 소프트웨어 생명 주기인 '계획수립, 개발, 유지보수, 폐기' 공정을 체계적이고 효율적으로 관리하는 다양한 프로세스를 제공한다. 예를 들면, '계획수립 프로세스', '개발 프로세스' 및 '프로젝트 관리 프로세스', '유지보수 프로세스', '소프트웨어 릴리즈 프로세스', '폐기 프로세스' 및 '품질보증 프로세스' 등의 다양한 프로세스가 소개될 것이다. 위에서 언급된 소프트웨어 개발방법론과 개발 프로세스 모델은 다음 장인 2장에서 소개된다.

1.6 소프트웨어 개발 생명주기

이 절에서는 인간의 생애주기와 소프트웨어 개발 생명주기, 그리고 이의 적용으로 얻어지는 이점을 기술한다.

1.6.1 소프트웨어 개발 생명주기

인간의 생애주기는 '태아기-유아기-아동기-청소년기-성년기-중년기-노년기'를 거쳐 태어나서 죽을 때까지 인간의 삶을 마감한다. 이와 유사하게 **소프트웨어 생명주기(software life cycle)**는 '계획수립-요구사항분석-설계-개발(구현)-테스트-전개-운영 -유지보수-폐기'등의 과정을 거쳐 최종적으로 소프트웨어의 역할이 종료된다. 이 생애주기에서 소프트웨어 개발 관련 과정을 별도로 분리하여 이를 **'소프트웨어 개발 생명주기(software development life cycle, SDLC)'**라 부른다. 따라서 IEEE/EIA 12207.0-1996에 의하면, 소프트웨어 개발 생명주기는 <그림 1.7>과 같이 소프트웨어 개발 주요 과정은 **'계획수립-요구사항분석-설계-개발(구현)-테스트-전개 및 유지보수'**의 6단계로 구성된다. 이것은 일반적으로 '계획수립-요구사항분석-설계-구현-테스트-전개-운영-유지보수'와 같이 제안하는 기관이나 학자에 따라 6단계에서 8단계로 다르게 정의된다. 여기서 '전개' 단계는 개발 제품을 고객에게 양도하고, 이로부터 제품에 대한 피트백을 받고 품질 개선을 위한 요구사항 변경처리를 포함한다. 아울러 소프트웨어 개발 생명주기에 대한 세부적인 내용은 2장에서 상세히 설명된다.

- 소프트웨어 생명 주기(Software Life Cycle)는 소프트웨어 개발에서 운영, 유지보수, 폐기에 이르는 전 과정으로 '계획수립-요구사항분석-설계-개발(구현)-테스트-전개-운영-유지보수-폐기'의 9단계로 정의된다.
- 소프트웨어 개발 생명주기(Software Development Life Cycle, SDLC)는 이 중 소프트웨어 개발의 핵심 단계인 '계획수립-요구사항분석-설계-구현-테스트-전개 및 유지보수'의 7단계로 정의한다.

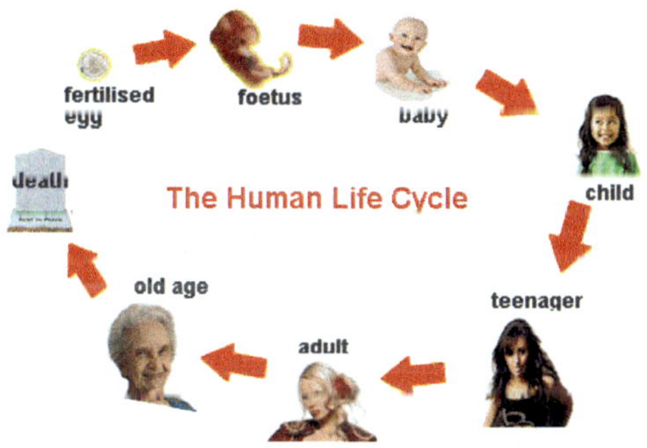

(a) 인간의 생명주기

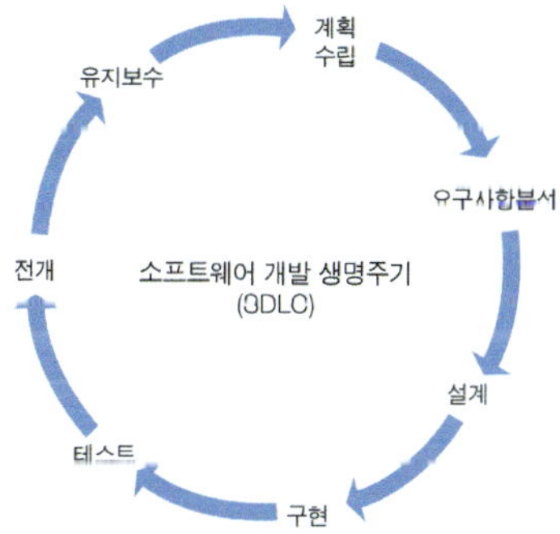

(b) 소프트웨어 개발 생명주기

〈그림 1.7〉 인간의 생명주기와 소프트웨어 개발 생명주기

1.6.2 소프트웨어 개발 생명주기(SDLC) 적용의 이점

소프트웨어 개발 생명주기의 소프트웨어공학 적용으로 얻어지는 이점은 크게 프로젝트 관리자와 소프트웨어 개발자의 두 가지 측면에서 분석할 수 있다. 먼저 **프로젝트 관리자 측면에서 소프트웨어 개발 생명주기 적용으로 얻어지는 이점**은 다음과 같다.

- 프로젝트 관리자는 프로젝트 관리가 편리하고 개발자의 책임 중복과 회피의 예방이 가능하다. 이것은 개발자가 단계별로 잘 정의된 개발지침을 준수하여 이전 단계에서 해야 할 일을 완성하기 전에 다른 일을 시작하는 것을 보장할 수 있기 때문이다.
- 프로젝트 관리자는 자원 관리가 용이하고 비용 효율성을 얻을 수 있다.
- 프로젝트 관리자가 개발 목표를 정확히 파악할 수 있으므로 문제점을 명확히 인지할 수 있다. 이것은 프로젝트 관리자가 모든 개발 단계마다 개발 목표와 내용, 예상되는 위험 요소 등을 시각화하여 명확한 문제를 찾을 수 있기 때문이다.
- 완료 프로젝트는 충분한 테스트를 거칠 수 있다, 즉 소프트웨어 생명주기 적용에 의한 프로젝트 수행은 소프트웨어가 설치(전개) 이전에 받아야 하는 필요한 검사를 충분히 테스트할 수 있는 장점이 있다.
- 프로젝트 개발자의 이탈도 프로젝트에 큰 손실을 주지 않을 수 있다, 이것은 개발팀에 참여하는 모든 개발자는 모든 프로젝트 개발 단계에서 작성하는 문서를 작성하고 확인받을 수 있기 때문이다.

한편, **프로젝트 개발자 측면에서 소프트웨어 개발 생명주기 적용으로 얻어지는 이점**은 다음과 같이 요약된다.

- 첫째, 프로젝트 관리자는 개발자에게 명확한 실행계획을 줄 수 있다. 프로젝트 개발은 항상 단계별로 진행되고, 한 단계가 완성되면 다음 단계를 수행하므로 명확한 작업 일정을 인지할 수 있는 장점이다.
- 둘째, 장애 발생 시 개발자는 문제가 해결될 때까지 동일 절차를 따를 수 있는 장점이 있다. 이것은 복잡한 소프트웨어 개발 프로젝트에 유연성을 부여하면서 모든 개발 단계는 다음 단계로 넘어가거나 이전 단계로 피드백될 수 있기 때문이다.

연습문제

1.1 소프트웨어의 개념을 정의하고, 소프트웨어의 주요 구성 요소를 설명하시오.

1.2 다음 〈보기〉 중 소프트웨어의 주요 구성 요소를 모두 선택한 것은?

> **보기**
>
> ㉠ 프로그램　　㉡ 법령　　㉢ 데이터　　㉣ 관련 문서　　㉤ 사용 지침

① ㉠
② ㉠ - ㉡
③ ㉠ - ㉡ - ㉢
④ ㉠ - ㉡ - ㉢ - ㉣
⑤ ㉠ - ㉢ - ㉣ - ㉤

1.3 다음 중 핵심적인 소프트웨어 유형이 아닌 것은?

① 임베디드 소프트웨어
② 시스템 소프트웨어
③ 응용 소프트웨어
④ 유틸리티 소프트웨어

1.4 소프트웨어의 세 가지 종류를 설명하고, 소프트웨어 유형에 따르는 소프트웨어 제품의 예를 드시오.

1.5 Code-and-Fix 방식에 의한 소프트웨어 개발 방법을 설명하고, 이의 주요 문제점을 설명하시오.

1.6 소프트웨어 개발에서 Code-and-Fix 모델과 소프트웨어공학 적용의 주요 차이점을 설명하시오. 그리고 소프트웨어공학 적용으로 얻어지는 이점을 네 가지 이상 설명하시오.

정답 1.2 ⑤　　1.3 ①

연습문제

1.7 인간의 생애주기와 소프트웨어공학의 소프트웨어 개발 생명주기(SDLC)를 설명하고, 이들 간의 관계를 비교하여 설명하시오.

1.8 소프트웨어 개발 생산성에 영향을 주는 핵심적인 요소 세 가지를 열거하고, 그 개념을 설명하시오.

1.9 다음 〈보기〉 중 조직 관리의 효율성과 혁신을 위한 핵심 요소이고 소프트웨어 개발 생산성에 영향을 주는 세 가지 핵심 요소는?

보기
㉠ 인력(People) ㉡ 프로세스(Process) ㉢ 기술(Technology) ㉣ 자금(Money)

① ㉠
② ㉠ - ㉡
③ ㉠ - ㉡ - ㉢
④ ㉠ - ㉡ - ㉢ - ㉣
⑤ 해당 사항 없음

1.10 다음은 소프트웨어공학의 개념과 목적에 대한 설명으로 **가장 옳지 않은** 것은?

① 소프트웨어 개발에 대한 체계적이고 공학적인 접근방법이다.
② 소프트웨어공학의 최종 목표는 다소 고비용이 소요일지라도 좋은 품질의 소프트웨어 개발에 중점을 둔다.
③ 소프트웨어공학은 소프트웨어 관련 모든 작업을 효율적이고 체계적으로 관리하는 방법, 절차, 규정을 정의하는 것이다.
④ 소프트웨어공학은 결국 소프트웨어 생애주기의 모든 과정을 체계적이고 공학적 관리를 위한 여러 가지 프로세스를 소개하는 형태이다.
⑤ 소프트웨어 생애주기인 계획수립, 개발, 전개, 유지보수, 폐기의 모든 공정에 대한 효율적이고 체계적인 관리방법론이다.

정답 1.9 ③ 1.10 ②

연습문제

1.11 소프트웨어 개발 생명주기(SDLC)를 순서대로 바르게 연결한 것은?

① 계획수립 – 요구사항분석 – 설계 – 개발(구현) – 테스트 – 전개 – 운영 – 유지보수 – 폐기
② 계획수립 – 요구사항분석 – 설계 – 전개 – 테스트 – 개발(구현) – 운영 – 유지보수 – 폐기
③ 요구사항분석 – 계획수립 – 설계 – 전개 – 테스트 – 개발(구현) – 운영 – 유지보수 – 폐기
④ 요구사항분석 – 계획수립 – 설계 – 테스트 – 전개 – 개발(구현) – 운영 – 유지보수 – 폐기
⑤ 계획수립 – 요구사항분석 – 설계 – 개발(구현) – 테스트 – 전개 – 유지보수 – 운영–폐기

1.12 소프트웨어공학의 개념을 설명하시오. 그리고 소프트웨어공학에서 추진하는 궁극적인 목표는 무엇인가를 설명하시오.

정답 1.11 ①

CHAPTER 2

소프트웨어 개발 프로세스 모델

2.1 프로세스

2.2 소프트웨어 개발 접근 방식

2.3 소프트웨어 생명주기 관련 프로세스 종류

2.4 소프트웨어 개발 프로세스 모델

2.5 소프트웨어 개발 프로세스 모델 적용에서 주의할 점

■ 연습문제

학습목표

이 장은 소프트웨어 개발 과정에서 사용하는 소프트웨어 개발 접근 방식과 소프트웨어 개발 프로세스 모델, 소프트웨어 프로젝트 관리 프로세스 등에 대해 학습하고, 이 모델 간의 차이점을 비교하여 검토한다. 이를 위해 먼저 프로세스 개념을 이해하고, 소프트웨어 생애주기와 단계별 주요 산출물에 대해 학습한다. 그 세부적인 학습 목표는 다음과 같다.

- 소프트웨어공학에서 사용되는 프로세스 개념을 이해하고 설명할 수 있다.
- 소프트웨어 개발 생명주기와 단계별 산출물을 이해하고 설명할 수 있다.
- 소프트웨어 개발의 세 가지 접근 방식을 이해하고 설명할 수 있으며, 그 차이점을 설명할 수 있다.
- 소프트웨어 개발 프로세스 모델을 이해하고 설명할 수 있으며, 소프트웨어 개발에 적용할 수 있다.
- 여러 가지 소프트웨어 개발 프로세스 모델의 장단점을 비교하여 설명할 수 있다.
- 소프트웨어 개발 관리 프로세스를 이해하고 설명할 수 있다.

이 장은 소프트웨어 개발 접근 방식인 기능 중심 접근 방식, 데이터 중심 접근 방식, 객체지향 접근 방식의 세 가지 소프트웨어 개발방법론을 소개한다. 아울러 소프트웨어공학에서 언급되는 프로세스 개념을 정의하고 단계적 개발 프로세스의 주요 산출물을 알아본다. 또한 이번 장의 핵심 내용인 여러 가지 소프트웨어 개발 프로세스 모델(모형)과 소프트웨어 프로젝트 관리 프로세스를 소개할 것이다. 끝으로 여러 가지 소프트웨어 개발 프로세스 모델의 장단점을 비교하여 검토한다.

2.1 프로세스

이 절에서는 소프트웨어공학에서 자주 언급되는 프로세스 개념을 정의하고, 소프트웨어 개발 생명주기의 주요 단계별 산출물을 알아본다.

2.1.1 프로세스란 무엇인가?

컴퓨터과학에서 '프로세스(process)'는 학문 분야에 따라 다양하게 번역되고 있어 가끔 혼란스러울 때가 있다. 예로, 운영체계에서 프로세스란 '실행 중인 프로그램(running program)'으로 정의되고, 일반 공학에서는 프로세스는 작업 단계을 뜻하는 '공정'을 의미한다. 또한 제조공장(또는 건설 현장)에서 프로세스는 제품생산 라인에서 한 작업 단계를 뜻하며, 보통 '공정'이라 불린다. 소프트웨어공학에서 프로세스는 제조공장이나 건설 현장과 같이 소프트웨어 개발의 한 단계를 뜻하는 '공정'을 의미하지만, 일반적으로 영어를 그대로 발음하여 '프로세스'라 부른다. 따라서 소프트웨어공학에서 **프로세스(process)**란 소프트웨어 개발의 각 작업 단계를 의미한다.

- 사전적 의미로 프로세스란 일을 처리하는 경로나 단계를 뜻한다.
- 소프트웨어공학에서 프로세스(process)란 소프트웨어 개발 과정에서 각 작업 단계를 뜻한다. 그 의미는 제조공장에서 '공정'과 같다.
- 운영체계에서 프로세스란 '실행 중인 프로그램(running program)'을 뜻한다.
- 제조공장, 건축공학, 토목공학 등의 공학에서 프로세스란 작업 단계를 뜻하며, 보통 '공정'이라 부른다.

2.1.2 단계적 개발 프로세스와 주요 산출물

소프트웨어 개발 생명주기는 <그림 2.1>과 같이 계획수립, 요구사항분석, 설계, 구현, 테스트(단위테스트와 통합테스트), 전개(설치), 유지보수 등의 과정을 거친다. 이 과정에서 핵심적인 개발 프로세스는 요구사항분석, 설계, 코딩 및 테스트 과정이며, 단계별 주요 산출물은 <그림 2.2>와 <표 2.1>과 같이 요약된다. 여기서 요구사항분석은 요구사항 정의와 기초설계 내용을 포함하고, 설계 단계는 상세설계를 의미한다.

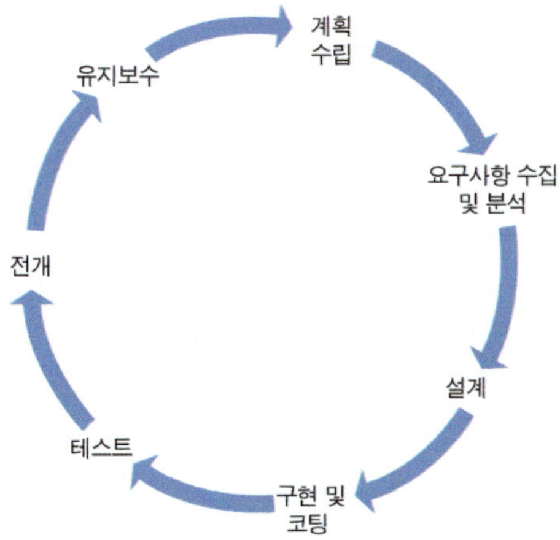

〈그림 2.1〉 소프트웨어 개발 생명주기

첫째, **계획수립** 단계에서는 소프트웨어 개발의 4대 필수 요소(4M)인 인력(Men), 재료(Material), 기계(Machine), 방법(Method) 및 개발 목표와 내용, 타당성 검토, 지원계획 등의 내용을 포함하는 시스템 정의서와 시스템 요청서를 작성한다. 시스템 요청서에는 비용 분석, 일정계획, 자원 추정과 할당과 같은 작업계획을 포함한다. 개발팀은 고객, 내부 및 외부 전문가, 관리자 등 여러 이해관계자의 요구사항을 수집하여 **시스템정의서(System Definitions)**를 작성한다. 프로젝트 계획수립 방법은 3장에서 상세히 기술된다. 시스템 정의서에는 기본적으로 기능적 요구사항(functional requirements)과 비기능적 요구사항(non-functional requirements)을 포함하여 시스템 개발에 필요한 업무 내용을 정의한다. 이를 바탕으로 경영자에게 보고할 시스템 요청서를 작성한다. **시스템 요청서(System Requests)**에는 시스템 구축에 대한 프로젝트 필요성, 시스템 요구사항, 작업분해도(WBS), 시스템 개발에서 얻어지는 가치 등을 기술한다. 업무 담당자는 보통 새로운 프로젝트를 시작하기 위해 조직 내 시스템 동의 절차의 일환으로 시스템 요청서를 작성한다. 시스템 요청서에는 대체로 프로젝트 스폰서, 프로젝트 추진자, 사업 필요성, 기능적·비기능적 요구사항, 사업의 유·무형 가치, 특별한 제약조건, 경제적·기술적·조직적·법적 타당성 분석 등의 내용을 포함한다. 여기서 경제적 타당성은 사업에서 발생하는 투자비(costs)와 이익금(benefits)을 식별하고, 이를 기반으로 현금흐름(cash flow), 현가(present value, PV), 순현재가치(net present value, NPV), 투자수익률(return on investment, ROI), 손익분기점(break-even point) 등에 의해 분석된다. 조직 타당성은 프로젝트 관련 이해관계자 분석을 통해 프로젝트 추진자, 조직관리, 시스템 사용자 등의 통해 분석된다. 기술 타당성은 프로젝트 수행에 필요한 HW, SW, NW 자원의 기술 충족성, 조직 내 프로젝트 수행에 필요한 기술의 보유 여

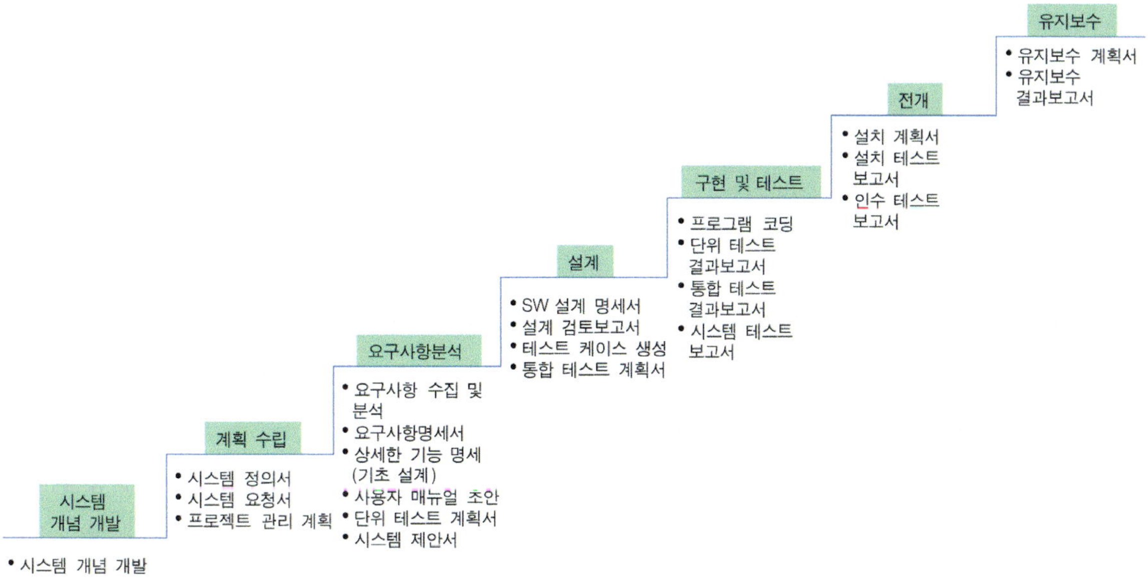

〈그림 2.2〉 소프트웨어 개발 주기와 단계별 주요 산출물

부와 그렇지 않다면 기술 문제의 해결 방법 등으로 분석된다. 아울러 개발 목표와 내용, 용어 정의, 작업 분해도(work breakdown sheet, WBS), 기능적·비기능적 요구사항, 사업의 타당성분석[1], 그리고 생산의 4대 요소인 인력(men), 예산(money), 재료(material)와 장치(mechanics) 등의 계획과 일정 계획수립 등의 내용을 포함한다.

둘째, **요구사항분석** 단계는 **소프트웨어 요구사항명세서(Software Requirements Specification[2], SRS)**, 사용자 설명서 초안, 단위테스트 계획서 등의 주요 산출물을 생성한다. 소프트웨어 요구사항명세서에는 시스템에 대한 사용자 요구사항, 업무 분석표, 소프트웨어의 기초설계 내용 등을 포함한다. 그 이유는 여러 명이 프로젝트에 참여하는 경우 다른 개발자와의 개발내용 공유를 위해 기초설계(i.e. 클래스와 메소드, 데이터베이스 스키마, 사용사례 다이어그램, 사용사례 명세, 시퀀스 다이어그램, 사용자 인터페이스

1 타당성 분석은 경제성·기술·조직·법/제도 타당성 검증을 뜻하며, 경제적 타당성 분석은 투자수익율(ROI), 손익분기점(break-even point), 순현재가치(NPV), 현재가치(PV) 등의 지표 분석에 통해 수행된다

2 명세(specification)는 어떤 사물이나 사람에 대한 설명서 또는 사양을 뜻하며, 동사는 'specify(명시하다)'이다. 줄임말로 일상생활에서 '스펙(Spec.) 또는 사양'이라는 뜻으로 해석되며, 어떤 것에 대한 상세 규격을 식별한다는 의미이다.

명세 등) 정보가 필요하기 때문이다. 먼저 **기능적 요구사항(functional requirements)**에는 시스템이 갖는 입력과 출력을 상세히 정의하는 것을 의미한다. 즉 기능적 요구사항에는 시스템이 수행할 기능, 처리하는 업무 규칙, 시스템에서 인증 절차, 시스템에서 추적해야 일, 시스템에서 요구되는 리포트 요구사항, 합법적인 규정과 절차, 트랜잭션의 실행 방법, 시스템의 외부 인터페이스, 처리해야 할 트랜잭션의 수, 사용자가 어떤 이벤트를 발생시키는 경우 시스템에서 반응해야 할 일, 시스템 공격에 대한 반응, 로그인 시 사용자 인증 방법 등을 상세히 기술해야 한다. **비기능적 요구사항(non-functional requirements)**은 시스템을 수행하는 데 필요한 제약조건으로 시스템 기능에는 영향을 주지 않지만, 시스템 수행에는 결정적인 영향을 주는 효과를 가지므로 중요한 요구사항에 해당된다. 비기능적 요구사항의 예제는 시스템의 실행 환경, 성능 요구사항(처리 속도, 메모리 용량), 신뢰성, 보안성, 사용성, 확장성, 이식성, 외부 인터페이스, 예외 조건, 자원, 인력의 제약조건 등을 들 수 있다. 한편 **소프트웨어 기초설계 내용**에는 요구사항으로부터 추출되는 사용사례 다이어그램(use-case diagram), 작업분해도(work breakdown sheet, WBS), 클래스 다이어그램(class diagram), 클래스 명세(class specification), CRC[3] card, 데이터베이스 스키마 명세, 시퀀스 다이어그램, 클래스에 속하는 메소드 명세, 사용자 인터페이스(user interface) 명세, 단위테스트 계획서 등의 기초설계 내용(일명 '기능명세(functional description)')을 내용을 포함한다. 또한 사용자 요구사항 정의에는 기능적 요구사항과 비기능적 요구사항을 함께 정의해야 한다. 결과적으로 **요구사항명세서(SRS)**에는 사용자 요구사항과 기초설계(기능명세) 내용을 포함하며, 이것은 설계 단계에서 필요한 모든 정보를 포함해야 한다. 또한 프로젝트의 요구사항분석이 완료되면, **시스템 제안서(system proposal)**를 작성하고 프로젝트의 본 계약 발주 작업을 진행하게 된다. 여기서 눈여겨볼 점은 계획수립단계에서 작성하는 프로젝트 요구사항 정의서와 시스템 정의서는 프로젝트 시작 준비단계에서 요구사항과 타당성을 검증하여 프로젝트 설립을 인가받기 위한 절차이고, 반면에 시스템 제안서는 시스템 요청서를 통해 인가받은 프로젝트를 진행하면서 구체적인 기초적 요구사항을 분석하고 이를 기반으로 상세설계와 구현, 전개를 위한 2단계 프로젝트 발주의 토대를 제공한다. 따라서 **시스템 제안서**는 계획수립과 요구사항분석의 결과물을 모두 포함하여 상세설계에 필요한 모든 정보를 충분히 제공하여 설계 및 구현 단계의 프로젝트 계획수립에 차질이 없도록 해야 한다. **시스템 제안서에 포함되는 항목**은 개략적으로 다음과 같다.

3 Class-Responsibility-Collaboration (CRC) card

- 프로젝트 개요(개발 목표 및 내용)
- 사업 추진 필요성
- 프로젝트 추진자
- 프로젝트 스폰서
- 기능적·비기능적 요구사항
- 작업분해도(WBS)
- 사업의 유·무형 가치
- 타당성 분석(기술적, 경제적, 조직적, 법적)
- 특별한 제약조건
- 업무 계획(work plan), 추진전략 및 방법
- 예산 계획
- 인적·물적 자원 추정 및 할당 계획
- 일정계획
- 현재 시스템(as-Is) 모델
- 기초설계 내용으로 작업분해도(work breakdown structure, WBS), 사용사례 다이어그램(use-case diagram), 클래스 다이어그램, 클래스 명세, CRC[4] card, 데이터베이스 스키마 명세, 시퀀스 다이어그램, 클래스에 속하는 메소드 명세, 사용자 인터페이스 명세 등을 포함한다.
- 단위테스트 계획서

셋째, **설계** 단계는 **소프트웨어 설계명세서(software design description[5], SDD)**, 통합 테스트 계획서 등의 산출물을 생성한다. 여기서 설계 단계는 상세설계 단계를 의미하며, 상세설계 결과물은 다음 단계인 구현에 필요한 모든 정보를 완벽히 포함해야 한다. 따라서 **설계명세서**에는 소프트웨어 아키텍처 설계, 사용자 인터페이스 설계, 데이터 설계, 클래스에 속하는 메소드 알고리즘 설계, 시퀀스 다이어그램에 대

---

4 Class-Responsibility-Collaboration (CRC) card

5 명세(description)는 '어떤 것에 대해 기술적으로 설명하다.'라는 '기술'의 뜻을 가지며, 동사는 'describe(기술하다)'이다. 여기서 specification과 description은 한글로 똑같이 '명세'로 번역되지만, 그 의미는 차이가 있다. 영어에서 그 동사형인 'specify는 어떤 사양을 명세하다'와 'describe는 기술적으로 설명하다'라는 뜻의 '기술하다'로 해석되며, 본 교재에서는 주로 '기술하다'라는 의미로 사용할 것이다.

한 알고리즘 설계, 테스트 케이스 생성, 통합 테스트 계획서 등의 내용을 포함한다. 세부적으로 데이터 설계에는 클래스 설계, 데이터베이스 스키마 설계, Abstract/Interface 클래스 설계, 데이터 구조 설계 등을 포함한다. 결과적으로 **소프트웨어 설계명세서에 포함되는 핵심 내용**은 다음과 같다.

- 시스템 아키텍처 설계(HW, NW, SW)
- 사용자 인터페이스(UI) 설계
- 데이터 설계
- 시퀀스 다이어그램(사용사례)에 대한 알고리즘 설계
- 클래스에 속하는 메소드 알고리즘 설계
- 테스트 케이스 생성
- 통합테스트 계획

넷째, **코딩 및 테스트** 단계는 시스템의 모든 구성 요소에 대한 구현 결과를 완성하는 단계로 주요 산출물에는 **프로그램 코드**, **사용자 인터페이스 구현**, **데이터베이스 스키마 구현**, 그리고 이들에 대한 **단위 테스트** 및 **통합테스트** 보고서를 산출한다.

다섯째, **전개(deployment)** 단계는 구현 및 테스트 완료된 소프트웨어를 사용자 컴퓨터에 설치하고 이의 검증과정을 수반한다. 따라서 전개 단계는 시스템 설치 계획서, 설치 테스트, 인수테스트 등의 결과물을 산출한다.

여섯째, **유지보수(maintenance)** 단계는 개발된 소프트웨어 시스템을 설치하고 인수한 후, 운영 단계에 대한 유지보수계획서와 결과보고서 등의 결과물을 산출한다.

〈표 2.1〉 소프트웨어 개발 생명주기 단계별 주요 산출문

추진 단계	주요 산출물	포함되는 내용들
계획수립	• 시스템 정의서 • • 시스템 요청서	시스템 제안서에는 다음 사항을 포함한다. • 개발 목표와 내용 • 작업분해도 • 기능적·비기능적 요구사항 • 타당성 분석(기술적·경제적·조직적·법·제도적) • 4M인 인력, 예산, 재료/장치, 방법 등의 자원 추정 및 할당 계획수립

추진 단계	주요 산출물	포함되는 내용들
		• 일정계획(CPM 네트워크, PERT 챠트, Gantt 챠트 등)
요구사항분석	• 요구사항 명세서 • 요구사항 검토보고서 • 사용자 매뉴얼 초안 • 단위테스트 계획서 • 시스템 제안서	요구사항 명세서에는 개발에 필요한 모든 **기능적 요구상, 비기능적 요구사항,** 그리고 **기초설계(또는 기능명세)** 수준의 내용을 기술한다. 기초설계에는 데이터 명세, 사용자 인터페이스 명세, 시퀀스 다이어그램, 클래스에 속하는 메소드 알고리즘 명세, 사용자 매뉴얼 초안, 단위테스트 계획서 등을 포함한다. • 개발 목표 및 내용 • 작업분해도(WBS) • 기능적 요구사항(사용자 요구사항) • 비기능적 요구사항(시스템, 성능, 보안, 사용성, 신뢰성, 확장성, 이식성, 외부 • 인터페이스, 예외조건, 자원, 인력 등) • 사용사례(use-case) 다이어그램 • 사용사례 명세 • 데이터 명세에는 다음 항목을 포함한다. - 클래스 다이어그램 클래스 명세 - 클래스의 데이터베이스 스키마 테이블 명세 - Abstract/Interface 클래스 명세 - 데이터 구조 명세 • 사용자 인터페이스(user interface, UI) 명세 • 사용사례에 대한 시퀀스 다이어그램 • 클래스의 메소드 알고리즘 명세 • 사용자 매뉴얼 초안 • Software Prototype 구현(선택사항) • 단위테스트 계획서 **요구사항명세서는 다음 단계인 상세설계 단계에서 필요한 모든 소프트웨어 기초 설계 정보를 상세히 제공해야 한다.**
(상세) 설계	• 설계명세서 • 설계 검토보고서 • 테스트 케이스 생성 • 통합테스트 계획서	소프트웨어 설계명세서에는 상세 설계 항목으로 시스템 아키텍처 설계, 사용자 인터페이스 설계, 데이터 설계, 메소드 알고리즘 설계, 사용사례의 알고리즘 설계, 설계상 제약조건, 테스트 케이스, 통합 테스트 계획서 등을 기술한다. 따라서 **소프트웨어 설계명세서는 구현 단계에서 필요한 모든 정보를 제공해야 한다**. 즉, • 시스템 아키텍처 설계(HW, NW, SW) • 사용자 인터페이스(UI) 설계 • 데이터 설계에는 다음 사항을 포함한다. - 클래스 설계 - Abstract/Interface 클래스 설계 데이터베이스 스키마 테이블 설계 - 데이터 구조 설계

추진 단계	주요 산출물	포함되는 내용들
		• 시퀀스 다이어그램에 대한 알고리즘 설계 • 클래스별 메소드(알고리즘) 설계 • 설계상 제약조건 등 • 테스트 케이스(Test Oracle) 생성 • 통합테스트 계획서
코딩 및 테스트	• 프로그램 코드 • 단위테스트 보고서 • 통합테스트 보고서 • 시스템테스트 보고서	• 프로그램 파일에는 파일 헤더를 포함한다. • 메소드마다 메소드 헤더를 포함한다. • 메소드 주요 부분에 주석을 달아야 한다. • 단위테스트(모든 요소 대상) • 통합테스트 • 시스템테스트(α-test, β-test)
전개	• 시스템 설치 계획서 • 설치 테스트 보고서 • 인수 테스트 보고서	• 시스템 설치 계획 • 설치 테스트 • 인수 테스트
유지보수	• 유지보수계획서 • 유지보수 결과보고서	• 유지보수 계획수립 • 유지보수 결과 보고

따라서 본 교재의 나머지 부분은 위의 각 항목에 대해 순차적으로 작업 방법, 작업 절차, 작업 도구, 산출물, 관리 방법 등을 소개하는 형태가 될 것이다.

2.2 소프트웨어 개발 방법론

소프트웨어는 처리할 데이터(data)와 이를 처리하는 프로그램(program)으로 구성된다(**Software = Data + Program**). 이에 따라 소프트웨어 개발 접근 방식은 크게 문제 해결에 필요한 데이터를 중심으로 접근하는 방식, 프로그램(기능)을 중심으로 접근하는 방식, 한 단계 더 나아가 문제 해결에 필요한 객체(object)를 중심으로 접근하는 방식으로 분류된다. 따라서 소프트웨어 개발 접근 방식은 개발하는 시스템을 어디에 중점을 두고 문제를 해결하는 관점에 따라 1) 기능 중심 접근 방식(function-oriented approach), 2) 데이터 지향 접근 방식(data-driven approach), 3) 객체지향 접근 방식(object-oriented approach) 등으로 분류된다. 기능 중심 접근 방식은 소프트웨어를 구성하는 프로그램(기능, 절차) 중심의 문제 해결 방식으로 일명 '프로세스 중심 개발방식 또는 절차 중심 개발방식'이라 한다. 따라서 지금까지 개발된 주요 **소프트웨어 개발방식(Software Development Methods)**은 대표적으로 1) 기능(절차) 중심 접근 방식, 2) 데이터 지향 접근 방식, 3) 객체지향 접근 방식의 세 가지 방법으로 분류된다. 그러므로 소프트웨어 개발방법론의 패러다임 출현은 그 시점마다 소프트웨어 개발 환경의 획기적인 변화가 발생했음을 알 수 있다. 여기서 패러다임이란 시스템 개발 접근 방식에서 아주 획기적인 변화를 일으키는 개발방법론의 탄생을 의미한다. 개발방법론에 대한 개략적인 설명은 다음과 같다.

기능 중심 접근 방식은 주로 C, COBOL 프로그래밍을 통해 경험했던 접근 방식으로 주로 해결하는 문제를 '기능(프로세스), 처리하는 절차 중심으로 분해'하고 모듈화하는 문제 해결 방식이다. 따라서 이의 주요 단점은 시스템의 기능 중심 분해로 인해 하나의 함수(function)에서 여러 개의 데이터를 처리하고 이로 인해 전체 시스템이 복잡하게 구성되어 꼬이는 혼잡 현상이 발생하며, 이것은 추후 시스템의 확장성과 유지보수성을 크게 떨어지는 문제점을 발생시킨다.

데이터 중심 접근 방식은 절차 중심 개발방법론에서 객체지향 개발방법론으로 발전하는 중간 역할을 담당했던 패러다임으로 해결하려는 문제를 취급하는 데이터를 중심으로 분해하고 이 데이터를 중심으로 필요한 기능(메소드)을 해결하는 문제 해결 방식이다. 이로 인해 전체적인 시스템은 자연스럽게 데이터(또는 데이터 구조)와 관련 프로그램으로 분해되며, 이것은 최근에 많이 사용되고 있는 객체지향 개발방법론의 모태를 제공하였다. 결국 데이터 지향 접근 방식은 곧이어 객체지향 접근 방식을 출현시키는 계기가 되었다고 할 수 있다.

객체지향 접근 방식은 데이터 지향 개발방법론의 출현을 거쳐 해결하려는 문제를 객체(object) 중심으로 분해하여 접근하는 방식이다. 여기서 객체는 클래스를 정의하는 '데이터'와 이의 관련 '메소드(함수)'로 구성된다.

여기서 Code-and-Fix 접근 방식은 전통적인 소프트웨어 개발 방식이므로 자세한 설명은 생략하고, 나머지 세 가지 접근 개발방법론에 대한 세부적인 설명은 다음과 같이 요약된다.

대표적인 소프트웨어 개발방법론은 다음과 같이 세 가지 방식이 있다.

- 기능(절차) 중심 개발방법론(function-centered approach)
- 데이터 지향 개발방법론(data-oriented approach)
- 객체지향 개발방법론(object-oriented approach)

2.2.1 기능 중심 개발방법론

기능 중심 개발방법론(절차 중심 패러다임)은 문제 해결에 필요한 데이터 모델링보다는 처리하는 기능 중심(function-oriented)으로 접근하는 개발 방법이며, **구조적 분석/설계/프로그래밍(structured analysis/design/programming)**의 문제 해결 방식으로 잘 알려져 있다. 이 방법은 1970년대와 1980년 초기에 영국 데이터베이스 프로젝트 개발 표준으로 Learmonth Burchett Management Systems(LBMS)와 the Central Computer Telecommunications Agency (CCTA)에 의해 개발되었고, 프로세스의 단계적 정제(stepwise refinement) 개념을 포함하고 하향식(top-down approach)을 사용하여 시스템의 전체 기능을 점진적으로 세분하고 순서화하는 방식이다. 따라서 **기능 중심 개발방법론**은 시스템에 포함되는 데이터보다 프로세스(기능)에 초점을 두고 프로세스 기능을 점진적으로 분해하고 모듈화하면서 문제를 해결하는 방법이다.

이러한 기능 중심 접근 방식은 프로그램의 **기능**에 집중하여 전체 문제를 단계적으로 세분화하고, 단계적 개선은 **반복적인 절차적 분해**를 기반으로 한다. 단계적 세분화는 세부 수준이 높아지는 계층 구조로 프로그램을 세분화하는 하향식 전략이다. 먼저 프로그램의 기능에 대한 개괄적인 설명부터 시작한다. 그런 다음 각 단계에서 상위 수준 설명의 한 부분을 가져와서 세분화한다. 세분화는 사실 정교화 과정이다. 이 과정은 고도의 개념적 모델에서 낮은 수준의 세부 사항으로 진행된다. 각 모듈의 세분화는 프로그래밍 언어의 문 수준에 도달할 때까지 반복적으로 이루어진다. 예로, <그림 2.3a>는 주어진 문제를 기능(프로세스) 중심으로 분해하고 순서화하며 단계적인 정제 과정을 거쳐 문제를 해결하는 접근 방식이다. 이러한 기능 중심 접근 방법에서는 '도서를 대여하다'라는 기능 구현에 'Book'과 'Personal' 데이

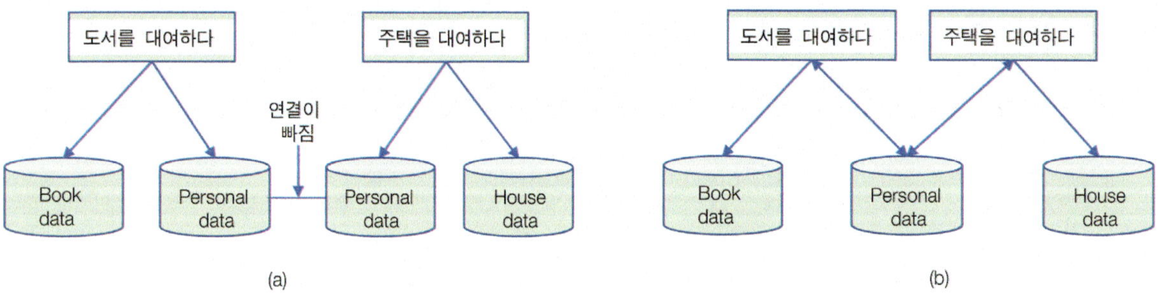

〈그림 2.3〉 프로세스 중심 방식과 데이터 중심 방식의 차이점:
(a) 프로세스 중심 접근 방식; (b) 데이터 중심 접근 방식

터가 연관되고, 'Personal' 데이터가 중복되는 문제점을 볼 수 있다.

2.2.2 데이터 중심 개발방법론

데이터 중심 개발방법론(데이터 중심 패러다임)은 <그림 2.3b>와 같이 개발하는 시스템을 데이터 중심으로 문제를 분해하여 해결하는 접근 방식이다. 이 방식은 주로 처리할 대규모 데이터량을 갖는 게임 프로그래밍에서 1) 처리할 데이터 종류, 2) 데이터의 메모리 저장 방법, 3) 데이터를 어떻게 빨리 읽고 처리할 것인가에 초점을 두고 문제를 해결하는 방식이다.

데이터 중심 접근 방식의 장점은 CPU의 메모리 참조 지역성(locality of references) 원리를 이용하는 데 있다. 결국 CPU의 참조 지역성이 최적화되도록 코딩하는 것은 멀티 CPU를 갖는 컴퓨팅 시스템에서 병렬처리 구현을 용이하게 한다. 이 방식은 또한 메모리 캐싱의 효율적인 사용을 제공한다. 그 이유는 CPU에서 반복되는 동일 연산 결과를 캐시메모리에서 다시 재활용할 수 있으므로 동일 연산의 처리 시간을 줄일 수 있다. 한편 이 방식은 객체지향 접근 방식이 출현하기 전에 '**데이터 + 관련 연산**'을 함께 처리하는 형태의 시스템 개발로 실질적인 객체지향 방식의 모태 역할을 제공했다고 볼 수 있다.

2.2.3 객체지향 개발방법론[6]

객체지향 개발방법론(객체지향 패러다임)은 P. Coad와 E. Yourdon[7]에 의해 개발된 방법으로 <그림 2.4>와 같이 해결하려는 문제 영역을 **객체 클래스(object class)** 집합으로 간주하고 모델링하고 구현하며, 클래스 간의 일반화와 상세화 및 전체-부분화 관계 등을 설정하고 객체 중심으로 문제를 해결하는 접근 방식이다. 이 방식은 다음과 같이 문제 영역을 5개 계층 모델로 순차적으로 문제를 해결한다. 1) '**클래스-객체 계층**'으로 문제 영역에서 어떤 자료구조, 다른 시스템, 사건, 역할, 연산 순서, 장소, 조직 등의 객체 클래스를 식별한다. 2) '전체-부분화(whole-part) 계층'으로 클래스와 클래스 간의 **연관관계**(일대일, 일대다 또는 다대일, 다대다)를 설정한다. 3) '**구조화 계층**'으로 식별된 객체로부터 상위클래스와 하위클래스를 구별하여 일반화 및 상세화를 수행한다. 4) '**속성 계층**'으로 식별된 클래스 또는 클래

6 Robert G. Fichman and Chris F. Kemerer(1992), Object-oriented and conventional analysis and design methodologies, IEEE Computer (25/10).

7 P. Coad and E. Yourdon (1991), Object-Oriented Design, Prentice Hall (Yourdon Press).

스 간의 관계(relationship)에 대한 속성(attributes)을 정의한다. 5) 끝으로 각 클래스에 속하는 **연산(서비스)과 메시지**를 식별한다.

객체지향 접근 방식은 이렇게 프로그램이 수행하는 기능이 아니라 프로그램에서 조작하는 객체 중심으로 문제를 분해하고 설계하는 방식이다. 따라서 기능 중심 접근 방식과 정반대 개념이다. 객체지향 방식은 어떤 문제 관련 '사물(객체)'에 대한 조사에서 시작하여 이러한 사물은 속성과 행동 측면에서 개별적인 특성을 가지고 있다. 여기서 이 객체의 모든 상태 및 표현 정보가 객체 자체에 보관되어 있기 때문에 쉽게 변경될 수 있는 독립적인 개체이다. 객체는 분산될 수 있으며 순차적으로 또는 병렬로 실행될 수 있다. 객체 지향 기술에는 다음 세 가지 키워드가 포함된다.

- 객체(Object): 소프트웨어 패키지는 관련된 엔티티 메시지로 작동하는 모든 데이터와 서비스를 포함하는 실제 엔티티와 대응하도록 설계된다.
- 메소드 간의 통신: 객체가 함께 작동하는 방식을 제공하는 통신 메커니즘이 설정된다.
- 메소드(Method): 메소드는 문제 영역의 기능적 요구사항을 충족하기 위해 객체가 수행하는 서비스로서 객체 클래스에서 처리하는 연산이다. 객체는 메시지를 통해 다른 객체의 서비스를 요청한다. 결국 객체와 객체 간에는 메소드 수행을 요청하고 이의 처리 결과를 반환받는 방식으로 모든 일은 처리된다.

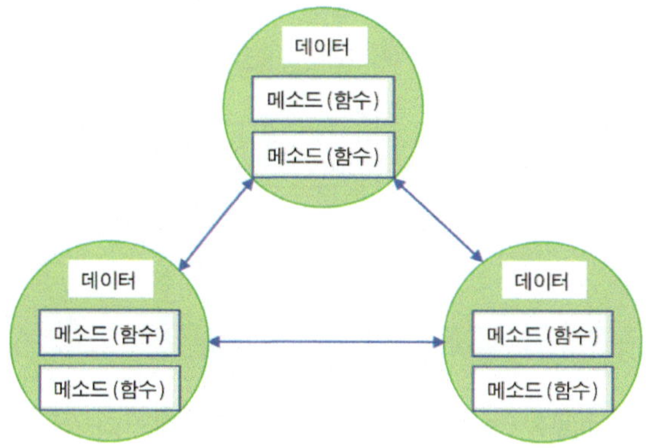

〈그림 2.4〉 객체지향 접근 방식

객체지향 접근 방식의 주요 특징은 다음과 같다. (**유사점**) 객체지향 방식과 데이터 중심 방식은 데이터 중심 방식과 같이 데이터(자료구조)와 이를 처리하는 연산이 함께 따라다닌다는 점에서 상당히 유사하다. (**차이점**) 객체지향 방식에는 클래스의 캡슐화에 의한 정보은닉, 클래스 간의 상속 관계, 메소드의 다형성 등의 특징이 제공되지만, 데이터 중심 방식은 이러한 개념을 제공하지 못한다. 따라서 객체지향 접근 방식은 이전의 데이터 중심 접근 방식에서 진화한 새로운 접근 방식이라 볼 수 있다.

2.3 소프트웨어 생명주기 관련 프로세스 종류

소프트웨어 관련 수주, 공급, 기술 관리, 계획, 개발, 운영, 폐기에 이르는 **소프트웨어 생명주기 프로세스**는 **ISO/IEC/IEEE 12207**에 따르면 크게 1) 계약 프로세스, 2) 프로젝트 조직 관리 프로세스, 3) 기술 관리 프로세스, 4) 기술 프로세스 등으로 분류되며, 세부적으로 <표 2.2>와 같이 34종류의 프로세스가 있다. 주요 소프트웨어 프로세스 종류는 다음과 같이 요약된다.

- <**계약 프로세스**>에는 수집 프로세스와 공급 프로세스가 있다. 수집 프로세스는 제품(또는 서비스)의 요청기관에서 공급자 선정을 준비하고 공급자 후보군을 선택하며, 요청자와 공급자 간의 계약서를 작성하는 활동이다. 공급 프로세스는 공급을 준비하고 제품의 공급 요청에 응답하고 쌍방 간의 계약을 성사하고 유지관리하는 활동이다.
- <**프로젝트 조직 관리 프로세스**>에는 생명주기 모델 관리 프로세스, 기반 구조 관리 프로세스, 포트폴리오 관리 프로세스, 인력관리 프로세스, 품질관리 프로세스, 지식관리 프로세스 등이 있다.
- <**기술 관리 프로세스**>에는 프로젝트 관리 프로세스로서 프로젝트 계획관리 프로세스, 프로젝트 평가 및 제어 프로세스, 의사결정 관리 프로세스, 위험관리 프로세스, 형상 관리 프로세스, 정보관리 프로세스, 평가 프로세스, 품질보증 프로세스가 있다.
- <**기술 프로세스**>에는 주로 소프트웨어 개발 관련 프로세스로서 업무분석 프로세스, 이해관계자 및 요구사항 정의 프로세스, 시스템/소프트웨어 요구사항 정의 프로세스, 아키텍처 설계 프로세스, 설계 정의 프로세스, 시스템 분석 프로세스, 구현 프로세스, 통합 프로세스, 검증 및 보증 프로세스, 전개 프로세스(transition process), 운영 프로세스, 유지보수 프로세스, 폐기 프로세스 등이 있다.

본 교재는 단지 소프트웨어 관련 모든 프로세스 종류를 소개하고 전체적인 소프트웨어 프로세스 종류를 이해시키는 데 목적이 있으며, 이 중 몇 가지 프로세스에 초점을 두어 소프트웨어공학의 개념을 이해시키는 데 초점을 둘 것이다.

〈표 2.2〉 ISO/IEC/IEEE 12207의 소프트웨어 생명주기 프로세스 리스트

프로세스 종류	세부 프로세스
Agreement processes	• Acquisition process • Supply process
Organizational project–enabling processes	• Life cycle model management process • Infrastructure Management process • Portfolio Management process • Human Resource Management process • Quality Management process • Knowledge Management process
Technical management processes	[Project planning] • Project assessment and control • Decision management • Risk management • Configuration management • Information management • Measurement • Quality assurance
Technical processes	• Business or mission analysis • Stakeholder needs and requirements definition • Systems/Software requirements definition • Architecture definition • Design definition • System analysis • Implementation • Integration • Verification • Transition • Validation • Operation • Maintenance • Disposal

2.4 소프트웨어 개발 프로세스 모델

소프트웨어 개발과 운영은 여러 가지 작업 과정이 필요하다. 일반적으로 **소프트웨어 개발 과정**은 1) 요구사항분석, 2) 설계, 3) 개발(구현), 4) 테스트(단위테스트, 통합테스트, 시스템테스트), 5) 전개(설치 테스트, 인수테스트) 6) 유지보수 등의 프로세스로 구성된다. 이러한 소프트웨어 개발 프로세스를 흔히 '**소프트웨어 개발 생명주기(Software Development Life-Cycle, SDLC)**'라 한다. 소프트웨어 개발 생명주기는 6~8단계의 프로세스로 구성되며 발표기관에 따라 다소 차이가 있다. 또한 소프트웨어 개발 생명주기의 프로세스 구성에 따라 여러 가지 소프트웨어 개발 프로세스 모델로 분류된다. 지금까지 개발된 대표적인 **소프트웨어 개발 프로세스 모델(Software Development Models or Software Development Methodologies)**은 기본적으로 폭포수 모델, 프로토타이핑 모델, V자 모델, 나선형 모델, 반복적 증감형 모델, 애자일 모델, 익스트림 프로그래밍 등의 모델이 있다. 다음은 위의 소프트웨어 개발 프로세스 모델에 대한 상세한 설명과 장단점을 소개한다.

대표적인 소프트웨어 개발 프로세스 모델은 다음과 같다.

- 폭포수 모델(waterfall model)
- 프로토타이핑 모델(rapid prototyping model)
- 나선형 모델(spiral model)
- V-모델(V-model)
- 반복적 증감형 모델(iterative incremental model)
- 애자일 모델(agile model)
- 익스트림 프로그래밍(extrem programming, XP)

2.4.1 폭포수 모델

폭포수 모델(waterfall model)은 순차적인 소프트웨어 개발 프로세스로서 개발 과정이 '계곡에서 물이 연속하여 떨어지는 폭포수처럼 보인다'하여 이름이 붙여진 프로세스 모형이다. 폭포수 모델의 소프트웨어 개발 과정은 <그림 2.5>와 같이 1) 요구사항분석, 2) 설계, 3) 구현, 4) 테스트, 5) 전개[8], 6) 유지보수 등의 순차적 개발 단계를 거쳐 완성하는 방식이다.

객체지향 방법론에서 폭포수 모델을 적용하여 소프트웨어를 개발한다면, 각 단계에서 수행하는 내용은 다음과 같이 요약된다. 첫째, **요구사항분석(requirements analysis)** 단계에서는 개발하는 문제 영역에 대한 소프트웨어의 기능적 요구사항과 비기능적 요구사항을 정의하고, 이의 기초설계 내용을 기술한다. 기초설계 내용에는 시스템에 대한 사용사례 다이어그램 및 사용사례 명세, 클래스 다이어그램, 클래스의 스키마 테이블 명세, 클래스 명세, 시퀀스 다이어그램, 사용자 인터페이스(UI) 명세, 클래스별 메소드 알고리즘 명세, 그리고 테스트 계획서 등의 작성을 포함한다. 둘째, **설계(design)** 단계는 상세설계를 의미하며, 상세설계에는 이전 단계의 결과물인 요구사항명세서를 기반으로 소프트웨어 상세설계로서 클래스 설계, 데이터베이스 스키마 설계, 시퀀스 다이그램에 대한 알고리즘 설계, 클래스의 메소드 알고리즘 설계, 사용자 인터페이스 설계, 아키텍처 설계(HW, SW, NW 포함), 비기능적 요구사항의 알고리즘 표현 등의 내용을 기술한다. 특히 소프트웨어 설계명세서는 다음 단계인 구현 단계에서 필요로 하는 모든 사항을 기술하여 구현에 필요한 모든 정보가 포함되도록 완전하게 기술해야 한다. 셋째, **구현** 단계는 설계명세서에 포함된 모든 내용을 실제 실현하는 것으로 데이터베이스 스키마 구현, 사용자 인터페이스 구현, 클래스 구현, 사용사례 알고리즘의 구현, 클래스에 속하는 메소드 알고리즘 구현 등을 거쳐 실제 작동하는 소프트웨어를 만들어내는 과정이다. 넷째, **테스트** 단계는 구현된 프로그램을 검증하는 과정으로 메소드 또는 사용사례(또는 사용 시나리오)의 동작이 정상적으로 동작하는가를 검사하는 것으로 단위테스트, 통합테스트, 시스템테스트 단계를 거쳐 완성된다. 단위테스트는 메소드 단위의 테스트를 의미하며, 통합테스트는 단위테스트가 완성된 모든 메소드를 통합한 완성 시스템이 정상적으로 동작하는가를 검사하는 것이다. 통합테스트가 완료된 소프트웨어 제품은 시스템테스트를 거쳐 고객이 원하는 모든 기능을 제공하는지 확인하는 기능 테스트를 수행하며, 또한 비기능적 요구사항인 성능 요구사항, 보안 요구사항, 사용성 요구사항, 호환성 요구사항 등에 대해 성능 테스트, 보안성 테스트, 사용성 테스트, 호환성 테스트 등을 수행한다. 결과

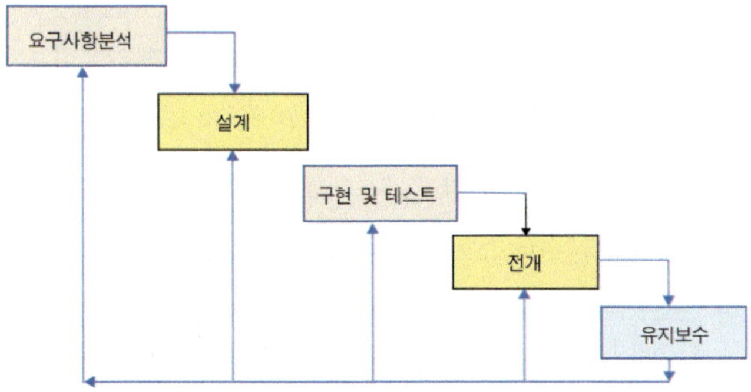

〈그림 2.5〉 폭포수 모델

8 전개(deployment)는 개발된 시스템의 설치 및 테스트를 의미한다.

적으로 시스템테스트는 통합테스트가 이뤄지고 개발자 입장에서 시스템의 모든 기능적·비기능적 기능을 모두 검사하는 과정이다. 시스템테스트가 완성되면 시스템은 이제 고객에게 인도된다. 다섯째, **전개** 단계는 개발이 완성된 소프트웨어를 시스템에 설치하고 사용에 문제가 없는지를 검증하는 작업이다. 따라서 전개 단계는 개발자 환경 중심의 α -테스트, 고객의 사용자 운영환경에서 수행하는 β-테스트, 실제 고객의 시스템 환경에 설치하고 인도하여 검사하는 인수테스트 등을 거쳐 최종적으로 고객이 사용할 수 있는 소프트웨어 완제품을 인계하는 작업 과정이다. 여섯째, **유지보수** 단계는 고객에게 소프트웨어 완제품을 인도하고 그 이후에 피드백 기반 주기적인 검토와 갱신 작업으로 주로 계속되는 관찰, 버그 수정, 새로운 버전의 갱신, 새로운 기능 추가 등의 작업을 수행한다.

이러한 폭포수 모델의 특징을 요약하면 다음과 같다. 첫째, 이전 단계의 수행이 완료되기 전에는 다음 단계로 진행할 수 없도록 엄격히 제한한다는 특징이 있다. 단, 현재 단계에서 문제가 발생하면 바로 이전 단계 또는 문제가 발생한 단계부터 순차적으로 수정하여 문제를 해결할 수 있다. 둘째, 개발 과정이 요구사항분석, 설계, 구현, 테스트, 전개, 유지보수 등의 작업을 각각 전문팀을 구성하여 파이프라인(pipeline) 방식의 작업 진행이 가능하다. 셋째, 폭포수 모델은 비교적 단기간의 연구 프로젝트에 적합하다. 넷째, 폭포수 모델은 애매한 요구사항이 없이 요구사항이 명확하고 유동적이지 않고 명확히 문서화 되고 제품 정의가 안정적이며, 필요한 기술을 충분히 이해하고 변동성이 적고 필요한 개발 인력을 충분히 가용할 수 있고 짧은 개발기간의 프로젝트 등의 특징을 갖는 응용 분야에 적합한 개발 프로세스이다. 셋째, 폭포수 모델은 다른 소프트웨어 개발 프로세스 모형의 근간이 되며, 기본 모델로서 그 중요성이 크다는 특징이 있다.

폭포수 모델이 갖는 주요 장점은 다음과 같이 요약된다.

- 요구사항을 잘 이해하고 있는 문제나 연구 중심 프로젝트 개발에 적합하다.
- 개발기간에 요구사항의 변경 또는 진화가 많지 않은 프로젝트에 적합하다.
- 비교적 요구사항이 명확하거나 요구사항 수정이 극히 제한적인 경우에 적합하다.
- 비교적 개발기간이 짧고 위험이 적은 소규모 프로젝트에 적합하다.
- 각 단계마다 결과물이 생성되고 이의 타당성 검토를 분석할 수 있다.
- 모델의 사용이 간편하고 이해하기 쉽다.
- 모델의 엄격성 때문에 관리가 쉽고 업무 배정이 용이하다.
- 개발 프로세스에서 한 번에 한 단계씩 처리하여 진행된다.

- 프로세스마다 결과물의 문서화가 잘 이뤄진다.

반면 폭포수 모델은 개념화 단계에서 명확히 문서화 되지 않은 부문의 변경은 상당히 어려운 편이며, 이 모델의 주요 단점을 정리하면 다음과 같다.

- 분석, 설계, 구현, 테스트, 전개 등의 긴 개발 주기를 가진다.
- 개발 주기의 최종 단계에 도달해야 드디어 작동하는 소프트웨어를 확인할 수 있다.
- 비교적 장기 또는 진행 중인 프로젝트에는 부적합하다.
- 요구사항 변경이 많은 프로젝트에는 부적합하고, 이런 경우 높은 위험성과 불확실성이 크다. 즉 자주 변경되는 요구사항을 수용하기 어렵다.
- 단계별로 프로젝트 진척도 측정이 어렵다.
- 단계별로 진행이 엄격하다. 한 단계를 마치면 변경에 대한 여유가 많지 않다.
- 개발 도중에 프로젝트 범위 조정은 프로젝트 종료로 이어질 수 있다. 특히 개발이 많이 진행된 도중에 변경되는 사양에 대해 대처하기 어렵다.
- 프로젝트가 중간에 취소되면 투자 비용의 회수 방법이 없다.
- 프로그램 코드가 완성되는 최종 단계까지 오류가 발견되지 않으면 수정 비용이 증폭될 수 있다.

2.4.2 프로토타이핑 모델

프로토타이핑 모델(rapid prototyping model)은 실제 소프트웨어 개발이 완성되기 전에 동작하는 시스템 프로토타입 구축을 요구하는 접근 방법이다. 사전에 구축되는 프로토타입 시스템은 실제 완제품 소프트웨어와 비교하여 제한된 기능을 수행하고 낮은 신뢰성, 낮은 성능을 갖는 가상 버전으로 간주한다. 고객은 소프트웨어 제품에서 최종적으로 무엇을 기대할 수 있는가를 하는 정보를 제공 받을 수 있다. 결국 프로토타입은 시스템에 상세한 입력, 처리내용, 출력 요구사항 등이 빠져있는 시나리오 수준으로 해석된다. 따라서 **프로토타입 모델의 개발 과정**은 <그림 2.6>과 같이 요구사항 수집, 빠른 결정, 고객의 요구사항 정제와 프로토타입 구축, 프로토타입에 대한 고객의 평가를 거치고, 고객의 동의가 있을 때 계속하여 설계, 구현, 테스트, 전개, 유지보수 등의 과정을 통해 소프트웨어 개발을 완성하는 방식이다.

이 모델의 특징은 요구사항분석 단계에서 프로토타입 또는 사용자 인터페이스 수준의 프로토타입을 개발하여 고객의 평가 과정을 거쳐 고객이 동의가 이뤄지면 계속하여 설계, 구현, 테스트, 전개 등의 단

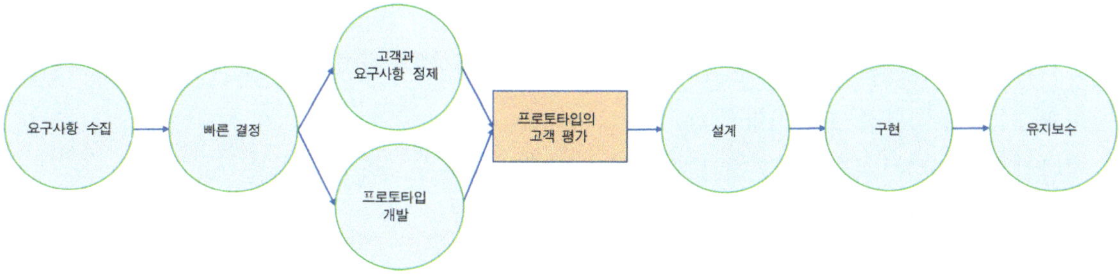

〈그림 2.6〉 프로토타이핑 모델의 개발 과정

계를 진행하므로 프로젝트 초기에 소프트웨어 제품의 미래 모형을 확인할 수 있는 장점이 있다. 이러한 프로토타이핑 모델의 **장점**을 요약하면 다음과 같다.

- 완제품 소프트웨어 개념을 조기에 증명할 수 있고 제품에 대한 실제 필요성을 검증할 수 있다.
- 특히 응용 시스템 개발에 적합한 개발 모델이다.
- 에러가 시스템이 완성되기 전에 더 빨리 탐지될 수 있다. 즉 사전에 프로토타입의 검증으로 개발 생명주기의 마지막 단계에서 접하는 결함을 최소화할 수 있다.
- 누락된 기능(요구사항)의 발견이 용이하다.
- 부정확한 사용자 요구사항의 위험성을 줄일 수 있다.
- 요구사항이 결정되지 않고 자주 변경되는 경우 유용하다.
- 규칙적인 시각화 프로세스로 관리를 지원할 수 있다.
- 빠른 제품 마케팅을 제공한다.
- 유지보수 비용을 감소시킨다.

한편 프로토타이핑 모델의 **단점**은 다음과 같다.

- 단지 소프트웨어 개발 생명주기 시작 단계처럼 보여질 수 있다.
- 다른 소프트웨어 개발 프로세스 모델보다 시간 소비가 많다.
- 프로젝트의 지속 기간을 알기 어렵다.
- 고급 앱(apps) 등의 제품개발에 더 고비용이다.
- 프로토타입 구현을 위해 특정한 도구와 기술이 요구된다.

• 불안정하고 좋지 않은 프로토타입이 종종 최종 제품이 될 수 있다.
• 고객과 더 폭넓은 협업을 요구한다(i.e. 고객의 경비 지출, 헌신적인 고객, 고객이 끝까지 사업에 참여 필요, 지나친 특정 고객 지향 등).
• 적당한 요구사항분석, 설계, 고객 평가와 피드백 절차 없이 코딩에 빠지기 쉽다.

2.4.3 나선형 모델

나선형 모델(Spiral Model)은 <그림 2.7>과 같이 위험 중심 소프트웨어 개발 프로세스 모델로서 위험 패턴을 기반으로 크게 '**계획(Planning)-위험분석(Risk Analysis)-개발(Engineering)-평가(Evaluation)**'의 4단계를 거쳐 진행된다. 그 세부 내용은 다음과 같다.

첫째, 프로젝트에서 수행할 개발 목표를 결정하고 이의 개발계획을 수립한다. 둘째, 개발에 따르는 잠재적인 위험 요소를 식별하고 이를 해결한다. 셋째, 계획된 개발 목표를 실현(구현)한다. 이때 소프트웨어 실현은 기존의 폭포수 모델, 프로토타입 모델, 점진적 모델과 같은 소프트웨어 개발 프로세스 모델을 적용하여 개발을 수행하며, 이 단계에서 자연스럽게 요구사항분석, 설계, 구현, 테스트, 전개 등의 개발

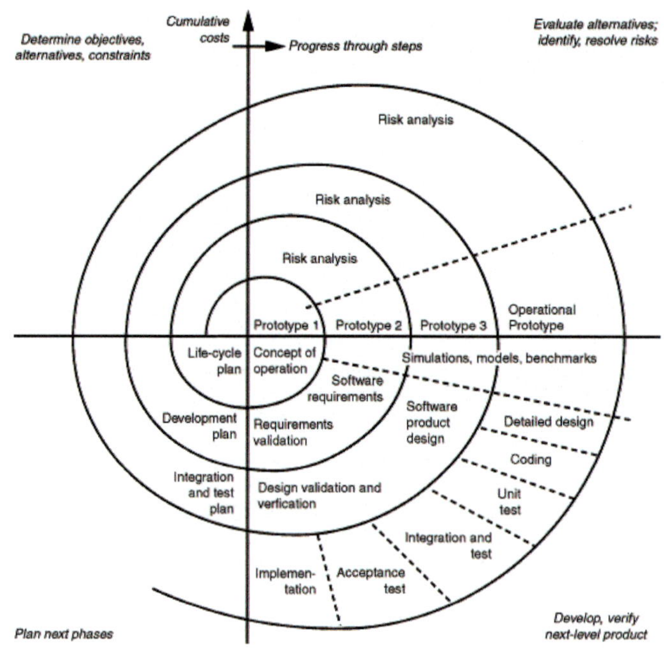

〈그림 2.7〉 나선형 모델

과정을 거친다. 넷째, 개발 결과를 평가하고 계속하여 다음의 개발내용에 대한 계획을 수립한다. 이어서 위의 1~4단계의 반복적인 수행과정을 거쳐 소프트웨어 개발을 완성한다. <그림 2.7>과 같이 위의 과정을 요약하면 다음과 같다.

- 1단계(계획수립): 프로젝트의 개발 목표 결정과 이의 계획수립
- 2단계(위험분석): 개발에 따르는 위험 요소 식별과 이의 해결
- 3단계(개발): 계획된 개발 목표의 실현 (개발 프로세스 모델을 적용하여 소프트웨어 개발)
- 4단계(평가): 결과 평가 및 다음의 개발업무를 식별하고 위의 과정을 반복 수행

나선형 모델은 다음과 같은 소프트웨어 개발에 유용하다.

첫째, 대규모 프로젝트에 유용하다. 둘째, 제품 릴리즈가 빈번한 경우에 유용하다. 셋째, 프로토타입 생성을 적용하는 경우이다. 넷째, 위험분석과 비용 평가가 중요한 경우이다. 다섯째, 고위험을 갖는 중간 규모의 프로젝트에 유용하다. 여섯째, 요구사항이 불명확하고 복잡한 경우이다. 일곱째, 어느 순간에 요구사항 변경이 요구되는 경우이다. 여덟째, 경제적인 우선순위 변경으로 장기적인 프로젝트 약속 실현이 불가능한 경우이다.

나선형 모델의 **장점**은 다음과 같이 요약된다.

- 불명확한 요구사항 정의와 범위를 갖는 대형 프로젝트에 적합하다. 즉 계속되는 기능 추가와 변경이 발생하는 경우 적합하다.
- 심층적인 위험분석으로 규제가 많은 프로젝트에 유용하다.
- 계속되는 반복적인 개발로 위험도를 크게 줄일 수 있다.
- 항상 고객의 피드백 공간이 있다.
- 개발에 사용자의 기대치를 빠르게 반영할 수 있다.

반면에 나선형 모델의 **단점**은 다음과 같이 요약된다.

- 개발의 반복 과정이 지나치게 반복된다면 개발에 고비용이 들 수 있다.
- 작은 요구사항을 갖는 소규모 프로젝트에는 부적합하다.
- 반복적인 개발 과정을 끝내고 다음 단계로 전환할 때 위험 평가 숙련팀이 요구된다.

이 나선형 모델은 대규모 프로젝트를 반복 과정을 거쳐 단계적으로 개발한다는 점에서 애자일 모델과 유사한 점도 있으므로 뒷부분에서 애자일 모델과의 차이점을 비교한다.

2.4.4 V-모델

V-모델(V-model)은 폭포수 모델의 확장 형태로서 요구사항분석, 시스템 설계, 아키텍처 설계, 모듈 설계, 코딩, 단위테스트, 통합테스트, 시스템테스트, 인수 테스트 등의 과정을 거쳐 시스템 개발을 완성한다. 단, V-모델과 폭포수 모델의 차이점은 <그림 2.8>과 같이 코딩 이후부터 위쪽으로 올라가면서 모듈 설계에 대한 단위테스트, 아키텍처 설계에 대한 통합테스트, 시스템 설계에 대한 시스템테스트, 요구사항분석에 대한 승인 과정으로 인수테스트를 진행하면서 시스템 개발을 완성하는 방식이다. 즉 V-모델은 소프트웨어 개발 생명주기의 각 단계마다 그에 대응하는 다른 테스트 방법을 적용하는 특징이 있다. V-모델의 각 단계별 수행내용은 다음과 같다.

- 요구사항분석 단계: 개발하는 소프트웨어 요구사항과 인수 테스트 계획서가 작성된다. 인수 테스트 계획서에는 개발한 시스템이 사용자의 운영 또는 업무 환경에서 사용자의 요구조건을 충족하면서 작동하는지를 검사하는 테스트 계획을 기술한다.

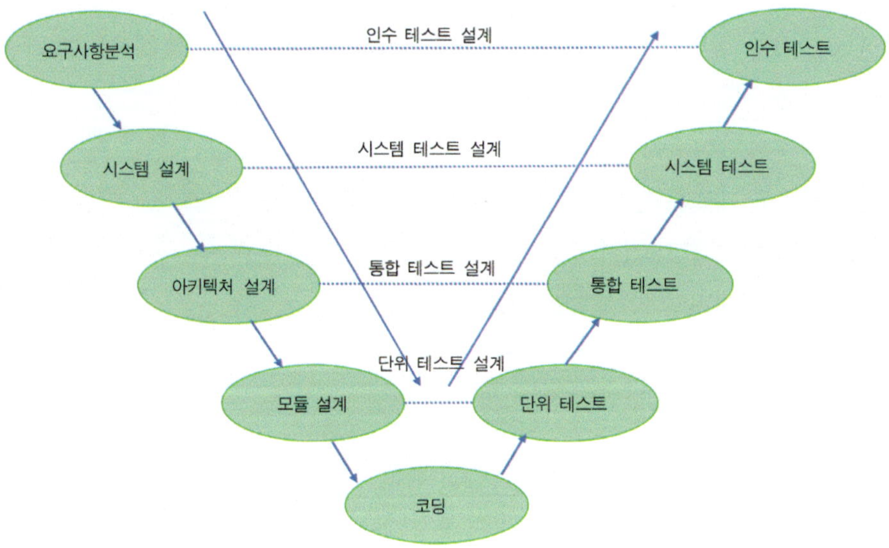

〈그림 2.8〉 V-모델

- 시스템 설계: 사용자의 시스템 운영 및 업무 환경을 설계하고, 사용자의 운영환경에서 모든 요구조건이 충족하는가를 검사하기 위한 시스템테스트 계획을 작성한다.
- 아키텍처 설계: 시스템의 HW, SW, NW 아키텍처를 설계하고, 이에 대한 통합테스트 계획을 작성한다. 통합테스트 개념은 뒷부분에서 설명되겠지만, 모듈별 단위테스트를 마친 모든 모듈을 통합하고 이의 테스트 계획을 작성한다. 여기서 단위테스트와 통합테스트에 대한 설명은 뒷부분의 내용을 참조 바란다.
- 모듈 설계: 개발 시스템에 속하는 모든 모듈(클래스와 관련 메소드), 사용자 인터페이스 등의 구현 알고리즘을 설계하고, 각 모듈의 단위테스트 계획을 기술한다.
- 코딩: 이전 단계에서 설계된 내용을 코드로 구현한다.
- 단위테스트, 통합테스트, 시스템테스트, 인수 테스트: 이전의 각 단계에서 설계된 테스트 계획에 따라 테스트를 수행한다.

결과적으로 V-모델과 폭포수 모델의 차이점은 다음과 같다. 첫째, 폭포수 모델은 소프트웨어 개발 주기마다 요구사항분석서 및 테스트 계획서, 설계명세서, 코드, 테스트(단위테스트와 통합테스트) 단계를 거친다. 반면 V-모델은 요구사항분석서와 인수 테스트 계획서, 시스템 설계서와 시스템테스트 계획서, 아키텍처 설계와 통합테스트 계획서, 모듈 설계와 단위테스트 계획서, 코드 구현 등을 단계적으로 생산되는 차이점을 보인다.

2.4.5 반복적 증감형 프로세스 모델

반복적 증감형 프로세스 모델은 소프트웨어 개발 생명주기의 반복 모델과 증감형 모델의 조합형 모델이다. 반복적 증감형 프로세스 모델은 <그림 2-9>와 같이 개발 주기의 완성 시점마다 사용자는 개발 제품을 접하게 되고 사용자는 이에 대한 피드백을 제공하고 개발자는 이 정보를 다음 개발 주기의 계획을 위한 제품, 계획, 프로세스에 변화를 반영하는 개발방식이다. 결국 소프트웨어 제품은 항상 시간에 따라 변화하며, 초기 제품은 최종적인 완제품과 거리가 멀고 시간이 지나면서 점차 완성품으로 발전하게 된다. 반복되는 개발 프로세스는 다음 단계를 거쳐 진행된다. 마지막 단계인 전이 단계에서는 나선형 모델과 달리 개발된 버전을 부분적인 완성품으로 인도하여 제품생산 환경에 적용한다는 차이점이 존재한다. 나선형 모델은 완제품의 한 부분을 반복적으로 생산하는 반면에, 반복적 증강 프로세스 모델은 수시로

부분적인 완성품을 인수하여 적용하고 완성품이 될 때까지 이 과정을 반복하는 방식에 차이가 존재한다. 단계별 수행내용은 다음과 같다.

- 인지 단계: 프로젝트의 필요성, 개발 목표, 개발범위 등의 예비 요구사항 분석
- 상세화 단계: 소프트웨어 아키텍처 설계
- 구축 단계: 버전과 아키텍처를 개발하고 고객과 이해관계자의 피드백 반영
- 전이 단계: 버전을 제품생산 환경에 인도

반복적 증감형 프로세스 모델의 **장점**은 다음과 같이 요약된다.

- 소규모에서 중간규모의 제품 요구사항의 변경을 쉽게 처리할 수 있다.
- 반복적인 버전 개발 단계마다 사용자와 이해관계자의 피드백을 반영할 수 있다.
- 주기적인 위험분석으로 제품이 설계적으로 안전하다는 것을 보장하며, 소프트웨어 개발 생명주기의 초기 단계에서 결함을 쉽게 발견할 수 있다.
- 프로젝트를 작은 단위의 분해 개발로 인해 제품관리와 진도관리가 쉽다.

진화형 프로세스 모델의 **단점**은 다음과 같이 요약된다.

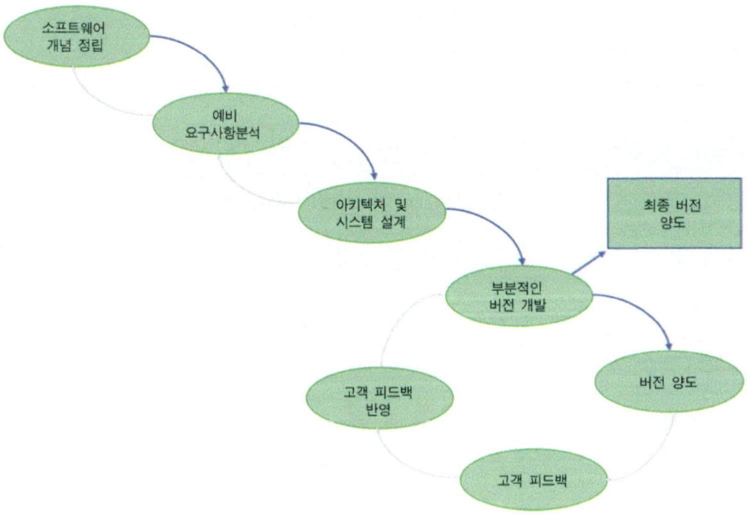

〈그림 2.9〉 진화형 프로세스 모델

- 첫 번째 반복 과정을 진행하기 전까지 제품 요구사항의 엄격한 이해를 요구한다.
- 사용자와 이해관계자에게 계속되는 피드백을 요구하는 부담을 준다.
- 완성 버전이 계속하여 검토되지 않는다면 빠르게 자원을 잠식한다.

2.4.6 애자일 프로세스 모델

애자일 프로세스 모델(agile process model)은 <그림 2.10>과 같이 소프트웨어 개발 생명주기에서 반복적인 개발을 통해 적게 자주 출시하는 방식으로 이전 릴리스에 작은 변화를 추가하는 릴리즈 사이클을 반복하는 개발 방법이다. 일반적으로 소프트웨어 개발은 소규모 스크럼(Scrum)팀을 구성하여 새로운 릴리즈가 반복될 때마다 새로운 임무와 개선사항을 추가하면서 진화하며, 이렇게 스프린트의 릴리즈 사이클은 완제품이 개발될 때까지 반복된다. 애자일 모델에서 소규모 개발팀을 '**스크럼(scrum)**'이라 하고 스크럼팀은 보통 7명 이내로 구성하며, 스크럼은 **스프린트**라는 작은 업무 주기를 반복하면서 프로젝트 개발을 완성하는 방식이다. 일반적으로 대규모 스크럼은 스크럼 마스터 1명, 제품 주인 1명, 개발자 5명으로 구성하고, 소규모 스크럼은 스크럼 마스터 1명, 제품 주인 1명, 개발자 3명으로 구성한다. **스프린트(Sprint)**는 스크럼에서 추진하는 보통 2~4주 분량의 작은 업무를 가리키며, 각 스프린트는 프로젝트 내에서 유일한 요구사항과 목적을 갖는 소규모 작업 단위이다. 하나의 스크럼팀은 여러 개의 스프린트를 동시에 병렬로 운영할 수 있다. 그리고 프로젝트 발주자는 스프린트가 종료할 때마다 코드를 검증하고 사용자에게 활용을 승인한다. 팀은 사용자로부터 피드백을 반영하고 다음 스프린트를 위한 준비를 시작하며, 새로운 스프린트의 역할은 계속하여 반복된다. 여기서 하나의 **스프린트 개발 생명주기**는 <그림 2.10>와 같이 '계획-설계-구현-테스트-전개-검토' 단계를 거쳐 완성된다는 점이다. 이것은 앞에서 설명한 나른 소프트웨어 개발 프로세스 모델과 거의 유사함을 알 수 있다.

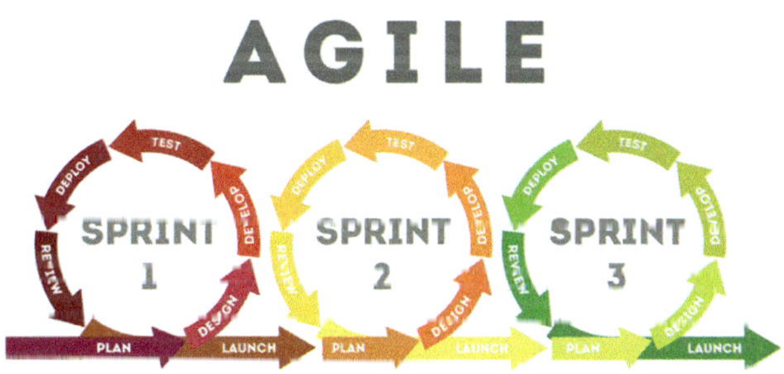

〈그림 2.10〉 애자일 프로세스 모델

스크럼의 진행 과정은 다음과 같이 8단계로 구성된다.

(1) 제품 백로그 작성

제품 백로그(product backlog)는 이해관계자로부터 개발 제품에 대한 요구사항을 열거하고, 이에 대해 우선순위를 내림차 순서로 부여한다. 예로, 대학교에서 학생의 수강 신청 및 관리시스템 개발에 대한 제품 백로그는 <표 2.3>과 같이 작성된다.

〈표 2.3〉 제품 백로그의 예제: 수강 신청 및 관리시스템 개발

이해관계자	요구사항	우선순위
교과목	R1-1	각 학과는 여러 개의 교과목을 신설하고 있고 매 학기마다 학년별로 여러 개의 교과목을 개설하여 운영한다. 개설 교과목은 필요에 따라 분반하여 여러 강좌를 운영할 수 있다.
	R1-2	개설 교과목은 필요에 따라 여러 교수자에 의해 팀티칭 할 수 있다.
	R1-3	개설 교과목은 이론, 실습의 운영에 따라 2개 이상의 강의실에 배정될 수 있다.
학생	R2-1	학생은 한 학기에 여러 개의 교과목을 교필, 교선, 전필, 전선으로 구분하여 수강 신청할 수 있고, 이수한 다음 성적을 부여받는다. 이수 교과목은 학생의 선택에 따라 1회에 한해 재수강할 수 있다.
	R2-2	학생은 수강 신청 내역을 자유롭게 정해진 기간 내에 변경, 취소, 검색할 수 있다.
교수자	R3-1	교수자는 한 학기에 6학점 이상을 강의해야 한다. 단, 보직자는 상황에 따라 책임시수를 감면받을 수 있다.
…		

(2) 스프린트 계획 회의

스프린트 계획 회의에는 스크럼 마스터, 제품 책임자, 개발팀이 참여하며, 스프린트의 필요성, 스프린트에서 무엇(what)을 수행해야 하는가, 채택된 작업을 어떻게(how) 수행할 것인가 등을 결정한다.

(3) 스프린트 백로그 작성

스프린트 백로그(sprint backlog)란 제품 백로그에서 결정된 우선순위를 기반으로 스프린트에서 해야 하는 작업 목록을 의미하며, 스크린트의 추진 목표를 달성할 수 있도록 주어진 요구사항을 작은 단위의 임무(task)로 분할하고 개발자들이 이 임무를 나눠서 수행한다. 이때 업무 보드 형식의 스프린트 백로그를 작성하는데, 이를 **스크럼 보드(scrum board)**라고 한다. 예로, 대학교에서 학생의 수강 신청 및 관리시스템 개발에 대한 스프린트 백로그는 <표 2.4>와 같다.

〈표 2.4〉 스프린트 구현목록의 예제

작업 목록	세부적인 작업 항목			작업 소요시간	작업자
교과목	R1-1	R1-1-1	R1-1의 학과에서 운영하는 교과목목록과 개설 교과목 관리의 요구사항 조사 분석	2일	A
		R1-1-2	R1-1에 대한 SW 설계	4일	
		R1-1-3	R1-1의 코딩 및 단위테스트	5일	
	R1-2	R1-2-1	R1-2의 개설 교과목은 여러 교수자에 의한 팀티칭 관리 기능	2일	A
		R1-2-2	R1-2에 대한 SW 설계	3일	
		R1-2-3	R1-2의 코딩 및 단위테스트	3일	
	R1-3	R1-3-1	R1-3의 개설 교과목은 이론, 실습의 운영에 따라 2개 이상의 강의실에 배정 관리 기능	2일	A
		R1-3-2	R1-3에 대한 SW 설계	3일	
		R1-3-3	R1-3의 코딩 및 단위테스트	3일	
학생	R2-1	R2-1-1	R2-1의 학생 수강 신청 관리에 대한 요구사항분석	5일	B
		R2-1-2	R2-1에 대한 SW 설계	6일	
		R2-1-3	R2-1의 코딩 및 단위테스트	6일	
	R2-2	R2-2-1	R2-2의 수강 신청 내용의 변경, 취소, 검색 기능에 대한 요구사항분석	6일	B
		R2-2-2	R2-2에 대한 SW 설계	5일	
		R2-2-3	R2-2의 코딩 및 단위테스트	7일	
교수자	R3-1	R3-1-1	R3-1 교수자의 강의 관리 기능에 대한 요구사항분석	3일	C
		R3-1-2	R2-2에 대한 SW 설계	4일	
		R3-1-3	R2-2의 코딩 및 단위테스트	5일	
…	…	…	…		

아울러 수강 신청 및 관리시스템 개발에 대한 제품 기능목록은 <표 2.5>와 같고, 스프린트 구현목록의 진척 관리는 <표 2.6>과 같다. <표 2.5>의 제품 기능목록은 스프린트의 구현목록에서 요구사항 목록에 대한 세부적인 작업내용, 작업 소요시간, 작업 진행 기간을 요약한다.

〈표 2.5〉 제품 기능목록의 예제

순위	요구사항 목록	세부적인 작업내용	작업 소요시간	작업 월
1	R1-1 교과목 관리	학과 단위의 교과목목록과 개설 교과목 관리 기능	11일	2023.5
	R1-2	개설 교과목의 교수자 배정과 팀티칭 관리 기능	8일	2023.5
	R1-3	개설 교과목의 강의실 배정 관리 기능	8일	2023.6
2	R2-1	학생 수강 신청 기능	17일	2023.5
	R2-2	수강 신청 내용의 변경, 취소, 검색의 조작 기능	18일	2023.6
3	R3-1	교수자의 강의 관리 기능	12일	2023.5
…	…	…		

<표 2.6>의 스프린트 구현목록의 진척 관리는 <표 2.4>의 스프린트 구현목록에 대해 세부적인 작업 항목과 실제 진행 일수를 표기하여 전체적으로 프로젝트의 진행 일수와 남은 일자를 나타낸다.

〈표 2.6〉 스프린트 구현목록의 진척 관리 예제

제품 기능 목록	세부적인 작업 항목(일)	1일	2일	3일	4알	5일	6일	7일	8일	9일	10일	11일	12일	13일	14일	15일
R1-1 교과목 관리	교과목목록과 개설 교과목 관리 기능(11일)	1	1			1	1	1	1		1	1	1	1	1	
R1-2 개설 교과목의 교수자 배정 관리	개설 교과목의 교수자 배정과 팀티칭 관리 기능(8일)			1	1					1	1	1		1	1	1
R1-3 강의실 배정 관리	개설 교과목의 강의실 배정 관리 기능(8일)					1	1		1	1	1		1	1	1	
R2-1 수강 신청 관리	학생 수강 신청 기능 (17일)	1	1	1	1	1		1	1	1	1	1	1		1	1
R2-2 수강 신청 내용의 변경, 취소, 검색 기능	수강 신청 내용의 변경, 취소, 검색의 조작 기능 (18일)						1	1	1	1	1	1		1	1	1
R3-1 담당 강의 관리	교수자의 담당 강의 관리 기능(12일)	1	1	1		1	1	1	1		1	1	1	1	1	
총 남은 일수		14	13	12	11	10	9	8	7	6	5	4	3	2	1	0

(4) 일일 스크럼 회의

스크럼 회의는 매일 서서 최소 15분 정도 수행하며, 어제 수행했던 일, 오늘 할 일, 수행 중 문제점 등을 공유하고 문제가 있는 경우 이를 곧바로 해결하는 임무를 수행한다. 보통 스크럼 회의는 스프린트 지속 기간에 매주 2시간을 초과하지 않는 것을 원칙으로 한다. 스프린트 현황판은 <표 2.7>과 같이 매일 같이 스프린트 단위의 '할 일', '진행 중인 일', '완료된 일'의 요약하여 볼 수 있게 한다.

〈표 2.7〉 스프린트 현황판의 예제

할 일	진행 중	완료	스프린트 목표
• 교수 강의 담당 관리 • 강의실 관리 • 수강 신청내용 변경, 취소, 검색	• 개설 교과목 개발 • 수강 신청 관리 개발	• 교과목목록 완성 • 학생 클래스 완성	• 교과목목록 관리 완성 • 학생 수강 신청 관리 완성

(5) 실행 가능한 제품개발

스프린트마다 목표했던 실행 가능한 제품을 완성하여 배포한다. 이러한 스프린트 결과물은 모여서 최종 산출물의 요소가 된다.

(6) 스프린트 검토

스프린트가 종료되면, 개발팀이 스프린트에서 수행했던 기능을 고객과 이해관계자들에게 발표하여 보여주고 피드백을 받는다.

(7) 스프린트 회고(sprint retrospective)

스프린트 회고의 주제는 '다음 스프린트를 더 잘하기 위해 우리가 무엇을 할 수 있을 것인가?'이다. 스프린트회의를 통해 각자 좋았던 점, 해보고 싶었던 것 등을 팀원간에 토의한다. 또한 추정 속도와 실제 속도를 살펴보고, 다음 스프린트를 위해 무엇을 할 수 있는지 구체적인 제안을 요약한다.

(8) 다음 스프린트 반복 수행

스프린트 회고가 종료하면 곧이어 다음 스프린트 업무를 수행한다. 그리고 애자일 프로세스 모델에서 명확히 알아야 하는 주요 개념은 다음과 같이 요약된다.

애자일 프로세스 모델에서 기억해야 하는 주요 개념은 다음과 같다.

- 스크럼팀(scrum)
- 스프린트(sprint)
- 스프린트의 개발 생명주기
- 제품 백로그(product backlog)
- 스프린트 백로그(sprint backlog) / 스크럼 보드(scrum board)
- 스크린트 구현목록
- 제품 기능목록
- 스프린트 구현목록의 진척 관리
- 스프린트 현황판

애자일 프로세스 모델의 **장점**은 다음과 같이 요약된다.

- 빠르고 계속되는 작동하는 제품의 수시 전달로 고객 만족도가 높다.
- 시장 변화에 빠르게 대처를 원하는 기업에 인기 있는 모델이다.
- 빠른 제품 인도에 초점을 둠으로 제품의 적기 납품을 허용한다.
- 이해관계자와 최종사용자로부터 의미 있는 피드백을 받기가 쉽다.
- 프로세스와 도구보다 고객과 다른 팀과의 협업이 좋은 시스템이다.
- 면대면 대화가 가장 좋은 통신수단이다.
- 변화하는 환경에 대한 정기적인 대응이 가능하다.
- 개발 생명주기의 시작 단계부터 코드 품질을 중요하게 여긴다.
- 주요 문제점으로 발전하기 전에 문제를 식별하고 해결한다.

애자일 프로세스 모델의 **단점**은 다음과 같이 요약된다.

- 성공적인 프로젝트 수행을 위해 경험 많고 고숙련된 팀이 요구된다. 따라서 시니어 프로그래머만이 어떤 것을 결정할 수 있고, 시니어 경력자와 조합되지 못한다면 신입 프로그래머의 설 자리가 없다.
- 빠르게 진행되는 개발 생명주기 특성상 문서 작업과 설계에 집중하기 어렵다.
- 고객 대표가 원하는 최종 제품의 목표가 불명확하다면 프로젝트가 궤도를 벗어날 위험이 있다.

- 격렬한 스프린트는 시간이 지나면서 팀을 지치게 할 수 있다.
- 프로젝트 초점의 이동으로 모든 팀원을 하나의 목표를 향해 선도하기 어렵다.
- 대형 제품을 인도하는 경우, 소프트웨어 개발 생명주기 초기에 요구되는 노력 정도를 평가하기 어렵다.

최근에는 애자일 프로세스 모델이 가장 인기를 받고 있으며, 주요 프로젝트 관리 기법으로 적용되고 있다. 애자일 모델은 주로 프로젝트가 변경 요청에 신속하게 적응할 수 있도록 설계되었다. 따라서 애자일 모델의 주요 목표는 **빠른 프로젝트 완료**를 촉진하는 데 있다. 이 작업을 수행하려면 민첩성이 필요하다. 민첩성은 프로세스를 프로젝트에 맞추고 특정 프로젝트에 필수적이지 않을 수 있는 활동을 제거함으로써 달성될 수 있다. 반면에 나선형 모델 은 소프트웨어 개발에 체계적이고 반복적인 접근 방식을 제공하는 소프트웨어 개발 프로세스 모델이다. 도식적으로 표현하면 나선형 개발 프로세스 모델은 많은 루프가 있는 나선형처럼 보인다. 나선의 정확한 루프 수는 알려져 있지 않지만, 프로젝트 규모에 따라 상당히 다를 수 있다. 나선형 모델에서 각 루프를 소프트웨어 개발 프로세스의 한 단계(주기)라고 한다. 애자일 모델은 애초부터 저자에 의해 제안될 때부터 나선형 모델과 비교되었고 두 모델 간에 많은 유사점을 가진다. 따라서 애자일 모델과 나선형 모델의 주요 특징을 비교하면 <표 2.8>과 같이 요약된다.

〈표 2.8〉 애자일 프로세스 모델과 나선형 모델의 차이점

애자일 프로세스 모델	나선형 모델
• 애자일 모델의 주요 원칙은 시간과 노력을 낭비하는 불필요한 활동을 제거하여 민첩성을 달성하는 데 있다. • 작업 중인 제품을 신속하게 전달할 수 있다.	• 나선형 모델의 주요 원칙은 위험 처리에 있다. 따라서 프로젝트의 위험을 조기에 식별하고 관리할 수 있다.
• 애자일 모델은 각 타임라인 이후 고객에게 증분의 결과를 전달하는 데 중점을 두므로 고객 상호 작용이 더 자주 발생한다. • 팀원 간의 협업 및 커뮤니케이션을 장려한다.	• 나선형 모델은 주로 예상치 못한 다양한 종류의 위험관리를 처리하지만, 고객 상호 작용은 적은 편이다.
• 애자일 모델은 각 반복을 통해 점진적으로 쉽게 개발할 수 있는 작은 부분으로 쉽게 나눌 수 있는 대규모 프로젝트에 적합하다. • 대규모의 복잡한 프로젝트에는 적합하지 않을 수 있다.	• 나선형 모델은 프로젝트 초기에 예측하기 어려운 다양한 종류의 위험에 노출되기 쉬운 프로젝트에 적합하다. • 소규모 또는 소규모 또는 간단한 프로젝트에는 적합하지 않을 수 있다.
• 애자일 모델은 문서에 의존하지 않는다.	• 나선형 모델에는 적절한 문서가 필요하다.
• 프로젝트의 계획 및 관리가 어려울 수 있다.	• 비용과 시간이 많이 소요될 수 있고, 높은 수준의 계획 및 관리가 필요하다.
• 요구사항 및 기술의 변화를 수용할 수 있는 장점이 있다.	• 요구사항 및 기술의 변화를 잘 수용할 수 있는 장점이 있다.
• 제대로 관리하지 않으면 작업 범위가 커질 수 있다.	• 진행 상황을 평가하고 의사결정을 내리기 위한 명확한 프로세스 제공한다.

2.4.7 익스트림 프로그래밍 모델

익스트림 프로그래밍(eXtreme Programming, **XP**)는 Kent Beck이 제안한 소프트웨어 개발 방법으로 빈번하고 지속적인 피드백, 협업 및 적응을 통해 고품질 소프트웨어 제공에 중점을 둔 Agile 소프트웨어 개발 방법론이다. XP는 신속하고 반복적인 개발 및 배포에 중점을 두고 개발팀, 고객 및 이해관계자 간의 긴밀한 협력 관계를 강조한다. XP의 목적은 '**고객이 원하는 양질의 소프트웨어를 빠른 시간내에 전달하는 것**'이다. 수시로 발생하는 고객의 요구사항에 대처하고, 고객이 원하는 SW를 고객이 원하는 시간에 인도하기 위해서는 고객과 팀원간의 대화를 통해 해결한다. 이 방법은 **업무의 요구사항이 수시로 변동이 심한 경우 적합한 개발 방법**이다. 애자일 개발 프로세스라 불리는 개발 방법 중의 대표적인 하나로 꼽히며, 약칭인 'XP'로 잘 알려져 있다. 10~12개 정도의 구체적인 실천 방법(practices)을 정의하고 있고, 비교적 적은 규모 인원의 개발 프로젝트에 적합한 모델이다. 개발문서보다는 소스 코드를, 조직적인 개발의 움직임보다는 개개인의 책임과 용기에 중점을 두는 방식이다. Ken Beck은 XP를 이끄는 가치와 원칙에 대해서도 강조하였다. XP에서 실천 방법에만 집중하고 가치와 원칙을 무시하면 제대로 XP를 실천하고 있다고 하기 힘들 것이다. 기본 원칙은 가치와 실천 방법을 잇는 다리 같은 것이다.

익스트림 프로그래밍(XP)은 IT 기업에서 적용하는 수많은 애자일 프레임워크 중 하나이다. 하지만 소프트웨어 개발의 기술적 측면을 강조한다는 핵심 특징이 다른 접근 방식과 XP를 구별한다. 소프트웨어 엔지니어인 Ken Beck은 90년대에 고품질의 소프트웨어를 빠르게 작성하고 변화하는 고객의 요구사항에 적응할 수 있는 방법을 찾기 위해 XP를 도입했다. 1999년에 그는 익스트림 프로그래밍 설명이라는 책에서 XP 접근 방식을 개선하였다. XP는 일련의 엔지니어링 모범 사례이다. 개발자는 이러한 모범 사례(practice)를 수행하면서 자신의 역량을 뛰어넘어야 한다. 프레임워크 제목의 '익스트림'이 바로 여기에서 유래한 것이다. 이러한 모범사례를 더 잘 이해하기 위해 먼저 XP의 생명주기와 프로세스에 관여하는 역할을 이해하기 바란다. XP 프레임워크는 <그림 2.11>과 같이 반복적으로 다음의 주요 5단계 개발 프로세스를 통해 고객이 원하는 결과를 산출한다.

- 릴리즈 계획: 계획 단계는 고객이 개발팀을 만나 원하는 결과를 설명하기 위해 사용자 스토리 형태로 요구사항을 제시하는 단계이다. 이를 통해 개발팀은 사용자 스토리를 추정하고 단계별로 처리할 필요한 기능을 반복적으로 세분화된 릴리스 계획 형태로 작성한다. 하나 이상의 사용자 스토리를 추정할 수 없는 경우 추가 연구가 필요하다는 의미로 소위 **스파이크(Spike)**를 발생시킨다. 스파이크

는 불명확한 요구사항을 열띤 토의를 거쳐 명확한 요구사항으로 결정하는 과정을 의미한다.

- 설계: 이 단계는 사실 기획 프로세스의 일부이지만, 그 중요성을 강조하기 위해 따로 구분할 수 있다. 이것은 다음에 설명할 주요 XP 가치 중 하나인 단순성과 관련이 있다. 좋은 설계는 시스템에 논리와 구조를 부여하고 불필요한 복잡성과 중복을 피할 수 있게 해준다.
- 반복적인 코딩: 이 단계는 코딩 표준, 페어 프로그래밍, 지속적 통합 및 공동 코드 소유권과 같은 특정 XP 모범사례를 구현하여 실제 코드를 생성하는 단계이다. XP 모델에서 사용되는 코딩 개념은 기존 코딩과 약간 다르다. 여기서 코딩 활동에는 코드로 변환될 다이어그램 그리기(모델링), 웹 기반 시스템 스크립팅 및 여러 대체 솔루션 중에서 선택이 포함된다.
- 테스트: 익스트림 프로그래밍의 핵심이다. 단위테스트와 인수테스트를 모두 포함하는 정기적인 활동이다. 이것은 일반적인 소프트웨어 프로세스 생명주기와 달리 완성된 제품은 곧바로 단위테스트, 인수테스트를 거쳐 고객에게 전달한다. XP에서 개발자는 하루에 여러 번 자신의 코드를 공유 저장소에 통합하며, 이것은 개발 프로세스 초기에 통합 문제를 감지하고 해결하는 데 도움을 준다. 코딩 품질 향상을 위해 페어 프로그래밍, 리팩토링 등의 기법도 적용할 수 있다.
- 경청과 고객 동의: 이것은 끊임없는 고객과의 소통과 피드백이 핵심이다. 고객과 프로젝트 관리자가 참여하여 업무 로직과 기대되는 가치를 설명한다. 개발자는 좋은 품질의 소프트웨어를 개발하려면, 고객의 말을 주의 깊게 들어야 한다. 고객은 때때로 프로그래머가 개발할 시스템에 대한 깊은 지식이 없을 수도 있다. 그래서 프로그래머는 시스템의 기능을 제대로 이해하고 고객의 소리에 귀를 기울여야 한다.

<그림 2.11>과 같이 XP 모델의 주요 특징을 요약하면 다음과 같다.

- XP는 개발자가 사용자 스토리의 구현과 테스트 과정을 빈번히 반복한다. 사용자 스토리는 필요한 기능에 대한 고객의 간단하고 비공식적인 설명이고, 필요한 시스템의 기능에 대한 사용자의 일반적인 설명이다. 사용자 스토리를 기반으로 개발팀은 메타퍼(Metaphors, 은유)를 제안한다. 은유는 시스템이 어떻게 작동하는지에 대한 일반적인 비전이다.
- XP에서 개발팀은 부분적으로 불명확한 요구사항을 스파이크(Spike) 토의 과정을 거쳐 명확한 요구사항으로 결정한다. 스파이크는 제안된 솔루션의 적합성을 탐색하기 위해 구성된 매우 간단한 프로그램이다. 이것은 프로토타입과 유사하다고 볼 수 있다. XP 모델을 사용하여 소프트웨어를 개발하

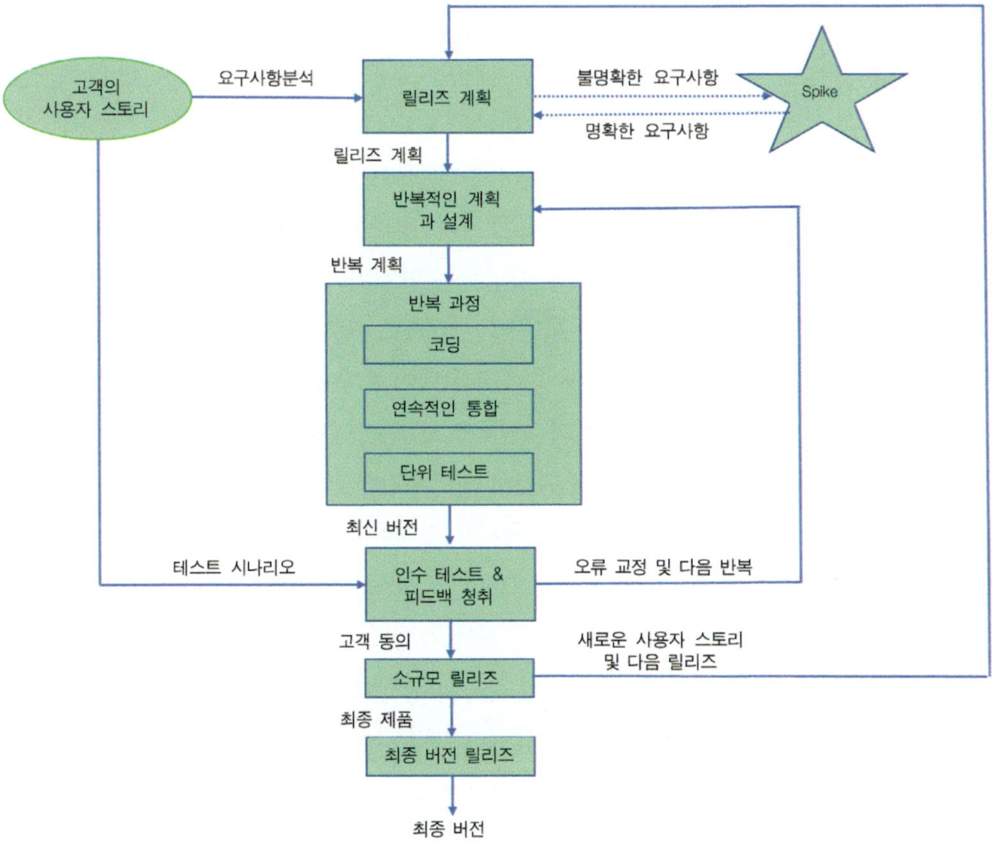

〈그림 2.11〉 익스트림 프로그래밍 모델의 개발 생명주기

는 동안 수행되는 기본 활동 중 일부는 다음과 같이 요약된다.

- 다른 애자일 방법과 구분되는 XP의 특징은 특히 **테스트 방법**을 강조한다. XP는 프로그래머가 코딩할 때 테스트 코드를 작성을 시작하면서 동시에 테스트를 기반으로 프로젝트를 완성해 나가는 특징을 갖는다. 또한 이러한 테스트에 기반을 둔 프로젝트 발전 과정은 애자일 방법론의 기본 개념인 '반복적으로 프로토타입을 고객에게 전달하여 고객의 요구사항 변화에 민첩하게 대응한다.'를 실천하는 데 큰 도움을 준다. 왜냐하면 매번 프로토타입을 고객에게 전달하여 프로토타입 자체로서 버그가 상대적으로 적은 완벽에 가까운 데모를 경험하게 해줄 수 있기 때문이다.
- XP에는 프로젝트 전반에 걸쳐 개발팀과 긴밀하게 협력하는 현장 고객이 필수적이다.

- 이 접근 방식은 고객의 요구사항을 이해하고 충족하는 데 도움이 되며 의사소통과 피드백도 촉진한다.
- XP에서는 코드에 대한 개별 소유권이 없다. 대신 전체 팀이 코드 베이스를 담당한다. 이 접근 방식은 모든 팀 구성원이 코드에 대한 소유권과 책임감을 갖도록 보장하기 위함이다.

2.5 소프트웨어 개발 프로세스 모델 적용에서 주의할 점

한가지 주의할 사항은 여러 가지 소프트웨어 프로세스 모델 중 폭포수 모델, 프로토타이핑 모델, 반복적인 증감형 프로세스 모델 등의 프로세스 모델을 충분히 이해해야 한다. 이것은 나선형 모델, V자 모델, 애자일 모델, 익스트림 프로그래밍 등의 모델을 소프트웨어 개발에 적용하는 경우, 내부적으로 폭포수 모델, 프로토타입 모델, 반복적인 증감형 프로세스 모델을 부분적으로 적용해야 한다는 것이다. 즉, 나선형 모델, V자 모델, 애자일 모델을 적용할 때, 모든 개발 단계마다 내부적으로 폭포수 모델, 프로토타입 모델, 반복적인 증감형 프로세스 모델의 적용이 요구될 수 있다.

예로, 소프트웨어 개발에 나선형 모델을 적용하는 경우, 나선형 모델의 개발 주기인 '계획-위험분석-개발-평가'의 '개발(engineering)' 단계에서 기본 프로세스 모델인 폭포수 모델 또는 프로토타입 모델의 적용을 통해 소프트웨어 개발이 이뤄진다는 사실이다. 또 다른 예로, 애자일 모델을 적용하는 소프트웨어 개발의 경우 애자일 모델은 보통 5~8명의 소규모 스크럼을 구성하여 진행하며, 스크럼은 '스프린트'라는 작은 단위의 개발 과정을 반복하면서 소프트웨어 개발을 완성한다. 여기서 작은 규모의 스프린트 소프트웨어 개발은 실제 폭포수 모델, 프로토타입 모델, 반복적인 증감형 프로세스 모델의 기본 프로세스 모델을 적용하여 진행된다는 사실이다.

연습문제

2.1 소프트웨어 개발 생명주기의 개념을 설명하고, 각 단계별 주요 산출물을 열거하시오.

2.2 ISO/IEC/IEEE 12207에서 정의한 소프트웨어 개발 생명주기의 주요 프로세스 관련 다음 문제에 답하시오.

1) 계약 프로세스의 종류를 열거하시오.
2) 프로젝트 조직 관리의 프로세스 종류를 열거하시오.
3) 기술 관리 프로세스 종류를 열거하시오.
4) 핵심적인 기술 프로세스 종류를 열거하시오.

2.3 대표적인 소프트웨어 개발방법론 세 가지 접근 방식의 개념을 설명하고, 이의 차이점을 비교하시오.

2.4 소프트웨어 개발 프로세스 모형인 폭포수 모델과 프로토타이핑 모델의 차이점을 설명하고, 각 모델의 장단점을 비교하시오.

2.5 나선형 프로세스 모델의 개념과 장단점을 설명하시오.

2.6 애자일 개발 프로세스 모델 관련 다음 문제에 답하시오.

1) 스크럼(scrum)의 기능, 역할, 규모 등에 대해 설명하시오.
2) 스프린트(sprint)의 개념을 설명하시오.
3) 제품 백로그와 스프린트 백로그의 개념을 비교하여 설명하시오.
4) 스크럼 진행 과정을 열거하고, 각 단계별 진행내용을 설명하시오.
5) 스프린트 개발 생명주기를 설명하시오.
6) 스크럼 보드의 개념을 설명하시오.
7) 애자일 프로세스 모델의 장단점을 설명하시오.

연습문제

2.7 나선형 모델과 애자일 프로세스 모델의 차이점을 비교 설명하시오.

2.8 익스트림 프로그래밍 개발 모델의 생명주기를 설명하고, 그 주요 과정을 그림으로 그리시오.

2.9 V자 개발 프로세스 모델의 생명주기와 대응되는 테스트 방법이 바르게 연결되지 않은 것은?

① 모듈 설계 – 단위테스트
② 아키텍처 설계 – 통합테스트
③ 시스템 설계 – 시스템테스트
④ 알고리즘 설계–설치 테스트
⑤ 요구사항분석–인수테스트

2.10 다음 중 진화형 증감 프로세스 개발 모델의 생명주기로 **가장 옳은** 것은?

① 소프트웨어 개념 정립–요구사항분석–아키텍처 및 시스템 설계–반복 수행(부분적인 버전 개발–버전 양도–고객 피드백–피드백 반영)–최종 버전 양도
② 소프트웨어 개념 정립–요구사항분석–아키텍처 및 시스템 설계–버전 개발–버전 양도–최종 버전 양도–고객 피드백–피드백 반영
③ 요구사항분석–소프트웨어 개념 정립–버전 개발–아키텍처 및 시스템 설계–버전 양도–최종 버전 양도–고객 피드백–피드백 반영
④ 소프트웨어 개념 정립–요구사항분석–반복 수행(부분적인 버전 개발–버전 양도–고객 피드백–피드백 반영)–아키텍처 및 시스템 설계–최종 버전 양도
⑤ 해당 사항 없음

정답 2.9 ④ 2.10 ①

연습문제

2.11 다음 중 프로토타이핑(Prototyping) 프로세스 개발 모델의 생명주기로 **가장 옳은** 것은?

① 요구사항 수집 및 분석-요구사항 정제 및 프로토타입 개발-고객 평가-설계-구현-테스트-유지보수
② 요구사항 수집 및 분석-요구사항 정제 및 프로토타입 개발-설계-구현-테스트-고객 평가-유지보수
③ 요구사항 분석-요구사항 정제 및 프로토타입 개발-설계-고객 평가-구현-테스트-유지보수
④ 요구사항 분석-프로토타입 개발-설계-구현-테스트-유지보수-고객 평가
⑤ 해당 사항 없음

2.12 다음 중 소프트웨어 개발 접근방법론과 가장 관계가 **없는** 것은?

① 기능 또는 절차 중심 개발방법론
② 구조적 분석·설계·프로그래밍 방법론
③ 폭포수 모델
④ 데이터 중심 개발방법론
⑤ 객체지향 개발방법론

2.13 다음 중 시스템 제안서와 가장 관계가 **없는** 것은?

① 소프트웨어 아키텍처 설계
② 작업분해도
③ 기능적 요구사항과 비기능적 요구사항
④ 개발 목표와 내용, 일정계획
⑤ 인력, 예산, 재료/장치, 방법의 4M 지원 계획수립

2.14 다음 〈보기〉 중 새로운 시스템 제안서의 타당성 분석에 반드시 포함되는 **항목만** 선택한 것은?

> **보기**
>
> ㉠ 기술적 타당성 ㉡ 법적·제도적 타당성 ㉢ 사회적 타당성 ㉣ 경제적 타당성 ㉤ 조직적 타당성

① ㉠ - ㉢
② ㉠ - ㉡ - ㉢
③ ㉠ - ㉡ - ㉢ - ㉣ - ㉤
④ ㉠ - ㉡ - ㉣ - ㉤
⑤ 해당 사항 없음

정답 2.11 ① 2.12 ③ 2.13 ① 2.14 ④

연습문제

2.15 다음은 애자일 프로세스 모델에 대한 설명이다. **옳지 않은** 것은?

① 애자일 모델의 주요 원칙은 시간과 노력을 낭비하는 불필요한 활동을 제거하여 민첩성을 달성하는 데 있다.
② 애자일 모델은 프로젝트를 관리하지 않아도 작업 범위가 커질 수 없으므로 프로젝트 관리가 용이하고 편리하다.
③ 애자일 모델은 점진적으로 반복적인 개발할 수 있는 작은 부분으로 쉽게 나눌 수 있는 대규모 프로젝트에 적합하다. 반면에 대규모의 복잡한 프로젝트에는 적합하지 않을 수 있다.
④ 애자일 모델은 기존의 폭포수 모델과 같이 문서에 의존하지 않는다.
⑤ 애자일 모델은 요구사항 및 기술의 변화를 잘 수용할 수 있는 장점이 있다.

2.16 다음 중 애자일 프로세스 개발 모델의 진행 과정으로 **가장 옳은** 것은?

① 제품 백로그 작성-스프린트 계획 회의-스프린트 백로그 작성-일일 스크럼 회의-제품개발-스프린트 검토-스프린트 회고-다음 스프린트 반복 수행
② 제품 백로그 작성-스프린트 계획 회의-제품개발-일일 스크럼 회의-스프린트 백로그 작성-스프린트 검토-스프린트 회고-다음 스프린트 반복 수행
③ 스프린트 백로그 작성-스프린트 계획 회의-제품 백로그 작성-일일 스크럼 회의-제품개발-스프린트 검토-스프린트 회고-다음 스프린트 반복 수행
④ 스프린트 백로그 작성-제품 백로그 작성-스프린트 계획 회의-일일 스크럼 회의-스프린트 검토-스프린트 회고-제품개발-다음 스프린트 반복 수행
⑤ 해당 사항 없음

2.17 다음 〈보기〉 중 애자일 모델의 개발 프로세스에서 주요 문서와 그 항목이 **옳지 않은** 것은?

> **보기**
>
> ㉠ 스프린트 백로그: 작업 목록-세부 작업 항목-예상 작업시간-작업자
> ㉡ 제품 백로그: 순위-요구사항 목록-요구사항 내역-작업 소요 시간-작업 월
> ㉢ 스프린트 현황판: 할 일-진행 중인 일-완료된 일-스프린트 목표

정답 2.15 ② 2.16 ① 2.17 ⑤

연습문제

㉣ 스크럼 보드: 작업 목록-요구사항 목록-요구사항 내역-작업시간
㉤ 스프린트 구현목록의 진척 관리: 제품 기능목록-세부 작업 항목(일)-작업 일자-총 남은 일수

① ㉠ - ㉡ - ㉣ - ㉤
② ㉠ - ㉡ - ㉢ - ㉣ - ㉤
③ ㉢ - ㉣ - ㉤
④ ㉣ - ㉤
⑤ ㉣

2.18 다음은 나선형 프로세스 모델에 대한 설명이다. **옳지 않은** 것은?

① 나선형 모델의 주요 원칙은 위험 처리에 있으며, 프로젝트의 위험을 조기에 식별하고 관리할 수 있다.
② 나선형 모델에는 개발문서가 거의 필요 없다.
③ 나선형 모델은 프로젝트 초기에 예측하기 어려운 다양한 종류의 위험에 노출되기 쉬운 프로젝트에 적합하다.
④ 나선형 모델은 요구사항 및 기술의 변화를 잘 수용할 수 있는 장점이 있으나 고객 상호 작용은 적은 편이다.
⑤ 나선형 모델은 소규모 또는 소규모 또는 간단한 프로젝트에는 적합하지 않을 수 있다.

2.19 다음은 익스트림 프로그래밍(XP) 개발 모델에 대한 설명이다. 그 설명이 **옳지 않은** 것은?

① XP 모델에서 주요 생명주기는 '릴리즈 계획-설계-반복적인 코딩과 테스트-경청'의 5단계의 개발 과정으로 설명된다.
② XP에는 코드에 대한 개별 소유권이 없고, 대신에 전체 팀이 코드 베이스를 담당한다.
③ XP는 프로그래머가 코딩할 때 테스트 코드를 작성을 시작하면서 동시에 테스트를 기반으로 부분적으로 제품을 인도하면서 프로젝트를 완성해 나가는 특징을 갖는다.
④ 계획 단계는 고객이 개발팀을 만나 원하는 결과를 설명하기 위해 사용자 스토리 형태로 요구사항을 제시하는 단계이며, 이 과정에서 어떤 불명확한 요구사항이 있으면, 스파이크 과정을 만날 때까지 불명확한 사항을 뒤로 미루어 최종적으로 결정한다.
⑤ 테스트 단계는 X에서 핵심 프로세스이며, 단위테스트와 인수테스트를 거쳐 중간 결과물을 고객에게 전달한다. 이 과정에서 개발자는 하루에 여러 번 자신의 코드를 공유 저장소에 통합한다.

정답 2.18 ② 2.19 ④

CHAPTER 3

프로젝트 계획 수립과 비용 산정

3.1 프로젝트란 무엇인가?

3.2 프로젝트 식별

3.3 프로젝트 관리와 프로젝트 관리자

3.4 작업계획 및 일정계획

3.5 소프트웨어 개발 비용 지출 요소

3.6 프로젝트 비용 예측 모델의 종류와 절차

3.7 LOC 기반 프로젝트 비용 예측

3.8 기능점수 기반 프로젝트 비용 예측

3.9 조직 계획

3.10 위험관리 계획

3.11 사업의 타당성 분석

3.12 프로젝트 관리 표준지침

■ 연습문제

학습목표

이 장은 소프트웨어공학에서 프로젝트 제안서를 작성하고 이의 타당성을 평가하여 프로젝트의 선정 방법을 학습한다. 특히 프로젝트 제안서 작성에서 필요한 주요 항목의 작성 방법을 학습하는데 목표를 두며, 세부적인 학습 목표는 다음과 같다.

- 프로젝트의 개념을 이해하고 설명할 수 있다.
- 프로젝트 제안서의 작성 방법을 이해하며, 실제 제안서를 작성하여 타당성을 평가하고 프로젝트 선정에 적용할 수 있다.
- 어떤 문제 해결을 위한 요구사항을 파악하고 프로젝트의 작업분류체계(WBS)를 작성할 수 있다.
- CPM 네트워크를 사용하여 프로젝트에 대한 작업의 임계경로와 우선순위를 식별할 수 있다.
- 간트 차트를 사용하여 프로젝트에 대한 일정계획을 수립할 수 있다.
- 소프트웨어 개발을 위한 프로젝트의 비용 지출이 예상되는 요소를 파악하고 이를 설명할 수 있다.
- 소프트웨어 비용 예측 모델인 COCOMO 모델을 이해하고 이를 기반으로 응용, 임베디드, 시스템 소프트웨어에 따라 LOC 기반 프로젝트 비용 예측 모델을 적용할 수 있다.
- 소프트웨어 비용 예측 모델인 기능점수 기반 모델을 이해하고 이를 기반으로 기능점수 기반 프로젝트 비용 예측 모델을 적용할 수 있다.
- 프로젝트의 조직구성 방법을 이해하고, 실제 문제 해결에 적합한 프로젝트 조직구성 계획을 수립할 수 있다.
- 소프트웨어 개발에서 고려해야 하는 기술적인 위험 요소, 운영 측면의 위험 요소, 사업 측면의 위험 요소를 이해하고 설명할 수 있다.
- 사업의 타당성 분석 방법을 이해하고 설명할 수 있다.
- 프로젝트 관리를 위한 주요 표준지침을 이해하고 설명할 수 있다.

이 장에서는 어떤 문제 해결을 위한 프로젝트 계획 수립 방법과 비용 산정 방법을 학습한다. 이를 위해 먼저 프로젝트의 개념, 프로젝트 제안서 작성 방법, 프로젝트 관리 개념을 알아본다. 또한 프로젝트 제안서에 포함되는 항목으로 요구사항 정의, 작업분류체계(작업분해도), 조직구성 계획, 자원 계획, 일정계획, 예산계획-소프트웨어 개발 비용 예측 방법, 위험관리 계획, 유지보수 계획 등의 작성 방법을 소개한다. 끝으로 이를 기반으로 사업의 타당성 분석 방법을 소개한다.

3.1 프로젝트란 무엇인가?

흔히 우리가 해야 하는 것을 일(task), 작업(work), 프로젝트(project) 등으로 표현한다. 어떤 일은 반드시 언제까지 완성해야 하는 시간 및 예산 제약을 갖는 반면에, 어떤 일은 완성하는 데 시간을 다소 늦추거나 단축해도 지장이 없는 일이 있다. 완성하는데 특별한 시간과 예산 제약에 영향을 크게 받지 않는 단편적인 작업내용을 보통 **'일(task)'**이라 한다. 반면에 제한된 시간과 비용 이내에서 특정 목적을 완성해야 하는 계획된 작업으로 인력, 예산, 시간 제약이 따르는 작업 종류를 **'프로젝트(project)'**라 부르며, 프로젝트는 고유한 제품, 서비스, 프로세스를 통해 특정 목적을 달성하기 위해 정해진 기간에 걸쳐 완료해야 하는 일시적인 작업이다. 또한 **작업(work)**이란 프로젝트 내에서 수행하는 단일 작업 단위를 가리킨다. 프로젝트가 갖는 특성을 정리하면 개략적으로 다음과 같다.

- 프로젝트는 하나의 결과물이나 목표를 달성하기 위해 함께 완료해야 하는 일련의 작업 전체를 의미한다. 작업은 한 세션에서 수행할 수 있는 단일 작업이다.
- 프로젝트는 더 큰 여러 작업을 포함한다. 어떤 프로젝트는 문제를 신속하게 해결하도록 설계된다. 다른 프로젝트는 계획된 유지보수 외에는 큰 개선이 필요하지 않은 결과를 도출하기 위해 장기간의 일성이 필요한 일도 있다. 또 어떤 프로젝트는 이 두 가지가 혼합되어 있다. 이는 새로운 소프트웨어 개발부터 재난 구호 활동 계획에 이르기까지 모든 프로젝트에 적용된다.
- 구체적으로 프로젝트는 원하는 결과를 달성하기 위해 신중하게 계획되고 실행되어야 하는 작업, 활동 및 결과물의 집합체이다.
- 이러한 작업은 프로젝트의 계획, 일정, 추적 및 성공적인 완료를 감독하는 프로젝트 관리자가 이끄는 프로젝트팀이라는 그룹에 의해 완성된다. 따라서 프로젝트에는 프로젝트팀 구성과 함께 인력, 자재, 장비와 같은 자원이 필요하다. 조직과 개인은 다양한 목표를 가지고 프로젝트를 관리한다.

일반적으로 프로젝트는 조직의 일상적인 업무나 다른 유형의 활동과 구별되는 다음과 같은 고유한 기능이나 특징이 있다.

- 모든 프로젝트는 항상 불확실성이 내재되어 있다. 이러한 불확실성 예방을 위해 모든 프로젝트를 시작하면서 프로젝트 목표와 내용, 범위, 일정계획, 비용, 자재 조달, 인력 구성 등을 명확히 정의하고 준비해야 한다. 이러한 정보는 단지 기존의 사례와 관련 정보를 분석하여 불확실한 정보를 명확히 정의해야 한다.
- 모든 프로젝트는 프로젝트 관리자와 프로젝트팀이 필요하다. 프로젝트팀의 구조는 조직마다 다를 수 있으나 일반적으로 프로젝트 구성원은 프로젝트 관리자와 필요한 작업을 실행하는 기술자들로 구성된다.
- 프로젝트팀원들이 기대하는 업무를 수행할 수 있도록 프로젝트 관리자의 명확한 지시가 필수적이며, 이러한 지시는 프로젝트 계획의 형태로 제공되어야 한다. 프로젝트 계획에는 프로젝트 목표, 프로젝트 일정계획, 프로젝트 예산계획 등의 모든 측면을 설명하는 종합적인 문서로서 다른 중요한 세부 사항도 포함한다.
- 모든 프로젝트는 동일한 프로젝트 생명주기를 가진다. 프로젝트 생명주기는 모든 프로젝트가 시작부터 끝까지 거치는 '시작 → 계획 → 실행 → 모니터링 → 종료'의 5단계 과정을 통해 수행된다. 프로젝트 생명주기의 5단계는 프로젝트를 정의하는 가장 기본적인 개요 역할을 한다.
- 모든 프로젝트는 동일한 프로젝트 제약조건을 공유한다. 모든 프로젝트에는 규모나 복잡성에 관계없이 **시간, 범위, 비용**이라는 세 가지 주요 제약조건이 적용된다. 따라서 모든 프로젝트는 정해진 일정 기간 내에 완료되어야 하고 정해진 작업과 목표를 달성해야 하며, 특정 예산 범위에서 수행되어야 하는 제약조건을 수반한다. 이러한 프로젝트 제약을 '삼중 제약' 또는 '**프로젝트 관리 삼각형(project management triangle)**'이라고 하며, 프로젝트에서 알아야 할 가장 중요한 특징 중 하나이다. **프로젝트 삼중 제약**이란 모든 프로젝트는 작업기간, 소요 비용, 작업 범위의 제한을 받는다는 뜻이다. 그 상세한 내용은 다음과 같다.
  - 작업의 품질은 프로젝트의 예산, 마감일 및 범위(기능)에 의해 제약을 받는다.
  - 프로젝트 관리자는 제약조건을 바꿀 수 있다.
  - 한 제약조건을 변경하면 다른 제약조건을 변경하여 보완해야 하며, 그렇지 않으면 제품의 품질이 저하된다.

- 전통적으로 경제학에서 생산의 3요소에는 토지, 노동력, 자본이다. 더 나아가 생산시스템의 4대 요소는 노동력(Man), 기계(Machine), 원자재(Material), 작업 방법(Method)의 4M이다. 또한 생산 자원이란 노동력(Man), 원자재(Material), 기계(Machine), 자본(Money)과 같이 제품을 생산하는 데 필요한 요소를 말한다. 최근에는 산업이 고도화되면서 생산의 5대 요소에는 노동력, 자본, 토지, 기업가정신, 작업 방법(지식, 기술) 등이 포함된다. 예로, 건설업에서는 목재, 유리, 페인트와 같은 원자재와 시간, 노동력, 기계와 같은 다른 자원도 프로젝트의 필수 자원이다.

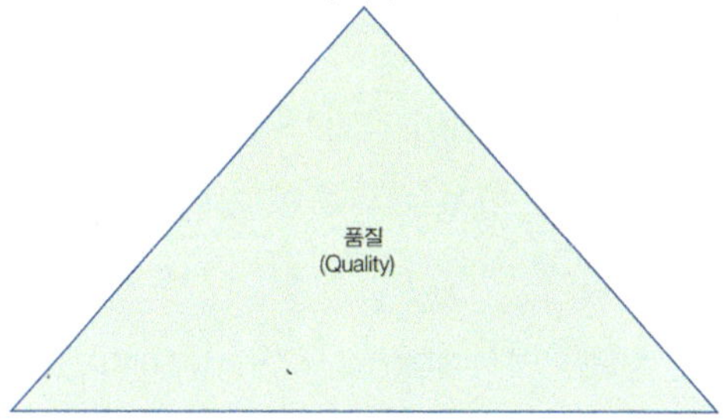

〈그림 3.1〉 프로젝트의 삼중 제약

- 소프드웨어 프로젝트의 성공적인 수행을 위한 필수 요소에는 **인력, 자원(실험장비와 자재), 자본, 기술, 시간**이 필수적이다. 따라서 **소프트웨어 프로젝트 계획에는 작업계획, 이를 위한 작업 방법(기술) 계획, 자원 계획, 조직 계획, 일정계획, 예산계획, 위험관리 계획, 유지보수 계획 등이 포함된다**. 이를 위해 프로젝트 관리자는 프로젝트 계획을 위해 자원 계획을 세우고 그에 따라 자원을 관리하기 위해 모든 프로젝트 소요 자원을 파악할 수 있어야 한다.

또한 모든 프로젝트는 프로젝트 유형, 프로젝트 규모, 기타 요인에 관계없이 사용하고 정의하는 보편적인 5가지 프로젝트 용어가 있다.

- 프로젝트 범위(scope): 프로젝트 범위 정의는 프로젝트 계획 단계의 핵심 요소이다. 여러 면에서 출발점이기도 하다. 프로젝트 범위를 설정하려면 프로젝트 관리자와 팀이 목표와 목적을 설정하고, 결과물을 자세히 설명하고, 작업을 만들고, 중요한 날짜를 설정하는 등의 작업을 수행해야 한다. 프로젝트 범위에는 원하는 결과와 그 결과에 도달하는 데 영향을 미치는 모든 특정 요소를 정의해야 한다.
- 프로젝드 이해관계자(stakeholders): 프로젝트 이해관계자는 프로젝트에 관련된 모든 사람을 의미한다. 이해관계자는 프로젝트의 모든 단계에 참여할 수도 있고 특정 방식으로만 참여할 수도 있다. 이해관계자 분석은 투자자, 팀원, 공급업체, 계약자 등이 프로젝트에 어떤 영향을 미칠 수 있는지 분류

하는 데 도움을 준다.

- **프로젝트 산출물(deliverables):** 모든 프로젝트는 본래 어떤 목표를 가지고 출발하므로 반드시 하나 이상의 구체적인 결과물을 산출한다. 프로젝트 결과물은 '유형'이거나 '무형'일 수 있으며, 물리적 제품일 수도 있고 개념적인 것일 수도 있다. 일반적으로 결과물은 애초에 프로젝트에 영감을 준 요구사항이다.
- **프로젝트 일정계획(milestone):** 마일스톤은 프로젝트 진행 상황을 추적하는 데 도움이 되는 미리 정해진 일정계획으로 '체크포인트'라고 생각하면 된다. 이러한 체크포인트는 프로젝트가 시작되기 전에 결정되므로 프로젝트 관리자와 팀은 언제 결과물을 달성할 수 있는지 알 수 있다. 마일스톤이 없으면 프로젝트가 성공의 길로 가고 있는지 아니면 경로를 변경해야 하는지 알기 어렵다.
- **프로젝트 종속성(dependencies):** 프로젝트 종속성은 프로젝트 내에서 자원을 공유하고 할당해야 하는 방식을 나타낸다. 많은 프로젝트가 서로 다른 목적과 여러 단계에 걸쳐 동일한 물리적 자료를 사용하고, 이러한 종속성을 이해해야만 충분한 자원을 확보할 수 있다. 마찬가지로 모든 프로젝트는 여러 개의 작업으로 세분화된다. 한 작업이 완료되기 전에 다른 작업을 시작할 수 없는 경우, 이러한 작업은 종속성을 공유해야 한다.

3.2 프로젝트 식별

프로젝트는 조직에서 누군가가 의해 시스템 구축이 필요하다는 사업의 필요성 제기로부터 시작된다. 이러한 프로젝트 도출은 **업무 담당자, IT 담당자, 운영위원회, 신규 법 제정** 등의 의견서에서 시작된다. 이와 같이 새로운 문제 해결을 위한 프로젝트 제안서를 작성하여 경영자가 검토할 수 있게 보고해야 한다. 이러한 보고서를 '**시스템 요청서(System Request)**'라고 한다.

시스템 요청서(System Request)는 시스템을 구축해야 하는 사업 추진의 이유와 시스템 제공으로 예상되는 사업 가치를 설명하는 문서이다. 프로젝트 스폰서는 일반적으로 조직 내 공식적인 시스템 프로젝트 선정 프로세스의 일부로 시스템 요청서를 작성한다. 시스템 요청서에는 프로젝트 스폰서, 비즈니스 필요성, 비즈니스 요구사항, 비즈니스 가치, 특별 이슈의 다섯 가지 요소를 포함하며, 그 세부 항목은 다음과 같다.

- 사업 추진의 배경과 필요성
- 프로젝트 개요
  - 사업 목표, 범위 및 내용
  - 대상 고객
  - 기능적 모델링: 사용사례 다이어그램
- 프로젝트 스폰서
- 비즈니스 요구사항
- 작업계획(Working Plan)-작업분류체계(WBS)
- 작업 방법(기술) 계획(Methods)
- 조직구성 계획(Men)
- 자원 계획(Machine and Material)
- 일징계획(Timeline)
- 예산계획(Money)
- 사업의 타당성 분석: 기술적·경제적·조직·법적·일정계획 타당성
- 특별한 문제점 또는 제약사항
- 시스템 대안
- 요약 및 부록

소프트웨어공학에서 시스템 요청서는 제안하는 프로젝트의 사업 목표, 범위 및 내용, 대상 고객, 잠재적 결과물, 목표 달성에 필요한 작업 방법과 절차, 타당성 분석, 타임라인(일정계획), 자원 계획 등을 개괄적으로 설명하는 문서이다. 시스템 요청서의 목적은 회사, 팀 또는 개인이 프로젝트에 접근하는 방법을 전달하는 첫 번째 문서이다. 시스템 요청서의 구성 요소는 프로젝트에 따라 다르지만, 프로젝트 제안서에는 <표 3.1>과 같이 몇 가지 핵심 요소를 포함하며, 세부적인 설명은 다음과 같다.

- 사업 추진의 배경 및 필요성

  추진 배경에는 프로젝트의 필요성을 야기하는 문제, 도전 과제 또는 기회는 무엇인가요? 등을 기술한다, 사업 추진의 필요성에는 본 사업을 통해 얻어지는 매출 증가, 시장 점유율 향상, 정보 접근성 제고, 고객 서비스 개선, 제품 하자율 감소, 공급 획득 프로세스 개선 등의 필요성을 경영자를 설득

할 수 있도록 상세히 요약한다.

- 프로젝트 개요

  프로젝트에 사용되는 사업 목표, 사업 범위, 실행 방법에 대한 모든 정보를 기술한다. 또한 철저하고 포괄적인 연구가 완료되었다는 증거로 분석된 양식뿐만 아니라 인터뷰 및 관찰한 사람들의 목록과 같은 제안서에 사용된 정보 출처가 포함된다. 주요 항목은 다음과 같다.

  - 사업 목표: 프로젝트에서 의도하는 목표를 기술한다.
  - 사업 범위 및 내용: 프로젝트에서 추진하는 업무 단계와 단계별 어떤 요소가 포함되고 어떻게 목표를 달성할 것인가? 등을 작성한다.
  - 기능적 모델링: 사업 내용에 관한 사용사례 다이어그램을 도시하여 사업의 추진 내용을 쉽게 이해할 수 있게 기술한다.
  - 대상 고객: 프로젝트 결과물의 주요 고객을 기술한다.

- 프로젝트 스폰서

  프로젝트 스폰서에는 프로젝트의 최초 제안자, 프로젝트 계약 담당자의 주요 연락 정보, 자금 조달 방법, 프로젝트 식별과 정의, 프로젝트 이해관계자, 프로젝트 관리자 선정, 관련 문제를 해결하거나 프로젝트를 취소할 수 있는 권한과 추진 담당자 등의 정보를 기술한다. 일반적으로 시스템의 성공에 관심이 있는 사람이 해당된다. 또한 스폰서는 프로젝트가 비즈니스 관점에서 올바른 방향으로 나아가고 있는지 확인하기 위해 소프트웨어 개발 주기 전반에 걸쳐 참여하며 프로젝트팀의 주요 연락 창구 역할을 수행한다. 프로젝트의 스폰서는 마케팅, 회계 또는 재무와 같은 비즈니스 부서에서 담당하지만, IT 부서의 구성원도 프로젝트를 후원하거나 공동 후원에 참여할 수 있다.

- 비즈니스 요구사항

  비즈니스 요구사항에는 시스템을 개발하는 이유를 설명하고 시스템이 조직에 제공하는 기능을 개략적으로 기술한다. 이것은 승인위원회와 운영위원회에서 이러한 요구사항을 이해하고 궁극적으로 프로젝트팀이 최종 결과물에서 사업에 기대하는 바를 이해할 수 있다. 예로, 고객 주문을 온라인으로 수집하는 기능이나 공급업체가 판매 시 재고 정보를 받을 수 있는 기능 등 정보시스템에 포함되어야 하는 기능을 요약한다.

- 작업계획: 프로젝트에 대한 작업내용을 분석하고 작업분류체계(work breakdown structure, WBS)를 제공하며, 이것은 앞으로 계속하여 프로젝트 관리, 일정계획의 기초 자료가 된다.
- 작업 방법(기술) 계획: 사업에서 추진하는 작업내용을 실현하기 위한 작업 방법과 기술을 상세히 기

술한다.

- 자원 계획: 프로젝트 수행에 필요한 인력, 장비와 설비, 자재, 환경 등의 모든 자원 요구사항을 기술한다. 따라서 자원 계획에는 다음 항목을 기술한다.
  - 자원 계획(장비·자재 소요계획)
  - 조직구성(인력) 계획
- 일정계획: 프로젝트의 작업분류체계(WBS)를 기반으로 추진 일정의 타임라인을 작성한다.
- 예산계획: 프로젝트 수행에 필요한 소요 비용을 산출하여 제공한다. 주요 예산 내용에는 인건비, 장비 및 자재비, 활동비, 추진비, 간접비 등의 지출항목을 포함한다.
- 타당성 분석

  이것은 시스템 요청서에서 제시한 내용이 정말 타당성 있는가를 증빙하기 위한 것으로 프로젝트 스폰서 또는 경영자가 이해할 수 있는 수준으로 작성한다. 타당성 분석 대상에는 시스템 요청서의 주요 항목인 작업계획, 기술 계획, 조직구성 계획, 자원 계획, 일정계획, 예산계획 등에 대응하는 사업의 경제적 타당성, 기술적 타당성, 조직구성 타당성, 법적 및 환경 타당성, 일정계획 타당성 등을 분석한다. 이것은 프로젝트 스폰서의 통찰력 제공을 목적으로 시스템에서 얻을 수 있는 유형 및 무형 가치를 평가하여 사업 타당성을 기술한다. 첫째, 유형 가치는 쉽게 정량화하고 측정할 수 있는 경제적 가치를 기술한다(예: 운영 비용 2% 절감). 사업의 경제적 가치는 사업에 대한 경제적 타당성 분석을 통해 가능하다. 둘째, 무형 가치는 개발하는 시스템이 조직에 주는 정성적 효과와 이점을 분석하여 기술한다(예: 고객 서비스 개선 정도, 경쟁력 향상). 셋째, 사업의 타당성 분석에는 경제적 타당성, 기술적 타당성, 조직적 타당성, 법적 타당성, 일정계획 타당성 등을 분석한다.
- 특별한 문제점 또는 제약사항: 프로젝트 추진 관련하여 승인위원회의 결정에서 고려해야 하는 주요 문제와 제약사항을 기술한다. 특별 이슈에는 프로젝트 평가 시 고려해야 할 기타 정보를 위한 포괄적인 요소를 포함한다. 예로, 프로젝트가 수행 기간이 특정 일자까지 반드시 완료되어야 하고, 자재 조달 수급 문제와 같은 것을 포함한다.
- 시스템 대안(3~4가지 가능한 솔루션): 프로젝트에서 언급했던 문제를 직접적으로 해결할 수 있는 3~4개의 대안을 제시한다. 각 대안을 개별적으로 검토하고 각 상황의 비용과 이점을 설명한다. 그래프를 삽입하여 각 대안의 비용과 이점을 비교할 수 있으며, 각 대안은 이를 실행하기 위해 경영진이 무엇을 해야 하는지 명확하게 제시해야 한다.
- 요약: 제안서를 누가, 무엇을, 언제, 어디서, 왜, 어떻게 하는지에 대한 400단어 이내로 요약한다. 독

자가 요약본의 정보를 정확하게 파악할 수 있도록 제안내용에 대한 전체적인 그림을 포함한다.

- **부록**: 프로젝트 제안서의 마지막 부분으로 관련 서신, 연구에서 완료된 단계의 요약, 분석 목적 또는 이전에 수행한 시스템 연구를 위한 세부 그래프가 포함된다.

이렇게 작성된 프로젝트 요청서는 프로젝트 승인위원회와 경영자의 검토를 거쳐 최종적으로 프로젝트 진행 여부를 결정하며, 프로젝트 진행이 결정되면 이제부터 프로젝트의 효율적인 수행을 위해 회사 차원에서 **프로젝트 관리**가 시작된다. 최종적으로 프로젝트 진행으로 결정되면, 이제부터 정식으로 새로운 프로젝트는 시작되며 이런 과정을 **프로젝트 선정(project selection)**이라 한다.

〈표 3.1〉 시스템 요청서 양식

1. 추진 목표 및 내용
   1.1 사업 목표
   1.2 개발범위 및 내용
   1.3 기능적 모델링: 사용사례 다이어그램
2. 대상 고객
3. 프로젝트 개요
4. 프로젝트 스폰서
   4.1 프로젝트 정의
   4.2 사업의 사례 분석
   4.3 필요 자금 충당계획
   4.4 이해관계자
   4.5 예상되는 문제점 및 해결책
5. 사업 추진 배경 및 필요성
   5.1 매출 증가율
   5.2 시장 점유율 증가율
   5.3 고객 서비스 개선
   5.4 제품 하자율 개선
   5.5 공급-획득 프로세스 개선
6. 비즈니스 요구사항

6.1 사업 측면의 요구사항
6.2 제품이 제공하는 기능과 특징의 요구사항
6.3 사용자 또는 이해관계자 요구사항
6.4 시스템 요구사항
7. 작업계획
7.1 업무분석체계(WBS)-작업계획
8. 인력 계획
9. 자원 계획
9.1 장비 소요계획
9.2 자재 소요계획
10. 일정계획
11. 예산계획
12. 사업의 타당성 분석
12.1 경제적 타당성
12.2 기술적 타당성
12.3 조직적 타당성
12.4 법적 및 환경적 타당성
12.5 일정계획 타당성
13. 특별한 문제점 또는 제약사항
13.1 시스템 구현 관련 이슈
13.2 제약사항
14. 시스템 대안(3~4가지 가능한 솔루션)
15. 요약(권장 사항 포함)
부록(기존 문서, 단계별 요약, 서신 등)

다음은 프로젝트 관리의 정의와 프로젝트 관리자의 역할에 대해 알아본다.

3.3 프로젝트 관리와 프로젝트 관리자

일반적으로 프로젝트 결과를 성공적으로 달성하기 위해서는 프로젝트의 **시작, 계획, 실행, 유지보수**의 4단계를 거쳐야 한다. 이 프로세스를 '**프로젝트 관리 생명주기(Proejct Management Life Cycle)**'라고 하며, 성공적인 프로젝트의 생명선이다. 또한 이 프로젝트 생명주기를 통해 프로젝트 관리자는 각 작업과 활동을 세심하게 계획하여 성공 가능성을 최대한 높일 수 있다. 전반적으로 프로젝트는 시작과 끝이 분명한 생명주기를 따르는 계획된 일이다. **프로젝트 관리(project management)**는 주어진 제약조건 내에서 모든 프로젝트 목표를 달성하기 위해 팀의 작업을 감독하는 프로세스이다. 프로젝트 관리는 선정된 프로젝트의 성공적인 완성을 목표로 움직이는 모든 활동으로 관리 기준에 따라 프로젝트의 계획 내용, 품질, 진행 상황, 비용 등을 평가하고 통제하며 프로젝트에 대한 관리 업무 전반을 의미한다. 결과적으로 프로젝트 관리는 범위, 시간 및 예산 제약 내에서 프로젝트 목표를 달성하기 위해 프로세스, 방법, 기술, 지식 및 경험을 적용하는 것이다.

따라서 **프로젝트 관리 활동**에는 작업계획, 위험도 평가, 작업 완료를 위한 자원 추정, 작업 조직, 인적·물적 자원 획득, 업무 할당, 활동 지시, 프로젝트 집행 제어, 진척도 보고, 결과 분석을 포함한다. 또한 정보시스템을 위한 프로젝트 관리에는 프로젝트의 범위, 시간, 비용(예산), 인적·물적 자원, 업무 할당, 품질, 산출물, 기술, 위험도 등을 상세히 관리해야 한다. 프로젝트 관리자(project manager)는 한시적인 일을 수행하는 데 관리방법론(통합, 수행범위, 시간, 비용, 품질, 인력, 의사소통, 위험, 자재와 부품 조달관리)에 따라 가장 효율적으로 프로젝트를 추진하고 관리하는 책임자로서 프로젝트의 계획과 실행에 있어서 모든 책임을 갖는 직책이다. **프로젝트 관리 책임자의 주요 역할**은 프로젝트 제안과 수주, 프로젝트 수주 후 프로젝트 진행을 위한 준비, 프로젝트 진행 관리, 프로젝트 종료 이후의 관리 등의 항목을 포함하며, 그 세부적인 역할은 다음과 같다.

- 프로젝트 계획, 수주 및 준비 활동
  - 기획 및 제안서 작성, 제안 발표
  - 프로젝트 계약 지원
  - 작업 분류 체계(Work Breakdown Structure, WBS) 작성
  - 팀원에의 작업 할당
  - 이용 가능한 자원의 산정

- 필요한 인적·물적·공간 자원 확보 계획
- 비용 산정
- 일정계획
- 위험도 측정 관리

- 프로젝트 관리 활동
  - 시스템 설계, 구축, 테스트 및 허가를 포함한 모든 프로젝트 진행 관리
  - 프로젝트 관련 구매, 주문, 변경, 주문, 송장 및 지불 관리
  - 예산 관리
  - 진척 관리
  - 작업 방향성의 유지관리
  - 프로젝트 성과 보고
- 프로젝트 종료 이후 유지보수 활동
  - 달성한 결과 분석
  - 프로젝트 검수 활동 지원
  - 원활한 유지보수 지원
  - 신규 프로젝트 발굴을 위한 영업 활동 지원

이러한 프로젝트 관리자의 역할의 살펴보면, 프로젝트 관리자의 책임과 의무가 얼마나 많은지 알 수 있으며 프로젝트 성패를 위해 프로젝트 관리자의 능력은 절대적이라 할 수 있다.

3.4 작업계획 및 일정계획

프로젝트 관리를 도와주는 차트는 진행 중인 작업을 시각화할 수 있으며, 이를 위한 다양한 도구들이 존재한다. 대표적인 프로젝트 관리 도구에는 **업무분석체계**(Work Breakdown Structure, WBS, 현장에서 일명 '**작업분해도**'라 부름), **CPM 네트워크, 간트 차트**(Gantt chart), **PERT 차트** 등이 있다. 간트 차트는 작업 종속성을 보여주지 못하고 PERT 차트는 혼란스러울 수 있기 때문에 프로젝트 관리자는 종종 이 도구들을 동시에 사용하는 편이다.

다음은 프로젝트 관리를 위한 대표적인 시각화 도구에 대해 각각 세부적인 기능을 알아본다.

3.4.1 작업계획-업무분석체계(WBS)

업무분석체계(이하 '**작업분해도**(Work Breakdown Structure, WBS)'라 부름)는 프로젝트 관리 연구소(PMI)의 프로젝트 관리 지식집(PMBOK)에서 작업 분류 구조를 "프로젝트에서 실행할 작업에 대한 결과물 중심의 계층적으로 분해한 것"으로 정의한다. 작업분해도(WBS) 는 프로젝트 관리에서 대부분 활용하는 도구이며 가장 중요한 프로젝트 관리 문서 중 하나이다. 이 도구는 프로젝트의 범위, 비용, 일정 기준선을 통합하여 프로젝트 계획이 일치하도록 보장한다. 작업분해도의 종류에는 1) 결과물 기반 업무분석체계와 2) 단계 기반 업무분석체계의 두 가지 유형이 있다. 가장 일반적이고 선호되는 접근 방식은 '결과물 기반 작업분해도 '이다. 결과물 기반 작업분해도는 프로젝트 결과물(제품 또는 서비스)과 범위 간의 관계를 잘 표현한다. 반면에 단계 기반 작업분해도는 '요구사항분석-기초설계-상세설계-구현-단위테스트-통합테스트'와 같이 단계별 작업내용을 분해하여 표현하는 방식이지만 자주 사용되지 않는다.

본 교재에서는 주로 결과물 기반 작업분류체계 작성에 초점을 둔다.

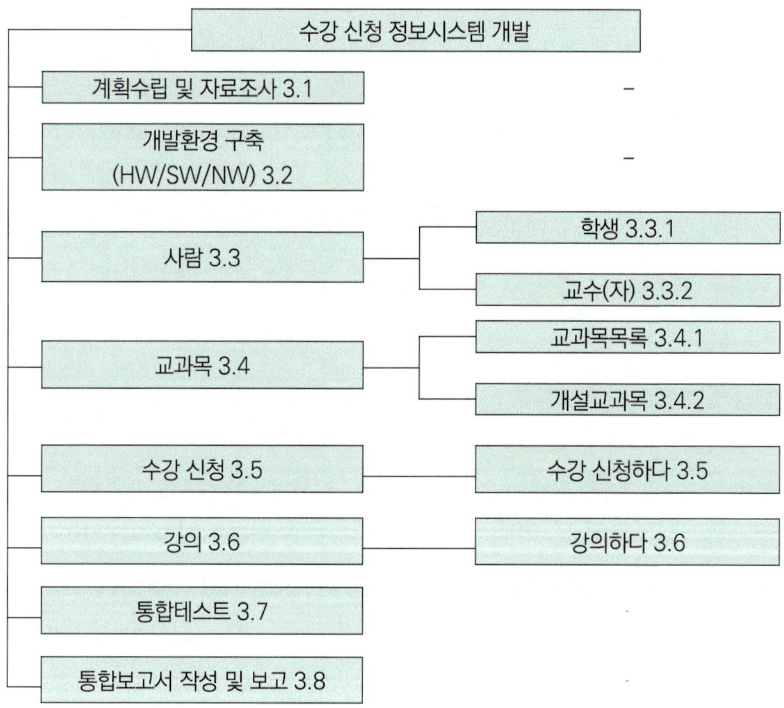

〈그림 3.2〉 수강 신청관리 정보시스템 개발의 작업분해도

예로, 수강 신청관리 정보시스템을 개발하는 경우, 주요 클래스에는 학생, 교수(자), 교과목목록과 개설교과목, 학생과 개설교과목 간의 '수강하다' 연관관계, 교수(자)와 개설교과목 간의 '강의하다' 연관관계 등을 식별할 수 있다. 식별된 클래스를 그룹핑하여 모듈화하면, 학생과 교수는 상위클래스로 '사람'을 식별할 수 있고, 교과목목록과 개설교과목은 '교과목 관리'로 모듈화할 수 있다. 나머지 2개의 연관관계는 독립적으로 그룹화할 수 있다. 따라서 수강 신청관리 정보시스템에 대한 작업분류체계는 <그림 3.2>와 같이 표현할 수 있다. <그림 3.2>에서 숫자는 문서에서 장 또는 절의 위치를 나타낸다. 끝으로 작업분해도는 표현되는 내용에 따라 **횡 또는 종단**으로 배치하여 그릴 수 있다.

3.4.2 CPM 네트워크

PERT(Program Evaluation Review Technique) 차트는 프로젝트를 완성하는 데 필요한 개별 작업에 대한 타임라인을 그래픽으로 표현하는 그림이다. PERT 차트는 사용자가 프로젝트의 타임라인을 매핑하고 개별 작업의 항목별로 소요 시간과 선후관계를 표현할 수 있는 프로젝트 관리 도구이다. 따라서 프로젝트 관리자는 PERT 차트를 통해 프로젝트를 관리하는 데 개별 항목에 필요한 소요 시간과 자원을 평가할 수 있고, 프로젝트 지침을 전달하고 무엇보다도 프로젝트의 일정계획과 타임라인을 설정하는 데 사용한다. 또한 PERT 차트는 프로젝트의 최소 소요 시간을 나타내는 임계경로(Critical Path) 식별과 개별 항목 간의 선후관계 파악에 아주 유용하다.

PERT 차트를 구성하는 주요 구성 요소는 다음과 같다.

- 노드: 원이나 직사각형으로 표현되며 프로젝트 이벤트나 마일스톤을 나타낸다.
- 벡터 또는 직선: 이러한 노드는 다양한 작업과 이들 간의 종속성(선후관계)을 나타내는 벡터 또는 선으로 연결된다. 같은 생산 단계에 있으나 프로젝트 내에서 다른 작업 라인에 있는 항목을 '병렬 작업'이라고 한다. 이것들은 서로 독립적이며 동시에 병렬로 발생함을 나타낸다.

결과적으로 프로젝트 관리자는 PERT 차트를 통해 프로젝트의 모든 작업을 분석하는 동시에 각 작업을 완료하는 데 필요한 소요 시간을 추정할 수 있다. 또한 프로젝트 관리자는 이 정보를 사용하여 전체 프로젝트를 완료하는 데 필요한 최소 소요 시간을 추정할 수 있다. 이를 프로젝트 진행의 '**임계경로(critical path)**'라 하며, 임계경로는 PERT 차트에서 프로젝트 진행에 필요한 최소 소요 시간을 나타낸다. 따라서 PERT 차트는 일명 'Critical Path Method(CPM) Network'라 부른다. 간략히 '**CPM 네트워크**'라

불린다. 임계경로 방법은 복잡한 프로젝트 스케줄링을 간소화하기 위한 도구이다. 프로젝트의 최소 완료 시간을 결정하는 중요한 작업의 순서를 찾아내어 관리자가 자원을 최적화하고 지연을 예측하며 효율성을 개선할 수 있게 도와준다. CPM은 제어와 시각화의 형태로 몇 가지 이점을 제공하지만, 대규모 프로젝트의 일부 요소를 놓칠 수 있는 단점이 있다. CPM을 향상시키기 위해 추가할 수 있는 다른 기능으로는 자동화된 일정 및 자원 관리 도구가 있다. 일반적으로 PERT 또는 Gantt와 비교되지만, 사용 방법은 프로젝트의 필요에 따라 선택해야 한다. 아울러 **PERT 차트의 작성 과정**은 다음과 같이 세 가지 단계로 구성된다.

첫째, <그림 3.2> 수강 신청관리 정보시스템 개발에서 프로젝트를 구성하는 소작업 리스트를 표로 작성한다(<표 3,2>). 이러한 CPM 네트워크 소작업 리스트는 프로젝트를 구성하는 모든 소작업에 대한 선행 작업과 소요 기간(일 단위)을 나타낸다.

〈표 3.2〉 프로젝트에 대한 CPM 네트워크 소작업 리스트

소작업	선행 작업	소요 기간(월)
A-계획수립 및 자료조사	-	1
B-개발환경 구축	-	2
C-학생	A, B	2
D-교수(자)	A, B	2
E-교과목목록	A, B	2
F-개설교과목	E	2
G-강의하다	D, F	2
H-수강 신청하다	C, F, G	3
I-통합테스트	F, G, H	2
J-통합보고서 작성 및 보고	I	1

둘째, <표 3.2>의 CPM 네트워크 소작업 리스트를 기반으로 CPM 네트워크 다이어그램을 도시한다. <그림 3.3>은 수강 신청관리 정보시스템 개발에 대한 CPM 네트워크 다이어그램이며, 이것은 프로젝트를 구성하는 소작업 목록과 이의 소요 시간, 소작업 간의 선후관계, 프로젝트의 임계경로 등을 식별하는 데 도움을 준다.

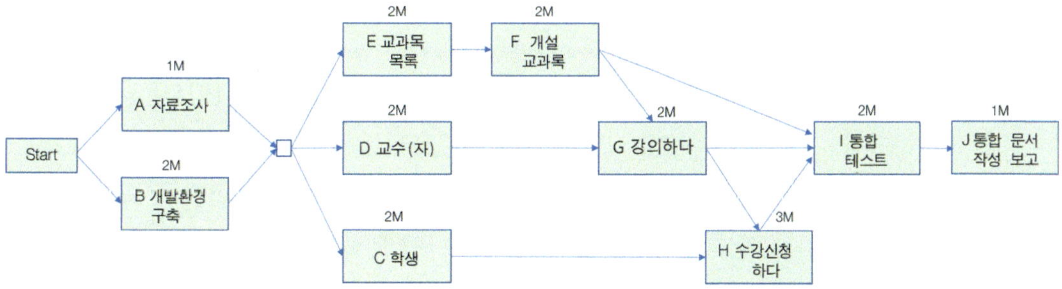

〈그림 3.3〉 수강 신청관리 정보시스템에 대한 CPM 네트워크

셋째, <표 3.3>과 같이 CPM 네트워크에서 모든 가능 경로를 파악하고, 가능 경로로부터 임계경로를 찾는다. <표 3.3>에서 **프로젝트의 임계경로**는 가장 긴 소요 기간을 갖는 경로로서는 'S-B-E-F-G-H-I-J'가 해당되며, 이것은 <수강 신청관리 정보시스템 개발>에서 프로젝트의 최소 소요 기간은 **'14'개월**(=2+2+2+2+3+2+1)이 필요하다는 것을 의미한다. 일반적으로 CPM 네트워크는 단독으로 잘 사용되지 않으며, 주로 프로젝트의 일정계획 수립을 위한 간트 차트 작성의 선행 작업으로 활용된다.

〈표 3.3〉 CPM 네트워크에서 모든 가능 경로의 최소 소요 기간

가능 경로	소요 기간(월)
S-A-E-F-I-J	8
S-A-E-F-G-I-J	10
S-A-E-F-G-H-I-J	13
S-A-D-G-I-J	8
S-A-D-G-H-I-J	11
S-A-C-H-I-J	9
S-B-E-F-I-J	9
S-B-E-F-G-I-J	11
S-B-E-F-G-H-I-J	**14**
S-B-D-G-I-J	9
S-B-D-G-H-I-J	12
S-B-C-H-I-J	10

3.4.3 간트 차트

간트 차트(Gantt Chart)는 프로젝트 일정을 보여주는 막대형 차트이다. 1910~1915년경에 Henry Gantt가 설계하고 보급하였다. 간트 차트는 프로젝트 관리자가 프로젝트 일정을 만들 수 있는 프로젝트 관리 도구이다. 이 차트에는 작업의 시작일과 종료일, 마일스톤, 작업 간의 종속성, 할당자, 작업이 완료되는 순서 등을 포함한다. 모든 간트 차트는 왼쪽에 그리드 또는 작업 목록을 배치하고 오른쪽에 프로젝트 타임라인이 있는 두 가지 주요 부분으로 구성된다. 간트 차트는 흔히 가로 막대형 차트에서 y축에 프로젝트의 소작업 명칭을 표시하고, x축에 타임라인을 표시하여 전체 프로젝트의 일정계획과 소작업 간의 종속성을 나타내는 데 활용된다. 간트 차트에서 막대는 해당 작업에 대한 소요 시간을 나타낸다. 예로, 작업 A에 대한 소요 기간이 3개월이라면, 작업 A에 대한 타임라인을 시간 축에 3개월로 표현한다. 간트 차트는 작업이 겹치는 부분과 다른 팀원들이 한 단계를 완료하는 동안 일부 팀원들이 새로운 작업을 기다리는 부분을 보여줌으로써 비효율성을 방지하는 데도 도움을 준다. 하지만 간트 차트는 프로젝트에 세부적인 개별 작업이 많이 포함되는 경우 복잡하고 길어질 수 있는 단점이 있다.

예로, <표 3.4>는 수강 신청관리 정보시스템에 대한 일정계획의 간트 차트이다. 개발 항목에는 정보시스템 개발에 포함되는 항목을 열거하고, 각 항목별로 추진 일정계획을 오른쪽에 타임라인으로 표시한다. 간트 차트에서 모든 개발 항목은 요구사항분석, (상세)설계, 구현 및 단위테스트로 세분할 수 있으나, 간략히 개발 항목에 대한 일정계획만을 표시하였다. 프로젝트 관리자는 이러한 간트 차트를 통해 현재 날짜에서 프로젝트가 어디까지 완성되고 앞으로 어떤 항목들이 개발될 것인가를 쉽게 파악할 수 있다.

※ **주의**: <표 3.4>의 3~6번에서 각 항목 개발은 요구사항분석, 설계, 구현(클래스와 SQL 질의)과 단위테스트 단계를 거쳐 진행되지만, 간트 차트가 복잡성 문제로 인해 소작업 단위의 세부 작업 항목의 소요 기간은 표시하지 않았음을 인지 바란다.

3.4.4 일정계획

프로젝트 관리에서 일정계획은 프로젝트 내의 활동, 결과물 및 마일스톤을 나열하는 것이다. 일정계획에는 일반적으로 계획된 작업의 시작일과 종료일, 기간, 각 활동에 할당된 자원 등의 정보를 포함한다. 효과적인 프로젝트 일정계획은 특히 전문 서비스 업무의 경우 성공적인 시간 관리의 핵심 요소이다. 프로젝트의 시간 관리를 위한 일정계획 수립 과정은 흔히 1) 일정 관리 계획, 2) 프로젝트 활동 정의, 3) 활

〈표 3.4〉 Gantt 차트 작성의 예제

일련번호	작업 항목		추진 일정계획(1년)												책임자
			1	2	3	4	5	6	7	8	9	10	11	12	
1	계획수립 및 자료조사														홍길동
2	개발환경 구축 (HW/SW/NW 환경)														홍길동
3	사용자 인터페이스 (GUI) 개발														이순자 황재민
4	사람	학생													이순자
		교수(자)													황재민
5	교과목	교과목목록													김철수
		개설교과목													김철수
6	강의	강의하다													황재민
7	수강신청	수강신청 하다													이순자
8	데이터베이스 스키마 구현 및 질의 작성														DBA
9	통합 테스트														김철수 손재민
10	통합보고서 작성														총괄

동 순서 정하기, 4) 소요 자원 추정, 5) 작업기간 추정, 6) 프로젝트 일정계획 수립 등의 6가지 프로세스를 통해 수행된다.

아울러 프로젝트 일정계획에는 다음의 **세 가지 주요 유형**이 있다.

- 마스터 프로젝트 일정계획: 마스터 일정계획은 타임라인 또는 프로젝트 캘린더가 있는 단순한 작업 목록 형태로 작성한다.
- 마일스톤(또는 요약) 일정계획: 이것은 프로젝트의 주요 마일스톤과 결과물을 추적하지만, 프로젝트를 완료하는 데 필요한 모든 작업내용을 나타내지 않는다.
- 상세 프로젝트 일정계획: 이것은 모든 프로젝트 활동을 식별하고 추적하기 위해 작성하는 가장 철저한 프로젝트 일정계획이다. 복잡하거나 규모가 크거나 시간이 오래 걸리는 프로젝트의 경우, 모든 것을 추적하는 데 도움이 되는 상세한 프로젝트 일정계획을 작성하는 상세 일정계획을 수립하는 것이 중요하다.

가장 일반적인 프로젝트 관리 도구는 앞에서 설명한 **작업분해도(WBS), CPM 네트워크, 간트 차트(Gant chart)**의 세 가지를 동시에 사용한다. 일반적으로 마일스톤 일정계획과 세부적인 프로젝트 일정계획은 모두 간트 차트로 작성한다. 간트 차트의 표현 방법과 예시는 이미 앞 절에서 자세히 설명하였다. 한편 일정 관리 소프트웨어를 선택할 때도 일정계획에서 다양한 예시를 생성할 수 있는 프로젝트 일정 관리 도구를 찾는 것이 좋다. 마일스톤이 포함된 상세한 프로젝트 일정계획을 간트 차트로 작성하는 경우, 팀이나 이해관계자가 쉽게 공유할 수 있는 일정계획을 상세한 수준까지 요약할 수 있는지 확인하는 것이 필요하다. 이렇게 하면 필요한 세부 사항의 수준과 대상 고객에 따라 동일한 일정계획을 다양한 형식으로 제시할 수 있다.

시간 관리 프로세스는 프로젝트 일정계획을 작성하는 데 핵심 단계로서 완전한 프로젝트 **일정계획 수립을 위한 7가지 원칙**은 다음과 같다.

- 이해관계자의 의견을 철저히 수렴하라. 가능하면 혼자서 일정계획을 작성하지 않는 것이 중요하다. 팀과 다른 이해관계자의 도움을 받아 작업 활동, 소요 자원, 작업 간의 종속성 및 작업기간을 파악하는 것이 중요하다.
- 과거 프로젝트의 일정계획을 참조하라. 비슷한 범위와 요구사항을 가진 이전 프로젝트를 참조하면 현실적인 추정치를 알 수 있고 잊어버린 작업이 없는지 확인하는 데 도움을 줄 수 있다.

- 일정계획에는 위험 요소를 염두에 둔다. 일정을 지키는 데 위험을 초래하는 모든 요인을 파악하고 문서화한다. 이는 위험관리에 많은 도움을 준다.
- 업무 외 시간을 고려하라. 예로, 휴가와 공휴일이 일정계획에 반영되어 있는지 확인하여 사람들이 일하지 않을 때 일할 것이라고 가정하지 않도록 하는 것이 프로젝트 지연을 예방하는 데 도움을 준다.
- 프로젝트의 중요 경로를 정의하라. 프로젝트의 중요 경로를 파악하면 프로젝트에서 가장 중요한 작업에 우선순위를 정하고 자원을 할당할 수 있다.
- 일정계획 수립의 가정 조건을 자세히 기록하라. 일정 예측의 근거가 되는 논리를 기록하는 것이 중요하다. 예로, 숙련자가 있기 때문에 작업을 완료하는 데 10시간밖에 걸리지 않을 것이라고 가정한다. 그런 다음, 신입 기술자가 작업한다면 계획보다 두 배 이상 오래 걸리는 이유를 충분히 설명할 수 있다.
- 프로젝트 마일스톤을 포함하라. 마일스톤은 프로젝트에서 중요한 시점을 나타내는 이벤트 또는 마커이다. 마일스톤은 요약 일정계획을 작성하고, 경영진에게 보고하고, 문제를 조기에 파악하는 데 유용하다.

3.4.5 프로젝트 관리 소프트웨어

프로젝트 관리 도구는 일반적으로 조직구성, 작업의 우선순위 부여, 예산 관리, 문서화 및 보고서 작성 등의 기능을 제공한다. 프로젝트 관리 소프트웨어는 프로젝트 계획, 일정계획 수립, 추적, 협업 및 보고하는 데 사용되며, 인적 오류를 최소화하면서 시간과 비용을 최대화하려는 모든 조직에 필수 요소이다. 특히 프로젝트 관리 소프트웨어는 팀원이 작업을 완료하고, 요구사항을 기록 및 추적하고, 자원을 간소화하고, 시간, 예산, 프로젝트 범위의 제약을 관리하는 데 필수적인 도구이다. 대표적인 프로젝트 관리 소프트웨어는 다음과 같은 제품이 있으며, 많은 소프트웨어가 무료 버전도 제공하고 있다.

- Teamwork Projects
- JIRA
- Trello
- Mind Mapping
- BoardMix
- Notion

- Asana
- Podio,
- ProofHub
- Wrike

3.5 소프트웨어 개발 비용 지출 요소

소프트웨어 개발 비용은 프로젝트 복잡성이 비용의 주요 요인이 되지만, 여러 가지 다른 요인이 작용할 수 있다. 소프트웨어 개발 프로젝트의 비용에 영향을 미칠 수 있는 주요 요소는 다음과 같다.

3.5.1 자료조사와 계획수립

소프트웨어 제품의 복잡성과 관계없이 구축하려는 제품과 구축 방법을 정확히 정의하는 데 도움이 되는 어느 정도의 조사분석과 계획수립은 필수적이다. 그러므로 모든 소프트웨어 개발 프로젝트는 자료조사와 계획수립 비용이 요구되며, 그 작업 범위는 프로젝트마다 크게 다를 수 있다.

3.5.2 적용 기술

프로젝트에 적용하는 기술 선택은 분명 소프트웨어 개발 비용에 영향을 줄 수 있다. 다양한 적용 기술을 고려할 때 개발자의 고급 기술 비용과 관련 장기적인 유지비용뿐만 아니라 기술 사용을 위한 직원 교육 비용도 고려해야 한다. 한편 오픈소스 기술을 선택하는 경우 초기 비용을 절감하는 효과적인 방법이지만 유지관리 비용도 고려해야 한다. 마찬가지로 상용 소프트웨어 기술을 선택하면 개발 시간을 단축할 수 있으나 라이선스 비용을 고려해야 한다.

3.5.3 프로젝트 복잡도와 규모

소프트웨어 제품 개발 비용은 프로젝트 복잡성과 밀접하게 관련된다. 복잡한 소프트웨어는 더 복잡한 설계, 코딩, 테스트 및 강력한 보안 기술과 복잡한 사용자 인터페이스 설계가 필요하므로 개발에 더 많은 시간과 인적·물적 자원이 필요하다. 따라서 이로 인해 개발 주기가 길어지고 비용도 급격히 상승할 수 있다.

소프트웨어 개발 비용은 프로젝트의 특성에 따라 매우 다양할 수 있다. 예로, 개발 기능의 범위, 사용자 인터페이스(UI) 설계의 복잡성, 선택한 플랫폼, 필요한 기술, 필요한 통합 등의 요인이 모두 맞춤형 소프트웨어 개발 비용에 영향을 미칠 수 있다. 일반적으로 소프트웨어 개발 프로젝트는 프로젝트의 지속시간, 위험도, 총비용 등에 따라 <표 3.5>와 같이 크게 다섯 가지 범주로 분류된다. <표 3.5>의 프로젝트 규모 분류는 절대적인 것은 아니지만, 대략적으로 추진하는 프로젝트의 작업내용과 비교하여 예산과 크기, 투입인력 산출 등에 도움을 줄 수 있을 것이다.

〈표 3.5〉 소프트웨어 프로젝트 규모 분류

분류	개발자 수	프로젝트 기간	프로젝트 크기(LOC)	프로젝트 예제
미니 프로젝트	1명	1~6개월	1~2K	• 간단한 문제 해결용 프로그램
소형 프로젝트	6~20명	1~2년	5~10K	• 숫자 문제를 푸는 프로그램 • 중간규모의 웹사이트 • 학생 프로젝트 등
중형 프로젝트	6~20명	2~3년	5~10K	• 어셈블러 및 컴파일러 • Intranet 시스템 • 다중 공급업체 API 상호 작용 및 다중 테넌트(tenant) 모델과 관련된 복잡한 웹사이트 • 건강 정보관리시스템
대형 프로젝트	5~20명	2~3년	50~100K	• 대형 컴파일러 • 대형 멀티테넌트 정보관리시스템 • 소규모 시간 공유 시스템 • 데이터베이스 패키지 • 실시간 제어 시스템
초대형프로젝트	100~1,000명	4~5년	1M	• 실시간 처리 시스템 • 통신 시스템 • 우주 왕복선/통신 시스템 • 운영 체제(OS)/DBMS • 군사 지휘 및 통제 시스템
극초대형 프로젝트	2,000~5,000명	5~10년	1~10M	• 항공 교통 관제시스템 • 탄도/긴급 군사 작전 관제시스템 • 지휘 통제 시스템

Note: 테넌트(tenant)는 소프트웨어 인스턴스에 대한 특징 권한으로 공통 액세스를 공유하는 사용자 그룹을 의미한다. 소프트웨어 멀티테넌시는 소프트웨어의 단일 인스턴스가 서버에서 실행되며 여러 테넌트(사용자)에게 서비스를 제공하는 소프트웨어 아키텍처이다. 이러한 방식으로 설계된 시스템은 "전용" 또는 "격리"가 아닌 '공유' 방식이다.

3.5.4 UI/UX 요구사항

UI/UX 요구사항은 소프트웨어 개발 비용에 상당한 영향을 미칠 수 있다. 사용자 인터페이스(UI)와 사용자 경험(UX) 모두 설계에 투입되는 작업량과 자원의 양은 상당히 높을 수 있다. 프로젝트 비용을 추정하려면 이러한 범위를 충분히 반영해야 한다.

3.5.5 작업자의 고용 모델

소프트웨어 제품 개발자의 고용 모델도 프로젝트 비용 예측에 크게 영향을 준다. 회사 내부 팀원과 협력할 것인가, 프리랜서 작업자를 고용하여 관리할 것인가, 아니면 외부 업체를 통해 고용한 서비스 전담 개발팀을 활용할 것인가? 어떤 고용 모델의 선택에 따라 소프트웨어 비용추정에 상당히 영향을 줄 수 있다.

3.5.6 유지보수와 지원 규모

유지보수와 지원 규모는 소프트웨어 개발 비용에 큰 영향을 준다. 개발된 소프트웨어는 적절한 모니터링, 상시적인 대기 지원, 기술 개선이 필수적이므로 유지보수 비용은 보통 **개발비의 12~20% 비용**이 지출이 예상된다. 일반적으로 공급업체의 견적을 비교할 때는 성능 모니터링, 대기 지원, 장기적인 기술 개선 등 출시 후 필요할 수 있는 비용을 고려한다는 점을 유의해야 한다.

3.6 프로젝트 비용 예측 모델의 종류와 절차

소프트웨어공학에서 개발 비용추정은 단순히 비용 추정치를 산출하는 기술로서 소프트웨어를 개발하고 테스트하는 데 소요되는 재정적 지출을 의미한다. 소프트웨어 비용추정 모델은 프로젝트의 비용을 추정하는 데 사용되는 몇 가지 비용추정 모델이 있다.

- 경험적 추정 모델: 경험적 추정이란 소프트웨어 프로젝트 계획 단계에서 필수적이고 필수적인 부분인 데이터를 예측하기 위해 경험적으로 도출된 공식을 사용하는 기법이다. 이 기법은 일반적으로 프로젝트에서 이전에 수집한 데이터와 추측이나 유사한 유형의 프로젝트 개발 경험을 기반으로 추정한다. 이 기법은 소프트웨어 규모를 사용하여 필요한 노력 지수를 추정한다. 경험적 추정 기법에는 많은 활동이 수반되기 때문에 이 기법은 공식화되어 있다. 예로, <델파이 기법>과 <전문가 판단

기법> 등을 이용한다.

- 휴리스틱 기법: 휴리스틱은 '발견하다'라는 뜻의 그리스어에서 유래한 단어이다. 휴리스틱 기법은 즉각적인 목표 달성을 위해 사용되는 실용적인 방법으로 문제를 해결하거나 해결 방법을 찾는데 사용되는 기법이다. 이 기법은 복잡한 데이터를 사용하는 작업에서 간단한 계산을 통해 비용을 산출하므로 유연하고 간단하다. 이 기법은 서로 다른 프로젝트 매개변수 간의 수학 방정식을 사용하여 표현하며, 널리 사용되는 휴리스틱 기법은 '**건설적 비용 모델(Constructive Cost Model, COCOMO)**'이다. 이 기법은 분석 및 투자 결정을 늘리거나 속도를 높이는 데도 자주 사용된다. COCOMO 비용추정 모델은 LOC(Line of Code) 기반 소프트웨어 개발 비용 산출에도 사용된다.
- 분석적 추정 기법: 분석적 추정 기법은 작업을 측정하는 데 사용되는 기법의 한 유형이다. 첫째, 이 기법은 먼저 작업을 기본 구성 작업 또는 분석할 요소로 세분화한다. 둘째, 다른 출처로부터 표준 작업시간을 사용할 수 있다면, 이러한 출처를 근거로 프로젝트의 각 구성 요소의 표준 작업시간을 예측한다. 셋째, 이러한 표준 작업시간이 없다면, 작업의 경험을 바탕으로 작업시간을 추정한다. 이 기법은 프로젝트에 대한 몇 가지 기본 가정을 통해 결과를 도출한다. 따라서 분석적 추정 기법은 어느 정도 과학적 근거를 가진다. '**Halstead의 소프트웨어 메스릭스**'는 분석적 추정 모델을 기반으로 한다.
- 기능점수 분석(Function Point Analysis, FPA): 이 기법은 소프트웨어에서 수행하는 기능의 개수(function points)와 복잡도 계산을 통해 소프트웨어 비용을 산출하는 방식이다. 이 모델을 사용하여 개발, 테스트 및 유지관리에 필요한 노력을 추정한다. 기능점수 분석기법은 소프트웨어에 포함되는 기능을 소프트웨어 사용자에게 의미 있는 용어로 정량화한다. 기능점수는 요구사항을 기반으로 개발 중인 기능점수의 수를 산출한다. IFPUG에서 정의한 표준 규칙, 프로세스 및 가이드라인의 적용을 받으며, 카운팅 실무 매뉴얼(CPM)을 제공한다.
- Putnam 모델: 이 모델은 1978년 Lawrence Putnam에 의해 제안된 모델로 프로그램의 규모, 개발팀의 전문성 및 기타 프로젝트별 특성을 고려하여 노력, 시간 및 결함을 추정하는 모수 추정 모델이다.
- 가격 대비 수익(Price-to-Win) 추정 모델: 경쟁 입찰에서 자주 활용되는 모델로서 계약을 체결하기 위해 특정 소프트웨어 프로젝트의 개발과 관련된 비용을 예측하는 데 사용된다. 이 모델에서는 시장 역학 관계와 경쟁업체의 가격과 수익을 살펴보는 것이 필수적이다.
- 머신러닝 기반 모델: 신경망, 회귀분석, 의사결정 트리 등의 머신러닝 기법을 사용하여 맞춤형 비용추정 모델을 구축할 수 있다. 이러한 모델은 과거 프로젝트 데이터를 기반으로 한다. 이 모델은 변화하

는 데이터와 프로젝트별 특징에 맞게 조정할 수 있으므로 유연성이 뛰어나다.

- 국제 기능점수 사용자 모델(IFPUG): 기능점수를 사용하여 소프트웨어의 기능을 측정하는 표준화된 기법으로 '**국제 기능점수 사용자 그룹(International Function Point Users Group, IFPUG)**'에서 제공한다. 이 기법은 소프트웨어 개발 및 유지관리에 필요한 노력을 계산하는 데 사용된다. 이 모델은 결국 기능점수 분석(FPA) 기법과 기능점수 계산법(FPC)의 개념을 기반으로 기능점수 계산법을 제공하는 국제 표준이다.

정확한 <**소프트웨어 개발 비용 예측 준비를 위한 5단계 프로세스**>는 다음과 같다, 정확한 소프트웨어 개발 비용추정은 모든 프로젝트의 성공에 필수적이다. 정확한 재무 계획이 없으면 비용을 과다하게 지출하여 프로젝트가 크게 지연될 수 있다. 소프트웨어 개발 비용의 추정 방법은 몇 가지 주요 방법이 있다. 프로젝트에 따라 한 가지 방법이 다른 방법보다 더 적합할 수도 있다. 소프트웨어 개발 비용추정 5단계 프로세스는 <그림 3.4>와 같이 모든 프로젝트에 대한 소프트웨어 개발 비용을 정확히 추정할 수 있는 수단이며, 그 세부적인 내용은 다음과 같다.

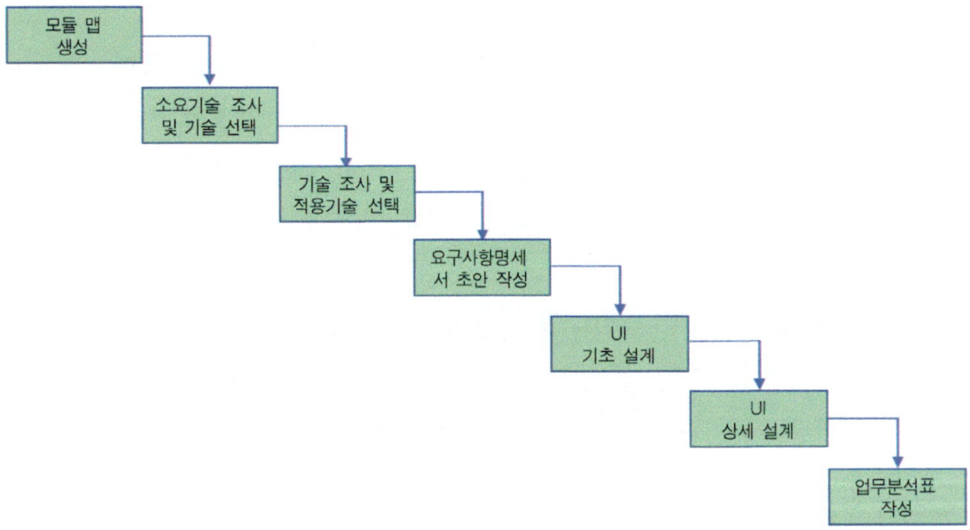

〈그림 3.4〉 소프트웨어 개발 비용추정 준비 5단계 프로세스

■ 〈1단계〉: 프로젝트 개요 및 상위 수준 모듈 맵 만들기

소프트웨어 개발 비용추정은 현재 진행 중인 프로젝트에 대한 상위 수준의 이해에서 출발한다. 아직 프로젝트 개요가 없는 경우 소프트웨어 제품의 목적, 대상, 기본 기능을 설명하는 프로젝트 개요를 작성한다. 프로젝트 개요에는 프로젝트 관련 핵심 모듈과 그 종속성을 포함한다. 모듈과 그 기능에 대한 개략적인 다이어그램은 프로젝트의 범위를 이해하는 데 도움이 되며, 보다 상세한 소프트웨어 개발 비용을 추정하는데 기초적인 정보를 제공한다. **프로젝트 개요 및 상위 수준 모듈 다이어그램**에는 사용자 역할 또는 사용사례(Use-Case), 클래스 및 관련 메소드, 데이터베이스, 사용자 인터페이스(UI), 인프라 구조, 알고리즘, 타사 시스템과의 통합 관계, 그리고 각 모듈이 다른 모듈에 의존하는 방식이나 모듈이 다른 시스템에 연결되어야 하는 방식과 같이 모듈 간의 다양한 종속성 관계를 포함한다.

■ 〈2단계〉: 소요 기술 조사 및 선택

모듈과 모듈 간의 종속성에 대한 개략적인 다이어그램을 작성했다면, 다음 단계는 프로젝트에 가장 적합한 기술 조사가 필요하다. 적용 기술이나 필요한 기술이 하나 이상 있는 경우, 이 단계에서 소프트웨어 개발팀과 협력하여 실제로 프로젝트에 적합한지를 확인하기 위해 추가적인 검증 작업을 수행하는 것이 중요하다. 또한 오픈소스나 상용 컴포넌트 또는 서비스에 대한 '빌딩 블록'을 활용하여 소프트웨어 개발 프로젝트의 속도를 높이고 비용을 절감할 수 있다. 기술 조사에는 소요 기술, 적용할 오픈소스와 상용 제품, 적용 기술의 비용과 이의 유지보수 또는 소프트웨어 비용, 적용 기술을 맞춤화하는 데 필요한 개발 비용, 구축 기간, 안정성, 기술 인력 공급과 인건비, 적용 기술의 장점과 한계 등을 충분히 검토하여 기술한다.

■ 〈3단계〉: 소프트웨어 요구사항 명세서(SRS) 초안 작성하기

소프트웨어 비용을 정확히게 추정하려면 먼저 소프트웨어 요구사항 명세서(Software Requirements Specification, SRS)를 작성해야 한다. 이 문서는 높은 수준에서 개요를 기술하며, 그 항목은 개략적으로 다음과 같다. 제품 요약 및 범위, 적용 대상, 제약사항 및 종속성, 기능적 요구사항, 비기능적 요구사항, 인수 기준 등을 명확히 기술한다. 또한 요구사항 명세서는 잠재적 공급업체에게 보다 상세한 견적서를 작성할 수 있게 해주므로 유용한 도구가 될 수 있다. 공급업체는 완전하고 상세한 SRS를 제공함으로써 프로젝트의 범위와 관련 잠재적 지출 비용을 파악하는 데 많은 도움을 제공한다.

- 〈4단계〉: 소프트웨어 사용자 인터페이스(UI) 상세설계

프로젝트 비용 견적의 정확성을 높이려면, 상세한 사용자 인터페이스(UI) 프로토타입을 제작하는 것이 필수적이다. 이것은 새롭고 더 정확한 프로젝트 견적을 얻기 위한 수단이 될 수 있다. 상세한 UI 프로토타입을 설계하려면 프로젝트의 기술적 복잡성뿐만 아니라 사용자 경험(UX)을 더 정확하게 표현할 수 있다. 이를 통해 이해관계자는 프로젝트의 범위를 더 잘 이해할 수 있고, 개발자는 설계 및 구현 프로세스에 대한 인사이트를 얻을 수 있다. 또한 상세한 UI 프로토타입이 있다면 설계 기초 단계에서 발견하지 못했던 기술적 문제와 UI 설계 결함을 파악하는 데 도움을 준다. 이것은 결과적으로 프로젝트 비용을 절감하고 프로젝트가 제한 시간에 납품되도록 하는 데 도움을 준다.

- 〈5단계〉: 작업분해도(WBS) 작성

견적의 정확성을 높이는 또 다른 방법은 작업분해도(WBS)의 작성이다. 기본적으로 작업분해도에는 프로젝트를 완료하는 데 필요한 모든 작업과 각 작업의 예상 비용을 함께 기술한다. 상세한 작업분해도 작성 방법은 3.4절을 참조 바란다.

결과적으로 **기능점수 기반 비용추정**은 소프트웨어 개발 비용 예측을 위한 5단계 프로세스를 기반으로 설명될 수 있다. 또한 정확한 기능점수 기반 소프트웨어 개발 비용추정은 요구사항명세서 작성, 상세한 사용자 인터페이스 설계, 작업분해도 작성, 소요 기술 조사 및 선택 등을 수행하는 요구사항분석(기초설계)이 완성된 후에 가능할 것이다.

3.7 LOC 기반 프로젝트 비용 예측 모델

이 절은 여러 가지 소프트웨어 비용 예측 모델 중 일반적으로 많이 사용되는 휴리스틱 기반 COCOMO 모델에 의한 비용 예측 모델과 그 예제에 대해 알아본다. COCOMOL 모델은 크게 기본, 중급, 상세 모델의 세 종류로 분류된다. **기본 COCOMO**는 주로 프로젝트의 LOC(Line of Code)와 소프트웨어 시스템 종류에 따라 계산되는 몇 가지 상수만을 반영하여 비용을 산출한다. **중급 COCOMO**는 부가적으로 소프트웨어공학의 15가지 비용 특성을 반영하여 비용을 산출한다. **상세 COCOMO**는 전체 소프트웨어를 여러 모듈로 세분화하고, 각 모듈에 COCOMO 모델을 적용하여 노력 승수를 추정하고 그 노력을 추정하는 방식이다. 다음은 위의 세 가지 LOC 기반 소프트웨어 비용 예측 모델에 대해 자세히 알아본다.

3.7.1 기본 COCOMO 모델에 의한 비용 예측

COCOMO(Constructive Cost Model)는 **Line of Code (LOC)** 즉 코드 라인 수를 기반으로 하는 소프트웨어 비용추정 회귀 모델이다. COCOMO 모델은 소프트웨어 프로젝트를 위한 절차적 비용추정 모델로 프로젝트의 규모, 노력, 비용, 시간, 품질 등 프로젝트와 관련된 다양한 변수를 안정적으로 예측하기 위한 프로세스이다. 이 모델은 1981년 Barry Boehm이 제안하였으며 63개 프로젝트에 대한 연구를 기반으로 가장 잘 문서화 된 모델 중 하나이다. COCOMO 모델에서 소프트웨어 제품의 품질을 정의하는 핵심 변수는 '**노력**'과 '**일정**'이다.

- 노력(efforts): 작업을 완료하는 데 필요한 노동의 양을 의미한다. 이것은 'person-month(men per month)'로서 1개월에 투입되는 작업자 수로 측정한다.
- 일정(schedule): 단순히 작업을 완료하는 데 필요한 시간을 의미하며, 투입된 노력에 비례한다. 주(weeks), 월(months)과 같은 시간 단위로 측정된다.

COCOMO 모델은 지금까지 필요한 정확도에 따라 다양한 수준에서 비용추정을 예측하기 위해 다양한 모델이 제안되었다. 이러한 모든 모델은 다양한 프로젝트에 적용될 수 있으며, 그 특성에 따라 후속 계산에 사용되는 상수의 값이 결정된다. COCOMO 모델에 적용되는 시스템 유형에는 기본형, 반분리형, 임베디드시스템으로 분류하며 그 정의는 다음과 같다.

- 기본형(organic)

  기본형 프로젝트는 소규모 응용시스템 관련 작업으로 소프트웨어 프로젝트가 비교적 팀 규모가 작고 문제가 잘 이해되고 과거에 유사한 프로젝트 수행 경험이 있으며, 팀원들이 해당 문제에 대한 명복상의 경험이 있는 작업의 경우 '기본형 타입'의 소프트웨어로 분류한다.
- 반결합형(semi-detached)

  반결합형 프로젝트는 팀 규모, 경험, 다양한 프로그래밍 환경에 대한 지식 등 중요한 특성이 기본형과 임베디드 시스템 사이의 중간 규모의 작업이다. 반결합형 프로젝트는 기본형에 비해 상대적으로 숙련도가 높고 개발하기 어려우며, 더 많은 경험과 더 많은 지침과 창의성이 요구되는 작업이다. 예로, 컴파일러, 운영체계, DBMS 또는 복잡한 재고관리시스템 등의 개발에 해당한다.

- 임베디드시스템(embedded system)

  임베디드시스템은 하드웨어와 소프트웨어가 결합한 제어시스템, 실시간 시스템, 전자장치 등으로 가장 높은 수준의 복잡성, 창의성, 경험과 숙련도를 요구하는 작업 범주가 해당한다. 임베디드시스템 프로젝트는 위의 두 모델과 비교하여 더 큰 대규모 팀이 필요하며, 개발자는 이러한 복잡한 모델을 개발할 수 있는 충분한 경험과 창의성이 요구된다.

초기 COCOMO 모델에서 프로젝트 비용 산출 방법은 프로젝트 작업 유형에 따라 필요한 개발 인력(efforts)과 일정 기간(time)은 다음과 같이 계산된다. 여기서 KLOC는 개발하는 소프트웨어의 킬로 단위 라인 수(kilo line of code)를 의미하며, 변수 a, b, c, d는 산출식에서 시스템 유형에 따라 주어지는 상수이다.

- Effort(인력) = $a \times (KLOC)^b$
- Time(개발기간) = $c \times (Effort)^d$
- 요구되는 개발 인력 = $Effort \ / \ Time$

다음은 위의 시스템 유형에 따라 주어지는 상수를 적용하면 <표 3.6>과 같이 기본형, 반연결형, 임베디드시스템의 유형에 따라 LOC 기반 프로젝트 비용 산출 공식이다. 여기서 'E'는 프로젝트의 투입 인력(effort)의 총계를 의미하고, 'Tdev'는 프로젝트의 개발기간을 의미하고, 'PM'은 프로젝트에 필요한 기술 인력(person-months)을 의미한다.

〈표 3.6〉 프로젝트 유형에 따른 개발 인력과 소요 시간 산출 공식

프로젝트 유형	개발 인력(effort) 산출식	개발기간(time) 산출식
기본형(Organic)	$E = 2.4 \times (KLOC)^{1.05}$	$Tdev = 2.5 \times (effort)^{0.38}$
반연결형(Semi-detached)	$E = 3.0 \times (KLOC)^{1.12}$	$Tdev = 2.5 \times (effort)^{0.35}$
임베디드시스템(Embedded System)	$E = 3.6 \times (KLOC)^{1.20}$	$Tdev = 2.5 \times (effort)^{0.32}$

예제 1

프로젝트 크기가 300 KLOC로 추정된다고 가정하자. 기본형, 반연결형, 임베디드시스템의 세 가지 시스템 모형에 대해 필요한 개발 인력(effort)과 개발기간(Tdev)을 산출하시오.

- 기본형(organic)의 경우

$E = 2.4 \times (KLOC)^{1.05}$에 의해 $E = 2.4 \times (300)^{1.05} \approx 957.61\text{MM}$

$Tdev = 2.5 \times (effort)^{0.38}$에 의해 $Tdev = 2.5 \times (957.61)^{0.38} \simeq 33.95 \approx 34$개월

PM = $957.61 \div 34 = 28.165 \approx 28$명

- 반연결형(semi-detached)의 경우

$E = 3.0 \times (KLOC)^{1.12}$에 의해 $effort = 3.0 \times (300)^{1.12} \approx 1,784.42$ MM

$Tdev = 2.5 \times (effort)^{0.35}$에 의해 $Tdev = 2.5 \times (1784.42)^{0.35} \simeq 34.35 \approx 34$개월

PM = $1784.42 \div 34 = 52.4829 \approx 53$명

- 임베디드시스템의 경우

$E = 3.6 \times (KLOC)^{1.20}$에 의해 $effort = 3.6 \times (300)^{1.20} \approx 3,379.47\ MM$

$Tdev = 2.5 \times (effort)^{0.32}$에 의해 $Tdev = 2.5 \times (3,379.47)^{0.32} \simeq 33.66 \approx 34$ 개월

PM = $3,379.47 \div 34 \approx 99.3961 \approx 99$명

예제 2

프로젝트 규모가 210 KLOC인 프로젝트를 개발한다고 가정하자. 소프트웨어 개발팀은 비슷한 유형의 프로젝트에 평균적으로 경험을 갖고 있다, 프로젝트 일정이 촉박하지 않다. 이때 프로젝트에 필요한 소요 노력, 개발 시간, 평균 직원 규모 및 생산성을 계산하시오. 단, 이 프로젝트는 프로젝트 규모, 일정, 개발 시간 및 경험을 고려할 때 반연결형(semi-detached) 모델이 적합하다고 가정한다.

$E = 3.0 \times (KLOC)^{1.12}$에 의해 $effort = 3.0 \times (210)^{1.12} \approx 1,196.76\ MM$

$Tdev = 2.5 \times (effort)^{0.35}$에 의해 $Tdev = 2.5 \times (1196.76)^{0.35} \simeq 29.87 \approx 30$ 개월

PM = $1196.76 \div 30 = 39.89 \approx 40$명

월간 생산성은 210,000 / 1,196.76 = 176 LOC/MM

1일 생산성은 $176\, LOC/MM \div 20$일 $= 8.8 \approx 9$ LOC (1개월에 20일 일한다고 가정)

3.7.2 중간 COCOMO 모델에 의한 비용 예측

기본 COCOMO에서 노력(effort)은 LOC와 소프트웨어 시스템에 따라 계산되는 몇 가지 상수를 반영하여 프로젝트 비용을 산출한다. 반면에 중간 COCOMO는 이러한 사실을 인지하고 소프트웨어공학의 다양한 속성에 기반한 15가지 비용 속성을 사용하여 노력 조정 계수(an effort adjustment factor, EAF)를 계산하고 이를 기본 COCOMO 모델의 비용 추정치에 반영하는 개선된 방식이다. 따라서 중간 COCOMO는 기본 COCOMO의 비용 추정치에 노력 조정 계수(EAF)를 곱하여 비용을 산출한다. 즉

$$\text{Effort(인력)} = \text{기본 } COCOMO\text{의 비용 추정치} \times \text{노력 조정 계수}\,(EAF)$$

노력 조정 계수에 사용되는 비용 드라이버는 네 가지 종류로 분류되며 그 속성은 다음과 같다.

- 제품 속성
  - 필요한 소프트웨어 신뢰성 정도(RELY)
  - 애플리케이션 데이터베이스의 크기(DATA)
  - 제품의 복잡성(CPLX)
- 하드웨어 속성
  - 필요한 처리 시간(TIME)
  - 메모리 제약(STOR)
  - 가상 머신 환경의 변동성(VIRT)
  - 런타임 성능 제약(TURN)
- 인력 속성
  - 분석가 역량(ACAP)
  - 애플리케이션 경험(AEXP)
  - 소프트웨어공학 역량(PCAP)

- 가상 머신 경험(VEXP)
- 프로그래밍 언어 경험(LEXP)

- 프로젝트 속성
  - 소프트웨어 엔지니어링 방법 적용(MODP)
  - 소프트웨어 도구 사용(TOOL)
  - 필요한 개발 일정(SCED)

위의 노력 조정 계수에 대한 비율은 <표 3.7>과 같다.

〈표 3.7〉 노력 조정 계수(EAF) 속성과 그 비율

노력 조정 계수 (EAF) 속성		적용 비율					
		아주 낮음	낮음	보통	높음	매우 높음	극히 높음
제품 속성	RELY 신뢰성 정도	0.75	0.88	1.00	1.15	1.40	..
	DATA 데이터 크기	..	0.94	1.00	1.08	1.16	..
	CPLX 복잡성	0.70	0.85	1.00	1.15	1.30	1.65
하드웨어 속성	TIME 처리 시간	..	..	1.00	1.11	1.30	1.66
	STOR 메모리 제약	..	..	1.00	1.06	1.21	1.56
	VIRT VM환경 변동성	..	0.87	1.00	1.15	1.30	..
	TURN 런타임 성능제약	..	0.87	1.00	1.07	1.15	..
이력 속성	ACAP 분석가 역량	1.46	1.19	1.00	0.86	0.71	..
	AEXP AP경험	1.29	1.13	1.00	0.91	0.82	..
	PCAP SE경험	1.42	1.17	1.00	0.86	0.70	..
	VEXP VM경험	1.21	1.10	1.00	0.90		..
	LEXP PL경험	1.14	1.07	1.00	0.95	..	..
프로젝트 속성	MODP SE방법 적용	1.24	1.10	1.00	0.91	0.82	
	TOOL SW 도구사용	1.24	1.10	1.00	0.91	0.83	
	SCED 필요한 개발 일정	1.23	1.08	1.00	1.04	1.10	

예제 3

위의 [예제 2]에서 산출된 노력(effort) 지수 = 1,196,76은 주어진 프로젝트의 노력 조정 계수에 의해 다음과 같이 조정된다. 예로, REPLY = 0.88, DATA = 1.00, CPLX = 1.15, TIME = 1.66, STOR = 1.00, VIRT = 1.15, TURN =1.07, ACAP = 1.19, AEXP = 1.13, PCAP = 0.86, VEXP = 1.10, LEXP = 0.95, MODP = 1.10, TOOL = 0.91, SCED = 1.04라 가정한다. 따라서 노력 조정 계수의 합계는 '16.19'이다. 따라서 위의 프로젝트에 대한 소요 노력(effort)은 EAF에 의해 다음과 같이 조정된다.

$$effort = 1{,}196.76 \times EAF = 1{,}196.76 \times 16.19 = 19{,}375{,}54\ MM$$

3.7.3 상세 COCOMO 모델에 의한 비용 예측

상세 COCOMO 모델은 소프트웨어공학 프로세스 개발 프로세스에 대한 비용 드라이버의 영향을 비용에 반영한다. 상세 COCOMO는 각 비용 드라이버 속성에 대해 다양한 노력 승수를 사용한다. 결과적으로 **상세 COCOMO**는 전체 소프트웨어의 기능을 여러 모듈로 세분화한 다음, 각 모듈에 COCOMO 모델을 적용하여 노력을 추정하고 그 노력을 합산하는 방식으로 계산한다. 세부적으로 상세 COCOMO의 6단계는 소프트웨어 개발 주기인 1) 계획 및 요구사항, 2) 시스템 설계, 3) 상세설계, 4) 모듈 코딩 및 단위테스트, 5) 통합테스트, 6) 비용 건설적인 모델 등에 따라 추산된다. 여기서 이에 대한 상세한 내용은 생략한다.

3.8 기능점수 기반 프로젝트 비용 예측 모델

기능점수(function points, FP)는 정보시스템(제품)이 사용자에게 제공하는 작업 기능의 양을 표현하는 측정 단위이다. 이 기능점수는 소프트웨어 크기를 측정한다. 기능점수에 의한 프로젝트 비용 예측 방법은 최근 들어 소프트웨어 크기 조정을 위한 업계 표준으로 널리 사용되고 있다. 기능점수 기반으로 소프트웨어 프로젝트 크기를 측정하기 위해 몇 가지 공인된 표준 또는 공개 사양이 존재한다. 2013년 이후 다음과 같은 표준이 제안되었다.

- COSMIC-ISO/IEC 19761(2011): 소프트웨어공학의 기능적 크기 측정 방법 제공

- FiSMA-ISO/IEC 29881(2008) 정보 기술: 소프트웨어 및 시스템 공학의 FiSMA 1.1 기능적 크기 측정 방법 제공
- IFPUG-ISO/IEC 20926(2009): 소프트웨어 및 시스템 공학의 소프트웨어 측정, IFPUG 기능 크기 측정 방법 제공
- Mark-II-ISO/IEC 20968(2002): 소프트웨어공학의 Ml II 기능점 분석, 기능점수 계산법 실무 매뉴얼 제공
- NESMA-ISO/IEC 24570(2005): NESMA 기능 크기 측정 방법 버전 2.1로 기능점수 분석 적용을 위한 정의 및 계수 지침 제공

국제 기능점수 사용자 그룹(IFPUG)의 역사는 대략 다음과 같다. 기능점수의 개념은 1979년 IBM의 앨런 알브레히트가 도입하였다. 1984년 알브레히트는 이 방법을 개선했으며, 최초의 기능점수 계산법 가이드라인은 1984년에 발표되었다. IFPUG는 본래 미국에 기반을 두고 국제적인 기능점수 분석 메트릭 소프트웨어 사용자 조직으로 1986년에 설립된 비영리 회원제 조직이다. **IFPUG는 ISO 표준 20296(2009)에 정의된 기능점수 분석(FPA) 기법의 소유권을 가지며,** 이 표준은 IFPUG의 기능 크기 측정(FSM) 방법을 적용하기 위한 정의, 규칙 및 단계를 명시하고 있다. IFPUG는 기능점수 계산법 실무 매뉴얼(CPM)도 유지 관리한다. CPM 2.0은 1987년에 발표되었고 그 이후로 몇 차례 반복하여 CPM 릴리스 4.3은 2010년에 발표되었다. ISO 편집 개정이 통합된 CPM 릴리스 4.3.1은 2010년에 발표되었다. CPM 4.3.1의 일부인 ISO 표준(IFPUG FSM)의 기능 크기 측정은 소프트웨어가 제공하는 기능 측면에서 소프트웨어를 측정하는 기법이다. CPM은 ISO/IEC 14143-1 정보 기술 분과에서 소프트웨어 측정에 따라 국제적으로 승인된 표준이다.

3.8.1 기능점수 기반 비용 예측 모델

기능점수 자동화 객체 관리 그룹 사양(Object Management Group Specification for Automated Function Point)은 개방형 회원제 비영리 컴퓨터 산업 표준 컨소시엄인 객체 관리 그룹(OMG)으로 정보 기술 소프트웨어 품질 컨소시엄이 주도하는 기능 포인트(AFP) 자동화 사양을 채택했다. 이 사양은 **IFPUG**의 지침에 따라 기능점수 계산을 자동화하기 위한 표준을 제공하며, 앞에서 설명했던 기능점수 분석(FPA) 기법과 기능 포인트 계산(FPC)법의 두 가지 기법을 기반으로 소프트웨어 기능점수 계산법을 정의한다. 그

세부적인 기능점수 계산법의 구성 요소에는 <그림 3.5>와 같이 데이터 기능과 트랜잭션(사용사례) 기능이 있다. 첫째, **데이터 기능**에는 클래스 데이터 파일로서 **내부 논리 파일(ILF)**과 **외부 인터페이스 파일(EIF)**이 있다. 여기서 내부 논리 파일(ILF)은 소프트웨어 시스템을 구성하는 기본 클래스에 해당한다. 외부 인터페이스 파일(EIF)은 외부 시스템에서 정의된 클래스를 참조하여 사용하는 경우가 해당된다. 둘째, **트랜잭션 기능**에는 **외부 입력(EI), 외부 출력(EO), 외부 질의(EQ)**의 3가지 연산이 있다. 즉, 트랜잭션 연산이란 사용-사례 다이어그램에 나타나는 모든 사용사례(Use-Case)에 대응하는 삽입, 삭제, 갱신, 검색 연산에 해당한다. 부가적으로 검색 연산에 포함되는 SQL 검색 질의가 포함된다. 아울러 기능점수 계산법에서 사용하는 내부 논리 파일과 외부 인터페이스 파일의 개념은 그 세부적인 설명은 다음과 같다.<그림 3.5>

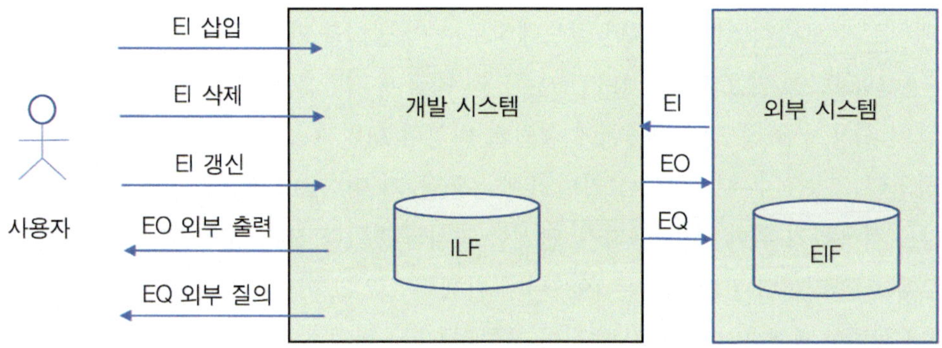

〈그림 3.5〉 소프트웨어 시스템에서 외부 입력(EI), 외부 출력(EO), 외부 질의(EQ) 간의 관계

▪ 내부 논리 파일(Internal Logic File, ILF)

내부 논리적 파일(ILF)은 논리적으로 소프트웨어 시스템에서 취급하는 데이터로서 소프트웨어 개발 과정에서 정의되는 클래스(또는 데이터베이스 테이블)를 의미한다. 이 ILF는 내부적으로 논리적 구조를 가지며 데이터 파일로 저장되어 관리되는 대상이다. 예로, 학생 데이터베이스시스템 개발의 경우, 개발에 필요한 '학생 신상', '학력', '동아리' 등의 클래스 또는 데이터 파일이 내부 논리 파일에 해당한다.

▪ 외부 인터페이스 파일(External Interface File, EIF)

외부 인터페이스 파일(EIF)은 외부 시스템에서 정의된 클래스 또는 데이터 파일에 해당한다. 즉 EIF는 시스템 개발 중에 외부 시스템에서 정의된 데이터 파일로 참조되는 데이터 파일을 가리킨다. 예로,

'학생' 관리 데이터베이스시스템에서 '교수' 데이터를 참조하는 경우, 교수 관리시스템에서 정의된 '교수' 데이터가 외부 인터페이스 파일에 해당한다. 즉 외부 인터페이스 파일은 외부 시스템에서 정의된 클래스 또는 데이터 파일에 해당한다. 이러한 기능점수 유형은 다음의 표와 같다.

〈기능점수 유형〉

측정 매개변수	의미
Number of External Inputs (EI)	입력 스크린과 테이블 연산 수(삽입, 삭제, 변경 연산)
Number of External Outputs (EO)	출력 스크린과 리포트 연산 수(화면이나 프린터 출력 리포트)
Number of External Queries (EQ)	외부 검색 질의 수(출력 연산에 포함되는 검색 질의)
Number of Internal Files (ILF)	내부 데이터 파일 수
Number of External Interfaces (EIF)	외부 인터페이스 수

다음은 외부 입력, 외부 출력, 외부 질의의 3가지 트랜잭션 연산에 대한 기능점수 계산 방법이다. 예로, 사용사례 다이어그램에서 '학생' 클래스에는 삽입, 삭제, 갱신 연산은 외부로부터 데이터 입력이 필요하므로 외부 입력에 해당하고, '검색' 연산은 저장 파일로부터 데이터를 조회하여 이를 화면이나 프린터에 출력 연산이 필요하므로 외부 질의 및 외부 출력 연산으로 계산한다. 그 세부적인 설명은 다음과 같다.

▪ 외부 입력(Eternal Inputs, EI)

외부 입력(EI)은 사용자가 외부로부터 데이터를 입력하는 연산에 해당한다. 즉 외부 입력은 데이터 입력 화면이나 다른 시스템에서 데이터를 입력하는 연산을 의미한다. **외부 입력(EI)**은 사용사례 다이어그램에서 사용사례에 해당하며, 외부로부터 어떤 데이터를 입력하는 **삽입(insert), 삭제(delete), 변경(update)** 연산 등이 해당한다. 예로, '학생' 관리시스템의 사용사례로서 학생의 '추가', '변경', '삭제' 등의 연산이 외부 입력에 해당한다. 실제 어떤 학생의 삽입, 삭제, 변경 연산은 외부로부터 학생 데이터의 입력이 발생하므로 이를 **외부 입력**(EI)이라 한다.

▪ 외부 출력(External Outputs, EO)

외부 출력(EO)은 소프트웨어 시스템에서 데이터를 화면이나 프린터, 데이터 파일과 같이 외부로 출력하는 연산을 의미한다. 또한 외부 출력은 ILF를 외부 파일로 갱신하는 연산이 될 수도 있다. 외부 출력은 다른 시스템으로 전송되는 보고서나 출력 파일을 생성하는 연산을 의미한다. 예로, '학생' 데이터베이스시스템에서 학생 정보를 검색하는 트랜잭션은 학생 정보를 검색하여 **화면 또는 프린터에 출력**하거나 외부 데이터 파일로 **저장**하는 연산이 필요하며, 이를 **외부 출력(EO)**이라 한다.

■ 외부 질의(External Inquiries, EQ)

외부 조회(EQ)는 입력 및 출력 구성 요소를 모두 갖춘 트랜잭션으로 주로 검색 연산에서 요구하는 트랜잭션에 해당한다. 기본적으로 검색 연산은 먼저 데이터를 조회하고 이를 외부 입출력장치나 데이터 파일로 출력하는데, 이 과정에서 외부 질의는 데이터 파일로부터 데이터를 검색하는 SQL 질의 작성을 의미한다. 예로, '학생' 데이터베이스시스템에서 학생 데이터를 검색하는 트랜잭션은 조회하는 학생의 '학번' 또는 '성명', '주민등록번호' 등을 입력하면 검색 조건을 만족하는 학생을 조회하여 화면에 출력하며, 이 트랜잭션은 내부적으로 조건에 맞는 학생을 검색하기 위한 외부 질의 작성을 요구하는데, 이를 **외부 질의(EQ)**라고 부른다. 즉 검색 연산은 내부적으로 하나의 외부 질의를 수반한다고 볼 수 있다.

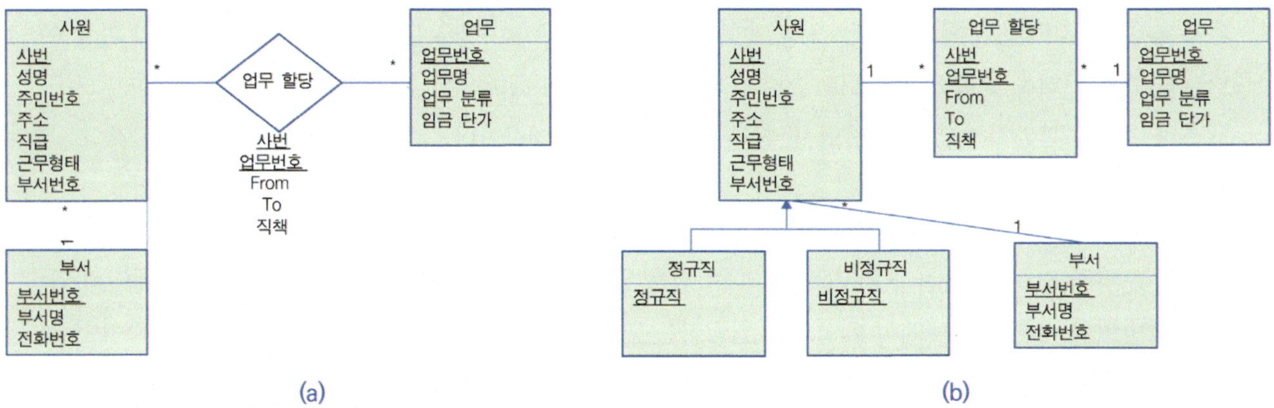

〈그림 3.6〉 업무 할당 시스템 개발에 대한 구조적 모델링: (a) 개체-관계(E-R) 다이어그램; (b) 클래스 다이어그램

부가적으로 기능점수 기반 소프트웨어 비용 산출을 위해 다음과 같은 용어의 정의가 필요하다.

- 레코드 요소 타입(Record Element Type, RET): ILF 또는 EIF 데이터 파일의 하위클래스로 인지되는 레코드 요소 타입을 의미한다. 이 레코드 요소 타입을 식별하려면, 클래스 다이어그램에서 존재하는 각 클래스의 하위클래스를 식별하면 된다. 예로, <그림 3.6>의 '업무 할당' 관리시스템에는 '사원' 클래스는 '정규직과 비정규직'의 하위클래스를 가지므로 두 가지 레코드 요소 타입(RET)이 존

재한다. 다른 클래스는 모두 1개의 레코드 요소 타입을 갖는다.

- 참조되는 파일 타입(FTR): 외부 입력(EI), 외부 출력(EO), 외부 질의(EQ) 연산에서 참조하거나 변경되는 데이터 파일의 수를 의미한다. 예로, '학생' 데이터베이스시스템에서 새로운 학생을 신규 등록 연산은 1개의 '학생' 데이터 파일을 참조한다. 한편 어떤 학생의 신상정보와 학과 이름의 검색 연산은 '학생'과 '학과'의 2개 데이터 파일 **참조**가 필요하다. 이 경우의 참조되는 파일 타입(FTR)의 수는 2이다.
- 데이터 요소 타입(Data Element Type, DET): 이것은 FTR 내의 데이터 하위 그룹으로 고유하고 사용자 식별이 가능하다. DET는 내부 논리 파일, 외부 인터페이스 파일, 그리고 어떤 트랜잭션을 처리하는데 필요한 '**속성**'을 가리킨다. 예로, '학생' 데이터베이스에서 '학생' 데이터는 (학번, 성명, 주소, 전화번호, 주민등록번호, 학과)의 6개 속성으로 표현되므로 '학생' 데이터의 데이터 요소 타입(DET)의 수는 6이다.

트랜잭션 함수(사용사례)인 EI, EO, EQ는 계산 규칙에 따라 포함된 FTR과 DET를 계산하여 측정한다. 마찬가지로 데이터 함수인 ILF와 EIF는 계산 규칙에 따라 포함된 DET와 RET를 계산하여 측정한다. 트랜잭션 연산과 데이터 처리 연산은 함수 크기 또는 기능점수 계산에 사용된다.

3.8.2 기능점수 추정 절차 및 예제

기능점수 기반 비용추정 모델은 프로젝트 개발 비용 추정을 시작하려면, 기본적으로 사전에 개발 시스템에 대한 **사용사례 다이어그램**과 **클래스 다이어그램**을 준비하고 시작해야 한다. 그 이유는 기능점수 추정 과정에서 필요한 내부 논리적 파일(ILF), 외부 인터페이스 파일(EIF), 레코드 요소 타입(RET), 참조되는 파일 타입(FTR), 데이터 요소 타입(DET) 정보는 클래스 다이어그램에서 쉽게 산출할 수 있고, 외부 입력(EI), 외부 출력(EO), 외부 출력(EQ), 외부 질의(EQ) 정보는 사용사례 다이어그램으로부터 쉽게 찾을 수 있기 때문이다. 즉

소프트웨어 프로젝트의 기능점수 기반 비용추정은 소프트웨어 요구사항분석(기초설계)이 완성되고, 상세설계 이전 단계인 시스템 제안서(System Proposal) 작성 단계에서 수행하는 것이 옳음을 알 수 있다.

다음은 실제 기능점수 기반 소프트웨어 비용 산출의 예제로서 회사의 <**업무 할당 시스템**>'의 비용 산출 사례를 검토한다. 이 문제는 단지 소프트웨어 비용 산출 예제를 보여주기 위해 작은 규모의 예제이다. <표 3.8>은 회사의 업무 할당 시스템에 대한 문제진술서이다. <그림 3.6>은 이 문제에 대한 구조적 모델링 결과이다.

〈표 3.8〉 업무 할당 시스템 개발에 대한 문제설명서

대상	문제 진술 내용
회사	• 회사는 사원에 대한 업무 할당과 추적을 관리하는 시스템 개발이 필요하다.
사원	• 사원 정보는 (사번, 성명, 주민등록번호, 주소, 직급, 근무 형태, 부서번호) 등으로 표현된다. • 사원의 근무 형태에는 정규직과 비정규직이 있다. • 사원은 하나 이상의 업무를 할당받을 수 있다.
업무	• 회사에는 여러 개의 업무가 존재한다. • 업무는 (업무번호, 업무명, 업무 분류, 임금 단가) 등의 속성으로 표현된다.
부서	• 사원은 하나 이상의 부서에서 일할 수 있다. • 하나의 부서에는 여러 명의 사원이 근무한다.
표준업무	• 표준업무는 다른 애플리케이션 시스템에서 제공한다.

■ 〈1단계: 기능점수 유형 파악〉

문제설명서에서 내부 논리 파일(ILF), 외부 인터페이스 파일(EIF), 외부 입력(EI), 외부 출력(EO), 외부 질의(EQ) 등의 기능점수 유형을 파악한다. 그리고 각 기능점수 유형의 데이터 요소 타입(DET), 레코드 타입(RET), 애플리케이션의 내부·외부 존재 정보를 산출한다.

클래스(ILF 및 EIF)	데이터 요소 타입(DET)	레코드 타입 RET)	내부/외부
사원	(사번, 성명, 주민등록번호, 주소, 직급, 근무 형태(정규직/비정규직), 부서번호)의 속성으로 표현된다.	클래스 (정규직, 비정규직)	내부(ILF)
업무	(업무번호, 업무명, 업무 분류, 임금단가)	클래스	내부(ILF)
업무할당	(사번, 업무번호, from, to, 역할)	클래스	내부(ILF)
부서	(부서번호, 부서명, 전화번호)	클래스	외부(EIF)

■ 〈2단계〉

트랜잭션 기능인 외부 입력(EI), 외부 출력(EO), 외부 질의(EQ)에서 접근하는 데이터 파일의 복잡도 판단 기준을 판별한다. 입력 복잡도 판단 기준은 외부 입력 트랜잭션에서 사용하는 레코드 요소 타입과 이의 데이터 요소 타입(DET)의 개수에 따라 **<표 3.9>**와 **<표 3.10>**에 의해 '단순, 중간, 복잡'의 세 가지 등급으로 평가한다.

〈표 3.9〉 출력보고서 복잡도 판단 기준

파일 타입 레퍼런스(FTR)	데이터 요소 타입(DET)		
	〈5	5~7	8≤
1	단순	단순	중간
2 ~ 3	단순	중간	복잡
4 이상	중간	복잡	복잡

〈표 3.10〉 입력화면 복잡도 판단 기준

레코드 요소 타입 (RET)	데이터 요소 타입(DET)		
	1~19	20~50	〉51
1	단순	단순	중간
2~5	단순	중간	복잡
5 이상	중간	복잡	복잡

예로, 위의 <업무 할당 관리시스템>의 각 기능점수 유형별 복잡도는 다음과 같이 산출된다. 먼저 내부 논리 파일과 외부 인터페이스 파일의 기능 복잡도를 계산한다. 내부 논리 파일에는 '사원', '업무', '업무 할당' 클래스가 존재한다. 그리고 각 파일에 포함되는 외부 입력(EI), 외부 출력(EO), 외부 질의(EQ)의 기능 복잡도를 산출하면 다음과 같다. 기본적으로 각 파일 연산에는 추가, 삭제, 변경, 조회 연산과 검색 연산이 요구되며, 검색 연산에는 내부적으로 검색 질의(조회 질의) 작성을 수반한다. 그 밖에 '업무 할당'의 경우 부가적인 연산이 필요하다고 가정하였다.

대상	RET와 DET에 따라 기능 복잡도 산출 내역	복잡도 판정
내부 논리 파일 (ILF)	사원: **2개 RET** (2개의 하위클래스가 존재하기 때문) 8개 DET(사번, 성명, 주민번호, 주소, 직급, 근무 형태, 부서번호)	단순등급
	업무: 1개 RET 4개 DET(업무번호, 업무명, 임금단가, 작업번호)	단순등급
	업무 할당: 1개 RET 5개 DET(주민등록번호, 업무번호, 시작일, 종료일, 평가)	단순등급
외부 인터페이스 파일(EIF)	부서: 1개 RET 3개 DET(부서번호, 부서명, 전화번호)	단순등급

대상	RET와 DET에 따라 기능 복잡도 산출 내역		복잡도 판정
사원 관리	EI	사원추가: 8개 DET와 2개 RET(사원, 부서)	단순등급
	EI	사원변경: 8개 DET, 2개의 RET(사원, 부서)	단순등급
	EI	사원삭제: 2개 DET, 1개 RET(사원)	단순등급
	EO	사원조회: 8개 DET, 2개 FTR(사원, 부서)	**복잡등급**
	EQ	조회질의: 8개 DET, 2개 FTR(사원, 부서)	**복잡등급**
업무 관리	EI	업무추가: 4개의 DET, 1개의 RET(업무)	단순등급
	EI	업무변경: 4개의 DET, 1개의 RET(업무)	단순등급
	EI	업무삭제: 2개 DET, 1개 RET(업무)	단순등급
	EO	업무조회: 4개의 DET, 1개의 FTR(업무)	단순등급
	EQ	조회질의: 4개의 DET, 1개의 FTR(업무)	단순등급
업무할당 관리	EI	업무할당: 6개 DET, 3개 RET(사원, 업무, 업무할당)	단순등급
	EI	업무해임: 6개 DET 3개 RET(사원, 업무, 업무할당)	단순등급
	EI	업무변경: 6개 DET, 3개 RET(사원, 업무, 업무할당)	단순등급
	EO	업무할당보고: 6~18개 DET 3개 RET(사원, 작업, 작업 할당)	**중간등급**
	EO	업무할당조회: 5개 DET, 1개 FTR(업무할당)	**중간등급**
	EQ	조회질의: 6개 DET, 1개 FTR(업무할당)	단순등급
부서 관리	EI	부서추가: 3개 DET, 1개 RET(부서)	단순등급
	EI	부서변경: 3개 DET, 1개 RET(부서)	단순등급
	EI	부서삭제: 2개 DET, 1개 RET(부서)	단순등급
	EO	부서조회: 3개 DET, 1개 FTR(부서)	단순등급
	EQ	조회질의: 3개 DET, 1개 FTR(부서)	단순등급

위의 <업무 할당 시스템>에 대한 미조정 기능점수 합계는 내부 논리 파일 * 3 + 외부 인터페이스 파일 * 1 + 외부 입력 * 12 + 외부 출력 * 5 + 외부 질의 * 4 = **25**이다.

■ 〈3단계〉

지금까지 계산된 기능점수는 미조정 기능점수(Unadjusted Function Point, **UFP**)로서 <2단계>에서 판별된 기능점수 유형에 대해 복잡도 판단 기준에 따라 가중치 조정 기준은 **<표 3.11>**과 같다.

〈표 3.11〉 기능점수 유형별 복잡도 조정 기준

기능점수 유형	복잡도 판단 기준		
	단순	중간	복잡
내부 논리 파일(ILF)	7	10	15
외부 인터페이스 파일(EIF)	5	7	10
외부 입력(EI)	3	4	6
외부 출력(EO)	4	5	7
외부 질의(EQ)	3	4	6

예로, 위의 미조정 기능점수(UFP = 25)에 대해 <표 3.11>의 기능점수 유형별 복잡도 조정 기준을 적용하면 다음과 같이 조정된 기능점수는 '98'이다.

기능점수 유형별 복잡도 조정 기준의 적용 결과의 예제

기능점수 유형	복잡도 판단 기준		
	단순	중간	복잡
내부 논리 파일(ILF)	(3) × 7	( ) × 10	( ) × 15
외부 인터페이스 파일(EIF)	(1) × 5	( ) × 7	( ) × 10
외부 입력(EI)	(12) × 3	( ) × 4	( ) × 6
외부 출력(EO)	(2) × 4	(1) × 5	(1) × 7
외부 질의(EQ)	(2) × 3	(1) × 4	(1) × 6
합계	98		

■ 〈4단계〉

조정된 기능점수는 다시 <표 3.12>의 시스템 특성의 중요도(total degree of influence, TDI)를 고려하여 다시 조정된다. 각 중요도는 0~5의 값으로 평가하며 이의 합계를 반영한다. 예로, 위의 예제에 대한 시스템 특성의 중요도 합계는 <표 3.8>에서 '25'이다.

〈표 3.12〉 시스템 특성 반영기준(TDI)의 예시

시스템 특성	중요도	시스템 특성(계속)	중요도
데이터 통신	3	온라인 갱신 빈도	3
성능 중요도	2	온라인 데이터 입력	3
분산 데이터 처리	1	재사용성	5
복잡한 처리	0	설치 용이성	2
시스템 구성 특이성	0	운영 용이성	2
트랜잭션 비율	2	최종사용자 효율성	0
다중 싸이트	1	변경 가속화 속도	1
합계	**25**		

■ 〈5단계〉

최종 기능점수는 수식 (3-1)에 의해 산출된다.

$$Function\,Points\ =\ UFP \times (0.65 + 0.01 \times TDI) \quad 수식\,(3-1)$$

따라서 위의 <업무 할당 시스템>에 대한 최종 기능점수는 '88.2'이며, 그 계산 과정은 다음과 같다.

$$Function\,Points\ =\ 98 \times (0.65 + 0.01 \times 25) = 88.2$$

결과적으로 위의 예제는 응용 프로그램이므로 <기능점수 유형별 조정 기준>과 <시스템 특성 반영기준>의 적용 결과는 오히려 본래의 기능점수보다 작은 기능점수로 평가되면서 <단순 프로젝트>로 평가됨을 알 수 있다.

3.9 조직 계획

소프트웨어 프로젝트팀의 구성 방법(Software Project Team Organization)은 계층적 팀 조직, 수석 프로그래머 팀 조직, 매트릭스 팀 조직, 민주적 팀 조직 등의 인력 구성 방법이 있다, 다음은 이의 팀 구성 방법을 상세히 알아본다.

3.9.1 계층형 팀 구조

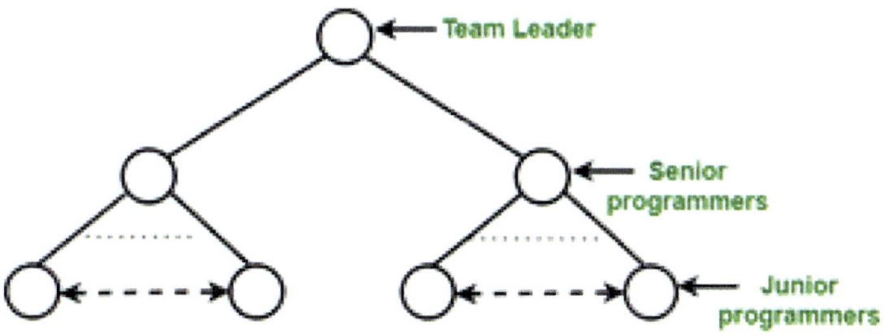

〈그림 3.7〉 계층형 팀 조직구성

계층형 팀 조직(hierarchical team organization)은 <그림 3.7>과 같이 트리 구조 형태의 팀 조직구성 방법이다. 일반적으로 하위 레벨의 구성원은 시스템에 대한 가장 상세한 지식을 보유하고, 상위 레벨의 구성원은 전체 프로젝트에 대해 더 폭넓게 이해하는 형태이다. 결과적으로 계층형 팀 조식은 팀의 기능별로 별도의 서브팀을 구성하고 각 서브팀마다 서브팀장을 두어 전체적인 조직을 관리하는 형태로 주로 대규모 프로젝트팀 구성에 적합하다.

3.9.2 수석 프로그래머 팀 구조

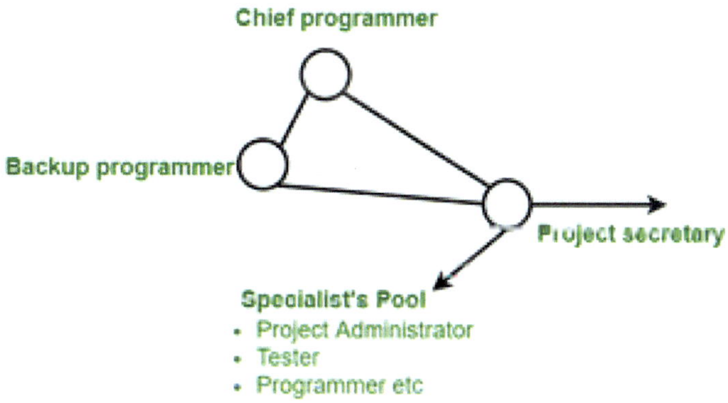

〈그림 3.8〉 수석 프로그래머 팀 조직구성

수석 프로그래머 팀 조직은 <그림 3.8>과 같이 수석 프로그래머, 프로젝트 보조, 프로젝트 비서, 전문가 등의 팀원으로 구성되는 소규모 팀의 구성이다. 팀 구성원의 역할은 다음과 같다.

- **수석 프로그래머:** 기획, 사양 정의 및 설계 프로세스에 적극적으로 참여하고 이상적으로는 구현 프로세스에도 참여하는 구성원이다.
- **프로젝트 보조:** 수석 프로그래머와 가장 가까운 기술적 동료이다.
- **프로젝트 비서:** 수석 프로그래머와 다른 모든 프로그래머의 관리 업무를 지원하는 구성원이다.
- **전문가:** 프로그래밍 언어를 선택하여 시스템 구성 요소를 직접 구현하고, 소프트웨어 도구를 사용하여 직접 작업을 수행하는 팀원이다.

3.9.3 매트릭스 팀 구조

프로젝트 중심 팀 구조는 프로젝트 중심으로 팀원을 구성하고 프로젝트가 완료되면 해체되는 방식으로 가장 큰 단점은 기술 축적이 잘 안된다는 점이다. 이를 해결하기 위해 시도되었던 팀 구조가 바로 인력자원을 기술 중심 차원과 프로젝트 중심 차원의 이중으로 소속시켜 작업자가 갖는 기술 능력을 배양하고, 한편으로 프로젝트 중심으로 배치하여 팀원들의 업무 효율성을 갖도록 하는 조직 구조이다. 따라서 **매트릭스 팀 구조**는 한 작업자가 둘 이상의 상사 또는 리더에게 보고하는 조직 구조로 실선 또는 점선 보고로 이뤄지는 조직 구조이다. 즉 한 작업자가 엄격한 수직적 사업부나 기능 및 지역별로 일원화된 팀 구조가 아니라 상호 교차 기능, 교차 비즈니스 그룹 및 기타 업무 모델의 관리 형태로 설명할 수 있다. 이 방식은 본래 1950년대 미국 항공우주 산업에서 개발된 매트릭스 관리는 1970년대에 더 널리 채택되었다. 국내에서 LG 그룹은 이 방식을 채택하고 있는 것으로 알려졌다.

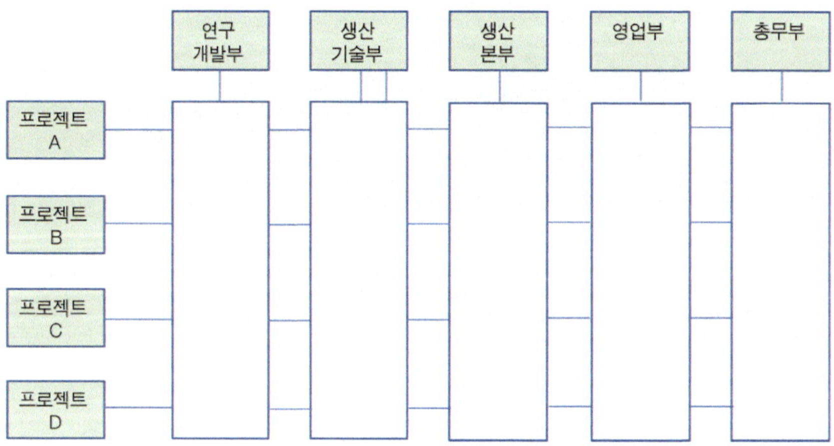

〈그림 3.9〉 매트릭스 팀 조직구성

매트릭스 팀 조직에서 구성원은 여러 개의 전문가 그룹으로 나뉜다. 각 그룹에는 관리자가 있고, 각 메트릭 팀은 기능별로 구성된다. 예로, 프로젝트팀은 <그림 3.9>와 같이 기능별로 운영체계 그룹, 데이터베이스시스템 그룹, 통신 그룹, 인공지능 그룹 등으로 나누어 구성하고, 한편 프로젝트 중심의 조직도 구성하여 이중으로 관리하는 구조이다. 따라서 매트릭스 팀 구조는 한 사람이 2개의 조직에 속하는 형태이다.

3.9.4 민주적 팀 구조

구성원 중 한 명이 일부 책임을 갖는 팀 리더가 되고, 팀 리더는 어떤 문제를 조정하고 합의에 도달할 수 없을 때 최종 결정을 내리는 권한을 가진다. 팀의 모든 구성원은 각 구성원과 일대일로 모든 것을 토의하고 대화하는 팀 조직이다.

3.9.5 전형적인 소프트웨어 개발팀 구조

전형적인 소프트웨어 개발팀은 <그림 3.10>과 같이 제품 소유자, 프로젝트 관리자, 엔지니어링 관리자, 프로그램 개발자, UX/UI 설계자, 품질보증 관리자, 업무 분석가, 아키텍처 설계자, DevOps 엔지니어 등으로 구성된다. 개발팀 구성원의 주요 역할과 책임은 다음과 같다.

- 제품 소유자: 현재 진행 중인 프로젝트를 깊이 이해하고 책임진다. 이들은 요구사항, 제한 사항, 사용자 요구사항 및 작업에 영향을 미칠 수 있는 경향을 알고 있으며, 일반적으로 최종 결과물이 어떤 모습이어야 하는지에 대한 비전을 소유하고 있다.
- 프로젝트 관리자: 전체 소프트웨어 개발 프로젝트를 감독하여 적기에 완료하고 소요 자원을 관리하며, 팀원을 조정하는 역할을 총괄한다. 프로젝트 활동을 계획, 조직구성 및 실행을 조정하고, 이해관계자 관계를 관리하고, 작업을 할당하고, 일정 준수를 보장하는 역할을 담당하여 통신을 원활하게 하고 중요한 의사결정을 내림으로써 프로젝트가 순조롭게 진행되도록 하는 역할을 수행한다.
- 엔지니어링 관리자: 엔지니어링팀의 업무를 감독하고 개발 주기 전반에 걸쳐 프로젝트 계획, 범위 지정, 구현 및 진행 상황 추적을 담당한다. 엔지니어링 관리자는 보통 직접 코딩은 하지 않지만, 문제가 발생했을 때 팀이 다양한 경로를 통해 문제를 해결하도록 도울 수 있는 숙련된 개발자이다.
- 프로그램 개발자: 실제로 프로그램을 코딩하는 일을 담당한다. 전방 개발자(front-end developer)는

시스템에서 주로 사용자 인터페이스의 구성 요소를 개발하고, 후방 개발자(back-end developer)는 제품에서 제공하는 주요 핵심 기능을 개발한다.

- UX/UI 설계자: UI 설계자는 사용자와의 상호작용을 설계하고 제공해야 하는 기능성과 사용성에 중점을 두며, 사용자의 불만 사항을 해결하는 데 중점을 둔다. UI 설계자는 주로 제품의 모양과 사용자 인터페이스를 담당한다. UX 설계자는 사용자가 제품과 상호작용하는 방식에 초점을 맞춰 제품을 더 쉽게 사용할 수 있도록 사용 환경 개선할 것을 담당한다. 설계에는 일반적으로 시각적 요소, 대화형 요소, 경험적인 콘텐츠를 포함한다.
- 품질보증(QA) 관리자: 품질보증 관리자는 고품질 소프트웨어 제품을 출시할 수 있도록 관리한다. 단순한 프로그램 버그 탐지는 물론 소프트웨어 개발에 사용된 프로세스를 이해하고 최종 제품의 품질과 기능을 향상 시킬 수 있는 개선사항을 제안하는 등의 총체적인 역할을 담당한다.
- 업무 분석가: 소프트웨어 개발에서 업무 분석가는 프로젝트의 요구사항을 명확히 분석하고, 관련 업무 데이터를 분석하여 명확한 기술적 요구사항으로 변환하는 역할을 담당한다. 업무 분석가는 일명 '소프트웨어 요구사항 분석가'에 해당한다.
- 아키텍처 설계자: 프로젝트의 전체적인 소프트웨어 아키텍처를 설계한다. 소프트웨어의 기술적, 기능적 측면을 기술하고 개발자와 협력하여 개발 주기 전반에 걸쳐 구성 요소를 도출하여 전체적인 소프트웨어 아키텍처를 설계한다.
- DevOps 엔지니어: 개발팀과 운영팀 간의 협업에 중점을 두고 소프트웨어 제공을 간소화하고 전반적인 개발 프로세스를 개선하는 것을 목표로 한다.

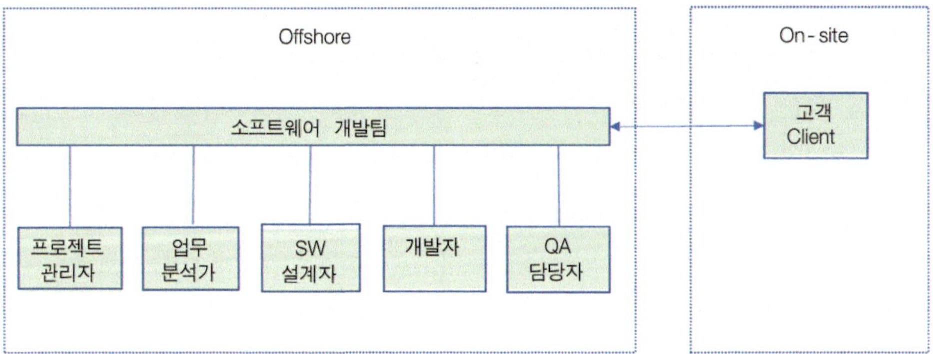

〈그림 3.10〉 전형적인 소프트웨어 개발팀의 구조

3.9.6 애자일 소프트웨어 개발팀 구조

애자일 소프트웨어 개발팀에서는 목표를 공유하고 각 팀원의 역할을 명확하게 정의하면 생산성이 크게 향상되고 탁월한 성과를 달성할 수 있다. 프로젝트 시작 단계에서 책임을 결정하면 정해진 일정과 예산 내에서 모든 목표를 달성할 수 있다. 애자일팀 구조에서 일반적으로 볼 수 있는 주요 그룹과 역할은 <그림 3.11>과 같으며, 각 구성원의 역할을 다음과 같다.

- 제품 소유자(PO): 팀 내에서 고객의 관점을 대변한다. 제품 소유자는 제품 비전과 제공해야 하는 비즈니스 가치를 충분히 이해하며, 팀과 긴밀히 협력하여 백로그의 우선순위를 정하고 사용자 스토리를 정의하며, 팀의 작업이 고객의 요구 및 비즈니스 목표에 부합하는지 확인하는 역할을 담당한다.
- 스크럼 마스터: 팀의 촉진자이자 멘토 역할을 책임진다. 스크럼 마스터는 팀이 애자일 원칙과 관행을 이해하고 적용하도록 안내하고 진행을 방해할 수 있는 장애물을 제거하며, 팀이 원활하게 기능할 수 있도록 보장하는 역할을 담당한다. 스크럼 마스터는 또한 일일 스탠드업, 스프린트(Sprint)) 계획, 회고와 같은 회의를 진행한다.

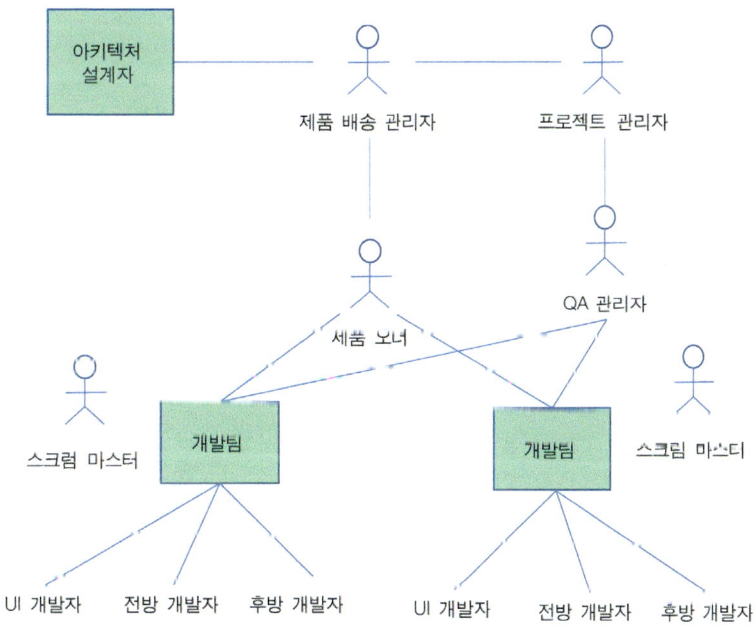

〈그림 3.11〉 애자일 소프트웨어 개발팀 구조

- **개발팀:** 각 스프린트가 끝날 때까지 잠재적으로 배송 가능한 제품 증분을 제공할 책임이 있는 숙련된 팀원으로 구성한다. 이 팀은 프로젝트의 복잡성에 따라 개발자, 테스터, 설계자, 또는 솔루션 아키텍트 등의 역할을 포함하여 자체적으로 조직되고 다양한 기능을 수행한다.
- **전방(front-end) 개발자**는 사용자 인터페이스의 미적 감각과 사용성을 설계하고, 후방(back-en) 개발자는 기본 로직과 데이터베이스 작업을 관리하며, DevOps 엔지니어는 안전하고 효율적인 소프트웨어 개발과 배포를 보장하여 전반적인 성능을 최적화하는 역할을 담당한다.
- **제품 배송 관리자:** 모든 애자일 팀에 항상 존재하는 것은 아니지만, 제품 배송 관리자는 제품의 배포를 처음부터 끝까지 감독한다. 이들은 제품의 적시 납품, 합의된 예산 준수, 정의된 품질 표준의 달성을 보장해야 한다. 또한 PO, 스크럼 마스터, 개발팀 간의 조율을 통해 모두가 같은 목표를 향해 나아갈 수 있도록 관리한다.
- **솔루션 아키텍처 설계자:** 시스템의 아키텍처를 설계하고 비즈니스 요구사항과 시스템 요구사항에 부합하는지 확인한다. 개발팀과 긴밀히 협력하여 설계된 아키텍처를 구현할 수 있도록 안내한다. 애자일 환경에서 이 역할은 솔루션을 강요하기보다는 멘토링과 팀 역량 강화에 초점을 둔다.

이외도 애자일 소프트웨어 개발팀은 다음의 프로젝트 관리자, UX/UI 설계자, QA 담당자 등의 구성원을 포함한다. 그 역할은 앞에서 설명한 내용과 같다.

- 프로젝트 관리자
- UX/UI 설계자
- QA 담당자

3.10 위험관리 계획

소프트웨어 개발 위험을 식별하는 것은 프로젝트 수행에서 아주 중요하다. 소프트웨어 개발 위험관리 계획은 팀이 전체 프로젝트를 평가하고, 성공을 위한 계획을 세우고, 결과를 극대화하고, 마감일을 지키고, 이해관계자와 효과적으로 소통하고, 마지막으로 중요한 위험을 제거하기 위한 자금을 할당하는 데 도움을 준다. 소프트웨어 개발에는 다음과 같이 다양한 유형의 위험이 존재한다.

- **기술적인 소프트웨어 개발 위험**: 기술적인 문제 또는 결함 있는 도구 요소로 인해 발생하는 위험이다.
- **운영적인 소프트웨어 개발 위험**: 소프트웨어 개발 목표가 명확하게 정의되지 않을 때 프로세스에서 발생하는 위험이다.
- **업무적인 소프트웨어 개발 위험**: 이것은 회사의 광범위한 업무 이해관계와 운영에서 비롯되는 위험이다.

따라서 프로젝트 계획에는 이렇게 잠재적으로 발생할 수 있는 프로젝트 위험 요소를 사전에 식별하고 관리하는 것이 성공적인 프로젝트 수행에 필수적이다. 다음은 다양한 소프트웨어 개발 위험 요소에 대해 알아보자.

3.10.1 소프트웨어 개발의 기술적인 위험 요소

기술적인 개발 위험은 제품 및 프로세스에 대한 실제 설계 모델과 이상적인 설계 모델의 차이로 설명될 수 있다. 이러한 위험은 즉시 눈에 띄지는 않지만 심각한 부정적인 결과를 초래할 수 있다. 기술적 소프트웨어 개발 위험은 종종 기능 및 성능의 실패로 이어지고, 안타깝게도 이러한 위험은 해결하기 어려울 수도 있다. 소프트웨어공학 및 개발에서 가장 흔한 기술적 위험은 다음과 같은 유형이 존재한다.

- 코드 품질 불량: 불량한 코드 품질은 종종 급하게 작업을 진행하거나 팀원들의 지식과 전문성 부족으로 인해 발생한다. 따라서 이의 예방과 해결책 수립이 요구된다.
- 소프트웨어 요구사항의 지속적인 변경: 지나치게 복잡한 여러 요소로 구성된 프로젝트, 불충분한 개발 및 커뮤니티 지원 수준으로 인해 발생할 수 있다. 이것은 코드를 자주 테스트하고, 팀의 코드 표준지침을 개발하거나, 버그를 발견하면 함께 해결한다면 이러한 유형의 위험을 최소할 수 있다
- 프로젝트에 잘못된 기술 선택: 종종 개발자는 인기 있는 기술에 지나치게 중점을 두어야 싶어하는 경향이 있다. 하지만 각 팀마다 특정 기술이나 솔루션에 대한 고유한 핵심 지식이나 경험이 있다는 사실을 잊지 말아야 한다. 또한 각 기술과 솔루션에는 특정 유형의 프로젝트에 더 잘 작동하는 고유한 기능이 있다는 점을 명심해야 한다. 예로, C 프로그래밍 언어로 애플리케이션을 구축하는 데 시간이 훨씬 더 걸리는 경향이 있으므로 확장성과 빠른 속도에도 불구하고 웹 애플리케이션 코딩에는 C 언어를 사용하지 않을 수 있다.
- 위험을 완화하려면 기존의 모든 문서를 요청하고 이전 개발팀과 모든 문제를 논의하는 것이 필수적

이다. 새로운 기술의 경우 위험이 더욱 증가할 수 있다.

- 통합 문제: 소프트웨어를 타사 시스템이나 고객시스템과 통합해야 할 때 위험이 발생할 수 있다. 관련 기술이 대중적이고 대규모 커뮤니티의 지원을 받는다면 위험도를 줄일 수 있다.

3.10.2 소프트웨어 개발에서 운영적 측면의 위험 요소

소프트웨어 개발 위험에는 소프트웨어 개발 프로세스의 모든 단계에서 발생할 수 있는 프로젝트 관리, 일정 및 조직 문제가 포함된다. 이러한 위험은 회사의 수익에 영향을 미치고 프로젝트 결과에 큰 영향을 미치므로 프로젝트의 실패로 이어질 수 있다. 소프트웨어 개발의 운영적인 위험 요소는 다음과 같다.

- 지나치게 야심적이거나 부정확한 마감일: 이러한 위험 요소는 현실적인 마감일을 설정할 수 있는 세부 계획을 세우면 이러한 위험을 완화할 수 있다.
- 잘못된 기간 설정: 이러한 일정 문제에는 잘못된 시간 계산, 자원 부족, 예상치 못한 긴급한 프로젝트 범위 확장 등이 포함된다.
- 지연, 직원의 소진 및 기타 여러 요인으로 인한 생산성 저하: 프로젝트의 생산성 저하를 방지하려면 계획에 따라 정확한 계획을 세우고 이를 효과적으로 전달해야 한다.
- 부적절한 프로젝트 관리의 경우: 팀 내 커뮤니케이션 및 상호 작용이 제대로 이루어지지 않거나 리더십이 부족하거나 제품 관리자의 경험이 부족한 경우 등이 위험이 발생할 수 있다.
- 프로젝트 범위를 완전히 다른 것으로 변경하는 경우(예: 범위 확대), 이로 인해 프로젝트 마감일을 놓치거나 프로젝트 기간이 연장될 수 있다.
- 이해관계자와의 커뮤니케이션 부재: 이해관계자가 개발팀과 연락이 닿지 않거나 너무 많은 의견교환을 요구하여 불필요한 논의가 발생할 수 있으므로 이해관계자와 적절한 소통은 성공적인 프로젝트 수행을 위해 필수적이다.
- 커뮤니케이션 문제 및 실수: 언어 장벽, 문화적 차이 또는 단순한 의사소통 부족과 같은 요인으로 인해 전체 프로세스의 효율성이 저하될 수 있다.
- 중요한 단계를 건너뛰고 서둘러 개발 작업을 진행하는 경우 구현과정에서 큰 위험이 발생할 수 있다.
- 팀에 필요한 기술을 갖춘 숙련 개발자가 부족하거나 업무량이 불안정한 경우도 프로젝트 수행의 위험 요소가 된다.

3.10.3 소프트웨어 개발에서 사업적 측면의 위험 요소

소프트웨어 개발의 업무적인 위험은 기술이나 프로세스와 관련이 없는 문제이다. 대표적인 업무적인 소프트웨어 개발 위험 요소는 다음과 같다.

- 이해관계자의 기대치 미충족: 이러한 위험은 비용, 마감일 또는 결과와 관련하여 부정확한 추정으로 인해 발생할 수 있다. 이것은 영향을 미치는 위험 요소에 대한 세부 정보를 포함하여 추정치의 확률을 명확히 하면 충족되지 않은 기대치를 피할 수 있다.
- 정의되지 않은 지표: 모든 비즈니스 기회는 정량화할 수 있어야 한다. 프로젝트를 시작하기 전에 시간과 돈을 투자할 만한 '가치 요소'를 명확히 계산해야 한다. 소프트웨어 개발 결과를 평가할 때는 비즈니스 목표를 측정해야 한다.
- 일관성 없는 우선순위: 소프트웨어 솔루션의 어떤 요소가 가장 중요한지 명확하지 않으면 불필요한 소프트웨어 릴리스로 이어질 수 있다. 이러한 위험을 줄이려면 비즈니스 우선순위에 따라 일련의 작업 결과물을 만들어야 한다.
- 예산 문제: 프로젝트가 예산을 초과하지 않도록 모니터링하는 것이 중요하다.
- 참여도 부족: 개발팀은 다른 회사의 아웃소싱 파트너를 포함한 모든 관련 이해관계자의 참여를 유도해야 한다. 대부분 참여도가 부족하면 프로젝트의 실패 위험이 높아진다.
- 파트너십 계약 부재: 소프트웨어공학 프로젝트에서 성공은 회사와 제3 공급자 모두에게 효율적이다. 관련 모든 당사자가 '같은 생각'을 하는 것이 중요하며, 이를 보장하는 가장 좋은 방법은 합의된 서면 계약서 작성이 해결책이다.
- 예측할 수 없는 외부 위험: 마지막으로 고려해야 할 외부 소프트웨어 개발 위험 요소에는 법률의 변화, 새로운 정부 규정, 경제 변화, 소비자 행동 및 우선순위의 변화, 자연재해 등이 포함될 수 있다. 이러한 위험은 프로젝트 실패에 영향을 미칠 가능성이 높기 때문에 잠재적 위험 목록에서 반드시 취급해야 한다. 이러한 위험을 피하는 것은 어려울 수 있지만, 보험에 가입하고 법률 변경 시항과 시사에 대한 최신 정보를 파악하는 등 이러한 위험을 최소화하기 위해 취할 수 있는 조치가 있다.

3.11 사업의 타당성 분석

프로젝트 관리는 프로젝트의 목적을 성공적으로 완수하는데 필요한 자원을 계획, 조직, 관리하는 프로세스이다. 타당성 분석은 제안된 프로젝트(또는 사업)의 장점과 실행 가능성을 결정하기 위한 사전 조사 작업으로 프로젝트 초기에 시스템 요청서(사업 제안서)에 대한 타당성을 분석하는 작업이다. 소프트웨어공학의 타당성 조사는 제안된 프로젝트 또는 시스템의 타당성을 평가하는 작업으로 소프트웨어 프로젝트 관리 프로세스의 중요한 4단계 중 한 단계이다. 타당성 조사는 타당성 분석 또는 실용적인 관점에서 제품 개발이 조직에 얼마나 유익한 정도에 대한 소프트웨어 제품의 척도이다. 타당성 조사는 소프트웨어 제품의 개발, 이식, 조직에 대한 프로젝트 기여도 등의 측면에서 소프트웨어 제품이 적합한지 분석하기 위해 여러 가지 목적을 기반으로 수행된다.

타당성 조사의 목표는 **경제성, 기술성, 조직구성, 일정계획, 법률 및 환경** 고려 사항을 포함하여 제안된 프로젝트의 모든 측면을 검토하고 평가하는 것이다. 이 정보는 의사 결정권자가 프로젝트를 진행할지 여부를 결정하는 데 도움을 준다. 이러한 타당성 조사 결과는 현실적인 프로젝트 계획과 예산을 수립하는 데도 사용할 수 있다. 다음은 새로운 프로젝트의 타당성 검사 항목인 경제적 타당성, 기술 타당성, 조직 타당성, 법적 및 환경적 타당성, 일정계획 타당성 등에 대해 상세히 알아본다.

3.11.1 경제적 타당성

경제적 타당성은 제안된 시스템을 개발하는 데 드는 비용과 절감 효과를 평가한다. 이를 통해 소프트웨어 프로젝트가 재정적 이득을 창출할 수 있는 능력을 결정한다. 경제적 타당성에는 개발팀의 비용, 하드웨어 비용, 소프트웨어 비용, 연구 비용, 비용 절감 등이 포함된다. 따라서 경제성 타당성 조사에는 필요한 하드웨어 및 소프트웨어 자원, 설계 및 개발 비용, 운영 비용 등 최종 개발에 필요한 모든 비용을 포함하여 프로젝트 개발에 필요한 소요 비용을 상세히 분석한다. 그 후 프로젝트가 조직의 재무 측면에서 얼마의 이익이 발생하는지를 분석한다. 결과적으로 새로운 시스템이 회사에 매출을 늘리고 더 많은 수익을 창출해야 소프트웨어가 경제적으로 타당성을 갖출 수 있다. 또한 업계 내 경쟁사와의 경쟁 능력 향상과 같은 무형의 이점도 분석한다.

프로젝트의 경제적 타당성 평가는 일반적으로 <표 3.13>과 같이 현재가치(PV), 현 자산가치(NPV), 투자 대비 수익률(ROI), 손익분기점(BEP) 등에 의해 검토된다.

〈표 3.13〉 경제적 타당성 분석 산출 방법

평가 항목	산출 공식
현재가치(PV)	$PV = \frac{투자비용}{(1+이자율)^n}$ n = number of years in the future
현 자산가치(NPV)	$NPV = PV Benefits - PV\ Costs$
수익률(Return on Investment, ROI)	$ROI = \frac{Total\ Benefits - Total\ cCosts}{Total\ Costs}$
손익분기점(Break-Even Points, BEP)	$BEP = \frac{Yearly\ NPV - Cummulative\ NPV}{Yearly\ NPV}$

- 현재가치(Present Value, PV): 미래의 예상 현금 흐름의 현재가치이다. 현재가치는 현재가치와 미래가치로 구분되며, 미래에 얻게 될 확실한 부(富)의 가치를 현재의 가치로 환산한 값을 말한다. 줄여서 현가(現價)라고도 한다.
- 현 자산가치(Net Present Value, NPV): 투자로부터 얻게 될 현금유입액의 현재가치에서 현금 유출액의 현재가치를 차감한 값을 의미한다.
- 수익률(Return on Investment, ROI): 투자 대비 수익률이다.
- 손익분기점(Break-Even Points, BEP): 일정 기간의 매출액이 당해 기간의 총비용과 일치하는 점으로 기회비용이 지불되고 위험 조정된 기대수익이 발생하지만, 절대적 손실이나 순이익이 없는 시점을 의미한다.

위의 경제적 타당성 분석에서 현재가치(PV), 현자산가치(NPV), 수익률(ROI)은 주로 연도별로 표로 작성된다. 반면에 손익분기점(BEP)은 주로 연도별로 수익률을 표현하는 그래프 형태로 투자지기 투자 대비 이익률을 추월하는 시점을 쉽게 파악할 수 있도록 표현한다.

3.11.2 기술적 타당성

기술적 타당성 평가는 조직에서 사용하려는 기술 계획의 평가에 중점을 둔다. 이를 통해 조직이 갖는 기술 역량을 충족하는지, 기술팀이 실제 프로젝트에서 추진하는 문제를 시스템으로 전환할 수 있는지를 평가한다. 이외도 기술적 타당성에는 제안된 시스템의 하드웨어, 소프트웨어 및 다른 기술적 요구사항에 대한 수행 능력 평가도 포함한다. 전반적으로 기술적 타당성 조사는 프로젝트 개발을 위해 필요한 기술과 하드웨어(장치) 및 소프트웨어의 현재 자원을 분석하고 평가한다. 이 기술 타당성 조사를 통해 프로젝트에 필요한 자원과 기술을 제대로 확보할 수 있는지에 대한 보고서를 제공한다. 또한 기술적 타당성 조사에는 기술팀의 기술력과 역량, 기존 기술의 사용 가능 여부, 선택한 기술에 대한 유지보수가 가능성 등을 분석한다.

다음은 프로젝트에 대한 **주요 기술적 타당성 검토 항목**이다.

- 조직에서 갖춰진 기술력과 역량
- 기존 기술의 사용 가능성
- 제안된 시스템의 HW, SW 및 다른 기술적 요구사항에 대한 수행 능력
- 프로젝트에 필요한 자원과 기술의 확보 능력
- 선택한 기술과 제품에 대한 유지보수 가능성

3.11.3 조직적 타당성

소프트웨어공학 팀은 새로운 프로젝트에 투입되는 인력 구성의 조직적 타당성을 평가한다. 이 계획은 제안된 시스템이 회사의 목표를 어떻게 지원하고 달성할 수 있는지를 설명하는 상세한 보고서이다. **조직적 타당성 조사**는 프로젝트에 투입되는 자체 인력, 외부 인력, 외부용역 등의 적합성 여부를 평가한다. 세부적으로 조직 타당성 검사에는 소프트웨어가 조직적으로 실행 가능한지 확인하려면 직원들의 수용 의지가 있는지 확인하고, 기술 능력도 평가한다. 관리자, 중간 간부, 하급 간부 팀이 새로운 기술에 대처할 수 있는지, 그리고 직원들이 이를 받아들인다면 새로운 소프트웨어를 성공적으로 구현할 수 있다. 반대로 직원들이 고용 안정에 대한 위협을 감지하면 실패할 위험이 있다. 조직 타당성 조사는 이러한 문제를 철저하게 분석하여 대처해야 한다.

다음은 프로젝트에 투입되는 **조직인력의 타당성 검토 항목**이다.

- 프로젝트 추진자의 프로젝트 촉진성과 모든 자원과 시간의 투자 의지
- 조직 관리자의 프로젝트 이해도, 충분한 예산 준비성
- 사용자의 의사결정 수준, 체험 수준
- 투입인력의 타당성(자체 인력, 외부 인력, 외부용역 등)

- 프로젝트에 대한 직원들의 수용 의지
- 직원들의 설계와 구현 기술 능력
- 관리자, 중간 간부, 하급 간부 팀이 새로운 기술의 대처 능력
- 직원들의 고용 안정성

3.11.4 법적 타당성

법적 타당성 조사에는 계약, 데이터 보호법 또는 소셜 미디어법, 의료법, 프로젝트 인증서, 라이선스, 저작권 침해, 지역 조례와 같은 법적 요건을 검토하는 것을 포함한다. 전반적으로 **법적 타당성 조사**는 제안된 프로젝트가 법적인 제한점이 있는지, 윤리적 요구사항을 준수하는지 여부를 파악하기 위한 사전 조사이다. 법과 규정은 항상 영리 기업의 활동을 통제한다.

따라서 법적 타당성은 소프트웨어 개발 프로젝트에서 필수적인 요소이다. 예로, 온라인 거래를 검토해 보자. 일부 국가에서는 온라인 도박과 복권을 불법으로 규정하고 있다. 따라서 이러한 지역에서 베팅 소프트웨어를 개발하는 것은 불법이다. 또한 국내의 경우, 원격 의료 제한과 같은 많은 의료법이 있다. 법을 위반하는 소프트웨어 개발 프로젝트는 법적으로 실현 가능성이 없으므로 반드시 면밀히 검토되어야 한다. 이외도 최근에는 소프트웨어 개발에서 보안 규정이 상당히 까다롭다. 이런 부분에 대해 법적·제도적 타당성 여부를 면밀히 분석해야 한다.

3.11.5 일정계획 타당성

일정 타당성 조사에서는 주로 제안된 프로젝트에 대한 타임라인과 마감 시간을 분석하는데, 여기에는 팀이 최종 프로젝트를 완료하는 데 걸리는 시간이 포함된다. 이것은 프로젝트가 마감 기간을 맞추지 못하면 프로젝트의 목적이 달성되지 못할 수 있기 때문에 조직에 큰 영향을 미친다.

3.12 프로젝트 관리 표준지침

일반적으로 소프트웨어 프로젝트는 여러 명의 개발자로 구성되며, 개발자는 개별적으로 담당 영역을 책임지는 형태로 진행된다. 이때 프로젝트가 여러 명의 개발자에 의해 진행된다면, 개발 산출물에서 표준지침이 필수적이다. 프로젝트 관리에 필요한 대표적 표준지침에는 <표 3.14>와 같이 문서양식 표준,

업무처리 절차 표준, 요구사항명세서 작성 표준, 설계명세서 작성 표준, 사용자 인터페이스 설계 표준, 코딩 작성 표준 등이 있다. 이외도 필요에 따라 프로젝트 관리에 필요한 여러 가지 표준지침의 정의를 개발하여 사용할 수 있다.

〈표 3.14〉 대표적인 프로젝트 관리 표준지침의 예시

표준지침 종류	주요 표준지침
문서양식 표준지침	다음은 모든 문서작성에서 지켜야 하는 표준지침이다. • 프로젝트 이름과 날짜는 모든 문서의 헤더에 표시한다. • 문서의 가장자리는 2~3cm를 여백을 둔다. • 모든 산출물은 프로젝트 바인더에 추가하여 관리하고 목차에 기록한다. • 문서의 헤더, 본문에서 글자의 모양과 크기는 보통 '바탕체'로 하고, 글자 크기는 위치에 따라 10, 11, 12, 14, 16 크기로 작성한다.(별도의 작성 표준에 따라 준함) • 줄 간격은 보통 200(또는 160)으로 한다.
업무처리 절차 표준지침	• 매주 월요일 9시에 작업계획에 대한 실제 작업계획을 기록하고 보고한다. • 매주 금요일 오후 2시에 프로젝트 업무보고서를 작성하여 제출한다. • 요구사항명세서에서 모든 변경사항은 프로젝트 관리자의 승인을 거친다. • 주요 업무절차(계약, 요구사항명세서, 설계명세서, 코딩, 통합테스트, 설치 및 인수 등)마다 반드시 검토위원회와 승인위원회를 거쳐 평가하고, 모든 이의 사항을 해결하여 보완하고 다음 단계를 진행하도록 한다.
요구사항명세서 (SRS) 작성 표준지침	**요구사항명세서**에는 다음의 설계 단계에서 필요한 모든 정보 제공을 목적으로 작성하며, 세부 항목은 다음과 같다. • 개발 목표와 내용, 이해관계자, 용어 정의, 작업분해도(WBS) • 기능적 요구사항과 비기능적 요구사항 정의 • HW, SW, NW 요소의 아키텍처 설계와 사양 정의 • 사용자 인터페이스(UI) 명세 • 기능적 모델링: 사용사례 다이어그램(USD) • 구조적 모델링: 클래스 다이어그램, 클래스마다 스키마 테이블 명세, 클래스 명세(메소드 포함) • 추상 클래스 및 interface 클래스, 그 밖의 자료구조 정의 • 행위 모델링: 시퀀스 다이어그램과 메소드 알고리즘 명세 • 단위테스트 계획
설계명세서 (SDD) 작성 표준지침	**설계명세서**에는 요구사항명세서를 근거로 다음 단계인 구현 단계에서 필요한 모든 정보를 포함되도록 작성하며, 주요 항목의 다음과 같다. • 시스템 아키텍처 설계(HW, SW, NW) • 사용자 인터페이스(UI) 설계 • 데이터 설계: 클래스 설계, 데이터베이스 스키마 테이블, 클래스 정의 • 클래스의 메소드 알고리즘 설계 • 시퀀스 다이어그램의 알고리즘 설계

표준지침 종류	주요 표준지침
	• 비기능적 요구사항에 대한 알고리즘 설계 • 통합테스트 계획
시용자 인터페이스(UI) 설계 표준지침	• 레이블은 바탕체를 사용하고, 왼쪽 정렬한다. • 스크린의 모든 탭 순서는 왼쪽 상단에서 오른쪽 하단으로 이동한다. • 모든 메뉴 사용은 숙련자를 위한 단축키를 제공한다.
코딩 작성 표준지침	• 파일 헤더 작성 표준지침 • 메소드 헤더 작성 표준지침 • 메소드 본문의 주석문 작성 표준지침 • 클래스 명칭 작성 표준지침 • 클래스 속성 작성 표준지침 • 변수명 작성 표준지침 등

연습문제

3.1 일, 프로젝트, 작업의 개념의 차이를 비교하여 설명하시오.

3.2 프로젝트 제안서의 예제를 보이고, 이에 포함되는 주요 항목을 설명하시오.

3.3 프로젝트 제안서의 주요 타당성 분석 방법을 설명하시오.

3.4 프로젝트 관리자가 수행해야 하는 주요 역할을 설명하시오.

3.5 다음은 어떤 프로젝트에 대한 소작업과 이의 선행 작업 및 소요 기간을 나타낸다. 단, 소요 기간은 월(Month) 단위이다.

프로젝트에 대한 CPM 네트워크 소작업 리스트

소작업	선행 작업	소요 기간(월)
A	–	1
B	–	2
C	A, B	2
D	A, B	2
E	A, B	2
F	E	2
G	D, F	2
H	C, F, G	3
I	F, G, H	2
J	I	1

연습문제

(1) 위의 문제에 대한 CPM 네트워크를 그리시오.

(2) 위의 CPM 네트워크에서 임계경로를 찾으시오. 그리고 그 기간은 얼마인가?

(3) 이 프로젝트 수행에 걸리는 최소 기간은?

(4) 이 프로젝트에 대한 일정계획을 간트 차트로 그리시오. 단, CPM 네트워크를 참조하여 그리기 바람.

3.6 대학교에서 학생들의 〈수강 신청 관리시스템〉을 개발하고자 한다. 다음의 〈문제 설명서〉를 기반으로 문제에 답하시오. 단, 소작업의 작업기간은 주 단위로 표현한다.

〈문제 설명서〉

이해관계자	주요 요구사항
공통	• 모든 사용자는 시스템에 로그인하고 사용한다.
학과	• 각 학과는 학과별 학년별 1, 2학기의 교육과정을 설치하고 있다. • 각 학과는 매년 학기마다 학년별로 개설교과목을 운영한다. • 각 학과는 여러 개의 강의실, 실험실, 회의실 등의 사용 공간을 사용한다.
학생	• 학생은 개설교과목을 검색하고 수강을 신청한다. • 학생은 학기마다 최대 24학점까지 수강을 신청하고 강의를 수강할 수 있다. • 학생은 교과목별로 전필, 전선, 교필, 교선, 교직 등의 교과목을 선택하여 수강한다. • 학생은 수강한 교과목의 강의를 평가한다.
교수	• 교수는 한 학기에 여러 개의 교과목을 강의한다. • 교수는 한 학기에 최소 6학점의 책임시수를 강의한다. 단, 보직교수는 직책에 따라 최소 3학점 이상 강의를 진행한다. • 교수는 담당 교과목을 여러 명의 교수자에 의해 팀티칭 할 수 있다. • 교수는 개설교과목에 대해 강의계획서를 입력한다.
교과목	• 교과목은 전필, 전선, 교필, 교선, 식필, 식선 등으로 구분된다. • 교과목은 필요에 따라 계절학기로 하계, 동계 방학 기간에 개설될 수 있다.
사용 공간	• 각 학과는 용도에 따라 강의실, 사무실, 실습실, 회의실 등의 공간을 사용한다. • 1개의 강의실 또는 실습실에는 여러 개설교과목을 배정할 수 있다.

(1) 위의 문제에 대한 작업분해도(WBS)를 그리시오.

(2) 위의 문제에 대한 CPM 네트워크를 그리시오.

연습문제

(3) 위의 CPM 네트워크에서 임계경로를 찾고 네트워크에 표시하시오.

(4) 이 프로젝트 수행에 걸리는 최소 기간은 얼마인가?

(5) 이 프로젝트의 일정계획에 대한 간트 차트를 그리시오.

3.7 소프트웨어 개발 프로젝트에서 개발 비용 지출이 예상되는 요소는 무엇인가?

3.8 프로젝트 크기가 1,200 KLOC로 추정된다고 가정하자. 다음의 두 가지 시스템 모형에 대해 필요한 개발 인력(effort), 개발기간(Tdev), 1일 생산성을 계산하시오. 단, 1개월에 20일의 근무 일수를 가정한다.

(1) 반연결형(유틸리티) 시스템 개발의 경우

(2) 임베디드시스템 개발의 경우

3.9 다음은 회사에서 사원에 대한 업무 할당과 추적을 관리하는 〈업무 할당 시스템 개발에 대한 문제설명서〉이다. 이 문제에 대해 다음 문제에 답하시오. 단, 입력화면 복잡도 판단 기준과 출력보고서 복잡도 판단 기준, 기능점수 유형별 복잡도 조정기준은 다음의 표와 같다.

〈업무 할당 시스템 개발에 대한 문제설명서〉

대상	문제 진술 내용
회사	• 시스템 개발이 필요하다.
사원	• 사원 정보는 (사번, 성명, 주민등록번호, 주소, 직급, 근무 형태, 부서번호) 등으로 표현된다. • 사원의 근무 형태에는 정규직과 비정규직이 있다. • 사원은 하나 이상의 업무를 할당받을 수 있다.
업무	• 회사에는 여러 개의 업무가 존재한다. • 업무는 (업무번호, 업무명, 업무 분류, 임금단가) 등의 속성으로 표현된다.
부서	• 부서는 (부서코드, 부서명, 전화번호) 속성으로 표현된다. • 사원은 하나 이상의 부서에서 일할 수 있다. • 하나의 부서에는 여러 명의 사원이 근무한다.
표준업무	• 표준 업무는 다른 애플리케이션 시스템에서 제공한다,

연습문제

〈입력화면 복잡도 판단 기준〉

레코드 요소 타입 (RET)	데이터 요소 타입(DET)		
	1~19	20~50	〉51
1	단순	단순	중간
2~5	단순	중간	복잡
5 이상	중간	복잡	복잡

〈출력보고서 복잡도 판단 기준〉

파일 타입 레퍼런스(FTR)	데이터 요소 타입(DET)		
	〈5	5~7	8≤
1	단순	단순	중간
2 ~ 3	단순	중간	복잡
4 이상	중간	복잡	복잡

기능점수 유형별 복잡도 조정 기준

기능점수 유형	복잡도 판단 기준		
	단순	중간	복잡
내부 논리 파일(ILF)	7	10	15
외부 인터페이스 파일(EIF)	5	7	10
외부 입력(EI)	3	4	6
외부 출력(EO)	4	5	7
외부 질의(EQ)	3	4	6

(1) 위 문제에서 내부 논리파일(ILF)와 그 복잡도를 산출하시오.

(2) 위 문제에서 외부 인터페이스 파일(ELF)와 그 복잡도를 산출하시오.

(3) 위 문제에서 클래스 '사원'에 대한 외부입력(EI), 외부출력(EO), 외부질의(EQ)와 그 복잡도를 산출하시오.

(4) 위 문제에서 클래스 '업무'에 대한 외부입력(EI), 외부출력(EO), 외부질의(EQ)와 그 복잡도를 산출하시오.

(5) 위 문제에서 클래스 '업무할당'에 대한 외부입력(EI), 외부출력(EO), 외부질의(EQ)와 그 복잡도를 산출하시오.

(6) 위 문제에서 클래스 '부서'에 대한 외부입력(EI), 외부출력(EO), 외부질의(EQ)와 그 복잡도를 산출하시오.

(7) 위의 계산 결과를 기반으로 다음의 기능점수 유형별 복잡도 조정기준을 적용하여 빈칸을 채우시오. 그리고 총 기능점수 합계는 얼마인가?

연습문제

기능점수 유형별 복잡도 조정기준을 적용한 기능점수 산출

기능점수 유형	복잡도 판단 기준		
	단순	중간	복잡
내부 논리 파일(ILF)	( ) × 7	( ) × 10	( ) × 15
외부 인터페이스 파일(EIF)	( ) × 5	( ) × 7	( ) × 10
외부 입력(EI)	( ) × 3	( ) × 4	( ) × 6
외부 출력(EO)	( ) × 4	( ) × 5	( ) × 7
외부 질의(EQ)	( ) × 3	( ) × 4	( ) × 6
합계	( )		

3.10 계층형 팀 구조와 매트릭스 팀 구조의 장단점을 비교하여 설명하시오.

3.11 애자일 소프트웨어 개발팀 구조에서 주요 구성원과 그 역할을 설명하시오.

3.12 성공적인 프로젝트 수행에 필요한 주요 표준지침을 열거해 보시오.

3.13 소프트웨어 프로젝트의 타당성 분석 방법에 대해 답하시오.

(1) 사업의 경제적 타당성을 평가하는 지표는?
(2) 사업의 기술적 타당성을 평가하는 지표는?
(3) 사업의 조직 타당성을 평가하는 지표는?
(4) 사업의 법률 및 환경적 타당성을 평가하는 지표는?

연습문제

3.14 다음 〈보기〉에서 일반적인 일(task)과 달리 프로젝트(project)가 갖는 삼중 제약을 **모두** 선택한 것은?

> **보기**
> ㉠ 범위(scope)　㉡ 품질　㉢ 비용　㉣ 시간

① ㉠ - ㉡
② ㉠ - ㉡ - ㉢
③ ㉠ - ㉢ - ㉣
④ ㉡ - ㉢ - ㉣
⑤ 해당 사항 없음

3.15 다음 중 시스템 요청서에 포함되는 주요 항목으로 **가장 옳지 않은** 것은?

① 유지보수계획
② 조직구성(인력) 계획
③ 소요 자원 계획
④ 작업계획 및 일정계획, 예산계획
⑤ 사업 추진 목표 및 내용, 타당성 분석

3.16 다음 중 프로젝트 관리자의 직접적인 활동 범위로 **옳지 않은** 것은?

① 프로젝트 계획, 수주 및 준비 활동
② 프로젝트 관련 구매, 주문, 변경, 주문, 송장 및 지불, 예산 관리
③ 시스템 설계, 구축, 테스트 및 허가를 포함한 모든 프로젝트 진행 관리
④ 프로젝트 종료 이후 유지보수 활동
⑤ 직접적인 프로젝트 검수 활동

정답 3.14 ③　3.15 ①　3.16 ⑤

연습문제

3.17 다음 〈보기〉 중 산업현장에서 사용하는 대표적인 프로젝트 관리 도구를 **모두** 선택한 것은?

> **보기**
> ㉠ 작업분해도(WBS) ㉡ 간트 차트(Gantt chart) ㉢ PERT 차트 ㉣ CPM 네트워크

① ㉠
② ㉠ - ㉡
③ ㉠ - ㉡ - ㉢
④ ㉠ - ㉡ - ㉢ - ㉣
⑤ 해당 사항 없음

3.18 다음 〈보기〉 중 소프트웨어 개발 비용추정 준비 5단계 프로세스로서 그 순서가 **옳은** 것은?

> **보기**
> ㉠ 모듈 맵 생성 ㉡ 소요 기술 조사 및 기술 선택 ㉢ 요구사항명세서 작성
> ㉣ 사용자 인터페이스(UI) 설계 ㉤ 작업분해도(WBS) 작성

① ㉤ - ㉠ - ㉡ - ㉢ - ㉣
② ㉤ - ㉡ - ㉢ - ㉣ - ㉠
③ ㉠ - ㉡ - ㉢ - ㉣ - ㉤
④ ㉠ - ㉤ - ㉡ - ㉢ - ㉣
⑤ 해당 사항 없음

3.19 다음 중 전형적인 소프트웨어 개발팀 구성원의 역할을 설명한 것으로 **옳지 않은** 것은?

① 제품 소유자(PO)는 현재 진행 중인 프로젝트를 깊이 이해하고 책임지며, 최종 결과물이 어떤 모습이어야 하는지에 대한 비전을 소유하고 있다.
② 프로젝트 관리자는 전체 소프트웨어 개발 프로젝트를 감독하여 적기에 완료하고 소요 자원을 관리하며, 팀원을 조정하는 역할을 총괄한다.
③ UI 설계자는 사용자와의 상호작용을 설계하고 제공해야 하는 기능성과 사용성에 중점을 두며, 사용자의 불만 사항을 해결하는 데 중점을 둔다.

정답 3.17 ④ 3.18 ③ 3.19 ③

연습문제

④ 엔지니어링 관리자는 보통 직접 코딩을 담당하며, 문제가 발생했을 때 팀이 다양한 경로를 통해 문제를 해결하도록 도울 수 있는 숙련된 개발자이다.

⑤ DevOps 엔지니어는 개발팀과 운영팀 간의 협업에 중점을 두고 소프트웨어 제공을 간소화하고 전반적인 개발 프로세스를 개선하는 것을 초점을 둔다.

3.20 다음 중 애자일 소프트웨어 개발팀의 주요 구성원에 해당하지 **않는** 것은?

① 제품 소유자(PO)　② 스크럼 마스터
③ 유지보수팀　④ 제품 배송 관리자
⑤ 솔루션 아키텍처 설계자

3.21 다음 중 애자일 소프트웨어 개발팀의 주요 구성원에 해당하지 **않는** 것은?

① 제품 소유자(PO)　② 스크럼 마스터
③ 유지보수팀　④ 제품 배송 관리자
⑤ 솔루션 아키텍처 설계자

3.22 다음 〈보기〉 중 새로운 시스템 요청서의 타당성 분석에 포함되는 항목을 모두 선택한 것으로 **옳은** 것은?

보기		
㉠ 기술적 타당성	㉡ 법적·제도적 타당성	㉢ 사회적 타당성
㉣ 경제적 타당성	㉤ 조직적 타당성	

① ㉠ - ㉢　② ㉠ - ㉡ - ㉢
③ ㉠ - ㉡ - ㉢ - ㉣ - ㉤　④ ㉠ - ㉡ - ㉣ - ㉤
⑤ 해당 사항 없음

정답　3.20 ③　3.21 ③　3.22 ④

연습문제

3.23 다음 중 시스템 요청서에 대한 경제적 타당성 분석의 주요 평가 항목에 해당하지 **않는** 것은?

① 현재가치(PV)
② 현 자산가치(NPV)
③ 순이익률(net earning rate)
④ 투자 대비 수익률(ROI)
⑤ 손익분기점(BEP)

3.24 다음 중 프로젝트 관리에 필요한 주요 표준지침에 해당하지 **않는** 것은?

① 문서양식 표준지침
② 업무처리 절차 표준지침
③ 요구사항명세서 및 설계명세서 작성 표준지침
④ 사용자 인터페이스(UI) 구현 표준지침
⑤ 코딩 작성 표준지침

정답 3.23 ③ 3.24 ④

PART 2

객체지향 분석

CHAPTER 4 요구사항 분석

CHAPTER 4

요구사항 분석

4.1 요구사항 정의

4.2 비기능적 요구사항

4.3 요구사항 엔지니어링 프로세스

4.4 요구사항분석 방법

4.5 그 밖의 요구사항분석 방법

4.6 시스템 제안서(System Proposal) 작성

■ 연습문제

학습목표

이 장은 소프트웨어 개발의 첫 단계인 소프트웨어 요구사항 분석으로 요구사항의 개념과 종류, 요구사항 공학 프로세스, 요구사항 수집 방법, 사용사례(use-case) 개념 등을 소개한다. 그 세부적인 학습 목표는 다음과 같다.

- 요구사항의 개념을 이해하고, 그 개념을 명확히 설명할 수 있다.
- 기능적 요구사항과 도메인 요구사항의 개념을 이해하고, 예를 들어 설명할 수 있다.
- 비기능적 요구사항의 종류를 이해하고 그 항목을 설명할 수 있다.
- 요구사항(요구사항분석) 공학 프로세스를 이해하고, 단계별 수행내용을 설명할 수 있다.
- 요구사항 수집 방법을 열거하고 각 수집 방법의 개념을 설명할 수 있다.
- 사용사례(use-case)의 개념을 이해하고, 그 사례를 들어 설명할 수 있다.
- 사용자 스토리 분석에 의한 요구사항분석 방법을 이해하고, 그 개념을 설명할 수 있다.
- 시스템 제안서에 포함해야 하는 항목을 이해하고, 각 항목에서 기술해야 하는 내용을 설명할 수 있다.

이 장에서는 소프트웨어 개발의 첫 번째 단계인 소프트웨어 요구사항 분석 방법의 소개로 요구사항의 개념을 정의하고, 소프트웨어 요구사항의 종류인 기능적 요구사항과 비기능적 요구상황의 종류를 알아본다. 또한 소프트웨어 요구사항분석을 위한 요구사항 공학 프로세스, 요구사항 수집 방법 등을 알아본다. 또한 요구사항분석과 관련하여 사용사례(use-case)의 개념을 알아본다.

4.1 요구사항 정의

소프트웨어 요구사항(software requirements)이란 목표 시스템에서 요구하는 기능(functionalities) 및 특성(features), 시스템에서 제공해야 하는 서비스들, 연산의 제약조건 등의 명세이다. 소프트웨어공학의 **IEEE 표준 729**에 따르면, 요구사항이란 **"사용자가 문제를 해결하거나 목표 성취에 필요한 기능, 조건, 역량을 기술하는 문서"**이다. 따라서 요구사항은 사용자의 기대치를 소프트웨어 제품 개발로 전달하는 역할을 담당하며, 사용자 관점에서 요구사항은 '명백하거나 숨겨진 것, 알려지거나 알려지지 않은 것, 기대되거나 기대되지 않는 것'을 포함한다. 또한 **소프트웨어 요구사항의 일반적인 분류**는 <그림 4.1>과 같이 크게 비즈니스 요구사항, 사용자 요구사항, 소프트웨어 요구사항으로 분류된다.

- 사용자 요구사항: 이것은 최종사용자가 소프트웨어 시스템에서 원하는 기능이다. 사용자 요구사항은 일반적으로 자연어로 표현되며 일반적으로 인터뷰, 설문조사 또는 사용자 피드백을 통해 수집된다.
- 시스템 요구사항: 이것은 아키텍처, 하드웨어 요구사항, 소프트웨어 구성 요소 및 인터페이스와 같은 소프트웨어 시스템의 기술적 특성을 기술한다. 시스템 요구사항은 일반적으로 기술적인 용어로 표

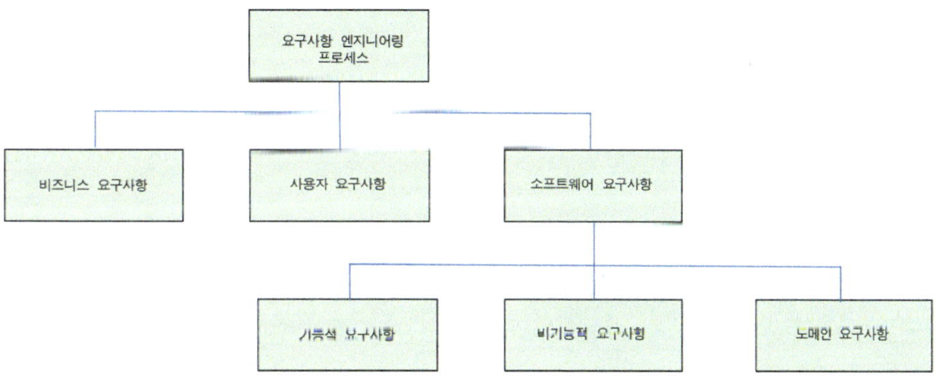

〈그림 4.1〉 소프트웨어 요구사항 유형

현되며 시스템 설계의 기초로 사용되는 경우가 많다.

- 비즈니스 요구사항: 이것은 소프트웨어 시스템에서 달성해야 하는 비즈니스 목표와 목적을 기술한다. 비즈니스 요구사항은 일반적으로 수익, 시장 점유율, 고객 만족도 또는 기타 비즈니스 지표 측면에서 표현한다.
- 규제 요구사항: 이것은 소프트웨어 시스템이 충족해야 하는 법적 또는 규제 표준을 지정한다. 규제 요구사항에는 데이터 개인 정보 보호, 보안, 접근성 또는 기타 법적 준수 요구사항을 포함한다.
- 인터페이스 요구사항: 이것은 소프트웨어 시스템과 외부 시스템 또는 구성 요소(예: 데이터베이스, 웹 서비스 또는 기타 소프트웨어 애플리케이션) 간의 상호 작용에 필요한 요구사항을 지정한다.
- 설계 요구사항: 이 요구사항은 소프트웨어 시스템의 기술적 설계 요구사항을 기술한다. 소프트웨어 아키텍처, 데이터 구조, 알고리즘 및 소프트웨어의 기타 기술적 요구사항을 포함한다.

소프트웨어 요구사항 유형은 <그림 4.1>과 같이 다시 기능적 요구사항, 비기능적 요구사항, 도메인 요구사항의 세 가지로 분류되며, 그 개념은 다음과 같이 설명된다.

IEEE 표준 729에 따르면, 요구사항(requirements)은 다음과 같이 정의한다.

- 사용자가 문제를 해결하거나 목표 달성에 필요한 기능, 조건, 역량 등을 기술하는 문서'이다.
- 계약, 표준, 사양 또는 기타 공식적으로 부과된 문서를 충족하기 위해 시스템 또는 시스템 구성 요소가 충족하거나 보유해야 하는 조건 또는 기능이다.
- 요구사항은 사용자 관점에서 '명백하거나 숨겨진 것, 알려지거나 알려지지 않은 것, 기대되거나 기대되지 않는 것'을 포함한다.

4.1.1 기능적 요구사항

기능적 요구사항(functional requirements)은 시스템에서 수행해야 하는 서비스 기능이나 특징이다. 즉, 기능적 요구사항에는 소프트웨어 시스템에서 사용자가 원하는 기능, 특성, 작업 처리 흐름, 선호도, 이로 인해 얻어지는 이점 등을 기술한다. 기능적 요구사항은 시스템이 수행해야 하는 작업으로 시스템이 가져야 하는 기능이나 특징을 정의한다. 예로, 문제 해결을 위한 계산식, 데이터 조작, 업무처리, 사용자 상호작용 및 시스템이 수행해야 하는 기능 등을 기능적 요구사항의 예로 들 수 있으며, 이것은 결국 시스템에 제공되는 입력, 실행되는 연산, 출력 등의 형태로 표현된다. 정확한 요구사항의 식별은 사용자로부터 시스템의 모든 사용 시나리오 또는 사용사례를 파악하는 것에서 시작한다. 결과적으로 기능적 요구사항은 사용 시나리오, 사용사례로서 문서화되며, 개략적인 **기능적 요구사항 목록**은 다음과 같다.

- 시스템에서 수행해야 하는 기능(functions)
- 문제 해결을 위한 계산식(mathematical expressions)
- 데이터 조작 처리: 데이터의 입력, 저장, 갱신, 검색, 출력 등
- 업무처리 내용
- 사용자와의 상호작용 내용
- 사용자의 시스템 사용 시나리오(use scenario)와 사용사례(use-case)
- 작업 처리 흐름도(workflow)

4.1.2 도메인 요구사항

도메인 요구사항은 특정 프로젝트에 고유한 요구사항과 제약조건이다. 즉 도메인 요구사항은 특정 영역에서 시스템에 요구되는 요구사항으로 특정 도메인의 시스템이 반드시 갖춰야 하는 필수기능이다. 도메인 요구사항은 소프트웨어가 산업별 규정 및 표준과 관련 있고 이를 준수하는지 확인해야 한다. 따라서 도메인 요구사항은 기능적일 수도 있고 비기능적일 수도 있다. 도메인 요구사항은 일반적으로 군사, 의료 및 금융 산업 부문에서 발생한다. 이러한 요구사항은 특정 프로젝트 도메인에서 식별되며 사용자에 따라 달라지지 않는 특성이 있다. 도메인 요구사항의 공통 요소는 해당 소프트웨어 프로젝트 범주에 대해 확립된 표준 또는 널리 사용되는 공통적인 기능 집합이다.

도메인 요구사항의 예로는 다음과 같이 의료 장비 또는 교육용 소프트웨어가 갖는 도메인 요구사항에서 살펴볼 수 있다.

- 의료 장비의 소프트웨어

  의료 장비의 경우 의료용 전기 장비의 기본 안전 및 성능에 관한 IEC 60601에 따라 소프트웨어를 개발해야 하는 도메인 요구사항을 갖는다. 소프트웨어가 기능적이고 사용 가능하지만 도메인 요구사항을 충족하지 못하면 생산용으로 허용되지 않을 수 있다.

- 학술용 소프트웨어

 학술용 소프트웨어는 기관의 기록을 효율적으로 유지하기 위해 개발되어야 한다. 학술용 소프트웨어의 도메인 요구사항은 각 학년의 교수진 목록과 학생 목록에 액세스할 수 있는 기능을 가져야 한다.

4.2 비기능적 요구사항

비기능적 요구사항(non-functional requirements)은 시스템에서 수행하는 기능 요구사항이 아니라, 사용자의 요구조건을 충족하는데 필요한 시스템의 작업 수행 방법에 관한 요구사항으로 주로 성능, 신뢰성, 사용성, 보안성, 안정성, 확장성, 이식성, 경제성, 품질 등의 제약사항을 포함한다. 대표적인 비기능적 요구사항은 다음과 같이 개발된 소프트웨어가 수행되는 데 필요한 환경 제약사항과 품질 요구사항으로 분류된다. 품질 요구사항에는 다음 같은 비기능적 요구사항이 있다.

- 성능(performance) 요구사항
- 신뢰성(reliability), 활용성, 운영성 요구사항
- 사용성(usability) 및 사용자 인터페이스 요구사항
- 확장성(scalability), 재사용성, 유지보수성(maintainability) 요구사항
- 이식성(portability)과 호환성(compatibility) 요구사항
- 보안성(security) 요구사항
- 안전성(safety) 요구사항
- 경제성 요구사항

▸ 여기서 주의할 점은 사용자 요구사항 정의에서 핵심은 기능적 요구사항 파악이다. 하지만 개발자는 자칫하면 가장 중요한 '기능적 요구사항 분석'은 소홀히 하고, '비기능적 요구사항 정의'에만 몰두하는 것을 가끔 경험한다. 물론 비기능적 요구사항 정의도 시스템 개발에서 반드시 지켜야 하는 요구사항이지만, **기능적 요구사항 정의**가 핵심임을 명심하자.

▸ 비기능성 요구사항은 실제 현장에서 개발하는 시스템 환경에 따라 추가적으로 비기능적 요구사항을 요청하거나, 또는 지금까지 논의했던 모든 비기능적 요구사항을 무시하고 몇 가지만 선택적으로 요청할 수 있음을 인지 바란다.

▸ 비기능적 요구사항은 보통 각각의 요구사항마다 하나의 테이블 형태로 기술된다. 다음은 각각의 비기능적 요구사항 항목에서 기술해야 하는 세부적인 내용이다.

4.2.1 성능 요구사항

성능 요구사항은 시스템에서 어떤 기능 수행에 필요한 반응시간, 컴퓨팅 능력, 운영 능력, 유지보수 편리성, 저장공간 등의 최소 요구조건이다. 정리하면 성능 요구사항은 다음의 항목을 포함한다.

- 반응시간
- 처리 능력, 컴퓨팅 능력
- 운영 능력
- 유지보수성
- 필요한 저장공간

예로, 신뢰성 요구사항으로 시스템은 24시간 결함허용시스템(fault tolerant system)이어야 하고, 사용자 입력으로부터 최대 3초 이내 반응시간 내에 결과를 출력해야 한다 등의 요구조건을 기술할 수 있다. 또한 시스템은 더 많은 작업부하에 대해 얼마나 좋은 성능을 보이는지 등을 기술한다. 따라서 성능 요구사항은 시스템이 갖춰야 할 최소 성능 요구조건을 명확히 기술하고, 개발자는 반드시 이 성능 요구사항을 반영하여 소프트웨어 설계를 진행해야 한다. 이외도 성능 요구사항에는 효율성 측정기준, 성능 측정기준, 적합성 측정기준, 기술 성능 평가 기준 등의 요구조건을 기술해야 한다. 확장성은 추후 사용량 증가에 대해 시스템 확장성 요구조건 기술을 포함한다.

4.2.2 운영성, 이식성, 호환성 요구사항

이식성과 호환성 요구사항은 개발된 소프트웨어를 수행하는데 필요한 실행 환경 요구사항으로 소프트웨어 개발에 사용하는 프로그래밍 언어, 소프트웨어 개발방법론, 운영체계(Linux와 Windows에서 모두 동작), DBMS, 네트워크 환경/버전, 미들웨어 등의 요구조건들을 포함한다. 아무리 좋은 소프트웨어를 개발할지라도 사용자가 원하지 않는 서버와 운영체계, DBMS, 미들웨어, 프로그래밍 언어를 적용한다면 의미가 없으므로 명확한 소프트웨어 사용환경에 대한 요구사항 기술은 필수적이다. 또한 동일 사용환경에서 다른 소프트웨어와 프로세스와 동시 실행에서 문제는 없는지, 개발 제품을 운영하는 시나리오, 요구사항을 주로 누가 요청하는지, 시스템의 사용 환경과 운영시간 등을 기술해야 한다. 대표적인 운영 및 이식성, 호환성 요구사항에는 다음과 항목을 포함한다.

- 이식성과 호환성을 위해 요구되는 실행 환경(HW, OS, DBMS, 브라우저, network 환경 및 버전, 미들웨어 등)에 대한 요구사항
- 시스템이 다른 운영환경에 설치되어 운영될 수 있는가?
- 시스템이 동일 환경의 다른 시스템에 설치되어 사용 가능한가?
- 사용환경에서 다른 소프트웨어와 프로세스와의 동시 실행이 가능한가?
- 개발 제품을 운영하는 시나리오
- 시스템의 운영환경(온도, 습도, 전기시설 등)과 운영시간

4.2.3 사용성 요구사항

사용자 인터페이스는 사용자가 시스템을 인지하는 수단이므로 하드웨어나 소프트웨어 시스템에서 중요한 부분이다. 일반적으로 좋은 소프트웨어 시스템은 사용자에게 매력성, 명확성, 일관성, 빠른 응답시간, 효율적인 운영 에러처리 기능을 갖춘 사용자 인터페이스를 제공해야 한다. 그렇지 않으면 개발된 소프트웨어 시스템은 편리하게 사용될 수 없다. 또한 사용자 인터페이스의 사용성(또는 사용 편리성) 요구사항은 사용자 인터페이스 요구사항과 거의 일치하므로 동일하게 취급해도 좋을 것이다. 다음은 좋은 사용자 인터페이스가 갖춰야 할 평가항목이다.

- 사용 용이성(easy to use)
- 학습 용이성(easy to learn)
- 탐색 용이성(easy to navigate)
- 일관성(consistency)
- 단순성(simplicity)
- 빠른 응답시간(quick in response)
- 효율적인 운영 에러처리(effectively handling operational errors)
- 현재 상황 정보 제공

- 피드백 메카니즘 제공
- 도움말 기능 제공
- 목적에 맞는 메뉴 배치(레이아웃)
- 색깔과 텍스트의 적절한 조화
- 적절한 초기화 설정

위의 사용자 인터페이스가 충족해야 하는 조건을 간략히 설명하면 다음과 같다. 첫째, 사용자 인터페이스는 사용이 편리하고 배우기 쉽고 탐색하기 용이해야 하며, 결과적으로 사용이 편리하고 배우기 쉬운 사용자 인터페이스는 간단하고 일관성 있게 구성되어야 한다. 둘째, 좋은 사용자 인터페이스는 빠른 응답시간, 효율적인 에러처리 기능, 피드백 메카니즘 그리고 현재 사용자가 '어떤 메뉴의 어떤 하위 메뉴에 위치하는지?'를 나타내는 상황 인지 정보 등을 제공해야 한다. 예로, 사용자는 누구든지 시스템 사용 중에 실수를 할 수 있으며, 이때 이전 상태로 돌아갈 수 있는 복원 기능과 에러처리 기능을 제공해야 한다. 또한 사용자 인터페이스는 사용자가 원하는 기능을 찾고자 하는 경우 편리한 도움말(Help) 기능을 제공해야 하고, 좋은 사용자 인터페이스는 목적에 맞는 레이아웃과 색깔 사용, 적절한 텍스트 조화와 초기화 설정으로 사용자에게 편리성을 제공해야 한다. 따라서 사용성 요구사항은 명확히 기술해야 한다.

4.2.4 신뢰성, 유지보수성, 활용성 요구사항

신뢰성 요구사항은 시스템의 실패 빈도수, 시스템 실패로부터 회복하는 데 걸리는 시간(회복 시간), 사용자 가용시간과 다운타임의 차이 등의 요구사항을 포함한다. 활용성 요구사항은 실제 사용자가 시스템을 사용하는 사용 시간과 시스템 고장으로 인해 사용되지 못하는 시간(다운타임)의 차이에 대한 요구사항이다.

- 시스템 실패의 빈도수 허용 범위
- 시스템 실패로부터 회복하는데 걸리는 최대 복구시간(MTBF)
- 사용자의 시스템 가용시간과 다운타임의 차이(활용성 요구사항)

4.2.5 보안성 요구사항

보안성(security) 요구사항은 시스템이 해커 공격에 대해 얼마나 보호되는지를 나타내는 요구사항이다. 보안성 평가항목에는 상황에 따른 모든 해킹 목록을 열거하고, 각 해킹에 대한 예방 대책과 예방 실패 시 복구 대책 등의 요구사항을 포함해야 한다.

4.2.6 안정성 요구사항

안정성(safety) 요구사항은 위험 요소를 감소하기 위해 정의하는 요구사항으로 시스템에서 고객에 대한 약속의 보장에 필요한 요구사항이다. 안정성 확보에 필요한 사항은 다음과 같다.

- 데이터 손실, 가동 중지이나 보안 사고로부터 복구 방안
- 고가용성 아키텍처 보장

4.2.7 확장성 요구사항

확장성(scalability)은 추후 시스템 확장을 대비하여 시스템이 가장 높은 작업부하에서 충분히 성능 요구사항을 충족하는지를 검토하고, 추후 시스템 처리 능력의 수직적 확장성과 수평적 확장성의 두 가지 측면에 대한 확장성 요구사항을 포함한다.

- 수직적 확장성(Scale-up)
- 수평적 확장성(Scale-out)

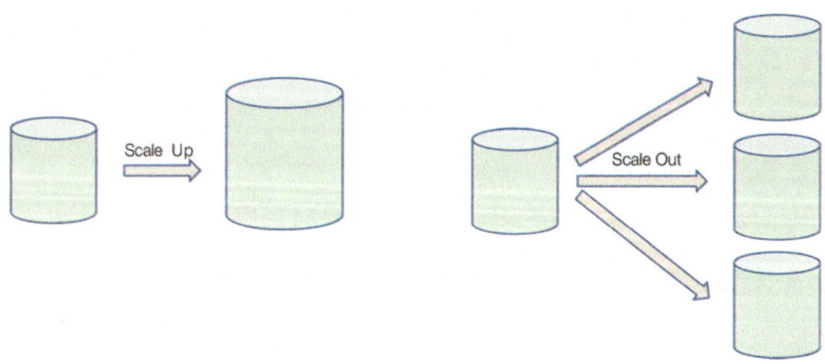

(a) (b)

〈그림 4.2〉 시스템 확장성의 분류: (a) Scale-up; (b) Scale-out

수직적 확장성은 <그림 4.2a>와 같이 기존의 서버 사양을 높이는 작업으로 수직 확장(vertical scaling) 성격을 갖는다. 예를 들면, 서버의 성능과 용량 확장을 목적으로 서버에 CPU, 메모리, 디스크 등을 추가하여 업그레이드하는 작업이다. 반면 **수평적 확장성**은 <그림 4.2b>와 같이 기존 서버의 CPU, 메모리, 디스크의 확장만으로 한계에 도달할 때, 비슷한 사양의 서버를 여러 대 추가하여 처리 능력과 용량을 대폭 확장하는 작업이다. 따라서 이 작업은 수평적 확장(horizontal scaling) 성격을 갖는다. 최근에는 클라우드 컴퓨팅 환경에서 자원 사용량을 모니터링하여 자동으로 서버를 증설하는 자동 확장(auto scaling) 기능도 제공한다. 또한 수평적 확장 방식에서는 향후 확장 가능성에 대비하여 서버를 필요한 것보다 높은 성능과 용량을 확보하고 사용하는 경우가 많다. 이 방식의 단점은 동일한 수준의 서버가 많이 있으므로 여러 대의 서버에 작업부하를 균등하게 배분하는 로드 밸런싱(load balancing) 기술이 필요하고, 이 경우 작업부하 기능이 시스템의 전체 성능을 결정할 수 있으므로 아주 중요한 위치를 차지한다.

4.2.8 경제성 요구사항

경제성 요구사항은 일명 '경제성 제약사항'으로 시스템 개발, 유지보수 등의 예산, 장비와 재료, 개발 기간, 인력 등의 제약사항을 명시하고, 성공적인 소프트웨어 개발에 필요한 경제적 요소도 중요하다.

4.2.9 비기능적 요구사항의 테스트 방법

위와 같은 소프트웨어 비기능적 요구사항은 뒷부분에서 알고리즘으로 설계되고 구현되며, 테스트 단계에서 각각의 요구사항에 대해 별도의 테스트 과정을 통해 검증해야 한다. 비기능적 요구사항 테스트는 다음과 같이 개별적으로 별도의 테스트 단계를 거쳐 완성된다.

- 성능 테스트
- 신뢰성 테스트
- 유연성 테스트
- 부하 및 스트레스 테스트
- 볼륨 테스트
- 인진싱 테스트
- 보안성 테스트
- 사용성 및 활용성 테스트
- 확장성 테스트
- 호환성 및 이식성 테스트
- 설치 테스트
- 유지보수성 테스트
- 제거 테스트
- 복구 테스트
- 문서 테스트
- 그 밖의 추가적인 테스트 방법의 추가 가능

위의 비기능적 요구사항에 대한 테스트 방법은 13장의 테스트 방법에서 상세히 설명될 것이다.

4.3 요구사항 엔지니어링 프로세스

요구사항 엔지니어링(requirements engineering, RE)[1]은 엔지니어링 프로젝트에서 요구사항을 정의하고 문서화 및 유지 관리하기 위해 사용되는 체계적인 프로세스이다. 소프트웨어 개발에서는 다양한 이해관계자로부터 기능적 요구사항과 비기능적 요구사항을 상세히 수집하는 중요한 첫 단계이다. 첫 번째 개발 작업 단계로서 고객이 해결하려는 문제(서비스)를 명확히 정의하고 문서화하고 이를 검증하고 이의 유지보수 방안을 정립하며, 이후 시스템의 개발과 운영에 필요한 제약사항을 정립하는 과정이다. 이러한 이해관계자에는 고객, 최종사용자, 업무 관리자, 기술팀 등이 포함될 수 있으며, 이들은 모두 소프트웨어를 실현 가능하게 하는데 서로 관련성이 있으며 기술적으로 건전한지 확인하기 위해 중요한 정보를 제공한다. 근본적으로 **요구사항 엔지니어링**은 현실 세계에서 해결하려는 문제를 고수준의 기능명세(functional description)로 변환하는 작업이다. 이때 **고수준 기능명세**란 저수준의 프로그램 코드와 같은 실체가 아니라 고객으로부터 요구사항을 도출하고 이 요구사항을 개념 수준의 기능명세로 표현하는 단계이다. **개념적 기능 명세**는 어떤 데이터가 필요하고 이를 처리하는 기능의 추상적 표현(i.e. 메소드의 이름, 인터페이스, 기능, 알고리즘 등) 등을 포함한다. 따라서 **요구사항 엔지니어링 프로세스(requirements engineering process)는** <그림 4.3>과 같이 소프트웨어 요구사항의 도출과 타당성 분석, 요구사항 정제하고, 요구사항명세서를 작성하고 이의 검증 작업 프로세스이며, 일반적으로 다음과 같이 4단계를 거쳐 수행된다.

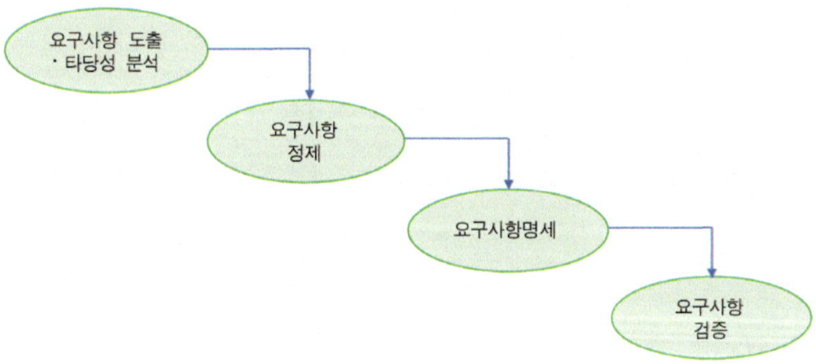

〈그림 4.3〉 요구사항 엔지니어링 프로세스

1 요구사항공학은 저자나 출처에 따라 '요구공학', '요구사항공학'이라 혼용되고 있으나, 본 교재에서는 일관되게 요구사항 공학으로 정의한다.

- 요구사항 도출(분석)과 타당성 분석
- 요구사항 정제
- 요구사항 명세
- 요구사항 검증

요구사항분석 단계에서 수행하는 세부적인 내용은 다음과 같다.

4.3.1 요구사항 도출과 타당성 분석

요구사항 도출이란 개발자와 이해관계자 간의 만남을 시작으로 소프트웨어 제품의 필요성과 해결하려는 문제, 문제 해결에 필요한 제약사항 등을 찾는 작업이다. **요구사항 도출**은 소프트웨어에서 실행해야 하는 기능은 무엇이고, 개발되는 소프트웨어에서 어떤 특성이 기대되는지에 대한 개략적인 개념 설명이다. 주의할 점은 현재 수준의 요구사항 도출은 고객과 개발자 모두 이해할 수 있는 수준의 문서 작업이다. 반면에 이후 이어지는 기초설계, 상세설계, 개발, 테스트 과정에서 산출되는 개발문서는 일반 고객이라면 전문용어를 많이 사용하므로 대부분 이해하기 어렵다. 요구사항 도출은 텍스트, 그림, 표, 영상 등의 매체를 이용하여 표현하며, 현재 단계에서 추진하는 요구사항 도출은 요구사항 분석으로 이해하면 된다. 결과적으로 **소프트웨어 요구사항 정의에서 다뤄져야 하는 항목**은 개략적으로 다음과 같다.

- 개발하는 소프트웨어의 개발 목표와 내용은 무엇인가?
- 소프트웨어에서 실행해야 하는 기능(기능적 요구사항)은 무엇인가?
- 소프트웨어에 반영해야 하는 비기능적 요구사항은 무엇인가?
- 소프트웨어 개발에 반영해야 하는 도메인 요구사항은 무엇인가?
- 소프트웨어에서 어떤 특성이 기대되는가?
- 개발 항목에 대한 우선순위는 결정되었는가?
- 소프트웨어를 개발하고 운영하는데 필요한 제약사항은 무엇인가?

또한 성공적인 소프트웨어 개발과 운영에 필요한 제약사항에는 예산, 인력, 설비와 자재, 개발기간, 작업 숙련도 등의 모든 제약조건 기술을 포함한다. 한편 세부적으로 소프트웨어에서 실행해야 하는 기능 분석, 즉 요구사항을 도출하는 방법에는 공동 애플리케이션 설계(Joint Application Design, JAD) 세션 운영, 고객과의 인터뷰, 기존에 고객이 사용하는 문서 분석, 초점 그룹의 집중 분석 등의 통해 이뤄진다.

4.3.2 요구사항 정제

요구사항 도출에서 요구사항 엔지니어링 실무자는 인터뷰, 포커스 그룹, 워크숍, shadowing, 설문조사, 프로토타입 테스트 등의 기법을 사용하여 이해관계자가 제안된 시스템에서 필요로 하는 요구 사항에 대한 자세한 정보를 수집한다. 수집된 요구사항은 철저한 분석 과정을 거쳐 명확하고, 실행 가능하며, 달성 가능하고, 검증 가능한지 확인한다. 이 정제 단계는 이해관계자의 실제 요구사항을 명확히 하고 이러한 요구사항을 잘 이해하고 합의할 수 있도록 하는 데 매우 중요하다. 이를 통해 프로젝트와 프로젝트의 목적을 명확히 하고 이해관계자의 요구를 충족시킬 수 있는 계획이 있는지 확인할 수 있다.

4.3.3 요구사항 명세

소프트웨어 개발 생명주기에서 **요구사항분석(Requirement Analysis)**은 사실 두 단계의 작업으로 구성된다. 첫째, 요구사항 정의단계는 사용자의 기능적 요구사항, 비기능적 요구사항, 도메인 요구사항을 분석하고 정의한다. 순수한 사용자 요구사항 정의는 고객과 개발자 모두가 이해할 수 있는 형태로 서로 의사소통이 이뤄지는 수준의 요구사항 분석을 의미한다. 이렇게 작성된 문서를 '**사용자 요구사항 정의서(user requirements definition)**'라고 부른다. 둘째, 소프트웨어 기초설계(basic design)는 사용자 요구사항 정의를 기반으로 소프트웨어의 기초설계 작업을 의미한다. **소프트웨어 기초설계**는 수집된 사용자 요구사항을 기반으로 전반적인 소프트웨어 체계로의 변환 작업이다. 결국 객체지향 개발방법론에서 **기초설계 작업의 결과물**에는 사용자 요구사항 정의서를 기반으로 작업분해도(WBS), 사용사례 다이어그램(use-case diagram), 클래스 다이어그램, CRC cards, 데이터베이스 스키마 테이블 명세, 사용자 인터페이스 명세, 시퀀스 다이어그램, 클래스에 속하는 메소드 알고리즘 명세 등을 포함한다. 이렇게 작성된 소프트웨어 기초설계 문서를 '**소프트웨어 요구사항명세서(Software Requirements Specification, SRS)**라고 부른다. 이 장에서 언급되는 요구사항명세는 소프트웨어 요구사항명세서 작성을 의미하며, 소프트웨어 개발방법론인 절차적 개발방법론, 데이터 중심 개발방법론, 객체지향 개발방법론 등에 따라 문서에 포함되는 항목은 다소 차이가 있을 수 있으나, 주로 객체지향 개발방법론에 중점을 두고 설명할 것이다. 소프트웨어 요구사항명세서에 포함되는 항목은 개략적으로 다음과 같으며, 프로젝트 상황에 따라 다음의 항목을 가감하여 사용할 수 있다.

- 개발 목표와 세부 개발내용
- 작업분해도(Work Breakdown Sheet, WBS)
- 용어 설명
- 기능적 요구사항(문제 해결에 필요한 기능)
- 비기능적 요구사항(성능, 운영, 신뢰성, 사용성, 이식성, 호환성, 확장성, 유지보수성, 활용성, 안전성, 보안성, 경제성 등에 대한 요구사항)
- 도메인 요구사항
- 사용사례 명세(Use-Case Description)
- 사용사례 다이어그램(Use-Case Diagram)
- 클래스 다이어그램 및 이의 데이터베이스 스키마 테이블 명세
- 사용자 인터페이스 명세
- 사용사례에 대한 시퀀스 다이어그램(Sequence Diagram)
- 클래스의 메소드 알고리즘 명세

▸ 여기서 'Specification'이라는 용어는 한국어로 '명세'라고 번역되지만, 쉽게 이해되지 않는다. 그 의미는 우리 생활 중에서 "그 컴퓨터의 스펙이 어떻게 되냐?"와 같은 질문을 많이 한다. 여기서 스펙의 의미는 '사양', '규격'와 같은 뜻이 있으며, '어떤 사양이나 규격을 기술하다, 표현하다, 명세하다' 의미의 '명세하다'의 명사형인 '명세'로 번역된 것임을 이해한다면 용어의 이해에 도움을 줄 것이다.

▸ 이 장에서는 위의 항목에 대한 상세 설명은 생략하고, 뒷부분의 객체지향 요구사항분석과 설계에서 각 항목의 작성 방법을 기술할 것이다.

다시 요구사항 명세의 개념을 설명하면 다음과 같다. **요구사항 명세(requirements specification)**는 수집된 요구사항을 고객과 개발 간의 효과적인 의사소통과 변경 관리가 가능하도록 지속적이고 체계적인 형태로 표현하고 기록하는 작업이다. 요구사항명세에는 앞에서 설명한 바와 같이 기능적 요구사항, 비기능적 요구사항, 도메인 요구사항, 사용사례(use-cases), 사용 시나리오(user scenario), 시각적 분석 모델 등의 많은 기초설계 내용을 포함한다. 요구사항명세는 주로 이해당사자로부터 요구사항이 수집된 다음, 시스템 분석가에 의해 작성된다. 이때 소프트웨어 개발팀에서 이해하고 유용하도록 소프트웨어 요구사항(기능적/비기능적/도메인 요구사항)을 기술적인 언어로 문서화하는 것은 시스템 분석가의 책임

이다. 요구사항명세에 포함되는 내용은 이미 앞에서 설명했던 기능적 요구사항, 비기능적 요구사항, 도메인 요구사항을 모두 포함한다. 일반적인 요구사항명세의 작성 지침(Guideline)은 다음과 같다.

- 사용자 요구사항은 일상적으로 사용하는 자연어로 작성한다.
- 기술적인 요구사항은 개발기관에서 사용하는 구조적 언어(도구)로 작성한다.
- 알고리즘 명세는 보통 의사코드(pseudo code)로 기술한다.
- 폼(forms)의 형식과 그래픽 사용자 인터페이스(GUI)도 설계하여 기술한다.

여기서 많은 개발자는 '요구사항 명세는 얼마나 상세히 기술해야 하는가?'에 궁금할 것이다. 예로, 알고리즘 명세는 요구사항 분석에서 기본적으로 메소드의 1) 인터페이스, 2) 기능, 3) 반환값(return value), 4) 알고리즘 순서로 기술한다. 이때 알고리즘을 얼마나 상세히 기술하는가는 개발자의 의지에 따라 다를 수 있다. 분명한 점은 요구사항 분석 단계에서 상세히 기술하면, 설계 단계의 일이 줄어든다는 점을 명심하자.

4.3.4 요구사항 검증

요구사항명세는 요구사항 도출과정에서 사용자는 비합법적이고 비실용적인 솔루션을 요청할 수 있고, 또한 전문가는 사용자 요구사항을 정확히 이해하지 못할 수 있다. 따라서 **요구사항 검증(Requirement Validation)**은 요구사항명세서 작성을 완료하고, 이후 반드시 고객이 원하는 모든 사용자 요구사항과 특성은 반영되었는지, 요구사항은 완전한지, 모든 제약사항은 반영되었는지 등의 사항을 확인하는 절차이다. 요구사항 검증의 개략적인 평가 요소는 다음과 같으며, 상세한 소프트웨어 요구사항명세서의 평가 지표는 추후 6장의 객체지향 요구사항분석에서 제공될 것이다.

- 요구사항은 완전한가?
- 요구사항은 실질적으로 구현될 수 있는가?
- 요구사항은 고객이 요구하는 기능과 도메인에 적합한가?
- 요구사항에는 모호성(ambiguities)은 없는가?
- 요구사항은 데모로 보여줄 수 있는가?

4.4 요구사항분석 방법

요구사항 도출(또는 분석)은 이해관계자와 더불어 프로젝트의 달성 목표를 이해하고 현재 업무가 어떻게 구성되어 있는지 파악하는 프로세스이다. 따라서 도출은 문제의 다양한 측면을 모두 파악하고 있는 사람들로부터 최고의 아이디어를 유도해 내는 것이며, 도출 결과를 문서화해야 한다. **요구사항 추출 방법**은 다음과 같이 대표적인 10가지 방법이 있다.

- 프로젝트 이해관계자의 분석
- 사용자가 사용하는 문서 분석 및 검토
- 인터뷰
- 포커스 그룹의 작업 분석
- 인터페이스 분석
- 관찰
- Joint Application Development(JAD) Team
- 설문조사
- 브레인스토밍
- 프로토타이핑 개발

각 방법에 대한 상세한 설명은 다음과 같다.

4.4.1 이해관계자 분석

개발하는 시스템의 요구사항 분석을 위해 관계되거나 시스템에 영향을 주는 이해관계자(stakeholders)의 분석에서 시작된다. 이해관계자에는 팀원, 고객, 프로젝트에 영향력 있는 사람, 공급자 등이 될 수 있다.

4.4.2 인터뷰

인터뷰는 요구사항 도출에 가장 일반적으로 사용되는 기법으로 주로 인터뷰 진행자가 이해관계자에게 질문을 던지고 답을 듣는 방식으로 요구사항을 도출하는 방식이다. 인터뷰는 업무 분석가와 이해관계자 간의 긴밀한 관계를 구축하는 데 사용되며, 효율적인 인터뷰 진행을 위해 인터뷰 진행자는 사전에 정의된 질문서를 준비해야 한다. 이렇게 사전에 정의된 질문서를 갖고 진행하는 인터뷰를 '**구조화된 질문서(structured interview)**'라 하고, 효과적인 인터뷰를 위해 **5W1H** 기법을 고려할 수 있다. 개방형 질문은 'Yes or No'가 아닌 자유로운 답변이 가능하며, 폐쇄형 질문은 'Yes or No'로만 답변할 수 있고 이 질문은 주로 질문에 대한 답변을 확인하는 데 사용된다.

인터뷰를 실행하는 데 필요한 기본 규칙은 다음과 같다.

- 일반적인 질문을 던지는 것으로 인터뷰를 시작한다.
- "Yes or No'와 같은 간단히 응답보다는 개방형(open-ended) 질문을 던진다.
- 들은 내용을 다시 반복적으로 질문하여 확인한다.
- 전체적인 통찰력을 파악하기 위한 세부 사항이나 문구로 질문한다.
- 어떤 질문에 대해 가능한 많은 후속 질문을 요구한다.
- 인터뷰를 진행하는 목적이 명백해야 한다.
- 사전에 인터뷰 대상자를 파악한다.
- 인터뷰 목적을 미리 인터뷰 대상자에게 전달해야 한다.
- 인터뷰 전에 질문 내용을 공유한다.
- 인터뷰 장소는 미리 정해야 한다.
- 시간제한을 설명해야 한다.
- 인터뷰 담당자는 인터뷰를 마치고 가능한 빨리 내용을 정리하여 인터뷰 대상자에게 결과를 확인시켜줘야 한다.

인터뷰는 요구사항을 수집하는 좋은 수단이며, 인터뷰 방식은 다음과 같이 다양한 방법이 존재한다.

- 구조화된 인터뷰
- 비구조화된(개방형) 인터뷰
- 구두 인터뷰
- 서면 인터뷰
- 일대일 인터뷰
- 그룹 참가자 그룹 간에 진행되는 그룹 인터뷰

4.4.3 문서 분석

문서 분석과 검토는 업무 환경을 기술하는 문서의 수집과 검토를 통해 업무 내용을 수집하는 방법으로 현재 솔루션의 구현 상태를 검증하고 사업 목표를 이해하는 데 많은 도움을 준다. 업무분석에는 사업 계획, 기술 문서, 문제 보고서, 기존의 요구사항 문서 등의 검토가 포함된다. 특히 문서 분석과 검토 방식은 기존 시스템(AS-IS)을 수정하고 교체하는 마이그레이션 프로젝트를 추진할 때 더욱 유용하다.

문서 분석에서 기존 문서(AS-IS)는 미래 업무 프로세스(TO-BE) 모형과 비교에 사용되고, 기존 문서는 완전히 폐기되는 것이 아니라 미래 업무 프로세스의 기초 자료로 긴밀하게 사용된다.

4.4.4 인터페이스 분석

인터페이스 분석은 시스템, 이해관계자, 프로세스를 확인하는 데 사용되며, 이 기법은 구성 요소 간에 정보 교환 방법을 파악하는 데 사용된다. 인터페이스는 두 개의 구성 요소 간의 연결로 그 역할은 <그림 4.4>와 같이 설명된다.

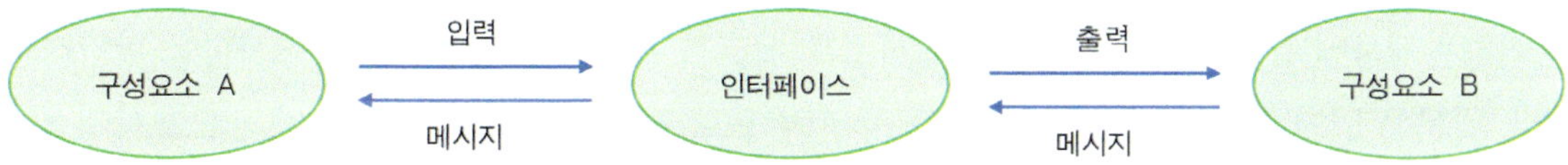

〈그림 4.4〉 구성 요소 간을 연결하는 인터페이스 분석

인터페이스 분석은 다음과 같은 질문에 초점을 두어 진행한다.

- 누가(who) 인터페이스를 사용하는가?
- 인터페이스 간에는 어떤 종류(what)의 데이터가 교환되는가?
- 데이터는 언제(when) 교환되는가?
- 인터페이스는 어떻게(how) 구현되는가?
- 인터페이스가 필요한 이유(why)는 무엇인가?

4.4.5 포커스 그룹

포커스 그룹(focus group) 방식은 주제 전문가를 포함하는 포커스 그룹을 통해 특정 주제에 대한 정보와 원하는 서비스 정보를 도출하는 요구사항 식별 방식이다. 포커스 그룹의 목적은 특정 주제를 토의하고 원하는 요구사항 정보를 제공하고, 새로운 프로젝트 요구사항을 생성하거나 이미 파악된 요구사항을 검증하고 정제하는 역할을 담당한다. 포커스 그룹은 또한 제품이 개발 중이고 해당 제품에 대한 논의가 필요한 경우 기존의 요구사항을 갱신하거나 새로운 요구사항을 반영할 수 있다. 포커스 그룹 참여자에는 고객사의 종업원 또는 사용자 대표가 될 수 있다. 진행자(moderator)가 세션을 관리하고 진행자가 업무 분석가와 협력하여 결과를 분석하고 이해관계자에게 결과를 제공한다.

포커스 그룹과 그룹 인터뷰와의 차이점은 다음과 같다.

- 포커스 그룹은 특정 주제에 대해 피드백을 수집하는 토론 세션이고, 세션 결과는 분석되고 보고된다.
- 포커스 그룹은 일반적으로 6~12명 규모이고, 더 많은 참가자를 원한다면 포커스 그룹을 2개 이상 만들 수 있다.

4.4.6 설문조사

설문조사(Questionnaires or Surveys)는 사전에 정의된 객관적 질문과 옵션이 포함된 문서(설문지)가 모든 이해관계자에게 전달되어 답변을 수집하고 데이터를 분석하여 편집하여 요구사항을 파악하는 방식이다. 질문은 먼저 우선순위가 높은 위험도를 기반으로 진행해야 하며, 직접적이고 모호하지 않아야 한다. 설문조사가 준비되면 참가자에게 미리 알리고 참여를 독려해야 한다. 다음과 같이 두 가지 유형의 설문을 사용할 수 있다.

- **개방형 설문(open-ended questions):** 응답자가 사전에 정의된 답변을 선택하지 않고 자유롭게 자신의 답변을 제공하는 설문조사 방식이다. 이 방식은 자유로워 유용한 반면에 동시에 다양한 답변이 도출되므로 해석하기 어렵고 많은 시간이 소요되는 단점이 있다.
- **폐쇄형 설문(close-ended questions):** 모든 설문조사에 사전에 정의된 설문 세트가 준비되어 있고 응답자는 해당 설문에 정해진 답변 중 하나를 선택하는 방식으로 응답한다. 질문 유형은 객관식이거나 중요하지 않은 것부터 매우 중요한 것으로 순위를 매겨가는 방식이 있다.

설문조사 방식의 단점은 모든 이해관계자가 설문조사에 참여하는 참여율이 낮을 수 있고, 주어진 설문이 모든 참가자에게 명확하게 이해되지 않을 수 있다. 또한 개방형 설문은 더 많은 분석이 필요하고 제공된 응답에 따라 후속 설문조사가 필요할 수 있다. 어떤 설문의 옵션이 언급되지 않는다면, 그에 대한 조사는 해결되지 못하는 단점이 있다.

4.4.7 관찰

관찰(observation)의 목적은 다른 사람이 수행하는 활동, 작업내용, 사용 도구, 이벤트 등을 이해하는 것이다. 관찰 계획은 모든 이해관계자가 관찰 목적을 인지하고 예상 결과에 동의하고 관찰에 대한 기대가 부합할 때 이뤄진다. 이때 참가자에게 자신의 활동, 작업의 성과가 평가되지 않는다는 사실을 충분히 알리고 진행해야 한다. 이러한 관찰은 흔히 이해관계자 간의 동의하에 녹화를 진행하고 다른 작업자의 작업에 필요한 모든 활동과 시간을 기록하여 같은 모의실험을 할 수 있도록 해야 한다. 관찰이 종료되면, 관찰 결과를 검토하고 참가자에게 후속 조치를 충분히 알려줘야 한다. 관찰에는 작업자에게 질문하거나 수행하는 일을 시도하면서 진행하는 능동적 관찰(active observation)과 현상을 녹화하여 나중에 조용히 관찰하는 수동적 관찰(passive observation)이 있다.

4.4.8 브레인스토밍(Brainstorming)

이 방법은 특정 문제 해결을 위해 새로운 창의적인 아이디어를 도출하고 새로운 해법을 찾는 데 사용되는 좋은 그룹 토의 방식이다. 브레인스토밍에 참여하는 구성원은 도메인 전문가와 주제 전문가를 포함하여 6~8명의 그룹으로 구성한다. 참여 구성원으로부터 다양한 아이디어와 지식이 제시될 수 있으며, 이 중에 가장 좋은 아이디어를 선택할 수 있다.

브레인스토밍 기술은 다음과 같은 질문에 답하는 것에 많이 사용된다.

- 개발하는 시스템 목표는 무엇인가?
- 제안하는 시스템 개발에 영향을 주는 위험 요소는 무엇인가? 그리고 이 위험 요소를 피할 수 있는 방법은 무엇인가?
- 업무와 조직에서 시켜야 할 규정은 무엇인가?
- 현재 이슈를 해결하는데 유용한 선택권은 무엇인가?
- 특별한 이슈가 미래에 발생하지 않도록 우리가 해야 할 일은 무엇인가?

브레인스토밍 기술은 다음의 단계를 거쳐 진행한다.

- (1단계) **주제 정의**: 시간제한 정의, 참여자 식별
- (2단계) **아이디어 공유와 기록하기**: 가능한 많은 아이디어를 수집한다. 이때 모든 참가자가 제안하는 아이디어를 비평하지 않고, 아이디어를 추가하여 제안하는 형식으로 진행하도록 해야 한다. 모든 참여자에게 말할 수 있는 기회를 부여한다. 어떤 참가자가 아이디어가 없으면 일단 통과시키고 다시 돌아오는 순서에 자연스럽게 기회를 부여하는 방식으로 진행한다.
- (3단계) **아이디어 토의 및 중복 아이디어 제거**: 최종적으로 아이디어 목록을 작성한다. 그리고 중복된 아이디어는 제거하여 정리한다.

브레인스토밍 기술을 성공적으로 이끄는데 지켜야 할 규칙은 다음과 같다.

- 세션의 시간제한을 미리 정의해야 한다.
- 참가자를 미리 파악해야 한다. 한 세션에 보통 6~8명을 참여시킨다.
- 토의 주제는 모든 참가자에게 명확하게 해야 한다.
- 참가자들에게 명확한 기대치를 설정해야 한다.
- 모든 정보를 얻은 후에는 아이디어를 결합하여 새로운 아이디어를 도출하고, 중복되는 아이디어는 제거한다.
- 참가자가 아이디어를 토의할 때 상대방의 의견을 비평은 절대 금지한다. 단 비슷하거나 조금 다른 의견이 있으면 이를 수정하여 새로운 아이디어로 제안한다.
- 최종 아이디어 목록이 준비되면 다른 참가자들에게 배포한다.

브레인스토밍 기술의 장점은 새로운 아이디어 창출에 유용하고, 짧은 시간 내에 많은 아이디어를 도출할 수 있고, 참가자들에게 동일한 기회를 부여한다는 것이다.

4.4.9 프로토타이핑

프로토타이핑 기법은 고객이 원하는 제품의 개념을 파악할 수 있도록 프로토타입 모형을 만들어 고객에게 데모를 진행하고, 다이어그램을 사용하여 업무 프로세스를 설명하면서 요구사항을 파악하는 방식이다. 프로토타이핑 기법은 고객이 원하는 제품의 모형을 만들어 제품 개념을 이해시킬 수도 있고, 반면

유사 사례의 데모를 통해 고객의 요구사항을 파악할 수도 있다. 이 방법의 이점은 제품의 시각적 표현을 제공하고, 이해관계자에게 요구사항의 피드백을 빨리 제공할 수 있다.

4.4.10 Joint Application Development Team

공동 애플리케이션 개발팀(Joint Application Development, 이하 '**JAD**'라 부름) 방법은 최종사용자, 프로젝트 관리자, 개발자가 동시에 연합으로 참여하여 요구사항을 정의하고 완성하며, 프로세스 지향적인 방식이다. 이 기법에서 진행하는 활동 종류는 다음과 같다.

- 공식적인 워크숍: 고도로 구조화되어 있으며 이해관계자들과 함께 진행하면서 요구사항을 파악하는 방식이다. 주요 초점은 업무 요구사항을 정의하고, 만들고, 구체화하고, 완성하는 것이다.
- 비즈니스 프로세스 개선 워크숍: 기존의 업무 프로세스를 분석하고 프로세스 개선 사항을 파악하는 방식으로 공식적인 워크숍 보다는 비공식적인 모델이다.

JAD 방법의 장점은 몇 시간 내에 요구사항 문서가 완성되고 참가자에게 검토를 위해 신속히 제공되며, 현장에서 바로 요구사항을 확인받을 수 있고 단기간에 대규모 그룹의 요구사항을 수집하고 모든 이해관계자가 참석한 가운데 주요 문제점과 질문을 통해 합의를 도출할 수 있다. 반면 단점은 이해관계자의 부재로 인해 세션이 실패할 수 있고 진행자의 전문성 정도에 따라 워크숍 성공률이 달라질 수 있다. 또한 참가자가 너무 많으면 워크숍의 목적을 달성하지 못할 수 있다.

4.4.11 벤치마킹

벤치마킹은 업계에서 최고 업체로 간주되는 경쟁사 제품과 자사 제품의 성능을 비교하여 요구사항을 도출하는 방식이다. 벤치마킹은 경쟁사 제품과의 성능 비교를 진행하므로 다음과 같은 이점이 있는 훌륭한 기법이다.

- 비 모범사례를 파악할 수 있다.
- 개선 아이디어를 창출할 수 있다.
- 성과 측정을 위한 근거를 제공한다.

4.4.12 가장 인기 있는 6가지 요구사항 분석 방법

요구사항 분석 기술은 동시에 여러 가지 방법을 사용하는 경우가 대부분이며, 지금까지 살펴본 요구사항 분석 기술에 가장 많이 사용되고 있는 top 6 기술은 <그림 4.5>와 같이 인터뷰, 관찰, 초점 그룹, 브레인스토밍, 요구사항 워크숍, 프로토타이핑 등의 방법이다. 또한 산업현장에서 요구사항 분석은 어느 특정 방법만을 사용하기보다는 사용할 수 있는 모든 방법을 동시에 총동원하여 요구사항 식별에 활용한다는 점이다. 하지만 프로젝트 상황에 따라 문서 분석, 기존(AS-IS) 시스템 분석 등의 방법이 효율적일 수도 있다.

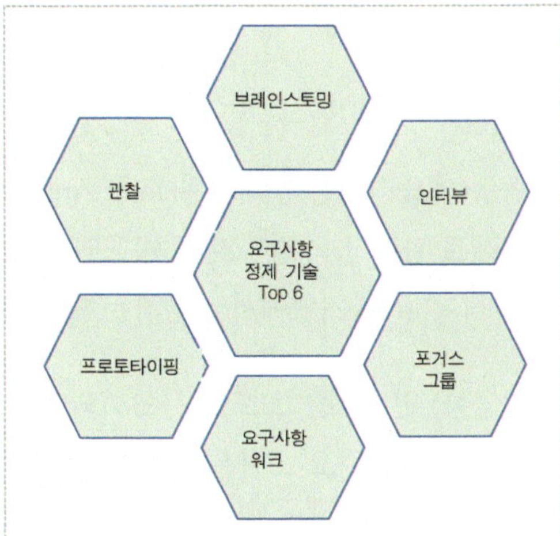

〈그림 4.5〉 가장 인기 있는 Top 6 요구사항분석 방법

4.5 그 밖의 요구사항분석 방법

그 밖의 요구사항분석 방법에는 상황 다이어그램(context diagram), 역공학, Mind Mapping, 품질 기능 전개(Quality Function Deployment) 방법, 연합 워크숍, 시스템의 사용자 사용사례 분석, 사용자 시나리오 분석 등의 다양한 방법이 있다. 이 절에서는 사용사례 분석과 사용자 시나리오 분석 방법에 대해 소개한다.

4.5.1 사용사례 분석

사용사례 분석은 어떤 개발환경에서 다양한 사용자 요구사항을 수집하는 데 탁월한 기법이다. **사용사례(use-case)**란 어떤 사용자 요청에 대해 시스템이 어떻게 반응할 것인가를 보여주는 예시로서 하나의 사용사례는 사용자가 시스템에서 원하는 목표 달성을 위해 필요한 일련의 작업 순서를 표현한다. 예로, 웹사이트의 사용자 인터페이스를 설계하는 경우, '사용자 인터페이스에서 각 메뉴 또는 메뉴의 서브메뉴'는 하나의 사용사례에 해당한다. 시스템 개발에서 모든 사용사례를 파악하여 사용사례 다이어그램(Use-Case Diagram)으로 표현한다. 따라서 사용사례 다이어그램은 소프트웨어 시스템에서 제공하는 전체적인 기능적 모델(functional model)을 표현하는 데 많이 사용된다. 하나의 사용사례는 원하는 목표와 요구사항에 따라 다음과 같은 요소의 조합으로 표현된다.

- 행위자(actor)
- 이해관계자(stakeholder)
- 전제조건(precondition)
- 트리거(triggers)
- 주요 성공 시나리오
- 시스템 실패 시 발생할 수 있는 예외 경로

예를 들어, 어떤 소프트웨어에서 사용자가 웹사이트에 자신을 등록하거나 자신의 정보를 갱신하려는 경우, '웹사이트에 자신을 등록하거나' '웹사이트에서 자신의 정보 갱신하는 활동'이 각각 하나의 사용사례에 해당한다. 세부적으로 '자신의 정보를 등록'하는 사용사례는 다음과 같이 내부적으로 '서버와의 데이터베이스 연결-사용자로부터 사용자 정보 입력-입력정보의 데이터베이스 등록 과정-데이터베이스 연결 종료' 등의 일련의 작업 명령 순서로 구현될 수 있다.

- 1단계: 서버와의 데이터베이스 연결
- 2단계: 사용자로부터 사용자 정보 입력
- 3단계: 입력정보의 데이터베이스 등록
- 4단계: 데이터베이스 연결 종료

따라서 다양한 사용사례를 탐색함으로써 소프트웨어 시스템에서 어떤 기능을 사용해야 하는지 알 수 있다. 사용사례는 또한 사업 목표를 달성하는 데 필요한 작업의 단계별 목록(task list)을 표현할 수 있다. 사용사례 다이어그램의 표현 방법은 뒷부분에서 자세히 학습할 것이다.

4.5.2 사용자 스토리 분석

사용자 스토리는 고객으로부터 필요한 기능에 대해 짧은 텍스트의 서술 형식으로 표현한다. 사용자 스토리는 사용자의 좋은 경험을 얻어서 개발팀에서 업무 내용에 우선순위를 부여하는 데 도움을 준다. 사용자 스토리 맵(user story map)은 개발팀에게 사용자가 소프트웨어가 어떻게 상호작용하고 제품을 통해 사용자의 여정을 파악하는 데 사용할 수 있다. 사용자 스토리는 기능의 혜택을 받는 이해관계자

(즉, 제품개발 프로세스에서 각 이해관계자의 역할), 이해관계자가 달성해야 하는 목표, 이해관계자가 얻는 혜택(즉 이해관계자가 특정 기능을 개발하도록 유도하는 동기부여) 등의 파악을 돕는다.

사용자 스토리 맵의 생성 방법은 다음의 절차에 따른다.

- (1단계) 제품개발에 참여하는 직원들로 구성된 교차 기능 팀(a cross- functional team)을 구성한다.
- (2단계) 사용자의 도움을 받아 사용자와 그 사용자가 원하는 목표와 요구사항 등을 파악한다. 수집한 데이터를 분석하여 사용자의 문제를 구체화하고, 제품에서 이러한 문제를 어떻게 해결할 수 있을지 생각한다.
- (3단계) 사용자가 제품을 사용하면서 어떤 활동(activity)을 하는지 파악한다. 이러한 활동이 사용자 스토리 맵의 상단에 배치되는 주제가 된다. 창의적이고 실시간 협업을 통해 팀원들의 이러한 활동을 더 작은 사용자 스토리로 세분화한다. 이러한 스토리를 스토리 맵에 세로에 배치하고 가장 중요한 스토리를 맨 위에 배치한다. 사용자 스토리 맵 작성은 위에서 아래로 사용자의 '활동(activity)-추세(trends)-사용자 시나리오' 순서로 자유롭게 사용자 요구사항과 목표를 파악한다. 다시 말하면, 사용자 스토리 맵은 사용자가 수행하는 주요 활동은 무엇이고, 그 활동의 추세는 어떤지, 그 활동에 대해 사용자 시나리오는 어떤지 파악하면서 사용자의 요구사항과 목표를 요약하는 방식이다.
- (4단계) 사용자 스토리 맵에서 왼쪽에서 오른쪽으로 이동하면서 사용자가 제품을 어떻게 사용하는지 개략적으로 표현한다. 사용자가 여러 명인 경우, 각각에 대해 다른 시나리오를 만든다.
- (5단계) 더 나은 사용자 경험을 만드는 데 중요한 스토리를 하이라이트 표시한다. 그런 다음 수행해야 하는 작업에 영향을 미칠 수 있는 종속성, 기술 요구사항, 병목 현상을 파악한다. 작업을 계획하기 전에 이러한 문제를 극복할 수 있는 솔루션이 마련되어 있는지 확인한다.

4.6 시스템 제안서 작성

지금까지 소프트웨어 개발 생명주기의 주요 단계에서 프로젝트 개발계획 수립과 요구사항 분석 방법을 학습하였고, 다음 단계에서는 소프트웨어 설계 방법을 공부할 것이다. **소프트웨어 설계**란 수집된 사용자의 기능적 요구사항과 비기능적 요구사항을 다음 단계인 프로그램 구현에 필요한 정보 형태로 변환하는 과정이다. 여기서 소프트웨어 설계 단계는 기초설계(basic design)와 상세설계(detailed design) 단계로 구분된다. 첫 번째 단계인 **기초설계** 단계는 사용자 요구사항을 소프트웨어 구조로 변환하여 표현하는 과정이다. 따라서 지금까지 고객과 개발자가 공동으로 개발하여 얻어진 결과물은 개발계획(작업분해도, 일정계획)과 사용자 요구사항(기능적 요구사항과 비기능적 요구사항, 도메인 요구사항)을 분석하여 이를 문서화 하였다. 이 문서를 '**사용자 요구사항 정의서(User Requirements Definition)**'라 부른다. 이 문서는 고객과 소프트웨어 개발자가 큰 어려움 없이 이해할 수 있는 수준의 개발문서 형태이다.

이어지는 소프트웨어 기초설계 작업에는 사용자의 기능적 요구사항, 비기능적 요구사항, 도메인 요구사항을 소프트웨어 구조인 사용사례 다이어그램, 클래스 다이어그램, 데이터베이스 스키마 테이블 표현, 클래스의 메소드 알고리즘의 기초설계, 사용사례에 대한 시퀀스 다이어그램, 사용자 인터페이스 명세 형태로의 변환을 포함한다. 이러한 사용자 요구사항과 소프트웨어 기초설계 결과물을 포함하는 문서를 '**소프트웨어 요구사항명세서(Software Requirements Specification, SRS)**'라 하며, 이 문서부터 고객이나 일반 사용자는 전문성에 따라 그 내용을 이해할 수 없을 수 있다. 기초설계 결과물의 세부적인 작성방법은 추후 5~7장에서 자세히 학습할 것이다. **중요한 것은 소프트웨어 요구사항명세서가 완성되면, 비록 클래스 메소드 알고리즘 명세의 상세성은 미흡하지만 개략적인 소프트웨어 모습의 형태를 갖춘다.**

예를 들면, 소프트웨어를 구성하는 클래스 명세, 데이터베이스 스키마 구조, 사용자 인터페이스 구조, 클래스의 메소드 알고리즘, 사용사례 및 이의 구현 알고리즘 등의 모습을 갖추게 된다.

또한 이렇게 소프트웨어 요구사항명세서가 완성되면 기능점수 기반 소프트웨어 개발 비용 추정에 필요한 모든 정보를 모두 얻을 수 있다. 따라서 소프트웨어 개발 생명주기에서 개발계획, 요구사항분석, 기초설계 내용을 포함하는 개략적인 소프트웨어 구조로의 변환 작업을 통해 비로소 본격적으로 상세 개발계획서 작성이 가능해진다. 이 상세한 개발계획서를 '**시스템 제안서(System Proposal)**'라 부른다. 일명 '**본사업제안서**'라고 볼 수 있다. 이것은 소프트웨어 개발 계획 발주는 1차·2차 단계 사업으로 구분하여 진행될 수 있다. 첫째, 일차적으로 **<요구사항분석 및 기초설계작업>**의 1단계 사업으로 개발계획, 사용자의 기능적 요구사항과 비기능적 요구사항, 기초설계를 포함하는 사업 내용의 발주가 가능하다. 둘째, 2단계 사업으로 **<상세설계, 소프트웨어 구현 및 테스트>** 진행으로 소프트웨어 개발의 본 사업 발주를 진행할 수 있다. 따라서 시스템 제안서에는 <표 4.1>과 같이 사업 요약, 시스템 요청서, 기능적 및 비기능적 요구사항, 사업 타당성 분석, 작업계획, 인력 구성, 기능적 모델링, 구조적 모델링, 행위 모델링, 특별한 문제점과 제약사항, 부록 등으로 구성된다.

<표 4.1>에서 **시스템 제안서**의 항목마다 기술해야 하는 내용은 다음과 같다.

- 제안서 요약: 시스템 개발의 개요 요약으로 개발 목표, 개발내용을 기술하고, 이에 대한 작업분해 도

를 작성한다. 작업분해도는 개발하는 시스템을 가능한 데이터 또는 클래스 중심으로 분해하는 것이 좋다. 그리고 용어 정의도 고객과 개발자 간의 원활한 의사소통을 위해 매우 중요하다.

- 시스템 요청서: 프로젝트 스폰서, 사업 필요성, 시스템의 모든 사용자를 분류하여 기술한다. 그 밖의 업무 요구사항, 사업 타당성 분석, 특별한 문제점과 제약사항 등의 별도로 기술한다. 프로젝트 스폰서에는 프로젝트 창시자, 프로젝트 촉진자, 자금 제공자 등을 기술한다.
- 요구사항분석: 시스템의 기능적 요구사항, 비기능적 요구사항, 도메인 요구사항을 모두 기술한다. 기능적 요구사항은 시스템이 수행해야 하는 서비스 기능이나 특징으로 소프트웨어 개발에 필요한 기능들을 식별하여 상세히 기술한다. 기능적 요구사항에는 소프트웨어 시스템에서 사용자가 원하는 기능, 특성, 작업 처리 흐름, 선호도, 이로 인해 얻어지는 이점 등을 기술한다. 기능적 요구사항은 시스템이 수행해야 하는 작업으로 시스템이 가져야 하는 기능이나 특징을 정의한다. 이 부분은 작업분해도와 연계하여 항목별로 자세히 기술한다. 비기능적 요구사항에는 성능 요구사항, 부하 적응 요구사항, 스트레스 테스트 요구사항, 볼륨 요구사항, 보안 요구사항, 사용성 요구사항, 호환성 요구사항, 설치 요구사항, 제거 요구사항, 복구 요구사항, 문서 요구사항 등으로 구분하여 명시하고, 프로젝트 테스트 단계에서 각각의 항목에 대한 테스트를 진행한다. 도메인 요구사항은 프로젝트 특성에 따라 필수적인 규정이나 법규 내용을 기술한다.
- 작업계획: 일반적인 프로젝트 관리 도구인 작업분해도(WBS), 간트 챠트, CPM 네트워크와 CPM 소작업 목록 등을 작성한다. 이 세가지 프로젝트 관리 도구는 현장에서 프로젝트 관리에 거의 필수적 도구로 활용된다.
- 조직구성 및 직무 기술 계획: 참여 인력 구성계획과 직무를 기술한다. 조직구성 계획에는 내부 인력, 외부 인력, 외부 발주업체 등의 모든 조직구성 계획을 포함한다.
- 사업 타당성 분석: 경제적 타당성, 기술적 타당성, 조직적 타당성, 법적 타당성 분석을 포함한다. 경제적 타당성은 현재가치(PV), 사업 타당치(NPV), 투자수익률(ROI), 손익분기점(break-even point) 등으로 분석된다. 기술적 타당성은 프로젝트 추진에 필요한 주요 기술의 해결방안을 기술하고, 자체적으로 해결되지 않는 기술은 외부 업체와의 협업, 외부 용역에 의한 세부적인 해결방안을 기술한다. 조직적 타당성은 참여 인력의 구성 방안의 기술로서 신규 채용이나 외부 용역에 의한 인력 충원 방안 등을 상세히 기술한다. 법적 타당성은 추진하는 프로젝트가 현재의 관련 법규에 저촉되지 않는지를 검토한다.
- 사용자 인터페이스(UI) 명세: 시스템의 사용자 인터페이스를 설계하여 기술한다. 이 단계에서 사용자

인터페이스 명세는 상황에 따라 직접 사용자 인터페이스 명세와 설계를 동시에 진행해도 무방할 것이다. 또한 필요에 따라 관리자용/일반 사용자의 사용자 인터페이스, Web/App 사용자 인페이스 등의 여러 가지 사용자 인터페이스 명세가 필요하다.

- 기능적 모델링: 시스템 기능에 대한 사용사례 다이어그램(Use-Case Diagram)을 설계하고, 각 사용사례(use-case)를 테이블 형태로 명세한다. 사용사례 명세는 뒷부분에서 언급되는 '사용사례에 대한 시퀀스 다이어그램'과 내용이 일치하므로 생략해도 무방하다.
- 구조적 모델링(또는 데이터 모델링): 시스템 개발에 필요한 클래스를 식별하여 클래스 다이어그램(Class Diagram)을 도시하고. 이에 대한 CRC cards 및 클래스 명세, 데이터베이스 스키마 명세, 기타 자료구조 명세 등을 기술한다. 특히 대형 프로젝트에서 여러 명의 개발 팀원이 참여하는 경우 프로그래밍 언어 수준의 클래스 명세도 대단히 중요하다. 그 이유는 다른 팀원 간의 소통이 필요한 클래스와 관련 메소드 사용은 반드시 요구사항분석의 기초설계 단계에서 상세한 클래스 설계와 메소드 명세가 이뤄져야 팀원 간의 협업이 가능하기 때문이다.
- 행위 모델링: 사용사례 다이어그램에서 식별된 모든 '사용사례'에 대한 시퀀스 다이어그램을 그리고, 메소드에 대한 액티비티 다이어그램과 알고리즘 명세, 각 클래스에 속하는 메소드 알고리즘 명세 등의 내용을 기술한다. 분량 측면에서 시퀀스 다이어그램과 클래스에 속하는 메소드 알고리즘 명세 부분이 시스템 제안서 부분에 가장 많은 분량을 차지할 것이다.
- 프로젝트 관리 방법: 프로젝트에 적용하는 표준 개발방법론, 변경 관리, 위험관리, 진도관리, 업무보고 등의 방법과 절차, 다른 문제점 발생 시 해결방안 등을 기술한다.
- 유지보수, 설치계획, 인수계획 및 절차와 방법, 관련 테스트 계획 등을 상세히 기술한다. 그리고 그 밖의 위험분석과 제약사항을 기술한다.

▸ <표 4.1>의 소프트웨어 개발을 위한 시스템 제안서 표준 양식은 예시로서 소프트웨어 개발 프로젝트의 2차 발주를 위해 사용할 수 있으며, 필요에 따라 항목을 삭제 또는 추가하여 사용이 가능할 것이다.

▸ 시스템 제안서 표준 양식에는 클래스, 클래스에 속하는 메소드 명세, 사용사례에 대한 시퀀스 다이어그램 명세, 사용자 인터페이스 설계 등의 소프트웨어 기초설계 내용이 포함되므로 앞에서 언급했던 기능점수 기반의 비용 산정에 필요한 정보가 모두 제공된다. 따라서 프로젝트 발주처는 소프트웨어 요구사항 명세와 이의 기초설계 작업이 완성되는 시점에서 2차 소프트웨어 본 개발을 위한 <시스템 제안서> 작성이 가능할 것이다.

▸ 시스템 제안서의 7장 사용자 인터페이스 명세부터 13장 설치 및 인수계획까지 세부적인 작성 방법은 뒷부분의 교재 내용을 참고하기 바란다. 이 장에서는 요구사항 수집 방법에 의한 시스템의 기능적 및 비기능적 요구사항을 도출하고 기술 방법을 소개한다.

〈표 4.1〉 소프트웨어 개발을 위한 시스템 제안서 양식

1. 제안서 요약
   1.1 개발 목표
   1.2 개발내용
   1.3 작업분해도(WBS)
   1.4 용어 정의
2. 시스템 요청서
   2.1 프로젝트 스폰서
   2.2 시스템 사용자들
   2.3 사업 필요성
   2.4 특별한 문제점과 제약사항
3. 요구사항 분석
   3.1 기능적 요구사항
   3.2 비기능적 요구사항
   3.3 도메인 요구사항
4. 작업계획
   4.1 CPM 네트워크와 소작업 목록
   4.2 간트 챠트(Gant chart) 일정계획
5. 조직구성 및 직무 기술 계획
   5.1 인력 구성
   5.2 직무 기술
6. 사업 타당성 분석(경제적, 기술적, 조직적, 법적)
   6.1 경제적 타당성
   6.2 기술적 타당성
   6.3 조직적 타당성
   6.4 법적 타당성
7. 사용자 인터페이스 명세
8. 기능적 모델링
   8.1 사용사례 다이어그램
   8.2 사용사례 명세
9. 구조적 모델링
   9.1 클래스 다이어그램
   9.2 CRC cards과 클래스 명세

9.3 데이터베이스 스키마 명세
9.4 자료구조 명세
10. 행위 모델링
10.1 사용사례에 대한 시퀀스 다이어그램
10.2 액티비티 다이어그램
11. 클래스의 메소드 알고리즘 명세
12. 기술 관리 방법
12.1 표준 개발방법론
12.2 변경관리
12.3 위험관리
12.4 진도관리
12.5 업무보고 일정계획
12.6 문제점 해결방안
13. 유지보수계획
14. 설치 및 인수계획
15. 그 밖의 위험분석 및 제약사항
부록
참고문헌

※ 위의 목차는 프로젝트 규모에 따라 절(section)을 장(chapter)으로 확대 또는 축소하여 편집할 수 있다.

4.7 플랜트 엔지니어링 절차와 소프트웨어 개발 생명주기 비교

플랜트(plant)란 석유화학공장, 정수장 등의 설비와 파이프를 핵심 시설로 건설하는 산업현장을 말하며, 공장 내부의 공정 및 각종 설비 레이아웃과 배관계획 설계가 필수적이다. 대표적인 플랜트 종류에는 석유화학 플랜트, 발전 플랜트, 환경 플랜트, 철강 플랜트, 정수장 플랜트 등의 유형이 있다. 플랜트 엔지니어링 절차는 본 사업 발주를 위한 사전작업을 완성하고, 일반적으로 <그림 4.6>과 같이 '개념설계-기본설계(Front-End Engineering Design, FEED)-EPC(상세설계-구매-시공)-시운전-유지보수' 단계로 구성된다. 여기서 상세설계(engineering), 구매조달(procurement), 시공(construction)의 세 단계를 묶어서 'EPC(Engineering-Procurement- Construction) 단계'라고 한다. 따라서 플랜트 설계 공정의 핵심은 '개념설계-기본설계(FEED)-상세설계' 단계로 구분된다. 플랜트 엔지니어링 절차에서 각 단계의 역할을 정리하면 다음과 같다.

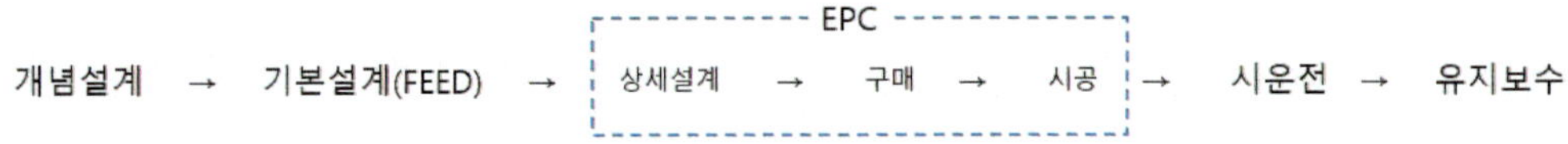

〈그림 4.6〉 일반적인 플랜트 구축 및 운영 절차

- **개념설계(Conceptual Design):** 플랜트 사업 초기에 플랜트에 대한 개략적인 개념 구조를 설계하는 것으로 프로젝트의 초기계획을 수립하고 주어진 환경조건에 맞게 플랜트의 기본 개념을 설정하고, 기술적인 위험분석을 통해 경제적 타당성을 검토하는 역할을 담당한다. 개념설계는 소프트웨어공학에서 시스템 요청서(System Request) 작성 단계에 해당한다. 즉 소프트웨어 개발에 필요한 사용자의 기능적 및 비기능적 요구사항 분석, 프로젝트 스폰서, 사업 필요성, 사업 타당성 분석, 특별한 위험 분석과 제약사항 등을 파악하는 수준이다.
- **기본설계(FEED):** EPC 계약 전에 공사의 기초설계 단계로서 개념설계를 기반으로 플랜트 설계/건설/운영에 필요한 비용, 소요 기간, 소요 인력 등을 추산하여 핵심 기기의 설계 및 배치의 핵심 부분의 개략적인 설계 임무를 수행한다. 기본설계 단계는 플랜트 공사의 밑그림을 그리는 중요한 단계이며, 추후 FEED 계약을 수주하면 EPC 최종 계약에도 유리한 고지를 선점하게 된다. 그 이유는 상세설계(EPC)가 결국 기본설계(FEED)의 연장선에 있으므로 FEED에 대한 이해가 높고 FEED 수행 능력이 있다는 것은 EPC를 수행할 때도 FEED 단계부터 효율적이고 최적화된 플랜트 설계를 도모할 수 있으므로 더욱 유기적인 플랜트 프로젝트 진행이 가능한 것이다. 국내 건설사들[2]은 대부분 상세설계(EPC) 능력은 있으나, 기본설계(FEED) 능력은 취약한 편으로 알려졌다. 플랜트 기본설계는 소프트웨어공학에서 기초설계(Basic Design)에 해당한다. 식별된 사용자의 기능적 및 비기능적 요구사항을 소프트웨어 구조로 변환하여 작업분해도, 사용사례 다이어그램 및 사용사례 명세, 클래스 다이어그램, 데이터베이스 스키마 구조, 시퀀스 다이어그램, 메소드 알고리즘 등을 생성한다. 소프트웨어 개발에서 기초설계가 완성되었다면 소프트웨어의 기본 골격이 거의 완성되었음을 의미한다.

---

2 국내 플랜트 건설업체에는 GS건설, SK건설, 두산중공업, 대우엔지니어링, 삼성엔지니어링, 대림산업, 현대엔지니어링, 삼성물산/현대건설/대우건설/포스코건설의 엔지니어링사업부, 한국전력기술(KEPCO) 등이 있다. 대우엔지니어링, 삼성엔지니어링, 현대엔지니어링 등이 대표적인 플랜트 설계업체이고, 다른 건설업체들은 주로 후반부의 EPC를 주로 수행하는 시공업체이거나 플랜트 설계+EPC를 동시에 수행하는 건설회사이다.

- EPC(Engineering-Procurement-Construction): 이전에 수행된 FEED의 후속 단계로서 플랜트의 **'상세설계-조달-시공'** 작업 순서대로 진행된다. EPC에서 상세설계(engineering)는 다음 단계인 '조달과 시공'이 가능하도록 기본설계를 상세화하여 정밀한 설계를 의미한다. '조달(procurement)'은 건설을 위한 장비 및 설비 기자재의 구매와 발주를 진행하는 과정이다. '시공(construction)'은 상세설계의 최종 결과물인 상세설계 도면에 따라 자재를 구매하여 건설하는 과정이다. EPC 단계는 소프트웨어 개발에서 '상세설계-구현(코딩)-단위테스트-통합테스트-설치 테스트-인수테스트' 과정에 해당한다. 소프트웨어 개발에서 소프트웨어의 상세설계를 완성하고 프로그램을 구현하고 테스트하여 완성된 시제품 출하 과정을 포함한다.
- 설치 및 시운전: 시공 후 설계 및 각종 규격에 맞게 시공이 완성되었는지, 여부를 확인하는 단계이다. 해양 플랜트의 경우에는 운전지역으로 플랜트를 이동하여 설치하는 것을 포함한다.
- 유지보수: 플랜트 사업 최종 단계로서 플랜트를 운영하고 발생하는 고장에 대비하여 사전, 사후의 유지 및 보수하는 과정을 말한다.

지금까지 살펴본 바에 의하면, 플랜트 건설 사업의 발주는 3단계로 진행되는데, '1단계 개념설계-2단계 기본설계(FEED)-3단계 EPC 사업'으로 나누어 진행된다. 특히 2단계 기본설계와 3단계 EPC 사업을 분리하여 발주된다는 것이 특이하다. 반면 소프트웨어 개발 프로젝트는 흔히 '요구사항분석-기본설계-상세설계-구현-테스트' 단계를 합쳐 통합 발주하는 형태가 일반적이다. 이렇게 발주가 진행되면, 개념설계 계획수준에서 '기본설계-상세설계-구매조달-시공' 계획으로 발주가 진행된다는 의미이므로 계획 예산과 집행 예산 간의 격차가 심한 문제점이 발생한다. 따라서 소프트웨어 개발 프로젝트의 경우 <표 4.2>와 같이 3단계 발주가 바람직할 것이다.

- '**요구사항 정의-요구사항분석(기초설계)**'의 1단계 발주
- '**상세설계-코딩 및 단위테스트-통합테스트-시스템테스트-인수테스트**'의 2단계 발주
- '**운영-유지보수**'의 3단계 발주

〈표 4.2〉 소프트웨어 개발사업의 프로젝트 진행 순서

단계	사업 내용	주요 산출물
1단계	• 요구사항 정의 • 요구사항분석(기초설계)	• 요구사항분석서 • 시스템 제안서 작성
2단계	• 상세설계 • 코딩 • 단위테스트 • 통합테스트 • 시스템테스트 • 인수테스트	• 상세 설계명세서 • 테스트보고서(단위테스트 보고서, 통합테스트 보고서) • 시스템테스트 보고서 • 인수테스트 보고서
3단계	• 운영 • 유지보수	• 운영계획 및 보고서 • 유지보수계획 및 보고서

연습문제

4.1 소프트웨어 요구사항의 종류를 열거하고, 그 종류별 주요 항목을 설명하시오.

4.2 소프트웨어의 기능적 요구사항이란 무엇인가? 그 개념을 설명하시오.

4.3 소프트웨어의 비기능적 요구사항에 포함되는 항목을 열거하고 그 개념을 설명하시오.

4.4 소프트웨어의 비기능적 요구사항에서 기술하는 항목이 추후 소프트웨어 테스트 단계에서 어떻게 테스트 되어야 하는지 설명하시오.

4.5 소프트웨어 요구사항 공학 프로세스를 설명하고, 주요 단계별 수행내용을 설명하시오.

4.6 요구사항 수집(또는 도출) 방법을 열거하고, 각 수집 방법의 개념을 설명하시오.

4.7 소프트웨어 사용사례(use-case)의 개념을 설명하시오. 실제 사용사례의 사례를 예를 들어 보시오.

4.8 사용자 스토리 분석에 의한 요구사항분석 방법의 개념을 설명하시오.

4.9 시스템 제안서란 무엇인가? 그 개념을 설명하시오. 그리고 시스템 제안서에 포함해야 하는 주요 항목을 열거하고 각 항목에서 기술해야 하는 내용을 설명하시오.

연습문제

4.10 다음 중 요구사항(requirements)의 정의로서 **가장 옳지 않은** 것은?

① IEEE 표준 729에 따르면, 요구사항은 사용자가 문제를 해결하거나 목표 달성에 필요한 기능, 조건, 역량 등을 기술하는 문서'이다.

② 계약, 표준, 사양 또는 기타 공식적으로 부과된 문서를 충족하기 위해 시스템 또는 시스템 구성 요소가 충족하거나 보유해야 하는 조건 또는 기능이다.

③ 요구사항은 사용자 관점에서 '명백하거나 숨겨진 것, 알려지거나 알려지지 않은 것, 기대되거나 기대되지 않는 것'을 포함한다.

④ 소프트웨어 요구사항에는 기능적 요구사항, 비기능적 요구사항, 도메인 요구사항 등이 포함된다.

⑤ 해당 사항 없음

4.11 다음 〈보기〉 중 기능적 요구사항에 해당하는 것만 **모두** 선택하면?

보기		
㉠ 시스템에서 수행해야 하는 기능	㉡ 문제 해결에 필요한 계산식	㉢ 보안성 요구사항
㉣ 사용성 요구사항	㉤ 사용자와의 상호작용 내용	㉥ 작업 처리 흐름도

① ㉠ – ㉡ – ㉢ – ㉣
② ㉠ – ㉡ – ㉤ – ㉥
③ ㉢ – ㉣ – ㉤ – ㉥
④ ㉢ – ㉣ – ㉤
⑤ ㉣ – ㉤ – ㉥

4.12 다음 〈보기〉 중 비기능적 요구사항에 속하지 않는 것을 **모두** 선택하면?

보기		
㉠ 성능 요구사항	㉡ 신뢰성 요구사항	㉢ 보안성 요구사항
㉣ 사용성 요구사항	㉤ 기능성 요구사항	㉥ 도메인 요구사항

정답 4.10 ⑤ 4.11 ② 4.12 ③

연습문제

① ㉠ - ㉡ - ㉢ - ㉣
② ㉠ - ㉡ - ㉢ - ㉤
③ ㉤ - ㉥
④ ㉣ - ㉤ - ㉥
⑤ ㉢ - ㉣ - ㉤ - ㉥

4.13 다음 중 비기능적 요구사항에 속하지 않는 것은?

① 기능적 요구사항
② 안정성 요구사항
③ 신뢰성 요구사항
④ 사용성 요구사항
⑤ 확장성 요구사항

4.14 다음 〈보기〉 중 요구사항 엔지니어링 프로세스로서 **옳게** 짝지어진 것은?

보기

㉠ 요구사항 도출(분석)과 타당성 분석　㉡ 요구사항 명세　㉢ 요구사항 검증　㉣ 요구사항 정제

① ㉡ - ㉠ - ㉢ - ㉣
② ㉡ - ㉠ - ㉣ - ㉢
③ ㉠ - ㉡ - ㉢ - ㉣
④ ㉠ - ㉣ - ㉡ - ㉢
⑤ 해당 사항 없음

4.15 다음 중 요구사항명세서에 포함되어야 하는 항목으로 **가장 옳지 않은** 것은?

① 개발 목표와 세부 개발 내용, 작업분해도
② 기능적 요구사항, 비기능적 요구사항, 도메인 요구사항
③ 사용사례 다이어그램과 사용사례 명세
④ 클래스 다이어그램과 데이터베이스 스키마 테이블 명세
⑤ 사용자 인터페이스 설계와 메소드 알고리즘 설계

정답　4.13 ①　4.14 ④　4.15 ⑤

연습문제

4.16 Joint Application Development(JAD) 방법에 의한 요구사항분석 방식에 대한 설명으로 옳지 않은 것은?

① 이 방법은 최종사용자, 프로젝트 관리자, 개발자가 동시에 연합으로 참여하여 요구사항을 정의하고 완성하며, 프로세스 지향적인 방식이다.

② JAD 기법은 공식적인 워크샵, 비즈니스 프로세스 개선 워크샵 등을 통해 업무 요구사항을 정의하고 만들고 구체화하고 완성하는 방식이다.

③ 장기간에 걸쳐 대규모 그룹의 요구사항을 수집하고 모든 이해관계자가 참석한 가운데 주요 문제점과 질문을 통한 합의 도출에 유용한 방법이다.

④ 장점은 몇 시간 내에 요구사항 문서가 완성되고 참가자에게 검토를 위해 신속히 제공되며, 현장에서 바로 요구사항을 확인받을 수 있다.

⑤ 단점은 이해관계자의 부재로 인해 세션이 실패할 수 있고 진행자의 전문성 정도에 따라 워크샵 성공률이 달라질 수 있다. 또한 참가자가 너무 많으면 워크샵의 목적을 달성하지 못할 수 있다.

4.17 브레인스토밍을 통한 요구사항분석 방법에 대한 설명으로 옳지 않은 것은?

① 브레인스토밍 방법은 정 문제 해결을 위해 새로운 창의적인 아이디어를 도출하고 새로운 해법을 찾는 데 사용되는 좋은 그룹 토의 방식이다.

② 토의 주제는 모든 참가자에게 명확하게 해야 한다. 참가자가 아이디어를 토의할 때 상대방의 비슷하거나 조금 다른 의견이 있으면 상대방을 조금씩 비평하고 자기 의견을 주장한다.

③ 브레인스토밍에 참여하는 구성원은 도메인 전문가와 주제 전문가를 포함하여 6~8명의 그룹으로 구성한다.

④ 회의 진행 순서는 "주제 정의-아이디어 공유와 기록하기 반복하기-아이디어 토의 및 중복 아이디어 제거"의 순서로 진행한다.

⑤ 회의를 진행하기 전에 세션의 시간제한을 미리 정의해야 한다.

정답 4.16 ③ 4.17 ②

연습문제

4.18 소프트웨어 개발사업의 프로젝트 진행 순서로 **가장 옳은** 것은?

보기

㉠ 요구사항 정의	㉡ 요구사항분석(기초설계)	㉢ 상세설계
㉣ 코딩 및 단위테스트	㉤ 통합테스트	㉥ 시스템테스트
㉦ 인수테스트	㉧ 운영	㉨ 유지보수

	1 단계	2 단계	3 단계
①	㉠-㉡	㉢-㉣-㉤-㉥	㉧-㉨
②	㉠-㉡-㉢	㉣-㉤-㉥	㉧-㉨
③	㉠	㉡-㉢-㉣-㉤-㉥	㉧-㉨
④	㉠	㉡-㉢-㉣-㉤-㉥-㉧	㉨
⑤	해당 사항 없음		

정답 4.18 ①

PART 3

객체지향 분석 - 기초 설계

CHAPTER 5 소프트웨어 설계 원리

CHAPTER 6 객체지향 분석-기초설계

CHAPTER 5

소프트웨어 설계 원리

5.1 분할-정복 접근 방식
5.2 모듈화
5.3 추상화
5.4 단계적 정제
5.5 정보은닉
5.6 모듈의 응집력 높이기
5.7 모듈 간의 커플링 낮추기
5.8 그 밖의 소프트웨어 설계 원리
5.9 소프트웨어 시스템 구축의 접근 방법
■ 연습문제

학습목표

이 장은 소프트웨어 설계 과정에서 자주 사용되는 설계 원리로서 복잡한 문제를 잘게 쪼개어 해결하는 분해-정복(Divide-And-Conquer) 접근 방식, 모듈화, 추상화, 모듈의 응집력 높이기, 모듈 간의 커플링 낮추기, 정보은닉 방법을 소개한다. 또한 그 밖의 소프트웨어 설계 원리인 소프트웨어 아키텍처 설계, 설계 패턴 활용, 리팩토링 등의 개념을 소개한다. 그 세부적인 학습 목표는 다음과 같다.

- 문제 해결에 사용되는 주요 소프트웨어 설계 원리를 이해하고, 그 개념을 설명할 수 있다.
- 문제의 분할-정복 접근 방법의 개념과 진행 절차를 이해하고, 그 개념을 문제 해결에 적용할 수 있다.
- 모듈화에 의한 문제 해결 방법의 개념을 이해하고, 그 개념을 예를 들어 설명할 수 있다.
- 단계적 정제에 의한 문제 해결 방법의 개념을 이해하고, 그 개념을 예를 들어 설명할 수 있다.
- 정보은닉의 개념을 이해하고, 컴퓨터 프로그래밍 언어에서 어떻게 실현되는지를 설명할 수 있다.
- 분할-정복 접근 방법과 모듈화를 통한 문제 해결 방법에서 얻어지는 주요 장점(이점)을 설명할 수 있다.
- 미술학과 컴퓨터과학에서 의미하는 추상화 개념을 이해하고, 그 개념을 예를 들어 설명할 수 있다.
- 정보시스템 개발에서 운영 데이터, 비-운영 데이터, 추상화 대상 등의 개념을 이해하고 그 개념을 예를 들어 설명할 수 있다.
- 모듈의 응집력과 커플링의 관계를 이해하고, 그 관계를 비교하여 설명할 수 있다.
- 모듈의 응집력(Cohesion)의 개념을 이해하고, 모듈의 응집력 유형을 예를 들어 설명할 수 있다.
- 모듈 간의 커플링(Coupling)의 개념을 이해하고, 모듈 간의 커플링 유형을 예를 들어 설명할 수 있다.
- 모듈의 응집력을 높이는 방법과 모듈 간의 커플링 낮추는 방법을 각각 설명할 수 있다.
- 소프트웨어 구성에서 리팩토링의 개념을 이해하고 설명할 수 있다.

이 장에서는 소프트웨어 설계에 적용하는 주요 원리를 소개한다. 전통적인 소프트웨어 설계 원리에는 문제의 분할-정복 접근 방식, 모듈화, 추상화, 단계적 분해(정제), 정보은닉 등의 방법이 있다. 또한 최근에는 모듈의 응집력(Cohesion) 높이기, 커플링(Coupling) 줄이기 등의 방법도 소개한다. **대표적인 소프트웨어 설계 원리**는 다음과 같다.

- 분할-정복 접근 방식(Divide and conquer)
- 모듈화(Modularity)
- 추상화(Abstraction)
- 단계적 분해(stepwise refinement)
- 정보은닉(Information hiding)
- 리팩터링(refactoring)

다음은 주요 소프트웨어 설계 원리에 대해 상세히 알아본다.

5.1 분할-정복 접근 방식

소프트웨어 설계를 포함한 모든 문제 해결의 핵심 원칙 중 하나는 큰 문제를 잘게 쪼개어 접근하는 문제의 분할과 정복(Divide-and-Conquer) 방식이 있으며, 이 방법은 종종 문제의 최적 해결책(optimal solution)을 찾는 데 사용된다. 기본 개념은 **"복잡한 문제는 해결하기 어렵다."**는 원리를 기반으로 주어진 문제를 분해할 수 있을 때까지 더 작은 문제로 나누고, 이 작은 문제를 해결하면서 장기적으로 더 큰 문제를 해결해 가는 접근 방식이다. 이 방식은 <그림 5.1>과 같이 기본적으로 주어진 문제를 더 이상 나눌 수 없을 때까지 반복적으로 여러 개의 작은 문제로 분해하고, 이 작은 문제를 먼저 해결하고 이의 결과를 병합하여 최종문제 해결책을 찾아가는 방식이다. 단, 충분히 간단한 문제는 직접 해결한다.

분할-정복 설계 기법의 일반적인 진행 절차는 다음과 같다.

- 분해(Divide): 주어진 문제를 더 이상 나눌 수 없을 때까지 여러 개의 작은 문제로 분해한다. 즉 문제를 직접 해결할 수 있을 정도로 단순해질 때까지 문제를 두 개 이상의 하위 문제로 재귀적으로 분해한다.

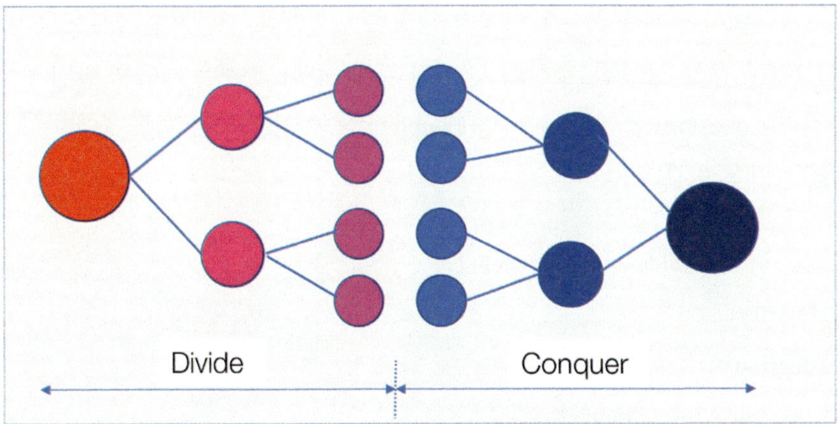

〈그림 5.1〉 분해-정복 설계 방식의 기본 원리

- 정복(Conquer): 분해된 작은 문제는 재귀의 도움으로 개별적으로 해결한다.
- 결합(Combine): 개별적으로 해결된 모든 하위 문제를 병합 또는 결합하여 원래 문제의 최종 해결책을 얻는다. 즉 하위 문제에 대한 솔루션을 반복적으로 결합하여 원래 문제에 대한 해답을 얻는다.

분할-정복 설계 원리를 적용한 **병합 정렬**의 수행 과정은 <그림 5.2>와 같다. 입력 데이터는 배열 (8, 7, 2, 6, 5, 4)이다. 첫째, 입력 배열은 <그림 5.2>와 같이 2개의 작은 배열 (8, 7, 2), (6, 5, 4)로 분해된다. 둘째, 배열 (8, 7, 2)는 다시 (8, 7), (2)의 더 작은 배열로 분해되고, 배열 (6, 5, 4)는 (6, 5), (4)의 더 작은 배열로 분해된다. 셋째, 배열 (8, 7)은 더 작은 배열 (8), (7)로 분해되고, 배열 (2)는 1개이므로 그대로 남는다. 또한 배열 (6, 5)는 더 작은 배열 (6), (5)로 분해되고, 배열 (4)는 1개이므로 그대로 남는다. 여기까지는 주어진 문제 배열을 해결할 수 크기로 문제를 쪼개는 **분해(divide) 단계**이다. 지금부터 이제는 분해된 문제를 하나씩 정렬하고 병합하면서 문제를 해결한다. 넷째, 배열 (8), (7)은 병합되면서 (7, 8)로 정렬되고, 배열 (2)는 1개이므로 그대로 남는다. 또한 배열 (6), (5)는 합병되면서 (5, 6)으로 정렬되고, 배열 (4)는 1개이므로 그대로 남는다. 다섯째, 배열 (7, 8)과 (2)는 병합되면서 (2, 7, 8)로 정렬된다. 또한 배열 (5, 6)과 (4)는 병합되면서 (4, 5, 6)으로 정렬된다. 여섯째, 배열 (2, 7, 8)과 (4, 5, 6)은 병합되면서 (2, 4, 5, 6, 7, 8)로 정렬되며, 최종적인 해답을 얻는다. 이 과정은 분해된 문제를 하나씩 정렬하면서 병합하며, 원하는 해답을 얻는 과정으로 **정복(Conquer) 단계**이다.

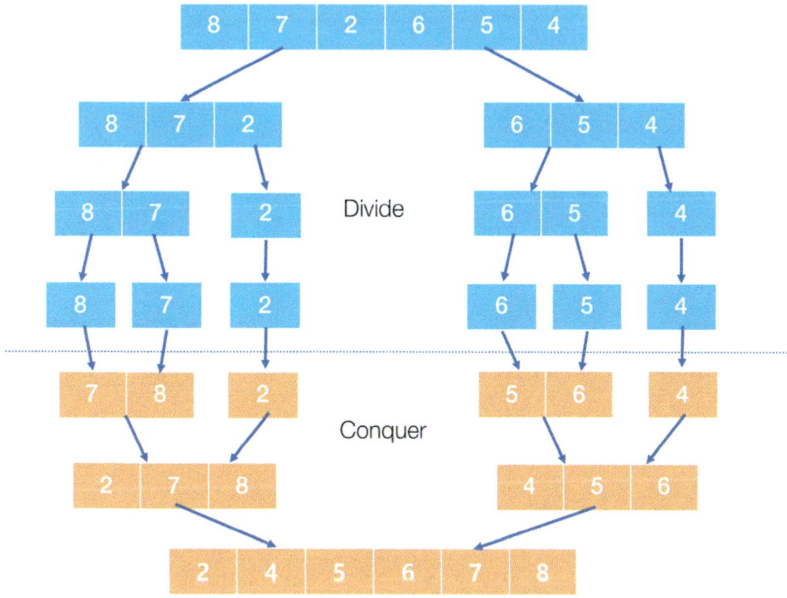

〈그림 5.2〉 분할-정복 원리에 의한 병합 정렬 알고리즘의 수행과정

5.2 모듈화

모듈화(Modularity)는 주어진 문제를 표준화된 인터페이스를 갖는 여러 개의 독립적인 하위 문제(모듈)로 나누고, 이러한 재사용 가능한 모듈을 결합하여 전체 문제를 해결하는 방식이다. **모듈화**란 소프트웨어 시스템을 여러 개의 독립된 모듈로 나누어 각 모듈이 독립적으로 작동하도록 하는 프로세스로서 한 가지 기능을 갖는 모듈을 한 번만 구현하고 다시 재사용하는 방식이다. 이것은 하드웨어 개발에서 주요 기능을 모듈화하고 이러한 모듈의 조합으로 전체 시스템을 완성하는 방식과 유사하다. 이 방법은 복잡한 문제(프로젝트 or 시스템)를 더 작은 구성 요소로 나누면 문제를 이해하고 관리하는 데 효과적이며, 필요에 따라 모듈을 독립적으로 생성하여 조립하거나 재사용할 수 있으므로 문제의 확장성도 좋아지는 효과가 있다. 이러한 모듈화 개념은 문제의 복잡성을 줄이는 데 결정적인 역할을 한다.

결과적으로 모듈화는 <그림 5.3>과 같이 해결하려는 문제를 여러 개의 독립 모듈로 나누어 각 모듈이 별도로 개발되는 프로세스의 접근 방식이다. <그림 5.3>에서 주어진 문제 A는 3개의 하위 모듈로 분해되고, 각 하위 모듈은 하나의 함수(function) 또는 메소드 형태로 해결하는 방식이다. 분할된 모듈은 별도로 해결 가능하고 수정 가능하며, 컴파일 가능하다면 효과적인 모듈형 설계를 달성할 수 있다. 여기서 별도의 컴파일 가능한 모듈은 모듈을 변경한 후 전체 소프트웨어 시스템을 다시 컴파일할 필요가 없음을 의미한다. 여기서 효과적인 모듈식 설계로 소프트웨어를 구축하려면 각 모듈은 **'기능적 독립성'** 이라는 요소가 작용해야 한다. **기능적 독립성**이란 모듈의 기능이 본질적으로 원자성을 띠며 다른 모듈과의 상호 작용 없이 또는 최소한의 상호 작용만으로 소프트웨어의 단일 작업만을 수행한다는 것이다. 따라서 기능적 독립성은 모듈화의 기초가 된다. 즉, 더 큰 기능적 독립성이 존재하면 좋은 설계의 소프트웨어 시스템이 탄생하고 설계는 소프트웨어 품질에 더욱 영향을 미치게 된다.

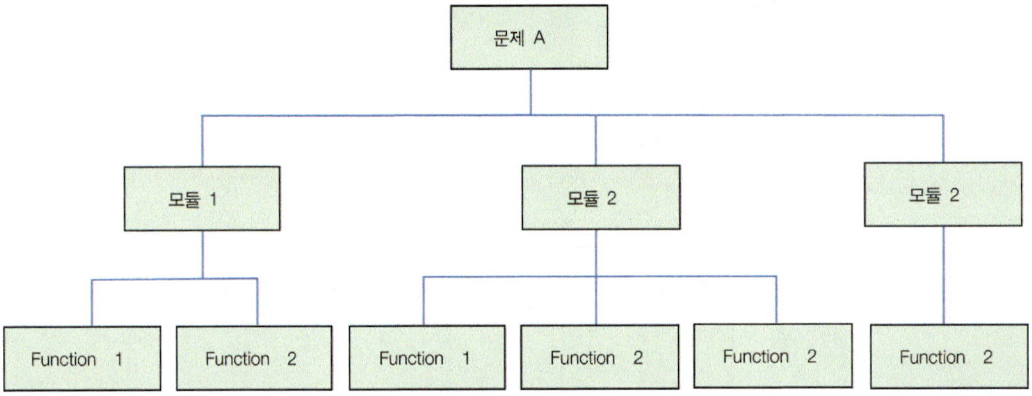

〈그림 5.3〉 모듈화에 의한 문제 해결 방식

소프트웨어에서 모듈이라는 용어는 **'컴포넌트'**라는 용어와 마찬가지로 매우 다양하게 정의된다. 다양하게 정의되어 사용되지만 몇 가지 공통점이 있다. 이러한 정의 중 몇 가지 공통점을 살펴보면 다음과 같다.

- **모듈(Module)**은 다른 시스템에서 재사용할 수 있도록 독립적으로 생성 및 유지 관리할 수 있는 코드 조각이다.
- **모듈식 프로그래밍(Modular Programming)**은 프로그램의 기능을 독립적이고 상호 교환 가능한 모듈로 분리하는 것을 강조하는 소프트웨어 설계 기법이다.라고 정의한다[위키피디아].

모듈화는 복잡한 시스템을 '모듈'이라고 하는 여러 구성 요소로 나누는 메커니즘이다. 소프트웨어 모듈은 모듈 시스템 내부적으로 다른 모듈에 인터페이스를 노출할 뿐만 아니라 외부적으로도 다른 시스템을 향해 인터페이스를 노출한다. 외부에 노출된 인터페이스는 모듈 시스템의 외부 API(애플리케이션 프로그램 인터페이스)에 속한다. API를 변경하면 다른 애플리케이션에 영향을 미치므로 신중하게 설계해야 한다. 예로, 공개적으로 사용하는 모듈의 인터페이스를 변경하면, 모든 사용자들은 동시에 많은 앱이나 프로그램을 중단해야 하고, 많은 불편을 초래한다. 따라서 안정적인 모듈형 소프트웨어 시스템을 구축하려면 내부에서 사용할 모듈 간의 인터페이스에 대해서도 신중한 설계와 거버넌스를 구현해야 한다. 특히 소프트웨어 모듈화는 모듈화된 시스템 내부에서 다른 모듈, 즉 외부의 다른 시스템에 대해 단지 인터페이스만을 노출한다. 예로, 새로운 소프트웨어를 개발할 때 해결하려는 문제를 여러 개의 모듈로 나누고 이 하위 모듈은 문제를 해결할 수 있을 때까지 반복적으로 나누며, 가장 작은 모듈부터 문제를 해결하여 거꾸로 병합하면서 원하는 문제를 해결한다. 예로, 이렇게 개발된 모듈은 고객이 소프트웨어 개발을 요청할 때마다 이 모듈을 재사용하거나 통합하여 새로운 소프트웨어 개발을 위해 사용될 수 있다. 이러한 방식으로 필요한 모듈을 선택하고 통합하여 새로운 소프트웨어를 개발할 수 있으며, 사용자의 필요에 따라 소프트웨어를 새롭게 구성할 수 있다.

또한 소프트웨어 모듈은 모듈화 시스템에서 한 조각에 해당한다. 코드 측면에서의 분해는 모듈이 구조적 단위인 코드를 구성하는 것이다. 기능 분리란 논리적 기능을 논리적 소프트웨어 모듈로 구성하는 것이다. 이 조직은 시스템의 아키텍처를 지정하고 문서화할 때 유용하다. 논리적 모듈은 코드 모듈 또는 패키지와 같은 다른 구조 단위로 구현될 수 있다. UML(통합 모델링 언어)에서 모듈식 시스템은 UML 컴포넌트 다이어그램으로 설명할 수 있다.

다른 예로, 우리가 사용하는 자동화 제작을 생각해 보자. 자동차는 <그림 5.4>와 같이 크게 엔진 계열 부품, 실내 부품, 실외 부품, 전자제어장치, 정보제공 시스템 등의 부품으로 구성되어 있으며, 약 20,000여 개의 부품으로 조립된다. 세분하면, 엔진 계열 부품에는 피스톤, 실린더 블록, 헤드 가스켓, 에어클리너, 오일필터, 오일펌프, 밸브 기구 등으로 구성된다. 실내 부품에는 선바이저, 운전대, 에어컨, 계기판, 에어백, 브레이크, 가속 페달 등의 많은 부품으로 구성된다. 실외 부품에는 도어, 자동화 문손잡이, 안테나 등이 있다(이하 내용은 생략). 여기서 중요한 점은 자동차를 구성하는 부품이 바로 '모듈'과 같은

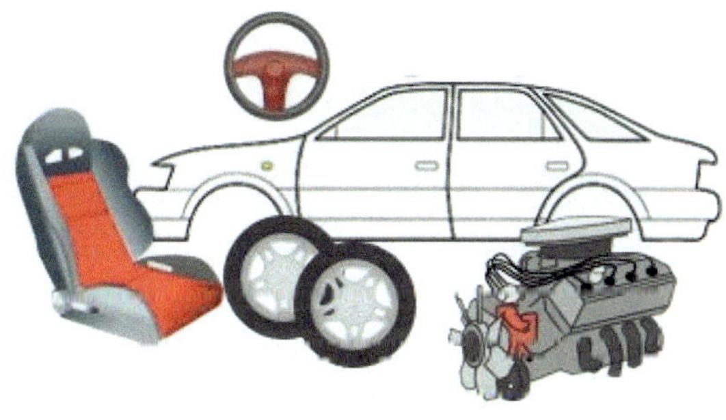

〈그림 5.4〉 자동화의 주요 구성 요소: 엔진 계열 부품; 실내 부품; 실외 부품; 전자제어장치; 정보제공 시스템 등의 모듈로 구성

의미이다. 이와 같이 어떤 문제는 자동차 부품처럼 제조하거나 생산할 수 있는 부품의 모듈로 나눠지고, 분해된 하위 모듈은 하나씩 가공되고 이를 결합하여 자동차 완성체가 제작되는 것과 같이 문제를 해결하는 것이다. 따라서 복잡한 문제는 반복적으로 작은 단위의 하위 모듈로 나누고, 해결할 수 있는 하위 모듈은 하나씩 문제를 해결하고 거꾸로 이를 결합하여 본래의 문제 해결을 이루는 방식이 모듈화의 설계 원리이다.

소프트웨어 **모듈**이 갖는 의미는 다음과 같이 해석된다.

- 소프트웨어 모듈은 다른 모듈과 독립적이다. 이것은 가능한 다른 모듈과 독립성을 띠도록 해야 한다는 것을 의미한다. 소프트웨어 모듈은 다른 모듈에 미치는 영향을 최소화하거나 전혀 주지 않으면서 모듈을 개발하고 유지 관리할 수 있다는 점에서 다른 모듈과 독립적이다. 그렇다고 해서 프로그램을 실행할 때 한 모듈이 다른 모듈에 종속되지 않는다는 의미는 아니다. 이러한 자율성은 생산성을 높이는 데 도움이 되기 때문에 소프트웨어 모듈의 중요한 측면이다. 독립 모듈을 사용하면 엔지니어링 팀이 코드를 작성하고, 유지보수하고, 테스트할 때 서로 독립적으로 작업할 수 있다는 것이다.
- 소프트웨어 모듈은 재사용 및 상호 교환이 가능해야 한다. 한 모듈은 다른 시스템에서 재사용할 수 있으며 시스템 내에서도 상호 교환이 가능해야 한다. 다른 시스템이나 제품에서 수정 없이 모듈을 재사용하면 매우 유용하며 시장 출시 시간을 단축하는 데 도움이 된다. 상호 교환이 가능하다는 것은 시스템의 나머지 부분에 영향을 주지 않고 모듈을 교체할 수 있는 '부품'과 같다는 뜻이다. 이러한 유연성은 새로운 기능이나 버그 수정으로 인해 시스템을 업그레이드할 때 필수적이다. 변경 사항을 하나 또는 몇 개의 모듈로 제한할 수 있다면 변경사항을 테스트하고 구현하는 데 필요한 시간이 줄어든다. 시스템의 영향을 받는 부분을 더 자주, 더 작게 릴리스하면 민첩성을 높일 수 있다. 또한 릴리스 횟수가 적다는 것은 새로운 기능을 릴리스할 때 위험을 덜 감수한다는 의미이다.
- 소프트웨어 모듈은 시스템에서 코드의 한 부분(piece)이자 기능이다. 한 모듈은 모듈화 시스템에서 한 조작이다. 코드 측면에서의 분해는 모듈이 구조적 단위인 코드를 구성하는 것이다. 기능 분리란 논리적 기능을 논리적 소프트웨어 모듈로 구성하는 것이다. 이 조직은 시스템의 아키텍처를 지정하고 문서화할 때 유용하다. 논리적 모듈은 코드 모듈 또는 패키지와 같은 다른 구조 단위로 구현될 수 있다.

소프트웨어 모듈화의 기본 원칙은 다음과 같다.

- 모듈화는 시스템이 갖춰야 할 특성이다. 모듈화가 잘 된 시스템은 시스템의 일부를 변경할 때 다른

부분에 영향을 적게 주기 때문이다.

- 한 시스템은 응집력은 높고 느슨하게 결합 된 모듈들로 구성한다. 즉 시스템은 서로 다른 구성 요소(모듈)들로 구성되고 함께 연결하여 정의된 고유기능을 수행한다.
- **모듈화 프로그래밍(Modular Programming)**은 전체 프로그램의 기능을 독립적이고 상호 교환 가능한 모듈로 분리하여 각 모듈이 원하는 기능만을 실행하고, 전체 시스템은 필요한 모든 모듈을 포함되도록 강조하는 소프트웨어 설계 기법이다. 모듈화 프로그래밍은 구조적(절차적) 프로그래밍 및 객체지향 프로그래밍과 밀접한 관련이 있으며, 모두 작은 조각으로 분해하여 대규모 소프트웨어 프로그램과 시스템을 쉽게 구축한다는 동일한 목표를 가지며 1960년대 경에 시작되었다.

소프트웨어공학에서 모듈화는 다음과 같은 이점을 제공한다.

- 시스템을 이해하기 쉽다
- 시스템의 유지관리가 용이하다.
- 모듈은 요구사항에 따라 여러 번 재사용될 수 있고, 개발된 모듈은 반복하여 다시 작성할 필요가 없다.

5.3 추상화

추상화(abstraction)는 본래 미술학에서 많이 사용되는 용어로 '어떤 대상이나 사물을 기본적인 점, 선, 면, 색과 같은 순수한 조형 요소로 목표를 표현하는 미술의 한 기법'으로 정의된다. 따라서 추상화는 사실적이고 구체적인 형상을 표현하지 않는다. 즉 사물의 추상화란 표현하고자 하는 대상이나 객체의 일부 속성들을 통해 원하는 정보를 표현하는 방법이다.

컴퓨터과학에서 **추상화(abstraction)**란 어떤 사물을 프로그래밍 언어로 표현하기 위해 간략하고 단순하게 핵심 사항만을 표현하는 방법이다. 즉 컴퓨터과학에서 추상화는 복잡한 자료, 모듈, 시스템으로부터 핵심적인 개념 또는 기능을 간추려 표현하는 방법이다. 따라서 추상화는 어떤 복잡한 것들을 단순화하여 표현하는 방법이다. 추상화는 이처럼 구체적인 사물 간의 공통점을 취하고 차이점을 버리는 일반화를 사용하거나, 중요한 부분을 강조하기 위해 불필요한 세부 사항을 제거함으로써 단순하게 만든다. 결과적으로 추상화는 복잡한 문제를 해결하기 위한 강력한 도구이다.

일반적으로 컴퓨터학에서 추상화 개념은 다음과 같이 설명된다.

- 컴퓨터 시스템에서 추상화를 통해 데이터 사용이 가능하며, 목적에 따라 나머지 정보들은 삭제, 은닉하거나 추상화할 수 있다.
- 추상화는 컴퓨터 시스템에서 데이터를 사용하는 수단을 제공한다.
- 추상화는 표현하고자 하는 대상이나 사물에서 눈에 띄는 중요한 것을 찾아 표현하는 것으로 유사어로는 일반화, 공식화, 모델화 등이 있다.
- 추상화는 일반적인 사항을 다루는 것이고 구체성이 없는 것이다(Oxford Languages).
- 추상화를 수행하면 일반적인 적용이 가능하여 효율적이다.

예로, 대학교의 학사관리 업무를 위한 종합정보시스템 개발을 예를 들어보자. 대학교 학사관리 업무관리 종합정보시스템 개발은 '대학'이라는 현실 세계에서 학사관리 업무에 필요한 **사물(facts)**이나 **객체(objects)**를 식별하여 이들 간의 관계 표현에 의한 주요 정보를 저장, 관리하는 것에서 시작된다. 여기서 '대학이라는 현실 세계로부터 학사관리 업무에 필요한 사물이나 객체를 식별하고, 이들 간의 관계 표현에 의한 주요 정보를 표현하는 과정'에서 추상화 개념이 필요하다. 하지만 <그림 5.4a>의 사진 영상과 같이, '대학' 캠퍼스에는 여러 가지 사물이나 논리적인 사실들이 존재한다. 또한 우리는 <그림 5.4a>의 사진 영상으로부터 중요한 사실만을 식별하여 <그림 5.4b>와 같이 사실을 요약하여 추상화할 수 있다. 사진 영상에는 도로, 건물, 나무, 자동차, 도로 주변의 시설물 등이 있으나, 캠퍼스에는 실제 학생, 교수, 강사, 컴퓨터, 프린터, 실험 자재 등도 분포되어 있다. 또한 대학 캠퍼스 내의 땅바닥에는 많은 모래, 자갈, 먼지, 낙엽 등이 있고, 심지어 지하에는 통신선, 전기선, 수도관 등의 물리적인 시설물이 묻혀 있다. 이외도 대학에는 사람 눈에 보이지 않지만, 학생들의 중간고사 및 기말고사의 성적과 등급, 리포트, 연구논문, 다양한 연구보고서 등의 논리적인 사실들이 존재한다.

이렇게 실세계에 존재하는 많은 사물이나 사실을 분류하면 다음과 같다.

- 도로, 건물, 나무, 도로 주변의 시설물, 통신선, 전기선, 수도관 → 시설물 데이터
- 자동차 → 차량 데이터
- 학생, 교수, 강사, 학생들의 중간고사 및 기말고사 성적과 등급 → 학사관리 데이터
- 연구 논문, 다양한 연구보고서 → 연구실적 데이터
- 컴퓨터, 프린터, 실험 자재 → 기자재 데이터
- 모래, 자갈, 먼지, 낙엽 → 환경 데이터

(a)

(b)

〈그림 5.4〉 추상화의 예제: (a) 하늘에서 촬영한 사진 영상; (b) 왼쪽 영상을 요약하여 추상화한 영상

여기서 중요한 것은 대학교 학사관리 업무를 위한 정보시스템 개발을 위해 먼저 대학 캠퍼스 업무 관리에 필수적인 데이터를 식별하여 이를 추상화하는 과정이 필요하다. 이 시점에서 추상화 개념을 설명하기 전에 '데이터'라는 용어의 개념을 알아보자. 사전에서 **'데이터(data)'**란 문자, 숫자, 소리, 그림(영상), 비디오, 텍스트 등의 형태로 표현되는 **사실(또는 값)**이다.

즉 데이터는 '현실 세계에서 관측되는 사물을 표현하는 문자, 숫자, 소리, 그림(영상), 비디오, 텍스트 형태의 값(value)'이다. 데이터 종류에는 사실을 표현하는 특성에 따라 양적 데이터와 질적 데이터로 구분된다.

- 정량적 데이터(quantitative data): 현실 세계의 어떤 사실에 대한 물리적 수치로 측정되는 값(value)을 의미한다. 다른 말로 '수치 데이터(numerical data)'를 말한다. 예로, 온도, 습도, 가격, 주가지수, 매출액, 실업률과 같이 '현실 세계로부터 직접 측정될 수 있는 물리적인 값'을 의미한다.
- 정성적 데이터(qualitativc data): 수치 형대로 표현되지만 어떤 사실에 대한 논리적인 값을 의미한다. 다른 말로 표현하면, '분류 데이터 또는 범주형 데이터(categorical data)'라고 부른다. 예로, 성별, 혈액형, 계급, 순위, 종교 분류, 성적의 등급(A~F), 아름다운 미모(예쁘다, 보통이다, 밉다) 등의 명목형 데이터와 순서형 데이터가 있다. 실제 예쁜 미모의 경우, '예쁘다, 보통이나, 밉다'는 비록 예쁜 정도를 수치로 표현될 수 있으나, 물리적인 값이 아니라 상대적인 미모의 정도를 나타내는 정성적 데이터이다.

정보시스템 개발에서 또 한 가지 중요한 용어는 현실 세계로부터 관찰되는 데이터를 추상화하는데, 이렇게 현실 세계에서 관찰되는 모든 데이터를 정보시스템에 저장하여 관리하지 않는다는 것이다. 그럼, 어떻게 현실 세계로부터 '어떤 데이터는 버리고, 어떤 데이터는 저장하여 관리해야 할까?'가 고민된다. 분명한 것은 필요 없는 데이터는 버리고, 업무 수행에 필요한 데이터만을 식별하여 저장하여 관리한다. 우리는 이때 중요한 데이터로 식별되는 데이터, 즉 업무 관리에 필요한 데이터를 식별하여 관리하는데, 이렇게 어떤 조직을 관리하는 데 반드시 필요한 데이터를 '**운영 데이터(Operational Data)**'라고 한다. 즉 운영 데이터란 어떤 조직을 운영하고 관리하고 반드시 필요한 데이터 집합을 말한다. 운영 데이터는 다음과 같이 정의된다. 추상화 과정에서 어떤 조직 관리에 필요한 운영 데이터 또는 어떤 문제 해결에 필요한 데이터 집합을 식별하고 이를 추상화하여 데이터를 표현하는 과정이 필요하다. 이와 같이 어떤 문제 해결에 필요한 데이터 집합을 '**추상화 대상**'이라 한다.

예로, 우리 주변에서 어떤 조직을 운영하고 관리하는데 필요한 운영 데이터를 식별하면 다음과 같다.

- 운영 데이터의 식별: 대학 캠퍼스 영상으로부터 여러 가지 데이터를 식별할 수 있지만, 학사관리 종합정보시스템 개발에 필요한 운영 데이터 집합은 '학생, 교수, 강사, 학생들의 중간고사 및 기말고사 성적과 등급' 등을 선택할 수 있고, 그 밖의 모든 데이터는 **비운영 데이터(non-operational data)**로 취급된다. 여기서 비-운영 데이터란 한마디로 학사관리 종합정보시스템 개발에 필요 없는 데이터를 의미한다. 이런 비-운영 데이터는 완전히 무시될 수 있다.
- 한편 시설물관리시스템 개발의 경우, '도로, 건물, 나무, 도로 주변의 시설물, 통신선, 전기선, 수도관 등'이 운영 데이터가 되고 그 밖의 데이터는 모두 비-운영 데이터로 취급된다. 따라서 **운영 데이터-비운영 데이터의 구별**은 시스템의 목적에 따라 상대적으로 평가되는 것이다. 추후 시스템의 개발 목적에 따라 중요한 '운영 데이터'를 식별하여 이를 '추상화'하여 컴퓨터 시스템에 데이터로 저장·관리하여 업무 관리에 활용된다는 점을 기억해야 한다.

실제 컴퓨터과학에서 말하는 **데이터 추상화** 개념은 현실 세계에 존재하는 수많은 데이터 중 어떤 조직을 운영하고 관리하는 데 필요한 운영 데이터를 추상화하여 정보시스템에서 관리할 수 있는 사물로 표현하는 데 목적을 둔다. 예로, 대학 캠퍼스에는 <그림 5.5a>와 같이 많은 학생들이 존재하며, 컴퓨터 시스템에서는 이 학생 영상을 관리하기 위해 <그림 5.5b>와 같이 **클래스로 추상화**하고 각 학생의 정보를 클래스 객체로 표현한다. 이러한 개념이 바로 컴퓨터과학에 말하는 추상화 개념이다.

```
Class Student { // 학생 클래스
  private int id;
  private String name;
  private String address;
  private String mobile;
  private String major;
};
```

(a) (b)

〈그림 5.5〉 학사관리 정보시스템을 위한 추상화의 예제: (a) 실제 '학생' 영상; (b) 추상화에 의한 '학생' 클래스의 표현

최신 소프트웨어 기술은 주로 다양한 유형의 추상화 작업을 포함한다. 이러한 일반적인 접근 방식을 객체지향 소프트웨어 개발이라 한다. 추상화 개념을 적용한다는 것은 코딩의 복잡성과 중복되는 세부 사항을 높은 수준의 추상화 뒤에 숨기고 꼭 필요한 경우가 아니면 자세히 표현하지 않는 것을 의미한다. 또한 추상화 기반 설계 개념으로 관련 없는 데이터는 줄이고 개발 속도를 높이며 프로그래밍 결과물의 전반적인 품질 개선 효과가 있다. 특히 객체지향 프로그래밍 언어에서 사물의 추상화는 거의 필수적이며, 추상화 대상은 **클래스(Class)**로 표현된다.

5.4 단계적 정제

단계적 정제(stepwise refinement)는 프로그램 사양을 작은 단계로 세분화하여 하나의 프로그램으로 만들어가는 하향식 설계 방식이다. 이 방식은 작업을 하위 작업으로 분해하고 데이터를 데이터 구조로 분해하는 일련의 설계 결정 방식이다. 소프트웨어가 높은 수준에서 시작하여 각 추상화 수준을 통해 소프트웨어를 점진적으로 개선하여 각 단계마다 더 많은 세부 사항을 제공하면서 추상화 수준을 이동하여 개발한나는 개념이다. 높은 수준에서는 소프트웨어의 설계 모델만 제공하고, 낮은 수준에서는 상세한 코드 수준이 제공되며, 가장 낮은 수준에서는 소프트웨어가 완전히 개발되는 접근 방식이다. 개선 프로세스의 초기 단계에서는 소프트웨어 엔지니어가 소프트웨어가 필요한 작업을 어떻게 수행할지 반드시 알

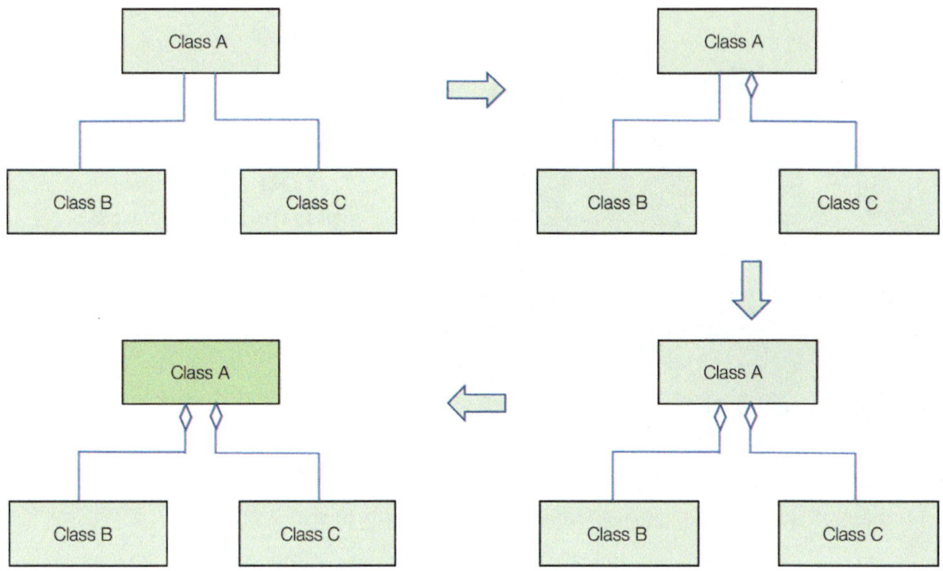

〈그림 5.6〉 단계적 정제에 의한 문제 해결 방법의 예제

수 없다. 이것은 설계과정에서 소프트웨어가 정교해짐에 따라 각 연속적인 개선 단계가 진행되면서 점차 소프트웨어 형태로 발전시키는 방식이다. 예로, <그림 5.6>은 문제 해결에 필요한 클래스 추출의 단계적 정제에 의한 접근 방식으로 단계별로 진행하면서 점차 원하는 방향으로 문제를 해결하는 예제이다.

단계적 정제 방법은 다음과 같은 절차를 통해 알고리즘을 유도해 가는 하향식 설계 방법이다.

- 초기에 영어나 한국어 등의 언어로 문제 진술을 시작한다.
- 이 문제를 더욱 일반적인 단계로 세분화한다.
- 각 단계를 더 세부적인 단계로 세분화한다.
- 매우 구체적이고 의사코드로 어느 정도 작성할 수 있는 분석 결과를 얻을 때까지 각 '단계'에서 프로세스를 계속 반복한다.
- 의사코드를 실제 코드로 번역한다.

이와 같이 단계적 정제는 추상화를 보완하는 것으로 볼 수 있다. 추상화는 낮은 수준의 세부 사항을 숨기는 것과 관련이 있으며, 낮은 수준에서 높은 수준으로 이동한다. 단계적 정제는 더 높은 수준의 세부 사항에서 더 낮은 수준으로 이동하는 개념이다. 두 개념 모두 소프트웨어 개발에 필요한 접근방법이다.

5.5 정보은닉

컴퓨터과학에서 정보은닉은 컴퓨터 프로그램에서 변경 가능성이 높은 설계 결정을 분리하여 설계 결정이 변경되는 경우 프로그램의 다른 부분이 광범위하게 수정되지 않도록 보호하는 원리이다. 이 보호에는 세부 사항이 변경될 가능성이 있는 프로그램의 나머지 부분을 구현으로부터 보호하는 안정적인 인터페이스 제공을 포함한다. 다른 말로 표현하면, 정보은닉은 프로그래밍 언어 기능이나 명시적 내보내기 정책을 사용하여 클래스 또는 소프트웨어 구성 요소의 특정 측면에 클라이언트가 접근하지 못하도록 하는 기능이다.

프로그래밍 언어에서 정보은닉은 추상화(Abstraction)에서 시작된다. 추상화를 통해 여러 가지 요구사항 중에서 공통점을 찾고, 이 공통점에서 목표한 것과 관련 없는 것들을 제거하고 이를 기반으로 공통점을 캡슐화하고, 이 캡슐화 대상에게 데이터 타입을 부여하여 정보를 숨긴다. 이를 **정보은닉(information hiding)**이라 부른다. 객체지향 시스템에서 정보은닉은 추상화 클래스를 정의하고 클래스 외부로부터의 접근을 막는 데 있다. 기본적으로 객체지향 프로그래밍은 정보은닉에서부터 시작된다. 객체지향 언어를 통해 얻고자 하는 것이 유연성(기능의 확장성, 교체, 변경)이라면 정보은닉은 그것을 가능하게 하는 추진전략이다. **정보은닉의 기본 개념**은 추상화 개념을 통해 클래스를 정의하고, 클래스 내부의 속성은 접근을 제한하고, 주로 클래스에서 제공하는 인터페이스(메소드)를 통해 클래스 내부 정보의 접근 방법을 제공하는 방법이다. 따라서 좋은 정보은닉은 클래스 추상화를 통해 얻어진다.

예로, Java 프로그램에서 다음과 같은 '학생(Student)' 클래스가 있다고 하자.

```
Class Student {
  private int id;
  private String name;
  private String address;
  private String major;
  private String mobile;

  public String getName(int id);
  public String getMobile(int id);
  public void setName(int newId, String iname);
   …
};
```

이 예제에서 클래스 'Student'는 클래스로서 외부로부터 내부 정보를 완전히 차단하여 정보를 은닉한다. 이 클래스는 외부로부터 클래스 내부 정보인 학생의 id, name, address, major, mobile 정보의 접근을 'private'로 인해 원천적인 접근이 차단되었다. 단, 클래스 내부의 차단된 정보는 'public'으로 선언된 getName(), getMobile(), setName() 등의 메소드를 통해 접근할 수 있게 정보은닉이 가능한 상태이다.

5.6 모듈의 응집력 높이기

소프트웨어 개발 생명주기에서 소프트웨어 설계 목적은 요구사항명세에서 제시된 문제의 해결책을 생산하는 것으로 소프트웨어 설계 명세서를 산출하는 것이다. 이때 모듈 간의 응집력과 커플링이 소프트웨어 설계 품질을 측정하는 핵심 요소이다. 모듈의 **응집력(Cohesion)**이란 서로 의미가 있는 것들을 하나의 모듈로 묶는 것을 의미한다. 응집력은 모듈 내의 구성 요소가 정의된 단일 목적을 달성하기 위해 함께 작동하는 정도를 의미한다. 모듈의 응집력이 높다는 것은 모듈의 구성 요소들이 밀접하게 연관되어 있고 단일 목적에 집중되어 있다는 것을 의미하며, 반면 모듈의 응집력이 낮다는 것은 구성 요소들이 느슨하게 연관되어 있고 여러 목적을 수행한다는 것을 의미한다. 개발 관점에서 높은 응집력은 패키지, 모

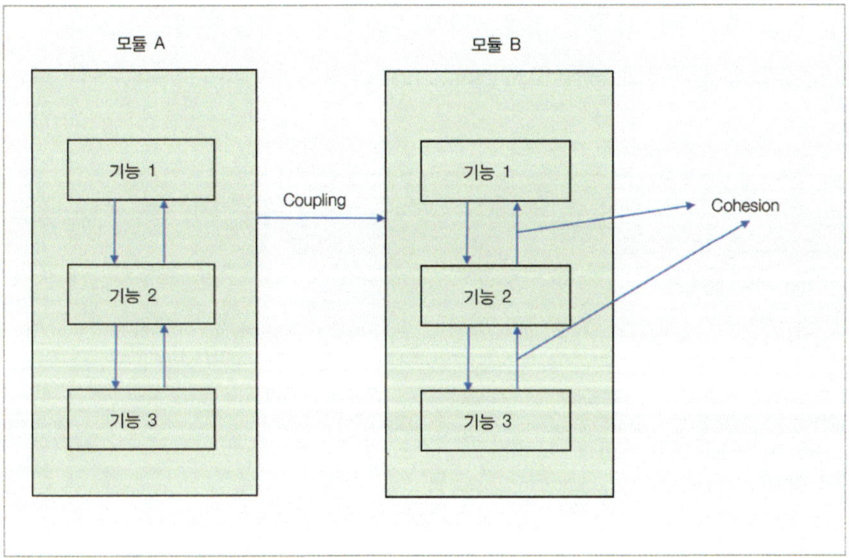

〈그림 5.7〉 모듈 간의 커플링과 응집력의 관계

듈 또는 클래스를 일관성 있게 설계하도록 한다. 예로, <그림 5.7>에서 모듈 A는 모듈 B를 호출하는데, 이 관계를 '**모듈 A와 B는 커플링(Coupling) 되었다**'라고 부른다. 또한 한 모듈은 기본적으로 하나의 기능(function)만을 수행하는 것이 원칙이나, <그림 5.7>과 같이 모듈 A는 '기능 1~3'의 세 가지 기능을 응집한 경우이다. 이때 모듈 내부에서 여러 기능이 응집되는 방식에 따라 순차적 응집력, 통신 응집력, 절차적 응집력, 시간적 응집력, 논리적 응집력이 있다고 설명한다.

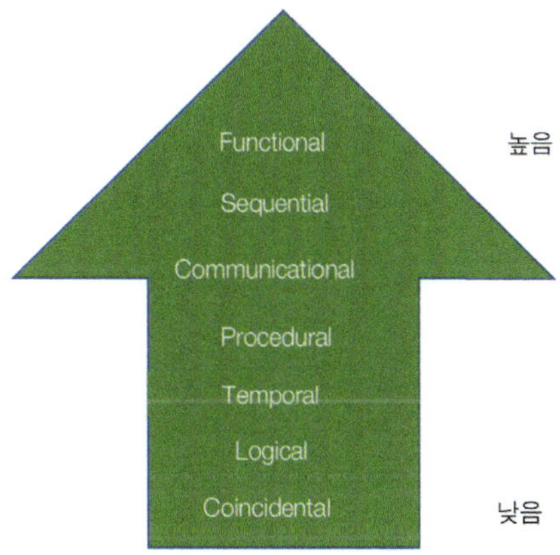

〈그림 5.8〉 응집력의 유형(Types of Cohesion)

<그림 5.7>은 모듈 간의 커플링과 응집력의 개념을 잘 설명하고 있다. 이러한 응집력은 모듈 내의 다양한 기능 간의 관계 강도를 나타내며, 응집력이 높은 것부터 낮은 것 순으로 7가지 유형이 있다. <그림 5.8>에서 기능적 응집력, 순차적 응집력, 통신 응집력, 절차적 응집력, 시간적 응집력, 논리적 응집력, 우연적 응집력 순서로 응집력이 강하다. 즉 우연적 응집력이 모듈의 응집도가 가장 낮다.

- 기능적 응집력(functional cohesion): 한 모듈은 하나의 기능만을 수행하는 형태이다. 이것은 가장 이상적인 모듈의 구성이다.
- 순차적 응집력(sequential cohesion): 한 모듈이 다른 모듈에 입력되는 일부 데이터를 출력하는 데이터 흐름이다. 즉 부품 간의 데이터 흐름 형태이다. 이것은 프로그래밍 언어에서 함수 호출 과정에서 자연스럽게 발생하는 유형이다.
- 통신 응집력(communication cohesion): 두 개의 모듈이 같은 입력 데이터에서 동작하거나 같은 출력 데이터를 생성하는 경우, 이런 기능을 한 모듈에 구성하는 경우이다. 또는 모듈과 상호 작용하는 모든 모듈을 함께 그룹화할 때 통신 응집력이 발생한다. 이러한 응집력은 객체지향 프로그래밍 언어에서 자주 발생한다. 예로, 데이터베이스에서 한 개의 레코드를 갱신하여 저장하고, 동시에 프린터로 보내기는 경우이다. 통신 응집력은 저자에 따라 '교환적 응집력', '의사 교환형 응집력'이라 부른다.
- 절차적 응집력(procedural cohesion): 절차적 응집력의 구성 요소는 모듈 내에서 명령어 실행 순서를 의미한다. 모듈의 구성 요소 간에는 연결성이 약하고 재사용할 수 없을 가능성이 높다. 예로, 모듈에서 학생 성적 데이터를 **읽고, 합계 계산, 평점 계산, 누적 평점 계산, 성적 저장, 성적표 출력** 등이 포함되는 경우이다. 절차적 응집력과 순차적 응집력의 차이점은 다음과 같다. 순차적 응집력은 모듈

과 모듈 간의 데이터 전달하는 형태이고, 절차적 응집력은 모듈에서 구성 요소 간의 순차적 실행 결과가 다음 요소에 연쇄적으로 전달되어 처리되는 형태이다. 절차적 응집력은 구조화 프로그래밍 언어에서 자주 발생한다.

- 시간적 응집력(temporal cohesion): 시간적 응집성은 시스템의 모든 주기적 또는 예약된 작업을 처리하는 모듈을 하나의 모듈로 함께 그룹화할 때 발생한다. 예로, 시스템의 모든 부분을 모두 **같은 시간에 초기화**가 실행되는 경우이다. 시간적 응집성은 일반적으로 실시간 및 임베디드시스템에서 자주 사용된다.
- 논리적 응집력(logical cohesion): 모듈의 구성 요소는 서로 기능적인 연관성은 없으나 논리적으로 유사 기능의 연결 상태이다. 예로, 모듈에서 테이프, 디스크, 네트워크에서 데이터를 입력하는 경우이다. 이렇게 세 가지 기능에 대한 모든 코드는 논리적으로 데이터 읽기 기능은 유사하지만, 사실상 상호 간에 거의 관련성이 없는 작업이다.
- 우연적 응집력(coincidental cohesion): 모듈의 구성 요소 간에 연관성이 거의 없는 모듈 구성이다. 구성 요소 들은 같은 모듈 내에 배치하였으나 개념적 관련성이 거의 없는 형태이다. 이것은 우연적이며 최악의 응집력 유형이다. 예로, 모듈에서 서로 간에 관련성 없는 요소들을 함께 구성한 형태이다. 우연적 응집력은 모듈 구성이라기 보다는 목적 없이 한 모듈로 구성된 경우이다.

5.7 모듈 간의 커플링 줄이기

커플링(Coupling)이란 모듈 간의 상호 의존성 정도를 측정하는 척도이다. 일반적으로 좋은 소프트웨어는 낮은 커플링을 갖는다. 높은 커플링은 모듈이 다른 모듈과 밀접하게 연결되어 있고 한 모듈의 변경사항은 다른 모듈에 영향을 미칠 수 있다. 반면 낮은 커플링은 모듈이 서로 독립적이며 한 모듈의 변경사항이 다른 모듈에 미치는 영향이 거의 없음을 의미한다.

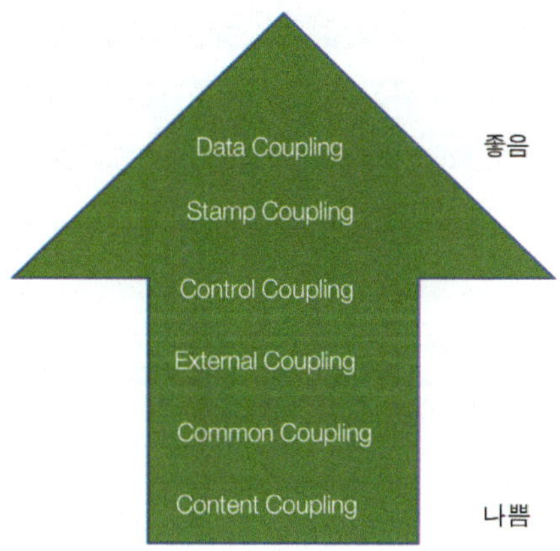

〈그림 5.9〉 커플링의 유형(Types of Coupling)

예로, 패키지, 모듈, 클래스 또는 파일 등이 매우 상호 의존적일 때 커플링이 발생한다. 커플링이 높은 시스템은 처음에는 구현이 더 쉽다고 판단되지만, 구성 요소에 장애가 발생하면 디버깅하고 수정하기가 훨씬 더 어렵다.

커플링은 <그림 5.9>와 같이 소프트웨어 내의 다양한 모듈 간의 관계 강도를 측정하는 것이다. <그림 5.9>에서 커플링 정도는 위에서부터 아래 방향으로 갈수록 나쁜 정도를 나타내며, 그 종류는 낮은 결합에서 높은 결합 순으로 다음의 6가지 유형이 있다. 소프트웨어 시스템에서 발생하는 커플링의 종류는 다음과 같다.

- 데이터 커플링(Data Coupling): 모듈 간의 종속성이 전달되는 데이터에 의해 통신한다는 사실에 기반하는 경우, 이 모듈을 '데이터 커플링'이라 한다. 데이터 커플링에서 관계되는 구성 요소는 서로 독립적이며 단지 데이터를 통해 서로 통신한다.
- 스탬프 커플링(Stamp Coupling): 스탬프 커플링에서는 전체 데이터 구조가 한 모듈에서 다른 모듈로 전달되는 경우이다. 이것은 경험 있는 설계자가 선택하는 방식으로 데이터 전달 효율성을 제공하고자 사용된다.
- 제어 커플링(Control Coupling): 모듈 사이에 제어 정보를 전달하여 통신하는 경우, 이를 제어 결합이라 한다. 매개변수가 완전히 다른 동작을 나타내면 좋지 않을 수 있고, 매개변수를 통해 인수 분해 및 기능 재사용이 가능하면 좋을 수 있다. 예로, 비교 함수를 매개변수로 받는 정렬 함수가 있다.
- 외부 커플링(External Coupling): 외부 커플링에서 모듈은 개발 중인 소프트웨어 외부의 다른 모듈이나 특정 유형의 하드웨어에 종속되는 유형이다. 예로, 시스템 개발에서 어떤 프로토콜, 외부 파일, 장치 형식 등이 있다.
- 공통 커플링(Common Coupling): 모듈은 서로 전역 데이터 구조와 같은 데이터를 공유하는 유형이다. 글로벌 데이터가 변경되면 해당 데이터에 접근하는 모든 모듈을 역추적하여 변경 효과를 검토해야 한다. 따라서 모듈 재사용이 어렵고, 데이터 액세스를 제어할 수 있는 능력이 떨어지며, 유지관리가 어렵다는 단점이 있다.
- 콘텐츠 커플링(Content Coupling): 콘텐츠 커플링에서는 한 모듈이 다른 모듈의 데이터를 수정하거나 제어 흐름이 한 모듈에서 다른 모듈로 전달될 수 있다. 이것은 최악의 커플링 형태이므로 무조건 회피해야 한다.
- 시간적 커플링(Temporal Coupling): 시간적 커플링은 한 모듈이 다른 모듈보다 먼저 실행되어야 하는 등 두 개의 모듈이 출현하는 타이밍이나 순서에 따라 달라질 때 발생하는 유형이다. 이러한 시간적 결합은 설계 문제와 테스트 및 유지보수의 어려움을 초래할 수 있다.

- 순차적 커플링(Sequential Coupling): 순차적 커플링은 한 모듈의 출력이 다른 모듈의 입력으로 사용되어 체인 또는 순차적 종속성을 생성할 때 발생하는 유형이다. 이러한 순차적 커플링은 유지보수와 수정이 어려울 수 있다.
- 통신 커플링(Communicational Coupling): 통신 커플링은 두 개 이상의 모듈이 공유 메시지 대기열이나 데이터베이스와 같은 공통 통신 메커니즘을 공유하는 유형이다. 이러한 통신 커플링은 성능 문제와 디버깅의 어려움으로 이어질 수 있다.
- 기능 커플링(Functional Coupling): 기능 커플링은 한 모듈이 다른 모듈에서 함수를 호출하는 등 두 개 모듈이 서로의 기능에 의존하는 유형이다. 이러한 기능 커플링은 수정 및 유지관리가 어려운 긴밀하게 연계된 코드를 초래할 수 있다.
- 데이터 구조적 커플링(Data Structured Coupling): 데이터 구조 커플링은 두 개 이상의 모듈이 데이터베이스 테이블이나 데이터 파일과 같은 공통 데이터 구조를 공유하는 유형이다. 이러한 결합은 데이터 구조의 무결성을 유지하기 어렵고 성능 문제를 일으킬 수 있다.

모듈 간의 낮은 커플링은 다음과 같은 장점을 제공한다.

- 유지보수 용이성 향상: 낮은 커플링은 한 모듈의 변경사항이 다른 모듈에 미치는 영향을 줄여 전체 시스템에 영향을 주지 않으므로 각 구성 요소를 쉽게 수정하거나 교체할 수 있다.
- 모듈성 향상: 모듈 간의 낮은 결합으로 모듈을 독립적으로 개발하고 테스트가 용이하다. 따라서 코드의 모듈성과 재사용성이 향상된다.
- 확장성 향상: 모듈 간의 낮은 결합으로 새 모듈을 추가하고 기존 모듈을 제거할 수 있으므로 필요에 따라 시스템을 쉽게 확장할 수 있는 장점이 있다.

모듈 간의 높은 커플링이 주는 주요 단점은 다음과 같다.

- 복잡성 증가: 높은 커플링은 모듈 간의 상호 의존성을 증가시켜 시스템을 더 복잡하고 이해하기 어렵게 한다.
- 유연성 감소: 높은 커플링은 전체 시스템에 영향을 주지 않고 개별 구성 요소를 수정하거나 교체하기가 더 어렵게 한다.
- 모듈성 감소: 커플링이 높으면 모듈을 분리하여 개발하고 테스트가 더 어려워져 코드의 모듈성과 재사용성이 떨어진다.

5.8 그 밖의 소프트웨어 설계 원리

이 절에서는 그 밖의 소프트웨어 설계 원리로서 소프트웨어 아키텍처 설계, 클래스 설계 패턴 활용, 리팩터링 등의 방법을 소개하고, 구체적인 내용은 교재의 뒷부분에서 자세히 설명될 것이다.

5.8.1 소프트웨어 아키텍처 설계

소프트웨어 시스템 내의 모든 요소는 엔지니어링 평가 방법을 통해 사전 계획 및 승인을 받아야 한다. 심각한 시스템 결함은 처음부터 회피해야 한다. 서로 다른 시스템 구성 요소(예: 모듈 및 추상화) 간의 상호 작용은 소프트웨어 아키텍처 설계의 초점이 되어야 하며, 이것은 견고한 소프트웨어 구조 내에서 원활하게 배치되어야 한다. 이러한 구성 요소 간의 상호 관계를 자세히 설명해야 한다.

5.8.2 클래스 설계 패턴

소프트웨어 패턴 기반 문제 해결의 솔루션을 설계하는 것은 소프트웨어 개발자가 많은 시간을 절약하면서 시스템 예측 가능성을 달성할 수 있는 가장 중요한 기술 중 하나이다. 또한 일반적인 문제를 신속하게 처리하고 패턴 기반 솔루션을 적용하여 문제를 즉시 해결할 수 있다.

5.8.3 리팩토링

리팩터링(refactoring)은 소프트웨어의 동작이나 기능에 영향을 주지 않으면서 내부 소프트웨어 구조를 개선하는 지속적인 설계 프로세스이다.

5.9 소프트웨어 시스템 구축의 접근 방법

새로운 소프트웨어 시스템을 구축하는 대표적인 접근방법(system acquisition strategies)은 다음의 세 가지 방법이 있다.

- 자체 개발
- 상용 솔루션 커스터마이징
- 아웃소싱에 의한 외부 개발

또한 이러한 소프트웨어 시스템 구축 전략 선택에서 고려해야 하는 주요 항목은 다음과 같다.

- 업무적인 필요성
- 회사 내부 경험
- 프로젝트의 소요 기술
- 프로젝트 관리 능력
- 추진 기간

설계 단계에서는 새로운 시스템의 운영 방식을 결정해야 한다. 개발팀이 시스템 요구사항을 개발하는 동안 많은 활동이 수반된다. 어떤 조직에서 새로운 시스템 구축을 위한 접근 방법은 위의 전략 선택의 고려사항을 충분히 고려하여 최선의 구축전략을 결정해야 한다. 다음은 새로운 소프트웨어 시스템 구축을 위한 세 가지 접근 전략에 대해 자세히 알아본다.

5.9.1 자체 개발

자체 개발(in-house software development)은 애플리케이션, 도구 및 솔루션을 만들고 유지 관리하기 위해 조직 내에 소프트웨어 개발자 전담팀을 구성하고 유지하는 방식이다. 이 접근 방식에는 회사만을 위해 일하는 기술 전문가를 직접 고용하고 관리하여 이들의 노력을 비즈니스 목표와 목적에 맞추는 것이 포함된다. 소프트웨어 구축사업에서 타사나 계약업체를 이용하는 대신 조직이 전체 소프트웨어 개발 수명 주기를 내부적으로 처리하는 방식이다.

자체 개발 모델은 다른 접근 방식에 비교하여 다음과 같은 이점을 제공한다.

- 사용자 지정: 자체 개발을 통해 조직은 업무 프로세스에 완벽하게 부합하는 소프트웨어를 설계할 수 있다. 이를 통해 소프트웨어가 조직이 직면한 문제, 과제 및 기회를 정확하게 해결할 수 있다. 또한 자체 개발을 통해 조직은 비즈니스 요구사항의 변화에 따라 소프트웨어를 신속하게 조정할 수 있습니다. 외부 공급업체에 의존하거나 사전 구축된 솔루션의 한계를 극복하지 않고도 변경사항을 구현할 수 있다.
- 보다 좋은 프로젝트 관리 및 제어: 자체 개발의 주요 이점은 기업이 개발 프로세스를 완벽하게 제어하여 우선순위를 관리하고, 신속하게 변경하고, 소프트웨어를 전략적 목표에 맞출 수 있는 장점이 있다.
- 책임감 강화: 인하우스 자체 개발팀은 자신의 행동이 소속된 조직에 직접적인 영향을 미치기 때문에

개발자 자신에게 책임감이 있다. 사내 개발팀은 회사의 사명, 가치, 전략적 목표와 밀접하게 연결되어 있다. 이러한 연계는 조직의 목표 달성을 위해 더 강한 주인의식과 책임감을 갖도록 장려한다.

- 지적 재산: 조직은 개발된 소프트웨어의 완전한 소유권을 보유하여 지적 재산권을 더 잘 보호하고 경쟁 우위를 확보할 수 있다. 소프트웨어 개발을 사내에 유지함으로써 조직은 보안 조치를 더 잘 제어하고 민감한 정보 및 비즈니스 프로세스를 기밀로 유지할 수 있다.
- 장기적인 비용 절감: 사내의 자체 개발을 통해 조직은 타사 소프트웨어나 서비스에 대한 반복적인 라이선스 비용을 지불할 필요가 없다. 소프트웨어가 개발되면 조직은 지속적인 라이선스 비용 없이 소프트웨어를 사용할 수 있는 장점이 있다. 또한 기성 솔루션은 특정 업무 사항에 맞게 사용자 지정하는 데 많은 비용이 필요할 수 있는 반면, 자체 개발을 통해 조직은 처음부터 정확한 요구사항을 충족하는 소프트웨어를 만들 수 있으므로 추가 사용자 지정 비용을 절감할 수 있다.

5.9.2 상용 솔루션 커스터마이징

상용 솔루션 커스터마이징(Customizing off-the shelf solutions) 방식은 사내에서 처음부터 솔루션을 완전히 새로 만드는 것과 외부 회사에 작업을 아웃소싱하는 것 사이의 균형을 맞추기 때문에 많은 소프트웨어 개발자가 이 옵션을 쉽게 받아들인다. 이 접근 방식의 중요한 장점 중 하나는 상용 솔루션을 테스트하여 기본 요구사항을 충족하고 사용자 친화적인지 확인할 수 있다는 점이다. 이러한 커스터마이징 방식의 장점은 다음과 같다.

- 솔루션 제공업체는 사용자 피드백과 특정 시스템 요구사항을 기반으로 데이터 보안을 강화하고 새로운 개선사항을 구현하기 위해 지속적인 업데이트를 제공한다. 이를 통해 철저한 테스트를 거친 솔루션에 액세스할 수 있으며, 고유한 요구사항에 맞게 추가로 사용자 지정할 수 있다.
- 상용 솔루션을 선택하면 개발 및 지속적인 유지보수 비용이 여러 사용자에게 분산되며, 주로 확장 기능에 비용이 집중된다.
- 또한 상용 솔루션 구매 시 이미 요구사항의 약 80%를 충족할 가능성이 높기 때문에 신속하게 혜택을 실현할 수 있다. 누락된 기능은 나중에 보완할 수 있으며, 구매한 솔루션에 맞춰 회사의 프로세스를 유연하게 조정할 수 있다.
- 상용 솔루션은 대부분 유지보수 및 서비스 보증도 제공한다. 원활한 시스템 운영을 보장하고 업데이트를 관리하며 기술적 부채를 해결하는 것은 타사 공급업체의 책임이다.

반면에 상용 솔루션 커스터마이징 방법은 조직에 맞는 새로운 시스템 구축은 어려운 문제점이 항상 존재한다.

5.9.3 아웃소싱에 의한 외부 개발

아웃소싱(outsourcing)에 의한 외부 개발은 특정 사업 기능, 작업 또는 프로세스를 외부의 타사 조직이나 개인에게 계약하거나 위임하는 방식이다. 아웃소싱에는 세 가지 유형이 있다.

- 오프쇼어 아웃소싱(Offshore Outsourcing): 다른 국가에 위치하는 회사나 개인에게 업무나 서비스를 계약하는 것으로, 인건비가 저렴한 지역에 있는 경우가 많다.
- 근거리 아웃소싱(Nearshore Outsourcing): 해외 아웃소싱과 유사하지만, 외부 당사자가 인접 국가 또는 인근 국가에 위치한다.
- 온쇼어 아웃소싱(Onshore Outsourcing): 같은 국가 내의 외부 당사자와 작업 또는 서비스를 계약하는 방식이다. 일반적으로 온쇼어 아웃소싱을 많이 채택하고 있다.

아웃소싱 방식은 다음과 같은 장점을 제공한다.

- 비용 절감: 기업이 IT를 아웃소싱하는 주된 이유 중 하나는 사내 직원 채용 및 교육과 관련된 비용과 인프라 및 장비 유지보수 비용을 절감하기 위해서이다. IT 아웃소싱의 가장 중요한 이유는 비용 절감에 이어 인력 기회 활용에 있다.
- 확장성: IT 아웃소싱은 기업의 필요에 따라 확장성을 제공할 수 있다. 성수기 또는 새로운 프로젝트가 발생할 때 아웃소싱 제공업체는 자원을 신속하게 할당하여 증가하는 작업부하를 처리할 수 있다.
- 전문 서비스 이용: IT 아웃소싱을 통해 기업은 사내에서 사용할 수 없는 전문기술과 전문지식을 활용할 수 있다. 아웃소싱 제공업체는 다양한 기술 지식과 경험을 갖춘 전문가로 구성된 팀을 보유하고 있는 경우가 많다.
- 핵심 활동에 집중: IT 업무를 아웃소싱함으로서 기업은 일상적인 IT 유지보수 및 지원에 얽매이지 않고 핵심 비즈니스 활동과 전략적 계획에 더 집중할 수 있는 장점이 있다.

반면에 아웃소싱 방식은 다음과 같은 단점이 있으며, 중요한 프로젝트의 경우 치명적인 사업 실패를 초래할 수 있으므로 좋은 협력업체 선정은 아주 중요하다.

- **개인 정보 보호 및 보안 문제:** 공급업체와 협력할 때는 전체 개발 프로세스를 정확히 알 수 없다. 또한 공급업체가 기밀 정보를 제3자와 공유할지 여부도 알 수 없다. 이러한 위험은 공급업체와 서명된 계약서 및 NDA를 체결함으로써 최소화할 수 있다.
- **완전한 통제력 부족:** 아웃소싱은 특정 IT 기능에 대한 통제권을 외부 제공업체에 넘기는 것을 의미한다. 이러한 통제력 상실은 때때로 회사의 목표 및 프로세스와 일치성을 유지하는 데 어려움을 초래할 수 있다. 더욱이 외부 제공업체와 협업한다는 것은 프로젝트 진행에 대한 어느 정도의 통제권을 포기하는 것을 의미한다. 시스템 버전을 승인한 후 변경사항을 도입하려면 추가 비용이 발생하는 경우가 많다. 이런 문제 해결을 위해 양측의 요구사항에 부합하는 협력 프레임워크를 구축하는 것이 중요하다. 이러한 위험을 최소화하도록 구성된 프로젝트 관리 방법론을 사용하면 매우 유용할 수 있다.
- **품질 저하 위험:** 프로젝트를 진행하는 개발팀을 직접 통제할 수 없으므로 품질의 일관성을 보장할 수 없다. 매번 다른 개발자에게 프로젝트를 맡기면 다양한 결과물을 볼 수 있다. 품질, 커뮤니케이션, 보안, 팀워크, 문화, 제공에 일관성이 없으면 사업의 지속 가능성과 확장성에 문제를 초래할 수 있다. 이러한 문제점은 주로 잘못된 우선순위, 커뮤니케이션 공백, 불명확한 요구사항은 기대 이하의 솔루션을 제공할 위험을 초래한다.
- **시스템 통합의 어려움:** 아웃소싱 방식은 새로운 시스템을 기존 소프트웨어와 통합하는 데 어려움이 있으면 그 이점을 실현하는 데 방해가 될 수 있다. 하지만 철저한 공급업체 선정과 초기 프로젝트 요구사항 정의는 일반적으로 이러한 장애물을 해결할 수 있다. 프로젝트 시작 단계에서 통합 문제를 사전에 해결함으로써 기업은 구현을 간소화하고 시스템 효과를 극대화할 수 있다.
- **커뮤니케이션 문제:** 아웃소싱 제공업체의 위치에 따라 시차 및 언어 장벽으로 인해 프로젝트 조정 및 대응에 영향을 미치는 커뮤니케이션 문제가 발생할 수 있다.

이러한 아웃소싱에 의한 외부 개발은 많은 장점을 제공하는 반면에 치명적으로 프로젝트 실패를 초래할 수 있으므로 좋은 협력업체 선정을 기반으로 추진하는 것이 필수적이다.

연습문제

5.1 다음의 주요 소프트웨어 설계 원리의 개념을 설명하시오.

(a) 분할-정복 접근방법의 개념과 진행 절차
(b) 모듈화에 의한 문제 해결 방법의 개념
(c) 추상화

5.2 문제의 분할-정복 접근방법과 모듈화를 통한 문제 해결 방법에서 얻어지는 주요 장점(이점)을 설명하시오.

5.3 컴퓨터과학에서 추상화 개념을 설명하시오. 또한 프로그래밍 언어에서 추상화 개념은 어떻게 표현되는지를 설명하시오.

5.4 정보시스템 개발 과정에서 사용되는 다음 용어의 개념을 설명하시오.

(a) 운영 데이터
(b) 비-운영 데이터
(c) 추상화 대상

5.5 모듈의 응집력과 커플링의 차이점을 비교하여 설명하시오.

5.6 모듈의 응집력(Cohesion) 관련 문제에 답하시오. 단, 예를 들어 설명하시오.

(a) 기능적 응집력(functional cohesion)
(b) 순차적 응집력(sequential cohesion)
(c) 통신 응집력(communication cohesion)
(d) 절차적 응집력(procedural cohesion)
(e) 시간적 응집력(temporal cohesion)

연습문제

(f) 논리적 응집력(logical cohesion)
(g) 우연적 응집력(coincidental cohesion)

5.7 모듈 간의 커플링(Coupling) 관련 문제에 답하시오. 단, 예를 들어 설명하시오.

(a) 데이터 커플링(Data Coupling)
(b) 스탬프 커플링(Stamp Coupling)
(c) 제어 커플링(Control Coupling)
(d) 외부 커플링(External Coupling)
(e) 공통 커플링(Common Coupling)
(f) 콘텐츠 커플링(Content Coupling)
(g) 시간적 커플링(Temporal Coupling)
(h) 순차적 커플링(Sequential Coupling)
(i) 통신 커플링(Communicational Coupling)
(j) 기능 커플링(Functional Coupling)
(k) 데이터 구조적 커플링(Data Structured Coupling)

5.8 커플링 관련 다음 문제에 답하시오.

(a) 모듈 간에 낮은 커플링이 제공하는 장점을 설명하시오.
(b) 모듈 간에 높은 커플링이 주는 주요 단점을 설명하시오.

5.9 정보은닉(information hiding)의 소프트웨어 설계 원리의 개념을 설명하고, 프로그래밍 언어에서 정보은닉 개념이 어떻게 표현되는지를 보이시오.

5.10 리팩토링의 소프트웨어 설계 원리의 개념을 설명하시오.

CHAPTER 6

객체지향 분석 - 기초설계

6.1 객체지향 개념들
6.2 UML
6.3 기능적 모델링 – 사용사례 다이어그램
6.4 구조적 모델링 – 클래스 다이어그램
6.5 동적 모델링 – 시퀀스 다이어그램
6.6 메소드 알고리즘 표현 방법
6.7 HW/SW/NW 외부 인터페이스 요구사항 명세
6.8 소프트웨어 요구사항명세서(SRS) 양식
6.9 소프트웨어 요구사항명세서 평가지표
6.10 요구사항분석 도구
■ 연습문제

학습목표

이 장에서는 소프트웨어 요구사항분석 일부분으로서 이미 정의된 소프트웨어의 기능적 요구사항, 비기능적 요구사항, 도메인 요구사항을 소프트웨어 구조로 변환하는 소프트웨어 기초설계 방법을 소개한다. 본 교재는 소프트웨어 개발방법론 중 객체지향 분석과 설계 방식을 기반으로 소프트웨어 기초설계 방법을 소개한다. 따라서 소프트웨어 기초설계의 주요 내용에는 시스템의 기능적 모델링, 구조적 모델링, 행위 모델링, 메소드 알고리즘의 표현 방법, 사용자 인터페이스(UI) 요구사항 명세, 요구사항명세서 평가지표, 요구사항분석 도구 등을 포함한다. 이러한 요구사항분석 방법을 이해하는 데 학습 목표를 두고, 세부적인 학습 목표는 다음과 같다.

- 객체지향 개념인 객체, 클래스, 상속 관계를 이해하고 설명할 수 있다.
- 시스템의 기능 모델링을 위한 사용사례 다이어그램을 이해하고, 새로운 문제 해결에 적용할 수 있다.
- 사용사례의 개념을 이해하고 사용사례 다이어그램에서 식별된 사용사례 명세를 기술할 수 있다.
- 개발하는 시스템의 구조적 모델링을 위한 클래스 다이어그램을 이해하고, 새로운 문제에 적용하여 클래스 다이어그램을 설계할 수 있다.
- 개발하는 시스템의 요구사항에 대해 객체 식별, 객체 간의 연관관계 설정, 속성 정의 등을 포함하는 클래스 다이어그램을 설계할 수 있다.
- 시퀀스 다이어그램의 개념을 이해하고, 어떤 문제에 대한 시퀀스 다이어그램을 능숙하게 도출할 수 있다.
- 사용사례 명세와 시퀀스 다이어그램의 관계를 이해하고 설명할 수 있다.
- 소프트웨어 기초설계 단계에서 알고리즘의 표현 방법을 이해하고, 실제 의사코드 방식을 이용하여 알고리즘을 기술할 수 있다.
- 소프트웨어 요구사항명세서에 포함되는 항목을 이해하고, 그 항목을 설명할 수 있다.
- 소프트웨어 요구사항명세서의 평가지표를 이해하고 이를 적용하여 평가할 수 있다.
- StarUML, draw.io와 같은 요구사항분석 도구를 사용하여 실제 사용사례 다이어그램, 클래스 다이어그램, 시퀀스 다이어그램 등의 산출물을 생성할 수 있다.

이 장은 소프트웨어 기초설계 작업으로서 이미 정의된 기능적 요구사항, 비기능적 요구사항, 도메일 요구사항을 소프트웨어 구조로 변환하는 첫 번째 단계이다. 이 단계는 소프트웨어 개발 생명주기인 '개발계획-요구사항분석-기초설계-상세설계-구현-테스트-설치-유지보수' 단계 중 '소프트웨어 기초설계' 역할을 의미하며, 일반적으로 '**소프트웨어 요구사항분석**' 단계라고 한다. 지금까지 설명된 정의는 주로 개발자 측면에서 고객이 원하는 요구사항을 이해하기 쉽게 정리한 문서나 도면이었고, 이것은 고객, 일반 사용자, 개발자 등의 이해관계자가 소프트웨어 기술 지식 없이도 쉽게 이해할 수 있는 수준의 문서 작업이다. 반면 지금부터 설명하는 **소프트웨어 기초설계**는 전달받은 요구사항을 개발자 측면에서 소프트웨어 개발에 필요한 정보 표현으로 변환하는 작업이다. 이러한 소프트웨어 기초설계 결과물은 소프트웨어 전문지식 없는 일반 사용자는 이해할 수 없는 내용이 될 수 있다. 따라서 앞으로 소프트웨어 요구사항 분석이란 고객이 원하는 기능적 요구사항과 비기능적 요구사항, 그리고 이를 소프트웨어 표현으로 변환하기 위한 소프트웨어 기초설계 작업을 모두 포함한다고 가정한다. 또한 소프트웨어 기초설계에는 어떤 작업내용이 포함되어야 하는지를 명확히 기술할 것이다.

이 장에서는 세 가지 소프트웨어 개발방법론 중 객체지향 개발방법론을 기반으로 소프트웨어 기초설

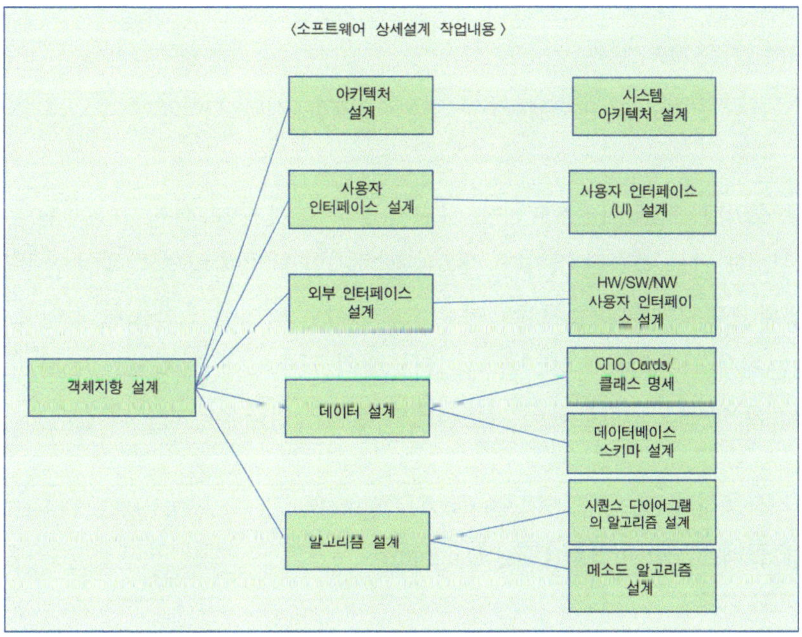

〈그림 6.1〉 소프트웨어 설계 내용

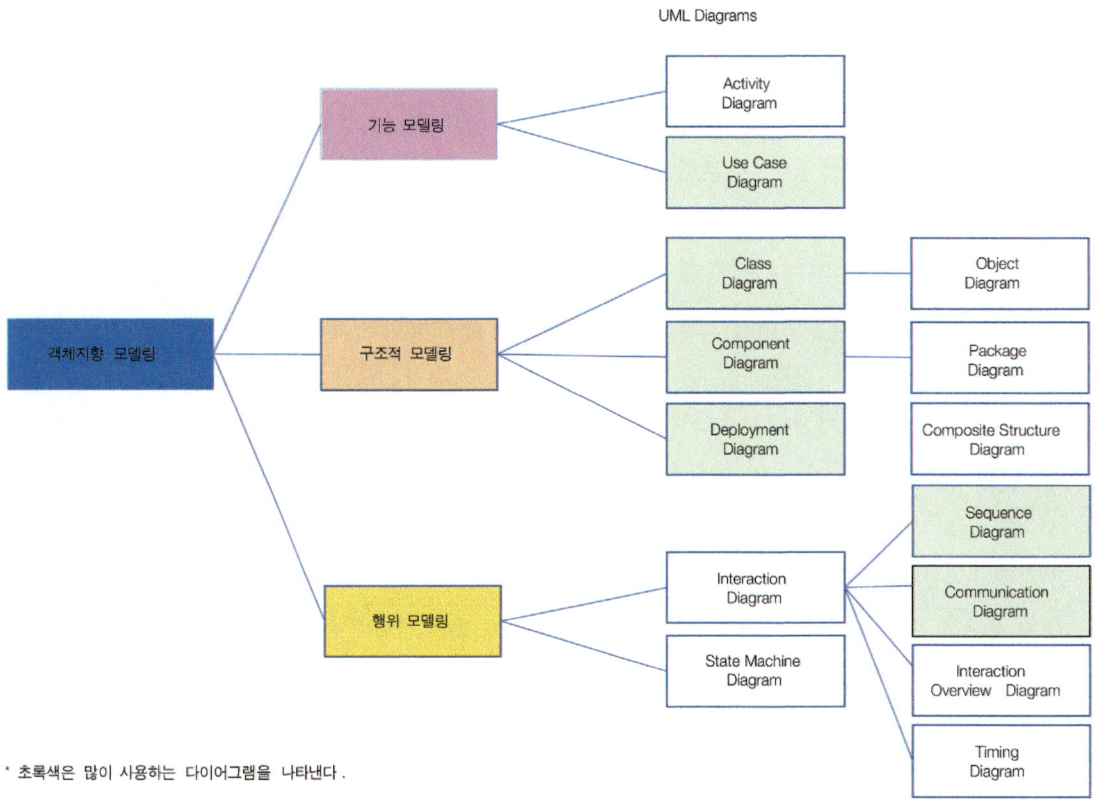

〈그림 6.2〉 객체지향 방법론에서 사용하는 UML 다이어그램

계 작업을 설명할 것이다. 이에 이 장에서는 <그림 6.1>과 같이 주로 객체지향 개발방법론을 기반으로 소프트웨어 기초설계 방법을 기술할 것이다. 다음은 객체지향 모델링 방법의 핵심 항목인 기능적 모델링, 구조적 모델링, 행위 모델링에 의한 소프트웨어 기초설계 표현 방법에 초점을 둘 것이다. <그림 6.2>는 객체지향 개발방법론에서 사용하는 UML2.5 다이어그램의 일부이다. 전체적인 UML2.5 다이어그램[1]은 참고문헌을 참조하기 바란다. 소프트웨어 기초설계의 주요 작업내용은 다음과 같다.

- **기능적 모델링:** 사용사례 다이어그램(Use-Case Diagram)
- **구조적 모델링:** 클래스 다이어그램(Class Diagram)

1 UML 2.5 Diagram https://steady-hello.tistory.com/132

- 행위 모델링: 시퀀스 다이어그램(Sequence Diagram)
- 메소드의 알고리즘 명세
- 사용자 인터페이스 명세

▸ **주의**: **요구사항분석**에는 기본적으로 기능적 요구사항, 비기능적 요구사항, 도메인 요구사항 등의 요구사항 정의가 포함되고, 또한 이를 기반으로 소프트웨어 기초설계 내용을 포함한다. **소프트웨어 기초설계 내용**에는 작업분해도, 기능적 모델링(사용사례 다이어그램, 사용사례 명세), 구조적 모델링(클래스 다이어그램, 데이터베이스 스키마 테이블 명세, 클래스 명세 등), 행위 모델링(시퀀스 다이어그램 및 이의 알고리즘 명세), 클래스에 속하는 메소드 알고리즘 명세, HW/SW/NW 외부 인터페이스 명세 등을 포함한다. 따라서 **요구사항분석에는 요구사항 정의(기능적·비기능적·도메인 요구사항)와 기초설계 내용**을 포함한다.

6.1 객체지향 개념들

기존의 **절차적 문제 해결 방법**은 주어진 문제를 문제 해결에 필요한 데이터 구조와 관련 연산 집합으로 취급하고, 문제 해결을 위한 관련 연산에 초점을 두고 연산에 필요한 데이터를 파악하면서 문제를 해결하는 방식이다. 반면에 **객체지향 중심 문제 해결 방법**은 주어진 문제를 문제 해결에 필요한 객체 집합으로 바라보며, 문제 해결에 필요한 객체를 식별하고 객체 간의 관계(상호작용)를 파악하여 문제를 해결하는 방식이다. 따라서 객체지향 패러다임은 핵심 키워드인 객체, 클래스, 클래스 간의 상속 관계, 클래스를 정의하는 속성, 클래스 메소드 등의 개념을 중심으로 설명된다. 다음은 이러한 관련 용어를 알아본다.

6.1.1 현실 세계, 개념 세계, 논리 세계와 물리 세계

데이터 모델링(Data Modeling)은 데이터베이스 저장 구조를 구축하는 일련의 모든 과정을 의미한다. 소프트웨어 시스템 구축 과정에서 데이터 모델링은 필수적이며, 이 과정에서 이따금 '현실 세계(real world)', '물리 세계(physical world)', '컴퓨터 세계(computer world)', '논리 세계(logical world)', '개념 세계(conceptual world)' 등의 용어를 접한다. 아울러 **데이터 모델링 단계**는 <그림 6.3>과 같이 현실 세계(미니세계)로부터 중요한 운영 데이터를 식별하여 개념 세계의 개체-관계 다이어그램이나 클래스 다이어그램으로 표현하고, 이 개념적 모델은 다시 컴퓨터 세계의 논리적 모델인 프로그래밍 언어 또는

DBMS의 데이터 저장 구조로 표현된다. 여기서 **운영 데이터(operational data)**란 어떤 조직이나 단체를 운영하고 관리하는 데 반드시 필요한 데이터 집합을 의미한다. 끝으로 이 논리적 모델은 컴퓨터 시스템의 물리적 저장 구조 형태로 표현되어 관리된다. 이 과정을 거쳐 최종적으로 현실 세계의 사물은 컴퓨터 시스템의 내부 저장 구조 형태로 저장되고 관리된다. 여기서 중요한 점은 이러한 용어의 의미를 잘 이해한다면, 우리가 추진하려는 시스템 개발 과정을 명확히 이해할 수 있다. 1980-1990년대에 이런 용어를 접할 때, '현실 세계' 하면 아무 생각 없이 그냥 지나쳐 버렸다. 그런데 데이터 모델링 과정을 이해하면서 그 용어의 의미를 이해하고 그 용어의 의미가 얼마나 중요한지 알 수 있었다. 따라서 이러한 용어의 의미를 차례대로 하나씩 알아보자.

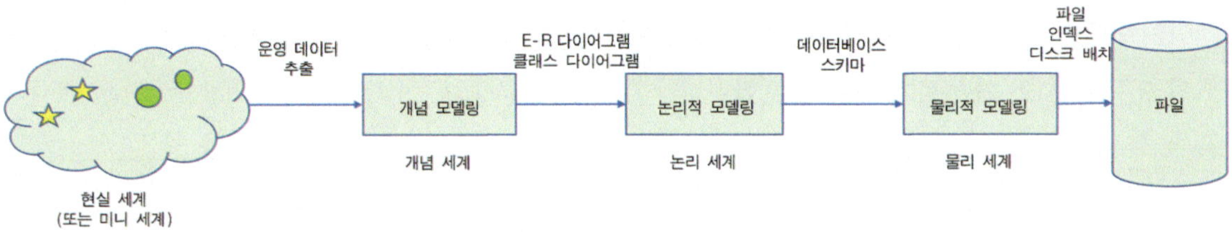

〈그림 6.3〉 데이터 모델링 과정

- **현실 세계(real world):** 수학에서 전체 집합은 주변의 모든 우주 공간(Universe)을 의미하며, 전체 집합은 흔히 우주 공간(Universe)을 뜻하는 'U'로 표현한다. 그렇다면 정보시스템에서 말하는 '**현실 세계**'란 우리 주변에서 정보시스템을 구축하려는 조직이나 단체의 범주를 의미한다. 예로, 대학교 학사관리 시스템을 개발한다면, 대학 캠퍼스가 정보시스템의 개발 범위를 나타내는 현실 세계이다. 따라서 현실 세계는 <그림 6.3>과 같이 데이터 모델 과정에서 항상 전체 우주 공간 중 제한 범위를 뜻하는 구름 모양으로 표현하고, 일명 문제의 범위를 나타내는 '**미니세계(Mini-world)**'라고 불린다. 이런 측면에서, 현실 세계는 전체 집합 우주에서 정보시스템의 효력이 미치는 조직이나 단체의 제한된 영역을 뜻하는 구름 모양으로 표현한다. 예로, 학사관리 정보시스템을 구축하는 경우, 그 현실 세계는 대학 캠퍼스가 된다. 또한 은행이나 증권사 관리 정보시스템을 개발한다면, 은행 또는 증권사 범주가 현실 세계의 영역이다. 아울러 현실 세계에서 관찰되는 사물은 있는 그대로의 객체이거나 물리적 또는 논리적인 값(value)에 해당한다. 예로, 학생의 경우 홍길동, 이순자, 이철수 등의 객체가 현실 세계에 존재하는 사물이다. 또한 사람의 '키'의 값에는 '아주 크다, 크다, 보통이다, 조금 작다, 아주 작다' 등의 논리적인 값(logical value)으로 표현할 수 있다. 또한 현실 세계에 존재하는

물리적인 값에는 '몸무게'의 경우, 몸무게를 물리적인 kg 단위로 측정할 수 있으므로 물리적인 값(physical value)이라 한다.

- 개념 세계(Conceptual World): 정보시스템을 개발하는 범주를 나타내는 현실 세계가 결정되면, 현실 세계로부터 어떤 조직을 운영하고 관리하는 데 반드시 필요한 유영 데이터를 식별하여 이의 개념적 모델을 설계한다. 따라서 개념 세계에서 표현된 내용은 현실 세계에 존재하는 사물을 정보시스템 내부에 표현하기 위해 어떤 중간 매체 역할을 하는 '개념 모델(Conceptual Model)'로 표현한다. **개념 세계(Conceptual World)**에서는 현실 세계에 존재하는 객체를 논리적인 개념의 클래스(Class)로 표현하고, 각 클래스에는 여러 개의 속성으로 묘사하여 컴퓨터 시스템에 저장하기 위한 중간 매체 형태의 개념 모델로 표현한다. 이 과정을 **'개념적 모델링'**이라 한다. 개념 세계에서 개념적 모델링의 표현 방법은 개체-관계(E-R) 다이어그램, 클래스 다이어그램 등이 대표적이다. 여기서 중요한 점은 이러한 개체-관계 다이어그램이나 클래스 다이어그램은 현실 세계에 존재하는 사물(things)도 아니고 컴퓨터 시스템에 저장할 수 있는 데이터(data)도 아니다. 이것은 단지 현실 세계에 존재하는 주요 사물을 컴퓨터 시스템에 표현하기 위해 사람이 이해할 수 있는 수준의 개념적 모델 수준이며, 주로 종이에 다이어그램으로 그리거나 소프트웨어 도구를 활용하여 그린 설계 도면이다.
- 논리 세계(Logical World): 논리 세계는 현실 세계에서 개념 세계로 요약하여 표현된 개체-관계(E-R) 다이어그램, 클래스 다이어그램을 컴퓨터 시스템 내부에서 취급할 수 있는 논리적 저장 구조로 변환하여 표현하는 단계이다. 이 과정을 **'논리적 모델링'**이라 한다. 예로, 프로그래밍 언어에서 변수, 데이터베이스 스키마 등의 정의가 대표적인 논리적 모델의 예시이다. 이것들은 실제 컴퓨터 시스템에서 물리적인 저장 구조는 아니다. 하지만 내부적 표현에 의해 컴퓨터 시스템에서 처리 가능한 형태의 저장 구조 형태를 띤다. 이것은 최종적으로 물리적 세계인 컴퓨터 세계에서 파일 구조 형태로 저장되어 관리된다.
- 물리 세계(Physical World): 컴퓨터 시스템에서 모든 데이터는 실질적으로 메인 메모리 내의 변수이거나 파일 형태 등의 물리적 구조로 저장되어 관리된다. 이것을 정보시스템에서 **'물리 세계'**라 한다. 주의할 점은 위에서 설명한 논리 세계와 물리 세계는 컴퓨터 시스템 내부에서 표현하고 취급하는 데이터 범위이다. 반면에 개념 세계는 현실 세계의 물리적 객체도 아니고, 컴퓨터 시스템에서 취급하는 논리적 모델, 물리적인 파일도 아니다. 이러한 개념 세계는 단지 현실 세계와 컴퓨터 세계(논리 세계와 물리 세계)의 중간 단계로서 현실 세계를 사람이 이해할 수 있는 추상적이고 개념적인 구조 표현이다.

6.1.2 객체와 클래스

객체지향 문제 해결 방법은 문제 해결에 필요한 객체와 클래스를 식별하는 것이 문제 해결의 출발점이다. 일반적으로 데이터 모델링 관점에서 '**운영 데이터(Operational Data)**'란 어떤 조직이나 단체를 운영하고 관리하는데 반드시 필요한 데이터 집합' 또는 '어떤 문제 해결에 필요한 객체 집합'이라 한다. 정보시스템 개발의 핵심은 바로 이러한 '운영 데이터'를 식별하여 관리하는 데 있다. 이를 위해 정보시스템 개발의 추상화 과정에서 어떤 조직 관리에 필요한 운영 데이터 또는 어떤 문제 해결에 필요한 데이터 집합을 식별하고 이를 추상화하여 데이터로 표현하는 과정이 요구된다. 이와 같이 어떤 문제 해결에 필요한 데이터 집합을 '**추상화 대상**'이라 하고, 이 추상화 대상은 객체지향 프로그래밍 언어에서 '**클래스(Class)**'로 표현된다. 즉 클래스는 유사한 객체 그룹의 공통 성질로 정의되는 템플릿(template)이다.

예로, 대학에서 학사관리시스템을 개발한다고 가정하자. 이 문제 해결을 위해 필요한 객체 집합으로 '홍길동, 이순자, 김철수 등'의 **학생** 데이터, '이지영', '김만수', '손오공' 등의 **교수** 데이터, '전자공학과, 전기공학과, 기계공학과, 제어공학과, 컴퓨터공학과 등'의 **학과** 데이터, '운영체계, 데이터베이스시스템, 프로그래밍 언어, 인공지능 등'의 **교과목목록** 데이터와 같이 여러 객체 그룹이 식별될 수 있다. 여기서 '학사관리시스템'이라는 문제 해결에 필요한 객체 집합인 추상화 대상에는 '학생', '교수', '학과', '교과목목록' 등을 추출할 수 있다. 이 중 학사관리시스템에서 추상화 대상인 '학생(Student) 클래스'는 개념적으로 '학번, 성명, 주소, 전화번호, 소속 학과' 등의 속성(attribute)으로 표현된다. 즉 현실 세계에서의 '학생'은 컴퓨터 시스템의 개념 세계에서 '학번, 성명, 주소, 전화번호, 소속 학과' 등의 속성으로 추상화되며, 다음과 같이 클래스로 표현될 수 있다.

```
Class Student {
   private String id;         // 학번
   private String name;       // 성명
   private String address;    // 주소
   private String tel;        // 전화번호
   private int dno;           // 소속학과
};
```

다음은 '객체'와 '클래스'의 차이점을 알아보자. 위의 예제에서 현실 세계에 존재하는 '홍길동, 이순자, 김철수 등'의 학생이 바로 '학생(Student)' 클래스의 인스턴스(객체)이다. 다시 말하면, **클래스(Class)**는 유사한 객체 집합의 공통 성질(속성)만을 추출하여 정의한 추상적 데이터 타입(abstract data type)이

다. 즉 클래스는 객체를 정의할 수 있는 템플릿(template)이다. 클래스는 또한 객체 동작을 포함한다. 이것은 클래스의 속성에 대한 연산을 포함한다는 의미이다. 위의 예에서 '홍길동, 이순자, 김철수 등'이 '학생' 클래스의 인스턴스(객체)이고, 이러한 학생들의 공통 성질(속성)만을 추출하여 정의한 추상적 데이터 타입이 바로 클래스 '학생(Student)'이다. 클래스 'Student'에 실제 어떤 속성값을 갖는 사람이 바로 '학생' 클래스의 객체이다. 즉 **객체(object)**란 '클래스의 인스턴스(an instance of a class)' 또는 '클래스의 실체(an example of a class)'로 정의된다. 또한 객체지향 프로그래밍 언어에서 '학생' 클래스의 인스턴스(객체) a, b는 다음과 같이 생성된다. 그 의미는 <그림 6.4>와 같다.

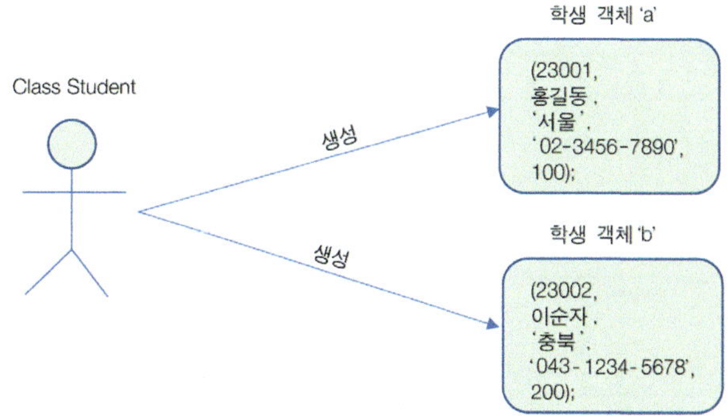

〈그림 6.4〉 클래스 Student에서 객체 생성 a, b

```
Class Student a = new Student('23001', '홍길동', '서울', '02-3456-7890', 100);
Class Student b = new Student('23002', '이순자', '충북', '043-1234-5678', 200);
```

- **클래스(Class)**는 유사한 객체들의 공통 성질만을 추출하여 정의한 추상적 데이터 타입이며, 객체를 정의하는 템플릿(template)이다.
- **객체(object)**는 '클래스의 인스턴스(an instance of a class)' 또는 '클래스의 실체(an example of a class)'이다.

6.1.3 상속 관계

클래스 생성은 이따금 다른 클래스와 속성은 공유하지만 원래 클래스와는 구별되는 새로운 클래스를 개발하는 것이 편리하다. 여기서 새로운 파생 클래스는 기존 클래스의 속성을 그대로 상속하면서 자체적으로 속성을 확장하거나 추가할 수 있다. 이때 원래의 기초클래스를 **'상위클래스(super class)'** 또는 '부모 클래스(parent class)'라 하며, 이를 상속받아 새롭게 생성된 클래스를 **'하위클래스(subclass)'**, '자식 클래스(child class) 또는 '파생 클래스(derived class)'라고 부른다. 새로운 클래스는 상위클래스로부

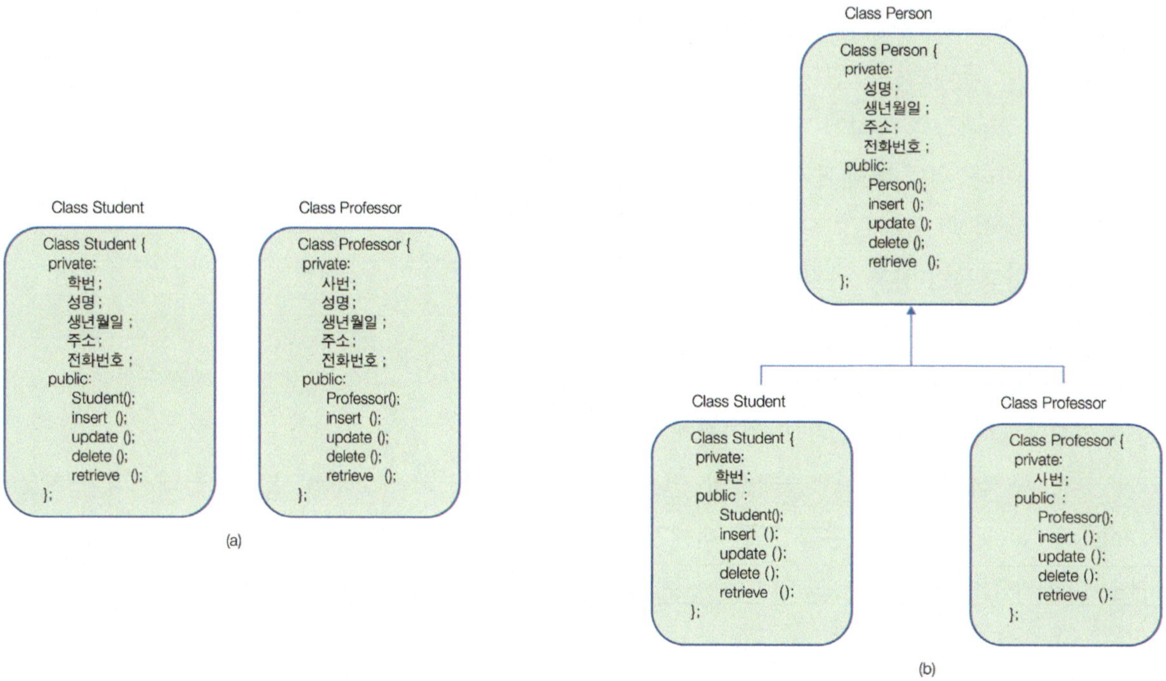

〈그림 6.5〉 클래스의 상속 관계 표현: (a) 별도의 2개 클래스; (b) 상위클래스와 하위클래스에 의한 상속(inheritance) 관계 표현

터 속성과 관련 연산을 '**상속한다(inheritance)**'라고 한다.

예로, 대학의 학사관리시스템에서 추상화 대상인 '학생'과 '교수' 클래스를 비교해 보자. <그림 6.5a>에서 클래스 'Student'와 'Professor'의 속성은 거의 유사하다. 따라서 <그림 6.5b>와 같이 두 개 클래스로부터 공통 속성을 추출하여 새로운 상위클래스 '사람(Person)'을 정의하고, 하위클래스 '학생'과 '교수'를 정의하는 상속 관계로 표현한다면 중복 없이 일반화할 수 있다. 하위클래스 '학생'과 '교수'는 상위클래스 '사람(Person)'으로부터 모든 속성과 연산을 상속받으면서 부분적으로 필요한 속성과 연산을 추가할 수 있다.

6.2 UML

UML(Unified Modeling Language)은 시스템 설계를 시각화하는 표준 방법을 제공하기 위한 범용 시각적 모델링 언어이다. UML은 소프트웨어 아키텍처, 데이터베이스와 같은 복잡한 시스템을 시각화하고 구성 요소의 관계, 특징, 동작을 쉽게 이해할 수 있도록 모델링하는 표준화 방법이다. UML은 하나의 거대한 모델링 언어이므로 모든 기능을 소개하는 것은 사실상 어렵고, 본 교재는 대략적인 개념을 소개하고 상세한 것은 별도의 UML 소프트웨어 도구 참조를 추천한다. 다음은 UML 개요, UML 다이어그램 종류, UML 상용 및 오픈소스 제품 등에 간략히 소개한다.

6.2.1 UML 개요

UML은 비즈니스 분석가, 소프트웨어 설계자 및 개발자가 기존 또는 새로운 비즈니스 프로세스, 소프트웨어 시스템의 인공적인 구조 및 동작을 설명, 지정, 설계 및 문서화하는데 사용하는 공통 언어이다. UML은 다양한 애플리케이션 도메인에 적용할 수 있으며, 모든 주요 객체 및 컴포넌트 소프트웨어 개발 방법과 다양한 구현 플랫폼(J2EE, .NET)에 사용할 수 있다. UML은 소프트웨어 개발 프로세스가 아닌 표준 모델링 언어이다. 단, UML은 완전하지 않으며 완전히 시각적이지 않은 부분이 존재한다. 어떤 UML 다이어그램이 주어졌을 때, 다이어그램만으로는 시스템의 묘사된 부분이나 동작을 이해할 수 없는 부분도 있다. 일부 정보는 다이어그램에서 의도적으로 생략되었을 수도 있고, 다이어그램에 표현된 정보에 따라 해석이 달라질 수도 있으며, UML의 일부 개념은 그래픽 표기가 전혀 없으므로 다이어그램에 표현할 방법이 없다. 예로, 사용사례 다이어그램에서 액터의 다중성 및 사용사례의 다중성에 대한 의미는 UML 사양에 정확하게 정의되지 않으며 사용사례의 동시 또는 연속적인 사용을 의미할 수 있다. 또한 추상 분류자의 이름은 이탤릭체로 표시되는 반면 최종 분류자는 구체적인 그래픽 표기가 없으므로 다이어그램에서 최종 분류자 여부를 확인할 방법이 없다.

UML의 탄생은 원래 소프트웨어 설계에 대한 서로 다른 표기법과 접근 방식을 표준화하려는 욕구에서 비롯되었다. 1994~1995년 Rational Software 회사에서 개발하였으며, 1996년까지 이 회사에서 개발을 주도하였다. 1997년에 UML은 객체 관리 그룹(OMG)에 의해 표준으로 채택되었고 그 이후로 이 조직에서 관리하고 있다. 2005년에는 국제표준화기구(ISO)와 국제전기기술위원회(IEC)에서도 UML을 ISO/IEC 19501 표준으로 발표했다. 이후 이 표준은 주기적으로 개정되어 최신 버전의 UML을 포함하고 있다. UML의 현재 버전은 2015년 6월에 발표된 UML 2.5이며, 최신 버전으로 2017년 12월에 발표된 UML 2.5.1을 사용한다. UML® 표준사양은 객체 관리 그룹 (OMG™)에서 업데이트 및 관리한다. UML의 첫 번째 버전은 1997년 Grady Booch(Booch 방법의 장시자), Ivar Jacobson(객체지향 소프트웨어공학, OOSE), Jim Rumbaugh(객체 모델링 기법, OMT)의 "세 명의 친구"에 의해 개발되었다.

6.2.2 UML 다이어그램 종류

UML 다이어그램은 설계, 구현 중이거나 이미 존재하는 시스템의 모델을 부분적으로 그래픽으로 표현한 것이다. UML 다이어그램에는 설계된 시스템의 UML 모델에서 요소를 나타내는 그래픽 요소(기호)인 에지로 연결된 UML 노드가 포함되어 있다. 시스템의 UML 모델에는 템플릿 텍스트로 작성된 사용사례와 같은 다른 문서도 포함될 수 있다. 다이어그램의 종류는 다이어그램에 표시된 기본 그래픽 기호로 정의된다. 예로, 콘텐츠 영역의 주요 기호가 클래스인 다이어그램은 클래스 다이어그램이다. 사용사례와 액터를 표시하는 다이어그램은 사용사례 다이어그램이다. 시퀀스 다이어그램은 관계되는 객체 생명선 간의 메시지 교환 순서를 보여주며 사용사례(또는 시나리오)에서 처리되는 순서도 개념을 제공한다.

UML 2.5 다이어그램은 <그림 6.6>과 같이 크게 구조 다이어그램(Structure Diagram)과 행위 다이어

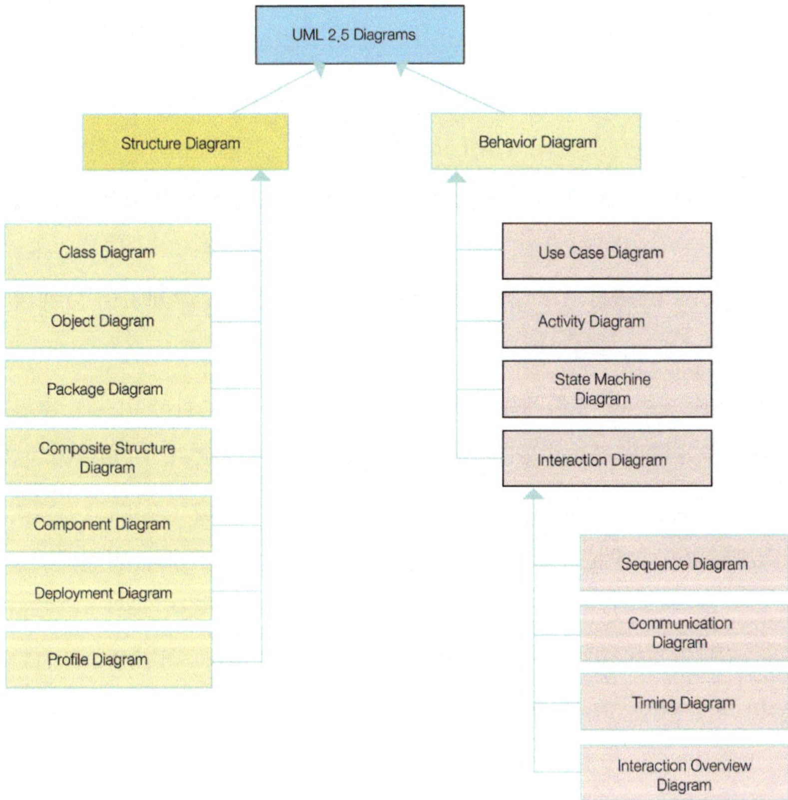

〈그림 6.6〉 UML 2.5 다이어그램

그램(Behavior Diagram)의 두 개 계층으로 분류된다. **구조 다이어그램**은 시스템의 정적 구조와 특성 및 구현 수준을 보여준다. **행위 다이어그램**은 시스템의 동적 동작 변화(시간의 흐름에 따른 변화)를 표현한다. 아울러 분석가, 코더 및 기타 다이어그램 크리에이터들은 이 2가지 UML 카테고리를 기준으로 14가지 옵션을 사용하여 시스템을 시각적으로 표현할 수 있으며, 더 많은 변형 다이어그램을 제공한다. UML 사양은 다음과 같이 두 가지 주요 종류의 UML 다이어그램으로 정의된다.

구조 다이어그램은 다양한 추상화 및 구현 수준에서 시스템과 그 부품의 정적 구조와 이들이 서로 어떻게 연관되어 있는지를 보여준다. 구조 다이어그램의 구성 요소는 시스템의 의미 있는 개념을 나타내며, 추상, 실제 및 구현 개념을 포함한다. 또한 구조 다이어그램에는 <그림 6.6>의 왼쪽과 같이 클래스 다이어그램, 객체 다이어그램, 팩키지 다이어그램, 복합 구조 다이어그램, 컴포넌트 다이어그램, 배치 다이어그램, 프로파일 다이어그램 등이 있다.

행위 다이어그램은 시스템 내 개체의 동적 행위를 보여주며, 시간에 따른 시스템의 일련의 변화를 설명한다. 행위 다이어그램에는 <그림 6.6>의 오른쪽과 같이 사용사례 다이어그램, 활동 다이어그램, 상태 머신 다이어그램, 상호작용 다이어그램 등이 있다. 상호작용 다이어그램은 다시 시퀀스 다이어그램, 통신 다이어그램, 타이밍 다이어그램, 상호작용 개요 다이어그램 등을 포함한다.

6.2.3 UML 도구

UML 다이어그램은 시스템의 한 측면을 시각적으로 표현한다. UML 다이어그램은 관계, 행위, 구조 및 기능 등을 시각적으로 설명할 수 있는 시스템의 정량화 가능한 측면을 보여준다. UML은 통합 모델링 언어이므로 소프트웨어 애플리케이션을 위한 의미 있는 객체지향 모델을 만드는 데 사용된다. 이것은 또한 모든 하드웨어/소프트웨어 시스템의 작동을 명확하게 표현하는데 사용할 수 있다. 예로, 클래스 다이어그램은 시스템의 구조나 구현의 세부 사항을 설명하고, 시퀀스 다이어그램은 시간에 따른 개체 간의 상호 작용을 모델링한다. UML 다이어그램에서 다이어그램 요소는 시스템 또는 애플리케이션의 분류자를 시각적으로 나타낸다. 이러한 분류자는 소스 요소의 도식적 표현이다. UML 다이어그램은 소스 요소의 보기를 제공하지만, 다이어그램 요소에는 의미론적 가치가 없다.

UML 다이어그램을 설계하는 데 사용할 수 있는 상용 및 오픈 소스 도구에는 **StarUML**, **Draw.io**, Umbrello, UML Designer, Altova, Umple, Visual Paradigm, WhitestarUML, GenMyModel, Latino, Diagramo, Astah, BOUML, ConceptDraw, Dia, Sparxsystems, Gliffy, Lucidchart, Magic Draw, Visio,

Modelio, Open ModelSphere, Systems design rhapsody, Reactive Blocks, Software Ideas Modeler 등의 많은 제품이 존재한다. 본 교재는 이 중 StarUML과 draw.io 사용법에 대해 간략히 소개한다.

6.2.4 StarUML

앞서 소개한 바와 같이 UML 상용 및 오픈소스 제품에는 30여 종류가 존재한다. StarUML은 이 중 가장 인기 있는 UML 상용 소프트웨어 제품이다. StarUML은 민첩하고 간결한 모델링을 지원하는 것을 목표로 하는 정교한 소프트웨어 모델링 도구이다. StarUML[2]의 주요 기능은 다음과 같다.

- 다중 플랫폼 지원(MacOS, Windows 및 Linux)
- UML 2.x 표준 준수
- SysML 지원
- 엔티티-관계 다이어그램(ERD)
- 데이터 흐름 다이어그램(DFD)
- 순서도 다이어그램
- 여러 윈도우 기능 제공
- 최신 UX 제공
- 어둡고 밝은 주제
- Retina(High-DPI) 디스플레이 지원
- MacPro Pro의 터치 바 지원
- 모델 중심 개발
- 오픈 API
- 다양한 타사 확장 기능
- 비동기 모델 유효성 검사
- HTML 문서로 내보내기

2 StarUML Documentation, https://docs.staruml.io/working-with-uml-diagrams/class-diagram

StarUML에서 제공하는 상세한 기능과 다이어그램 작성 방법은 그 양이 방대하므로 생략하고, <그림 6.7>의 StarUML Documentation 홈페이지 또는 관련 도서의 참고를 추천한다.

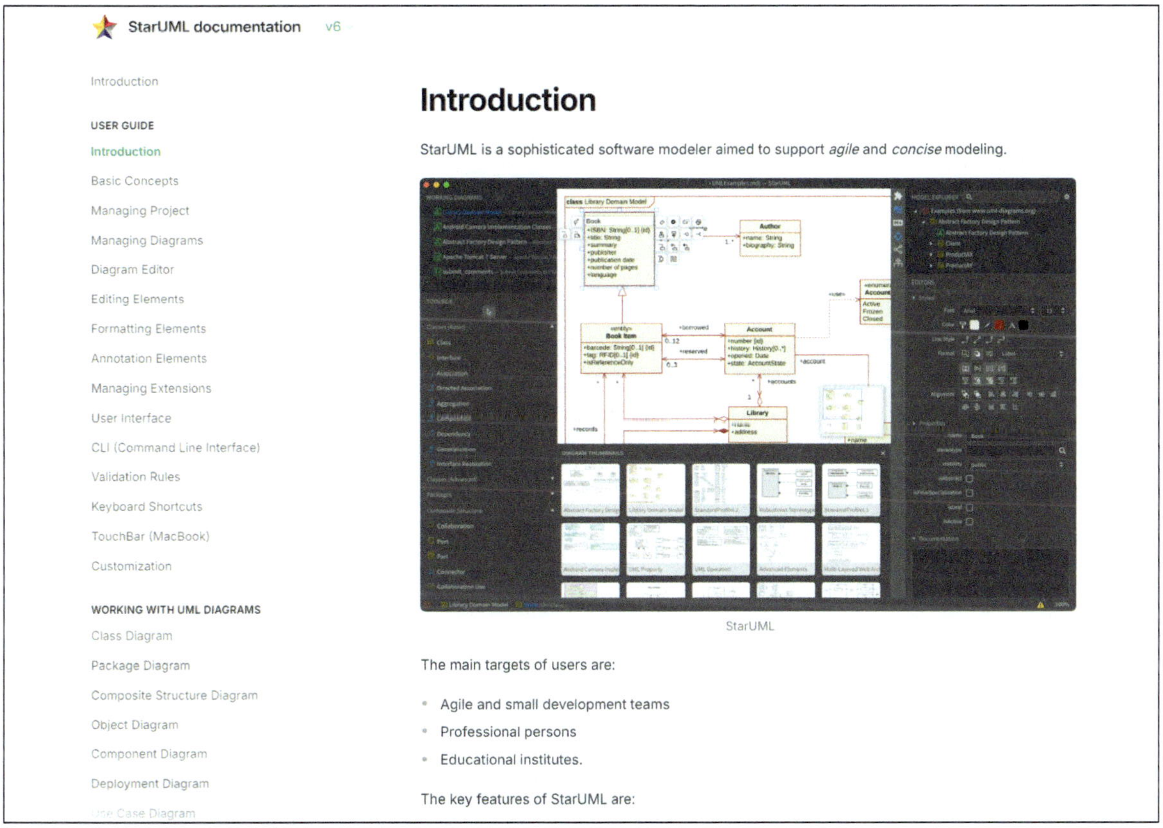

〈그림 6.7〉 StarUML Documentation 홈페이지:
https://docs.staruml.io/working-with-uml-diagrams/class-diagram

아울러 StarUML에서 제공하는 다이어그램에는 <그림 6.7>의 다이어그램과 이외에도 나양한 다이이그램을 제공한다.

6.2.5 Draw.io

이것은 또 다른 UML 도구로서 오픈소스이다. 웹에서 'draw.io'를 타이핑 하면 무료로 사용할 수 있으며, 그 기능도 아주 다양한다.

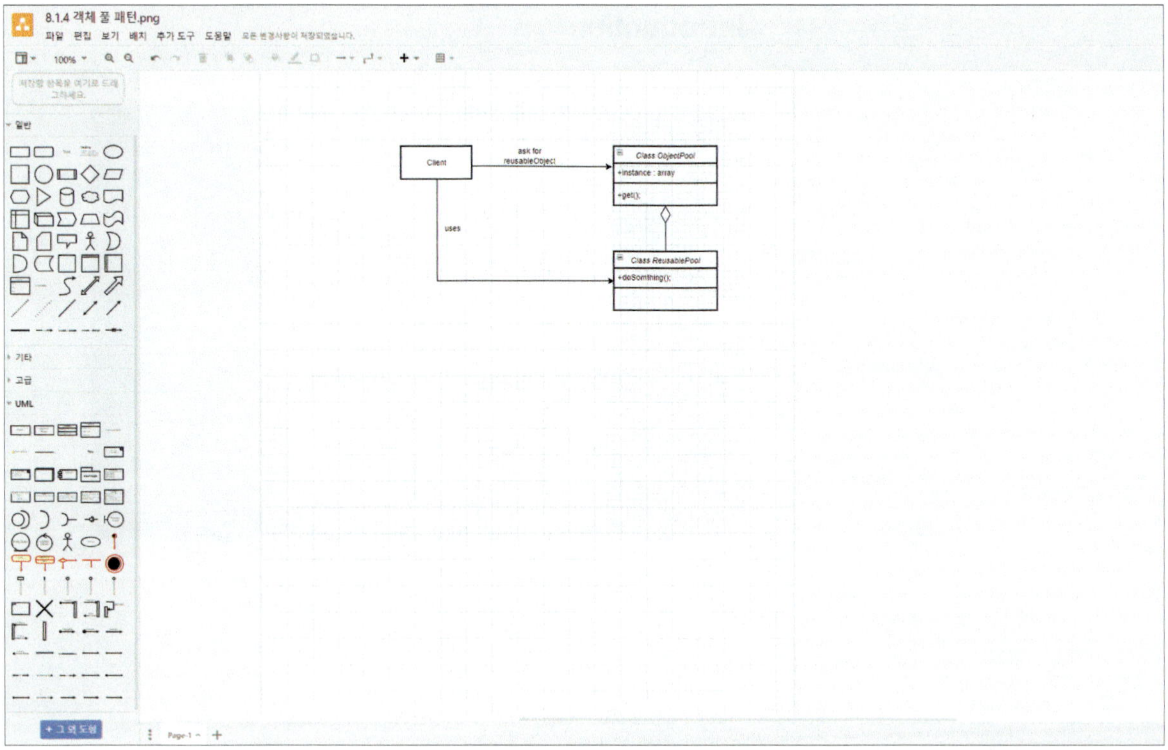

6.3 기능 모델링 - 사용사례 다이어그램

소프트웨어 시스템 개발에서 기능 모델링(functional modelling)은 사용자 관점에서 시스템의 기능을 설명하기 위한 도구로 표현된다. 이를 위해 **사용사례(Use-Case)**는 시스템 분석에서 시스템 요구사항을 식별하고, 명확하게 하고, 정리하는데 사용되는 방법이다. 사용사례는 특정 환경에서 시스템의 목표와 관련 시스템과 사용자 간의 가능한 상호작용 순서로 구성된다. 이것은 사용자가 활동을 완료하기 위해 취하는 모든 단계의 기능을 기술하는 문서를 생성한다. 일반적으로 어떤 시스템의 기능 모델은 객체지향 요구사항분석에서 **사용사례 다이어그램**을 통해 UML로 표현한다. 다음은 시스템의 기능 모델링을 위한 사용사례 다이어그램과 이의 구성 요소, 사용사례 다이어그램의 표현 사례, 사용사례 명세 작성법 등을 알아본다.

6.3.1 사용사례 다이어그램

사용사례 다이어그램(Use-Case Diagram)은 시스템에서 제공하는 기능 모델의 청사진으로 사용자와 시스템 간에 가능한 상호작용을 그래픽으로 표현한다. 사용사례 다이어그램은 이해관계자에게 시스템의 의도를 보다 단순화된 방식으로 전달하며, 단순한 특성으로 인해 이해관계자를 위한 좋은 커뮤니케이션 도구이다. 사용사례 다이어그램은 시스템의 다양한 사용사례와 다양한 유형의 사용자를 보여주며 종종 다른 유형의 다이어그램과 함께 제공된다.

또한 사용사례 다이어그램은 실제 현실 세계를 잘 표현해 주고 이해관계자가 시스템을 어떻게 설계될지 이해할 수 있도록 본보기를 제공한다. 사용사례 다이어그램에서 **사용사례**는 원 또는 타원으로 표시된다. **액터(사용자)**는 흔히 사람모양의 막대 그림으로 표시된다. 이러한 사용사례 다이어그램의 주요 구성 요소와 표기법은 <표 6.1>과 같이 요약된다. 사용사례 다이어그램의 구성 요소는 <기본 다이어그램 요소>와 <사용사례 간의 연관관계 표현 요소>로 구성된다. **기본적인 다이어그램 요소**에는 사용사례, 액터, 직선 등이 있으며, 다음은 이에 대한 상세 설명이다.

- 사용사례(Use Case): 타원(⬭)으로 표시되며 사용사례 이름의 레이블을 지정하여 표시한다. <그림 6.8>에서 학생이 '수강신청', '수강취소' 등과 같이 타원형으로 표시된 것이 수강 신청 관리시스템에 대한 사용사례이다.
  - 사용사례는 시스템에서 제공하는 기능에 대한 설명이며, 특정 행위자에게 어떤 결과를 산출한다는 시스템의 단일 기능을 나타낸다.
  - 사용사례는 시스템이 어떻게 작동해야 하는지를 설명하고, 시스템과 액터(사용자)와의 상호작용을 설명한다. <그림 6.8>에서 학생이 시스템에 회원으로 '로그인, 수강신청', '수강취소', '수강 변경', '수강 조회' 등의 사용사례를 예로 들 수 있다.
  - 사용사례는 다음 단계에서 설계되는 그래픽 사용자 인터페이스(GUI)에서 각 메뉴 또는 서브메뉴와 연결되는 액션이다. 즉 **GUI에서 하나의 메뉴를 선택하면 사용사례의 인스턴스가 실행되는 것**이다. 결과적으로 사용사례 다이어그램에서 모든 사용사례가 파악되면, 사용자 인터페이스 설계에서 사용 시나리오 파악을 도와주는 역할을 한다.

- 액터(actor): 사용사례 다이어그램에서 사람 모양으로 표시되며 액터의 이름이 레이블로 지정된다. 일반적으로 액터의 이름은 해당 액터가 맡은 역할을 표현한다. 예로, 학사관리시스템의 사용자인 '고객', '학생', '시스템 관리자' 등은 액터가 될 수 있다. <그림 6.8>에서 사각형 외곽에 배치된 학생, Personal Information System 및 문자인식시스템의 외부 시스템 등이 수강 신청 관리시스템의 사용자를 뜻하는 액터에 해당한다.
  - 액터란 시스템과 상호작용하는 외부 개체를 표시한다.
  - 액터에는 흔히 시스템에서 어떤 역할을 수행하는 사람(예: 고객, 시스템 관리자)이나 다른 외부 시스템(데이터베이스, 문자 인식시스템 등)이 해당한다.
  - 하나의 사용사례에 두 개 이상의 액터가 관여하거나 공유할 수 있다. 예로, '회원을 등록하다'라는 사용사례에 두 개의 액터 '고객'과 '시스템 관리자'가 동시에 연결될 수 있다는 의미이다.
- 직선: 액터와 사용사례 사이의 화살표 직선은 액터와 소프트웨어 시스템 간의 상호작용을 의미한다. <그림 6.8>의 사용사례 다이어그램에서 액터 '학생'과 사용사례 간에는 직선으로 연결된다. 이 직선은 해당 액터가 시스템의 사용사례를 수행한다는 의미이다.
  - <그림 6.8>에서 액터 '학생'이 '수강 신청, 수강취소, 수강 변경, 수강 조회' 등의 사용사례 사이에는 방향성 있는 직선으로 표시한다.

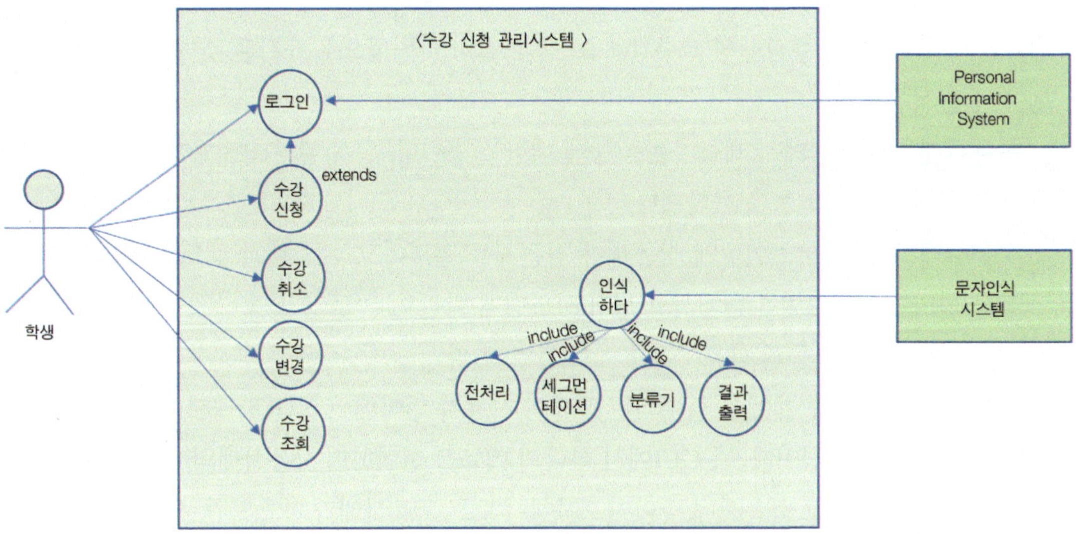

〈그림 6.8〉 사용사례 다이어그램의 예제

- 외부 시스템(a subject boundary): 사각형에 외부 시스템의 이름을 부여하여 표현한다. 현재의 사용사례 다이어그램과 관련 있는 외부 데이터베이스 또는 시스템 등을 나타낸다.
  - <그림 6.8>의 <수강 신청 관리시스템>에서 교직원의 '인사기록 시스템'을 참조하는 경우, 사각형 안에 '인사기록 시스템'을 표현한다. <그림 6.8>에서 시스템 개발에서 외부 시스템 <Personal Information System>을 참조하는 경우, 이 외부 시스템을 사용사례 다이어그램 외부에 사각형으로 배치하여 표현한다. 외부 시스템이란 현재 시스템에서 별도의 다른 시스템을 참조한다는 의미이다. 예로, <그림 6.8>에서 수강 신청 관리시스템은 외부 시스템 <Personal Information System>을 참조한다는 의미이다.

또한 사용사례 간의 연관관계 표현에는 extend 관계, include 관계, 일반화(generalization) 관계 등의 구성 요소가 있다. 그 세부적인 설명은 다음과 같다.

- Extends 관계: 사용사례 사이에 점선으로 화살표로 표시하고 <<extend>>로 레이블을 지정하여 표현한다.
  - 일반적으로 현재의 사용사례에서 예외적이거나 확장 사용사례를 나타내는 데 사용된다. <그림 6.8>의 수강 신청 관리시스템에서 학생은 '로그인하다'는 사용사례를 수행한 다음, 그 이후 교과목의 수강을 '신청하다', '취소하다', '변경하다', '조회화다' 등의 액션을 확장할 수 있다는 의미로서 확장형 사용사례를 사용한다. 그리고 '수강 신청을 취소하다'의 화장형 사용사례는 먼저 '수강 신청하다' 사용사례가 이뤄진 다음, 수강 신청을 취소한다는 확장형 사용사례이다.
  - 또 다른 예로, 자동판매기에서 '물품을 구매하다' 사용사례에는 기계에 잔돈이 없는 것과 같이 자주 발생하지 않는 상황이 발생할 수 있다. 사용사례 '잔돈이 없는 경우'는 자주 발생하지 않지만, 특이사항으로 처리해야 하는 사용사례이다.
  - 메인 사용사례가 호출되는 경우, 확장형 사용사례 중 일부가 호출될 수 있으나 반드시 모든 확장형 사용사례를 호출할 필요는 없다. 예로, <그림 6.8>의 수강 신청 관리시스템에서 학생이 사용사례 '로그인'을 수행하고, 확장형 사용사례인 교과목의 수강을 '신청하다', '취소하다', '변경하다', '조회화다' 등의 액션을 반드시 선택할 필요는 없다. 단지 로그인 이후에 선택적으로 필요에 따라 액션을 선택할 수 있다는 의미이다.
- Include 관계: 사용사례 다이어그램에서 하나의 사용사례가 여러 개의 하위 사용사례를 포함하는

경우 <<include>> 레이블이 지정된 점선 화살표로 표시한다. 이 화살표는 <<extend>> 레이블의 반대 방향이다.

- 이것은 하나의 사용사례가 여러 개의 하위 사용사례로 구성되는 포함 관계(consist-of)를 표현하는 데 사용된다. 예로, 사용사례 '문자인식 시스템'에서 사용사례 '인식하다'는 '전처리하다', '세그먼테이션 추출', '분류하다(문자인식)', '결과 출력' 등의 여러 하위 시스템 사용사례를 포함하는 경우, 메인 사용사례 '문자인식 시스템'은 위와 같은 하위 시스템의 사용사례를 포함하는 <<include>> 레이블이 지정된 점선 화살표로 표시한다.
- 이것은 어떤 시스템에서 하위 시스템의 포함 관계(consist-of)를 표현할 때 사용된다.
- 다른 예로, 수강 신청 관리시스템에서 학생들의 '수강을 신청하다', '개설교과목을 검색하다' 사용사례는 모두 먼저 시스템을 '로그인하다'의 사용사례를 포함한다. 이 경우 '수강 신청하다', '개설교과목을 검색하다'의 사용사례에서 '로그인하다'의 사용사례를 포함 관계가 성립하므로 각각 <<include>> 레이블의 점선 화살표로 표시할 수 있다. 이때 화살표 방향은 '수강 신청하다', '개설교과목을 검색하다'의 사용사례에서 '로그인하다'로 향한다.

• 일반화(Generalization) 관계: 사용사례 다이어그램에서 일반화에는 액터의 일반화, 사용사례의 일반화, 두 개 extend 사용사례 간의 관계, 두 개 include 사용사례 간의 관계 등이 있다.

- **액터 일반화**: 이것은 한 액터가 다른 액터의 역할을 상속할 수 있음을 의미한다. <그림 6.8>에서 사용사례 다이어그램에 참여하는 액터 '학생', '교수'는 공통 성질을 추출하여 상위클래스 '사람'을 정의하고, 이를 상속하는 하위클래스 '학생', '교수'를 정의할 수 있는데, 이를 액터의 일반화라고 한다. 이것은 사용사례 다이어그램에서 액터 간의 상속관계 표현으로 클래스 다이어그램에서 클래스 간의 상위클래스와 하위클래스 간의 상속 관계를 표현하는 개념이다. 예로, <그림 6.8>의 학사관리시스템에서 액터인 '학생', '교수'는 서로의 속성이 거의 유사하므로 새로운 상위클래스 '사람'을 정의하고, 하위클래스 액터로서 '학생', '교수'를 정의할 수 있다. 결국 이것은 다음 단계인 클래스 다이어그램에서 클래스 간의 상위클래스와 하위클래스 간의 상속 관계 식별을 도와주는 역할을 한다.
- **사용사례 일반화**: 이것은 두 사용사례 간에 공통 동작이 있고 각 사용사례에 특정한 특수 동작이 있을 때, 공통 동작을 추출하여 상위 사용사례로 정의하고, 다른 두 개의 사용사례를 하위 사용사례로 정의하는 경우이다. 예로, 은행 관리 시스템에서 '청구서 지불'이라는 사용사례가 있을 때, 이것은 하위 사용사례 '신용카드로 결제하기', '은행 잔액으로 결제하기'로 일반화할 수 있다.

- 두 개 extend 사용사례 간의 관계 & 두 개 include 사용사례 간의 관계: 두 개의 extend 사용사례와 두 개의 include 사용사례 간에도 클래스의 상속관계와 같이 공통 사용사례를 정의하고, 다른 두 개의 하위 사용사례를 정의하는 형태이다.

〈표 6.1〉 사용사례 다이어그램을 표현하는 구성 요소와 표현법

〈기본적인 다이어그램 요소〉:

- 사용사례(Use Case): 타원(⬭)으로 표시되며 사용사례 이름의 레이블이 지정되어 표시된다.
  - 사용사례는 시스템에서 제공하는 기능에 대한 설명이며, 특정 행위자에게 어떤 결과를 산출하는 시스템의 단일 기능을 표현한다.
  - 사용사례는 시스템이 어떻게 작동해야 하는지를 설명하는 것이다. 즉 사용사례는 업무 프로세스를 통해 완료되는 최종 결과물을 나타낸다.
- 액터(actor): 사람 모양으로 표시하며 액터 이름을 레이블로 지정한다. 일반적으로 액터의 이름은 해당 액터가 맡은 역할을 표현한다.
  - 액터란 시스템과 상호작용하는 여러 사람 그룹을 표시한다.
  - 액터는 시스템에서 어떤 역할을 담당하는 사람이나 다른 외부 시스템(데이터베이스, 문자 인식 시스템 등)이 해당한다.
- 외부 시스템: 현재의 사용사례와 관계되는 외부 데이터베이스 또는 시스템을 나타낸다. 외부 시스템은 사각형 안에 외부 데이터베이스 또는 시스템 이름으로 표현한다.
- 직선: 액터와 사용사례 사이의 화살표 직선은 액터와 소프트웨어 시스템 간의 통신을 의미한다.

〈사용사례 간의 연관관계 표현 요소〉:

- Extend 관계: 사용사례 사이에 점선으로 화살표로 표시하고 <<extend>>로 레이블을 지정하여 표현한다. 화살표 방향은 하위 사용사례에서 상위 사용사례 방향의 점선 화살표로 표시된다.
  - 이것은 현재의 사용사례에서 예외적이거나 확장 사용사례를 나타낸다.
  - 메인 사용사례가 호출될 때 확장 사용사례 중 일부가 호출될 수 있지만, 반드시 호출될 필요는 없는 **선택적 조건부 사용사례**이다.
- Include 관계: 사용사례 다이어그램에서 하나의 사용사례가 여러 개의 하위 사용사례를 포함하는 경우 <<include>> 레이블이 지정된 점선 화살표로 표시한다. 이때 화살표 방향은 사용사례에서 하

위 사용사례 방향의 점선 화살표로 표시한다.

- 이것은 하나의 사용사례가 여러 개의 하위 사용사례의 포함 관계를 표현하는데 유용하다. 단, 어떤 사용사례가 수행될 때, **반드시** 수행되어야 하는 하위 사용사례가 있는 경우이다.
- 특히 사용사례 다이어그램에서 include 관계는 어떤 시스템에서 하위 시스템의 포함 관계를 표현할 때 아주 유용하다.

• 일반화(Generalization): 사용사례 다이어그램에서 일반화는 액터의 일반화, 두 개 extend 사용사례 간의 관계, 두 개 include 사용사례 간의 관계, 한 사용사례의 일반화 등이 있다.

- 액터의 일반화: 이것은 한 액터가 다른 액터의 역할을 상속할 수 있음을 의미한다. 사용사례에서 상위 카테고리와 하위 카테고리의 상속 관계를 표현할 때 하위 사용사례에서 상위 사용사례를 가리키는 화살표가 있는 선으로 표시한다. 이것은 클래스 다이어그램에서 클래스 간의 상위클래스와 하위클래스 간의 상속 관계를 표현하는 것과 유사하다.
- 사용사례의 일반화: 이것은 두 사용사례 간에 공통 동작이 있고 각 사용사례에 특수 동작이 있을 때, 공통 동작을 추출하여 상위 사용사례로 정의하고, 다른 두 개의 사용사례를 하위 사용사례로 정의하는 경우이다.
- 두 개 extend 사용사례 간의 관계 & 두 개 include 사용사례 간의 관계: 두 개의 extend/include 사용사례 간에 '사용사례 일반화'와 유사한 개념이 적용된다.

6.3.2 사용사례 다이어그램 예제: 수강 신청 관리시스템

사용사례 다이어그램은 시스템에서 제공하는 전체적인 기능을 설명하는 도면으로 사용자와 시스템 간에 가능한 모든 상호작용을 알기 쉽게 그래픽 도면으로 그린다. 따라서 사용사례 다이어그램은 이해관계자에게 시스템의 기능을 단순하게 전달하며, 단순한 특성으로 인해 이해관계자를 위한 좋은 커뮤니케이션 도구이다. 이 절에서는 2가지 정보시스템 개발에 대한 사용사례 다이어그램을 그려보자.

■ 사용사례 다이어그램 예제: 〈수강 신청 관리시스템〉

대학의 수강 신청 관리시스템 개발 관련 주요 이해관계자는 학생, 조교, 교수 등이 있다. 각 이해관계자의 요구사항은 <표 6.2>와 같다.

〈표 6.2〉 대학의 수강 신청 관리시스템 개발에서 이해관계자와 그 역할

이해관계자	주요 요구사항
공통	• 모든 사용자는 시스템에 로그인하고 사용한다.
학과	• 학과는 학년별 교육과정을 설계하여 운영하고, 매년 1학기와 2학기마다 필요에 따라 개설교과목을 선정하여 개설한다. • 학과에 설치된 교과목은 학생은 교과목별로 전필, 전선, 교필, 교선, 교직 등으로 개설된다.
학생	• 학생은 개설교과목을 선택하여 수강을 신청한다. 또한 필요에 따라 수강 신청 내용을 변경하고, 취소하고, 검색할 수 있다. • 학생은 학기마다 최대 24학점까지 수강하고, 성적을 부여받는다. • 학생은 교과목별로 전필, 전선, 교필, 교선, 교직 등으로 교과목을 선택하여 수강할 수 있다.
교수	• 교수는 한 학기에 여러 교과목을 강의할 수 있다. 단, 상황에 따라 담당 교과목은 여러 명의 교수자에 의해 팀티칭 될 수 있다. • 교수는 한 학기에 최소 6학점의 책임시수를 강의한다. 단 보직교수는 직책에 따라 다소 차이가 있다. • 교수는 개설교과목에 대해 강의계획서를 기한 내에 입력해야 한다.
조교	• 조교는 매 학기마다 개설교과목을 시스템에 등록한다. • 조교는 학기 초에 개설교과목의 출석부를 출력하여 담당 교수에게 전달한다.

<표 6.2>에서 '학생'의 주요 역할은 다음과 같이 요약된다.

- 개설교과목을 검색한다.
- 개설교과목의 수강을 신청하고, 변경하고, 취소하고, 검색할 수 있다.
- 학생은 강의를 수강하고 성적을 부여받는다.
- 교과목의 성적을 조회한다.
- 원하는 경우 성적표를 출력한다.
- 수강 교과목의 강의를 평가한다.

<표 6.2>에서 '교수'의 주요 역할은 다음과 같다.

- 개설교과목을 강의하거나 팀티칭 할 수 있다.
- 담당 교과목의 강의계획서를 기한 내에 입력한다.
- 강의계획서를 수정, 조회, 출력할 수 있다.
- 교수는 학기말에 수강 학생에게 성적을 부여한다.
- 교수는 담당 교과목의 출석부를 출력할 수 있다.

<표 6.2>에서 '조교'의 주요 역할은 다음과 같다.

- 개설교과목을 시스템에 등록한다.
- 출석부를 출력하여 교수에게 전달한다.

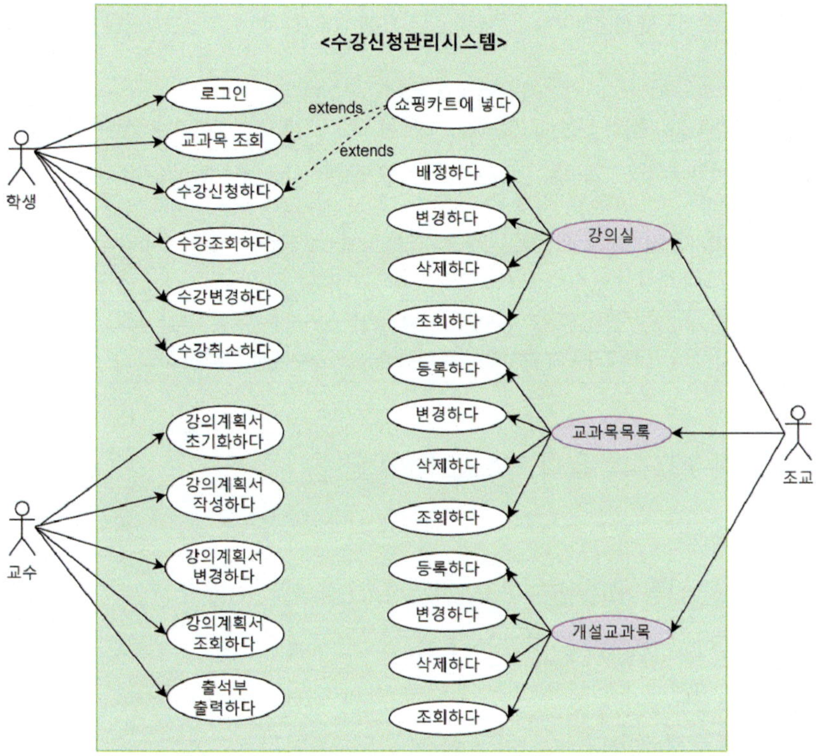

〈그림 6.9〉 수강 신청관리 시스템에 대한 사용사례 다이어그램

위의 수강 신청 관리시스템 개발의 이해관계자와 그 역할에 대해 UML를 이용하여 사용사례 다이어그램을 그려보자. 시스템 관련 이해관계자에는 '학생', '교수', '조교' 등이 식별되고, 각 이해관계자가 수행하는 주요 시스템 사용사례를 표현하면 <그림 6.9>의 사용사례 다이어그램을 얻을 수 있다. 이 과정을 잘 이해하는 것이 중요하고, 여러분도 직접 시스템의 모든 이해관계자를 찾아보고 이해관계자가 시스템에 대해 수행하는 기능을 찾아내어 이를 다이어그램으로 그려보자. <그림 6.9>은 대학의 수강 신청 관리시스템의 기능 모델을 설명하는 사용사례 다이어그램이다.

6.3.3 사용사례 다이어그램 예제: 온라인 쇼핑몰 관리시스템

온라인 쇼핑몰 관리시스템 개발 관련 주요 이해관계자는 고객, 직원, 공급업체, 배송관리시스템 등이 있다. 각 이해관계자의 요구사항은 <표 6.3>과 같이 요약된다.

〈표 6.3〉 온라인 쇼핑몰 관리시스템 개발에서 이해관계자와 그 역할

이해관계자	주요 요구사항
공통	• 모든 사용자는 시스템에 로그인하고 사용한다.
고객	• 고객은 여러 명이 존재한다. • 고객은 한 번에 여러 종류의 물품을 동시에 구매할 수 있고, 같은 물품을 여러 번 반복하여 구매할 수 있다. • 구매 제품은 모두 택배로 배송된다.
직원	• 온라인 매장에는 사무직원, 택배기사, 경영자 등의 여러 직원이 근무한다. • 온라인 매장은 여러 종류의 물품을 준비하여 판매한다. • 경영자는 일별, 주별, 월별, 연별 매장의 매출액, 지출액, 순이익 등의 검색을 원한다. • 같은 물품은 동일 업체로부터 납품받는다. • 회사는 공급업체에게 필요한 물품을 주문하고 납품받으며, 납품금액을 지불한다.
공급업체	• 공급업체는 여러 개가 존재한다. • 한 공급업체는 여러 종류의 제품을 여러 개 동시에 주문받을 수 있다.` • 주문받은 물품은 납품 기간 내에 납품해야 하며, 납품 과정의 품질검사에서 불량품은 개수와 원인을 파악하고 전량 반품된다.
배송관리시스템	• 회사에는 여러 대의 화물차량을 운행하고 있다. • 택배 차량에는 1명의 택배기사를 배정하여 운행한다. • 모든 물품은 정해진 배송 기간에 배달하고, 출발시간과 도착시간을 기록하여 관리한다.

<표 6.3>에서 고객'의 주요 역할은 다음과 같이 요약된다.

- 로그인하고 시스템을 사용한다.
- 판매 제품을 검색하고, 원하는 제품이 있으면 쇼핑카트에 담아 한 번에 결재한다.
- 고객은 구입 제품을 수령하고, 원하지 않는 품질이면 제품을 반품 할 수 있다. 이때 상황에 따라 반품 비용이 발생할 수 있다.

<표 6.3>에서 '직원'의 주요 역할은 다음과 같다.

- 경영자는 일별, 주별, 월별, 연별 총수입액, 총지출액, 순이익 등을 검색한다.
- 경영자는 분기별 세금을 신고하고 일정 금액의 세금을 납부한다.
- 직원은 공급업체에게 필요한 물품을 주문한다.
- 직원은 공급업체로부터 주문한 물품을 납품받는다.

<표 6.3>에서 '공급업체'의 주요 역할은 다음과 같다.

- 공급업체는 주문받은 물품을 납품 기간 내에 납품하고 비용을 지급 받는다.
- 납품 과정의 품질검사에서 물품의 불량품은 개수와 원인을 파악하고 전량 반품된다.

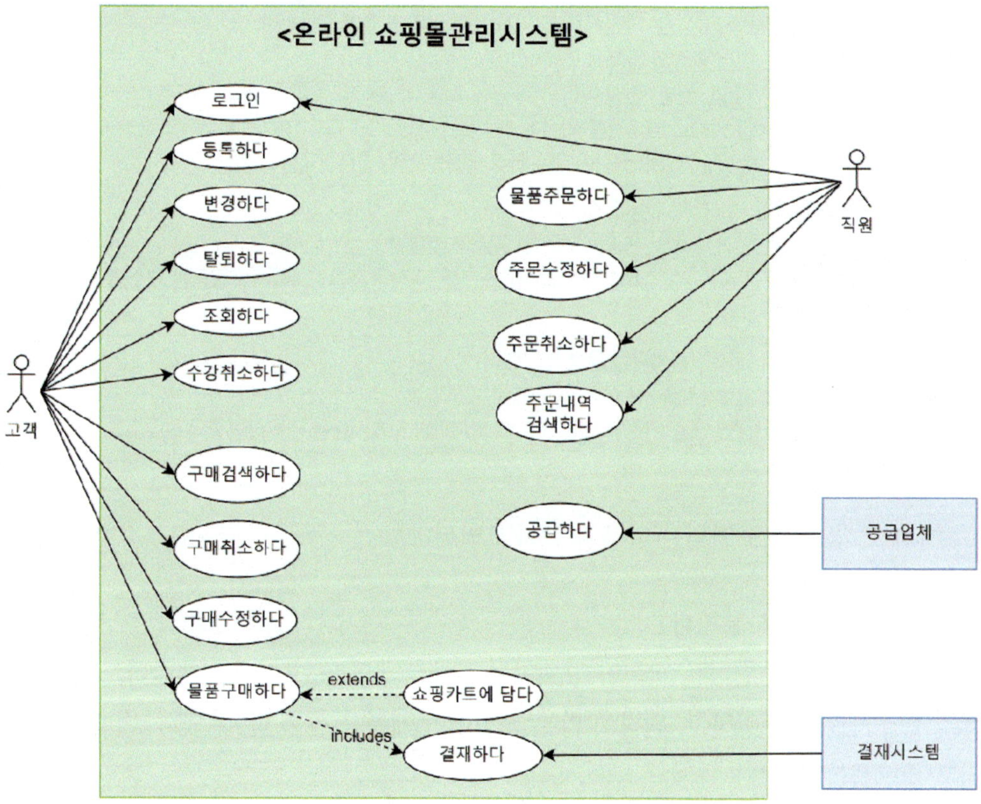

〈그림 6.10〉 온라인 쇼핑몰 관리시스템에 대한 사용사례 다이어그램

<표 6.3>에서 '배송관리시스템'의 주요 역할은 다음과 같다.

- 택배 차량은 지역에 따라 배송 물품을 정해진 기간 내에 배송한다.
- 택배 차량에는 1명의 택배기사를 배정하여 운행한다.

위의 온라인 쇼핑몰 관리시스템의 이해관계자와 그 역할에 대해 UML를 통해 사용사례 다이어그램을 그려보자. 시스템 관련 이해관계자에는 '고객', '직원', '공급업체', '배송관리시스템' 등이 있고, 각 이해관계자가 수행하는 주요 사용사례를 그림으로 나타내면 <그림 6.10>의 사용사례 다이어그램을 얻을 수 있다.

■ Front-end와 back-end의 이해

시스템 개발에서 프런트엔드와 백엔드라는 용어는 소프트웨어의 presentation layer(프론트엔드)과 data access layer(백엔드) 또는 물리 구조 또는 하드웨어 사이의 관심사를 분리하는 것을 의미한다. 뒷부분인 7.2.2절의 클라이언트-서버 모델에서 <그림 7.3>에서 보는 바와 같이 클라이언트는 보통 front-end로 간주하며, 서버는 back-end로 간주하며, 그 개념은 다음과 같다.

- **Back-end 서버**에서 데이터 접근을 담당하는 클래스와 관련 메소드는 Java, C#, Python 등의 프로그래밍 언어로 작성한다. Back-end 서버에서 수행되는 클래스와 관련 메소드는 클래스 데이터의 접근(삽입, 삭제, 갱신, 검색 등) 및 처리기능을 위해 필요한 연산이다. 예로, '학생' 클래스에는 기본적으로 학생 데이터의 '삽입, 삭제, 갱신, 검색' 연산의 메소드와 getInfo(int id), setInfo(int id) 등 처리기능의 메소드가 필요하다.
- **Front-end 클라이언트**에서 수행되는 프로그램은 주로 JSP, PHP, 앱(app) 등의 코드로 작성되며, 주로 사용자 인터페이스 역할을 담당하는 프로그램이다. 클라이언트에서 수행되는 사용자 인터페이스 프로그램은 보통 그래픽 사용자 인터페이스에서 각 메뉴를 선택할 때 수행되는 '사용사례'에 해당한다.
- 여기서 주의할 점은 front-end 클라이언트에서 수행되는 presentation layer 프로그램과 back-end 서버에서 수행되는 데이터 접근용 클래스와 이의 메소드는 모두 유사한 메소드 알고리즘처럼 보인다. 하지만 이들의 용도는 서로 다르다는 사실이다.

6.3.4 사용사례 다이어그램 사용의 이점

단일 사용사례는 시스템이 어떻게 작동해야 하는지를 보여줌과 동시에 프로세스에서 발생할 수 있는 오류를 식별하는 데 도움을 주어 개발자에게 도움을 준다. 이러한 사용사례 개발이 제공하는 이점은 다음과 같이 요약된다.

- 사용사례 작성 프로세스에서 생성된 업무목표 목록은 시스템의 복잡성과 비용을 설정하는 데 사용될 수 있다.
- 사용자와 시스템 모두에 초점을 맞추면 설계 프로세스 초기에 실제 시스템 요구사항을 파악할 수 있는 기초 자료가 된다.
- 사용사례는 주로 시나리오처럼 자연어로 작성되므로 개발자와 테스터 뿐만 아니라 고객, 사용자, 경영진을 포함한 모든 이해관계자가 쉽게 이해할 수 있다.
- 확장 사용사례를 생성하고 성공적인 사용사례 시나리오에 대한 예외적인 사항을 식별하면 복잡한 시스템 요구사항을 더 쉽게 정의할 수 있어 개발자의 시간을 절약할 수 있다.
- 개발자는 사용사례의 설계범위에서 시스템 개발 경계를 식별함으로써 개발범위의 확장과 축소를 방지할 수 있다.
- 사용사례를 통해 시스템이 어떻게 해야 하는지가 아니라 '**무엇을 수행해야하는지**'에 집중함으로서 시스템의 선부른 설계를 막을 수 있다.
- 각 업무 시나리오에 대한 테스트 데이터를 수집하여 사용사례를 테스트 사례로 쉽게 변환할 수 있다. 이러한 기능 테스트 케이스는 개발팀이 시스템의 모든 기능 요구사항이 테스트 계획에 포함되도록 하는 데 도움을 준다.

■ 사용사례(use-case)와 사용자 스토리(user story) 차이점

사용사례와 사용자 스토리는 모두 시스템 사용자를 식별하고 시스템 목표를 설명하는 데 사용된다. 하지만 이 용어는 서로 다른 용도로 사용되므로 서로 혼용할 수 없다. **사용사례**는 나중에 메소드의 알고리즘으로 표현되므로 보다 구체적이며 시스템이 **어떻게 작동할지** 직접적으로 설명한다. 반면에 **사용자 스토리**는 활동의 결과로 설명되는 **프로세스**에 초점을 맞춘 애자일 개발기법의 일부분이다. 따라서 구체적인 사용사례는 종종 사용사례 명세의 문서로 작성되며 개발 목표를 달성하기 위해 시스템과 사용자 간에 발생하는 일련의 상호작용을 표현한다. **사용자 스토리**는 특정 활동을 수행함으로써 얻을 수 있는 이점에 초점을 맞춰 사용자가 시스템과 상호 작용할 때 주로 무엇을 수행할 것인지를 설명한다. 또한 사용자 스토리는 사용사례보다 문서화가 덜 되어 있고 중요한 세부 사항을 의도적으로 간과하는 경우가 많다. 사용자 스토리는 주로 스크럼 회의 중에 질문을 통해 대화를 만드는 데 사용되는 반면, 사용사례는 개발자와 테스터가 사용자의 요청을 충족하기 위해 시스템이 수행해야 하는 모든 단계를 이해하는 데 도움을 준다.

6.3.5 사용사례 명세

사용사례는 시스템이 어떻게 작동해야 하는지를 설명하는 것으로 어떤 업무 프로세스를 통해 완료되는 최종 결과물이다. 일반적으로 이러한 사용사례는 뒷부분의 GUI 설계에서 어떤 메뉴와 연결되어 사용자가 메뉴를 선택하면 실행되고, 사용자에게 그 실행 결과를 전달하는 기능을 수행한다. 결과적으로 하나의 사용사례는 front-end에서 1개의 메소드 형태로 표현되어 GUI의 메뉴와 연결되며, 이를 위해 하나의 사용사례는 1개의 기능을 갖는 메소드 이름과 알고리즘으로 개발된다. 따라서 요구사항분석 단계에서는 각 사용사례에 대한 개략적인 명세 작업을 수행하며, 이를 '**사용사례 명세(Use-Case Description)**'라고 부른다. 이와같이 하나의 사용사례는 뒤에서 설명되는 '**시퀀스 다이어그램 표현 - 이의 알고리즘 표현 - 코딩**' 과정을 거쳐 최종적으로 구현된다.

- 사용사례 다이어그램에서 하나의 타원형은 1개의 사용사례를 나타내며, 이것은 시스템의 front-end 단에서 수행하는 1개의 기능을 표현한다.
- 1개의 **사용사례(use-case)**는 시스템에서 그래픽 사용자 인터페이스(GUI)의 메뉴와 연결되며, 사용자가 메뉴를 선택하면 해당 사용사례 기능이 수행되고 사용자에게 이의 수행 결과를 반환하는 기능을 담당한다.
- 1개의 사용사례는 추후 1개의 메소드 알고리즘으로 개발된다. 따라서 하나의 사용사례는 1개의 메소드 이름과 이의 구현 알고리즘으로 표현되어야 한다.

사용사례 명세 형식은 교재마다 다소 차이가 있을 수 있으나, 일반적인 사용사례 명세는 <표 6.4>와 같이 개략적으로 사용사례 이름, ID, 타입(main or external or include), 중요도(high, medium, low), 주요 사용자와 이해관계자, 개략적이고 순차적인 기능명세(알고리즘), include 또는 extend 사용사례 등을 포함한다. 이러한 사용사례 명세는 뒷부분에서 언급되는 사용사례에 대한 시퀀스 다이어그램과 알고리즘 설계와 직접적으로 연관되며, 이 부분에서 사용사례의 상세한 명세는 뒷부분에 수행하는 시퀀스 다이어그램과 알고리즘 설계를 쉽게 한다. 또한 사용사례 명세에서 사용사례 유형, 타입, 중요도 등은 사용사례에 해당하는 것을 선택하여 표시한다.

〈표 6.4〉 사용사례 명세 템플릿 예제

<table>
<tr><td>Use-Case Name</td><td colspan="2">제품을 구매하다</td><td>ID</td><td>PUR_101</td></tr>
<tr><td>Use-Case Type</td><td colspan="2">Detail or Essential</td><td>Type</td><td>main, include, extend</td></tr>
<tr><td>Important Level</td><td colspan="4">High or Medium or Low</td></tr>
<tr><td>Method Name</td><td colspan="4">purchaseProducts()</td></tr>
<tr><td>Participant Actors</td><td colspan="4">Customer, Employee</td></tr>
<tr><td>Stakeholders</td><td colspan="4">Supplier</td></tr>
<tr><td>Brief Processing Descriptions (Algorithm)</td><td colspan="4">1. 로그인을 클릭한다.
1.1 데이터베이스 커넥터 객체를 생성하고, 데이터베이스를 연결한다.
1.2 새로운 사용자라면, 시스템에 사용자 등록을 완료하고 중복성 검사를 진행한다.
1.3 (username, password)로 데이터베이스 연결을 시도한다. 이때 고객 데이터베이스로부터 입력받은 (username, password)가 유효한지를 검사하고, 로그인한다.
1.4 로그인 실패 시 에러 코드를 반환하고 시스템을 종료한다.
2. Repeat {
2.1 온라인 쇼핑몰에서 고객이 원하는 제품을 탐색한다.
2.2 결제를 원하면, break;
2.3 추가로 원하는 제품이 있으면, 쇼핑 카트에 추가한다.
2.4 } Until (end of choice);
3. 쇼핑 카트에 있는 제품 또는 현재 선택한 제품을 결제한다. 이때 결제 방법은 고객의 선택에 따라 신용카드, 계좌이체 등 여러 방법으로 지불한다.
4. 트랜잭션을 종료한다.</td></tr>
<tr><td rowspan="4">Relationships</td><td>Association</td><td colspan="3">Customer, Product List, Product, Purchase</td></tr>
<tr><td>Include use-cases</td><td colspan="3">Search for goods</td></tr>
<tr><td>Extend use-cases</td><td colspan="3">Shopping cart</td></tr>
<tr><td>Generalization</td><td colspan="3">None</td></tr>
<tr><td>Specific Requirements</td><td colspan="4">구매 대금의 현금 이체는 30분 이내에 처리되어야 한다.</td></tr>
</table>

6.4 구조적 모델링 - 클래스 다이어그램

구조적 모델은 소프트웨어 시스템의 프레임워크를 나타내며, 구조적 모델링은 소프트웨어 시스템의 정적 특징을 구축하는 일련의 과정이다. 구조적 모델링 도구에는 **클래스 다이어그램, 객체 다이어그램, 배포 다이어그램, 패키지 다이어그램, 복합 구조 다이어그램, 컴포넌트 다이어그램** 등이 사용된다. 이 중 **클래스 다이어그램**은 시스템의 구조적 모델 표현에 가장 널리 사용되는 다이어그램이다. 이 장은 구조적 모델링 도구인 클래스 다이어그램을 이용한 클래스 모델링에 초점을 둔다. 추후 대형 시스템의 경우, 필요에 따라 패키지 다이어그램, 컴포넌트 다이어그램, 배포 다이어그램 등의 구조 모델링에 의한 소프트웨어 아키텍처 설계가 필요하다. 여기서 구조 모델은 시스템의 동적 동작을 설명하지 않으며, 시스템의 동작 모델링은 추후 행위 모델링 부분에서 설명할 것이다.

6.4.1 클래스 다이어그램의 구성 요소

소프트웨어공학에서 **클래스 다이어그램**은 소프트웨어 시스템의 클래스, 속성, 연산(또는 메소드), 객체 간의 관계(relationship)를 표시하여 시스템의 구조를 설명하는 정적 구조 다이어그램의 한 유형이다. 클래스 다이어그램은 객체지향 모델링에서 문제 해결을 위한 개념 모델링과 데이터 모델링을 위해 사용된다. 클래스 다이어그램에서 클래스에는 애플리케이션의 주요 요소, 상호 작용 및 구현할 클래스를 모두 포함한다. 다이어그램에서 한 개의 클래스는 클래스 이름, 속성, 관련 연산의 3개 멤버로 구성되며 하나의 사각형으로 표시한다. 하나의 클래스는 <표 6.5>와 같이 다음의 세 가지 요소로 구성된다.

〈표 6.5〉 '학생' 클래스 표현의 예제

Class 학생(Student)

private String id; // 학번
private String name; // 성명
private String address; // 주소
private String tel; // 전화번호
private int dno; // 소속학과

public:
int insert();
int delete();
int update();
String retrieve();
String getName(String id);
String getAddress(String id);
void setName(String id, String name);
void setAddress(String id, String address);

- 클래스 이름: 맨 위 영역에는 클래스 이름을 포함하며, 클래스 이름은 첫 글자는 대문자로 표시한다. 예로, '학생' 클래스의 경우 'Class 학생(Student)'으로 표시한다.

- 속성: 두 번째 영역에는 클래스의 속성을 포함하며, 첫 글자는 소문자로 표시한다. 예로, '학생' 클래스를 기술하는 속성은 '학번, 성명, 주소, 전화번호, 소속학과' 등의 항목으로 표현된다. 속성의 접근 제한자는 private, protected, public 유형이 있다. 일반적으로 속성의 접근 제한자는 private를 사용하여 클래스 내부 속성의 접근을 제한한다. 반면 접근 제한자 protected는 C 언어에서 정적 변수 선언에 대응되고, public은 C 언어에서 글로벌 변수 선언과 대응한다.
- 연산: 맨 아래 영역에는 클래스에서 실행하는 메소드를 포함하며, 연산(또는 메소드)의 첫 글자는 소문자로 표시하고, 계속하여 의미 전달에 유용하게 대문자로 연결하여 표현한다. 예로, '학생' 클래스의 속성 처리에 필요한 연산에는 기본적으로 학생 데이터의 '추가, 삭제, 갱신, 검색' 등이 포함되며, 이외도 학생의 성명 검색, 주소 검색, 소속 학과 검색 등의 많은 연산이 추가될 수 있다.

구조적 모델링은 위와 같이 시스템 설계 단계에서 문제 해결에 필요한 여러 클래스를 식별하고 클래스 다이어그램에서 함께 그룹화하여 클래스 간의 정적 관계를 표현하는 데 사용된다. 클래스 다이어그램은 대표적인 구조적 모델링 표현 도구이다.

6.4.2 클래스 간의 관계 유형

클래스 다이어그램은 또한 문제 해결에 필요한 클래스 간의 **관계(relationships)** 표현에도 사용한다. 구조적 모델링의 클래스 다이어그램에서 관계는 클래스 간의 논리적 연결을 표현하며, 클래스 간 관계

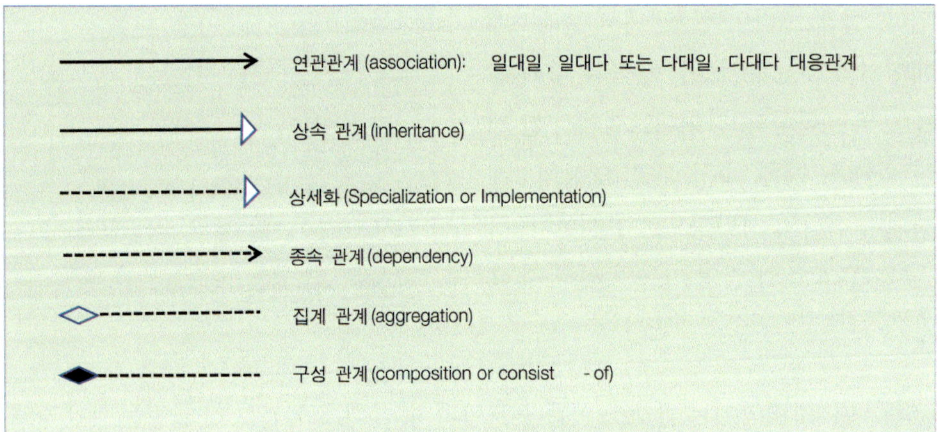

〈그림 6.11〉 클래스 간의 연관관계 유형

에는 연관관계(일대일, 일대다 또는 다대일, 다대다 관계, 1:0~N 관계), 상속(inheritance), 상세화(specialization), 컴포지션(composition), 집계 관계(aggregation), 종속 관계(dependency) 등의 6가지 유형이 있고, 이 관계에 대한 화살표 모양은 <그림 6.11>과 같다.

- 연관관계(Association): 1:1, 1:N or N:1, N:M 관계, 1:0~N 관계
- 일반화(Generalization, is-a)
- 상세화(Specification or Implementation)
- 집계 관계(Aggregation)
- 컴포지션 관계(Composition, consist-of)
- 종속 관계(Dependency)

■ 클래스 간의 연관관계(Association)

연관관계는 클래스 간의 연관성을 보여주는 클래스 다이어그램으로 1:1, 1:N or N:1, N:M, 1:0~N 등의 관계가 있다. 또한 연관관계는 객체 간의 다중성을 정의할 수 있다. 따라서 객체 간의 연관관계는 일대일(1:1), 일대다(1:N) 또는 다대일(N:1), 다대다, 1:0~다 관계를 정의할 수 있다. 예로, '관리자'와 '직원' 간의 연결 관계는 여러 직원이 한 명의 관리자와 연결될 수 있고, 또한 한 명의 직원은 여러 관리자와 연결될 수 있다. 다음은 각 연관관계를 정의하고, 예를 들어 설명한다.

- 일대일(1:1) 관계

  클래스와 클래스 간에 일대일 대응 관계이다. 이 유형의 연결은 하나의 객체가 다른 객체 하나에만 연결되거나 그 반대의 경우도 마찬가지인 경우이다. 예로, '학생' 클래스와 '이력 정보' 간의 관계는 서로 일대일 대응 관계를 갖는다. 이것은 한 학생은 하나의 이력 정보를 갖는다는 의미이다. 어떤 의미에서 일대일 대응 관계는 두 개의 클래스를 하나의 클래스로 합쳐도 무방하다. 단지 특별한 목적을 가지고 두 개의 클래스로 분리하여 사용하는 경우이다. <그림 6.12a>는 일대일 대응 관계이다. 여기서 학생 클래스는 일반적인 학생 신상정보가 포함되고, 학생의 이력 정보는 이따금 사용되므로 데이터 활용 측면에 자주 사용되지 않는 데이터를 분리하여 관리하는 경우 유용한 방식이다.
- 일대다(1:N) 또는 다대일(N:1) 관계

  일대다 대응 관계는 두 개의 클래스 간에 하나의 객체가 여러 개의 객체와 연결되는 대응 관계이다.

일대다 연결에서는 하나의 객체가 여러 개의 다른 객체와 연결되지만 각 객체는 첫 번째 클래스의 인스턴스 하나에만 연결되는 경우이다. <그림 6.12c>는 '학과↔학생'간의 관계는 일대다 대응 관계이다. 여기서 1개의 '학과'에는 여러 명의 '학생'이 존재한다. 반면 한 '학생'은 하나의 학과에만 속하는 경우이다.

▸ 주의할 점은 일대다 또는 다대일 관계는 두 클래스의 위치에 따라 다른 의미로 해석될 수 있다. 예로, '학생↔학과' 간의 관계는 '다대일' 대응 관계이고, '학과↔학생' 간의 관계는 '일대다' 대응 관계로 표현된다. 클래스 다이어그램에서 클래스 위치에 따라 대응 관계가 바뀔 수 있으므로 주의가 필요하다.

• 다대다(N:M) 관계

다대다 연관관계는 하나의 개체가 다른 클래스에 있는 여러 개체와 대응하는 관계이다. 또한 그 역도 성립하는 연결 관계이다. 이진 연결 관계(양쪽 끝이 있는)는 일반적으로 선으로 표시된다. 연결

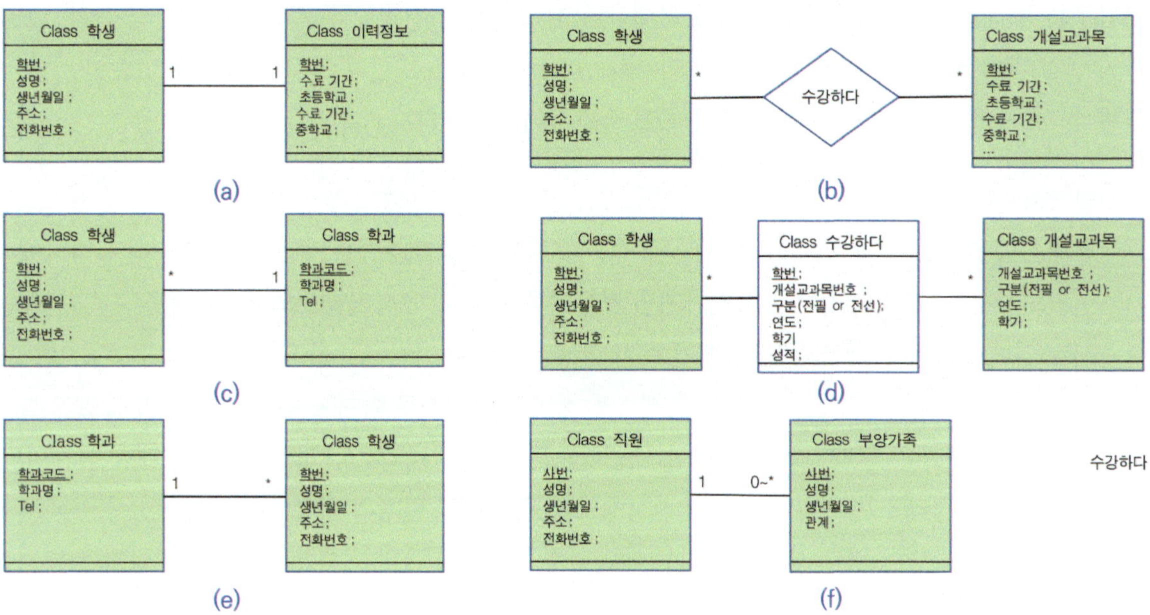

〈그림 6.12〉 클래스와 클래스 간의 기본적인 연관관계 유형:
(a) 일대일; (b) 다대다 관계; (c) 다대일 관계; (d) 다대다 관계; (e) 일대다 관계; (f) 1:0~다 관계

은 여러 클래스를 연결할 수 있다. 링크가 3개인 연결을 **삼진 연결**이라 한다. 이러한 다대다 연결 관계는 반드시 **관계 이름을 지정**하고 연결의 끝에는 역할 이름, 소유권 표시기, 다중성, 표시 여부 및 기타 속성으로 표시한다. 연결에는 양방향, 단방향, 집계(컴포지션 집계 포함) 및 재귀의 네 가지 유형이 있다. 양방향 및 단방향 연결이 가장 일반적인 연결이다.

<그림 6.12b>는 '학생'과 '교과목' 간의 연관관계로서 한 학생은 여러 교과목을 수강할 수 있으므로 '학생↔교과목' 간의 관계는 일대다 대응 관계이다. 또한 한 교과목에는 여러 명의 학생이 수강할 수 있으므로 '교과목↔학생'간의 관계도 일대다 대응이다. 이때 '학생↔교과목' 간의 연결 관계를 다대다(N:M) 관계라고 표현하고, 다대다 대응 관계는 상호 간의 연결 관계에 **'수강하다'**라는 관계 이름을 부여한다. <그림 6.12d>는 개체-관계 다이어그램에서 다대다 관계의 표현이다. 구조적 모델링 단계는 클래스 다이어그램을 설계할 때, **먼저 개체-관계 다이어그램을 설계한 다음, 이를 클래스트 다이어그램으로 변환하여 완성하는 것이 일반적이다.**

또 다른 다대다 관계의 예로서 한 '교수'가 여러 '학과'에 속할 수 있고, 반대로 한 '학과'에 여러 명의 '교수'가 소속할 수 있다면, '교수와 학과' 간의 연결 관계는 다대다 관계에 해당하고, 이 연결 관계에 '소속하다'라는 **새로운 연관관계 클래스**를 생성하여 표현한다.

- 1:0~다(zero to more) 관계

이 관계는 두 개체 간에 약한 연관관계로 하나의 객체가 다른 객체 정보를 갖지 못하면 원하는 정보를 충분히 표현할 수 없는 **약성 개체(weak entity)**이다. 예로, 회사 관리시스템에서 '부양가족(성명, 생년월일, 관계)'은 단독으로 어떤 '사원(사번, 성명, 생년월일, 전화번호, 입사일)'의 부양가족인지를 표현하지 못한다. 이렇게 '부양가족' 클래스는 '부양가족(<u>사원번호</u>, <u>성명</u>, 생년월일, 관계)'으로 '사원의 사번' 속성을 빌려와야 비로소 어느 사원의 부양가족인지가 명확히 표현할 수 있다. 이런 개체 관계를 **약성 연관관계(weak relationship)**라고 한다. 일반적으로 사원과 부양가속 간의 연관관계는 1:0~다의 약성 개체로 잘 알려져 있다. 여기서 약성 개체란 '부양가족' 클래스는 '사원' 클래스의 '사번' 속성을 빌려와 완전한 **강성 개체(strong entity)**가 될 수 있다는 의미이다. 일반적으로 개체는 강성 개체이므로 굳이 강성 개체라고 표현하지 않는다. 이렇게 약한 개체는 별도로 약성 개체로 분리하여 취급한다.

■ 일반화(Generalization): is-a 관계

일반화는 <그림 6.13>과 같이 두 개의 하위클래스부터 공통 성질을 추출하여 새로운 상위클래스(슈퍼클래스)를 정의하고 두 개의 관련 클래스가 하위클래스가 되는 상속 관계 표현이다. 상위클래스는 하위클래스의 일반화로 간주하여 표현된다. 실제로 이것은 하위클래스의 모든 인스턴스가 상위클래스의 인스턴스이다라는 의미이다. 예로, '학생', '교수'의 두 개 클래스가 있는 경우, 이 두 개 클래스의 공통 성질을 추출하여 상위클래스 '사람'을 정의하고 '학생'과 '교수 클래스의 '사람' 클래스의 하위클래스 정의한다. 이렇게 하위클래스의 공통성질을 추출하여 상위 클래스를 정의하는 상속 관계 표현을 **일반화(Generalization, 'is-a' 관계)**라고 한다. 일반화 관계는 객체지향 프로그래밍 언어에서 일반적인 상위클래스-하위클래스 간의 상속 관계를 나타낸다.

일반화 관계의 UML 그래픽 표현은 하나 이상의 하위클래스에서 상위클래스로 연결되는 속이 빈 삼각형 모양의 직선으로 표시한다. 여기서 하위클래스는 '**자식 클래스**', 상위클래스는 '**부모 클래스**'라고도 부른다.

■ 상세화(Specialization)

상세화 관계는 정확히 일반화 관계의 반대 개념이다. 상위클래스를 먼저 추출하고, 이 상위클래스를 상속받는 새로운 하위클래스를 찾아내는 상속 관계 표현이다. <그림 6.13>에서 상위클래스의 공통 성질인 '사람' 클래스를 먼저 정의하고, 이어서 상위클래스의 성질을 상속받는 하위클래스 '학생', '교수'의 두 개 클래스를 찾아가는 방식을 '상세화**(Specialization)**'라고 한다. 상세화 관계의 UML 표현이나 프로그램 구현은 일반화 개념과 동일하다.

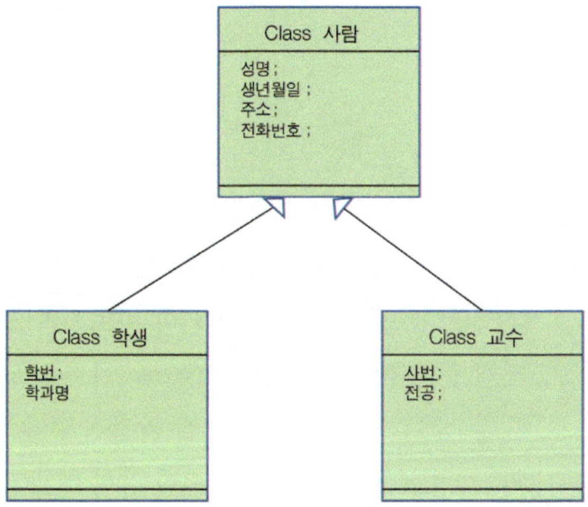

〈그림 6.13〉 클래스의 일반화 관계

■ 집계 관계(has-a 관계)

두 클래스 간의 집계 관계를 보여주는 클래스 다이어그램이다. 집계 관계는 **"has-a"** 연관관계의 표현으로 앞에서 설명한 연관관계의 특별한 경우이다. 예로, '학과'와 '학생'의 경우, 한 학과에는 많은 직원이 있지만 한 명의 직원은 하나의 학과에만 연결되므로 일대일 대응 관계이다. 다른 예로, '교수'는 여러 개의 '개설교과목'을 강의할 수 있다. 집계 관계는 <그림 6.14>와 같이 UML에서 포함하는 클래스에 빈 다이아몬드 모양으로 표시하고 포함되는 클래스에 직선으로 연결한다.

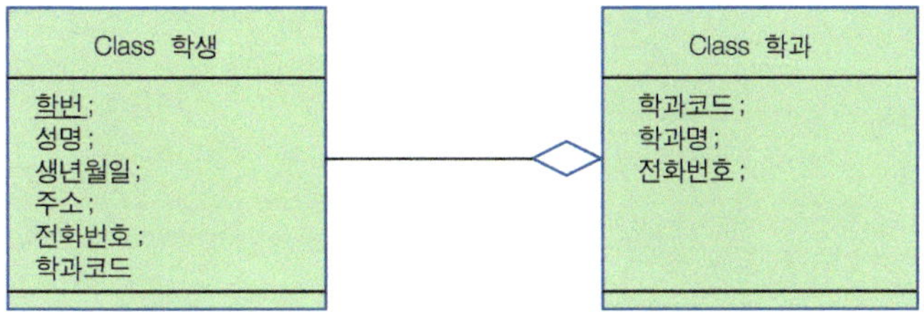

〈그림 6.14〉 클래스의 집계 관계(has-a 관계) 표현

▪ 컴포지션 관계(consist-of 관계)

컴포지션(Composition) 관계는 집계 관계의 특별한 유형으로 '**일대다**' 연관관계와 유사하다. 컴포지션 관계에서 하위 객체는 자체 생명주기가 없고 자식 객체의 수명은 부모 개체의 생명주기에 종속된다. 부모 객체만이 독립적인 생명주기를 갖는다. 부모 객체를 삭제하면 자식 객체는 자동으로 삭제된다. 따라서 컴포지션 관계를 '**a part of~ 또는 consist-of**' 관계로 정의된다. <그림 6.15>에서 '컴퓨터' 클래스는 여러 개의 하위클래스인 'CPU, 메모리, 입출력장치'로 구성된다. 따라서 이 상위클래스-하위클래스 간의 관계를 '**구성관계**'라 한다. 이때 상위클래스인 '컴퓨터' 객체를 삭제하면 관련 하위클래스 모두 자동으로 삭제된다. 하위클래스는 독립적인 생명주기를 가지지 않으므로 상위클래스인 '컴퓨터' 객체(상위 객체)의 생명주기에 종속된다.

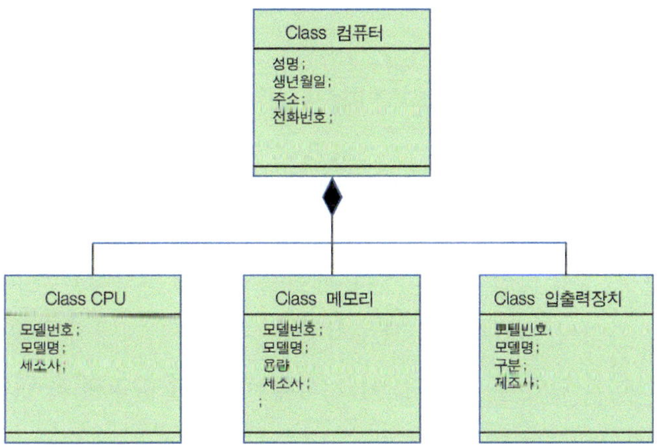

〈그림 6.15〉 클래스의 컴포지션(consist-of 또는 a-part-of) 관계 표현

컴포지션 관계의 UML 표현은 포함하는 클래스와 포함되는 클래스를 연결하는 선의 포함된 클래스 끝부분에 채워진 다이아몬드 모양으로 구성 관계(consist-of)를 표시한다.

<그림 6.16>는 집계 관계와 컴포지션 관계가 동시에 표현된 예제이다.

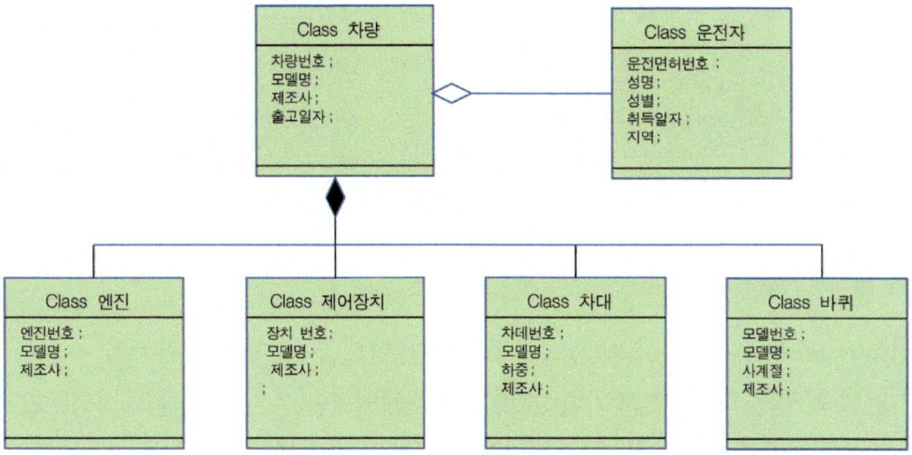

〈그림 6.16〉 집계 관계와 컴포지션 관계가 동시에 표현된 예제

- **종속 관계(Dependency)**

종속 관계는 두 클래스 간에 한 클래스의 구조나 동작이 변경되면 다른 관련 클래스에 영향을 주는 종속성이 존재하는 경우이다. 그 반대의 경우도 마찬가지이다. 종속 관계는 한 클래스가 다른 클래스를 포함할 때 이런 일이 발생한다.

6.4.3 클래스 다이어그램 예제: 수강 신청 관리시스템

이 절에서는 실전 문제인 '수강 신청 관리시스템' 개발을 위한 클래스 모델링을 직접 시도해 보자. 이를 위해 먼저 대학의 '수강 신청 관리시스템' 개발에 대한 요구사항을 분석하고 이를 기반으로 클래스 다이어그램을 그려보자. 먼저 '수강 신청 관리시스템' 개발을 위한 요구사항은 <표 6.6>과 같이 요약된다.

<표 6.6>의 수강 신청 관리시스템 개발의 요구사항을 기반으로 객체지향 모델링을 실행하면 <그림 6.19>의 클래스 다이어그램을 확인할 수 있다. 이의 객체지향 모델링 과정을 단계별로 살펴보면 다음과 같다.

〈표 6.6〉 대학의 수강 신청 관리시스템 개발을 위한 요구사항

이해관계자	주요 요구사항
공통	• 모든 사용자는 시스템에 로그인하고 사용한다.
학과	• 각 학과는 학과별 학년별 1, 2학기의 교육과정을 운영하고 있다. • 각 학과는 매 학기마다 학년별로 개설교과목을 운영한다. • 각 학과는 여러 개의 사용 공간을 사용하고 있다.
학생	• 학생은 개설교과목을 검색하고 수강을 신청한다. • 학생은 본인의 희망에 따라 부전공, 부전공, 융합전공 등을 신청하여 이수할 수 있다. • 학생은 학기마다 최대 24학점까지 수강을 신청하고 강의를 수강할 수 있다. • 학생은 교과목별로 전필, 전선, 교필, 교선, 교직 등의 교과목을 선택하여 수강한다. • 학생은 수강한 교과목의 강의를 평가한다.
교수	• 교수는 한 학기에 여러 교과목을 강의할 수 있다. • 교수는 한 학기에 최소 6학점의 책임시수를 강의한다. 단 보직교수는 직책에 따라 다소 차이가 있다. • 교수는 담당 교과목을 여러 명의 교수자에 의해 팀티칭 할 수 있다. • 교수는 개설교과목에 대해 강의계획서를 입력한다.
교직원(조교)	• 조교는 매 학기마다 개설교과목을 시스템에 등록한다. • 조교는 학기 초에 개설교과목의 출석부를 출력하여 담당 교수에게 전달한다.
교과목	• 교과목은 전필, 전선, 교필, 교선, 직필, 직선 등으로 구분된다. • 교과목은 필요에 따라 계절학기로 하계, 동계 방학 기간에 개설될 수 있다.
사용 공간	• 사용 공간은 용도에 따라 강의실, 연구실, 실습실, 회의실 등으로 구분한다. • 한 강의실 또는 실습실에는 여러 개설교과목을 배정할 수 있다.

- 1단계: 요구사항에서 수강 신청관리에 필요한 운영 데이터로부터 주요 클래스를 식별하면 <그림 6.17>과 같다.
- 2단계: 객체 간의 관계(relationship)를 설정한다. 객체 간의 관계에는 1;1, 1:N 또는 N:1, N:M, 1:0~N, consist of(또는 a-part-of), 상속관계 등의 관계가 있다. 객체 간의 연관 관계는 흔히 '~하다'로 표현되거나 명사로 표현된다. 또한 객체 간의 관계는 모든 객체와 객체 간의 관계가 있는지를 알아보고, 관계 설정의 필요성이 있다면 1;1, 1:N 또는 N:1, N:M, 1:0~N인지를 결정한다. 다음은 모든 객체 간의 관계를 알아본다.
  - **학생 ↔ 학과**: N:M 관계인 '전공하다' (한 학생은 소속학과 이외도 여러 복수 전공할 수 있기 때문이다.)

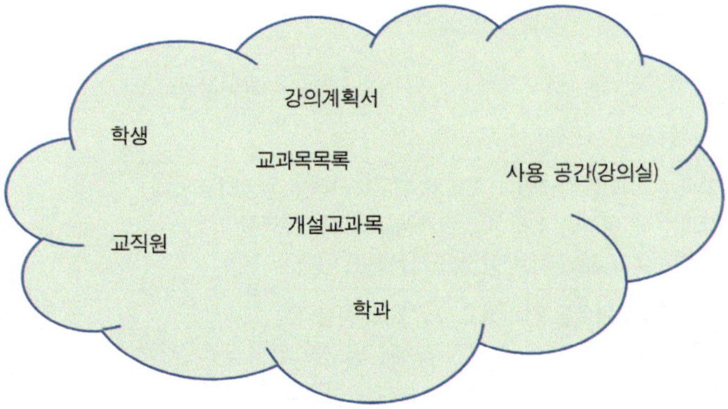

〈그림 6.17〉 수강 관리시스템 개발에 필요한 클래스 추출

- **학생 ↔ 개설교과목**: N:M 관계인 '수강하다' (한 학생은 여러 개의 교과목을 수강할 수 있고, 한 교과목에는 여러 학생이 수강할 수 있기 때문이다.)
- **학생 ↔ 교수**: N:M 관계인 '지도하다' (한 학생은 한 명의 지도교수 관계가 있다. 반면 한 명의 지도교수에는 여러 명의 학생이 소속된다. 따라서 1:N 관계이다. 하지만 흔히 학생의 지도교수는 상황에 따라 변경될 수 있으므로 그 변경 정보를 유지하려면 이것도 N:M 관계로 표현하는 것이 좋다.)
- **교수 ↔ 학과**: N:M 관계인 '소속하다' (한 교수는 여러 학과에 소속할 수 있고, 한 학과에는 여러 명의 교수가 소속되기 때문이다.)
- **교수 ↔ 개설교과목**: N:M 관계인 '강의하다' (한 교수는 여러 개의 교과목을 강의할 수 있다. 또한 한 교과목은 여러 명의 교수에 의해 팀티칭될 수 있다. 따라서 N:M 관계이다.)
- **교수 ↔ 사용 공간**: N:M 관계인 '사용하다' (한 교수는 여러 개의 강의실 또는 연구실을 사용할 수 있다. 하지만 그 공간사용 이력을 보관하려면 N:M 관계로 표현하는 것이 좋다.)
- **개설교과목 ↔ 교과목목록:** N:1 관계 (한 개의 교과목 목록은 매 학기 또는 계절학기에 반복적으로 개설되므로 N:1 관계이다.)
- **개설교과목 ↔ 사용 공간:** N:M 관계인 '배정하다' (한 사용 공간에는 여러 개설교과목이 배정될 수 있고, 한 개설교과목은 여러 사용 공간에 배정될 수 있기 때문이다.)
- **개설교과목 ↔ 강의계획서:** 1:1 관계

• 3단계: 식별된 클래스와 클래스 간의 연관관계에 대해 속성(attributes)을 정의한다. 속성 정의 과정에서 특이사항은 N:M 연관관계는 필요에 따라 속성을 추가할 수 있다는 점이다. '학생'과 '학과' 간

의 관계는 '전공하다(학번, 학과코드, 구분, from, to, 태그)으로 표현될 수 있다. 태그는 주전공, 부전공, 복수전공 등으로 세분된다. 다대다 연관관계의 속성을 정의하면 다음과 같다.

- 전공하다(학번, 학과코드, 구분, from, to, 태그)
- 소속하다(사번, 학과코드, 역할, from, to)
- 수강하다(일련번호, 학번, 개설교과목번호, **연도, 학기**, 구분)
- 강의하다(사번, 개설교과목번호, **연도, 학기**, 요일, from, to)
- 배정하다(개설교과목번호, 강의실번호, 연도, 학기, 요일, from, to)

위의 2~3단계를 요약하면 <그림 6.18>의 E-R 다이어그램을 완성한다.

<그림 6.18>에서 '개설교과목'의 구분은 전필, 전선, 교필, 교션 등의 값을 가진다. 또한 '복수전공하다'의 구분은 부전공, 복수전공, 융합전공 등의 값을 갖는다.

- 4단계: <그림 6.18>의 E-R 다이어그램을 <그림 6.19>의 클래스 다이어그램으로 변환한다. 일반적으로 클래스 다이어그램 설계는 먼저 E-R 다이어그램을 설계한 다음, 이를 클래스 다이어그램으로

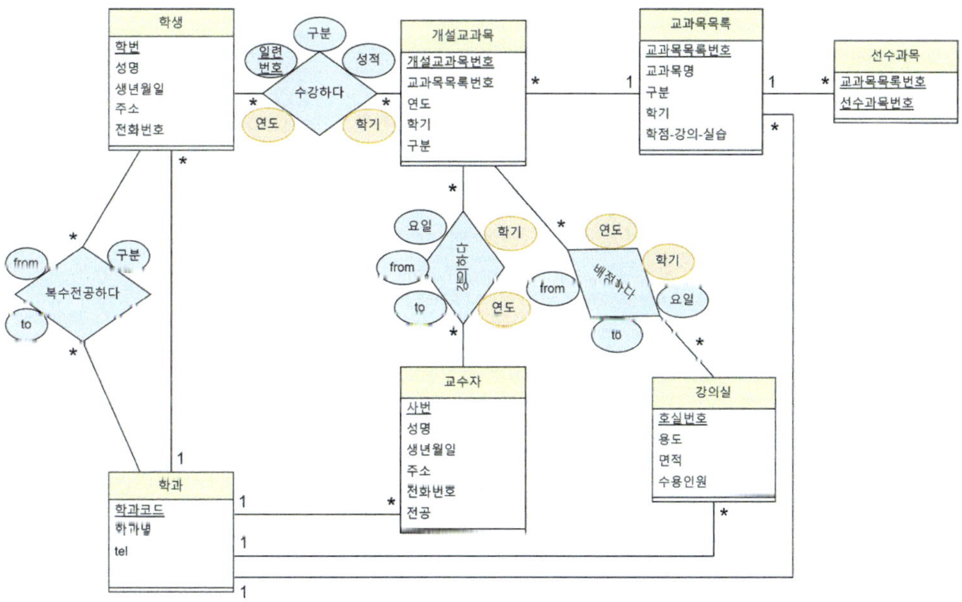

〈그림 6.18〉 수강 신청 관리시스템에 대한 E-R 다이어그램

변환하는 전략을 채택한다. 그 이유는 E-R 다이어그램이 개체 간의 관계를 묘사하는 부분이 더욱 편리하고, 이 E-R 다이어그램을 정제하고 상속 관계를 표현하면 클래스 다이어그램을 생성할 수 있기 때문이다. 예로, <그림 6.18>에서 '학생↔개설교과목' 간의 관계는 다대다 대응 관계로 '학생이 개설교과목을 수강하다'라는 관계로 설명되며 이해하기 쉽기 때문이다.

- **주의**: 구조적 모델링을 진행할 때, 먼저 E-R 모델링에 의한 E-R 다이어그램을 설계한 다음, E-R 다이어그램을 클래스 다이어그램으로 변환하는 전략을 수행한다. 또한 E-R 다이어그램이나 클래스 다이어그램을 그릴 때, 시스템에 미치는 중요도가 높은 클래스를 중앙에 배치하고 주변에 이와 관련 클래스를 배치하면 간결한 다이어그램을 생성할 수 있을 것이다.

- **주의**: <그림 6.19>의 클래스 다이어그램에서 다대다 대응 관계인 '수강하다(takes)'와 '강의하다(teaches)' 관계의 속성 표현에서 학생이 수강 교과목을 자주 검색한다. 학생들은 수시로 수강 교과목이나 성적을 검색하는 연산이 발생한다. 또한 교수들도 수시로 연도별 학기별 강의 교과목 검색이 발생한다. 이와 같이 효율적인 검색과 운영을 위해 **일부 속성(예: 일련번호)을 추가하여 효율적**

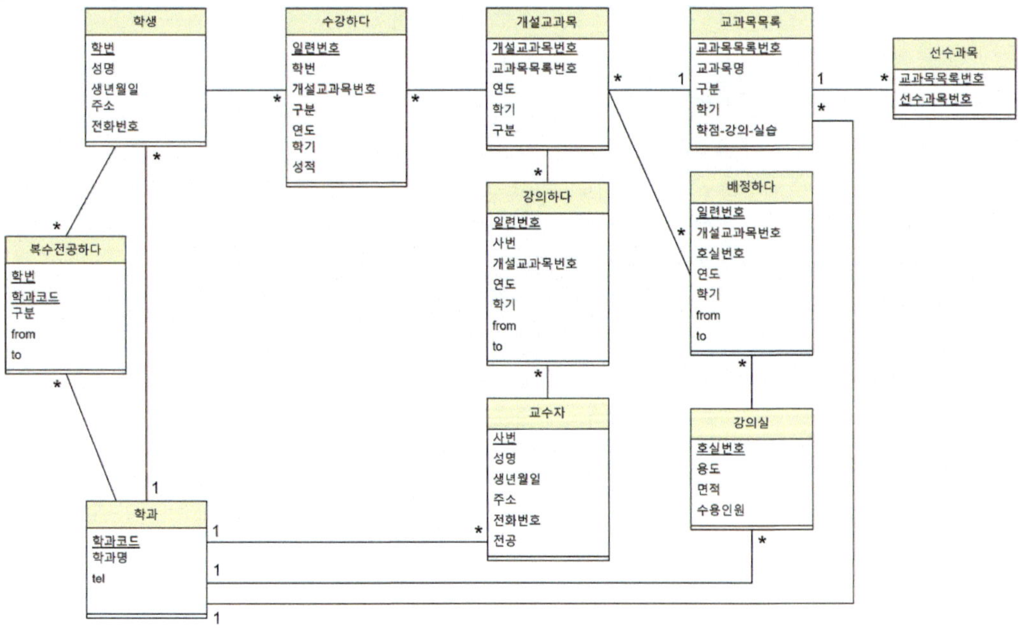

〈그림 6.19〉 수강 신청 관리시스템에 대한 클래스 다이어그램

인 구조적 모델링이 되도록 한다. 이 경우에 부분적으로 데이터 중복이 발생할 수 있다.

- **주의**: 학생과 학과 간의 연관관계는 다대일 대응이며, 또한 일부 학생은 다른 학과의 전공을 부전공, 복수전공, 교직, 융합 전공 등의 선택이 발생하는데 이 경우는 <그림 6.15>와 같이 두 클래스 간에 2개의 연관관계를 정의하는 것이 타당하다.

클래스 다이어그램에서 모든 클래스의 속성은 적절히 표시되었다고 가정한다. 완성된 클래스 다이어그램은 <그림 6.19>와 같으며, 밑줄은 클래스의 기본키(PK)를 나타낸다. 연관관계 '수강하다'에서 어떤 학생은 동일한 교과목을 재수강할 수 있으므로 속성 '일련번호'를 추가하여 관리한다.

6.4.4 클래스 다이어그램 예제: 온라인 쇼핑몰 관리시스템

이번에는 '온라인 쇼핑몰 관리시스템' 개발을 위한 구조적 모델링을 시도해 보자. 먼저 온라인 쇼핑몰 관리시스템 개발에 대한 요구사항을 분석하고 이를 기반으로 E-R 다이어그램과 클래스 다이어그램을 설계해 보자. 먼저 '온라인 쇼핑몰 관리시스템 개발'을 위한 요구사항은 <표 6.7>과 같다.

<표 6.7>의 온라인 쇼핑몰 관리시스템 개발의 요구사항을 기반으로 구조적 모델링을 실행하면 다음과 같다.

- 1단계: 요구사항에서 온라인 쇼핑몰 관리시스템 개발에 필요한 운영 데이터로부터 주요 클래스를 식별하면 <그림 6.20>과 같다.

〈표 6.7〉 온라인 쇼핑몰 관리시스템 개발을 위한 요구사항

이해관계자	주요 요구사항
공통	• 모든 사용자는 시스템에 로그인하고 사용한다.
고객	• 고객은 여러 명이 존재한다. • 고객은 한 번에 여러 종류의 물품을 동시에 구매할 수 있다. • 고객은 구매 금액을 카드 결제 또는 계좌이체를 통해 납부한다. • 구매 제품은 택배로 무료로 배송된다.
직원	• 온라인 매장에는 사무직원, 택배기사, 경영자 등의 여러 직원이 근무한다. • 직원은 매달 급여를 지급 받는다. 또한 분기마다 보너스를 직급에 따라 지급 받는다. • 온라인 매장은 여러 종류의 물품을 준비하여 판매한다.

이해관계자	주요 요구사항
	• 경영자는 일별, 주별, 월별, 연별 매장의 매출액, 지출액, 순이익 등의 검색을 원한다. • 같은 물품은 동일 업체로부터 납품받는다. • 회사는 공급업체로부터 필요한 물품을 주문하고 납품받으며, 주문금액을 지불한다.
공급업체	• 공급업체는 물품마다 여러 개가 존재한다. • 한 공급업체는 여러 종류의 제품을 여러 개 동시에 주문받고 납품할 수 있다. • 주문받은 물품은 납품 기간 내에 납품해야 하며, 납품 과정의 품질검사에서 불량품은 개수와 원인을 파악하고 전량 반품된다.
차량	• 회사에는 배송을 위해 여러 대의 화물차량을 운행한다. • 택배 차량에는 1명의 택배기사를 배정하여 운행한다. • 모든 물품은 정해진 배송 기간에 배달하고, 출발시간과 배송 완료시간을 기록하여 관리한다.

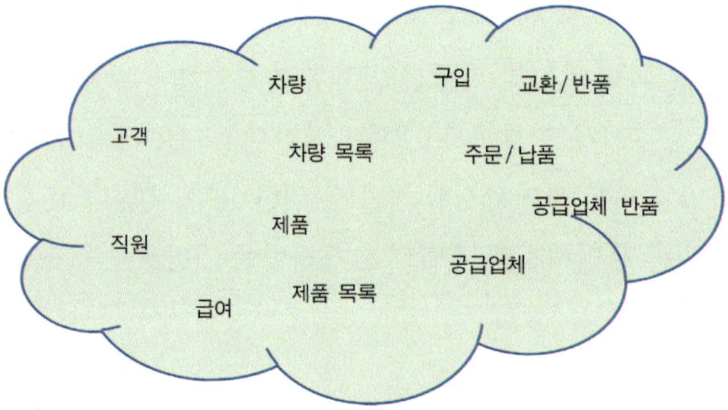

〈그림 6.20〉 온라인 쇼핑몰 관리시스템 개발에 필요한 클래스 추출

- 2단계: 식별된 클래스를 적절히 배치하고 클래스 간의 연관관계와 속성을 정의하면, 최종적으로 <그림 6.21>의 E-R 다이어그램을 얻는다.
- 3단계: 마지막으로 <그림 6.21>의 E-R 다이어그램을 <그림 6.22>의 클래스 다이어그램으로 변환한다.

최종적으로 완성된 클래스 다이어그램은 <그림 6.22>와 같으며, 밑줄은 클래스의 기본키(PK)를 나타낸다. 연관관계 '구입하다'에서 속성 '제품목록번호'는 '주문/납품' 클래스에 있는 '제품목록번호'를 참조한다.

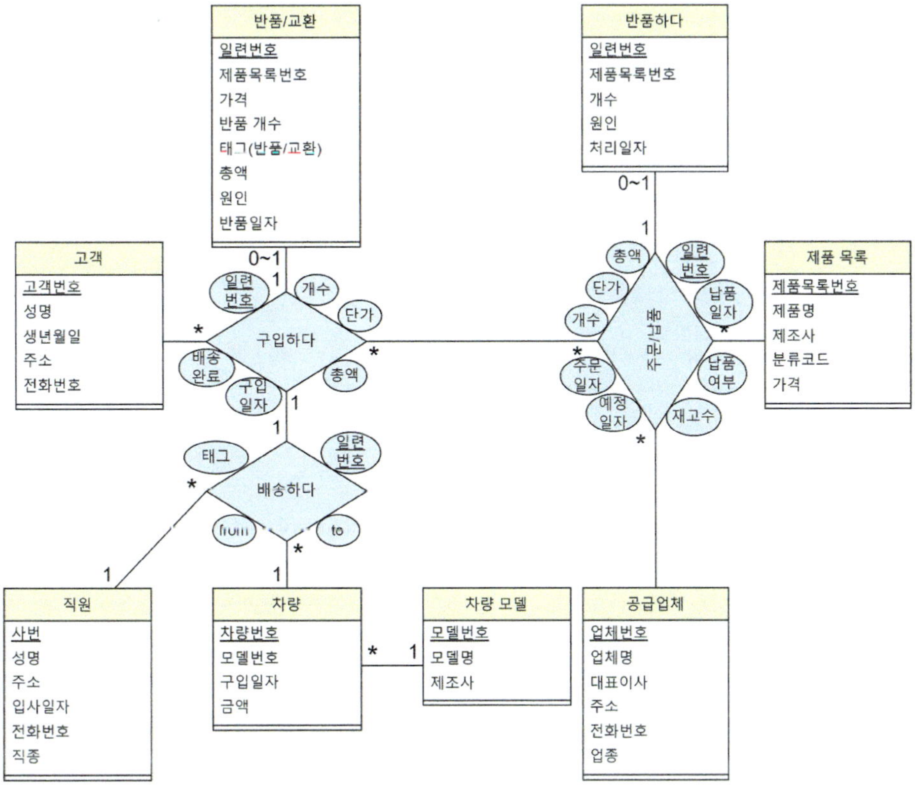

〈그림 6.21〉 온라인 쇼핑몰 관리시스템에 대한 E-R 다이어그램

- 산업현장에서 프로젝트를 수행하려면 요구사항분석에는 클래스 다이어그램을 설계하고, 이에 대한 데이터베이스 스키마 테이블 명세와 클래스 명세가 모두 포함되어야 한다. 그 이유는 여러 명의 개발자가 프로젝트에 참여하는 경우, 서로 간에 클래스와 관련 연산의 인터페이스를 공유해야 하므로 요구사항분석 단계에서 클래스의 설계 내용이 반드시 기술되어야 한다. 단, 본 교재는 목차 구성에서 '**데이터베이스 스키마 테이블 명세**'와 '**클래스 설계**' 부분을 소프트웨어 설계영역에 배치하였으므로 해당 부분을 참조 바란다.

- '제품목록' 클래스에서 속성 '가격'은 〈그림 6.22〉에서 간단히 표현하였으나, 이 부분도 실제 현장에서는 별도의 '가격' 클래스를 두고 '제품목록-from-to-가격' 등의 속성으로 표현한다는 점을 인지 바란다.

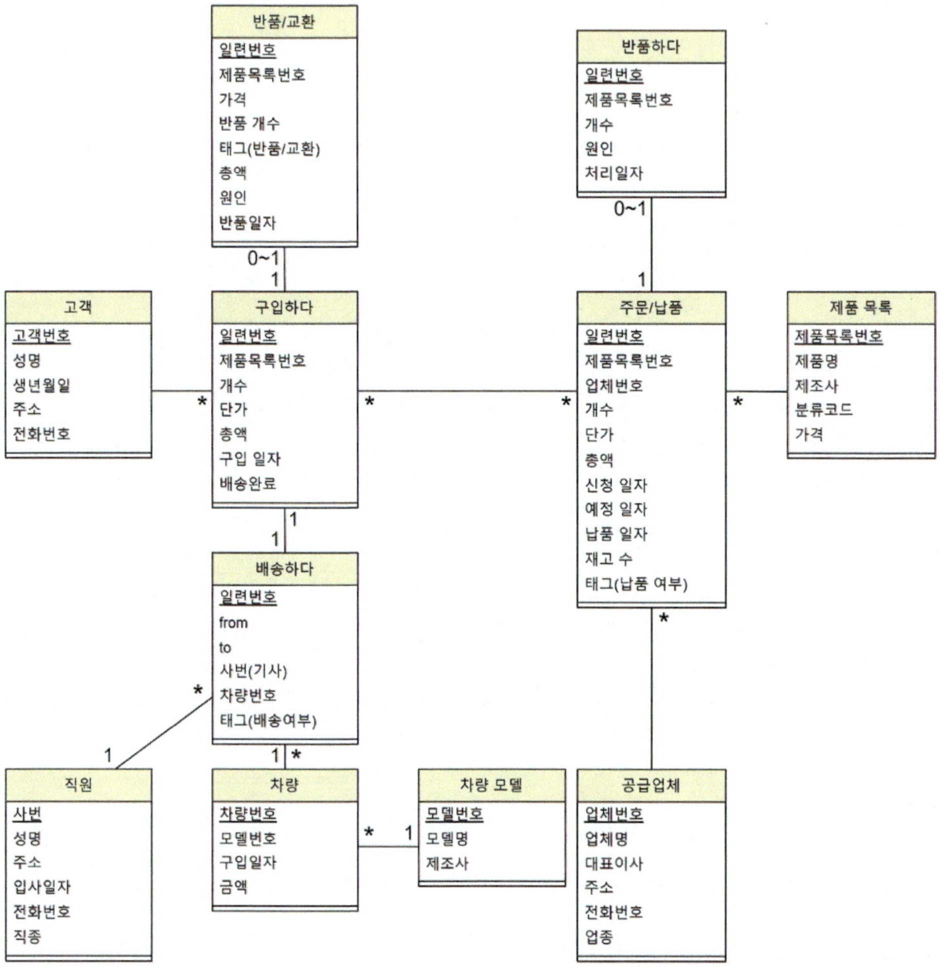

〈그림 6.22〉 온라인 쇼핑몰 관리시스템에 대한 클래스 다이어그램

6.5 동적 모델링 - 시퀀스 다이어그램

동적 모델은 시간에 따른 시스템의 동작을 표현하고 모델링하는데 사용한다. 세부적으로 동적 모델링은 시스템의 작업의 시간과 순서와 관련된 제어 부분을 기술하는 데 사용된다. 이 동적 모델링은 시스템의 시간 의존적인 측면을 나타낸다. 동적 모델링을 표현하는 주요 개념은 다음과 같다.

- 상태: 객체의 생명주기 동안 특정 조건을 갖는 상황이다.
- 트랜지션: 어떤 상태의 변화를 나타낸다.
- 이벤트: 트랜지션을 발생시키는 사건을 나타낸다.
- 액션: 어떤 이벤트로 인해 발생하고 중단되지 않는 기본 연산, 트랜지션의 동시성 연산 등을 수행한다.

동적 모델링을 위한 다이어그램은 크게 상호 작용 다이어그램과 상태 전환 다이어그램의 두 가지로 분류된다. 이 다이어그램은 다음과 같이 다시 세분된다.

▪ 상호 작용 다이어그램

상호작용 다이어그램은 객체와 객체 간의 동적 행위를 나타낸다. 이것은 앞에서 기술한 사용사례의 행위 모델링에 많이 사용되며, 일련의 객체, 객체 간의 관계 및 객체 간에 주고받는 메시지로 구성된다. 따라서 상호 작용은 상호 관련된 개체 그룹의 동작을 모델링한다. 상호작용 다이어그램에는 다음과 같이 두 가지 다이어그램이 사용된다. 본 교재는 사용사례의 알고리즘을 표현하기 위해 사용되는 시퀀스 다이어그램에 초점을 둘 것이다.

▪ 시퀀스 다이어그램(Sequence Diagram)

객체와 객체 간에 메시지 송수신의 시간적 순서의 처리내용을 나타내는 표 형식이다. 이 다이어그램은 여러 객체 간의 동적 동작을 나타내는 데 사용되며, 시간 경과에 따른 실시간 사건 표현에 적합하다.

▪ 협업 다이어그램

점과 호를 통해 메시지를 주고받는 객체의 구조적 구성을 나타낸다. 이 다이어그램은 개체 간의 시간적 관계를 표시하며, 객체의 위치는 UML 클래스 다이어그램의 클래스 위치를 기반으로 한다. 단, 처리 시간은 표현하지 않는다.

▪ 상태 전환 다이어그램

동적 모델은 상태 다이어그램을 사용하여 그래픽으로 표현한다. 따라서 '**상태 모델링**'이라 한다. 상태 모델은 각 클래스에 속하는 메소드 연산에 대해 하나씩 여러 개의 상태 다이어그램으로 구성된다. 상태 다이어그램은 이벤트 및 상태와 연관된다. 이벤트는 외부 기능 활동을 나타내고 상태는 값 개체를 나타낸다. **상태 전환 다이어그램(State Transition Diagram)** 또는 상태 머신은 단일 객체(single object)의 동적 동작(작업내용)을 설명한다. 객체가 생명주기 동안 거치는 상태의 순서, 상태의 전환, 전환을 유발하는 이벤트 및 조건, 이벤트에 따른 응답 등을 표현한다. 이러한 활동 다이어그램은 시스템의 다양한 워크플로가 어떻게 구성되는지, 어떻게 시작되는지, 시작부터 끝까지 취할 수 있는 수많은 의사결정 경로를 보여주는데 사용된다. 또한 일부 활동을 실행할 때 병렬처리가 발생할 수 있는 위치를 설명할 수도 있다. 하지만 각 메소드 연산에 대한 상태 전환 다이어그램은 그 양도 대단히 크고 순서도와 같은 형태로서 실제 자주 사용되지 않는다. 따라서 본 교재는 이에 대한 세부 설명은 생략하고, 시퀀스 다이어그램의 표기법과 이를 이용한 사용사례 표현 방법의 예제에 초점을 둔다.

6.5.1 시퀀스 다이어그램 작성 방법과 설계 대상

시퀀스 다이어그램(Sequence Diagram)은 시스템에서 사용사례의 처리와 관계되는 사용자, 화면, 객체 및 다른 시스템 간의 상호 작용을 표시하는 그래픽 도구이다. 즉 시퀀스 다이어그램은 클라이언트의 front-end에서 실행되는 작업(사용사례)이 수행되는 방식, 즉 어떤 메시지를 언제 보내는지 자세히 설명하는 상호 작용 다이어그램이다. 시퀀스 다이어그램은 **시간 경과에 따른 객체 간 메시지 전달의 순차적 관계의 그래픽 표현**이다. 시퀀스 다이어그램은 흔히 사용사례 시나리오, 즉 사용자가 시스템과 상호 작용하는 방식과 작업을 완료하기 위해 내부적으로 어떤 일이 발생하는지 설명하기 위해 모델의 사용사례와 함께 배치하여 사용사례의 처리 알고리즘을 이해하는 데 도움을 주기 위해 사용한다. 결과적으로 시퀀스 다이어그램을 구성하는 액션은 **front-end 클라이언트에서 동작하는 객체 간에 메소드 전달의 순차적인 표현**을 나타낸다. 아울러 시퀀스 다이어그램의 사용 목적은 다음과 같다.

- 주요 목적은 원하는 결과를 얻을 수 있는 이벤트 시퀀스를 정의하는 것으로 메시지가 발생하는 순서에 집중한다.
- 상호작용 다이어그램의 가장 일반적인 종류이며, 객체 간의 메시지 교환에 초점을 맞추고 있다.
- 객체 간의 상호작용이 발생하는 순차적 순서를 표현하는 데 사용된다.
- 객체가 어떻게 상호작용하는지를 보여줌으로써 현재 비즈니스가 어떻게 작동하는지 전달한다.
- 사용사례 또는 작업 수행의 협업에서 발생하는 상호 작용을 표현하는 데 사용한다.
- 시스템 사용자와 시스템 간, 시스템과 다른 시스템 간 또는 하위 시스템 간의 높은 수준의 상호 작용 표현에 사용한다.

- 시스템에서 활성 객체 간의 높은 수준의 상호 작용 모델링한다.
- 사용사례를 표현하는 협업 내에서 객체 간의 상호 작용의 모델링한다.
- 작업을 실현하는 협업 내 객체 간의 상호 작용을 모델링한다.
- 상호 작용하는 모든 객체(상호 작용을 통해 가능한 모든 경로 표시) 또는 상호 작용하는 특정 객체(상호 작용을 통해 하나의 경로만 표시)를 모델링한다.

■ Front-end 클라이언트와 back-end 서버 아키텍처 이해하기

시퀀스 다이어그램의 설계 대상을 파악하기 위해 클라이언트-서버 구조에서 back-end 서버와 front-end 클라이언트 아키텍처를 이해하는 것이 중요하다. 즉 객체지향시스템에서 back-end 서버에는 어떤 모듈을 개발하여 운영하고, front-end 클라이언트에는 어떤 모듈이 개발하여 운영하는지를 이해하는 것이 필요하다. <그림 6.23>에서 back-end 서버 쪽에는 주로 기본 클래스와 이의 메소드가 개발되어 운영된다. 예로, back-end 서버에는 수강 신청 관리시스템을 구성하는 '학생', '학과,' '교과목', '교수' 등의 기본 클래스와 이의 데이터 접근 메소드를 개발하여 운영한다. 반면에 front-end 클라이언트에는 back-end 서버에서 개발된 클래스 객체 간의 메소드 호출을 순차적으로 표현하는 사용사례(user-case) 알고리즘이 개발되어 사용자 인터페이스를 제공한다. 따라서 back-end 서버에는 front-end 클라이언트의 사용사례 알고리즘 개발에 필요한 기본 클래스와 이의 메소드를 제공하고, front-end 클라이언트에는

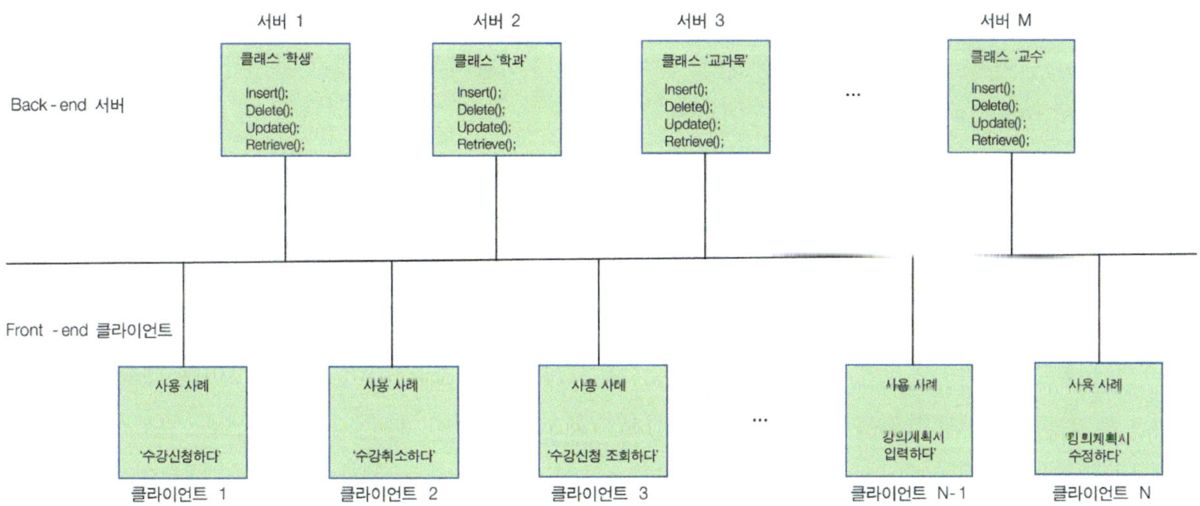

〈그림 6.23〉 Back-end 서버와 front-end 클라이언트 아키텍처

시스템의 사용사례의 사용자 인터페이스를 제공하는 역할을 담당한다. 결과적으로 front-end 클라이언트의 사용사례는 시스템의 그래픽 사용자 인터페이스의 메뉴에 연결되어 동작한다.

시퀀스 다이어그램에서 사용하는 주요 심볼과 그 역할은 <표 6.8>과 같으며, 개략적인 주요 요소는 다음과 같다.

- 사용사례에 참여하는 사용자(또는 액터), 화면, 객체와 클래스: 이것은 이미 클래스 다이어그램에서 식별된 객체 또는 클래스이다. 특히 시퀀스 다이어그램에 작용하는 객체는 클래스 다이어그램에 있는 클래스의 객체들이다.
- 이벤트: 이벤트에는 항상 발신자와 수신자가 있다.
- 동적 모델링 결과로 새로운 객체가 생성될 수 있다.
- 수평축(가로)에 상호 작용하는 객체를 배치하고, 수직축(세로)에 시간 축을 구성한다.
- 시퀀스 다이어그램은 시간에 따라 페이지 아래로 내려갈수록 시간이 진행되는 것을 나타낸다. 작업에 관련된 객체는 메시지 호출에 참여하는 시점에서 왼쪽에서 오른쪽으로 나열된다.

시퀀스 다이어그램은 시간이 지남에 따라 상호 작용하는 요소를 보여주며, 시퀀스 다이어그램에서 일반적인 **배치 가이드라인**은 다음과 같다.

- 첫째 열: 사용사례를 시작하는 액터(actor)를 배치한다.
- 둘째 열: 경계 객체(boundary object)가 배치된다. 경계 객체는 주로 현재 시스템과 연관되는 다른 외부 시스템이다. 예로, 학생의 수강 신청 관리시스템의 사용사례에서 메인 메뉴시스템, 교직원 인사관리시스템 등이 외부 시스템으로 연관될 수 있다.
- 셋째 열: 다른 사용사례를 관리하는 제어 객체가 배치된다.

다이어그램의 수평축(열)에는 상호 작용하는 객체를 배치하고, 수직축(세로)에는 시간 축을 구성하여 객체와 객체 간에 시간 흐름(위에서 아래로)에 따라 상호 작용의 내용을 표현한다.

▸ **Front-end 클라이언트에서 실행되는 모든 사용사례는 시퀀스 다이어그램을 그리는 대상이다.** 예로, <표 6.8>에서 학생을 '등록', '삭제', '갱신', '조회'와 같은 기본 클래스의 메소드 알고리즘은 비록 간단한 사용사례이지만 사용자 인터페이스에서 메인메뉴 '학생 관리'의 하위 메뉴인 '등록, 삭제, 갱신, 조회'에 연결되므로 시퀀스 다이어그램을 그리는 대상이다.

〈표 6.8〉 시퀀스 다이어그램에서 사용한 심볼과 그 역할

대상	역할	심볼
액터(사용자)	주체와 상호 작용하는 주체가 수행하는 역할 유형(예: 신호 및 데이터 교환 등) 예로, 시스템의 사용자, 외부 하드웨어 또는 기타 주체가 될 수 있음	
생명선	생명선은 상호작용의 개별 참가자가 영향을 미치는 시간 범위를 점선으로 나타낸다.	
활성화	생명선 위의 얇은 직사각형은 해당 요소의 작업 수행 기간을 나타낸다. 직사각형의 위쪽과 아래쪽은 각각 시작 및 완료 시간의 기간을 표현한다.	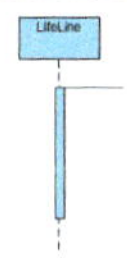
메시지 호출	메시지는 상호 작용의 생명주기 동안 호출하는 특정 통신을 정의한다. 즉 메시지 호출은 해당 생명주기에 동작하는 메시지이다. 일반적으로 어떤 클래스의 메소드 호출이 된다.	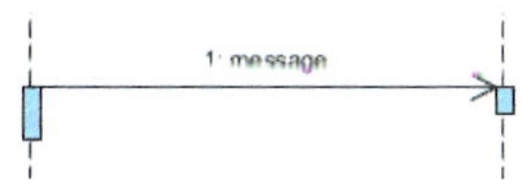
반환 메시지	반환 메시지는 해당 이전 메시지의 호출자에게 응답 정보를 다시 전달하는 일종의 메시지이다.	
셀프 메시지	셀프 메시지는 같은 생명주기의 메시지를 호출하는 일종의 메시지이다.	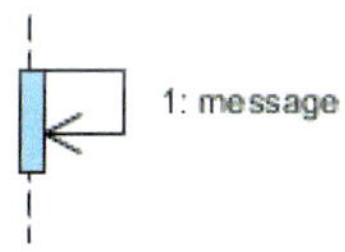
재귀적 메시지	재귀 메시지는 동일한 생명주기의 메시지 호출을 나타내는 일종의 메시지이다.	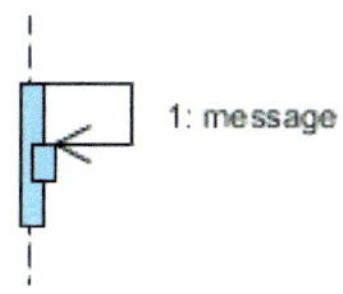
메시지 생성	메시지 생성은 (대상) 생명주기의 인스턴스화를 나타내는 일종의 메시지이다.	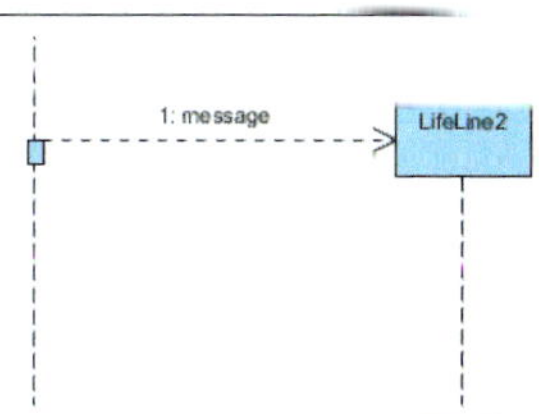
메시지 삭제	메시지 삭제는 대상 라이프라인의 생명주기를 파괴하라는 요청하는 일종의 메시지이다.	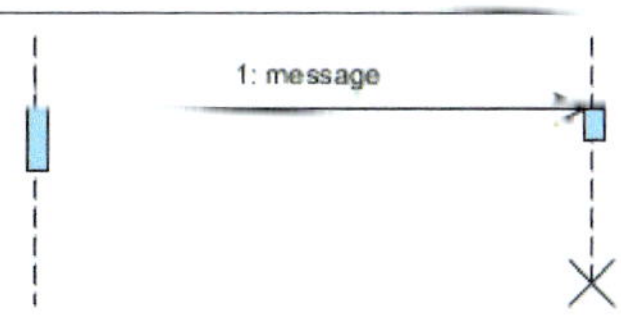

6.5.2 사용사례 '학생을 등록하다'에 대한 시퀀스 다이어그램

이 사용사례는 수강 신청 관리시스템에서 하나의 '학생' 클래스만 관계되므로 시퀀스 다이어그램 설계는 아주 간단하다. 이에 대한 시퀀스 다이어그램의 설계과정은 다음과 같다.

- 먼저 시퀀스 다이어그램에 참여하는 객체를 찾아보자. 여기에는 '등록을 담당하는 '직원', 해당 '학생' 클래스 2개와 관계된다.
- 연산의 처리 순서는 다음과 같다. 등록을 담당하는 직원이 '로그인' 메뉴를 클릭하여 로그인(id, pwd)하여 유효성을 검사한다. 검사 결과 문제가 없으면, 다음을 진행한다.
- 담당 직원은 새로운 학생(id)를 '학생' 데이터베이스에 존재하는지 검사한다. 기존의 학생 데이터베이스에 존재하지 않으면 다음을 진행한다.
- 시스템에 신규 학생의 정보를 입력받고, 신규 학생 정보가 유효한지를 검사하고 저장한다.
- 반환 코드를 확인하고 에러가 발생하면 에러 코드를 반환하고 시스템을 종료한다.
- 정상적으로 시스템을 종료한다.

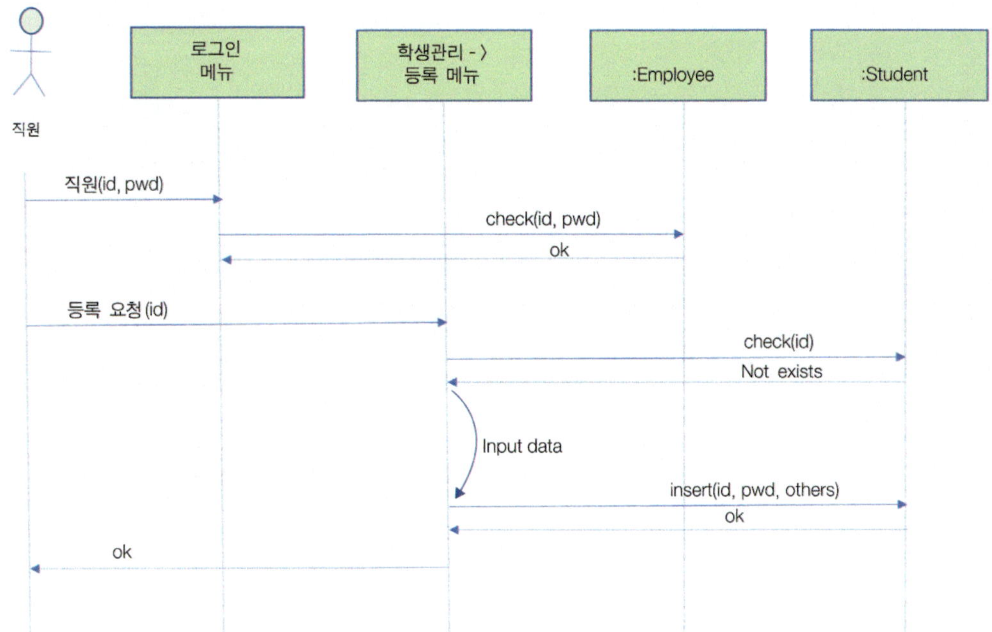

〈그림 6.24〉 사용사례 '학생을 등록하다'에 대한 시퀀스 다이어그램

최종적으로 수강 신청 관리시스템에서 '학생을 등록하다'의 사용사례에 대한 시퀀스 다이어그램은 <그림 6.24>와 같다. <그림 6.24>에서 단순형 사용사례에 대한 시퀀스 다이어그램은 비교적 간단하므로 굳이 다이어그램을 그리지 않아도 쉽게 알고리즘 기술이 가능하므로, 시퀀스 다이어그램을 생략하고 직접 알고리즘 명세 또는 설계를 진행할 수 있을 것이다.

- <그림 6.24>의 시퀀스 다이어그램은 비교적 간단한 예제로서 front-end 클라이언트에서 실행되는 시퀀스 다이어그램의 액션은 주로 상단에 위치하고 back-end 서버에서 운영되는 클래스의 메소드들의 순차적 실행으로 기술된다는 것을 알 수 있다. 단지 하나의 시퀀스 다이어그램 연산은 JSP, HTML 5.0 프로그램과 back-end 서버에서 운영되는 클래스의 메소드들로 구성된다. 특히 <그림 6.24>의 시퀀스 다이어그램은 단지 2개 클래스 'Employee'와 'Student'으로 표현되므로 단순한 예제이다.

6.5.3 사용사례 '수강 신청하다'에 대한 시퀀스 다이어그램

사용사례에는 복잡도에 따라 단일 객체에서 처리하는 단순형 사용사례와 여러 객체 간의 상호 작용을 표현하는 복합형 사용사례로 구분할 수 있다. 이 절에서는 단순형 사용사례와 복합형 사용사례를 하나씩 시퀀스 다이어그램을 그려보자. 그리고 단순형 사용사례의 시퀀스 다이어그램은 비교적 간단하므로 굳이 시퀀스 다이어그램을 도시하지 않아도 사용사례의 알고리즘을 쉽게 파악할 수 있음을 알 수 있을 것이다. 따라서 단순형 사용사례는 작접 알고리즘 명세 또는 설계를 시도하는 것이 타당하며, 복잡한 복합형 사용사례의 시퀀스 다이어그램 표현에 집중하는 것이 좋을 것이다.

사용사례 '수강 신청하다'에 대한 시퀀스 다이어그램의 설계 과정은 다음과 같다.

- 먼저 시퀀스 다이어그램에 참여하는 객체를 찾아보자. 여기에는 '등록을 원하는 학생', '학생' 데이터베이스의 2개 객체가 있다.
- 연산의 처리 순서는 다음과 같다. 먼저 등록을 원하는 학생은 '로그인' 메뉴를 클릭하여 (id, pwd)를 입력하여 시스템에 로그인한다. 로그인이 성공하면 다음을 진행한다.
- 메뉴 '수강신청관리 → 수강신청' 메뉴를 클릭하다. 그리고 소속학과에서 개설교과목을 검색한다.
- 수강을 원하는 개설교과목이 있으면 쇼핑 카트에 담아 저장한다.
- 바로 이전 과정을 반복하여 수강을 원하는 개설교과목을 선택한다.

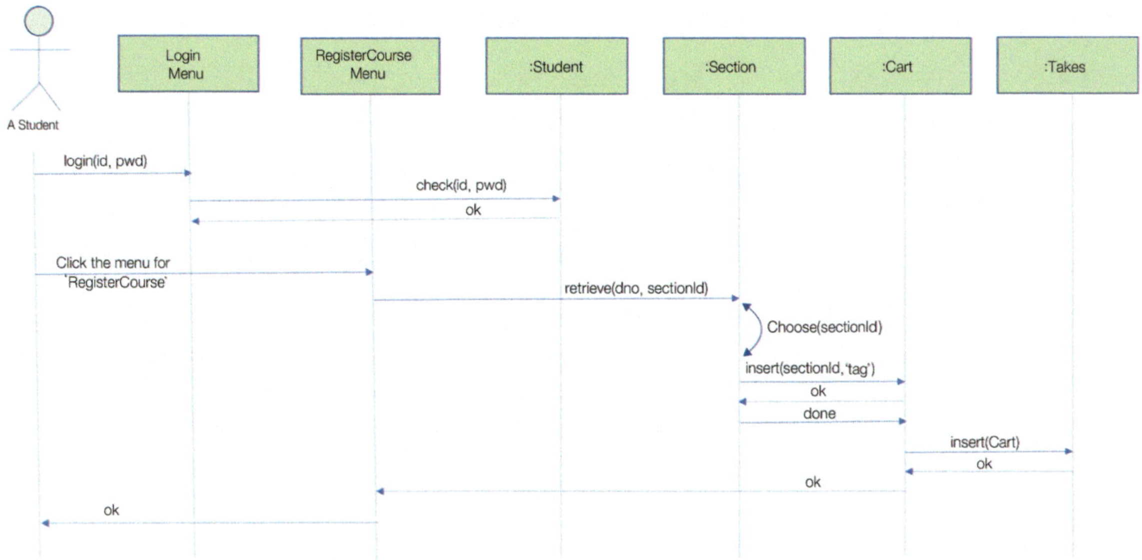

〈그림 6.25〉 사용사례 '수강 신청하다'에 대한 시퀀스 다이어그램

- 원하는 개설교과목 선택이 완료되면, 지금까지 선택된 쇼핑 카트 내용을 '수강하다' 데이터베이스에 저장한다.
- 반환 코드를 확인하고 에러가 발생하면 에러 코드를 반환하고 시스템을 종료한다.
- 정상적으로 시스템을 종료한다.

위의 처리 과정을 기반으로 사용사례 '수강 신청하다'에 대한 시퀀스 다이어그램은 <그림 6.25>와 같다.

6.5.4 사용사례 '제품을 구매하다'에 대한 시퀀스 다이어그램

<표 6.4>의 온라인 쇼핑몰에서 '제품을 구매하다'의 사용사례에 대한 시퀀스 다이어그램의 처리 과정은 다음과 같다.

- 먼저 시퀀스 다이어그램에 참여하는 객체를 찾아보자. 구매를 원하는 '고객', 물건을 검색하기 위한 'ProductList', 선택한 제품목록에 대한 재고를 갖는 있는 'OrdersSupply', 선택한 물품을 임시로 저장하는 'Cart', 최종적으로 선택한 물품을 구매하는 'Purchase'에 저장한다. 이때 지불 방법에 따라 카드 결제, 계좌이체 등을 선택하는 'CreditCards' 등을 선택할 수 있다. 단, <그림 6.20>에서 결재

방법에 대한 처리는 편의상 배제하였다.

- 이런 연산의 처리 순서는 다음과 같다. 물품 구매를 원하는 고객은 먼저 '로그인' 메뉴를 클릭하고, 고객의 (id, pwd)로 로그인한다. 로그인하여 인증이 완료되면 다음 작업을 진행한다.
- 시스템에서 원하는 제품목록을 선택하고, 해당 제품의 재고가 있으면 이를 쇼핑 카트에 담는다.
- 위의 제품 선택 과정을 반복한다. 그렇지 않으면 다음 단계로 넘어간다.
- 원하는 제품 선택이 완료되면, 결제를 선택하면, 고객은 결제 방법을 선택하고 청구 금액을 지불하고, 최종적으로 모든 구입 제품을 '구매하다' 데이터베이스에 저장한다.
- 정산이 정상적으로 이뤄지지 않고 에러가 발생하면 에러 코드를 반환하고 시스템을 종료한다.
- 정상적으로 시스템을 종료한다.

위의 처리 과정을 기반으로 사용사례 '제품을 구입하다'에 대한 시퀀스 다이어그램은 <그림 6.26>과 같다.

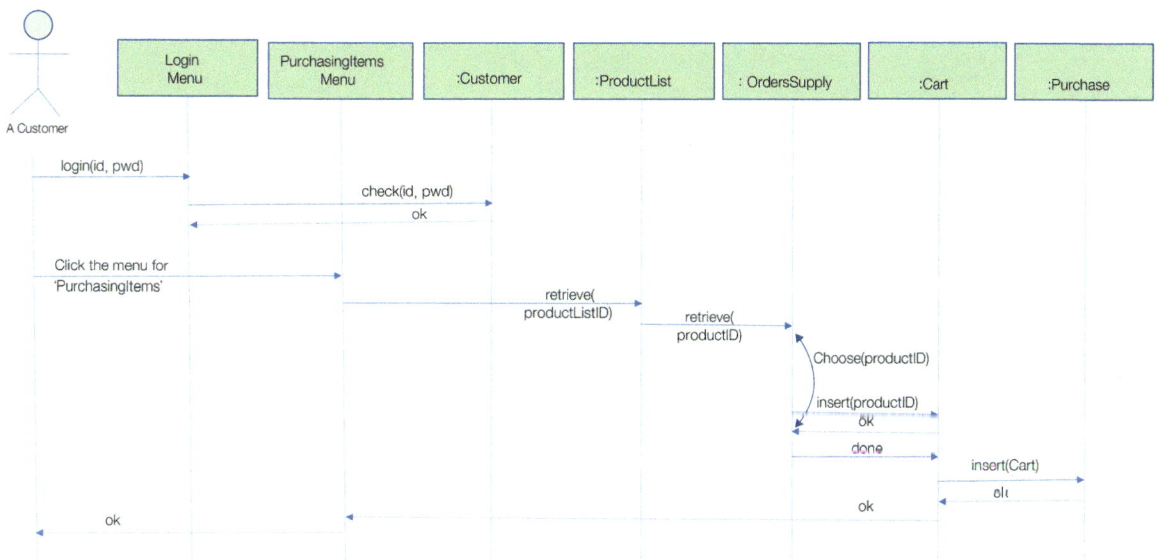

〈그림 6.26〉 사용사례 '제품을 구입하다'에 대한 시퀀스 다이어그램

6.6 메소드 알고리즘 표현 방법

알고리즘을 기술하는 방법에는 단순히 자연어(영어, 한국어, 독일어)를 사용하여 말로 설명하거나 다이어그램 형식으로 설명할 수 있다. 알고리즘 설계 도구는 문제에 대한 해결책을 설계하여 개략적인 처리 흐름도를 작성하고, 프로그래머에 의해 알고리즘을 적절한 컴퓨터 언어로 코딩하여 구현하는 데 도움을 준다. 다음은 주요 알고리즘 표현 방법인 순서도와 의사코드 방식을 소개한다.

6.6.1 알고리즘 표현 방법

알고리즘(algorithm)이란 문제 해결에 필요한 유한 개의 명령어 집합이다. 대표적인 알고리즘 표현 방법에는 **의사코드(pseudo code), 순서도(flowchart), 자연어(영어, 한국어 등), 일반적인 프로그래밍 언어** 등의 방법이 있다. 이외도 여러 가지 알고리즘 표현 도구가 있으나 잘 사용되지 않으므로 자세한 설명은 생략한다. 이 절은 가장 많이 사용되는 의사코드와 순서도에 의한 알고리즘 표현 방법을 설명한다. 이 중에서 의사코드 방법에 의한 알고리즘 기술을 중점적으로 다룰 것이다.

▪ 순서도(flowchart)에 의한 알고리즘 표현

순서도는 알고리즘을 몇 가지 다이어그램으로 표현하는 도식화 방법이다. 주로 사용하는 기호에는 선(line)과 화살표(arrow)로 연결된 상자 안에 연산을 표시하는 직관적인 방식을 사용하고, 알고리즘의 제어 흐름을 그래픽으로 보여주는 방식이다. 순서도 작성에서 사용하는 몇 가지 가이드라인은 다음과 같다.

- 알고리즘에서 프로세스 흐름은 방향성 있는 선으로 표현한다.
- 순서도에는 시작 및 중지 기호가 하나만 있을 수 있다.
- 프로세스의 일반적인 흐름은 위에서 아래로, 왼쪽에서 오른쪽으로 진행된다.

심볼	주요 기능
	시작과 종료 표시
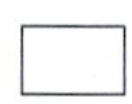	일반적인 프로세스 표현
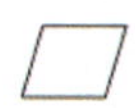	입력과 출력 표시
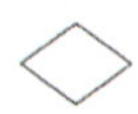	결정 구조
	화살표로 처리 흐름을 나타냄
	다른 페이지 또는 다른 알고W리즘의 커넥터
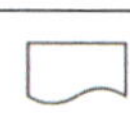	문서 출력을 나타냄

- 페이지 내 커넥터는 숫자를 사용하여 참조한다.
- 페이지 외부 커넥터는 알파벳을 사용하여 참조한다.
- 화살표는 서로 교차하지 않아야 한다.
- 순서도는 주로 다음의 기호를 이용하여 알고리즘을 표현한다.
- 순서도는 대략 IF-ELSE, SWITCH-CASE 선택, 반복 제어구조의 3가지 유형을 사용한다.

IF-ELSE 구조	선택 구조	반복문

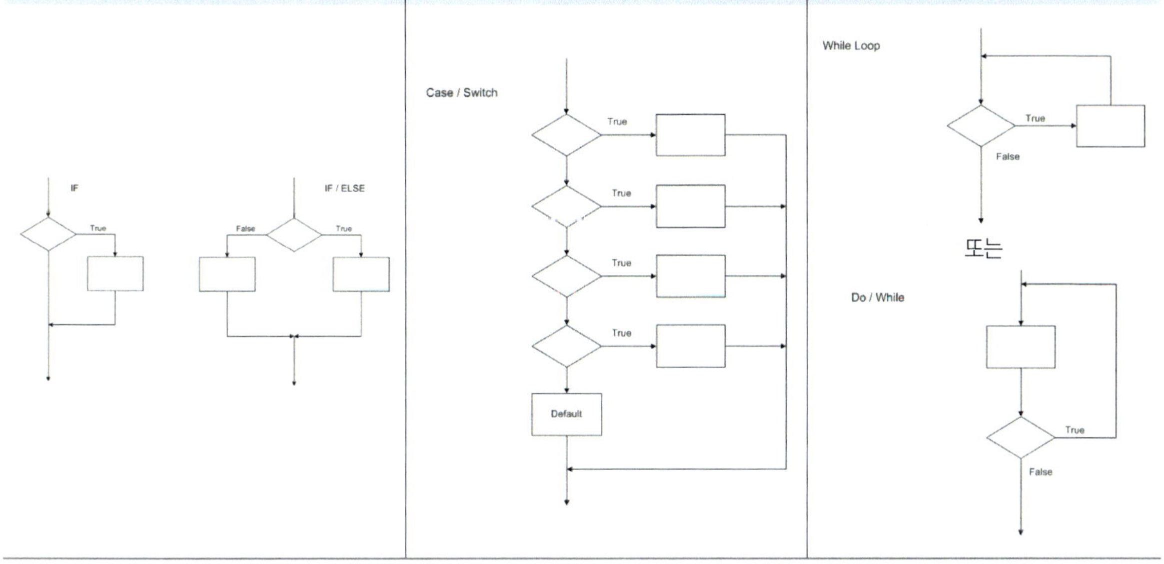

- 하나의 순서도는 가능한 한 페이지의 한계를 넘지 않는 것이 좋다. 만약 알고리즘이 한 페이지를 넘는다면 알고리즘을 쪼개어 서브프로그램을 생성하거나 커넥터를 사용하여 연결한다.

▪ 의사코드(pseudo code)에 의한 알고리즘 표현

의사코드는 본래 '가짜 코드'라는 뜻이며, 기본적으로 자연어와 프로그래밍 언어와 유사한 구조가 혼합된 것이다. **의사코드는** 프로그램 코드처럼 몇 가지 정의된 구조 규칙과 몇 가지 키워드를 사용하는 영어식 표현이다. 의사코드는 일반적으로 자연어보다 더 정확하며, 의사코드를 사용하면 알고리즘을 더 간결하게 설명할 수 있는 경우가 많다. 놀랍게도 컴퓨터과학자들은 단일 형태의 의사코드에 대해 합의한 적이 없기 때문에 저자마다 자신의 방식대로 알고리즘을 설계하고 있다. 다행히도 이러한 방법은 서로 매우 유사하므로 최신 프로그래밍 언어에 익숙한 사람이라면 누구나 이해할 수 있는 특징이 있다.

의사코드 작성에서 사용하는 키워드와 규칙은 다음과 같다.

- 모든 키워드는 대문자를 사용한다.
- 모든 알고리즘은 이해를 돕기 위해 3~4칸씩 들여쓰기 규칙을 지킨다.
- 구조 구문의 요소는 반드시 쌍으로 사용한다. 예로, IF ~ ELSE ~ ENDIF
- 서브프로그램의 이름은 밑줄로 표시한다.
- BEGIN // 알고리즘의 시작을 알림
- END // 알고리즘의 끝을 표현
- IF ~ THEN ~ ELSE ~ ENDIF // if-else 구문
- SWITCH-CASE문, ENDCASE, OTHERWISE // 다중 선택문
- WHILE ~ ENDWHILE // while 구문
- REPEAT ~ UNTIL // repeat 구문
- 주석문은 일반 프로그래밍 언어와 같이 '//' 심볼을 사용한다.

▸ 컴퓨터과학의 초창기에는 순서도에 의한 알고리즘을 표현하는 방법이 주로 사용되었다. 하지만 순서도 표현법은 매우 간단한 알고리즘을 제외한 모든 알고리즘에서 효율성이 떨어지므로 최근에는 거의 사용되지 않으며, 주로 의사코드에 의한 알고리즘 표현 방법이 많이 사용된다. 그러므로 여러분도 **의사코드에 의한 알고리즘 표현 방법**에 중점을 두기 바란다.

6.6.2 요구사항분석 단계에서 알고리즘 명세

이 절에서는 의사코드에 의한 알고리즘 명세 방법을 설명하고, 실제 예를 들어 메소드 명세(method description) 방법을 소개한다, 요구사항분석 단계에서 알고리즘 명세는 기본적으로 다른 개발자와의 메소드 공유 수준의 메소드 명세가 필요하며, 상세한 알고리즘 명세가 포함되어도 무방하다. 흔히 요구사항분석 또는 기초설계 단계에서 상세한 알고리즘 명세는 다음의 상세설계 단계에서 알고리즘 설계 시간을 단축시키므로 상당히 의미 있는 일이다. 따라서 요구사항분석 단계에서 **알고리즘 명세**는 의사코드를 사용하여 기본적으로 메소드의 아이디, 인터페이스와 매개변수, 메소드 기능, 반환 코드(에러 코드 등) 수준에서 기술된다.

예로, 객체지향 개발방법론에서 '수강 신청 관리시스템 개발'의 '학생' 클래스에 데이터를 삽입하는 메소드의 경우 개략적으로 <표 6.9>와 같이 기술할 수 있다.

〈표 6.9〉 메소드 알고리즘 명세의 예제(학생을 등록하다)

메소드 ID	Student_101
메소드 이름	Student::insert(int id, String name, String address, String tel, int dno)
기능	'학생' 데이터베이스에 학생을 등록한다.
매개변수 설명	id = 학생의 학번; name = 성명; address = 주소; tel = 전화번호; dno = 소속학과;
관련 클래스	'학생', '학과'

알고리즘	BEGIN
	1. 로그인 메뉴에서 '신규 등록' 하위 메뉴를 선택한다.
	2. 데이터베이스 커넥터 객체를 생성하고, 데이터베이스를 연결한다. 데이터베이스 연결을 실패하면, 에러 코드를 반환하고 시스템을 종료한다.
	3. 시스템에 신규 학생을 등록하고, 중복성 검사를 진행하여 유효성을 검사한다.
	4. 등록을 성공적으로 완성되면, 완료 메시지를 출력한다. 그렇지 않으면 등록 실패 시 에러 코드를 반환하고 시스템을 종료한다.
	5. 트랜잭션을 종료한다.
	END;

메소드 알고리즘을 표현하는 방법은 의사코드로 상세히 기술될 수 있고, <표 6.10>과 같이 개략적으로 기술된다. 메소드 알고리즘 기술에서 적당한 주석문은 나중에 프로그래밍 언어에 의한 알고리즘 구현의 소스 코드에서 그대로 활용될 수 있으므로 상당히 유용하다. 또한 요구사항분석 단계에서는 개발자 간의 소통을 위해 기본적으로 메소드의 이름과 매개변수, 반환값, 기능, 연관되는 클래스 등의 정보를 반드시 포함하여 기술되어야 하며, 이외의 정보는 프로젝트 개발지침에 따라 추가하여 필요한 정보를 표현할 수 있다.

〈표 6.10〉 메소드 알고리즘 명세의 예제(삽입정렬 알고리즘)

```
/*-------------------------------------------------------------------
// Method ID: insertSort_100
// Interface : void insertionSort(int list[], int n)
// Function : n개의 정수형 배열(list)을 입력받아 오름차순으로 정렬하는 함수이다.
// Parameter: int list[] = 정수형 배열을 가리키는 매개변수
//            int n = 배열 list에 저장된 원소의 개수
// Return value: void
-------------------------------------------------------------------*/
void insertionSort(int list[], int n)
{
  int j;
  // Suppose that list[0] has a minimal value.
  For (int j = 2; j < n; j++)
     insert(list[j], list, j-1);
}

void insert(int item, int list[], int i)
{
   while(i > 0 and item < list[i])
   {
      list[i+1] = list[i];
      i--;
   }
   list[i+1] = item;
}
```

메소드의 인터페이스(식별자)를 기술하는 가이드라인은 다음과 같다.

- 식별자는 문자(A-Z, a-z), 달러 기호($), 밑줄(_)을 첫 문자로 사용할 수 있다. 식별자에는 # 기호를 허용하지 않는다.
- 식별자에서 첫 번째 문자는 숫자(0-9)가 아닌 문자(A-Z, a-z)로만 사용할 수 있다. 식별자는 문자, 밑줄(_) 또는 달러($) 기호로 시작할 수 있지만, 숫자로 시작할 수는 없다. 숫자는 첫 번째 문자 뒤에만 허용된다. 예로, 인터페이스 'insert95()'는 유효하지만, '95insert()'는 허용되지 않는다.
- 식별자에는 공백이 없어야 한다.

- 메소드 식별자는 흔히 소문자로 시작하고, 클래스 이름은 대문자로 시작한다. 단, 메소드 이름이 긴 경우는 중간에 적당히 대문자를 추가하여 식별자의 이해를 돕는다. 예로, '성적을 처리하는 메소드'의 경우, 'calculateGrade()'와 같이 중간에 대문자를 추가하여 식별자의 가독성을 높인다.

6.7 HW/SW/NW 외부 인터페이스 요구사항 명세

외부 인터페이스 요구사항은 시스템이 다음과 같은 외부 구성 요소와 올바르게 통신할 수 있도록 하는 기능 요구 사항 유형이다. 임베디드시스템은 특히 외부 인터페이스 요구사항에 의존한다.

- 사용자 인터페이스 요구사항: 콘텐츠 표시, 애플리케이션 탐색, 사용자 지원 등을 포함하는 애플리케이션 사용성의 핵심 구성 요소이다. 화면 레이아웃(GUI), 버튼 기능, 제품이 다른 시스템에 어떻게 의존하는지에 대한 설명 등을 포함해야 한다. 이 부분에서 **그래픽 사용자 인터페이스(GUI) 명세(설계)**를 포함하면 사용사례 파악의 상호 간에 많은 도움을 준다. 요구사항명세서에는 흔히 그래픽 사용자 인터페이스를 명세하지만, 이따금 이 단계에서 그래픽 사용자 인터페이스를 설계하여 진행해도 효율적이다. 본래 사용자 인터페이스 개발은 사용자 인터페이스의 요구사항명세, 설계, 개발, 평가를 거쳐 개발되지만, 처음부터 직접 사용자 인터페이스 명세 없이 사용자 인터페이스 설계를 진행하고 평가를 진행해도 시스템 개발에는 유용할 수 있으니 참고 바란다.
- 하드웨어 인터페이스 요구사항: 지원되는 장치 유형 및 통신 프로토콜과 같은 시스템의 소프트웨어와 하드웨어 구성 요소 간의 각 인터페이스의 특성이다.
- 소프트웨어 인터페이스 요구사항: 데이터베이스, 라이브러리, 운영체계 등의 제품과 다른 소프트웨어 구성 요소 간의 연결에 대한 요구사항을 정의한다.
- 통신 인터페이스 요구사항: 이메일 또는 임베디드 양식과 같이 제품이 사용할 통신 시스템에 대한 요구사항이다.

6.8 소프트웨어 요구사항명세서(SRS) 양식

요구사항 정의서(Software Requirement Definition) 문서는 개요, 시스템 및 기능적 요구 사항, 외부 인터페이스 요구사항, 비기능적 요구사항의 네 부분으로 구성된다. 한편 **소프트웨어 요구사항명세서**

(Software Requirement Specification, SRS)에는 요구사항 정의서 내용과 이를 기반으로 소프트웨어의 기초설계 내용을 포함한다. 소프트웨어 기초설계에는 분석된 요구사항을 기반으로 사용사례 다이어그램, 사용사례 명세, 클래스 다이어그램, CRC cards, 데이터베이스 스키마 명세, 사용자 인터페이스 명세, 시퀀스 다이어그램, 클래스의 메소드 알고리즘 명세 등의 기초설계 내용을 포함한다. 위의 내용을 포함하는 요구사항명세서의 세부적인 기술 내용은 다음과 같다.

6.8.1 개요

소프트웨어 요구사항명세서의 <1장. 개요(또는 서론)> 부분에는 프로젝트의 목적, 대상 고객, 대상 고객이 제품을 어떻게 사용할지 설명한다. 또한 다음 항목을 기술해야 한다.

- 개발 목표와 내용: 개발 목표는 1-2문장 내로 간결하게 적는다. 개발내용은 상세히 나열한다.
- 개발범위: 범위에는 제품의 전반적인 업무 목표와 관련이 있어야 하며, 여러 팀이나 계약업체가 문서에 접근할 수 있는 경우 아주 중요하다. 제품의 이점, 목적 및 목표를 기술한다.
- 제품 가치: 제품이 중요한 이유는 무엇인가? 의도한 고객 대상에게 어떤 도움이 되는지? 어떤 기능을 제공하거나 어떤 문제를 해결하는가? 잠재 고객이 제품에서 가치를 어떻게 찾을 수 있는지 스스로에게 물어본다.
- 대상 고객: 이상적인 잠재 고객을 설명한다. 이것은 제품의 모양과 느낌, 마케팅 방법을 결정할 수 있다.
- 사용 시나리오: 잠재 고객이 제품을 어떻게 사용할지 상상해 본다. 제공하는 기능과 잠재 고객의 역할에 따라 제품을 사용할 수 있는 모든 가능한 방법을 나열한다. 비전을 설명하기 위해 사용사례를 포함하는 것도 좋은 방법이다.
- 작업분해도(Work Breakdown Sheet, WBS)
- 용어 및 약어 정의: 모든 산업이나 사업에는 고유한 약어 또는 전문용어가 있다. SRS에서 사용하는 용어의 정의를 정리하여 모든 당사자가 말하고자 하는 내용을 이해할 수 있도록 한다. 용어 정의는 대상 고객, 이해관계자, 개발자 간의 의사소통에 필수적이다. 그 이유는 같은 용어라도 이해관계자 간에 의미가 서로 다를 수 있으므로 용어를 정의하는 것은 프로젝트 수행에 아주 중요하다.

6.8.2 기능적 요구사항

기능적 요구사항은 시스템 동작을 정의하는 데 사용되는 진술서이다. 또한 기능적 요구사항은 소프트웨어 시스템이 수행하거나 수행하지 않아야 하는 작업을 정의하고, 일반적으로 입력 또는 조건에 대한 응답 형식으로 표현된다. 이러한 기능적 요구사항은 시스템이 의도한 대로 작동할 수 있도록 하는 시스템 특징과 기능을 세분화하여 기술한다. 1장의 개요를 참조하여 세부 사항을 작성할 때 요구사항이 사용자의 기본적인 요구사항을 충족하는지 확인한다. 프로젝트에 따라 포함해야 할 기능 요구사항은 수천~수만 가지가 넘을 수 있다. 가장 **일반적인 기능적 요구사항**은 다음의 항목을 포함한다.

- 사용자의 if-then-else 구조의 사용 시나리오
- 데이터 처리 흐름도
- 시스템 작업 내용
- 트랜잭션 처리 작업
- 관리 기능
- 모든 화면에 대해 수행되는 작업의 세부 사항

기능적 요구사항은 다음의 예제와 같이 if-then 관계로 표현할 수 있다.

- 센서에서 알람이 수신되면 시스템은 알람을 보고하고 알람이 확인 및 해제될 때까지 작동을 멈춘다.
- 기능적 요구사항은 이름, 주소, 치수, 거리 등 특정 유형의 데이터 입력을 상세히 설명할 수 있다. 이러한 기능적 요구사항에는 소프트웨어가 올바르게 작동하는 데 필수적인 일련의 계산이 포함되는 경우가 많다.
- 기능적 요구사항은 시스템의 작동 방식을 정의하기 때문에 비교적 쉽고 간단하게 테스트할 수 있다. 시스템이 예상대로 작동하지 않으면 테스트가 실패할 것이다.

위의 기능적 요구사항은 기본적인 항목이고, 프로젝트 특성에 따라 필요한 시스템 및 사용자의 기능적 요구사항은 더욱 늘어날 수 있다. 요구사항명세서에는 시스템 및 사용자의 모든 요구사항을 포함하며, 요구사항이 미흡거나 빠진다면 뒷부분에서 수행하는 소프트웨어 설계와 구현 작업의 누락으로 이어지므로 아주 중요하다.

6.8.3 도메인 요구사항

도메인 요구사항은 소프트웨어가 동작하는 도메인 또는 산업현장에 따라 다르다. 여기에는 특정 도메인과 관련된 용어, 규칙 및 표준이 포함된다. 다음은 다른 산업현장에서 요구하는 도메인 요구사항의 예이다.

- 의료: 소프트웨어는 환자 데이터 처리에 대한 HIPAA 규정을 준수해야 한다.
- 금융: 시스템은 재무 보고에 대한 GAAP 표준을 준수해야 한다.
- 전자 상거래: 소프트웨어는 PayPal, Stripe 및 신용카드와 같은 다양한 결제 게이트웨이를 지원해야 한다.

이렇게 도메인 요구사항은 특정 산업에서 요구하는 고유한 요구사항과 제약 조건을 반영해야 한다. 또한 소프트웨어가 업계별 규정 및 표준을 준수하고 관련성이 있는지 확인해야 한다. 이러한 산업현장에서 요구하는 고유의 요구사항을 도메인 요구사항이라 한다.

6.8.4 비기능적 요구사항

기능적 요구 사항이 시스템에서 수행해야 할 작업을 알려주는 반면, **비기능적 요구사항(Non-functional Requirements, NFR)**은 시스템이 이러한 기능을 구현하는 방법을 결정한다. 실제 프로젝트 수행에서 비기능적 요구사항을 충족하지 않는다면, 시스템은 계속 작동할 수 있으나 사용자 또는 이해관계자의 기대에 부응하지 못할 수 있다. 따라서 이러한 비기능적 요구사항은 기능적 요건과 함께 제품의 경제성 및 사용 편의성 등과 밀접하게 연결되므로 상당히 중요하다. 가장 일반적인 유형의 **비기능적 요구사항의 항목**은 다음과 같이 요약된다.

- 성능 요구사항
- 신뢰성 요구사항: 부하 및 스트레스 요구사항, fault-tolerant 시스템 등의 요구사항을 기술한다.
- 보안 요구사항: 소프트웨어가 사용자로부터 수집하는 모든 민감한 정보를 보호하는 데 필요한 요소이다.
- 운영 요구사항: 개발 시스템의 운영환경에 대한 요구사항을 기술한다.
- 용량 요구사항: 증가하는 볼륨 수요에 맞춰 시스템을 확장하는 방법에 대한 계획을 포함하여 제품의 현재 및 향후 스토리지 요구사항을 기술한다.
- 호환성 요구사항: 운영 체제 및 해당 버전에 대한 지원 등 소프트웨어에 대한 최소 하드웨어 요구사

항 등을 기술한다.

- 안정성 및 가용성 요구사항: 사용자가 소프트웨어를 얼마나 자주 사용할 것으로 예상하는지, 정상 사용 시 치명적인 장애 시간은 얼마나 되는지 등을 제시한다.
- 확장성 요구사항: 시스템이 예상대로 작동할 수 있는 최고 작업 부하 등을 기술한다.
- 유지보수성 요구사항: 기능 및 버그 수정을 신속하게 배포할 수 있도록 애플리케이션에서 지속적 통합을 사용하는 방법 등을 기술한다.
- 사용자 인터페이스 요구사항: 제품 사용 관련하여 지원하는 운영체계, 장치 등의 사용자 인터페이스 장치의 요구사항을 기술한다.
- 통신 인터페이스 요구사항: 제품 사용 관련하여 통신 프로토콜, 동기화 메카니즘, 메시지 타입, 최대 파일 길이 등의 통신 인터페이스 요구사항을 기술한다.
- 복구 요구사항
- 설치 요구사항
- 법적 규제 및 규정 준수, 환경 요구사항
- 문서 산출물 요구사항

6.8.5 외부 인터페이스 요구사항

외부 인터페이스 요구사항은 시스템이 다음과 같은 외부 구성 요소와 올바르게 통신할 수 있도록 하는 기능적 요구 사항을 기술한다.

- 사용자 인터페이스 요구사항 및 GUI 명세(또는 설계)
- 하드웨어 인터페이스 요구사항
- 소프트웨어 인터페이스 요구사항
- 통신 인터페이스 요구사항

6.8.6 소프트웨어의 기초설계 내용

소프트웨어 요구사항명세서는 앞에서 설명했던 소프트웨어 기초설계 작업내용을 포함해야 한다. 주요 **소프트웨어 기초설계 항목**은 다음과 같다.

- 사용사례 다이어그램
- 사용사례 명세
- 클래스 다이어그램
- CRC cards
- 데이터베이스 스키마 테이블 명세
- 클래스 명세
- 시퀀스 다이어그램
- 클래스의 메소드 알고리즘 명세

위의 요구사항 항목을 기반으로 일반적인 소프트웨어 요구사항명세서의 양식은 <표 6.11>과 같이 정리된다. 이것은 단지 추천 양식이고, 프로젝트 크기와 성격에 따라 가감하여 사용할 수 있으며, 문서의 목차도 변경하여 사용할 수 있을 것이다.

〈표 6.11〉 소프트웨어 요구사항명세서(SRS) 양식

1. 개요
    1.1 개발목표
    1.2 개발범위 및 내용
    1.3 제품 가치
    1.4 대상 고객
    1.5 사용 시나리오
    1.6 작업분해도(WBS)
    1.7 용어 정의
2. 기능적 요구사항
    2.1 사용사례 분석
    2.2 데이터 처리 흐름도
    2.3 시스템 작업내용
    2.4 관리 기능
    2.5 트랜잭션 처리 작업
    2.6 모든 화면에 대해 수행되는 작업의 세부 사항
3. 도메인 요구사항
4. 비기능적 요구사항 (필요에 따라 선택하여 기술함)
    4.1 성능 요구사항
    4.2 신뢰성 요구사항

4.3 부하 및 스트레스 요구사항
4.4 보안 요구사항
4.5 운영(용량) 요구사항
4.6 사용성 요구사항
4.7 호환성 요구사항
4.8 안정성 및 가용성 요구사항
4.9 확장성 요구사항
4.10 유지보수성 요구사항
4.11 설치 요구사항
4.12 복구 요구사항
4.13 법적 규정 및 환경 요구사항
4.14 위험분석 및 제약 요구사항
4.15 문서 산출물 요구사항
5. 외부 인터페이스 요구사항
5.1 사용자 인터페이스 요구사항 및 GUI 명세(또는 설계)
5.2 하드웨어 인터페이스 요구사항
5.3 소프트웨어 인터페이스 요구사항
5.4 통신 인터페이스 요구사항
6. 기능적 모델링
6.1 사용사례 다이어그램
6.2 사용사례 명세
7. 구조적 모델링
7.1 클래스 다이어그램
7.2 클래스의 테이블 명세와 클래스 명세
7.3 데이터베이스 스키마 명세
7.4 Abstract와 Interface 클래스 명세
7.5 그 밖의 자료구조 명세
8. 행위 모델링
8.1 사용사례에 대한 시퀀스 다이어그램
8.2 액티비티 다이어그램(선택 사항)
9. 클래스의 메소드 알고리즘 명세 (실제 많은 분량 차지함)
9.1 클래스 A::메소드 알고리즘 ...
9.2 클래스 B::메소드 알고리즘 ...
10. 요구사항 검토 결과
11. 결론
부록
참고문헌

6.9 소프트웨어 요구사항명세서 평가지표

소프트웨어 요구사항명세서의 평가 기준은 다음 단계인 소프트웨어 설계 단계에 필요한 모든 정보가 포함되어 있는지를 평가하는 것이다. 설계 단계에 필요한 모든 정보가 포함되어 있으면 최고의 요구사항명세서라고 평가할 수 있다. 역으로 소프트웨어 설계 작업을 진행되는 동안 다른 문서를 참고하여 설계 작업을 진행해야 한다면, 이것은 좋은 요구사항명세서가 아니다. 설계 작업을 하면서 문제 해결 방법을 찾는 데 필요한 모든 정보를 외부에서 찾지 않도록 요구사항명세서에서 완벽히 제공해야 한다. 이러한 평가 기준을 기반으로 기본적인 요구사항명세서의 품질 모델을 소개할 것이다.

지금까지 다양한 소프트웨어 요구사항명세서의 품질 모델이 개발되었다. 본 교재는 이 가운데 IEEE 830:2009 품질 모델을 기반으로 산업현장에서 사용할 수 있는 **요구사항명세서의 평가지표**를 소개한다. **IEEE 830:2009 품질 모델**은 좋은 요구사항명세서가 충족해야 하는 속성은 <표 6.12>와 같다.

■ 완전성

요구사항명세서에는 소프트웨어 개발 필요한 모든 중요한 요구사항, 모든 실현 가능한 입력 데이터를 처리하는 클래스와 메소드, 사용사례, 그림/표에 대한 전체 레이블 및 참조 도표, 모든 용어와 약어 정의 등의 필요한 모든 기능을 구체적으로 잘 정의되었는지 평가한다. 또한 소프트웨어 개발 결과물이 표준 정보시스템을 제공하는 데 필요한 모든 필수 산출물이 포함하고 있는지를 평가한다. 따라서 완전성은 요구사항 명세와 소프트웨어 기초설계 내용의 모든 산출물을 평가한다.

■ 정확성(명확성)

요구사항명세서의 모든 요구사항은 소프트웨어가 충족해야 하는 요구사항인지를 확인한다. 또한 모든 요구사항명세는 정확하고 자세히 기술되었는지 평가한다. 이것은 프로젝트 관련 이해관계자가 모든 요구사항의 정확성을 확인하였고 시스템이 문서화 된 요구사항을 완전히 실현해야 한다고 요구하는지를 평가한다.

■ 일관성

이 기준은 요구사항명세서의 내부 일관성과 외부 일관성으로 평가한다. 즉 요구사항명세서의 내부적인 일관성과 외부적인 일관성으로 평가로 모든 내용은 알고리즘의 설계 규칙에 따라 일관성 있게 기술

〈표 6.12〉 소프트웨어 요구사항명세서(SRS) 평가지표

<table>
<tr><td>관리번호</td><td></td><td>담당부서</td><td>개발1팀</td></tr>
<tr><td>평가대상</td><td>(예1) 클래스
(예2) 메소드</td><td></td><td>(예1) Employee
(예2) Employee::insert()</td></tr>
<tr><td>평가 일자</td><td>20 년 월 일</td><td rowspan="2">판정 결과</td><td rowspan="2">PASS / FAIL</td></tr>
<tr><td>평가자</td><td>(인)</td></tr>
</table>

<table>
<tr><td colspan="2" rowspan="2">평가항목</td><td colspan="5">점수(V)</td><td rowspan="2">서술식 평가</td></tr>
<tr><td>0</td><td>1</td><td>2</td><td>3</td><td>4</td></tr>
<tr><td rowspan="5">완전성
(점)</td><td>기능적 요구사항</td><td></td><td></td><td></td><td></td><td></td><td rowspan="11"></td></tr>
<tr><td>도메인 요구사항</td><td></td><td></td><td></td><td></td><td></td></tr>
<tr><td>비기능적 요구사항</td><td></td><td></td><td></td><td></td><td></td></tr>
<tr><td>사용사례 다이어그램</td><td></td><td></td><td></td><td></td><td></td></tr>
<tr><td>사용사례 명세</td><td></td><td></td><td></td><td></td><td></td></tr>
<tr><td rowspan="6"></td><td>클래스 다이어그램</td><td></td><td></td><td></td><td></td><td></td></tr>
<tr><td>스키마 테이블 표현</td><td></td><td></td><td></td><td></td><td></td></tr>
<tr><td>클래스 정의</td><td></td><td></td><td></td><td></td><td></td></tr>
<tr><td>사용자 인터페이스(UI) 명세</td><td></td><td></td><td></td><td></td><td></td></tr>
<tr><td>사용사례의 시퀀스 다이어그램</td><td></td><td></td><td></td><td></td><td></td></tr>
<tr><td>클래스 메소드 알고리즘 명세</td><td></td><td></td><td></td><td></td><td></td></tr>
<tr><td rowspan="2">정확성
(정확히/자세히)</td><td>정확성</td><td></td><td></td><td></td><td></td><td></td><td rowspan="2"></td></tr>
<tr><td>상세성</td><td></td><td></td><td></td><td></td><td></td></tr>
<tr><td rowspan="4">일관성
(표준 형식/
표준 용어)</td><td>문서 표준 적용과 일관성</td><td></td><td></td><td></td><td></td><td></td><td rowspan="4"></td></tr>
<tr><td>소스 코드 일관성</td><td></td><td></td><td></td><td></td><td></td></tr>
<tr><td>문서의 표준 용어 적용</td><td></td><td></td><td></td><td></td><td></td></tr>
<tr><td>소스 코드의 표준 규칙 적용</td><td></td><td></td><td></td><td></td><td></td></tr>
<tr><td rowspan="3">검증 가능성
(내용 추적성)</td><td>검증 가능성(클래스, DB)</td><td></td><td></td><td></td><td></td><td></td><td rowspan="2"></td></tr>
<tr><td>추적 가능성(back-end의 클래스와 메소드 명세)</td><td></td><td></td><td></td><td></td><td></td></tr>
<tr><td>추적 가능성(front-end의 GUI, 사용사례,
시퀀스 다이어그램)</td><td></td><td></td><td></td><td></td><td></td><td></td></tr>
<tr><td>수정 용이성</td><td>수정 용이성</td><td></td><td></td><td></td><td></td><td></td><td></td></tr>
<tr><td rowspan="3">가독성과
이해 가능성</td><td>문서 가독성</td><td></td><td></td><td></td><td></td><td></td><td rowspan="3"></td></tr>
<tr><td>코드 가독성</td><td></td><td></td><td></td><td></td><td></td></tr>
<tr><td>이해 가능성</td><td></td><td></td><td></td><td></td><td></td></tr>
</table>

되었는지를 평가한다. 또한 요구사항명세서에는 모호함이 없어야 하고, 특정 요구사항은 다른 요구사항과 충돌하지 않아야 한다. 즉 요구사항명세서는 요구사항명세의 하위 집합과 충돌하지 않아야 하고, 상위 문서와 충돌하지 않는다면 일관성이 있다고 평가한다. 그렇지 않으면, 일관성이 없다고 평가한다.

- **검증 가능성(추적성)**

모든 명세는 구체적이고 모호하지 않으며 요구사항을 추적할 수 있는지를 평가한다. 구현된 시스템이 문서화 된 요구사항을 충족하는지 이해관계자가 확인할 수 있다면 요구사항을 검증할 수 있다고 평가한다. 시스템이 지정된 요구사항을 충족한다는 것을 증명할 수 있는 수단이 있어야 한다.

- **수정 용이성**

요구사항명세서의 구조와 스타일을 유지하면서 요구사항을 쉽고 완전하고 일관되게 변경할 수 있도록 작성되었는지를 평가한다. 즉 전체적인 구조와 스타일을 유지하면서 요구사항을 쉽고 완전하고 일관되게 변경할 수 있는지 확인한다.

- **가독성과 이해 가능성**

이해관계자가 요구사항명세서의 내용을 쉽게 추출하고 이해할 수 있다면 가독성이 있다고 평가한다. 모든 명세는 내용을 쉽게 추출하고 이해할 수 있어야 한다.

위의 소프트웨어 요구사항명세서의 평가항목은 기본적인 평지 지표이고, 필요에 따라 '테스트 가능성', '비 모호성' 등의 평가항목을 추가하여 사용할 수 있다. 또한 이러한 평가지표 적용 방법은 상향식(bottom-up approach) 평가 방법을 채택하여 하위 모듈에서 상위 모듈로 단계적으로 위로 평가하면, 최종적으로 요구사항명세서 전체적인 평가지표가 산출될 수 있을 것이다. 이것은 일상적으로 클래스 및 메소드마다 테이블 형태로 작성하여 적용할 수 있을 것이다.

6.10 요구사항분석 도구

세계적인 Top 10 요구사항 관리 소프트웨어 도구는 다음과 같다.

- Jama Software: 기업을 위한 최고의 요구사항 관리 소프트웨어
- Doc Sheets: 최고의 직관적인 기업 요구사항 관리 소프트웨어
- ReqSuite® RM: 빠른 시작과 높은 수준의 사용자 정의에 가장 적합함
- codebeamer: 즉시 사용 및 API 통합에 가장 적합함
- Visure Requirements: 높은 수준의 사용자 지정으로 기업 요구사항 관리에 가장 적합함
- ReQtest: 사용자 정의 기능이 가장 뛰어남
- xebrio: 엔드투엔드 추적성을 위한 최고의 요구사항 관리 도구
- Modern Requirements: 최고 등급의 요구사항 관리 소프트웨이
- Caliber: 스토리보드 및 시뮬레이션에 적합
- Orcanos: 시각화 및 보고에 적합

본 교재는 주로 공개 소프트웨어에서 최근에 상용화를 추진하고 있는 StarUML 소프트웨어에 의한 Use-Case Diagram, Class Diagram, Sequence Diagram 등의 활용을 소개한다. 최근에는 국내 소프트웨어도 개발하여 상용화되고 있다.

연습문제

6.1 객체지향 모델의 핵심 개념인 다음 용어를 설명하시오.

가) 객체
나) 클래스
다) 상속 관계
라) 클래스 간의 연관관계
마) 일반화와 상세화
바) 구성 관계(consist-of, is a part of)

6.2 다음은 **〈고속버스 예약관리 정보시스템 개발〉**에 대한 문제 설명서이다. 다음 문제에 답하시오.

〈문제 설명서〉

〈버스회사〉
- 고속버스 회사는 여러 개가 존재한다.
- 버스회사는 회사마다 1개의 법인 은행통장을 사용하며, 모든 승차권 구입액을 입출금한다.
- 버스회사는 여러 제조 회사에서 생산한 다양한 모델의 버스를 운행한다. 각 회사는 동일한 버스 모델의 여러 대의 버스를 운행한다.
- 각 버스회사에는 여러 명의 운전기사가 있다.
- 고속버스는 회사의 배차시간에 따라 구간마다 1명의 운전기사를 배정하여 운행된다.

〈고속버스 시간표〉
- 전국에는 주요 도시마다 고속버스 터미널이 있으며, 승차권은 터미널-터미널 간을 운행한다.
- 한 개의 운행구간은 1개의 버스회사에 의해 독점 운행하지 않고, 반드시 여러 대의 버스회사가 공동으로 운행한다.
- 고속버스 운행시간표는 주중, 주말(토, 일)로 구분하여 다르게 운행하고, 주중과 주말에 따라 일정 시간 단위로 같은 운행시간표를 반복적으로 배차하여 운행한다.

〈고객〉
- 고객은 한 번에 여러 장의 승차권을 구매할 수 있다. 승차권 구매 시 카드 결제 또는 현금 이체를 통해 정산할 수 있다.
- 고객은 구매한 승차권을 취소할 수 있다. 승차권 취소 시 버스 출발 2시간 전까지 무상이며, 출발 2시간 이내에는 10%의 수수료가 부과된다.
- 고객은 구매한 승차권의 버스 시간의 변경을 원하는 경우, 구매한 승차권을 취소하고 승차권을 다시 구입해야 한다.

가) 위 문제의 기능적 모델링을 위한 사용사례 다이어그램을 설계하시오.
나) 사용사례 '승차권을 예약하다'에 대한 시퀀스 다이어그램을 그리시오.

연습문제

다) 사용사례 '승차권을 취소하다'에 대한 시퀀스 다이어그램을 그리시오.

라) 위의 문제에 대한 구조적 모델링을 위한 클래스 다이어그램 설계하시오. 이를 위해 문제 해결에 필요한 주요 클래스 식별, 클래스 간의 연관관계, 각 클래스 또는 연관관계의 속성 정의 등의 순서로 진행해 보시오.

마) 메소드 '예약된 승차권을 검색하다'의 알고리즘을 의사코드 형식으로 기술하시오.

6.3 다음은 **〈도서 대출/반납 관리시스템 개발〉**에 대한 문제 설명서이다. 다음 문제에 답하시오.

〈문제 설명서〉

〈학생〉
- 학생은 온라인으로 등록하여 ID를 부여받고, 도서를 내출하거나 직접 학생증을 가지고 도서 대출이 가능하다.
- 학생은 1주일에 최대 3권 도서를 대여할 수 있다.
- 도서 대여료는 무료이지만, 연체 시 연체료를 부가한다.

〈직원〉
- 도서관에는 여러 명의 직원이 근무하고 있다.
- 직원은 구입 도서를 주문하고 납품받는다. 납품 시 품질검사를 실시하여 불량품은 반품하고 그 기록(출판사, 도서, 불량원인, 납품 일자, 담당 사원 등)을 보존한다.

〈도서〉
- 도서관에는 여러 종류의 도서가 준비되어 있으며, 한 종류의 도서에도 여러 권씩 준비되어 있다.
- 동일한 도서는 같은 출판사에서 발간한다.
- 도서관은 영역을 나누어 도서를 보관하고 관리한다.

〈출판사〉
- 도서관은 여러 업체로부터 도서를 납품받는다. 단, 동일한 도서는 같은 업체로부터 납품받는다.
- 출판사는 한 번에 여러 종류의 도서를 주문받을 수 있고, 같은 도서에 대해 여러 권의 도서를 주문·납품할 수 있다.
- 출판사는 같은 도서에 대해 추후 반복적으로 여러 번 주문받고 납품할 수 있다.

가) 위 문제의 기능적 모델링을 위한 사용사례 다이어그램을 설계하시오.

나) 사용사례 '도서를 대출하다'에 대한 시퀀스 다이어그램을 그리시오.

다) 사용사례 '도서를 반납하다'에 대해 시퀀스 다이어그램을 그리시오.

연습문제

라) 위의 문제에 대한 구조적 모델링을 위한 클래스 다이어그램 설계하시오. 이를 위해 문제 해결에 필요한 주요 클래스 식별, 클래스 간의 연관관계, 각 클래스 또는 연관관계의 속성 정의 등의 순서로 진행하시오.

마) 메소드 '도서 대출 이력을 검색하다'의 알고리즘을 의사코드 형식으로 기술해 보시오.

6.4 클라이언트-서버 아키텍처에서 front-end 클라이언트에서 수행되는 사용사례와 back-end 서버에서 실행되는 클래스 메소드 간의 차이점을 비교하여 설명하시오.

6.5 온라인 쇼핑몰 관리시스템에서 다음의 사용사례에 대한 시퀀스 다이어그램을 그리시오.

가) 사용사례 '구매 물품을 반품하다'에 대한 시퀀스 다이어그램을 그리시오.

나) 사용사례 '공급업체에게 물품을 주문하고 납품받다(OrdersSupply)'에 대한 시퀀스 다이어그램을 그리시오.

6.5 대학교 수강 신청 관리시스템에서 다음의 사용사례에 대한 시퀀스 다이어그램을 그리시오.

가) 사용사례 '수강 신청을 취소하다'에 대한 시퀀스 다이어그램을 그리시오.

나) 사용사례 '개설교과목에 강의실(실험실)을 배정하다'에 대한 시퀀스 다이어그램을 그리시오.

6.6 기초설계 작업인 사용사례 다이어그램, 사용사례 명세, 시퀀스 다이어그램, 사용자 인터페이스 간의 검증 방법을 설명하시오.

6.7 소프트웨어 요구사항명세서에 포함되는 주요 항목을 열거하시오.

6.8 소프트웨어 요구사항명세서에 적용할 평가지표 시트를 작성해 보시오.

PART 4

상세 설계

CHAPTER 7 시스템 아키텍처 설계
CHAPTER 8 설계 패턴
CHAPTER 8 사용자 인터페이스 설계
CHAPTER 10 데이터 설계
CHAPTER 11 알고리즘 설계

CHAPTER 7

시스템 아키텍처 설계

7.1 소프트웨어 설계 4+1 관점
7.2 소프트웨어 아키텍처 유형
7.3 네트워크 아키텍처 설계
7.4 하드웨어 아키텍처 설계 - 시스템 배치도
7.5 HW/SW/NW 장비 사양
■ 연습문제

학습목표

시스템 아키텍처는 시스템의 주요 구성 요소와 이들 간의 관계, 그리고 이들 간의 상호 작용하는 방식을 표현하며, 시스템 아키텍처 설계에는 하드웨어 아키텍처 설계, 소프트웨어 아키텍처 설계, 네트워크 아키텍처 설계를 포함한다. 또한 소프트웨어 아키텍처 설계는 다시 소프트웨어 아키텍처 설계와 소프트웨어 설계의 두 가지 단계로 구분할 수 있다. 이 중 소프트웨어 설계는 기능적 요구사항에 대한 데이터 구조와 알고리즘의 상세설계 표현으로 이미 6장에서 설명하였다. 이 장의 학습 목표는 시스템을 구성하는 소프트웨어 아키텍처 소개로 MVC 구조, 클라이언트-서버 구조, 계층형 구조, 파이프-필터 구조, 데이터 중심 구조, 서비스 중심 구조, 이벤트 기반 구조, 클라우드 컴퓨팅 구조 등의 8가지를 소개한다. 또한 네트워크 인프라 설계와 물리적 측면의 시스템 배치 다이어그램 표현 방법을 소개한다. 아울러 세부적인 학습 목표는 다음과 같다.

- 시스템 아키텍처 설계의 개념을 이해하고 설명할 수 있다.
- 아키텍처 설계의 4+1 관점의 개념을 이해하고 설명할 수 있다.
- 소프트웨어 아키텍처 설계의 개념을 이해하고, 그 유형을 설명할 수 있다.
- 소프트웨어 아키텍처 유형인 MVC 구조의 개념을 이해하고 설명할 수 있다.
- 소프트웨어 아키텍처 유형인 클라이언트-서버 구조의 개념을 이해하고 설명할 수 있다.
- 소프트웨어 아키텍처 유형인 계층형 구조의 개념을 이해하고 그 예를 들어 설명할 수 있다.
- 소프트웨어 아키텍처 유형인 파이프-필터 구조의 개념을 이해하고 그 예를 들어 설명할 수 있다.
- 소프트웨어 아키텍처 유형인 데이터 중심 구조의 개념을 이해하고 설명할 수 있다.
- 소프트웨어 아키텍처 유형인 서비스 중심 구조의 개념을 이해하고 설명할 수 있다.
- 소프트웨어 아키텍처 유형인 이벤트 기반 구조의 개념을 이해하고 설명할 수 있다.
- 소프트웨어 아키텍처 유형인 클라우드 컴퓨팅 아키텍처의 개념을 이해하고 설명할 수 있다.
- 클라우드 컴퓨팅의 비즈니스(사업) 모델인 IaaS, CaaS, PaaS, SaaS의 개념을 이해하고 그 차이점을 설명할 수 있다.
- 시스템의 네트워크 아키텍처 설계 방법을 이해하고, 시스템 구축에 필요한 배치 디이어그램을 설계할 수 있다.
- 시스템의 물리적 배치 다이어그램의 표현법을 이해하고, 시스템 구축에 필요한 배치 디이어그램을 설계할 수 있다.
- 하드웨어, 소프트웨어 제품, 네트워크 사양을 기술하는 방법을 이해하고 실제 사양서를 작성할 수 있다. ~

시스템 아키텍처는 시스템의 청사진 역할을 제공하며, 시스템의 복잡성을 관리하고 구성 요소 간의 소통 및 조정 메커니즘을 구축하기 위한 추상화를 제공한다. 시스템 아키텍처는 시스템의 주요 구성 요소와 이들 간의 관계, 그리고 이들 간의 상호 작용하는 방식을 나타내며, 시스템 아키텍처 설계는 다음과 같이 하드웨어 아키텍처 설계, 소프트웨어 아키텍처 설계, 네트워크 아키텍처 설계의 세 가지로 구분된다.

- 하드웨어 아키텍처 설계
- 소프트웨어 아키텍처 설계
- 네트워크 아키텍처 설계

소프트웨어 아키텍처 설계는 다시 소프트웨어 아키텍처 설계와 소프트웨어 설계의 두 가지 단계로 구분될 수 있다. 아울러 **소프트웨어 설계**는 기능적 요구사항에 대한 데이터 구조와 알고리즘의 상세설계 표현이다. 또한 소프트웨어 설계(software design)는 이전 단계의 기초설계 결과물인 사용사례 명세와 시퀀스 다이어그램, 클래스 다이어그램, 사용자 인터페이스 명세, 클래스에 속하는 메소드 알고리즘 명세 등의 요구사항 명세 결과물을 소프트웨어 구현에 필요한 모든 정보제공을 목적으로 구체적이고 상세한 설계 표현이다. 이 부분은 이미 6장에서 자세히 설명되었다. 7.1절은 소프트웨어 설계의 4+1 관점에서 수행하는 작업내용을 알아보고, 이어서 7.2절에서 소프트웨어 아키텍처 유형을 소개한다. 아울러 **소프트웨어 아키텍처 설계**는 다음 사항을 포함한다.

- 시스템을 구성하는 요소 및 해당 인터페이스의 선택
- 시스템 구성 요소 간의 협력 관계 명세
- 관련 구조적 요소와 행위 요소를 하나의 하위 시스템으로 분해
- 아키텍처 결정은 비즈니스 목표와 일치한다.
- 아키텍처 유형은 소프트웨어 구조를 유도한다.

다음은 시스템 아키텍처 설계범위인 하드웨어 아키텍처 설계, 소프트웨어 아키텍처 설계, 네트워크 아키텍처 설계에 대해 순차적으로 소개한다.

7.1 소프트웨어 설계의 활동 범위

소프트웨어 설계의 작업 활동 범위는 '**4+1**'관점에서 '소프트웨어 설계 단계에서 수행해야 하는 작업 내용을 설명하는 데 사용하는 모델'로 설명할 수 있다. 소프트웨어 설계는 최종사용자, 개발자, 시스템 엔지니어, 프로젝트 관리자 등의 다양한 이해관계자의 관점에서 설명할 수 있다. 소프트웨어 설계 작업 내용은 논리적 관점, 물리적 관점, 개발 관점, 프로세스 관점, 사용사례 관점으로 구성되며, 사용사례 관점의 시나리오(scenario) 설계는 'plus one' 관점에서 사용사례를 통한 소프트웨어 아키텍처를 설계한다. 이것은 객체지향시스템 개발에서 기능적 모델링, 구조적 모델링, 행위 모델링 단계에서 수행하는 작업 내용과 대응한다. 따라서 **4+1 관점의 소프트웨어 설계**는 <그림 7.1>과 같이 논리적 관점-데이터 설계, 물리적 관점-물리적 배치 설계, 프로세스 관점-알고리즘 설계, 사용사례 관점-시퀀스 다이어그램과 이의 알고리즘 설계, 개발 관점-소프트웨어 아키텍처 설계 활동으로 구성된다. 추가로 소프트웨어 설계 활동에는 인터페이스 설계를 포함한다. 따라서 **소프트웨어 설계 활동 범위**에는 데이터 설계, 클래스 메소드 알고리즘 설계, 사용사례 알고리즘 설계, 소프트웨어 아키텍처 설계, 사용자 인터페이스 설계, 물리적 배치 설계의 6가지 항목으로 정리된다.

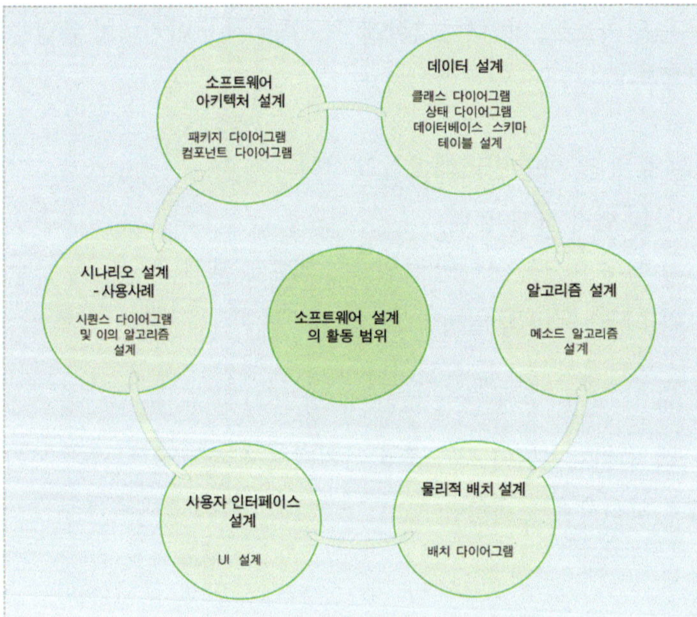

〈그림 7.1〉 소프트웨어 설계의 작업 범위

- 논리적 관점-데이터 설계: 논리적 관점은 최종사용자에게 시스템에서 취급하는 데이터 설계를 나타낸다. 논리적 관점의 소프트웨어 설계는 객체지향시스템 개발에서 구조적 모델링에 해당한다. UML 다이어그램은 시스템의 논리적 기능을 표현하는 데 사용되며, 논리적 관점을 표현하는 UML 다이어그램에는 **클래스 다이어그램**, **상태 다이어그램** 등이 있다. 이 부분은 10장 데이터 설계에서 클래스 다이어그램에서 스키마 테이블 변환 방법, 데이터베이스 스키마 테이블 설계, 클래스 명세 등에 대해 상세히 설명한다.
- 물리적 관점-물리적 배치 설계: 물리적 관점은 시스템 엔지니어 관점에서 시스템의 구성 요소와 이들 간의 위상 관계 및 이들 간의 물리적 연결 관계를 표현한다. 즉 물리적 계층에 있는 소프트웨어 구성 요소의 위상과 이러한 구성 요소 간의 물리적 연결 관계를 표현한다. 시스템의 물리적 관점을 표현하는 UML 다이어그램에는 **배치 다이어그램**(deployment diagram)이 있다. 이 부분은 7.4절의 하드웨어 아키텍처 설계(시스템 배치도)에서 간단히 설명한다.
- 프로세스 관점-알고리즘 설계: 프로세스 관점은 시스템의 동적 측면을 다루고 시스템 프로세스와 이들이 통신하는 방식을 설명하며, 시스템의 런타임 동작에 중점을 둔다. 프로세스 관점은 시스템의 동시성, 배포, 통합자, 성능 및 확장성 등을 취급한다. 프로세스 관점을 표현하는 UML 다이어그램에는 **시퀀스 다이어그램**, 통신 다이어그램, **활동 다이어그램**이 속한다. 하지만 본 교재에서는 이 단계에서 주로 활동 다이어그램 설계와 클래스에 속하는 메소드 **알고리즘 설계**에 초점을 둔다. 그리고 시퀀스 다이어그램과 통신 다이어그램은 뒷부분의 시나리오-사용사례 관점에서 시퀀스 다이어그램 및 통신 다이어그램과 이의 알고리즘 설계에 초점을 두는 방향으로 소프트웨어 설계 작업 활동 범위를 조정하여 설명할 것이다. 이 부분은 11.3~11.5절에서 상세히 설명된다.
- 개발 관점-소프트웨어 아키텍처 설계: 개발 관점은 주로 프로그래머 관점에서 시스템의 구조를 표현하며 소프트웨어 관리와 관련된다. 개발 관점을 표현하는 데 사용되는 UML 다이어그램에는 **패키지 다이어그램**과 **컴포넌트 다이어그램**이 있다. 이 부분은 7장의 뒷부분에서 상세히 설명한다.
- 시나리오-사용사례 관점: 시나리오는 다섯 번째의 '사용사례 관점(use-case view)'이라 부르며, 소규모 사용사례 또는 시나리오 집합을 사용하여 객체 간 및 프로세스 간의 상호 작용 순서를 나타낸다. 소프트웨어 설계 4+1 관점에서 '+1' 관점에 해당한다. **시나리오**는 아키텍처 요소를 식별하고 아키텍처 설계를 설명하고 검증하는 데 사용된다. 또한 아키텍처 프로토타입의 테스트를 위한 시작점 역할을 한다. 따라서 사용사례 관점에서는 주로 사용사례 명세 또는 시퀀스 다이어그램과 이의 알

고리즘 설계에 초점을 두도록 한다. 이 부분은 11.2절의 사용사례(시퀀스 다이어그램)에 대한 알고리즘 설계에서 상세히 설명된다.

- 사용자 인터페이스 설계: 소프트웨어 설계 활동에는 사용자 인터페이스 설계를 포함한다. 이전의 객체지향 분석 단계에서 명세 내용을 기반으로 사용자 인터페이스 설계 활동을 포함해야 한다. 이 부분은 9장 사용자 인터페이스 설계에서 상세히 설명된다.

사실 소프트웨어 설계의 4+1 관점에서 언급하는 최종사용자, 개발자, 시스템 엔지니어, 프로젝트 관리자, 사용사례 관점에서 UML 표현 방법은 이미 6장에서 객체지향시스템의 기능적 모델링, 구조적 모델링, 행위 모델링, 물리적 모델링, 소프트웨어 아키텍처 설계 작업과 추가로 사용자 인터페이스 설계 활동으로 설명된다. 다음은 여러 가지 소프트웨어 아키텍처 유형을 소개한다.

7.2 소프트웨어 아키텍처 유형

일반적으로 설계 패턴에는 소프트웨어 설계 패턴(design pattern)과 소프트웨어 아키텍처 유형(architecture styles)으로 구분된다. 객체지향 소프트웨어 설계 패턴은 소프트웨어 아키텍처 설계 개념과 비교하지만 비교적 작은 규모의 클래스 설계 패턴을 나타내며, 세부적인 내용은 뒷부분인 8장에서 소개된다. 다음은 시스템을 구성하는 소프트웨어 아키텍처 유형으로 여러 가지 종류를 소개한다.

7.2.1 MVC 구조

모델-뷰-컨트롤러(Model-View-Controller, **MVC**) 구조는 <그림 7.2>와 같이 사용자 인터페이스 개발에서 일반적으로 사용되는 소프트웨어 설계 패턴으로 소프트웨어 **시스템을 구성하는 프로그램을 모델(Model)-뷰(View)-컨트롤러(Controller)의 세 가지 그룹으로 분류**한다. 즉 프로그램을 정보의 내부 표현(모델, Model) 요소, 사용자에게 정보를 제공하고 사용자로부터 정보를 받아들이는 인터페이스(뷰, View) 요소, 이 둘을 연결하는 컨트롤러(Controller) 요소로 구분한다. 전통적으로 데스크톱 그래픽 사용자 인터페이스(GUI)에 사용되는 이 패턴은 웹(web) 애플리케이션을 설계하는 데 자주 사용된다. 자주 사용되는 프로그래밍 언어에는 이 패턴을 쉽게 구현할 수 있는 MVC 프레임워크가 있다. 대표적으로 파이선 프로그래밍 언어는 MVC 소프트웨어 아키텍처를 제공한다.

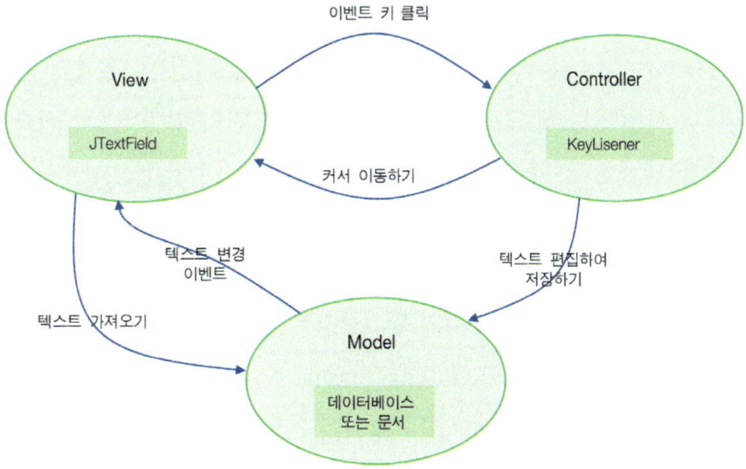

〈그림 7.2〉 MVC 아키텍처

- 모델(model): 소프트웨어 시스템에서 취급하는 **데이터(데이터 구조)**를 관리한다. 즉 모델에는 사용자가 원하는 모든 데이터와 이의 변경 요청에 대한 처리 방법을 제공하는 프로그램으로 구성된다.
- 뷰(view): 주로 사용자에게 정보를 제공하거나 사용자로부터 데이터를 받아서 화면에 보여주는 **인터페이스 응용 프로그램**들로 구성된다. 쉽게 설명하면, 사용자 인터페이스를 제공하는 응용 프로그램으로 구성된다.
- 컨트롤러(controller): 사용자가 접근하는 요청사항을 파악하고 그 요청에 맞는 모델의 데이터를 요청하고 그 데이터를 **처리(조작)**하고 뷰에 반영하여 사용자에게 알려주는 프로그램으로 구성된다. 예로, '파일 삭제' 이벤트가 발생하면, 파일을 삭제하는 프로그램 또는 어떤 키를 클릭하면 텍스트를 편집하는 프로그램 등이 컨트롤러의 예이다.

7.2.2 클라이언트-서버 구조

클라이언트-서버(Client-Server, CS) 아키텍처는 <그림 7.3>과 같이 시스템을 구성하는 프로그램 집합을 물리적 위치별로 사용자 인터페이스(프레젠테이션) 계층, 기능을 처리하는 애플리케이션 계층(일명 '로직 계층'), 데이터 저장 및 접근의 데이터 계층으로 분리한다. 클라이언트-서버 아키텍처에는 2계층과 3계층 아키텍처로 분류된다. **3계층 클라이언트-서버 아키텍처는** 일반적으로 프레젠테이션 계층, 애플리케이션 계층, 데이터 계층으로 구성한다. <그림 7.3>은 3계층 클라이언트-서버 아키텍처 구성이다. <그림 7.3>에서 front-end 클라이언트에는 응용 프로그램을 설치하여 운영하고 사용자 인터페이스 역할을 담당한다. Back-end 서버에는 웹서버와 데이터 서버로 분리된다. 웹서버에는 웹 프로그램이 설치되어 운영되고, 데이터 서버에는 웹 프로그램 운영에 필요한 데이터베이스와 DBMS를 설치하고 웹서버와의 모든 접근 방법을 제공한다. 따라서 3-계층 클라이언트-서버 구조는 웹서버가 해킹을 당할 때 웹서버의 웹프로그램만 해킹당하고 다른 데이터 서버에 있는 웹 데이터베이스는 손실이 없으므로 데이터 보호에 유리한 이점을 갖는다.

예로, Web 응용시스템에서 전방(front-end)의 웹-서버는 보통 브라우저에서 출력하는 콘텐츠를 갖고 있고, 중간 단계의 애플리케이션 서버(예: Symfony, Spring, ASP.NET, Django, Rails, Node.js)는 콘텐츠 처리 및 생성 기능을 담당하고, 후방(back-end)의 데이터 저장소는 데이터베이스 및 이의 모든 접근 제어를 담당하는 DBMS 등으로 구성된다.

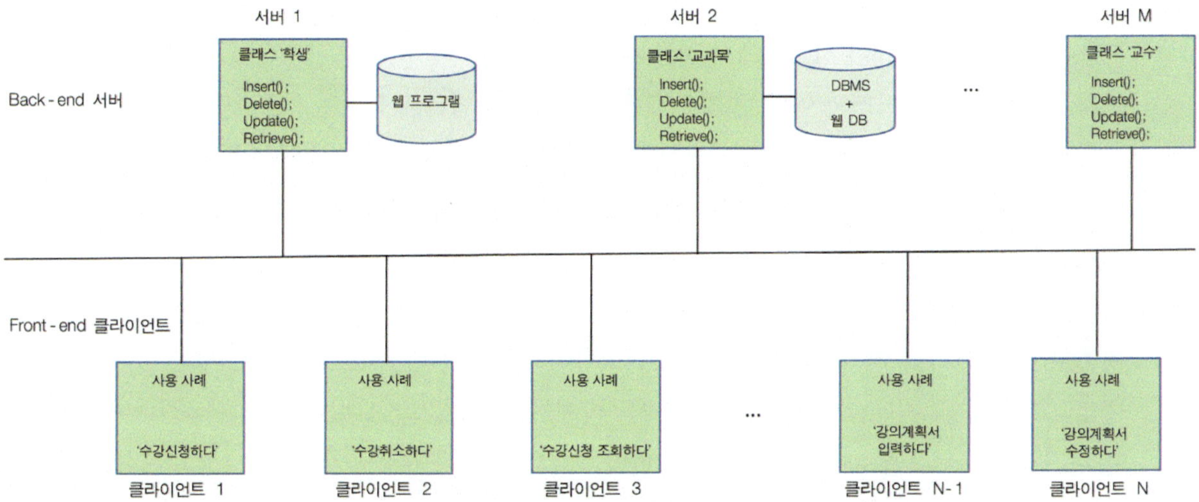

〈그림 7.3〉 3계층 클라이언트-서버 구조 유형

우리 주변에서 운영되고 있는 홈페이지는 대부분 3계층 클라이언트-서버 구조로 구성된다, 하지만 사용자가 어떤 홈페이지를 접속할 때 클라이언트 PC나 노트북의 단말기에서 별도의 애플리케이션 프로그램을 설치하지 않은 상태에서 홈페이지에 직접 접속할 수 있는 경우가 종종 볼 수 있다. 이것은 시스템 구축 시 클라이언트 사용자의 편리를 위해 back-end 서버에 '**WAX**' 같은 별도의 소프트웨어를 설치하여 클라이언트 응용 프로그램을 서버에 위치할 수 있도록 개발했기 때문이다. 이로 인해 실제 3계층 클라이언트-서버 구조 개념을 이해하기 어려울 수 있다. 최근들어 대형 병원관리 정보시스템은 보안 강화를 위해 3계층 클라이언트-서버 구조를 철저히 지키는 사례도 늘고 있다. 따라서 웹서버에는 웹 프로그램이 저장되고, 데이터 서버에는 DBMS와 데이터베이스가 설치되어 운영되고, 사용자의 클라이언트 컴퓨터에는 직접 응용 프로그램을 설치하여 로그인 ID와 패스워드 인증을 통해 사용하는 환경을 갖추고 있다.

7.2.3 계층형 구조

계층형 아키텍처의 기본 개념은 <그림 7.4>의 OSI 7계층 통신 프로토콜과 같이 유사한 기능을 가진 모듈은 수평적 계층으로 구성하고, 상하 연관관계의 모듈은 수직적으로 구성하는 구조이다. 결과적으로 각 계층은 애플리케이션 내에서 특정한 역할을 수행한다. 계층적 아키텍처는 시스템 전체의 관점을 추상화하면서 개별 계층의 역할과 책임, 계층 간의 관계를 이해하기에 충분한 세부 정보를 제공한다. 여기서 계층형 아키텍처 유형은 애플리케이션이 가질 수 있는 계층의 수에 제한이 없는데, 이것은 계층 분리 개념을 촉진하는 계층을 갖추는 것이 목적이기 때문이다.

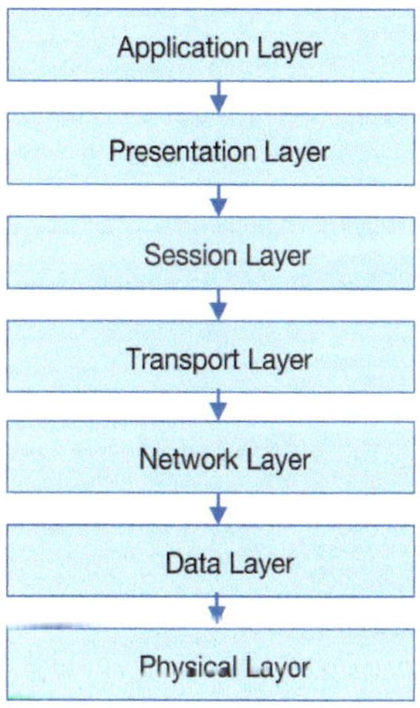

〈그림 7.4〉 계층형 아키텍처 유형

7.2.4 파이프-필터 구조

파이프라인 구조는 <그림 7.5>와 같이 각 요소의 출력이 나음 요소의 입력이 되는 처리 요소(프로세스, 스레드, 코루틴, 함수 등)의 체인으로 구성되며, 물리적 파이프라인에 비유하여 이름이 부여된다. 가장 일반적인 파이프라인 구조는 컴파일러나 인터프리터와 같이 프로그램을 입력받고, 전처리 과정, 어휘 분석, 구문분석, 의미분석, 중간코드 생성기, 코드 최적화, 실행코드 생성기 등의 순차적인 처리 과정을 통해 앞 단계의 출력이 다음 단계의 입력으로 처리되는 예제이다. 일반적으로 연속된 요소 사이에는 어느 정도의 버퍼링이 제공된다. 이러한 파이프라인에서 흐르는 정보는 레코드, 바이트 또는 비트의 스트림인 경우가 많으며, 파이프라인의 요소를 필터라고 할 수 있고 이를 **파이프-필터 아키텍처 유형**이라 한다.

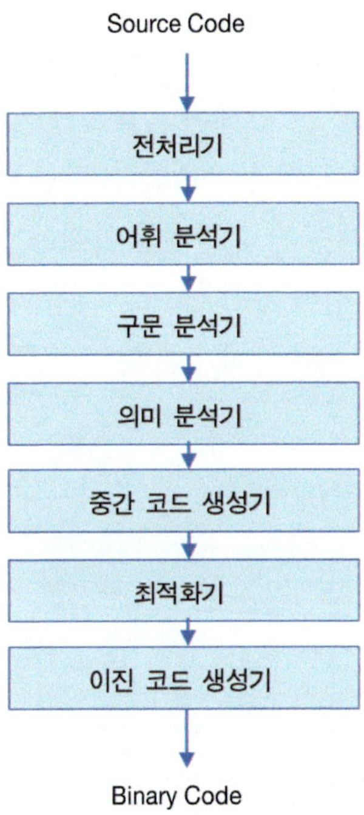

〈그림 7.5〉 파이프-필터 구조

7.2.5 데이터 중심 구조

데이터 중심 아키텍처(data-oriented architecture, DOA)에서 시스템은 <그림 7.6>과 같이 여전히 작고 느슨하게 결합 된 구성 요소들로 구성된다. 컴포넌트는 항상 데이터를 저장하지 않는 상태로 시스템은 중앙에서 관리되는 글로벌 데이터베이스를 유지하고 이의 데이터 접근을 위한 접근 제어 계층을 두는 방식이다. 이 구조에서 컴포넌트 간의 상호 작용은 최소화하고, 대신에 데이터 접근 계층을 통해 컴포넌트 상호 작용으로 통신하는 것을 선호한다. 예로, 데이터 중심 증권거래시스템에서 다양한 증권 가격을 수신하는 모든 컴포넌트는 글로벌 데이터 저장소에 저장된 표준 형식의 가격을 접근하는 방식으로 통신한다. 따라서 증권거래시스템은 특정 API를 통해 특정 서비스(또는 서비스 집합)를 통해 가격 정보를 요청하는 대신 글로벌 데이터 계층에 가격을 질의하여 이의 가격을 사용한다.

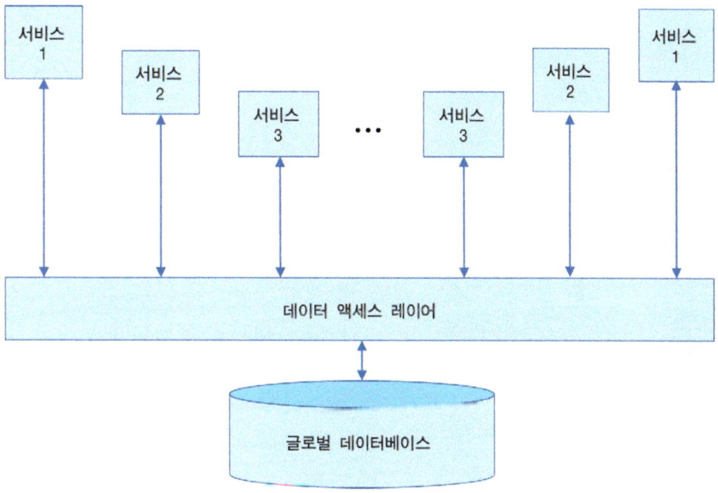

〈그림 7.6〉 데이터 중심 아키텍처

이 구조의 단점은 시스템 통합 비용이 선형화될 수 있다는 점이다. 예로, 데이터 중심 아키텍처에서 스키마를 변경하면 최대 N개의 컴포넌트가 갱신될 수 있으며, 오히려 컴포넌트 간의 연결이 최대 N^2개까지 갱신될 수 있다.

7.2.6 서비스 중심 구조

서비스 중심 구조(Service-Oriented Architecure, SOA)는 <그림 7.7>과 같이 하나의 거대한 프로그램을 독립적인 서비스 요소로 분해하여 전체 시스템을 구성하는 방식이다. 예로, 하나의 소프트웨어 시스템을 여러 개의 서비스 시스템으로 나누어 운영하는 형태로 거래 App에서 고객에세 요청받고, 응답을 처리하는 부분은 별도의 서비스 시스템, 가격 및 시장 정보를 수신하는 시스템, 주문 및 위험을 추적하는 시스템 등을 별도의 서비스로 분해하여 구성하는 방식이다. 이러한 각 서비스 간의 인터페이스는 공식적으로 정의된 API 계층을 통해 제공되고, 각 서비스 시스템은 별도의 서버와 데이터베이스시스템을 두어 운영한다. 또한 서비스와 서비스 간에는 일반적으로 RPC(remote procedure call)를 통해 일대일 통신을 하지만 메시지 전달이나 pubsub와 같은 다른 기술을 사용할 수 있다.

서비스 중심 구조는 시스템에서 여러 가지 서비스를 제공하는 경우, 각 시스템을 별도의 서비스 지원 시스템으로 운영하는 형태로서 다양한 서비스 중심 소프트웨어 시스템에서 유용한 구조이다.

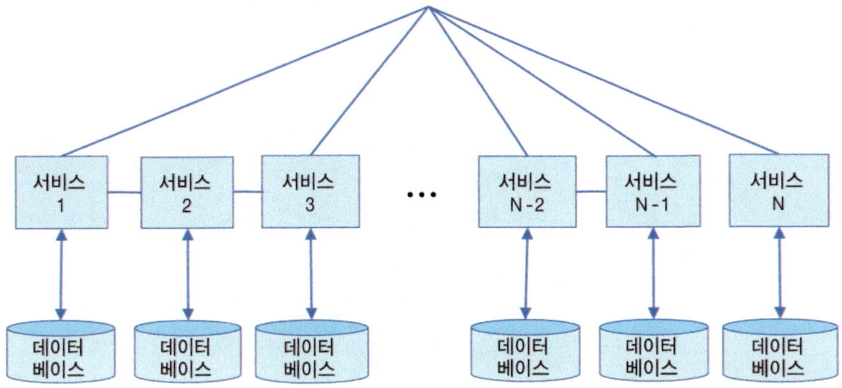

〈그림 7.7〉 서비스 중심 아키텍처

7.2.7 이벤트 기반 구조

이벤트 중심 구조는 이벤트의 생성 및 소비에 의존하여 시스템의 동작과 반응을 트리거하는 시스템 설계 패턴이다. 이벤트는 사용자 입력, 센서 판독 또는 메시지 도착과 같이 시스템 또는 시스템 구성 요소의 상태나 조건에 중대한 변화가 발생하는 것을 말한다. 이벤트 중심 패턴은 **이벤트 생산자, 이벤트 소비자, 이벤트 브로커**의 세 가지 주요 역할로 구성된다. 이벤트 생산자는 이벤트를 생성하여 이벤트 브로커에 게시하고, 이벤트 브로커는 이벤트를 라우팅하여 해당 작업 또는 응답을 수행하는 적절한 이벤트 소비자에게 전달하는 역할을 담당한다. 이벤트 중심 패턴은 높은 응답성, 확장성 및 분리성을 제공하지만 이벤트 스키마 형식 및 의미론에 대한 신중한 설계가 필요하다.

유사한 사례로 이벤트 기반 아키텍처(Event-Driven Architecture, EDA)에는 <그림 7.8>의 Amazon 이벤트 기반 구조와 같이 **이벤트 생산자, 이벤트 라우터, 이벤트 소비자**라는 세 가지 주요 구성 요소가 있다. **이벤트 생산자**는 라우터에 이벤트를 게시하고, **라우터**는 이벤트를 필터링하여 소비자에 전달하는 역할을 담당한다. **생산자 서비스와 소비자 서비스**는 서로 분리되므로 독립적으로 확장, 갱신, 배포할 수 있다. 이렇게 이벤트 기반 아키텍처는 시스템에서 이벤트 발생 시 해당 이벤트 로그를 보관하고 이를 기반으로 동작하며, 비동기 통신을 통해 시스템 내 통합을 수행하는 구조이다. 이벤트란 시스템에서 데이터의 변경 즉, 데이터의 생성, 변경, 삭제를 통해 발생하는 서비스의 의미 있는 변화를 일으키는 행위를 의미한다.

이벤트 기반 아키텍처를 사용하면 확장 가능하고 탄력적인 애플리케이션을 구축하여 더욱 반응이 빠른 경험으로 사용자의 참여를 유도할 수 있다. 이벤트 기반 아키텍처 솔루션은 또한 애플리케이션 간의 **이벤트**를 감지하고 통신에 적합한 엔드포인트로 라우팅하여 최신 마이크로서비스 아키텍처를 지원한다. 이러한 솔루션은 웹 및 모바일 백엔드, 서비스형 소프트웨어(SaaS) 애플리케이션 통합, 자동화된 비즈니스 워크플로 및 인프라를 사용하여 개발자의 민첩성을 높이고 확장성과 복원력이 뛰어난 앱을 제공하며 총소유비용(TCO)을 절감할 수 있는 장점이 있다.

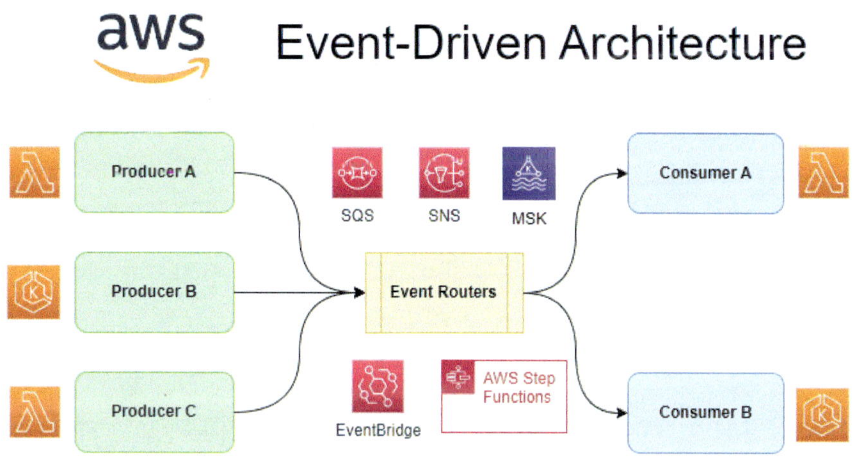

〈그림 7.8〉 이벤트 기반 아키텍처

7.2.8 클라우드 컴퓨팅 구조

클라우드 컴퓨팅 아키텍처는 front-end와 back-end의 두 가지 부분으로 나뉜다. <그림 7.9>는 클라우드 컴퓨팅의 인터넷 아키텍처를 나타낸다. **클라우드 컴퓨팅 아키텍처의 구성 요소**는 클라이언트 인프라, 애플리케이션, 서비스, 클라우드 런타임 라이브러리, 스토리지, HW와 NW 인프라, 보안 장치 등이 있다. 클라우드 아키텍처의 fron-tend는 클라우드 컴퓨팅의 클라이언트를 의미한다. 클라이언트에는 클라우드 컴퓨팅 서비스/사원에 접근하는 데 사용되는 모든 사용자 인터페이스와 애플리케이션을 포함하고 있다는 뜻이다. 예를 들어, 웹 브라우저를 사용하여 클라우드 컴퓨팅 플랫폼에 접근한다.

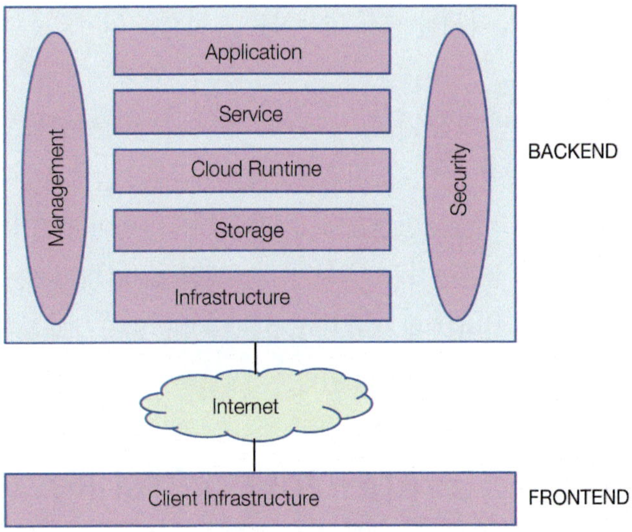

〈그림 7.9〉 클라우드 컴퓨팅 아키텍처

- Front-end 클라이언트: 클라이언트 인프라는 클라우드 컴퓨팅의 front-end 구성 요소이다. 클라이언트에는 클라우드 플랫폼을 접근하는 데 필요한 애플리케이션과 사용자 인터페이스를 갖고 있다. 즉 클라우드 서버와 상호 작용할 수 있는 그래픽 사용자 인터페이스(GUI)를 제공한다.
- Back-end 서버: 이것은 클라우드 업체가 제공하는 클라우드 서비스 자체를 의미한다. Back-end 서버에는 대용량 자원(HW, NW, 스토리지)을 포함하고 자원을 관리하며 보안 메커니즘을 제공하며, 가상 애플리케이션, 가상 머신, 트래픽 제어 메커니즘, 배포 시스템 등을 포함한다. 클라우드 시스템의 back-end의 주요 구성 요소는 하부, 중간, 상위 계층으로 나눌 수 있다. 하부에는 HW 장치, NW 장치, 대용량 스토리지, 가상화 소프트웨어의 인프라 구조로 구성되며, 중간 단계에는 런타임 클라우드, 관리 소프트웨어(애플리케이션, 서비스, 런타임 클라우드, 스토리지, 인프라 및 기타 보안 메커니즘 등), 보안, DBMS, 컴파일러 등의 미들웨어 소프트웨어로 구성되고, 최상위에는 다양한 애플리케이션과 서비스, 분석 소프트웨어 등으로 구성된다. 다음은 클라우드 컴퓨팅의 서비스 제공 수준에 따라 비즈니스(사업) 모델을 설명한다.
- **클라우드 컴퓨팅 비즈니스 모델**에는 제공되는 서비스 수준에 따라 대표적으로 IaaS(Infrastructure as a Service), CaaS(Containers as a Service), PaaS(Platform as a Service), SaaS(Software as a Service) 등으로 분류된다. 여기서 클라우드 컴퓨팅 비즈니 모델이란 클라우드 컴퓨팅의 사업 모델을

의미하고 기업에서 클라우드 컴퓨팅 서비스 지원사업을 하는 사업 형태를 의미한다. 서비스 회사의 기능 지원 범위에 따라 IaaS, CaaS, PaaS, SaaS 등으로 분류된다.

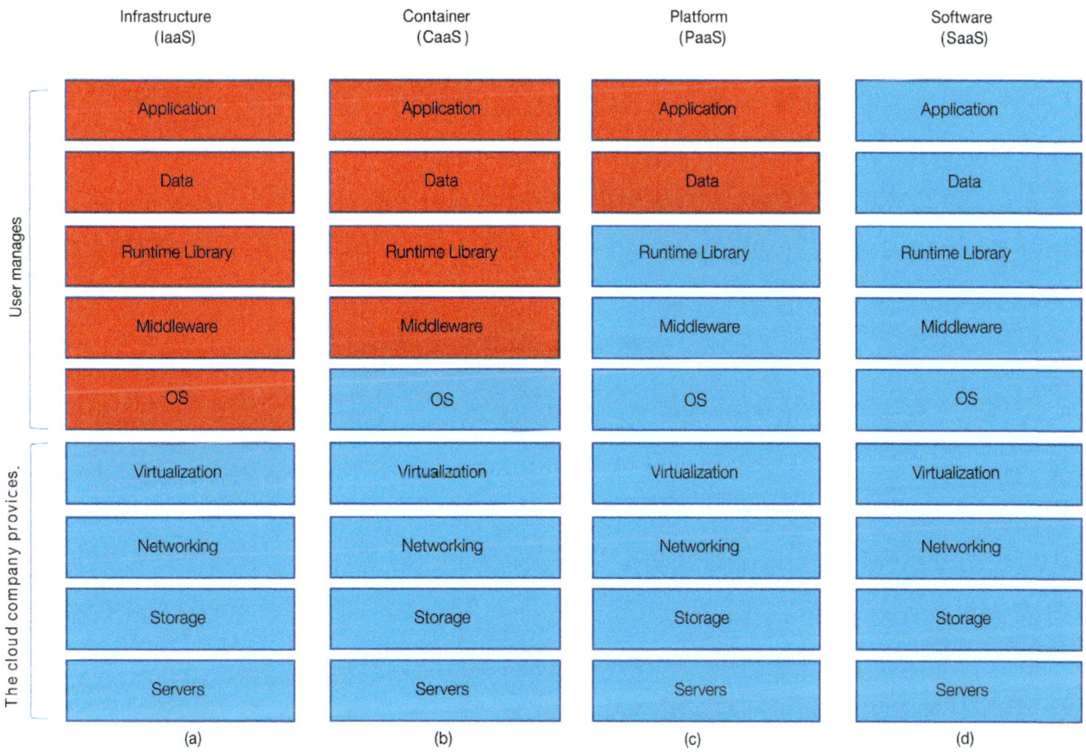

〈그림 7.10〉 클라우드 컴퓨팅 서비스 비즈니즈 모델: (a) IaaS 모델; (b) CaaS 모델; (c) PaaS 모델; (d) SaaS 모델

- **IaaS**는 <그림 7.10a>와 같이 클라우드 서비스를 통해 하드웨어, 스토리지, 네트워크, 가상화의 인프라 지원을 구독형 서비스로 제공하는 구조이다. 클라우드 서비스에서 애플리케이션과 워크로드를 실행하기 위한 백엔드 서버 자원인 클라우드 호스트 서버 및 가상 서버, 스토리지, 네트워킹에 대한 온디맨드(on-demand)[3] 액세스를 의미한다. 고객은 클라우드 서비스 회사에게 하드웨어 자원인 호스트 서버와 가상 서버, 스토리지 공간, 네트워트 등의 자원을 원하는 만큼 요청하여 사용하고, 그

3 On demand 방식이란 TV 유선 방송과 같이 클라우스 서비스 회사에 원하는 만큼의 자원을 서비스 요청하고 이의 서비스를 제공받는 체계를 의미한다.

밖에 필요한 부분은 고객이 운영체계, DBMS, 컴파일러, 응용 프로그램 등을 자체적으로 설치하고 운영하는 서비스 체계이다. 따라서 고객은 자체 데이터센터의 HW, NW, 스토리지 인프라를 유지관리 또는 업데이트할 필요는 없지만, 운영체제, 미들웨어, 가상 머신, 앱 또는 데이터는 자체적으로 운영 관리해야 하는 구조이다.

- **CaaS**는 <그림 7.10b>와 같이 컨테이너를 사용하여 애플리케이션을 개발하고 배포하는 데 필요한 모든 하드웨어, 네트워크, 운영체계(OS)를 서비스로 제공하는 구조이다. IaaS의 하위 집합 또는 확장으로 간주되기도 하는 CaaS는 가상 머신이 아닌 컨테이너를 기본 자원으로 사용하고, 모든 컨테이너 클라우드 서비스는 1개의 가상화 서버에서 작동한다. 고객은 인프라 또는 플랫폼을 빌드 및 유지관리하여 컨테이너를 실행하고 관리할 필요 없이 CaaS를 사용하여 애플리케이션을 개발, 실행, 관리할 수 있는 구조이다. 고객은 여전히 코드를 작성하고 데이터와 애플리케이션을 관리해야 하지만 컨테이너화된 앱을 빌드하고 배포하는 환경은 클라우드 서비스 제공업체에서 관리하고 유지관리하는 구조이다.
- **PaaS**는 <그림 7.10c>와 같이 클라우드 서비스를 통해 애플리케이션을 개발하는 데 필요한 모든 HW, NW, 스토리지, 가상화 소프트웨어 및 운영체계, 런타임 클라우드, 관리 소프트웨어(애플리케이션, 서비스, 런타임 클라우드, 스토리지, 인프라 및 기타 보안 메커니즘 등), 보안, DBMS, 컴파일러 등의 소프트웨어 자원을 서비스로 제공하는 구조이다. 이 서비스 체계에서 고객은 애플리케이션을 개발, 실행, 유지 및 관리하기 위해 즉시 사용 가능한 완전한 클라우드 호스팅 플랫폼에 온디맨드 방식으로 요청하는 것이다. 따라서 고객은 인프라 또는 플랫폼을 자체적으로 빌드하고 유지관리할 필요 없이 PaaS를 사용하여 애플리케이션을 개발하고 실행하고 관리할 수 있는 구조이다. 하지만 PaaS 체계에서 고객은 아직도 사용자 인터페이스 프로그램을 작성하고 이의 데이터와 애플리케이션은 자체적으로 관리해야 하는 구조이다.
- **SaaS**는 <그림 7.10d>와 같이 전체 애플리케이션 스택을 제공하여 고객이 접근하고 사용할 수 있는 클라우드 기반 모든 애플리케이션을 제공하는 구조이다. SaaS에서 제공하는 제품은 서비스 제공업체에서 모든 업데이트, 버그 수정, 전반적인 유지관리 등을 전적으로 관리하며 즉시 사용할 수 있는 상태이다. SaaS(서비스형 소프트웨어) 모델은 바로 사용할 수 있는 클라우드 호스팅 애플리케이션 소프트웨어에 대한 온디맨드 접근 방식이다. 대부분의 SaaS 애플리케이션은 웹브라우저를 통해 직접 접근할 수 있으므로 고객이 기기에 아무것도 다운로드 또는 설치할 필요가 없는 구조이다. 즉

SaaS는 인터넷을 통해 클라우드에 접속하면 특별한 조치 없이 사용자가 원하는 작업을 수행할 수 있는 서비스 체계이다. 대표적인 SaaS 시스템으로 클라우드 이메일 서비스, 클라우드 ERP 등과 같이 클라우드에서 모든 것을 갖추고 있고, 고객은 단지 클라우스 서비스 회사에 자신이 원하는 서버와 운영체계, 원하는 응용 프로그램 및 개발환경을 요청하고 비용을 지불하면 언제든지 클라우드 서비스를 사용할 수 있는 체계이다.

따라서 클라우드 컴퓨팅 구조에서는 소프트웨어 구조를 front-end 클라이언트의 애플리케이션과 사용자 인터페이스 소프트웨어, back-end 서버에서 하부의 HW 장치, NW 장치, 대용량 스토리지, 가상화 소프트웨어의 인프라 구성 요소로 분류하고, 중간 단계에는 런타임 클라우드, 관리용 소프트웨어, 보안, DBMS, 컴파일러 등의 미들웨어 소프트웨어로 구성되고, 최상위에는 다양한 애플리케이션과 서비스, 분석 소프트웨어 등으로 구분할 수 있다. 그리고 다시 해당하는 소프트웨어 아키텍처를 설계할 수 있을 것이다.

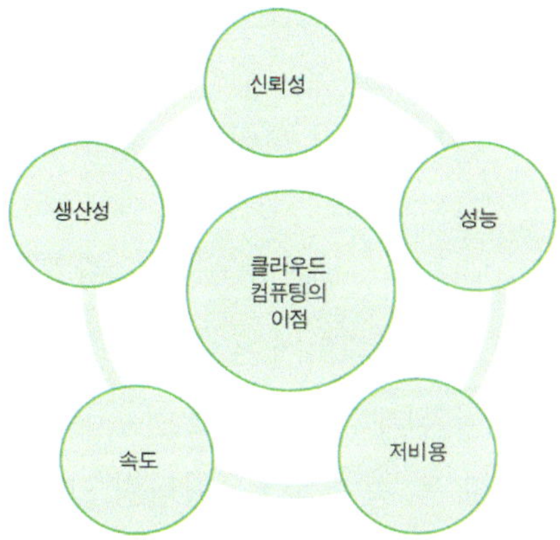

〈그림 7.11〉 클라우드 컴퓨팅 구조의 이점

끝으로 클라우드 컴퓨팅 구조는 <그림 7.11>과 같이 기존의 클라이언트-서버 구조와 비교하여 높은 생산성, 신뢰성, 성능, 빠른 속도, 적은 비용 등의 **이점**을 제공한다. 첫째, 높은 생산성(productivity)을 들 수 있다. 기존의 클라이언트-서버 구조에는 다양한 회사의 많은 서버가 존재하고, 각 서버마다 다른 운영체계를 사용으로 관리 효율성과 생산성이 떨어진다. 반면에 클라이언트 컴퓨팅 구조는 모든 서버를 원하는 환경으로 통합하여 서비스하므로 사용자, 서비스 제공자 측면에서 어려움 없이 사용할 수 있으므로 높은 생산성을 제공한다.

둘째, 클라우드 컴퓨팅 구조는 거대한 클라우드 컴퓨팅 시스템 내부에 여러 개의 서버 체계를 갖추고 있으므로 시스템 실패나 고장은 거의 발생하지 않는다. 설령 가벼운 시스템 고장이 발생해도 주변의 다른 서버가 작동하므로 사용자는 시스템 고장을 거의 느끼지 못하므로 높은 신뢰성을 제공한다. 셋째, 클라우드 서비스 구조는 사용자의 요청이 쇄도하는 경우 내부의 다른 서버에 부하를 배분하여 성능을 끌어올릴 수 있으므로 높은 성능을 제공한다. 이외도 빠른 속도를 제공한다.

7.3 네트워크 인프라 설계

네트워크 인프라 설계는 프로젝트 관련하여 통신 시스템 구축에 대한 청사진이다. 네트워크 인프라 설계에는 데이터 전송과 연결을 가능하게 하는 물리적 및 가상 구성 요소를 전략적으로 계획, 구현, 관리하는 것이 포함된다. 효율적이고 경제성 있는 네트워크 인프라 설계는 자원 사용을 최적화하고 안정성을 개선하며 미래의 기술 발전을 지원한다. 연결성이 중요한 세상에서 효과적인 네트워크 인프라는 원활한 운영을 위한 토대를 마련하고 빠르게 진화하는 디지털 환경에서 조직의 경쟁력을 유지하는 데 도움을 준다. 효율적인 네트워크 인프라 설계를 계획하는 것은 다음과 같은 이유에서 아주 중요하다.

- 효율적인 네트워크 설계는 지연을 최소화하고 대역폭 사용을 극대화하며 데이터 손실을 줄임으로써 최적의 성능을 보장하여 사용자와 애플리케이션의 데이터 전송 속도를 높이고 응답시간을 개선한다.
- 적절한 네트워크 설계는 향후 시스템 성장과 확장에 대비하여 새로운 장치, 앱, 사용자를 원활하게 통합하고 잦은 점검이나 값비싼 업그레이드를 방지하며 시간과 자원을 절약할 수 있도록 지원한다.
- 견고한 인프라 설계는 중복 구성 요소, 장애 조치 메커니즘, 부하 분산을 통해 네트워크 안정성을 향상시킨다.
- 네트워크 레이아웃을 신중하게 계획하고, 적절한 하드웨어와 소프트웨어를 선택하고, 효율적인 설계를 구현하면 초기 비용과 장기 운영 비용을 줄일 수 있다.
- 잘 설계된 네트워크 인프라는 작업을 더 쉽게 관리할 수 있게 해준다. 중앙 집중식 제어, 자동화된 도구, 종합적인 모니터링 기능을 제공한다. 이러한 단순성은 관리 업무를 간소화하고, 복잡성을 줄이며, IT 팀이 변화하는 요구사항과 새로운 문제에 신속하게 대응할 수 있도록 도와준다.

효율적인 네트워크 인프라 설계는 최대의 성과를 내기 위해 최적화해야 하는 정교한 작업이다. 다음은 네트워크 설계 프로세스를 최대한 활용하기 위해 가장 널리 사용되는 네트워크 인프라 설계 기술이다.

- 네트워크 인프라를 **단순화**하면 효율성을 높일 수 있다. 여기에는 구성 요소, 프로세스 및 설정을 간소화하여 성능과 관리 최적화하는 것을 포함한다. 목표는 복잡성을 줄이고 불필요한 요소를 제거하며, 안정성과 확장성을 향상하는 데 있다. 조직은 단순화를 수용함으로써 운영 효율성, 민첩성, 네트워크 복원력을 향상시킬 수 있다. 이러한 단순화를 통해 변화하는 비즈니스 요구와 기술 발전에 빠

르게 적응할 수 있다.

- 올바른 네트워크 인프라 설계를 선택하려면 확장성, 성능 요구사항, 보안 조치, 예산 제약, 향후 성장 예측을 **평가**해야 한다. 이러한 측면을 분석하여 가장 적합한 아키텍처, 토폴로지, 하드웨어 및 소프트웨어 구성 요소를 결정할 수 있다. 목표는 효율성, 안정성, 비용 효율성 간의 균형을 맞추는 데 있다. 새로운 기술과 업계 표준을 고려하면 선택한 설계가 적응성과 미래 지향성을 유지할 수 있다. 궁극적으로 가장 적합한 설계를 선택하면 조직은 네트워크 인프라를 최적화하여 현재 운영을 지원하고 미래의 발전을 가능하게 할 수 있다.
- 미래를 대비한 네트워크 인프라 설계는 다가오는 **기술 발전, 성장, 사용자 요구의 변화를 예측하고 이를 수용**하는 것이다. 이러한 접근 방식은 네트워크가 관련성을 유지하고 잦은 업그레이드나 재설계 없이도 진화하는 요구사항을 충족할 수 있도록 보장한다. 미래 지향적인 설계를 통해 조직은 네트워크 인프라를 민첩하고 적응력이 뛰어나며 장기적으로 비즈니스 성장과 혁신을 지원할 수 있는 상태로 유지할 수 있다.
- 미래를 대비한 네트워크 설계에 사용되는 주요 전략은 **확장성, 복원력, 성능 최적화, 유연성, 장기적인 유지관리 및 업데이트** 등에 초점을 둔다. 네트워크 인프라를 유지 관리하고 업데이트하면 지속

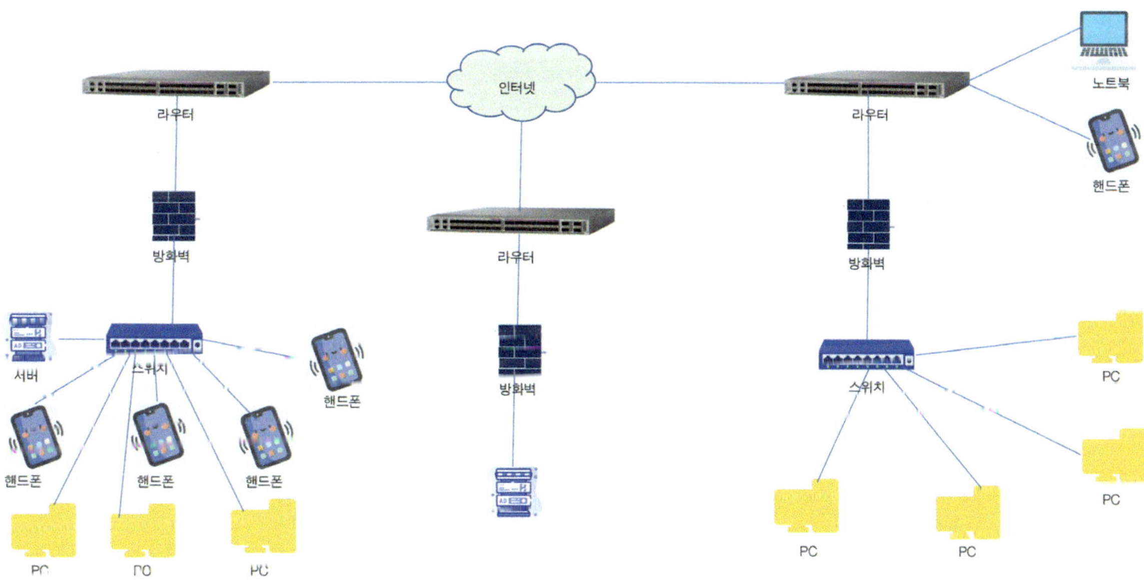

〈그림 7.12〉 네트워크 인프라 설계의 예제

적인 효율성, 보안 및 기능을 보장할 수 있다. 유지관리에는 네트워크 성능 모니터링, 하드웨어 상태 확인, 잠재적인 문제나 다운타임을 방지하기 위한 문제 해결과 같은 일상적인 작업이 포함된다. 네트워크 업데이트에는 패치 설치, 펌웨어 업그레이드, 소프트웨어 업데이트를 통해 취약점을 해결하고 기능을 향상시키며 진화하는 기술과의 호환성을 개선하는 작업이 포함된다. 네트워크를 정기적으로 유지 관리하고 업데이트함으로써 조직은 더 큰 문제로 발전하기 전에 잠재적인 문제를 사전에 파악하고 수정하여 장애를 최소화할 수 있다.

<그림 7.12>는 위의 네트워트설계 기술을 활용한 네트워크 인프라 설계도의 예제이다. 따라서 시스템 개발 과정에서 <그림 7.12>와 같은 네트워크 인프라 설계도를 설계해야 한다.

7.4 하드웨어 아키텍처 설계 - 시스템 배치도

UML **배치 다이어그램(deployment diagram)**은 <그림 7.11>과 같이 런타임 처리 노드와 그 위에 있는 구성 요소의 구성을 보여주는 배치도이다. 배치 다이어그램은 객체지향 시스템에서 시스템 구성 요소의 물리적 배치 위치를 설계하는 일종의 구조 다이어그램이다. 배포 다이어그램은 하드웨어 노드에 대한 소프트웨어 구성 요소 배치를 매핑하고 통신 경로를 통해 해당 연결 관계를 표현하므로 여러 노드에 걸쳐 소프트웨어 실행 환경을 시각적으로 표현한다. 또한 배치도는 시스템을 구성하는 하드웨어의 정적 위상을 모델링하는 데 사용된다. 이러한 배포 다이어그램의 사용 목적은 다음과 같다.

- 런타임 시스템의 구조를 보여준다.
- 시스템을 구현하는 데 사용되는 하드웨어와 서로 다른 하드웨어 항목 간의 연결 관계를 보여준다.
- 물리적 하드웨어 요소와 이들 간의 통신 경로를 모델링하여 보여준다.
- 시스템 아키텍처를 계획하는 데 사용할 수 있다.
- 소프트웨어 구성 요소 또는 노드의 배치 위치를 문서화하는 데 유용하다.

배치 다이어그램은 '시스템의 실행 아키텍처와 시스템 요소에 대한 소프트웨어 인공물 위치를 정의하는 데 사용할 수 있는 보여주는 배치 도면'이다. 배포 다이어그램은 임베디드 시스템, 클라이언트/서버 및 분산 시스템 등의 시각화, 레이아웃 배치 및 이를 문서화하고 포워드 및 역공학을 통해 실행 가능한 시스템을 관리하는 데 중요하다. 배포 다이어그램은 시스템의 노드에 초점을 맞춘 특별한 종류의 클래스 다이어그램이다. 배포 다이어그램은 그래픽 측면에서 통신 장비의 정점과 호(arcs)의 집합으로 구성된다.

배포 다이어그램의 핵심적인 구성 요소는 다음과 같다.

- 노드: 이것은 서버, 워크스테이션, 라우터 등과 같이 소프트웨어 구성 요소가 배치되는 물리적 하드웨어 개체를 나타낸다. 이러한 노드는 장치 노드와 실행 환경 노드의 두 가지 유형이 있다. 첫째, 장치 노드는 일반적인 컴퓨터나 휴대폰과 같이 소프트웨어를 실행하기 위한 처리 메모리와 서비스를 갖춘 물리적 컴퓨팅 자원이다. 둘째, 실행 환경 노드(Executive Environment Node)는 외부 노드 내에서 실행되며 다른 실행 가능한 소프트웨어 요소를 호스팅하고 실행하는 서비스를 자체적으로 제공하는 소프트웨어 컴퓨팅 자원을 나타낸다. 이러한 HW 노드는 <<stereotype>>으로 표시한다.
- 노드 간의 연결은 선으로 표시되며, 선택적으로 <<stereotype>>을 사용할 수 있다. 또한 노드는 노드 내에 존재할 수 있다.
- 소프트웨어 구성 요소에는 실행 파일, 라이브러리, 데이터베이스 및 구성 파일을 포함하여 노드에 배포되는 소프트웨어 모듈 또는 인공물 등을 포함한다.
- 종속성: 이것은 통신 경로, 배포 제약조건 또는 기타 종속성을 나타내는 노드와 구성 요소 간의 관계 또는 연결을 표현한다.
- 연결 관계: 네트워크 연결, 통신 프로토콜 등을 포함하여 노드와 구성 요소 간의 통신을 연결하는 채널 또는 연결을 나타낸다.
- 노트와 제약조건을 포함할 수도 있다.
- 배포 사양: 시스템을 구성하는 하드웨어 사양, 소프트웨어 구성, 통신 프로토콜 등을 포함하여 노드 및 구성 요소의 구성 및 규격, 속성을 상세히 기술한다.

예로, 웹사이트를 설명하기 위한 배포 다이어그램은 어떤 하드웨어 구성 요소(노드)가 존재하는지(웹 서버, 애플리케이션 서버, 데이터베이스 서버), 각 노드에서 실행되는 소프트웨어 구성 요소(예: 웹 애플리케이션, 데이터베이스), 서로 다른 요소들이 어떻게 연결되는지(예: JDBC, REST, RMI) 등을 보여준다. 노드(node)는 상자로 표시되며, 각 노드에 할당된 소프트웨어 인공물은 상자 안에 직사각형으로 표시된다. 노드에는 중첩된 상자로 표시되는 하위 노드가 있을 수 있다. 배포 다이어그램에서 단일 노드는 개념적으로 데이터베이스 서버 클러스터와 같은 여러 물리적 노드를 나타낼 수 있다. <그림 7.13>은 배치 다이어그램의 표현 방법에 따라 시스템 구성 요소의 물리적 위상 관계의 표현하는 도면이다. 따라서 시스템 아키텍처 설계 과정에서 <그림 7.13>과 같은 시스템 배치도를 설계하여 노드와 이들 간의 연결 관계를 제공해야 한다.

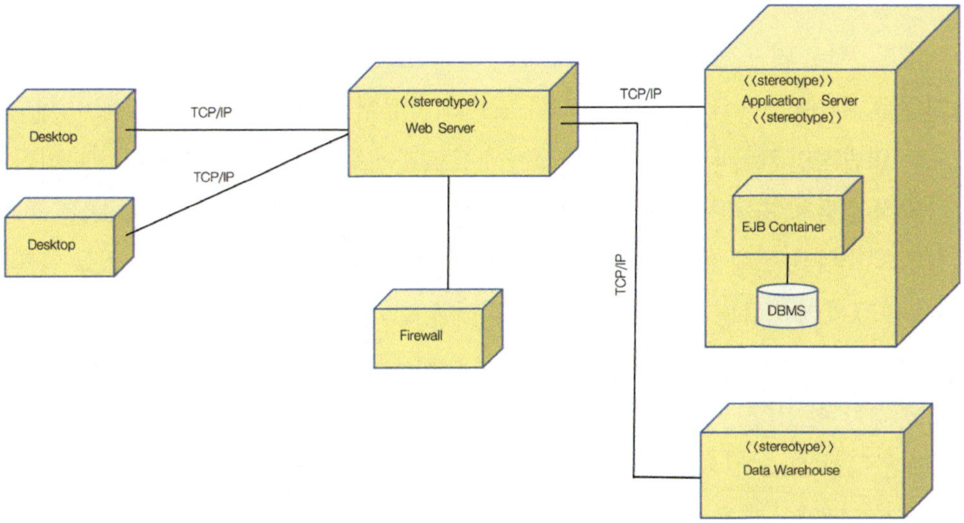

〈그림 7.13〉 배포 다이어그램의 예제

7.5 HW/SW/NW 장비 사양

배포 사양은 시스템을 구성하는 하드웨어 장치, 소프트웨어, 통신 프로토콜 등을 포함하여 노드 및 구성 요소의 규격과 상세 속성의 기술이다. 쉽게 말하면, 시스템을 구성하는 하드웨어 및 네트워크 장치, 소프트웨어 등의 상세한 규격과 사양의 명세이다.

- **하드웨어 사양**은 시스템 내에서 구현하기 위해 하드웨어 요소가 충족해야 하는 예상 서비스 및 조건에 대한 설명으로 정의한다. 하드웨어 사양은 시스템을 구성하는 하드웨어의 세부 기술 사양을 의미한다. 컴퓨터 하드웨어 및 운영체계 사양은 배포하는 컴퓨터의 하드웨어 및 운영 체제 구성을 설명한다. 사양에는 필요한 성능 수준에 맞게 하드웨어의 크기를 조정할 수 있다. <표 7.1>은 시스템 구축에 필요한 하드웨어 사양의 예제이다.
- **소프트웨어 제품 사양(Software Product Specifications, SPS)**은 시스템 구축에 필요한 실행 소프트웨어, 소스 파일, 소프트웨어 지원 정보(예: 컴퓨터 소프트웨어 구성 항목(CSCI)의 '내장 상태' 설계

정보 및 컴파일, 빌드 및 수정 절차)의 세부적인 정보가 포함된다. 소프트웨어 제품 사양에는 소프트웨어 구성 항목의 실행 소프트웨어 및/또는 소스 파일을 주문하는 데 사용할 수 있으며 소프트웨어 구성 항목에 대한 기본 소프트웨어 지원 문서이다. 이 데이터 항목 설명(DID)은 개발자가 실행 소프트웨어, 소스 파일, 내장된 소프트웨어 구성 항목 설계 및/또는 관련 지원 정보를 준비하여 제공해야 할 때 사용된다. <표 7.2>는 소프트웨어 제품 사양의 예이다.

- **네트워크 사양**을 사용하여 네트워크 전체를 정의한다. 네트워크 사양에서 네트워크 인스턴스를 생성한 다음 네트워크, 노드 및 에지의 토폴로지 보기를 구축한다. 노드와 에지를 추가한 다음 통신장치 자원을 연결하여 네트워크를 구축한다. <표 7.3>은 시스템 구축에 필요한 네트워크 사양의 예제이다.

〈표 7.1〉 하드웨어 사양(Hardware Specifications)

No	분류	모델명	규격	개수	금액	용도
1	HW	Sun Fire T2000 server	8 core 1.2 GHz UltraSPARC® T1 processor, 16 Gbyte DDR2 memory	1		Directory Server
2	HW	Sun Fire T2000 server	8 core 1.2 GHz UltraSPARC T1 processor, 64 Gbyte DDR2 memory	2		Application Server
3	HW	Sun Fire T2000 server	8 core 1.2 GHz UltraSPARC T1 processor, 64 Gbyte DDR2 memory	1		Portal Server
4	이하 여백					

〈표 7.2〉 소프트웨어 제품 사양(Software Product Specifications)

No	분류	모델명	규격	개수	금액	용도
1	SW	Solaris 10 8/07 OS	with the Solaris Zones facility	3		Directory Server
2	SW	Oracle DBMS	Release 20.0	2		Application Server
3	SW	DB2 DBMS	IBM Release 10.0	1		Portal Server
4	SW	Firewall	Cisco Release 10.0	1		Security
5	이하 여백					

〈표 7.3〉 LAN 네트워크 사양(Network Specifications)

No	분류	모델명	규격	개수	금액	용도
1	NW	Ethernet	10BASE-T	802.3i-1990	10 Mbits	100m
2	NW	Fast Ethernet	100BaseTX	802.3u-1995	100 Mbits	100m
3	NW	Giga Ethernet	1000Base LX	802-3z-1998	1000 Mbits	5km
4	NW	Terabit Ethernet	4000Gbase-LRS	802-3bs-20171	400 Mbits	10km
5	이하 여백					

연습문제

7.1 시스템 아키텍처 설계에서 포함하는 주요 개념을 설명하시오.

7.2 소프트웨어 설계의 4+1 관점의 개념을 설명하시오.

7.3 소프트웨어 아키텍처 설계의 개념을 설명하고, 소프트웨어 아키텍처 유형을 나열하시오.

7.4 소프트웨어 아키텍처 MVC 구조의 개념을 설명하시오.

7.5 소프트웨어 아키텍처 클라이언트-서버 구조의 개념을 설명하시오.

7.6 소프트웨어 아키텍처 계층형 구조의 개념을 예를 들어 설명하시오.

7.7 소프트웨어 아키텍처 파이프-필터 구조의 개념을 예를 들어 설명하시오.

7.8 소프트웨어 아키텍처인 데이터 중심 구조와 서비스 중심 구조의의 개념을 비교하여 설명하시오.

7.9 소프트웨어 아키텍처 이벤트 기반 구조의 개념을 설명하시오.

7.10 클라우드 컴퓨팅 시스템의 주요 구성 요소를 설명하고, 그 서비스 모델의 주요 차이점을 설명하시오.

연습문제

7.11 클라우드 컴퓨팅 시스템에서 다음의 비즈니스(사업) 서비스 모델의 차이점을 비교하여 설명하시오.

(가) IaaS
(나) CaaS
(다) PaaS
(라) SaaS

7.12 다음 중 '4+1' 관점의 소프트웨어 설계 작업내용으로 바르게 연결되지 않은 것은?

① 논리적 관점-구조적 모델링(클래스 다이어그램, 행위 다이어그램)
② 물리적 관점-물리적 모델링(물리적 배치 다이어그램)
③ 프로세스 관점-행위 모델링(행위 디이어그램,)
④ 개발자 관점-소프트웨어 아키텍처 설계(패키지 다이어그램, 컴포넌트 다이어그램)
⑤ 사용사례 관점-기능적 모델링(시나리오, 사용사례 다이어그램)

7.13 다음 중 하나의 거대한 프로그램을 여러 개의 독립적인 서비스 요소로 분해하여 전체 시스템을 구성하는 방식의 소프트웨어 개발에 가장 적합한 소프트웨어 아키텍처 유형은?

① 서비스 중심 구조
② 파이프-필터 구조
③ 계층형 구조
④ 클라우드 컴퓨팅 구조
⑤ 이벤트 기반 구조

7.14 다음 중 7계층 통신 프로토콜 소프트웨어 개발에 가장 적합한 소프트웨어 아키텍처 유형은?

① 클라우드 컴퓨팅 구조
② 파이프-필터 구조
③ 계층형 구조
④ 서비스 중심 구조
⑤ 이벤트 기반 구조

정답 7.12 ③ 7.13 ① 7.14 ②

연습문제

7.15 다음 중 컴파일러나 인터프리터 개발에 가장 적합한 소프트웨어 아키텍처 유형은?

① 클라우드 컴퓨팅 구조
② 파이프-필터 구조
③ 계층형 구조
④ 서비스 중심 구조
⑤ 이벤트 기반 구조

7.16 다음 〈보기〉 중 시스템 아키텍처 설계에 포함되는 주요 항목을 모두 선택한 것은?

> **보기**
> ㉠ 하드웨어 아키텍처 설계　㉡ 소프트웨어 아키텍처 설계　㉢ 네트워크 인프라 모델 설계
> ㉣ 개발 환경 설계 및 구축　㉤ 테스트 시스템 아키텍처 설계

① ㉠
② ㉠ - ㉡
③ ㉠ - ㉡ - ㉢
④ ㉠ - ㉡ - ㉢ - ㉣
⑤ ㉠ - ㉡ - ㉢ - ㉣ - ㉤

7.17 다음 중 클라우드-서버 구조와 비교하여 클라우드 컴퓨팅 서비스 구조가 제공하는 이점으로 가장 거리가 먼 것은?

① 높은 생산성
② 높은 신뢰성
③ 높은 성능
④ 높은 보안성
⑤ 높은 처리 속도

7.18 다음 〈보기〉 중 CaaS 클라우드 서비스 체계에서 제공하는 모든 서비스 항목으로 옳게 짝지어진 것은?

> **보기**
> ㉠ 하드웨어와 가상 서버　㉡ 운영체계　㉢ 가상화 머신
> ㉣ 컴파일러, 편집기 등의 개발환경　㉤ 스토리지

정답 7.15 ②　7.16 ③　7.17 ④　7.18 ④

① ㉡ - ㉢
② ㉡ - ㉢ - ㉣
③ ㉠ - ㉡ - ㉣ - ㉤
④ ㉠ - ㉡ - ㉢ - ㉤
⑤ ㉠ - ㉡ - ㉢ - ㉣ - ㉤

7.19 다음 〈보기〉 중 PaaS 클라우드 서비스 체계에서 제공하지 않는 모든 서비스 항목으로 **옳게** 짝지어진 것은?

> **보기**
> ㉠ 하드웨어, 스토리지, 네트워킹 ㉡ 응용 프로그램과 데이터 ㉢ 미들웨어
> ㉣ 운영체계 ㉤ 런타임 라이브러리

① ㉠ - ㉤
② ㉡
③ ㉡ - ㉣
④ ㉡ - ㉣ - ㉤
⑤ ㉠ - ㉢ - ㉣ - ㉤

정답 7.19 ②

CHAPTER 8

설계 패턴

8.1 생성형 설계 패턴
8.2 구조적 설계 패턴
8.3 행위 설계 패턴
8.4 J2EE 설계 패턴
■ 연습문제

학습목표

소프트웨어 설계 패턴(design pattern)은 개발자가 객체지향 소프트웨어 개발 과정에서 사용할 수 있는 유용한 문제 해결책으로 오랜 기간에 걸쳐 숙련된 객체지향 소프트웨어 개발자가 사용하는 모범사례이다. 이 소프트웨어 설계 패턴은 소스 코드나 기계어 코드로 바로 변환할 수 있는 완성된 설계 코드가 아니라, 다양한 상황에서 사용할 수 있는 클래스 템플릿이다. 즉 설계 패턴은 프로그래머가 소프트웨어를 설계할 때 일반적인 문제를 해결하는 데 사용할 수 있는 공식화된 템블릿이다. 이 장은 이러한 객체지향 소프트웨어 설계에 유용한 설계 패턴을 소개한다. 소프트웨어 설계 패턴은 크게 생성형 설계 패턴, 구조 설계 패턴, 행위 설계 패턴, J2EE 설계 패턴 등의 종류로 분류된다. 아울러 이 장의 학습 목표와 세부적인 학습 목표는 다음과 같이 요약된다.

- 생성형 설계 패턴의 개념을 이해하고 그 대분류를 설명할 수 있다.
- 객체지향 소프트웨어 설계를 위한 생성형 설계 패턴의 개념을 이해하고 그 세부적인 종류를 설명할 수 있다.
- 생성형 설계 패턴을 적용하여 실제 객체지향 소프트웨어에 적용하여 설계할 수 있다.
- 객체지향 소프트웨어 설계를 위한 구조 설계 패턴의 개념을 이해하고 그 세부적인 종류를 설명할 수 있다.
- 구조 설계 패턴을 적용하여 실제 객체지향 소프트웨어에 적용하여 설계할 수 있다.
- 객체지향 소프트웨어 설계를 위한 행위 설계 패턴의 개념을 이해하고 그 세부적인 종류를 설명할 수 있다.
- 행위 설계 패턴을 적용하여 실제 객체지향 소프트웨어에 적용하여 설계할 수 있다.
- 인터넷 웹 프로그램 설계를 위한 J2EE 설계 패턴의 개념을 이해하고 그 세부적인 종류를 설명할 수 있다.
- J2EE 설계 패턴을 적용하여 실제 인터넷 웹 프로그램 설계와 개발에 적용할 수 있다.

소프트웨어 설계 패턴(design pattern)은 소프트웨어 설계에서 재사용 가능한 객체지향 소프트웨어의 설계 요소이다. 즉 설계 패턴은 프로그래머가 애플리케이션 소프트웨어를 설계할 때 일반적인 문제를 해결하는 데 사용할 수 있는 공식화된 템플릿이다. 설계 패턴은 소스 코드나 기계어 코드로 바로 변환할 수 있는 완성된 설계 코드가 아니라, 숙련된 객체지향 소프트웨어 개발자가 사용하는 모범사례이다. 따라서 설계 패턴은 소프트웨어 개발자가 소프트웨어 개발 과정에서 직면하는 일반적인 문제에 대한 해결책이며, 이러한 솔루션은 오랜 기간에 많은 소프트웨어 개발자가 시행착오를 거쳐 얻은 것이다.

객체지향 설계 패턴은 일반적으로 관련된 최종 애플리케이션 클래스나 객체를 지정하지 않고 클래스 또는 객체 간의 연관관계와의 상호 작용을 표현한다. 하지만 변경 가능한 상태를 암시하는 패턴은 함수형 프로그래밍 언어에 적합하지 않을 수 있다. 일부 설계 패턴은 해결하려는 문제 해결을 위해 기본 지원 기능이 내장된 언어에서는 불필요할 수 있으며, 비객체 지향 언어에는 객체지향 설계 패턴이 반드시 적합하지 않을 수 있음을 유의하기 바란다. 따라서 설계 패턴은 프로그래밍 패러다임의 수준과 구체적인 알고리즘 사이의 중간 단계에 있는 컴퓨터 프로그래밍에 대한 구조화된 접근 방식(structured approach)이라 볼 수 있다.

■ 설계 패턴의 역사

설계 패턴의 역사는 1977년 초 Christopher Alexander에 의해 건축 개념으로 시작되었다(참조: "The Pattern of Streets," JOURNAL OF THE AIP, September, 1966, Vol. 32, No. 5, pp. 273-278). 1987년 Kent Beck과 Ward Cunningham은 패턴을 프로그래밍, 특히 패턴 언어에 적용하는 아이디어를 실험하기 시작했고, 그해 OOPSLA 학술대회에서 그 결과를 발표했다. 그 후 몇 년 동안 Beck, Cunningham과 다른 사람들이 이 작업에 대한 후속 연구가 진행되었다. 설계 패턴은 설계 패턴이라는 교재 발표 이후 컴퓨터 과학 분야에서 인기를 얻었다. 『재사용 가능한 객체지향 소프트웨어의 요소들』이 1994년 소위 "4인방"(감마 외)에 의해 출판된 후 컴퓨디과학에서 인기를 얻었다. 같은 해에 첫 번째 프로그래밍 패턴 언어 컨퍼런스가 열렸고, 이듬해에는 설계 패턴을 문서화하기 위한 포틀랜드 패턴 저장소를 설립하고 본격적으로 연구되었다.

■ 설계 패턴의 장점

설계 패턴은 이미 검증되었고 검증된 개발 패러다임의 제공으로 개발 프로세스의 속도를 높일 수 있다. 효과적인 소프트웨어 설계를 위해서는 구현 후반에 드러날 수 있는 문제를 고려해야 한다. 새로 작성된 코드는 종종 감지하는 데 시간이 걸리는 미묘한 문제가 숨겨져 있을 수 있으며, 이러한 문제는 나중에 큰 문제를 일으킬 수 있다. 설계 패턴을 재사용하면 이러한 미묘한 문제를 방지하는 데 도움이 되며, 패턴에 익숙한 프로그래머와 아키텍처의 코드 가독성도 개선할 수 있다.

- **설계 패턴의 단점**

한편 유연성을 확보하기 위해 설계 패턴은 일반적으로 추가적인 수준의 간접성을 도입하는데, 이것은 경우에 따라 소프트웨어 설계를 복잡하게 만들고 애플리케이션 성능을 저하시킬 수 있다. 또한 소프트웨어 설계 패턴은 광범위한 문제에 모두 적용하기 어려울 수 있다. 설계 패턴은 특정 문제와 관련된 세부 사항이 필요하지 않은 형식으로 문서화 된 일반적인 솔루션을 제공하는데 목표를 둔다.

소프트웨어 설계 패턴은 기본적으로 <표 8.1>과 같이 3가지 종류로 분류되고, 부가적으로 J2EE 패턴/Sun Java 센터, 동시성 패턴 등의 종류가 있다.

〈표 8.1〉 소프트웨어 설계 패턴의 분류

		소프트웨어 설계 패턴의 분류		
		생성형 설계 패턴	구조적 설계 패턴	행위 설계 패턴
적용 범위	클래스	**팩토리 메소드**	**어댑터**	인터프리터 템플릿 메소드
	객체	**추상 팩토리** 빌더 프로토타입 **싱글톤**	**브리지** **컴포지트** **데코레이터** **퍼사드** 경량급 **프록시**	책임 체인 명령어 **반복자** **중재자** 메멘토 옵서버 **상태** **전략** 방문자
주요 특징		주로 abstract class, interface class를 정의하고 이를 상속받아 콘크리트 클래스를 정의하는 방법을 소개하고 있음	abstract class, interface class를 정의하고 이를 상속받아 문제 해결에 필요한 더 복잡한 콘크리트 클래스를 정의하는 방법에 치중됨	새로운 클래스를 정의하는 방법이 아니라 객체 간의 메시지 전송 방법 또는 런타임 때 런타임 때 따라가기 어려운 복잡한 제어 흐름 제어 방법을 소개함

- 생성형 설계 패턴(creational design patterns): 이 패턴은 객체를 생성할 수 있는 기능을 제공하며, 생성형 설계 패턴은 객체 생성에 초점을 맞추고 있다.
- 구조적 설계 패턴(structural design patterns): 이 패턴은 다양한 클래스와 객체를 구성하여 더 큰 새로운 클래스를 정의하고 새로운 기능을 제공하며, 구조적 설계 패턴은 객체와 클래스의 구성에 초점을 맞추고 있다.
- 행위 설계 패턴(behavioral design patterns): 이 패턴은 객체 간의 공통된 통신 패턴을 식별하고 이러한 패턴을 구현하는 기능을 제공한다. 행동 설계 패턴은 객체 간의 통신에 초점을 맞추고 있으며, 특히 객체 간의 통신과 객체 간의 정보 흐름을 정의하는 방법을 제공한다. 행동 설계 패턴의 몇 가지 예로는 관찰자 패턴, 템플릿 메서드 패턴, 방문자 패턴이 있다.

위의 설계 패턴은 종류마다 여러 종류의 세부적인 설계 패턴으로 분류되며, 그 세부적인 설명은 다음과 같다. 다만, Sun Java 센터의 J2EE 패턴과 동시성 패턴에 대한 상세한 설명은 생략한다.

※ 실제 여러 종류의 소프트웨어 설계 패턴을 소개하고 있으나, 몇 가지 특수한 설계 패턴을 제외하면 대부분 객체지향 프로그래밍 언어에서 제공하는 추상 클래스(abstract class), 인터페이스 클래스(interface class)의 상속 관계를 이용하여 문제 해결에 필요한 복잡한 클래스 정의하는 방법이 대부분이다. 비록 소프트웨어 설계 패턴이 복잡해 보이지만, 제공되는 소스 코드를 확인하면서 학습한다면 그렇게 어렵지 않을 것이라 확신한다. 또한 보다 확실한 이해를 위해 간단한 코딩 연습도 이해를 도울 것이라 확신한다.

8.1 생성형 설계 패턴

생성형 설계 패턴(creative design pattern)은 새로운 연산자를 사용하여 객체를 직접 인스턴스화하는 대신 생성 로직을 숨기면서 객체의 생성 방법을 제공한다. 이를 통해 주어진 사용사례에 따라 프로그램에서 어떤 객체를 생성해야 하는지를 유연하게 결정할 수 있도록 한다. 개발자가 많이 사용하는 생성형 설계 패턴 유형에는 <그림 8.1.>과 같이 **추상 팩토리(Abstract factory)** 패턴, **팩토리 메소드(Factory method)** 패턴, 빌더(Builder) 패턴, 객체 풀(Object pool) 패턴, 프로토타입(Prototype) 패턴, **싱글톤(Singleton)** 패턴 등이 있다. 이 중 abstract factory 패턴, factory method, singleton 패턴은 자주 사용되는 설계 패턴이다.

이외도 Dependency Injection 패턴, Lazy initialization 패턴, Multiton 패턴, Resource acquisition is initialization (RAII) 등의 설계 패턴 있으나, 이의 세부적인 설명은 생략한다. 또한 이러한 설계 패턴은 표준 용어를 제공하며 특정 시나리오에 특화되어 있다. 예로, Singleton 설계 패턴은 단일 객체를 사용하는 것을 의미하므로 단일 설계 패턴에 익숙한 모든 개발자는 단일 객체를 사용하며 프로그램이 Singleton 패턴을 따르고 있음을 서로 알 수 있다. 위의 생성형 설계 패턴에 대한 세부적인 설명은 다음과 같다.

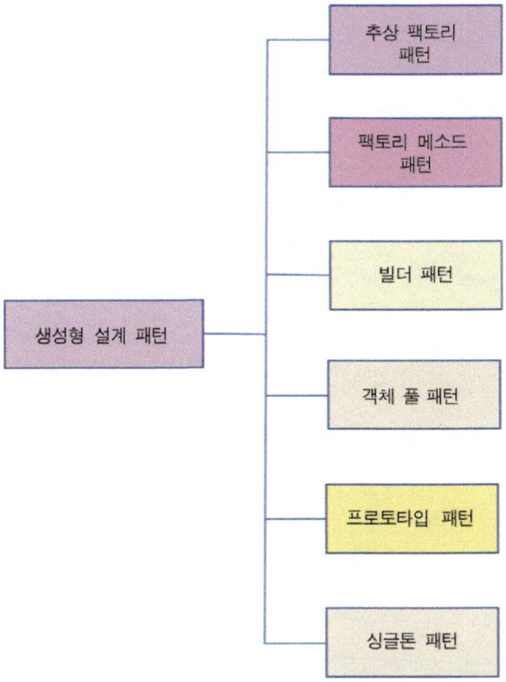

〈그림 8.1〉 생성형 설계 패턴의 종류

8.1.1 추상 팩토리(Abstract Factory) 패턴

애플리케이션이 이식성을 가지려면 플랫폼 종속성을 캡슐화해야 한다. 이러한 '플랫폼'에는 윈도우 시스템, 운영 체제, 데이터베이스 등이 포함될 수 있다. 이러한 캡슐화가 사전에 설계되지 않으면, 현재 지원되는 모든 플랫폼에 대한 옵션이 포함된 다수의 #ifdef 케이스 문이 코드 전체에서 많이 발생할 수 있다. 이때 **추상 팩토리(Abstract Factory) 패턴**은 구체적인 클래스를 지정하지 않고도 관련 객체의 제품군을 생성하기 위한 인터페이스를 제공한다. 가능한 많은 '플랫폼'과 '제품' 제품군의 구성을 캡슐화하는 계층 구조를 제공하고, 일단 'new' 연산자는 필요하지 않은 것으로 간주한다. 따라서 **추상 팩토리 설계 패턴**은 추상 클래스(abtract class)을 먼저 정의하고, 이 추상 클래스를 상속받아 새로운 콘크리트 클래스는 정의하는 방식이다. 이것은 객체지향 프로그래밍 언어에서 흔히 사용하는 설계 패턴이다. <그림 8.2>는 추상 팩토리 패턴을 이용한 클래스 생성의 예제이다.

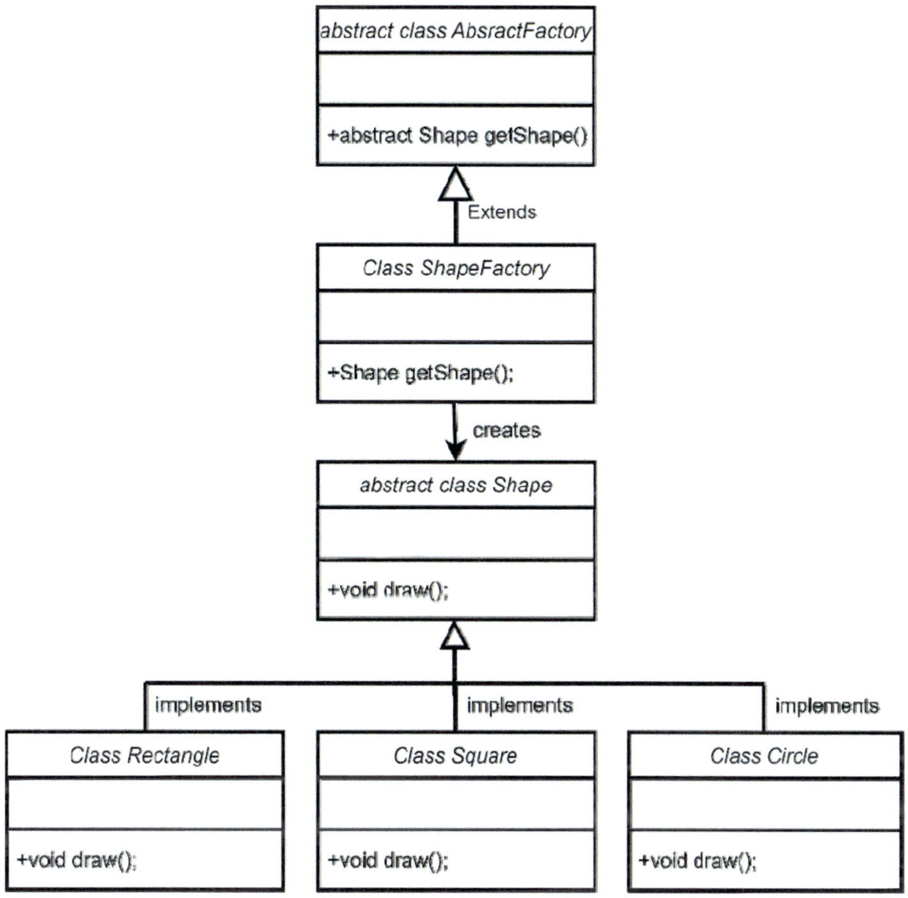

〈그림 8.2〉 추상 팩토리 패턴

8.1.2 빌더(Builder) 패턴

빌더(Builder) 패턴은 단계적으로 간단한 객체를 정의하고 이를 이용하여 더 복잡한 객체를 생성하는 설계 패턴이다. 빌더 클래스는 단계별로 복잡한 최종 객체를 생성한다. 이와 같이 빌더 패턴은 복잡한 객체를 단계별로 구성하는 데 사용되며 마지막 단계에서 복잡한 객체를 생성한다. 빌더 패턴은 **복잡한 객체의 구성과 표현을 분리**하여 동일한 구성 프로세스가 다른 표현을 생성할 수 있도록 하는 것을 목표로 한다. <그림 8.3>은 빌더 패턴을 이용한 클래스 생성의 예제이다.

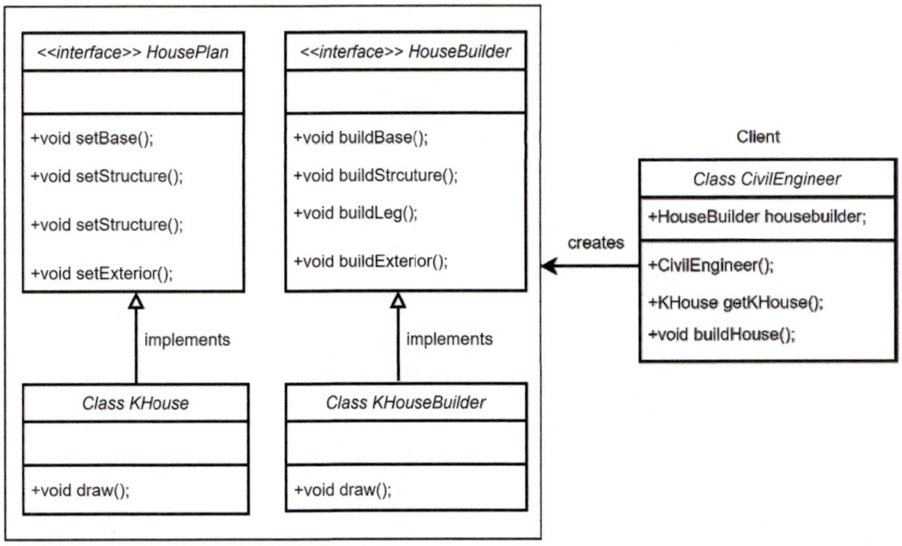

〈그림 8.3〉 빌더 패턴

8.1.3 팩토리 메소드(Factory Method) 패턴

팩토리 메소드(Factory Method) 패턴은 객체 생성 관련하여 먼저 interface 클래스를 정의하고 이를 상속받아 **콘크리트 클래스**를 생성하는 전형적인 생성형 설계 패턴이다. Factory Method 패턴은 생성할 객체의 정확한 클래스를 지정하지 않고 객체를 생성하는 데 사용되며, 객체 생성과 구현을 분리하는 경우 유용하다. 이 팩토리 메소드 패턴은 Java에서 가장 많이 사용되는 생성형 설계 패턴 중 하나이다. 팩토리 메소드 패턴은 클라이언트에서 생성 로직을 사용하지 않고 객체를 생성하고 공통 인터페이스를 사용하여 새로 생성된 객체를 참조하는 기능을 제공한다. 일반적으로 Factory Method 패턴 구현에는 다음 사항을 포함한다.

- 먼저 객체를 생성하는 메소드가 있는 interface class 또는 abstract class를 정의한다.
- 위의 interface 클래스 또는 abstract class를 상속하여 콘크리트 클래스를 생성하고 이 콘크리트 클래스에서 interface 클래스 또는 abstract class의 팩토리 메소드를 구현하여 특정 객체 유형을 반환한다.
- 클라이언트는 팩토리 메소드를 사용하여 객체를 인스턴스화 하고, 이를 통해 유연성과 확장성을 확보할 수 있다.

<그림 8.4>는 팩토리 메소드 패턴을 사용하여 클라이언트에서 객체를 생성하고 공통 인터페이스를 사용하여 새로 생성된 객체를 참조하는 예제이다.

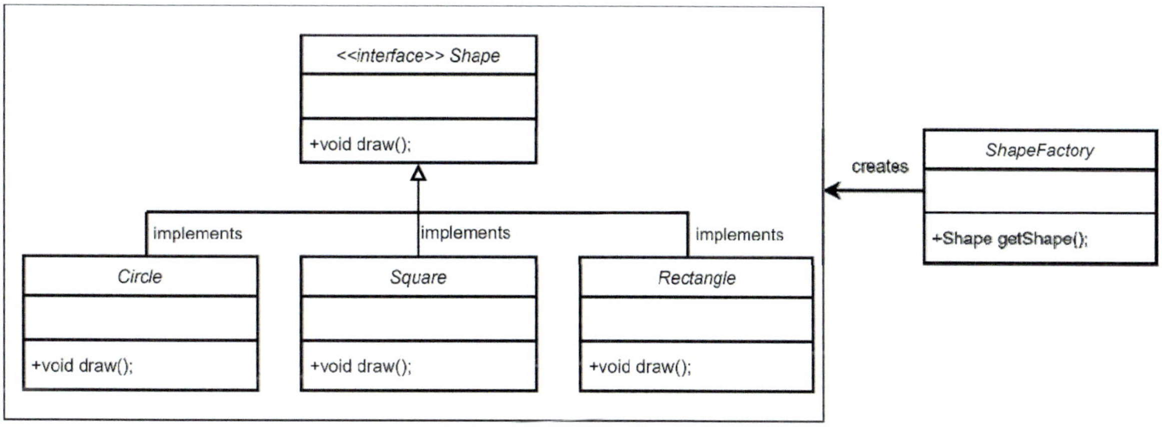

〈그림 8.4〉 팩토리 메소드 패턴

8.1.4 객체 풀(Object pool) 패턴

객체 풀(Object pool) 패턴은 필요에 따라 객체를 할당하고 소멸하는 대신 바로 사용할 수 있도록 초기화된 **객체 풀(pool)**에 있는 초기화된 객체를 요청하여 사용하고 사용이 종료되면 다시 객체 풀에 반납하는 생성형 설계 패턴이다. 객체 풀 설계 패턴은 클래스 인스턴스를 초기화하는 데 드는 비용이 매우 높은 상황에서 사용하는 생성형 설계 패턴이다. 풀의 클라이언트는 풀에서 객체를 요청하고 반환된 객체에 대한 작업을 수행한다. 클라이언트는 작업이 완료되면 객체를 파기하지 않고 풀에 반환하며, 이 작업은 수동 또는 자동으로 수행할 수 있다. 기본적으로 객체 풀은 일정량의 객체를 포함하는 컨테이너이다. 따라서 풀에서 객체를 가져올 경우 다시 넣을 때까지 풀에서 사용할 수 없으며, 풀에 있는 객체는 제한된 생명주기를 갖는다.

객체 풀은 주로 성능 향상을 위해 사용하며, 일부 상황에서는 객체 풀을 통해 성능이 크게 향상되기도 한다. 객체 풀은 객체 풀에서 가져와서 풀로 반환하는 객체가 실제로 생성되거나 소멸되지 않기 때문에 객체 수명을 복잡하게 만들므로 구현 시 주의가 필요하다. <그림 8.5>는 객체 풀 설계 패턴을 사용하는 예제이다.

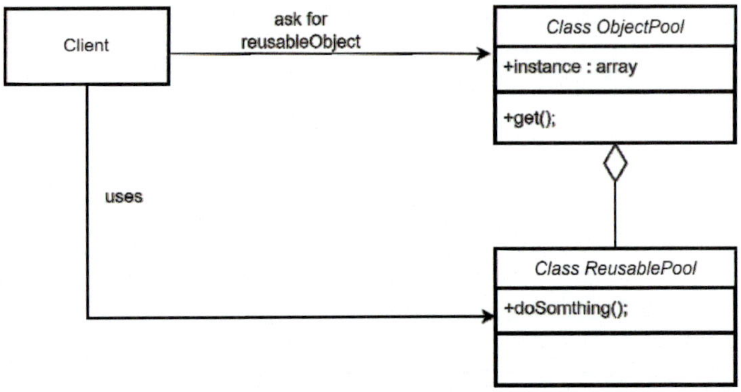

〈그림 8.5〉 객체 풀 패턴

8.1.5 프로토타입(Prototype) 패턴

프로토타입(Prototype) 패턴은 클라이언트로부터 새로운 인스턴스를 생성하는 복잡성을 숨길 수 있는 생성형 설계 패턴이다. 이 개념은 고비용의 새로운 인스턴스를 새롭게 만드는 대신 기존 객체를 복사하는 **clone()** 메소드를 활용하는 설계 방식이다. 프로토타입 설계 패턴은 객체 생성에 많은 시간과 비용이 소요될 때 유용하게 기존 객체를 자체 생성하는 방식이다. 기존 객체는 프로토타입 역할을 하며 객체의 상태를 포함한다. 새롭게 복사된 객체는 필요한 경우에만 동일 속성을 변경할 수 있다. 이 접근 방식은 특히 객체 생성이 많은 작업에서 비용이 많이 드는 자원과 시간을 절약할 수 있다. 기존 객체로부터 객체를 생성하는 가장 좋은 방법 중 하나는 '**clone()**' 메소드를 사용한다. '**clone()**'은 prototype 설계 패턴을 구현하는 가장 간단한 접근 방식이며, <그림 8.6>은 프로토타입 설계 패턴의 예제이다.

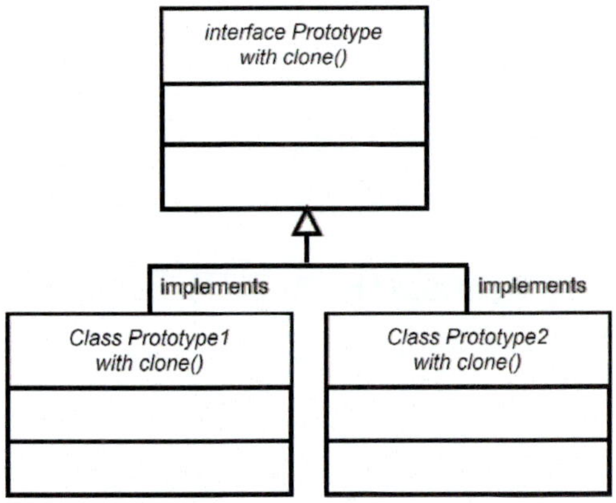

〈그림 8.6〉 프로토타입 패턴

8.1.6 싱글톤 패턴

싱글톤(Singleton) 설계 패턴은 '**클래스에 인스턴스가 하나만 있고, 해당 객체에 대해 하나의 전역 액세스 지점을 제공하는 것**'이 목적인 생성형 패턴이다. 이 패턴은 클래스의 단일 인스턴스가 전체 시스템에서 작업을 조정해야 할 때 유용하다. 이것은 일관된 상태를 유지하고 공유 리소스에 대한 액세스를 제어하는 데 도움을 준다. 즉, 클래스는 단 하나의 인스턴스만 생성되고 그 밖의 모든 클래스에서 하나의 객체를 사용할 수 있다. 아울러 싱글톤 설계 패턴에는 두 가지 형태가 있다.

- 조기 인스턴스화(early intantiation): 로드 시 인스턴스 생성.
- 지연 인스턴스화(lazy intantiation): 필요할 때 인스턴스 생성.

싱글톤 패턴을 사용하는 클래스는 다음과 같은 특징을 갖는다.

- 단지 한 개의 private static 변수로 정의된다.
- 단지 1개의 private 생성자를 정의한다.
- 클래스의 단일 인스턴스를 반환하는 단지 1개의 public static 메소드를 둔다.

예로, Java에서 이러한 클래스의 일반적인 예로는 해당 클래스의 인스턴스를 만들 수 없는 **Calendar**가 있다. 또한 이 클래스는 사용할 객체를 가져오는 데 자체 'getInstance()' 메서드를 사용한다. 또 다른 예로, 여러 사용자의 인쇄 작업을 관리해야 하는 사무실 환경의 **Printer Spooler** 시스템을 생각해 보자. 싱글톤 패턴을 사용하면 인쇄 대기열을 관리하는 인쇄 스풀러 인스턴스가 하나만 존재하도록 하여 충돌을 방지하고, 시스템 전체에서 일관된 상태를 유지하는 데 도움을 준다. <그림 8.7>은 Singleton 패턴을 사용하여 클래스를 정의하는 예제이다.

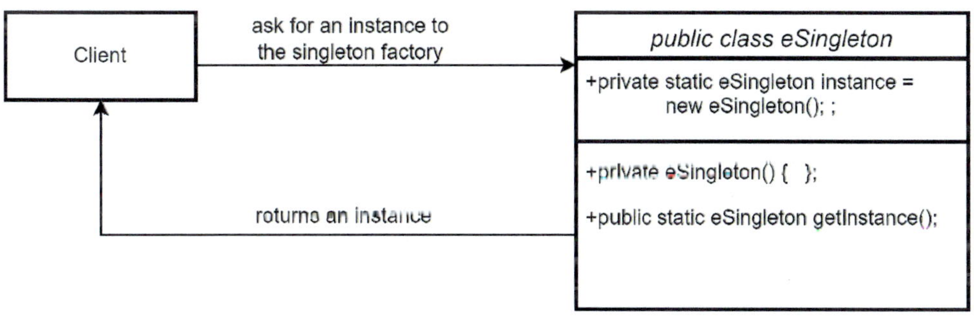

〈그림 8.7〉 싱글톤 패턴

8.1.7 생성형 설계 패턴의 요약

〈생성형 설계 패턴의 요약〉

설계 패턴	설명
추상 팩토리(Abstract Factory) 패턴	추상 팩토리 패턴은 먼저 추상 클래스(abstract class)를 정의하고 이를 상속받아 새로운 콘크리트 클래스를 생성하는 설계 패턴이다. 이것은 객체지향 프로그래밍 언어에서 흔히 사용하는 설계 패턴이다.
빌더(Builder) 패턴	간단한 객체를 먼저 정의하고 이를 이용하여 단계적으로 더 복잡한 객체를 생성하는 설계 패턴이다. 이것은 복잡한 객체의 구성과 표현을 분리하여 동일한 구성 프로세스가 다른 표현을 생성할 수 있도록 하는 것을 목표로 한다. 예로, 먼저 interface 클래스를 정의하고 이를 상속받아 새로운 클래스를 정의하고, 다시 이 클래스를 상속하여 문제 해결에 필요한 복잡한 클래스를 생성하는 설계 패턴이다. 결과적으로 이것은 간단한 클래스에서 점점 복잡한 클래스 정의하는 설계 패턴이다.
팩토리 메소드(Factory Method) 패턴	먼저 객체를 생성하는 메소드가 있는 interface class 또는 abstract class를 정의하고 이 interface 클래스 또는 abstract class를 상속하여 콘크리트 클래스를 생성한 다음, 콘크리트 클래스에서 interface 클래스 또는 abstract class의 팩토리 메소드를 구현하여 특정 객체 유형을 반환하는 생성형 설계 패턴이다. 클라이언트에서 생성 로직을 사용하지 않고 객체를 생성하고 공통 인터페이스를 사용하여 새로 생성된 객체를 참조하는 기능을 제공하는 설계 패턴이다. 이것은 객체 생성과 구현을 분리하는 경우 유용하다. 이것은 interface class를 정의하고, 이를 이용하여 콘크리트 클래스를 정의하는 설계 패턴이다.
객체 풀(Object pool) 패턴	클라이언트에서 객체가 필요하면 새로운 객체를 생성하고 사용 후 폐기하는 것이 아니라, 객체 풀에게 객체를 요청하고 반환된 객체에 대한 작업을 수행하며, 클라이언트는 작업이 완료되면 객체를 파기하지 않고 풀에 반환하는 방식의 설계 패턴으로 초기화된 객체 풀(pool)을 사용하는 생성형 설계 패턴이다. 객체의 요청과 반납 작업은 수동 또는 자동으로 수행할 수 있다.
프로토타입(Prototype) 패턴	클라이언트로부터 새로운 인스턴스 생성 시 복잡성을 숨길 수 있는 생성형 설계 패턴으로 고비용의 새로운 인스턴스를 새롭게 만드는 대신 기존 객체를 복사하는 **clone()** 메소드를 활용하는 설계 방식이다.
싱글톤(Singleton) 패턴	클래스에 인스턴스가 하나만 있고, 해당 객체에 대해 하나의 전역 액세스 지점을 제공하는 것'을 목적으로 클래스의 단일 인스턴스가 전체 시스템에서 작업을 조정해야 할 때 유용하며, 일관된 상태를 유지하고 공유 자원에 대한 액세스를 제어하는 데 도움을 준다.

8.2 구조적 설계 패턴

구조적 설계 패턴(structural design pattern)은 어떤 목표 달성을 위해 서로 다른 객체와 클래스를 결합하여 새로운 기능을 갖는 객체를 구성하는 방법을 정의한다. 구조적 설계 패턴은 시스템의 고유한 부분을 확장하고 유연한 방식으로 결합하는 방법을 제공한다. 따라서 구조적 설계 패턴을 사용하면 전체 구조를 변경하지 않고도 구조의 특정 부분을 변경할 수 있다. 특히 Java에서 구조적 설계 패턴은 엔티티 간의 관계를 구현하는 간단한 방법을 파악하여 설계를 용이하게 하는 설계 패턴이다. 쉽게 말해 구조적 설계 패턴은 기본적으로 **클래스**와 **인터페이스**의 구조를 관리하고 클래스 간의 관계를 관리하는 데 사용된다. 이러한 설계 패턴은 클래스 및 객체 구성과 함께 작동하며 상속을 사용하여 인터페이스를 정의하고 새로운 클래스의 기능을 얻는 데 사용한다.

구조적 설계 패턴의 유형에는 여러 가지가 있지만, 개발자가 더 자주 사용하는 설계 패턴은 <그림 8.8>과 같이 **어댑터(Adapter)** 패턴, **브리지(Bridge)** 패턴, **컴포지트(Composite)** 패턴, **데코레이터(Decorator)** 패턴, **파사드(Facade)** 패턴, 경량급(Flyweight) 패턴, **프록시(Proxy)** 패턴 등이 있다. 이 중에서 adapter, decorator, facade, composite 패턴은 자주 사용되는 설계 패턴이다. 이외도 구조적 설계 패턴에는 다음과 같은 유형이 존재하지만, 이에 대한 자세한 설명은 생략한다.

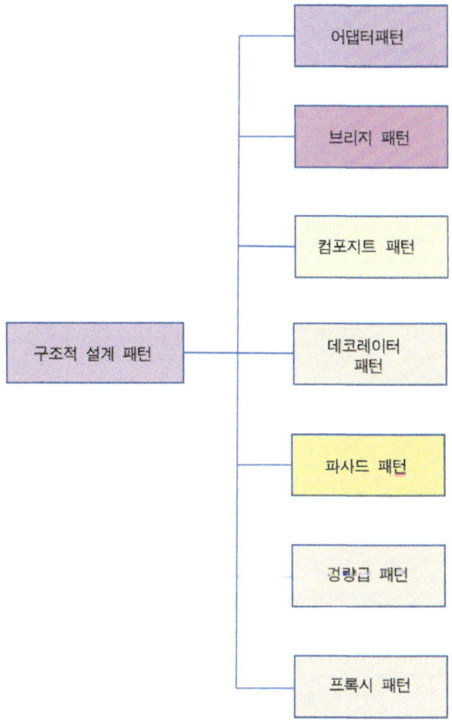

〈그림 8.8〉 구조적 설계 패턴의 종류

- Delegation 패턴
- Extension object 패턴
- Front controller 패턴
- Marker 패턴
- Module 패턴
- Twin 패턴

위의 구조 설계 패턴 중 많이 사용되는 설계 패턴에 대한 세부적인 설명은 다음과 같다.

8.2.1 어댑터(Adapter) 패턴

어댑터 설계 패턴은 먼저 **interface class**를 정의하고 다른 콘그리드 클래스가 있을 때, 이 두 개의 클래스를 상속받아 새로운 클래스를 정의하는 설계 패턴이다. 어댑터(Adapter) 설계 패턴은 '인터페이스 클래스를 클라이언트가 원하는 다른 인터페이스로 변환시키는 설계 패턴'을 말한다. 즉 클래스의 서비스를 다른 인터페이스로 사용하면서 클라이언트의 요구사항에 따라 다른 인터페이스를 제공하는 기능이다. 어댑터 패턴은 일명 'Wrapper'라고 부른다. 따라서 어댑터 설계 패턴은 서로 간에 메시지를 주고받는 객체들을 객체 안에 캡슐화하여 서로의 존재를 모르는 상태에서도 상호 간에 메시지를 주고받고 상호작용하며 협력할 수 있게 하는 설계 패턴이다. <그림 8.9>는 어댑터 설계 패턴을 사용하는 예제이다.

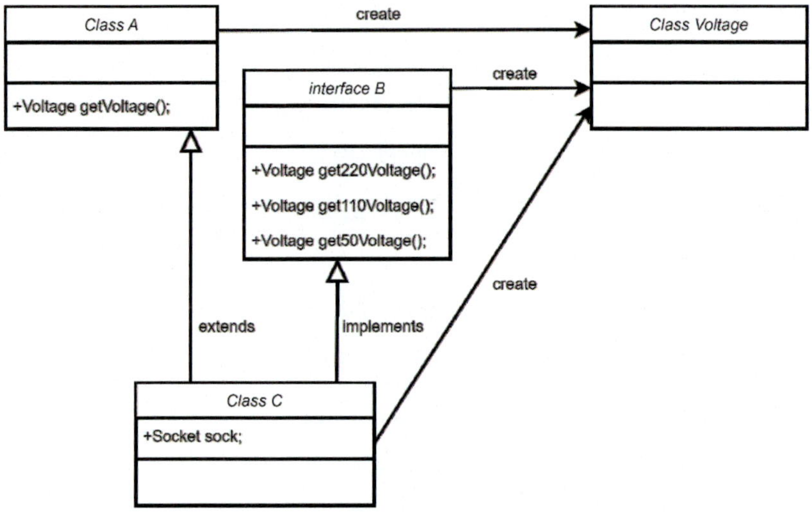

〈그림 8.9〉 어댑터 패턴

8.2.2 브리지 패턴

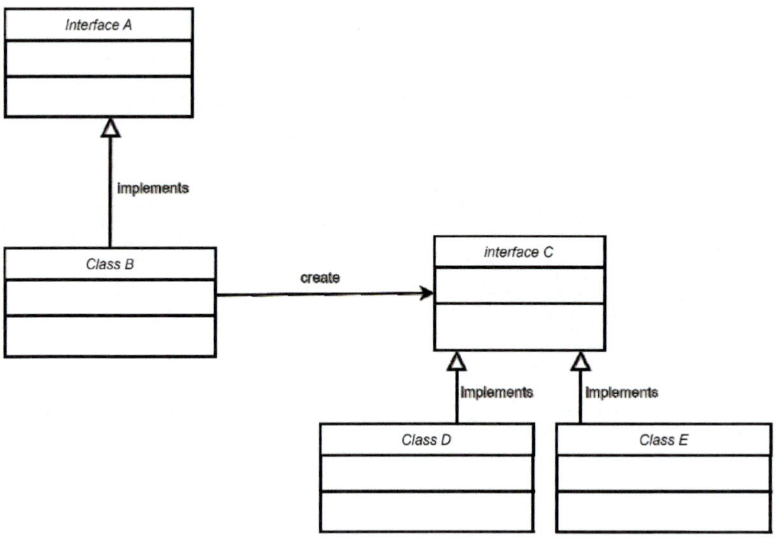

〈그림 8.10〉 브리지 패턴

브리지(Bridge) 패턴은 '**기능 추상화와 구현을 분리**하여 두 가지가 독립적으로 달라질 수 있도록 하는 구조적 설계 패턴이다. 즉 **기능 추상화에 필요한 interface class 2개를 정의하고 각 interface class를 구현하는 별도의 콘크리트 클래스를 정의하는 설계 패턴**이다. 사실상 두 개의 interface class 간에는 특별한 기능 없이 단순히 연결하는 브리지 역할만 수행한다. 브리지 설계 패턴의 장점은 인터페이스에서 구현을 분리할 수 있고 확장성이 향상되며, 클라이언트에서 구현 세부 정보를 숨길 수 있는 특징이 있다. <그림 8.10>는 브리지 설계 패턴의 예제이다.

8.2.3 컴포지트 패턴

컴포지트(Composite) 패턴은 '클라이언트가 객체의 계층 구조를 나타낼 수도 있고 나타내지 않을 수도 있는 객체에 대해 일반적인 방식으로 작동할 수 있도록 허용'하는 구조적 설계 패턴이다. 컴포지트 설계 패턴은 기본 객체와 복잡한 객체를 포함하는 클래스 계층 구조를 정의할 수 있고 새로운 종류의 컴포넌트를 더 쉽게 추가할 수 있으며, 관리 가능한 클래스 또는 인터페이스를 통해 구조의 유연성을 제공하는 장점이 있다.

<그림 8.11>은 컴포지트 설계 패턴을 이용한 예제 프로그램이다. 먼저 abstract class를 정의하고 이를 상속받는 여러 개의 콘크리트 클래스를 정의하고 다시 이를 상속받아 새로운 클래스를 정의하는 설계

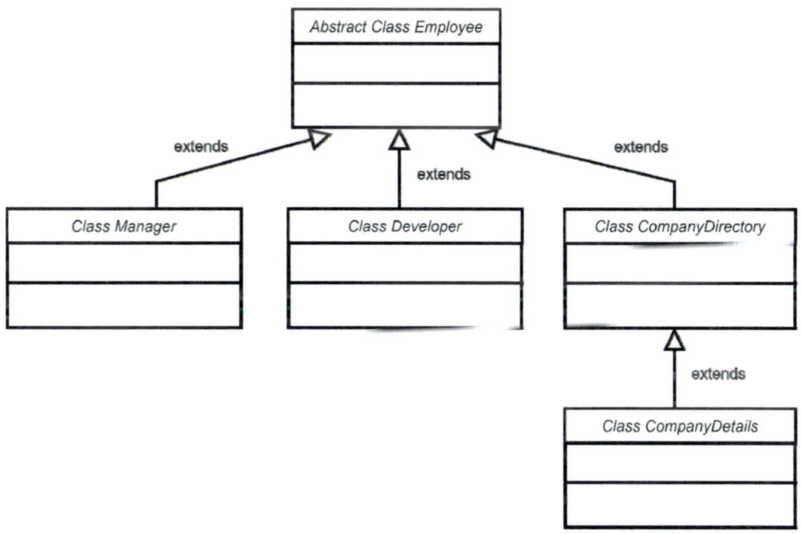

〈그림 8.11〉 컴포지트 패턴

패턴으로 문제 해결에 필요한 복잡한 클래스의 설계 패턴이다.

8.2.4 데코레이터 패턴

데코레이터(Decorator) 패턴은 기본 객체에 영향을 주지 않고 요청에 따라 **런타임** 때 객체가 동적으로 동작할 때마다 객체에 대한 책임을 추가하는 설계 패턴이다. 이 데코레이터 패턴은 '객체에 유연한 추가 책임을 동적으로 부여하는 것'을 말한다. 데코레이터 패턴은 상속 대신 컴포지션을 사용하여 런타임에 객체의 기능을 확장할 수 있게 한다. 즉 데코레이터 패턴은 abstract class와 interface class를 정의하고 이를 상속받아 새로운 콘크리트 클래스를 정의하는데, 이 과정에서 점점 abstract class의 기능을 확장하여 새로운 클래스를 정의하는 방식으로 클래스의 본래 기능을 점점 확장해 가는 설계 패턴이다. <그림 8.12>는 데코레이터 패턴을 사용한 예제이다.

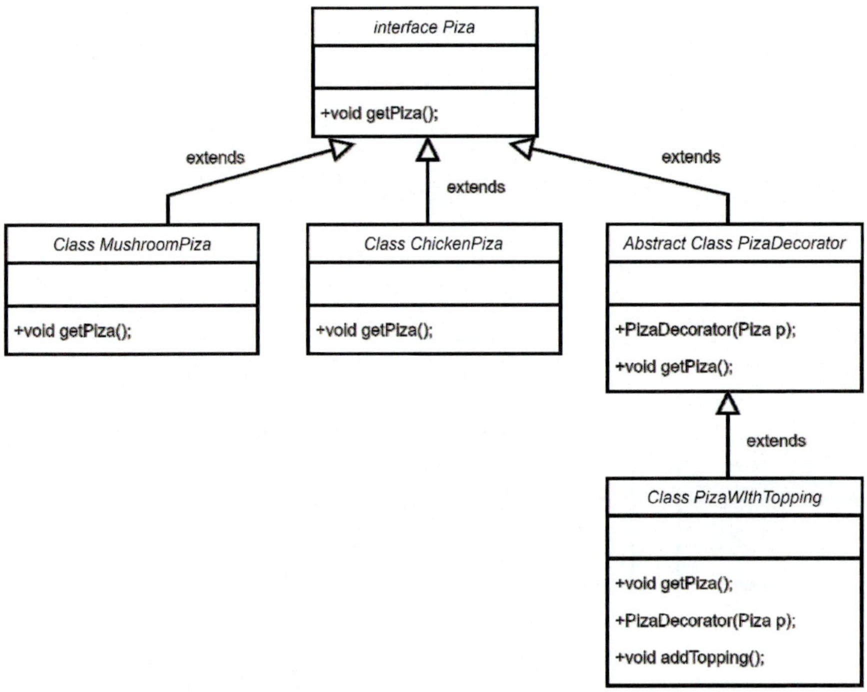

〈그림 8.12〉 데코레이터 패턴

8.2.5 파사드 패턴

파사드(Facade) 설계 패턴의 주된 목표는 복잡한 시스템의 **인터페이스를 단순화**하는 것이다. 시스템은 복잡할 수 있지만 인터페이스는 단순해야 작업을 조작할 수 있기 때문이다. 여기서 단일 클래스는 전체 시스템을 나타낸다. 시스템에는 N개의 하위 시스템이 포함될 수 있지만, 사용자는 이를 하나의 시스템으로 볼 수 있게 한다. 즉 먼저 **interface class**를 정의하고 이를 상속받아 여러 개의 콘크리트 클래스를 정의하고, 이를 구성 요소로 하여 전체 시스템을 구성하는 설계 패턴이다. 다음은 파사드 패턴을 이용한 예제 프로그램으로 interface를 정의하고 이를 상속하는 클래스를 정의하여 시스템의 인터페이스를 단순화한다. <그림 8.13>은 피사드 패턴을 사용하는 예제이다.

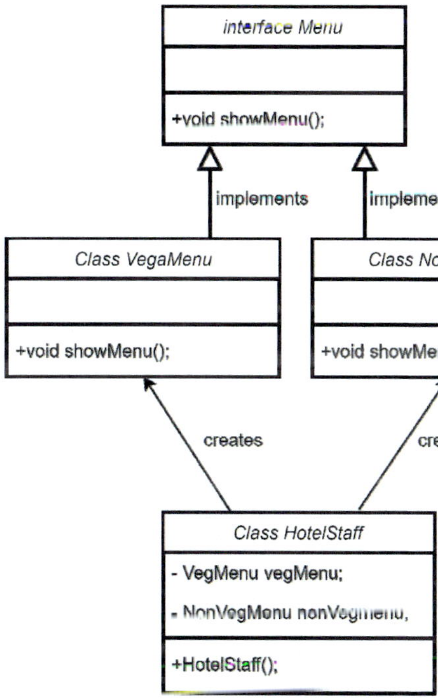

〈그림 8.13〉 파사드 패턴

8.2.6 경량급 패턴

많은 수의 객체는 컴퓨터 시스템에서 많은 양의 메모리를 소비한다. **경량급(Flyweight) 설계 패턴**은 이러한 객체를 공유하여 메모리 부하를 줄이기 위한 솔루션이다. 생성되는 객체의 수를 줄이고 성능을 향상시키는 데 사용한다. 이미 존재하는 비슷한 종류의 객체는 재사용하고 일치하는 객체가 없으면 새로운 객체를 생성한다. 내재 상태는 상수이며 메모리에 저장된다. 외적 상태는 상수가 아니며 즉석에서 계산해야 하며 메모리에 저장되지 않는다. <그림 8.14>는 경량급 패턴의 예제이다.

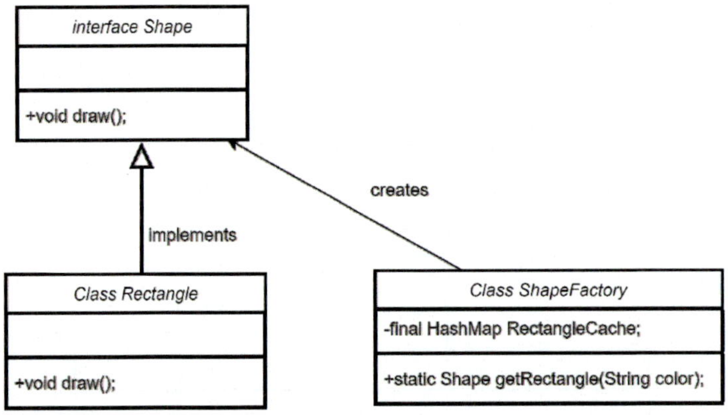

〈그림 8.14〉 경량급 패턴

8.2.7 프록시 패턴

프록시(proxy)-'대리자' 또는 '대신'이라는 뜻으로 **proxy**는 다른 객체의 접근을 제어하기 위한 자리 표시자이다. 실생활에서 수표나 신용카드는 은행 계좌에 있는 돈을 대리하는 역할을 한다. 현금 대신 사용할 수 있으며 필요할 때 현금에 액세스할 수 있는 수단을 제공한다. 이것이 바로 **프록시 패턴**이 하는 일로서 보호 대상에 대한 접근을 제어하는 일을 담당한다. 프록시 패턴은 다른 클래스의 기능을 나타낸다. 가상 프록시는 '생성 비용이 많이 드는 객체'를 위한 자리 표시자이다. 실제 객체는 클라이언트가 객체를 요청하여 접속할 때만 생성된다. 원격 프록시는 다른 주소 공간에 있는 객체에 대한 로컬 대리인 역할을 제공한다. 보호 프록시는 민감한 마스터 객체에 대한 접근을 제어한다. 호출자에게 권한이 있는지 등을 확인한다. 프록시 패턴은 구조상으로 어댑터 및 데코레이터 패턴과 밀접한 관련이 있으나 그 목적은 약간 다르다. <그림 8.15>는 프록시 패턴의 예제 모형이다.

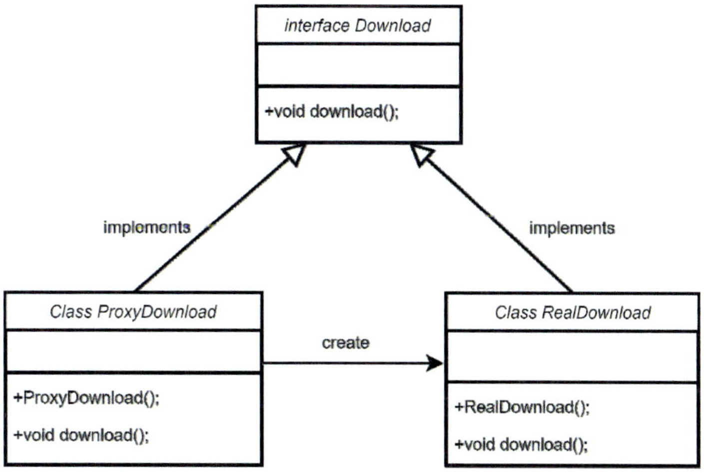

〈그림 8.15〉 프록시 패턴

8.2.8 구조적 설계 패턴의 요약

〈구조적 설계 패턴의 요약〉

설계 패턴	설명
어댑터(Adapter)	먼저 interface class와 abstract class를 정의하고, 이를 상속받아 새로운 콘크리트 클래스를 정의하는 설계 패턴이다. 이것은 Java 프로그램에서 일반적으로 많이 사용하는 클래스 생성 패턴이다.
브리지(Bridge)	기능 추상화와 구현을 분리하여 두 가지가 독립적으로 달라질 수 있도록 하는 구조적 설계 패턴으로 인터페이스에서 구현을 분리하고 클라이언트에서 구현 세부 정보를 숨길 수 있는 특징이 있다. 즉 기능 추상화에 필요한 2개의 interface class 정의하고 이를 상속받아 독립적인 별도의 콘크리트 클래스를 생성하는 설계 패턴이다. 기능 추상화에 따라 구현 부분도 함께 분리하여 시스템 구현을 분리하는 설계 패턴이다.
컴포지트(Composite)	interface class, 기본 객체, 복잡한 객체를 포함하는 클래스 계층 구조를 정의하고 이를 상속받아 새로운 복잡한 클래스를 정의하는 설계 패턴이다. 이것은 관리 가능한 클래스 또는 인터페이스 정의하고 이를 상속받아 복잡한 클래스 구조를 정의하는 설계 패턴이다.
데코레이터(Decorator)	데코레이터 패턴은 abstract class와 interface class를 정의하고 이를 상속받아 새로운 콘크리트 클래스를 정의하는데, 이 과정에서 점점 abstract class의 기능을 확장하여 새로운 클래스를 정의하는 방식으로 클래스의 본래 기능을 점점 확장해 가는 설계 패턴이다.
파사드(Facade) 패턴	복잡한 시스템의 인터페이스를 단순화하는 것으로 시스템은 복잡할 수 있지만 즉 시스템에는 N개의 하위 시스템이 포함될 수 있지만, 먼저 interface class를 정의하고 이를 상속받아 여러 개의 콘크리트 클래스를 정의하고, 이를 구성 요소로 하는 새로운 콘크리트 클래스를 구성하는 설계 패턴이다. 따라서 사용자는 인터페이스를 단순하여 하나의 시스템으로 볼 수 있게 하는 장점을 제공한다.

설계 패턴	설명
경량급 패턴	시스템 내에 객체를 공유하여 메모리 부하를 줄여주는 솔루션으로 생성되는 객체의 수를 줄이고 성능을 향상시키는 데 사용하는 설계 패턴이다. 이것은 이미 존재하는 비슷한 종류의 객체는 재사용하고 일치하는 객체가 없는 경우만 새로운 객체를 생성한다.
프록시 패턴	실제 객체는 클라이언트가 객체를 요청하여 접속할 때만 생성되고 원격 프록시는 다른 주소 공간에 있는 객체에 대한 로컬 대리인 역할을 제공하며, 민감한 마스터 겍체에 대한 접근을 제어하는 설계 패턴이다. 결과적으로 프록시 패턴은 보호 대상에 대한 접근을 제어하는 일을 담당한다. 이것은 먼저 interface class를 정의하고 이를 상속받아 새로운 콘크리트 클래스를 정의하여 사용함으로써 본래 객체의 기능은 숨기도 대리인 역할만을 수행하게 한다.

8.3 행위 설계 패턴

행위 설계 패턴(behavioral design pattern)은 객체 간의 공통된 통신 패턴을 식별하기 위한 설계 패턴 구현에 사용된다. 행위 설계 패턴의 기본 원칙은 객체 간의 통신을 **개선**하는 것이며, 특히 **객체 간의 통신**과 **객체 간의 정보 흐름을 정의**하는 방법을 제공한다. 즉 하나의 객체를 사용하거나 여러 객체를 사용하여 객체 간 통신을 통해 작업을 완료하는 데 도움을 준다.

자주 사용하는 행위 설계 패턴에는 <그림 8.16>과 같이 책임의 사슬(Chain of responsibility) 패턴, 명령어(Command) 패턴, 인터프리터(Interpreter) 패턴, **반복자(Iterator)** 패턴, **중재자(Mediator)** 패턴, 메멘토(Memento) 패턴, 널 객체(Null object) 패턴, 옵저버(Observer) 패턴, 상태(State) 패턴, **전략(Strategy)** 패턴, **템플릿 메소드**(Template method) 패턴 등이 있다. 그 밖의 행위 설계 패턴에는 방문자(visitor) 패턴, 블랙보드(blackboard) 패턴, 유창한 인터페이스(fluent interface) 패턴, 서번트(servant) 패턴, 사양(specification) 패턴 등이 있으나, 이에 대한 자세한 설명은 생략한다. 다음은 위의 설계 패턴에 대한 세부적인 설명이다.

※ **생성형 설계 패턴과 구조적 설계 패턴**은 interface class와 abstract class를 정의하고 이 클래스 간의 상속 관계를 이용하여 더 복잡한 클래스를 정의하는 방법을 제공한다. 반면에 **행위 설계 패턴**은 새로운 클래스를 정의하는 방법이 아니라 객체와 객체 간의 통신과 객체 간의 메시지 전송 방법을 소개한다. 즉 하나의 객체를 사용하거나 여러 객체를 사용하여 객체 간 통신을 통해 작업을 완료하는 데 도움을 준다. C 프로그래밍 언어와 비교한다면, 메소드 간의 매개변수 전달 방식으로 값에 의한 호출, 주소에 의한 호출, 명칭에 의한 호출 등의 매개변수 전달 방식이나 main() 함

수에서 런타임 때 매개변수 전달 방식, 특별한 문제 해결에 필요한 접근 방식에 대해 Java 같은 객체지향 프로그래밍 언어에서 처리 방법을 소개한다.

※ 행위 설계 패턴은 사실 소프트웨어 설계 패턴보다는 고급 자바 프로그래밍 기술에 가깝다. 고급 자바 프로그래밍에서 주요 기능을 프로그래밍을 작성할 때 반드시 따라야 하는 설계 패턴이다. 예로, 자바 프로그래밍 과정에서 해당 요소 기술이 필요한 경우 거의 설계 패턴을 그대로 복사하고 부분적으로 수정하여 사용하는 형태를 제공한다.

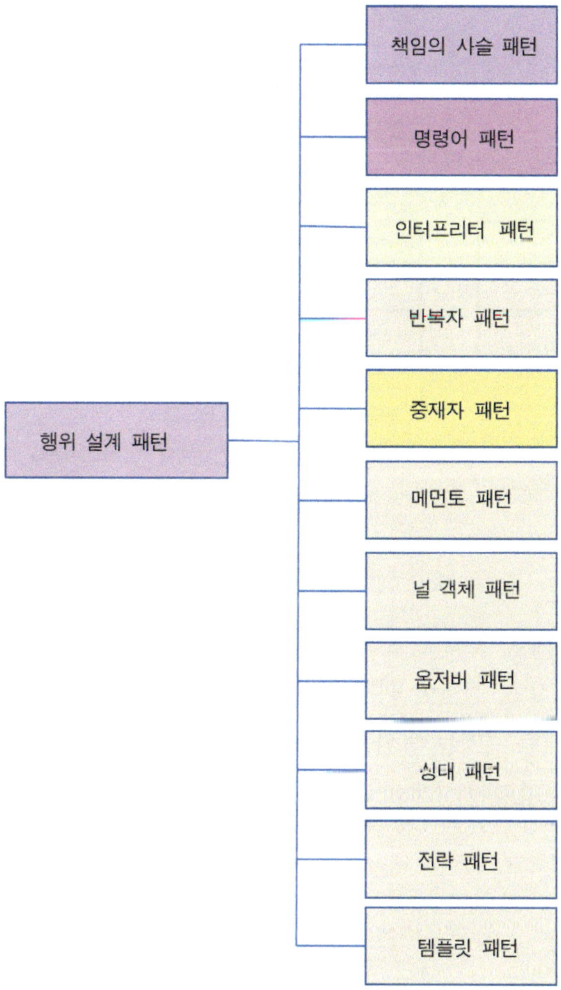

〈그림 8.16〉 행위 설계 패턴의 종류

8.3.1 책임의 사슬 패턴

책임의 사슬(Chain of responsibility) 패턴은 여러 객체가 요청을 처리할 수 있도록 허용하여 요청 발신자와 수신자를 분리하는 데 유용하게 사용하는 설계 패턴이다. 이것은 **1개의 interface class 또는 abstract class**에서 이를 상속받아 정의되는 여러 개의 콘크리트 클래스와 통신하는 설계 패턴이다. <그림 8.17>은 책임의 사슬 설계 패턴의 예제 모형이다.

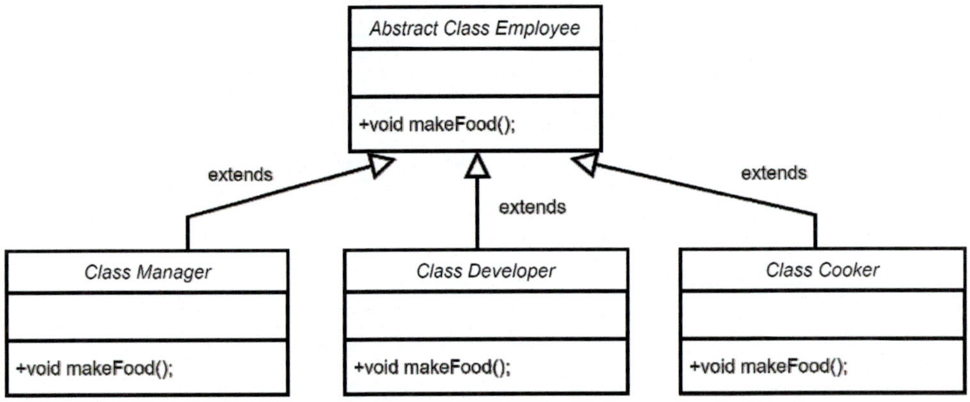

〈그림 8.17〉 책임의 사슬 패턴

8.3.2 명령어 패턴

명령어(Command) 패턴은 객체로부터 액션 요청을 객체로 캡슐화하여 이 요청을 별도의 명령어로 취급하고 이를 시스템에 전달하는 설계 패턴이다. 호출 객체는 이 명령을 처리할 수 있고 이 명령을 해당 객체에게 명령을 전달할 수 있는 적당한 객체를 찾고, 해당 객체가 그 명령을 실행할 수 있게 해주는 설계 패턴이다. 특히 명령어 패턴은 **메뉴 생성**을 원하는 응용 프로그램에서 필수적으로 사용할 수 있는 설계 패턴이다. <그림 8.18>은 명령어 설계 패턴의 예제 모형이다.

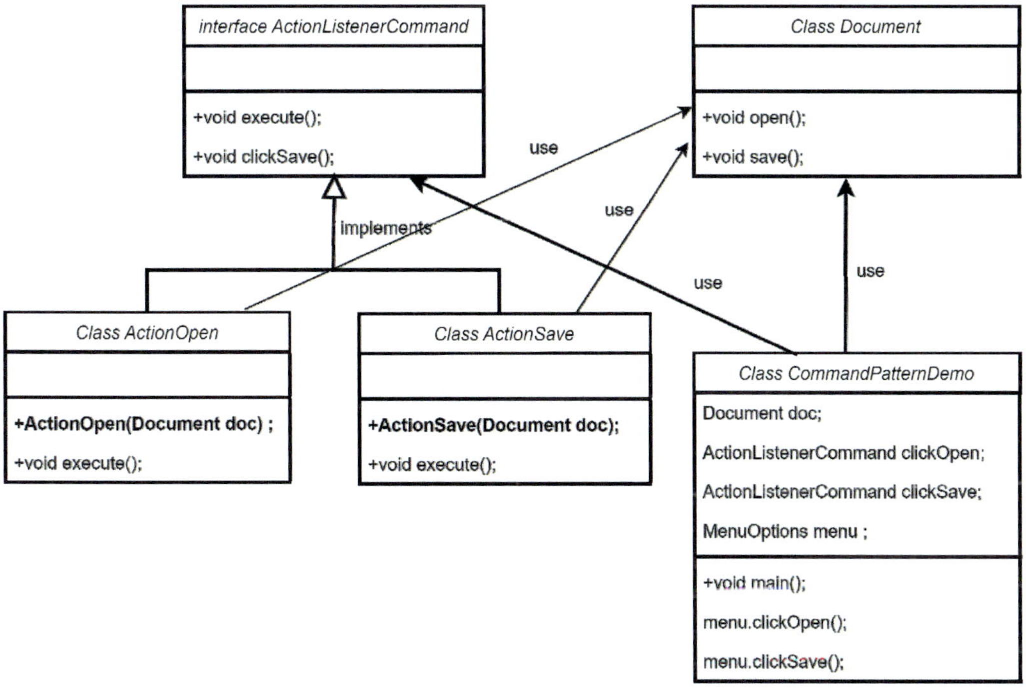

〈그림 8.18〉 명령어 설계 패턴

8.3.3 인터프리터 패턴

인터프리터(Interpreter) 패턴은 언어 문법이나 표현을 해석하고 해당 언어의 문장을 해석하는 **인터프리터**를 정의하는 설계 패턴이다. 문법을 클래스 집합으로 표현하여 언어의 문장을 평가하는 메커니즘을 제공한다. 각 클래스는 문법의 규칙이나 표현을 나타내며, 이 패턴은 이러한 클래스를 계층적으로 구성하여 복잡한 표현을 해석할 수 있도록 한다. 기본적으로 인터프리터 패턴은 적용할 수 있는 영역이 제한되어 있다. 인터프리터 패턴을 형식 문법 측면에서만 논의할 수 있으나, 이 영역에서는 더 나은 솔루션이 있기 때문에 자주 사용되지 않는 편이다. <그림 8.19>는 인터프리터 설계 패턴의 예제 모형이다.

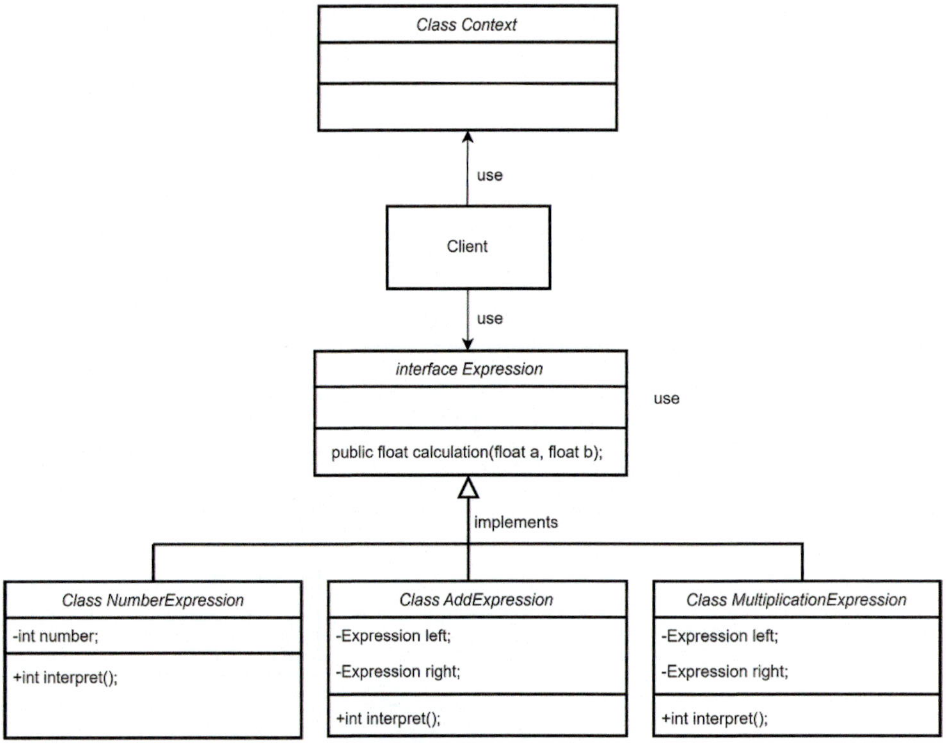

〈그림 8.19〉 인터프리터 패턴

8.3.4 반복자 패턴

반복자(Iterator) 패턴은 소프트웨어 개발에서 널리 사용되는 설계 패턴으로, 기본 표현을 노출하지 않고 일련의 **집계 객체(리스트, 트리, 그래프, 해시테이블, 컬렉션 등)의 요소에 순차적인 접근을 제공**하는 설계 패턴이다. 보통 배열, 리스트의 경우 연속적인 데이터 집합이므로 간단한 for 문을 사용하여 모든 원소를 방문할 수 있다. 하지만 해시테이블, 테이블, 트리, 그래프와 같은 컬렉션 데이터는 데이터 저장 순서가 정해지지 않고 적재되므로 각 요소를 어떻게 접근하는 방법이 없다. 이런 경우 반복자 패턴을 통해 접근 방법을 제공한다. 반복자 패턴은 '기본 구현을 노출하지 않고 집계 객체의 요소에 순차적으로 접근'하는 데 사용되는 설계 패턴이다. 따라서 반복자 패턴은 일명 **'커서(cursor)'**라고도 한다. 컬렉션 프레임워크는 현재 열거형보다 반복자 설계 패턴을 더 선호하는 편이다. 다음은 리스트에서 반복자 패턴을 사용하는 예제이다. <그림 8.20>은 반복자 설계 패턴의 예제 모형이다.

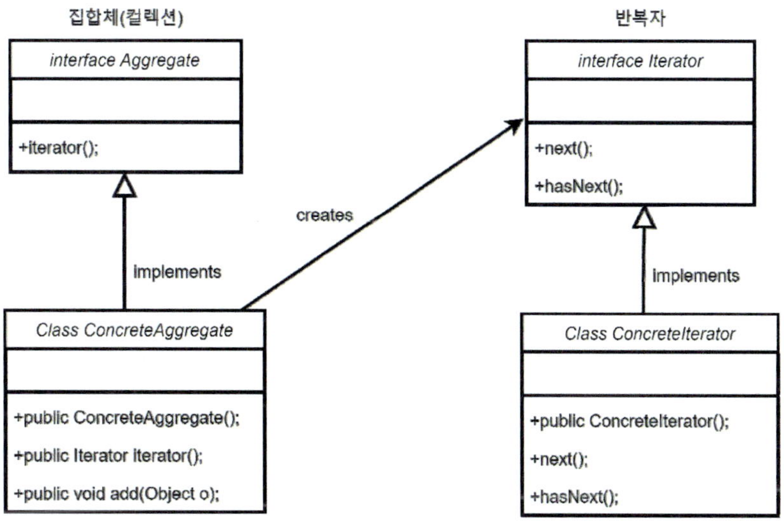

〈그림 8.20〉 반복자 패턴

8.3.5 중재자 패턴

중재자(mediator) 설계 패턴은 객체 집합 간의 상호 작용을 캡슐화하여 객체 간의 종속성을 줄이는 객체를 정의하여 **클래스 간의 통신을 간소화**하는 데 사용된다. 이 설계 패턴은 객체 간의 모든 통신 문제를 처리하는 중재자 개체를 제공한다. 중개자는 객체들의 통신 센터이다. 객체가 다른 객체와 통신해야 할 때 다른 객체를 직접 호출하지 않고 이러한 장애를 처리하는 중개자 객체를 호출한다.

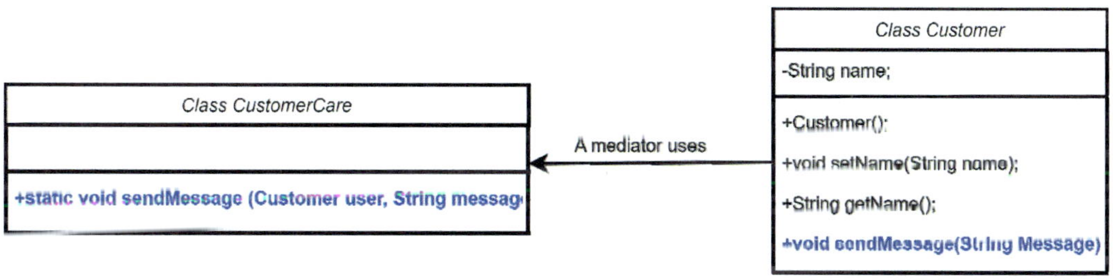

〈그림 8.21〉 중재자 패턴

<그림 8.21>은 중재자 설계 패턴을 사용하는 예제 프로그램이다.

8.3.6 머멘토 패턴

머멘토(Memento) 설계 패턴은 캡슐화를 위반하지 않고 객체의 내부 상태를 캡처하고 복원하는 데 사용되는 동작 패턴이다. 객체의 상태를 이전 상태로 저장하고 복원할 수 있으며, 객체에 대한 변경사항을 실행 취소하거나 롤백할 수 있는 기능을 제공한다. 따라서 **실행 취소(undo)** 또는 backspace 또는 ctrl+z는 편집기에서 오류나 장애가 발생하는 경우 가장 많이 사용되는 머멘토 설계 패턴 중의 하나이다. 특히 머멘토 패턴은 '**undo**' 작업을 구현하는 데 사용된다. 어떤 작업의 실행 취소는 다음과 같이 상태가 변경될 때 객체의 현재 상태를 저장하는 방식으로 수행된다. 신청이 진행됨에 따라 신청서에 체크포인트를 저장하고 나중에 해당 체크포인트로 복원할 수 있다. 머멘토 설계 패턴의 의도는 캡슐화를 위반하지 않으면서 객체의 내부 상태를 캡처하고 외부화하여 나중에 객체를 이 상태로 복원할 수 있도록 하는 것이다.

머멘토 설계 패턴의 동작 원리는 발신자(originator), 복사본(memento), 이력관리자(caretaker), 클라이언트의 네 가지 구성 요소를 통해 설명된다. 첫째, 발신자는 원본 객체의 상태를 생성하고 관리하는 역할을 담당한다. 발신자는 원본 객체의 상태를 설정하고 가져오는 메서드가 있으며, 상태를 저장하기 위해

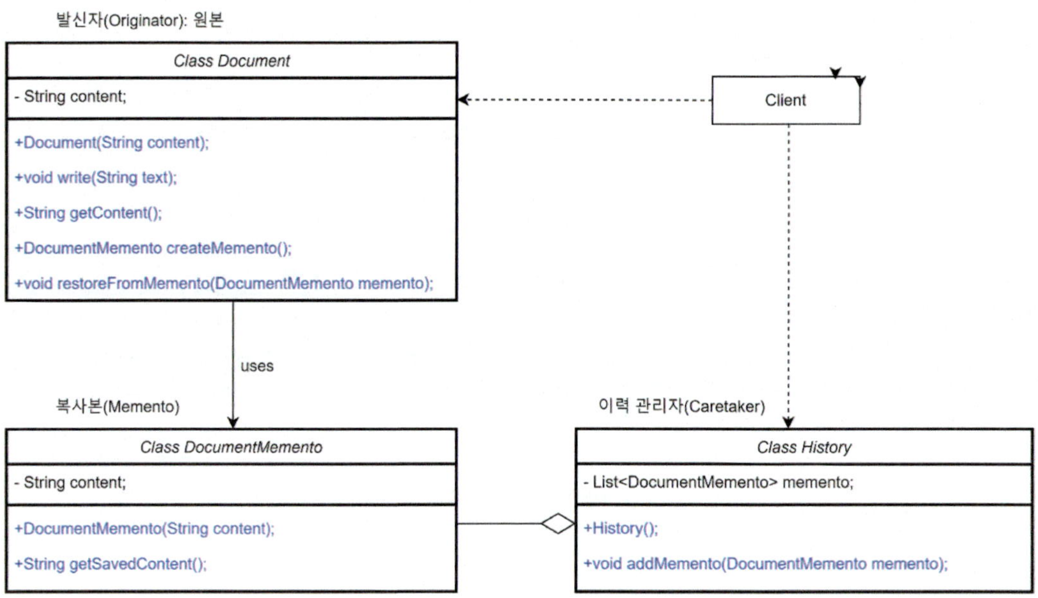

〈그림 8.22〉 매먼토(Memento) 패턴

머멘토 객체를 생성한다. 발신자(Originator)는 머멘토와 직접 통신하여 상태의 스냅샷을 생성하고 스냅샷에서 상태를 복원한다. 둘째, 머멘토는 특정 시점의 원본 상태를 저장하는 객체이다. 이것은 상태를 검색하는 방법만 제공하며, 직접 수정하는 것은 허용하지 않는다. 이를 통해 상태가 유지된다. 셋째, 이력 관리자(Caretaker)는 머멘토 객체를 추적하는 책임을 갖는다. 머멘토에 저장된 상태의 세부 정보를 모르지만 발신자에게 머멘토를 요청하여 객체의 상태를 저장하거나 복원할 수 있다. 넷째, 클라이언트는 일반적으로 발신자 및 및 이력 관리자와 상호 작용하여 특정 기능을 달성하는 애플리케이션 또는 시스템의 일부를 의미한다. 클라이언트는 이력 관리자를 통해 발신자의 상태를 저장하거나 복원하기 위한 요청을 시작하는 역할을 담당한다. <그림 8.22>는 매먼토(Memento) 패턴의 예제 모형이다.

8.3.7 널 객체 패턴

널 객체(null object) 설계 패턴은 null 또는 존재하지 않는 객체를 처리할 때 일관된 방법을 제공하는 데 사용하는 행위 설계 패턴이다. 명시적 null 검사를 피하고 존재하지 않을 수 있는 객체에 대한 기본 동작을 제공하려는 상황에서 유용하다. 널 객체란 인터페이스는 구현하지만 아무것도 없거나 널 값을 가진 객체에 대해 원활한 흐름을 원할 때 유용하다. 이 패턴은 구현의 심플함에 비해 유용하고, 나름의 중요한 의미가 있는 패턴이다. <그림 8.23>은 널 객체 패턴을 사용하는 예제 프로그램이다.

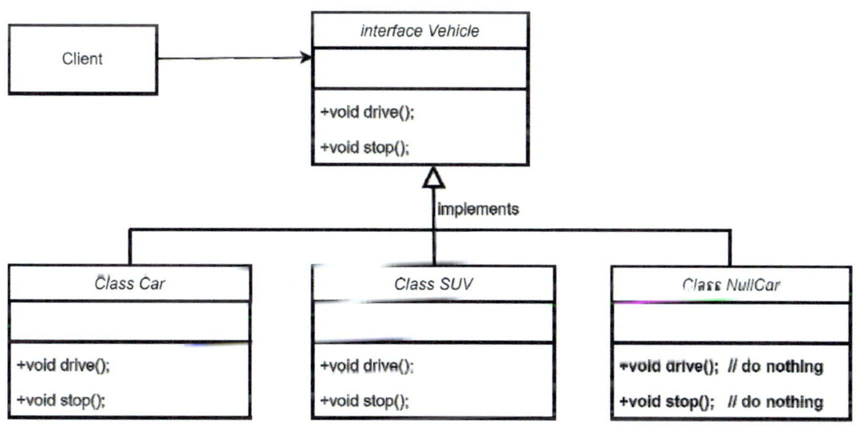

〈그림 8.23〉 널 객체 패턴

8.3.8 옵저버 패턴

옵저버(Observer) 설계 패턴은 일명 '**발행·구독 모델**'이라고 하며, 주체자(게시자)가 관찰자(Observer)라는 종속 객체의 목록(Dependencies)을 등록하여 유지하고, 이 중 어떤 종속 객체의 상태 변화가 변할 때 그와 연관된 모든 종속 객체에게 메서드 등을 통해 자동으로 통지하도록 하는 설계 패턴이다. 관찰자 객체와 여러 개의 종속 객체 간의 일대다 종속성은 객체를 긴밀하게 결합하지 않고 정의해야 한다. 즉 한 종속 개체가 다른 여러 개체에 자동으로 변경 알림을 보낼 수 있다. 따라서 옵저버 패턴은 이벤트 중심 소프트웨어에서 **분산 이벤트 처리 시스템을 구현**하는 데 자주 사용된다. 이 옵저버 패턴사용의 단점은 주체(게시자)가 관찰자(수신자)에게 이해되지 않는 갱신 메시지를 보낼 수 있다는 점이다. <그림 8.24>는 옵저버 패턴을 사용하는 예제 프로그램이다.

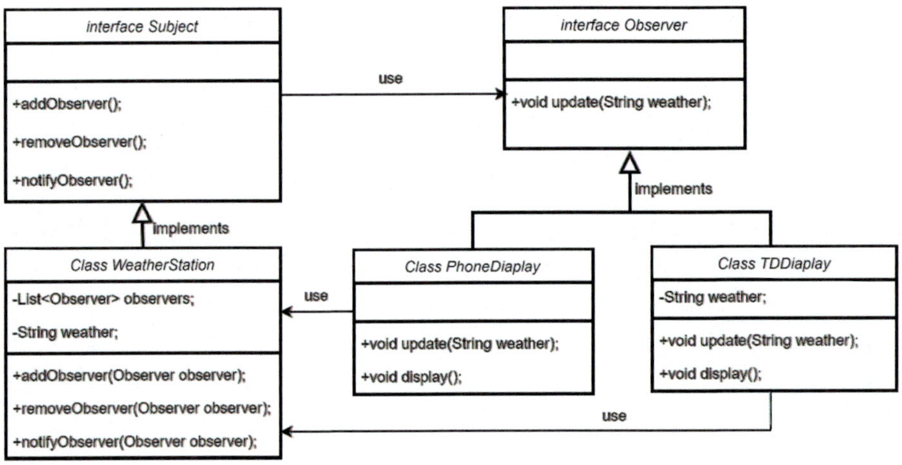

〈그림 8.24〉 옵저버 패턴

8.3.9 상태 패턴

상태(State) 패턴은 객체의 내부 상태가 변경되면 객체의 행위를 변경할 수 있게 한다. 즉 State 패턴은 객체의 내부 상태가 변경될 때 객체의 동작을 변경할 수 있도록 하는 동작 소프트웨어 설계 패턴이다. 이 패턴은 유한 상태 머신의 개념과 유사하다. 특히 상태 패턴은 컴퓨터 프로그래밍에서 내부 상태에 따라 동일 객체에 대한 다양한 동작을 캡슐화하기 위해 사용된다. 이는 조건문을 사용하지 않고도 런타임에 객체의 동작을 변경할 수 있는 보다 깔끔한 방법으로 유지보수성을 향상시킬 수 있다. <그림 8.25>는 State 설계 패턴의 사용하는 예제 프로그램이다. 런타임 때 원하는 연산에 따라 진동과 무음 연산이 수행될 수 있게 하는 예제이다.

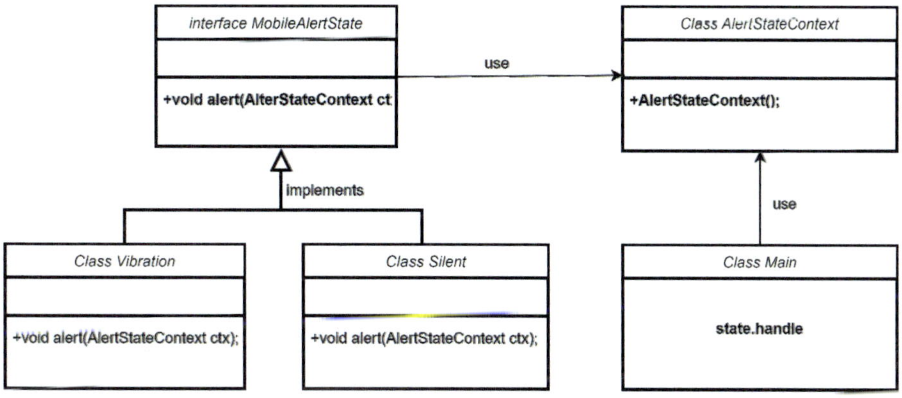

〈그림 8.25〉 상태 패턴

8.3.10 전략 패턴

전략(Strategy) 패턴은 알고리즘 제품군을 정의하고 각 기능을 캡슐화하여 런타임 때 알고리즘을 선택하여 상호 교환적으로 사용할 수 있게 한다. 결국 전략 설계 패턴은 클래스 내부에 알고리즘을 캡슐화하

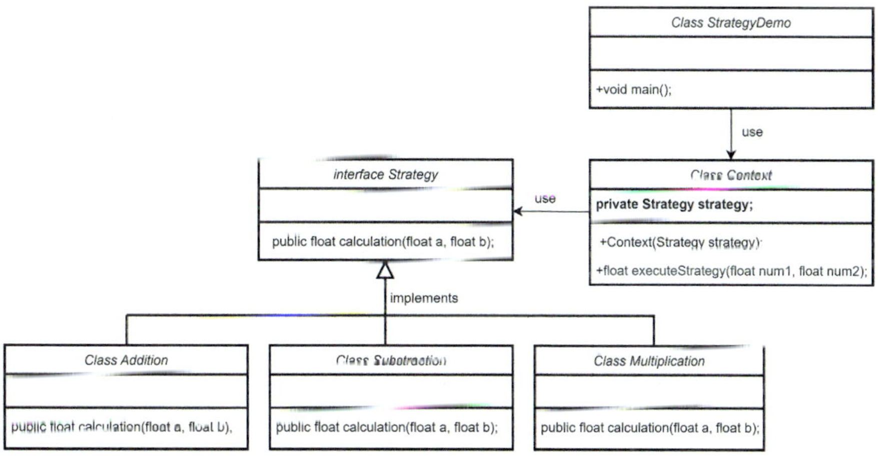

〈그림 8.26〉 전략 패턴

고 실행 시 알고리즘을 상호 교환적으로 사용할 수 있게 한다. <그림 8.26>은 전략 패턴의 사용하는 예제 프로그램이다.

8.3.11 템플릿 메소드 패턴

템플릿 메소드(Template Method) 패턴은 '연산에서 함수의 골격을 정의하고 일부 단계를 하위클래스로 연기하는 것'이다. 이 패턴은 메소드에서 알고리즘의 골격을 정의하여 하위클래스가 전체 구조를 변경하지 않고 알고리즘의 특정 단계를 재정의하여 사용할 수 있도록 한다. <그림 8.27>은 템플릿 메소드 패턴의 예제로서 main() 메소드에 매개변수 전달하는 방법을 보여준다.

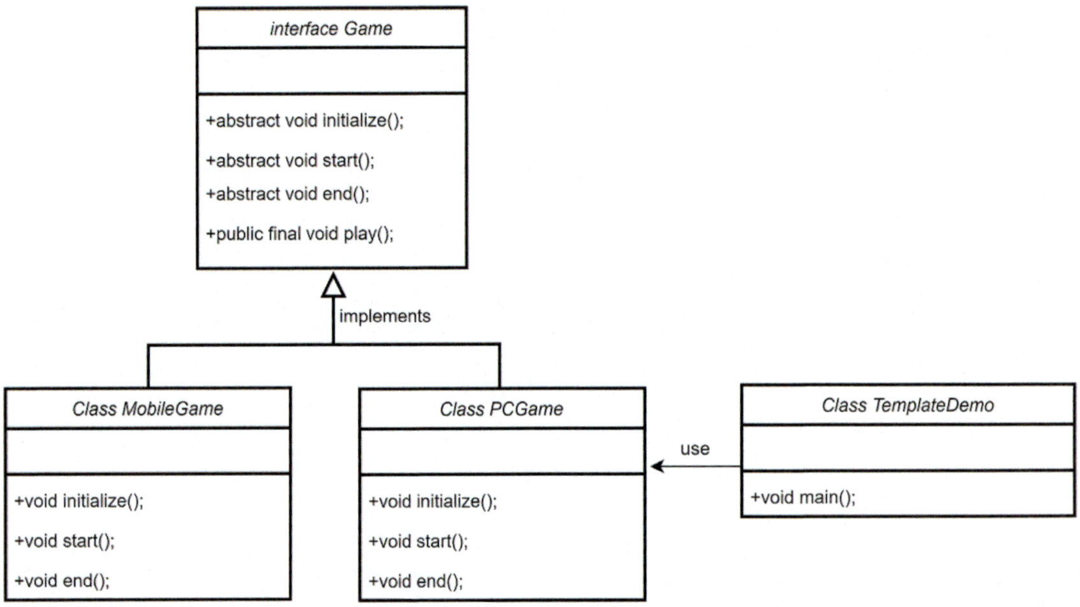

〈그림 8.27〉 템플릿 패턴

8.3.12 행위 설계 패턴의 요약

〈행위 설계 패턴의 요약〉

설계 패턴	설명
블랙보드(Blackboard)	서로 다른 데이터 소스를 결합하기 위한 인공지능 패턴
책임의 사슬 패턴(Chain of responsibility)	요청을 처리할 기회를 두 개 이상의 객체에 부여하여 요청 발신자와 수신자를 분리하는 데 유용하는 데 사용하는 설계 패턴
명령어 (Command)	객체로부터 요청을 객체로 캡슐화하여 요청을 별도의 명령어로 취급하고 시스템에서 전달할 수 있도록 한다. 호출 객체는 이 명령을 처리할 수 있고 이 명령을 해당 객체에 명령을 전달할 수 있는 적당한 객체를 찾고, 해당 객체가 그 명령을 실행할 수 있게 해주는 설계 패턴
인터프리터 (Interpreter)	주어진 언어의 문법 표현과 이 표현을 사용하여 해당 언어의 문장을 해석하는 인터프리터를 정의하는 설계 패턴
반복자 (Iterator)	반복자 패턴은 '기본 구현을 노출하지 않고 집계 객체의 요소에 순차적으로 접근'하는 데 사용되는 설계 패턴. 컬렉션의 기본 표현을 노출하지 않고 컬렉션의 요소에 순차적으로 접근하는 방법을 제공함
중재자 (Mediator)	객체 집합 간의 상호 작용을 캡슐화하여 객체 간의 종속성을 줄이는 객체를 정의하여 클래스 간 간소화된 통신을 정의하는 데 사용하는 설계 패턴. 이 설계 패턴은 객체가 다른 객체와 통신해야 할 때 다른 객체를 직접 호출하지 않고 이러한 장애를 처리하는 중개자 객체를 호출할 수 있게 함
메멘토 (Memento)	캡슐화를 위반하지 않고 **객체의 상태를 이전 상태로 복원하는 작업**을 수행할 수 있게 하는 설계 패턴. 이러한 경우는 오류나 장애가 발생하는 경우에 유용하다. 따라서 실행 취소(undo) 또는 backspace 또는 ctrl+z는 편집기에서 가장 많이 사용되는 Memento 설계 패턴 중의 하나임
널 객체 (Null object)	'Null 객체 설계 패턴'을 이용하면 아무것도 없거나 널 값을 가진 객체에 대해 특별한 흐름을 원할 때 유용한 설계 패턴
옵저버 (Observer)	일대다 종속성을 정의하여 한 개체의 상태가 변경되면 모든 종속성이 자동으로 알림을 받고 갱신하는 설계 패턴
상태(State)	객체의 내부 상태가 변경될 때 객체의 동작을 변경할 수 있도록 하는 동작 소프트웨어 설계 패턴. 상태 패턴은 컴퓨터 프로그래밍에서 내부 상태에 따라 동일한 객체에 대한 다양한 동작을 캡슐화하기 위해 사용됨. 이것은 조건문을 사용하지 않고도 런타임에 객체의 동작을 변경할 수 있는 보다 깔끔한 방법으로 유지보수성을 향상시킬 수 있음
전략(Strategy)	알고리즘 제품군을 정의하고 각 기능을 캡슐화하여 런타임 때 알고리즘을 선택하여 상호 교환적으로 사용할 수 있게 하는 설계 패턴. 즉 클래스 내부에 알고리즘을 캡슐화하고 실행 시 알고리즘을 상호 교환적으로 사용할 수 있게 하는 설계 패턴
템플릿 메소드 (Template method)	메소드에서 알고리즘의 골격을 정의하여 하위클래스가 전체 구조를 변경하지 않고 알고리즘의 특정 단계를 재정하여 사용할 수 있도록 하는 설계 패턴. 연산에서 함수의 골격을 정의하고 일부 단계를 하위클래스로 연기시키는 설계 패턴

8.4 J2EE 설계 패턴

J2EE 설계 패턴은 엔터프라이즈 웹 기반 애플리케이션을 개발하기 위해 만들어졌다. J2EE에는 다음과 같이 세 가지 유형의 설계 패턴이 있으며, 이는 다시 하위 부분으로 세부적인 설계 패턴으로 분류된다. 특히 J2EE 설계 패턴은 HTML 웹 페이지, Servlet 클래스, JSP 페이지, Java 클래스와 연동하는 프로그램에서는 반드시 세부적인 설계 방법이 필요하다. 단, 이 절에서는 이에 대한 상세한 설명은 생략한다.

- Presentation layer 설계 패턴
  - Intercepting Filter Pattern
  - Front Controller Pattern
  - View Helper Pattern
  - Composite View Pattern
- Business layer 설계 패턴
  - Business Delegate Pattern
  - Service Locator Pattern
  - Session Facade Pattern
  - Transfer Object Pattern
- Integration Layer Design Pattern
  - Data Access Object Pattern
  - Web Service Broker Pattern

연습문제

8.1 복잡한 시스템의 인터페이스를 단순화하는 것을 목적으로 하는 소프트웨어 설계 패턴은?

① 프록시 패턴
② 팩토리 메소드 패턴
③ 명령어 패턴
④ 플라이급 패턴
⑤ 퍼사드 패턴

8.2 상속을 사용하지 않고 객체의 기능을 동적으로 확장할 수 있도록 해주는 소프트웨어 설계 패턴은?

① 옵서버 패턴
② 팩토리 메소드 패턴
③ 반복자 패턴
④ 데코레이터 패턴
⑤ 어댑터 패턴

8.3 클라이언트에서 생성 로직을 사용하지 않고 객체를 생성하고 공통 인터페이스를 사용하여 새로 생성된 객체를 참조하는 기능을 제공하는 생성형 설계 패턴이다. 이 패턴은 또한 객체의 생성과 기능을 구현을 분리해야 할 때 유용한 소프트웨어 설계 패턴은?

① 객체 풀 패턴
② 팩토리 메소드 패턴
③ 싱글톤 패턴
④ 브리지 패턴
⑤ 퍼사드 패턴

8.4 소프트웨어 설계 원리에서 다음의 조건에 적합한 소프트웨어 설계 패턴은?

> **보기**
>
> 이 패턴은 하나의 객체(주체)가 다른 많은 객체(관찰자)에 의해 관찰되는 객체 간의 일대다(1:다) 관계이 종속성을 정의하고, 하나의 객체가 상태를 변경하면 모든 종속 요소에게 자동으로 알림을 전달하고 갱신되도록 하는 설계 패턴이다.

정답 8.1 ⑤ 8.2 ④ 8.3 ② 8.4 ①

연습문제

8.5 소프트웨어 설계 원리에서 다음의 조건에 적합한 소프트웨어 설계 패턴은?

> 이 패턴은 객체 간에 서로 메시지를 전달하는 상호 작용을 캡슐화하여 객체 간의 종속성을 줄이는 객체를 정의하여 클래스 간 간소화된 통신을 정의하는 데 사용되는 설계 패턴이다. 즉 이 설계 패턴은 객체가 다른 객체와 통신해야 할 때 다른 객체를 직접 호출하지 않고 이러한 장애를 처리하는 중개자 객체를 호출할 수 있게 하는 설계 패턴이다.

㉠ 추상 팩토리 패턴
㉡ 팩토리 메소드 패턴
㉢ 브리지 패턴
㉣ 프로토타입 패턴
㉤ 싱글톤 패턴
㉥ 데코레이션 패턴

8.6 다음 〈보기〉 중 생성형 설계 패턴만으로 옳게 짝지어진 것은?

> **보기**
> ㉠ 추상 팩토리 패턴　㉡ 팩토리 메소드 패턴　㉢ 브리지 패턴
> ㉣ 프로토타입 패턴　㉤ 싱글톤 패턴　㉥ 데코레이션 패턴

① ㉠ - ㉡ - ㉢
② ㉠ - ㉡ - ㉣ - ㉤
③ ㉢ - ㉥
④ ㉢ - ㉣ - ㉤
⑤ ㉢ - ㉣ - ㉤ - ㉥

8.7 다음 〈보기〉 중 구조적 설계 패턴만으로 옳게 짝지어진 것은?

> **보기**
> ㉠ 어댑터 패턴　㉡ 컴포지트 패턴　㉢ 브리지 패턴
> ㉣ 프로토타입 패턴　㉤ 팩토리 메소드 패턴　㉥ 데코레이션 패턴

① ㉠ - ㉡ - ㉢
② ㉠ - ㉡ - ㉢ - ㉥
③ ㉣ - ㉤
④ ㉢ - ㉣ - ㉤
⑤ ㉢ - ㉣ - ㉤ - ㉥

정답 8.5 ②　8.6 ②　8.7 ②

연습문제

8.8 소프트웨어 설계 패턴에서 생성형 설계 패턴, 구조적 설계 패턴, 행위 설계 패턴 간의 주요 차이점을 비교하여 설명하시오.

8.9 소프트웨어공학에서 생성형 설계 패턴의 개념을 설명하고, 그 종류를 열거하시오.

8.10 소프트웨어공학에서 구조적 설계 패턴의 개념을 설명하고, 그 종류를 열거하시오.

8.11 소프트웨어공학에서 행위 설계 패턴의 개념을 설명하고, 그 종류를 열거하시오.

8.12 소프트웨어공학에서 팩토리 메소드(factory method) 설계 패턴의 개념을 설명하고, 실제 자바 프로그램에서 그 사용 예제를 보이시오.

8.13 소프트웨어공학에서 프로토타입(prototype) 설계 패턴의 개념을 설명하고, 실제 자바 프로그램에서 그 사용 예제를 보이시오.

8.14 소프트웨어공학에서 싱글톤(singleton) 설계 패턴의 개념을 설명하고, 실제 자바 프로그램에서 그 사용 예제를 보이시오.

8.15 소프트웨어공학에서 브리지(bridge) 설계 패턴의 개념을 설명하고, 실제 자바 프로그램에서 그 사용 예제를 보이시오

연습문제

8.16 소프트웨어공학에서 데코레이터(decorator) 설계 패턴의 개념을 설명하고, 실제 자바 프로그램에서 그 사용 예제를 보이시오.

8.17 소프트웨어공학에서 퍼사드(facade) 설계 패턴의 개념을 설명하고, 실제 자바 프로그램에서 그 사용 예제를 보이시오.

8.18 소프트웨어공학에서 프록시(proxy) 설계 패턴의 개념을 설명하고, 실제 자바 프로그램에서 그 사용 예제를 보이시오.

8.19 소프트웨어공학에서 명령어(command) 설계 패턴의 개념을 설명하고, 실제 자바 프로그램에서 그 사용 예제를 보이시오.

8.20 소프트웨어공학에서 중재자(mediator) 설계 패턴의 개념을 설명하고, 실제 자바 프로그램에서 그 사용 예제를 보이시오.

8.21 소프트웨어공학에서 메멘토(memento) 설계 패턴의 개념을 설명하고, 실제 자바 프로그램에서 그 사용 예제를 보이시오.

CHAPTER 9

사용자 인터페이스 설계

9.1 사용자 인터페이스 설계 원리
9.2 사용자 인터페이스 개발 프로세스
9.3 사용자 인터페이스 구성 요소
9.4 내비게이션 설계
9.5 입력 구성 요소 및 설계
9.6 출력 구성 요소 및 설계
9.7 도움말 구성 요소
9.8 사용자 인터페이스 설계에서 국제적 및 문화적 고려사항
9.9 사용자 인터페이스 평가 방법
■ 연습문제

학습목표

이 장은 사용자 인터페이스 개발을 위한 사용자 인터페이스 설계 원리, 사용자 인터페이스 개발 프로세스, 사용자 인터페이스의 구성 요소, 그리고 구성 요소인 내비게이션 설계, 입력 구성 요소 및 입력 설계, 출력 구성 요소 및 출력 설계, 도움말 구성 요소, 사용자 인터페이스 설계에서 국제적 및 문화적 고려사항, 사용자 인터페이스 평가 방법 등을 소개한다. 이를 기반으로 세부적인 학습 목표는 다음과 같다.

- 사용자 인터페이스 설계의 기본 원리를 이해하고 설명할 수 있다.
- 사용자 인터페이스 개발 프로세스를 이해하고 각 단계에서 수행하는 내용을 설명할 수 있다.
- 그래픽 사용자 인터페이스의 구성 요소를 분류하고, 그 세부적인 구성 요소를 열거할 수 있다.
- 사용자 인터페이스의 내비게이션 구성 요소를 나열하고 그 기능을 설명할 수 있다.
- 사용자 인터페이스의 입력 구성 요소를 나열하고 그 기능을 설명할 수 있다.
- 사용자 인터페이스의 출력 구성 요소를 나열하고 그 기능을 설명할 수 있다.
- 사용자 인터페이스의 도움말(helpers) 구성 요소를 나열하고 그 기능을 설명할 수 있다.
- 사용자 인터페이스 설계에서 고려해야 할 주요 항목을 이해하고 설명할 수 있다.
- 애플리케이션의 사용자 인터페이스 개발 과정을 이해하고 실제 그 개발을 진행할 수 있다.
- 설계한 사용자 인터페이스 평가 방법을 이해하고 실제 개발하는 애플리케이션에 적용할 수 있다.

사용자 인터페이스는 시스템과 사용자 간에 통신수단으로서 대표적인 **사용자 인터페이스 종류**는 다음과 같이 여러 가지 종류가 있다. 대표적으로 그래픽 사용자 인터페이스(GUI)를 선호하지만, 최근에는 다양체 매체의 발달과 함께 최근에는 음성 제어 인터페이스, 제스처 기반 인터페이스, 자연어 처리 기반 인터페이스도 인기가 높아지고 있다. 이 장에서는 주로 그래픽 사용자 인터페이스 설계 프로세스에 초점을 두어 설명할 것이다.

- 명령어 라인 인터페이스(command line interface)
- 그래픽 사용자 인터페이스(Graphic User Interface, GUI)
- 메뉴 기반 인터페이스(Menu-driven Interface)
- 음성 제어 인터페이스
- 터치 기반 인터페이스
- 자연어 처리 기반 인터페이스

사용자 인터페이스 설계란 시스템과 외부 개체 또는 사용자 간의 상호 작용 방법을 정의하는 과정이다. 이 단계는 시스템의 내부 동작과 관련하여 높은 수준의 추상화가 진행된다. 즉, 인터페이스 설계 중에는 시스템 내부가 블랙박스처럼 완전히 무시되고, 대상 시스템과 사용자, 장치 및 상호작용하는 다른 시스템 간의 통신에 집중한다. **인터페이스 설계**에는 다음과 같은 세부 사항이 포함된다.

- 환경의 이벤트 또는 시스템이 응답해야 하는 에이전트의 메시지에 대한 정확한 설명
- 시스템이 생성하는 이벤트(또는 메시지)에 대한 정확한 설명
- 시스템과 입출력되는 데이터 형식
- 수신 이벤트와 발신 이벤트 간의 순서 및 타이밍 관계 명세

9.1 사용자 인터페이스 설계 원리

사용자 인터페이스 설계 원리는 사용자는 인간이고 기본적으로 정서적으로 편하고 안정감을 원하는 사람이라는 전에서 출발한다. 한편 사용자 인터페이스 설계는 예술이고, 인터페이스가 사람의 눈에는 즐거움을 주고, 최소한 노력으로 원하는 기능을 성취할 수 있고 사용은 간편함을 원한다. 따라서 사용자

인터페이스 설계자는 여러 페이지 또는 스크린에 정보를 표현하면서 간편함과 쾌적한 외관에 대한 균형을 맞춰야 한다. 이러한 목적을 달성하기 위한 **사용자 인터페이스 설계의 기본 원리**는 <그림 9.1>과 같이 요약된다.

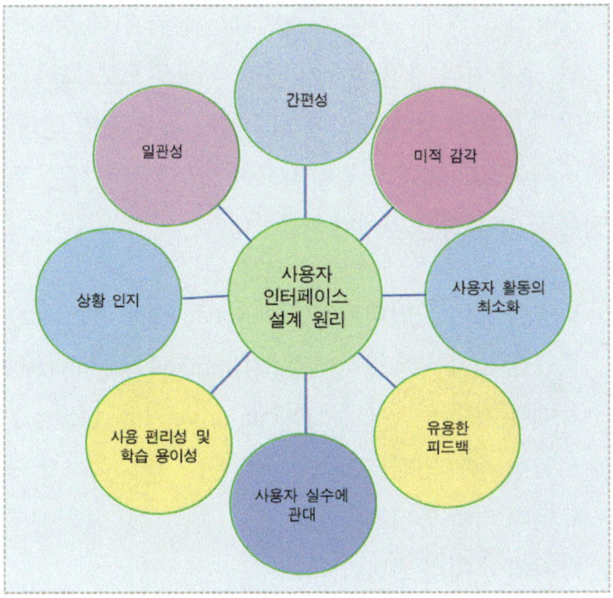

〈그림 9.1〉 사용자 인터페이스 설계의 기본 원리

- 일관성: 모든 그래픽 사용자 인터페이스는 항상 일관성이 있어야 한다. 일관성을 높이면 친숙도가 높아지고 사용성이 향상된다는 점을 명심해야 한다.
- 단순성: 사용자 인터페이스는 항상 간편하고 예측할 수 있도록 단순하게 설계해야 한다.
- 사용 용이성과 학습 용이성(easy to use and easy to learn): 사용자 인터페이스는 항상 사용이 간편하고 학습이 쉽도록 설계해야 한다.
- 미적 감각: 사용자 인터페이스는 항상 매력적이고 미적인 감각이 갖도록 우아하게 설계되어야 한다. 미적 감각이 없는 사용자 인터페이스는 사용자로부터 외면당할 수 있으므로 항상 미적으로 설계해야 한다.
- 사용자의 작업 최소화: 사용자 인터페이스는 사용자가 모든 작업을 수행하는 데 필요한 과정을 가능한 최소화 되도록 설계해야 한다.
- 상황 인지: 사용자 인터페이스는 항상 사용자가 수행 중인 메뉴의 위치를 인지할 수 있도록 현재 상황 정보가 제공되도록 설계해야 한다.
- 복잡성 회피: 사용자 인터페이스는 가능한 불필요한 복잡성을 피하고 콘텐츠는 사용자에게 명확성을 제공해야 한다. 사용자가 제품과 상호 작용할 때 가능한 사용자를 혼란스럽게 하는 내용이 없도록 설계해야 한다.
- 롤백 기능: 사용자 인터페이스는 사용자 실수에 관대해야 하며, 가능한 사용자가 수행한 행동을 쉽게 취소할 수 있는 기능을 제공해야 한다. 즉 사용자가 실수를 할지라도 즉각적으로 되돌릴 수 있는 기능을 제공해야 한다. 특히 사용자 인터페이스 설계는 유연하고 실수에 관대해야 하며, 실행 취소

(undo)와 재실행(redo)을 허용하여 오류와 오용으로 인한 비용을 줄이는 동시에 다양한 입력과 절차를 허용하고 모든 합리적인 동작을 해석하여 가능한 한 버그를 방지할 수 있어야 한다.

- 적당한 피드백 제공: 사용자 인터페이스는 사용자에게 모든 작업에 대한 피드백을 제공해야 한다. 이를 통해 사용자에게 작업 수행정보를 제공하고 어떤 작업이 성공했는지를 알 수 있도록 해야 한다. 그 이유는 빠른 피드백이 제공되지 않으면 사용자는 시스템이 정상적으로 수행되었는지를 고민하기 때문이다.

사용자 인터페이스 설계 대상은 기본적으로 다음의 세 가지 종류의 화면 설계이다.

- 스크린 이미지(screen image)
- 폼(form)
- 리포트(report)

다음은 위의 세 가지 설계 대상에 대한 **사용자 인터페이스 설계 시 고려해야 하는 요구사항**이다.

■ 배치(layout) 요구사항

대부분 소프트웨어는 기존의 Windows나 맥킨토시의 스크린 설계 방식을 적용한다. 스크린은 보통 <그림 9.2>와 같이 크게 **배너 영역, 상위 상자, 중간 상자, 하위 상자**의 네 가지 영역으로 구분된다.

- 배너 영역은 페이지 상단에 있으며, 웹 관리 도구 애플리케이션 이름과 회사의 로고가 포함되어 있다.
- 상위 상자는 주로 사용자가 시스템 항해를 위해 명령어를 입력하는 내비게이션 영역으로 사용된다.
- 중간 상자는 가장 큰 공간의 작업 영역으로 리포트를 출력하거나 데이터 입력을 위한 화면 출력 공간으로 사용된다. 또한 작업 영역에는 탐색 영역에서 선택한 작업과 연결된 작업이 표시된다.
- 하단 상자는 가장 아래 위치하고 시스템의 현재 상태를 나타내는 공간으로 사용자가 시스템을 수행하는 동안 현재의 시스템 상태를 나타내는 것으로 진행중, 처리 완료, 에러 발생과 같은 메시지를 나타내는 데 사용된다.

〈그림 9.2〉 윈도우 레이아웃 구성도

많은 시스템은 윈도우 공간을 위와 같이 반드시 네 가지 공간으로 사용하는 것은 아니다. 특히 내비게이션 공간은 상위 상자와 중간 상자에서 여러 가지 내비게이션 방식으로 사용될 수 있다. 예로, 상위 상자는 시스템 내비게이션 공간으로 사용하고, 중간 상자는 시스템 내비게이션에 대한 세부적인 사이트 내비게이션과 이의 내용을 출력하는 공간으로 사용되기도 한다. 이러한 **내비게이션 종류**는 <그림 9.3>과 같이 4가지로 분류된다.

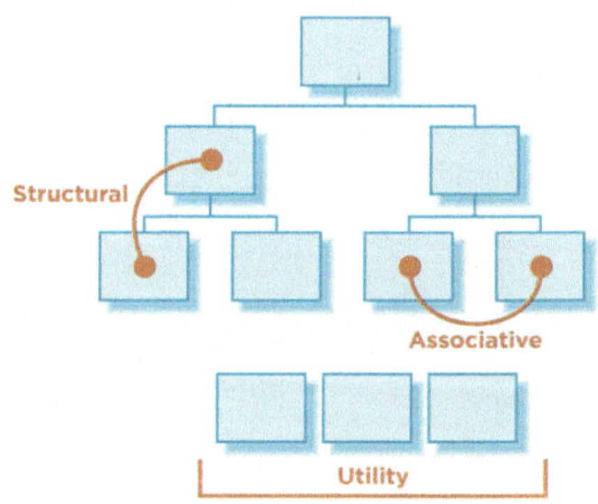

〈그림 9.3〉 윈도우 내비게이션의 주요 종류

- 메인 내비게이션: 이것은 <그림 9.3>에서 시스템의 구조 내비게이션으로 전체적인 내비게이션 방향의 선택지를 제공한다. 일명 '글로벌 내비게이션'이라 부른다. 메인 내비게이션은 사용자가 시스템

에서 전체적으로 선택할 수 있는 내비게이션 영역을 나타낸다.

- 로컬 내비게이션: 메인 내비게이션 아래에 위치하며 더 상세한 내비게이션 정보를 제공하는 데 사용한다. 로컬 내비게이션은 보통 메인 내비게이션과 연결되어 메인 내비게이션의 확장 경로 개념으로 사용된다.
- 연관 내비게이션: <그림 9.3>과 같이 계층 구조 내비게이션에서 같은 레벨의 다른 내비게이션 경로를 제공하는 데 사용한다. 연관 내비게이션은 주로 현재 내비게이션의 세부적인 내용 탐색, 빠른 링크 및 바닥글(footer) 내비게이션 등으로 사용된다. 내용 탐색은 관련 링크나 연관 링크 정보를 제공하는 데 사용된다.
- 유틸리티 내비게이션: 사이트를 사용하는 방문자를 지원하기 위한 도구와 특성의 연결 정보를 제공하는 데 사용된다. 유틸리티 내비게이션은 메인 내비게이션은 아니고 그 중요성은 다소 떨어지는 내비게이션 정보를 제공한다. 유틸리티 내비게이션에는 사이트 외부 내비게이션, 도구 상자, 링크 로고, 언어와 국가 선택, 내부 페이지 내비게이션 등의 유형이 있다.

■ 상황 인지(context awareness) 요구사항

상황 인지란 사용자 인터페이스에서 사용자가 최소의 노력으로 시스템이 포함하는 정보 영역을 인지할 수 있는 능력이다. 내비게이션, 입력, 출력 메뉴 등의 모든 사용자 인터페이스 영역에서 가능한 빨리 상황 인지 정보를 제공해야 한다. 이를 위해, 모든 사용자 인터페이스는 스크린 프레임에 대한 제목을 주어져야 하며, 메뉴는 사용자가 현재 어디에 있는지 보여주어야 하고, 가능하면 어디에서 현재 메뉴에 도달했는지를 알려주어야 한다. 상황 인지 정보는 폼과 리포트에서도 같은 방식으로 현재의 위치 정보를 제공해야 하고, 사용자는 즉시 폼과 리포트에서 그들이 원하는 정보를 포함하는 위치를 알 수 있게 해야 한다. 이러한 해당 영역은 상황에 따라 직선, 색깔, 해딩 등으로 표시한다.

상황 인지는 어떤 영역의 필드에도 적용할 수 있다. 상황 인지는 폼이나 리포트에서 포함하는 정보에도 적용될 수 있다. 예로, 모든 폼과 리포트에는 발표 일자, 인쇄용 폼과 소프트웨어의 버전 번호 등의 정보를 제공할 수 있다.

■ 미학(aesthetics) 요구사항

미학은 사용자의 눈을 즐겁게 하는 사용자 인터페이스 설계의 중요 요소이다. 일반적으로 사용자 인터페이스 설계는 '**간단하고 단순한 것이 최고이다**.'라고 알려져 있다. 사용자 인터페이스 설계의 미적 요소로서 고려해야 할 요소는 스크린 이미지, 폼, 리포트의 미적 예술성 측면에서 빈 공간(white space) 면적, 배치 밀도, 폰트와 그 크기, 색깔과 패턴 등이 있으며, 세부적인 **미적 요소**는 다음과 같다.

- 모든 폼과 보고서에서 너무 많은 양의 정보를 표현하면 사용자를 불편하게 할 수 있으므로 한 개의 윈도우에서 최소한의 빈 공간은 필수적이다.
- 스크린 이미지, 폼, 리포트에서 50% 미만의 저밀도 배치가 적당하다.
- 일반적으로 모든 텍스트는 동일한 폰트와 크기가 이여야 한다. 예로, 폰트는 8포인트 보다 작지 않아야 하고 보통 10포인트를 선호하고, 폰트 종류로는 Time Roman과 같은 Serif 폰트를 선호한다. 한편 폰트의 타입과 크기의 변경은 표현하는 정보의 변화를 나타내기 위해 사용한다.
- 사용자 인터페이스 색깔과 패턴은 목적에 맞게 주의 깊게 사용해야 한다. 색깔은 사람의 감정을 전달하기 때문이다. 예로, 빨간색은 화가 난 것을 표현하고, 파란색은 우울한 감정을 나타낸다. 또한 국가에 따라 선호하는 색깔이 아주 다르다.

■ 사용자 경험 중시

사용자 인터페이스는 초보자와 전문가의 두 그룹의 사용자를 고려하여 설계해야 한다.

첫째, 초보자는 항상 '**사용 용이성(easy to use)**과 **학습 용이성(easy to learn)**'에 관심이 많다. 예로, 초보자는 항상 모든 가용한 메뉴를 한눈에 볼 수 있는 메뉴 구조를 선호한다.

둘째, 전문가 그룹은 가장 자주 사용하는 기능을 중심으로 구성된 적은 수의 메뉴 구조를 선호한다. 전문가 그룹은 또한 제공되는 인터페이스 기능에 대한 **단축키** 제공을 원한다. 한편 사용자 인터페이스는 시스템이 주로 전문 사용자 그룹에 의해 많이 사용된다면 학습 용이성보다는 사용 용이성에 중점을 두어 개발하고, 반면 시스템을 주로 비정기적 사용자 그룹이 사용한다면 학습 용이성에 중점을 두어 개발하는 것이 바람직하다.

■ 일관성

일관성(consistency)은 사용자 인터페이스 설계에서 시스템의 사용을 간편하게 하는 가장 핵심적인 요소이다. 사용자 인터페이스가 일관성이 있을 때, 사용자는 시스템과의 상호 작용할 수 있고 그 밖의 부분과도 쉽게 상호 작용하는 방법을 이해한다. 대부분의 소프트웨어 개발 도구는 표준 인터페이스 객체(i.e. 리스트 박스, pull-down 메뉴, 라디오 버튼 등)의 제공을 통해 일관성 있는 시스템 인터페이스를 제공한다.

내비게이션 관리는 시스템에서 어떤 액션이 어떻게 실행되어야 하는가를 전달한다. 예로, 어떤 항목에 대한 동일한 아이콘이나 명령어의 사용은 시스템에서 어떤 변화가 있을 것인가를 명확히 전달한다. 이것은 폼과 리포트에서도 똑같이 적용된다.

- **사용자 노력의 최소화**

사용자 인터페이스는 작업 수행에 필요한 사용자의 노력을 최소화되도록 설계해야 한다. 이것은 시스템에서 원하는 임무 수행을 위해 가능한 최소한의 마우스 클릭이나 키 입력의 사용을 의미한다. 따라서 대부분의 인터페이스 설계자는 **3번의 클릭 규칙(the three-clicks rule)**을 지켜야 한다. 즉 사용자는 시스템의 시작부터 세 번 이하의 마우스 클릭이나 키 입력으로 원하는 작업 수행을 할 수 있어야 한다는 것이다.

9.2 사용자 인터페이스 설계 프로세스

사용자 인터페이스 요구사항분석 및 설계의 개발 프로세스는 반복적이며 고객과의 대화로 시작하여 나선형 모델로 표현할 수 있다. 특히 사용자 인터페이스 분석 및 설계는 이전 단계에서 개발한 사용사례 다이어그램과 사용 시나리오 분석과 아주 밀접하게 연관된다. 사용자 인터페이스의 분석 및 설계 프로세스는 <그림 9.4>와 같이 인터페이스 요구사항분석, 인터페이스 설계, 구현, 평가의 네 가지 프레임워크 활동으로 구성된다. 단계별 세부적인 활동 내용은 다음과 같다.

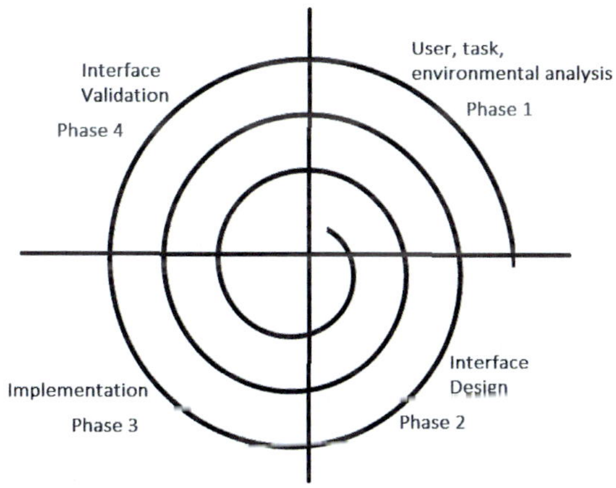

〈그림 9.4〉 사용자 인터페이스 개발 프로세스

- **1단계: 인터페이스 요구사항분석**

인터페이스 개발자는 먼저 그래픽 사용자 인터페이스(GUI)의 모든 기능적 및 비기능적 요구사항, 사용 사나리오를 분석해야 한다. 구현으로 넘어가기 전에 먼저 필요한 인터페이스 기능을 문서화해야 한다. 이 단계는 반복적인 심층 인터뷰를 통해 세부적인 인터페이스 요구사항으로 사용 시나리오(또는 사용사례) 수집에서 시작한다. 수집되는 **인터페이스 요구사항**은 다음 항목을 포함한다.

- 사용 시나리오 분석
- 사용자 분석
- 사용자 환경(environments) 분석
- 인터페이스에서 처리할 작업내용(tasks) 분석

첫째, **작업내용 및 사용 시나리오 분석**은 소프트웨어 솔루션이 수행해야 할 작업내용과 시스템의 사용 시나리오 수집이다. 이것은 주로 이전 단계에서 개발한 사용사례 다이어그램을 통해 시스템의 사용사례 정보를 수집할 수 있다. 또한 인터페이스를 사용하여 수행해야 할 주요 작업내용을 관찰하여 파악한다. 이 프로세스는 상호작용이 수행될 환경의 맥락에서 수행되어야 한다. 문맥적 작업 분석은 설계자가 필수적인 사용자 중심 디자인 가이드라인을 생성하는 데 도움을 준다. 문맥적 작업 분석은 사용자의 업무 작업을 지원하는 인터페이스 설계를 구축하는 것에 목표로 둔다. 여기에는 자연환경에서 작업을 수행하는 사용자에 대한 인터뷰와 관찰이 포함된다. 또한 업무 맥락의 물리적, 사회문화적 환경을 연구하는 것도 필수적이다. 관찰을 통해 수집한 데이터를 분석하여 설계 요구사항을 추출한다. 따라서 작업내용 분석은 GUI 개발의 목표를 제공해야 한다.

둘째, **사용자 분석**에는 시스템과 상호작용할 사용자 프로필, 즉 사용자의 이해도, 기술 및 지식, 사용자 유형 등에 중점을 두고 사용자의 프로필에 따라 사용자를 카테고리로 분류하고, 각 사용자 그룹의 요구사항을 수집한다. **사용자 분류에 따라 다른 사용자 인터페이스를 요구**할 수 있으며, 또한 사용자 인터페이스마다 다른 사용사례 정보를 포함하므로 사용자 분석은 매우 중요하다. 예로, 대학교 학사관리시스템 개발의 경우, 학생, 행정직원, 교수, 조교 등에 따라 다른 사용자 인터페이스 구조를 요구할 수 있다. 이외도 개발자는 요구사항을 기반으로 인터페이스 개발 방법을 이해하고, 모든 요구사항이 수집되면 상세한 분석을 진행한다. 분석 부분에서는 사용자가 시스템의 목표를 설정하기 위해 수행하는 작업내용을 식별하고 설명하고 정교화한다.

셋째, **사용자 환경 분석**은 인터페이스 사용의 물리적 작업 환경에 중점을 두어 분석한다. 이를 위해 질문해야 할 사항은 다음과 같다.

- 사용자 인터페이스는 물리적으로 어디에 위치할 것인가?
- 사용자가 앉거나 서 있거나 인터페이스와 관련이 없는 다른 작업을 수행하는가?
- 인터페이스 하드웨어가 공간, 조명 또는 소음 제약을 수용하는가?
- 환경적 요인에 따른 특별한 인적 요소의 고려사항이 있는가?

■ 2단계: 인터페이스 구조 및 표준 요소 설계

이 단계에서는 설계자가 이전 단계에서 수집한 요구사항에 따라 최종적으로 사용자 인터페이스 구조(interface structure)와 인터페이스 표준 요소를 설계한다. 인터페이스 설계자는 인터페이스 요구사항, 작업 환경 및 사용자 환경에 대한 정보를 기반으로 **그래픽 사용자 인터페이스(GUI)를 설계**한다.

또한 설계자는 사용자 인터페이스 표준 요소인 인터페이스 메타포(metaphor), 인터페이스 객체, 인터페이스 액션, 인터페이스 아이콘, 대화 상자, 탐색 등의 **인터페이스 표준 이미지와 인터페이스 템플릿** 등을 설계해야 한다. 이 단계에서 설계자는 사용자가 원하는 작업을 수행할 수 있도록 하는 인터페이스 객체 및 동작 집합, 즉 제어 메커니즘을 정의해야 한다. 이러한 제어 메커니즘이 시스템에 어떤 영향을 미치는지 표시한다. 사용자 시나리오의 작업 및 하위 작업의 동작 순서도 지정한다. 사용자가 특정 작업을 수행할 때의 시스템 상태를 나타낸다. 한편 인터페이스 설계는 미적으로 만족스럽게 만들고 사용성과 사용자 경험을 극대화하는 것이 중요하다.

■ 3단계: 인터페이스 구현

인터페이스 구현은 사용 시나리오를 평가할 수 있는 프로토타입을 생성하는 것으로 시작한다. 반복적인 설계 프로세스가 계속되면 창, 메뉴, 장치 상호 작용, 오류 메시지, 명령 및 대화형 환경의 기타 여러 요소를 생성할 수 있는 사용자 인터페이스 툴킷을 사용하여 인터페이스 구현을 완료한다. 인터페이스 프로토타입 구현은 다음의 네 가지 타입 중 하나가 될 수 있다.

- 스토리보드
- 윈도우 레이아웃 다이어그램
- HTML 프로토타입
- 프로그래밍 언어로 구현된 프로토타입

스토리보드는 그래픽 사용자 인터페이스 모형을 종이나 문서로 개략적인 내비게이션 다이어그램 형태로 표현한다. 윈도우 레이아웃 다이어그램은 개발하는 윈도우 배치 계획을 도면으로 설계한다. HTML과 프로그래밍 언어의 프로토타입 개발은 구현 언어에 따라 사용자 인터페이스 모형의 실현이다.

▪ 4단계: 인터페이스 평가

이 단계에서는 인터페이스 테스트에 중점을 두며, 인터페이스 구현은 ① 시각적 디자인, ② 내비게이션 디자인, ③ 화면 설계 표준 문서화 등의 추가 단계로 세분화할 수 있다. 사용자 인터페이스는 작업을 올바르게 수행할 수 있어야 하며 다양한 작업을 처리할 수 있어야 하고, 사용자의 모든 요구사항을 충족해야 한다. 특히 사용자 인터페이스는 사용하기 쉽고 배우기 쉬워야 한다. 사용자는 인터페이스를 업무에 유용한 것으로 받아들여야 한다. 이 과정에서 그래픽 사용자 인터페이스(GUI) 테스트 방법에는 조직에서 자체적으로 검사하는 방법, 사용자가 직접 참여하는 방법, 베타 버전을 출시하는 방법 등이 있다. 테스트 평가 요소에는 **사용성**, **호환성**, **사용자 수용성** 등이 포함될 수 있다. 인터페이스 개발 테스트에는 사용성 및 사용자 테스트가 포함될 수 있지만 이에 국한되지는 않는다. 테스트는 최종사용자 인터페이스 설계의 시뮬레이션인 프로토타입을 사용하여 수행된다. 이러한 프로토타입은 최종사용자와 클라이언트에게 제공되며, 이들은 프로토타입에 대한 작업을 수행하고 평가된다. 제안된 대로 설계를 개선하고 반복적인 테스트를 통해 만족스러운 결과를 도출한 후에 최종적으로 배포한다. 인터페이스 평가 방법의 세부적인 내용은 이 장의 뒷부분을 참고 바란다.

9.3 사용자 인터페이스 구성 요소

사용자 인터페이스 구성 요소는 인터페이스를 위한 빌딩 블록이다. 사용자 인터페이스 구성 요소는 앱이나 웹사이트를 구축하는 데 사용되는 부분이다. 또한 이러한 사용자 인터페이스 구성 요소는 사용자가 탐색하는 동안 터치 포인트를 제공하여 사용자 인터페이스에 상호 작용을 추가한다. 사용자 인터페이스 설계자는 이러한 사용자 인터페이스 구성 요소를 사용하여 사용자가 이해하기 쉽고 일관성 있고 확장 가능한 시각적 언어를 생성한다. 사용자 인터페이스(UI)의 4가지 핵심적인 구성 요소는 <표 9.1>과 같이 **입력 요소**, **내비게이션**, **출력 요소**, **도움말** 등의 네 가지 요소가 있다. 그 세부적인 설명은 다음과 같다.

〈표 9.1〉 윈도우 사용자 인터페이스의 주요 구성 요소

인터페이스 구성 요소	세부적인 인터페이스 구성 요소	
내비게이션 구성 요소	• 탐색 박스(search box) • 페이지 매김(pagination) • 태그(tags) • 메뉴(menu)	• 사이트 이동 경로(breadcrumb) • 슬라이더(slider) • 아이콘(icons)
입력 구성 요소	• 다이얼로그 박스(대화 상자) • 리스트 박스 • 체크 박스 • 버튼: 라디오 버튼, 드롭다운 버튼, 토글(toggle) 버튼	• 텍스트 박스 • 드롭다운 리스트 박스 • 콤보 박스 • 날짜 선택기
출력 구성 요소	• 상세 리포트 • 예외 보고서 • 그래프	• 요약 보고서 • 처리 문서 • 미디어(종이, 전자 출력, 비디오 등)
도움말 구성 요소	• 경고, 성공 및 오류 메시지 • 진행률 표시줄(progress bar) • 이이콘(icons)	• 알림(notifications) • 도구 설명(tool tips) • 메시지 상자(message boxes)

▪ 내비게이션 구성 요소

'내비게이션'의 정의는 '움직이다' 또는 '이동하다'라는 뜻이다. 그리고 누군가에게 '내비게이션'이란 여행할 때 목적지에 도착하는 길을 찾는 것이다. 사용자 인터페이스(UI) 설계 측면에서 내비게이션(navigation)은 사용자가 작업을 쉽게 완료할 수 있도록 웹 또는 앱에서 탐색 또는 이동할 수 있도록 안내하는 일련의 작업 경로를 정의하고, 사용자는 내비게이션을 따라 다양한 경로에 도착할 수 있다. 그래픽 사용자 인터페이스에서 내비게이션 경로는 주로 메뉴에 의해 구성된다. 9.4절은 이에 대한 자세한 내용을 설명한다.

▪ 입력 요소

입력 요소는 사용자 인터페이스의 대화형 요소이다. 이를 통해 사용자는 시스템 인터페이스에서 정보를 입력받을 수 있다. 입력 필드는 필수적인 사용자 인터페이스 설계 요소로 사용자에게 표준화되지 않은 응답을 입력할 수 있는 수단을 제공한다. 입력 필드는 다양한 상황에서 사용되지만, 사람들은 상용 웹 양식에 개인 정보와 배송지 주소를 입력하거나 온라인 문의를 보낼 때 입력 필드를 접해본 적이 있을 것이다. 이러한 필드는 맞춤형 정보를 표시하여 상호 작용을 촉진하고 향상시킨다. 이것은 바로 뒷부분에

서 '입력 제어를 위한 사용자 인터페이스 요소' 부분에서 상세히 설명할 것이다.

■ 출력 요소

출력 요소는 사용자와 정보를 공유하는 데 사용된다. 이를 통해 사용자는 사용자 인터페이스에서 이해할 수 없거나 알려지지 않은 낯선 객체를 이해할 수 있도록 한다. 또한 적절한 시점에 관련 정보를 표시하는 데 사용된다.

■ 도움말(helpers) 요소

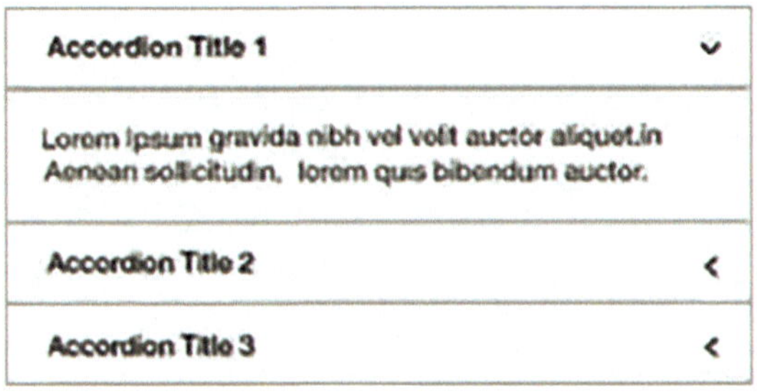

도움말 요소는 사용자의 화면 크기에 따라 적절한 최대 너비로 페이지 요소를 포함하도록 설계된 구성 요소이다. 또한 관련 콘텐츠를 함께 보관하기도 한다. 예로, 아코디언은 세로로 쌓인 항목 목록으로, 표시/숨기기 기능을 활용한다. 레이블을 클릭하면 그 안에 있는 콘텐츠가 표시된 섹션이 확장된다. 한 번에 하나 이상의 항목이 표시될 수 있으며 사용자가 클릭하지 않아도 하나 이상의 섹션의 기본 상태가 표시될 수 있다.

9.4 내비게이션 설계

내비게이션(navigation)이란 옥스포드 사전에서 '자신의 위치를 정확하게 파악하고 경로를 계획하고 따라가는 과정 또는 활동'이라고 정의한다. 캠브리지 사전에서는 '한 장소에서 다른 장소로 가는 길을 찾는 행위'라고 정의한다. 사용자 인터페이스에서 **내비게이션 설계**는 사용자가 웹사이트나 앱을 방문할 수 있는 방법을 생성하고, 분석하고, 구현하는 분야이다. 내비게이션은 사용자가 제품과 상호 작용하고 사용하는 방식에서 필수적인 역할을 담당한다. 사용자 인터페이스에서 내비게이션은 사용자가 가능한 가장 불편하지 않게 A 지점에서 B 지점, 또는 C 지점까지 이동할 수 있는 방법을 안내한다. 이러한 유쾌한 상호 작용을 위해 인터페이스 설계자는 링크, 레이블 및 기타 UI 요소를 포함한 UI 패턴을 조합하여 사용한다. 윈도우 사용자 인터페이스에서 내비게이션의 주요 구성 요소에는 탐색 박스(search box), 사이트 이동 경로(breadcrumb), 페이지 매김(pagination), 슬라이더(slider), 태그(tags), 아이콘(icons), 메뉴(menu) 등이 있으며, 이의 자세한 설명은 다음과 같다.

■ 좋은 내비게이션 설계가 주는 이점

- 사용자의 이해도 향상
- 제품 사용에 대한 자신감 부여
- 제품에 대한 신뢰성 제공

가장 좋은 내비게이션 설계는 사용자 인터페이스의 사용성을 촉진하는 설계이다. 내비게이션이 좋지 않으면 제품의 사용자 수가 줄어들기 때문에 내비게이션 설계는 사용자 경험 설계의 핵심이다. 내비게이션 설계는 복잡하며 사용자 경험을 최적화할 때 선택할 수 있는 설계 패턴이 다양하다. 여기서 설계 패턴은 문제에 대한 일반적이고 재사용 가능한 솔루션이며, 어떤 패턴이 다른 패턴보다 반드시 더 나은 것은 아니다. 제품에 사용하는 설계 패턴은 구현하기 전에 신중하게 고려하고 테스트해야 한다. 이렇게 하면 선택한 내비게이션 패턴이 제품에 적합한지, 더 중요한 것은 사용자에게 적합한지 확인할 수 있다. 이상적으로는 사용자 중심 설계 관점에서 내비게이션 설계에 접근하는 것이 바람직하다.

■ 좋은 내비게이션 설계 방법

좋은 내비게이션은 시스템 설계에 여러 가지 요소가 기여할 수 있다. 좋은 내비게이션 설계 방법은 다음과 같이 요약된다.

- 명확한 레이블 생성 및 표시: 내비게이션은 사용자가 현재 위치와 이동할 수 있는 위치를 이해할 수 있도록 명확한 레이블을 지정하고 표지판을 표시해야 한다. 이를 위해 항상 내비게이션 설계에서 일관성을 유지하고 명확성을 높이면 탐색을 더 쉽게 이해할 수 있다. 이렇게 내비게이션 설계에서 명확성을 유지하는 것이 아주 중요하다. 제품 설계 전반에 걸쳐 내비게이션 요소에 적절하고 친숙한 용어를 사용하면 사용자가 웹사이트를 더 편안하게 탐색할 수 있다.
- 의미 있는 레이블 사용: 보다 의미 있는 레이블을 사용하고 설명적인 언어를 사용한다면, 사용자가 막연한 '제품'이 아닌 '스마트폰'과 같은 특정 항목을 검색할 가능성이 높기 때문에 검색엔진 정확도가 향상된다.
- 드롭다운 메뉴(Drop-down menu)가 아닌 메가 메뉴(mega menu) 사용: drop down 메뉴는 널리 사용되고 있지만, 사용성이 떨어지는 단점이 있다. 위의 메뉴의 예제는 바로 뒷부분인 내비게이션 설명에서 보여준다. Jakob Nielsen과 Angie Li(2017)는 드롭다운 메뉴를 피하는 것이 좋다고 한다. 첫째,

드롭다운 메뉴는 검색엔진이 크롤링하기 어려울 수 있다. 둘째, 드롭다운 메뉴는 사용자가 중요한 페이지를 건너뛰도록 유도한다. 그럼 먼저 **드롭다운 메뉴와 메가 메뉴 방식의 차이점**을 살펴보자. **메가메뉴(Mega menu)**는 여러 가지 카테고리를 여러 개의 열 형식으로 표시하여 스크롤 할 필요가 없는 메뉴 유형이다. 메가 메뉴는 일반적으로 웹 페이지 헤더에서 찾을 수 있지만 다른 스타일의 메뉴와 마찬가지로 사이드바 또는 바닥글에 표시할 수도 있다. 또한 사용자가 메인 메뉴를 클릭하거나 마우스를 오버하면 패널이 펼쳐지고 확장되며, 일반적으로 페이지를 가득 채운다. 이전에는 표시되지 않았던 특정 카테고리에 대한 링크를 표시하고 풍부한 콘텐츠(이미지, 제품 및 브랜드 설명)를 포함할 수 있다. 반면에 **드롭다운 메뉴**는 일반적으로 메뉴 항목 위에 마우스를 가져가면 하나의 링크 그룹만 표시된다. 예를 들어, 모든 연령대를 위한 다양한 생활용품과 의류를 판매하는 온라인 스토어에서는 메가 메뉴를 만들 수 있는 탐색 메뉴 위젯을 설치할 수 있다. 위젯이 사이트에 게시되면 메뉴는 각 메뉴 카테고리 내의 텍스트, 링크 및 이미지를 수용한다.

한편 메가 메뉴는 다음의 **이점**을 제공한다.

- 향상된 탐색 기능이 가능하다. 메가 메뉴는 드롭다운보다 더 많은 레벨을 가지고 있으므로 웹사이트 구조의 더 깊은 계층을 표시할 수 있다. 하위 카테고리를 다른 하위 카테고리와 함께 표시하여 사이트의 계층 구조와 콘텐츠 구성을 보여주고 웹사이트 방문자에게 특정 콘텐츠에 대한 명확한 경로를 제공할 수 있다. 이렇게 하면 스크롤할 필요성이 줄어들어 쇼핑객의 시간을 절약할 수 있다.
- 검색 가능성이 향상된다. 메가 메뉴는 사이트의 더 많은 콘텐츠를 보여주기 때문에 사용자가 다른 방법으로는 찾지 못했을 링크를 클릭할 수 있다.
- 메가 메뉴는 추천 콘텐츠를 위한 공간을 제공한다. 사진, GIF, 콜투액션 등 시각적 흥미를 더하는 모든 것을 추가할 수 있다. 이 공간을 사용하여 방문자가 특정 행동을 취하도록 유도할 수도 있다. 예를 들어 메뉴에 특별 할인을 눈에 띄게 표시하면 방문자의 호기심을 자극할 수 있다.
- 스크린 이미지가 더 크고 상황에 맞는 그룹으로 나눌 수 있다.
- 스크롤 없이 모든 항목을 한 번에 표시하고, 한 스크린 이미지에 많은 정보를 표시할 수 있다.
- 탐색 옵션 그룹으로 나누어져 있는 커다란 2차원 패널을 제공한다.
- 레이아웃, 타이포그래피 및 (때때로) 아이콘을 통해 구조화된 탐색 선택 사항을 제공한다.
- 상단 탐색 모음에서 활성화하면 가로 또는 세로 폼 팩터, 왼쪽 탐색 모음에서 활성화하면 메가 플

라이아웃으로 표시할 수 있다.
- 마우스 오버, 클릭 또는 탭 시 메뉴 옵션을 표시해 준다.

- 사용자 목표에 맞춰 내비게이션 설계 조정: 좋은 내비게이션은 주요 목표를 가진 주요 사용자 그룹을 대상으로 하는 것이 이상적이다. 내비게이션을 사용자 목표에 맞추는 것은 어떤 의미에서 역공학을 하는 것과 같다. 그룹의 요구사항을 파악하면 그룹에 도움이 되는 내비게이션을 만들 수 있기 때문이다. 내비게이션을 사용자 목표에 더 쉽게 맞추려면, 사용자 시나리오를 직접 만들어 보는 것이 중요하다. 이렇게 하면 내비게이션을 목표에 맞게 조정하는 데 필요한 문맥과 정보를 얻을 수 있다.
- 내비게이션 설계 프로토타입 제작 및 테스트: 내비게이션 흐름의 프로토타이입을 구현하면 사용자 흐름의 단점을 보완하는 데 도움이 될 수 있다. 특히 내비게이션 프로토타이핑을 통해 내비게이션 설계를 테스트할 수 있다. 예로, 회원 가입 흐름, 제품 내에서 특정 항목 찾기, 구매 흐름, 전체 제품 탐색 경로를 확인할 수 있고, 프로토타이핑을 사용하면 다양한 내비게이션 설계를 시도하고 테스트할 수 있다.

■ 내비게이션 설계의 기본 원리

웹사이트 탐색을 위한 내비게이션 설계의 효율성을 극대화하려면, 일관성(consistency), 높은 대비(high contrast), 유연성(flexibility)이라는 원칙을 지켜야 한다.

- 간단하게 만들기(make it simple): 대부분 사용자는 원하는 정보를 짧은 시간에 문제없이 탐색하고 싶어 한다. 따라서 온라인 사이트의 사용성에 영향을 미치지 않도록 내비게이션 설계를 단순하게 만드는 것이 좋다. 모든 콘텐츠 페이지에서 내비게이션 바를 사용할 수 있는지 확인하는 것이 필요하다. 콘텐츠를 유용하게 배열하는 것이 고객과 웹사이트 소유자 모두에게 도움이 되는 탐색 간소화의 핵심이다.
- 사용하기 쉽고 배우기 쉽게 만들기(easy to use and easy to learn): 내비게이션 메뉴는 웹사이트의 어느 페이지에서나 쉽게 사용할 수 있고 접근하기 쉬워야 한다. 직관적인 아이콘과 레이블을 사용하여 사용자를 올바른 위치로 안내해야 한다.
- 일관성(consistency) 유지: 특히 내비게이션 설계에는 일관된 분류, 일관된 그래픽 내비게이션 설계, 일관된 하이퍼텍스트 색상 등의 일관성을 지켜야 한다. 내비게이션 모음을 페이지마다 같은 위치에 유지하면 사용자에게 인터페이스의 일관성이라는 도움을 준다. 고정된 위치에 있으면 현재 페이지

의 콘텐츠를 더 쉽게 이해할 수 있으며, 사용자가 어떤 계층으로 이동하든 콘텐츠를 제공한다. 내비게이션이 예측 가능한 위치에 고정되어 있고 일관된 동작을 하는 것이 상식적으로 보일 수 있지만, 특히 콘텐츠와 페이지 수준이 많은 사이트에서는 이러한 기본 동작이 없으면 사용자에게 혼란을 줄 수 있다.

- 높은 대조 사용: 내비게이션 영역이 나머지 페이지 콘텐츠와 시각적으로 구분되도록 구성한다. 색상, 모양, 크기 등 탐색 모음은 페이지마다 일관성이 있어야 하지만, 내비게이션 영역은 대조가 높아야 한눈에 잘 띈다.
- 명확하고 간결한 언어 사용: 사용자가 이해할 수 있는 언어를 사용하는 것이 좋다. 사용자를 혼란스럽게 할 수 있는 전문용어나 전문용어를 사용하지 마라.
- 사용자에게 현재 위치를 알리기: 내비게이션 기능은 사용자가 웹사이트의 어느 페이지에 있는지 명확하게 표시해야 한다. 내비게이션은 가능한 하이퍼텍스트로 표시되어야 한다.
- 사용자의 실수 예방과 실수로부터 빠른 복구 기능 제공: 사용자 인터페이스는 가능한 잠재적인 오류를 최소화할 수 있도록 설계되어야 한다. 사용자는 때때로 자신의 전문지식 수준을 넘어서는 문제를 감지하고 해결하라는 요청을 받는 것을 좋아하지 않는다. 또한 사용자가 실수를 한 경우에도, 사용자에게 빠른 복구 기능을 제공하여 사용자 실수로부터 회복할 수 있는 기능을 제공해야 한다.
- 내비게이션의 유연성 허용: 훌륭한 웹사이트 탐색 기능을 통해 사용자는 여러 가지 방법으로 원하는 것을 찾을 수 있다. 예로, 많은 소비자의 대면/소매 웹사이트에서는 검색과 탐색이 통합되어 더욱 강력한 경험을 제공한다. 일반 검색을 수행할 수 있을 뿐만 아니라 검색 매개변수를 추가하기 전에 범위가 지정된 카테고리로 탐색할 수 있다.
- 모바일에 최적화하기: 모바일 브라우징이 증가함에 따라 작은 화면에 맞게 탐색 메뉴를 최적화하는 것이 필수적이다. 반응형 디자인을 사용하여 모든 기기에서 메뉴를 쉽게 사용할 수 있도록 설계하는 것이 좋다.

이외도 여러 가지 내비게이션 설계의 원칙은 있으나, 적절한 기준을 적용하여 사용자에게 편리하고 충분한 정보를 제공하는 데 목표를 두고 설계되어야 한다.

■ 내비게이션 제어 유형

사용자 인터페이스를 제어하는 하드웨어 장치는 키보드, 마우스, 트랙볼(trackball), 터치스크린, 보이스 인식시스템 등이 있다. 반면 사용자 인터페이스를 제어하는 소프트웨어 접근 방식에는 언어 방식, 메뉴 방식, 직접 조작 등의 방식이 있다. 이의 세부적인 설명은 다음과 같다.

- 언어 방식: 사용자는 컴퓨터 시스템에서 개발된 특수 명령어를 입력하는 방법으로 명령어 언어(command language), 자연어(natural language)가 있다. 명령어 언어에는 UNIX와 MS Windows에서 명령어를 처리하는 방식을 말하며, 자연어 방식은 간단한 한국어, 영어와 같이 자연어를 사용하여 시스템을 제어 방식이다.
- 메뉴 방식: 최근에는 내비게이션 시스템의 가장 일반적인 유형이 그래픽 사용자 인터페이스(GUI)의 메뉴이다. 내비게이션 메뉴는 사이트의 전체 웹 디자인에서 매우 중요한 부분이다. 내비게이션 메뉴는 사용자가 사이트의 여러 웹 페이지로 이동할 수 있도록 도와주는 메뉴이다. 내비게이션 메뉴는 웹사이트의 상단, 측면 또는 하단에 위치할 수 있으며 방문자가 웹사이트의 다양한 페이지와 기능에 빠르게 액세스할 수 있도록 한다. 내비게이션 메뉴에는 일반적으로 웹사이트의 모든 주요 영역에 대한 링크와 하위 페이지 또는 기능에 액세스할 수 있는 드롭다운 메뉴가 포함된다. 이를 통해 사용자는 긴 페이지 목록을 스크롤 없이 원하는 내용을 빠르게 찾을 수 있다. 내비게이션 메뉴는 웹사이트의 계층 구조를 만드는 데에도 사용할 수 있으므로 사용자가 사이트를 더 쉽게 찾을 수 있다.
- 직접 조작 방식: 이 방법은 사용자가 인터페이스 객체에 직접 명령어를 입력하여 인터페이스를 제어하는 방식이다. 예로, 편집기에서 어떤 객체의 크기를 직접 변경하거나 위치를 이동할 수 있고, Windows에서 드래깅(dragging)에 의해 직접 파일의 위치를 옮기거나 파일 복사 가능 등의 인터페이스 사용이 가능하다.

■ 내비게이션 메뉴(menu) 종류

웹사이트 내비게이션 메뉴의 유형에는 인기 있는 메뉴에는 상단 수평 내비게이션 메뉴, 드롭다운 내비게이션 메뉴, 햄버거 내비게이션 메뉴, 수직 측면 내비게이션 메뉴 등 다양한 유형의 내비게이션 메뉴가 있다. 각 메뉴는 고유한 용도로 사용되며 제작 중인 웹사이트의 유형과 설계 및 사용자 인터페이스에 따라 다른 메뉴와 마찬가지로 효과적일 수 있다.

- 내비게이션 메뉴 분류
  - **상단 수평 내비게이션 메뉴(top horizontal navigation menu):** 이 메뉴는 <그림 9.5>와 같이 가장

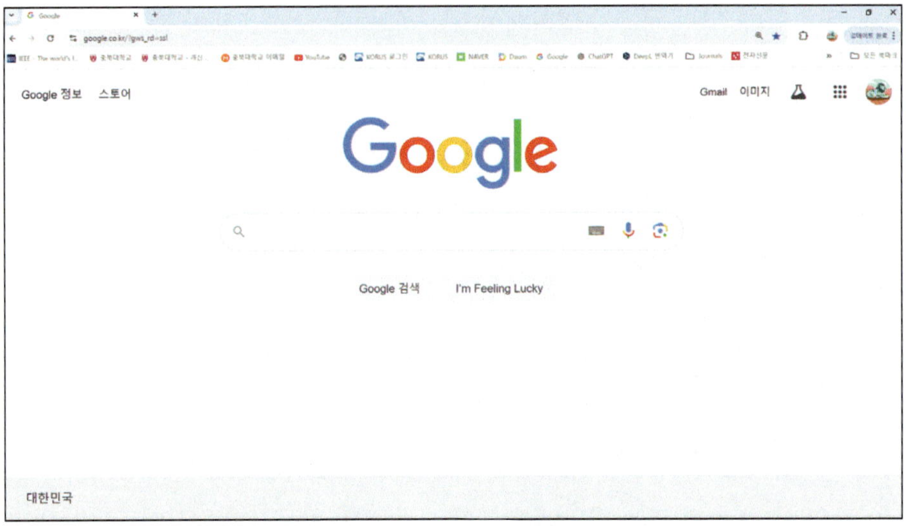

〈그림 9.5〉 상단 수평 네비게이션 메뉴

일반적인 내비게이션 메뉴 유형이다. 대표적인 예제로 Google의 사용자 인터페이스가 해당한다. 이 유형의 내비게이션은 일반적으로 한두 단어로 명명된 기본 사이트 페이지의 수평 목록을 표시한다. 상단 수평 내비게이션 메뉴는 일반적으로 페이지 상단에 사이트의 모든 페이지로 연결되는 링크가 있는 메뉴이다. 홈페이지 사이트에서 최고 상단의 메인메뉴를 구성하는 메뉴를 가리키며, 모든 페이지에 동등하게 접근하는 경우 이 방법이 가장 실용적이다.

- **드롭다운 내비게이션 메뉴(dropdown navigation menu):** 드롭다운 메뉴는 <그림 9.6>과 같이 사용자가 선택할 수 있는 다양한 선택 목록이 있고, 이 중 어떤 선택 목록을 클릭하면 하위 메뉴가 출력되는 방식이다. 다양한 종류와 기준에 따라 제품과 서비스를 탐색할 수 있는 쇼핑 사이트에서 자주 볼 수 있는 메뉴 방식이다. 하지만 드롭다운 탐색 메뉴는 방문자가 사이트에서 제공하는 다양한 페이지를 빠르게 볼 수 있으므로 일반 홈페이지에서 자주 사용된다.
- **메가 내비게이션 메뉴(mega navigation menu):** 일명 **"massive dropdown menu"**라 부른다. 이것은 <그림 9.7>과 같이 온라인 쇼핑 웹사이트나 하나의 메뉴에 많은 옵션을 제공하는 비즈니스에서 흔히 볼 수 있는 메뉴 방식으로 사용자가 링크 또는 정의된 영역 위로 마우스를 가져가면 트리거되는 드롭다운 인터페이스이다. 대표적인 예로 최근에 포털사이트가 이 메뉴 방식을 많이 사용한다. 이 드롭다운은 일반적으로 하나의 기본 메가 패널에 모든 옵션을 표시하며 관련 주제를

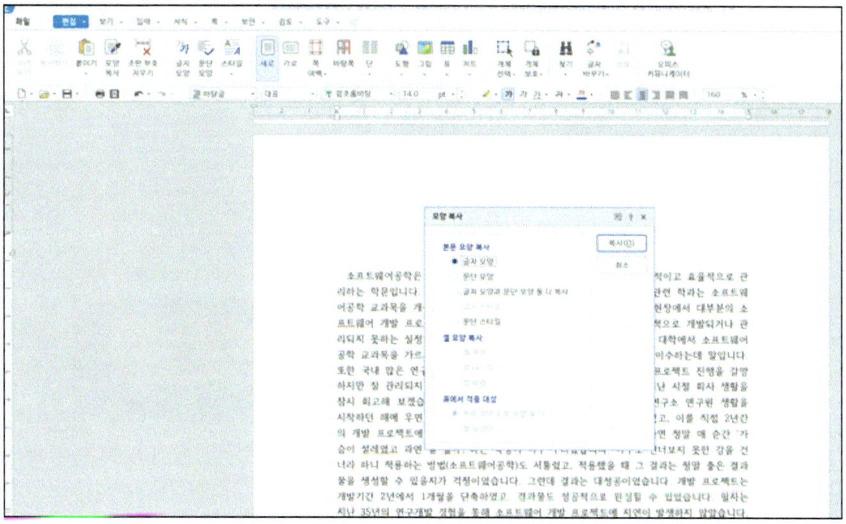

〈그림 9.6〉 드롭다운 내비게이션 메뉴

카테고리로 그룹화하는 경우 유용하다. 메가 메뉴는 옵션이 너무 많아 사용자에게 부담을 줄 위험이 있으며, 반응형 모바일 보기에서 우아하게 표시하기가 다소 까다로울 수 있다. 최근에는 드롭다운 메뉴보다 더 많이 사용되고 있는 경향이다.

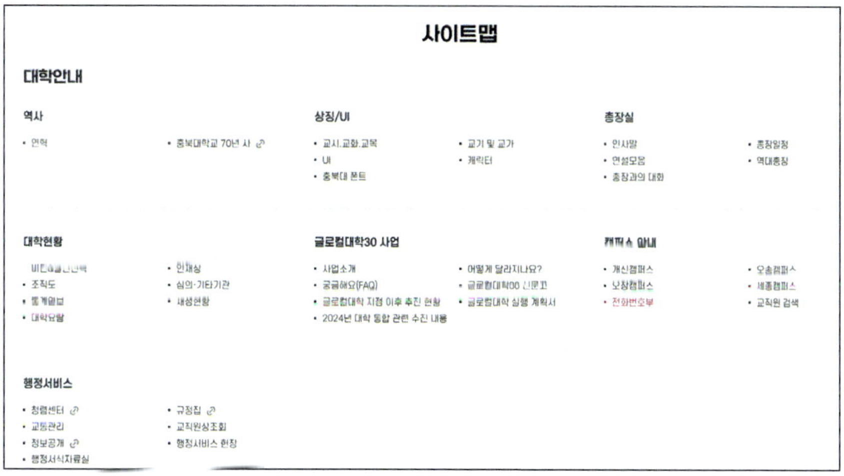

〈그림 9.7〉 메가 내비게이션 메뉴

- **팝업 내비게이션 메뉴(popup navigation menu):** 팝업 메뉴는 <그림 9.8>과 같이 Windows 환경에서 만들 수 있고, 팝업 메뉴를 클릭하거나 마우스 오른쪽 버튼을 클릭하면 창이나 컨트롤에 연결된 팝업 메뉴가 자동으로 호출되어 새로운 윈도우 창이 생성된다. 각 창과 컨트롤에는 고유한 팝업 메뉴가 생성될 수 있다.

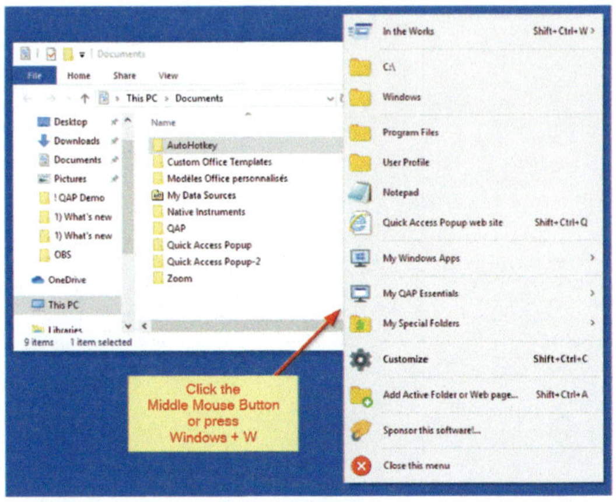

〈그림 9.8〉 팝업 메뉴

- **계단식 내비게이션 메뉴(cascaded navigation menu):** 이 메뉴는 <그림 9.9>과 같이 어떤 메뉴에 마우스를 드래그하면 연쇄적으로 다음 윈도우 창이 생성되는 방식이다. 일반적으로 어떤 메뉴의 하단 메뉴를 자동으로 생성할 때 많이 사용한다. 계단식 메뉴는 한 메뉴에서 선택한 옵션이 다음 메뉴에서 사용할 수 있는 옵션을 결정하는 데 사용되는 메뉴 방식이다. 개발자는 사용 가능한값 목록을 두 개 이상의 논리적 수준으로 나누고, 각 수준은 단일 메뉴에 표시한다. 최종사용자는 최종 선택을 하기 전에 가능한 옵션의 전체 목록을 좁힐 수 있다.

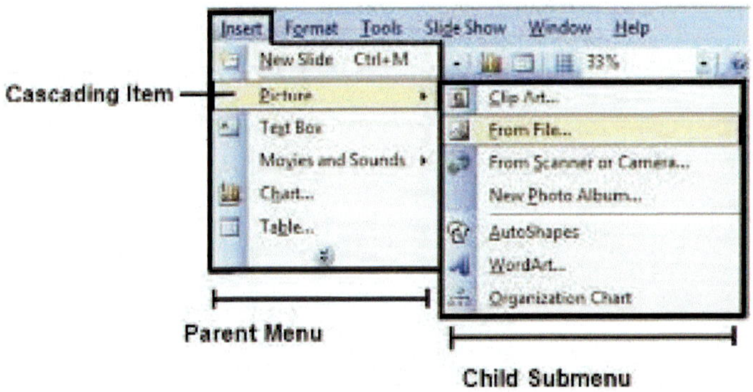

〈그림 9.9〉 계단식 내비게이션 메뉴

- **햄버거 내비게이션 메뉴(hamburger navigation menu):** 햄버거 메뉴는 <그림 9.10>과 같이 클릭할 때까지 기존 파일 메뉴를 숨기는 모바일 반응형 웹사이트에서 자주 볼 수 있는 간결한 솔루션이며, 모든 탐색 링크를 한곳에 모아야 할 때 기업이 가장 많이 선택하는 메뉴 방식이다. 이 메뉴

는 세련되고 역동적이며 모바일 친화적이며 미묘한 것이 탁월하다. 따라서 이러한 유형의 메뉴는 스타일리시하고 사실적이기 때문에 사람들의 많은 관심을 끌고 있다. 웹 페이지에 널리 퍼진 기하학적 느낌이나 테크노 분위기에 완벽하게 작동한다. 이 내비게이션 유형은 모바일 장치 소프트웨어에서 표시되므로 이 유형의 내비게이션을 사용하면 모바일 사용자의 UI 환경이 향상될 수 있다.

〈그림 9.10〉 햄버거 내비게이션 메뉴

- **수직 측면 내비게이션 메뉴(vertical side navigation menu):** <그림 9.11>은 이 메뉴 방식의 예제이다. 이 메뉴를 사용하면 사이트의 모든 페이지를 중요도에 따라 깔끔한 순서로 나열할 수 있다. 하지만 사람들은 대부분 처음 5개의 옵션 중 하나를 선택하는 경향이 있고 메뉴를 끝까지 보지 않을 수 있으므로 순서를 신중히 고려해야 한다. 방문자가 클릭하기를 원하는 옵션을 중요도 순으로 나열하는 것이 좋은 전략이다.

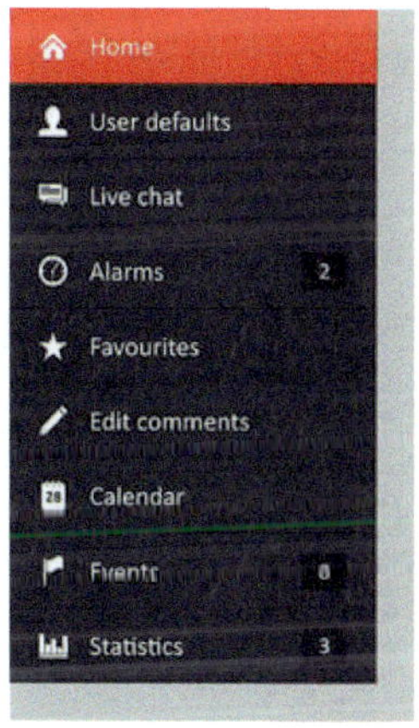

〈그림 9.11〉 수직 측면 내비게이션 메뉴

- **바닥글 내비게이션 메뉴(footer navigation menu):** 이 메뉴는 <그림 9.12>와 같이 간소화된 또 다른 기존 메뉴 방식이다. 그 차이점은 사용자가 아래로 스크롤 할 때 웹 페이지 하단에 위치가 고정되어 있다는 점이다. 이러한 이유로 바닥글 내비게이션이라고 부른다. 우리 대부분은 UI 상단에서 메뉴를 검색하는 전통에 익숙하지만, 하단에 고정되어 메뉴 선택을 제공한다.

〈그림 9.12〉 바닥글 내비게이션 메뉴

- 좋은 내비게이션 메뉴는 **사용하기 쉽고 시각적으로 매력적이어야 하며 사용자가 이해하기 쉬운 방식**으로 구성되어야 한다. 또한 다양한 화면 크기와 장치에 맞게 조정할 수 있도록 반응형이어야 한다.

■ 탐색 박스(search box)

탐색 박스를 통해 사용자는 키워드 또는 구문(쿼리)을 입력하고 이를 제출하여 가장 관련 있는 자료를 얻기 위해 색인을 검색할 수 있다. 일반적으로 탐색 박스는 <그림 9.13>과 같이 한 줄 텍스트 상자이며 검색 버튼과 함께 제공되는 경우가 많다.

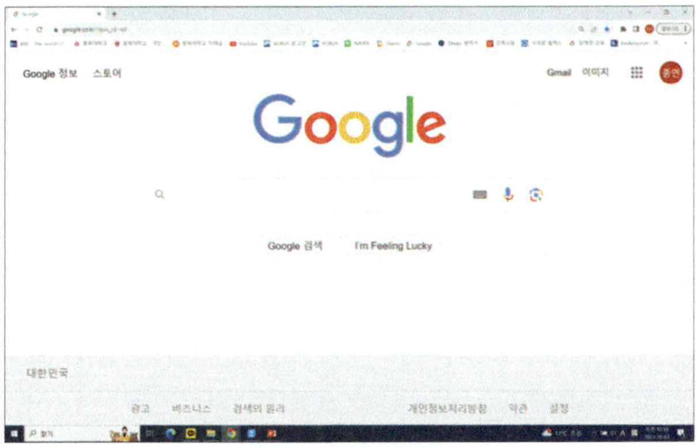

〈그림 9.13〉 구글 탐색 박스

■ 사이트 이동 경로(breadcrumb)

사용자는 사이트 이동 경로를 통해 클릭 가능한 진행 페이지의 흔적을 제공하여 시스템 내에서 자신의 현재 위치를 파악할 수 있게 한다.

▪ 페이지 매김(pagination)

페이지 매김은 페이지 간에 콘텐츠를 분할하여 사용자가 페이지 사이를 건너뛰거나 콘텐츠를 순서대로 살펴볼 수 있도록 한다.

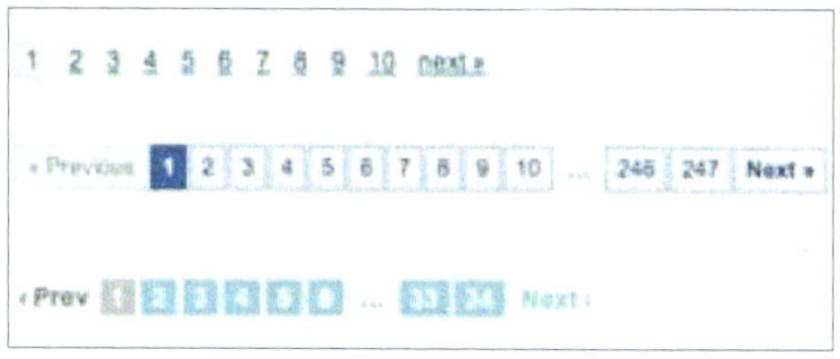

▪ 슬라이더(slider)

슬라이더를 사용하여 값을 설정하거나 조정할 수 있다. 사용자가 값을 변경해도 인터페이스의 형식이나 화면의 다른 정보는 변경되지 않는 인터페이스이다.

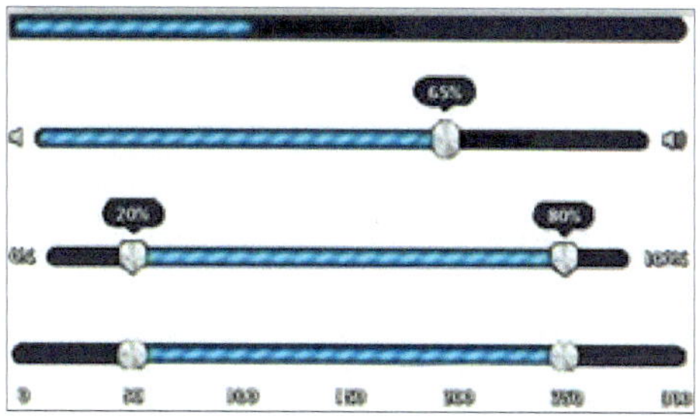

▪ 태그(tags)

태그를 통해 사용자는 같은 카테고리의 콘텐츠를 찾을 수 있다. 일부 태그 시스템에서는 사용자가 직접 태그를 시스템에 입력하여 콘텐츠에 적용할 수 있다.

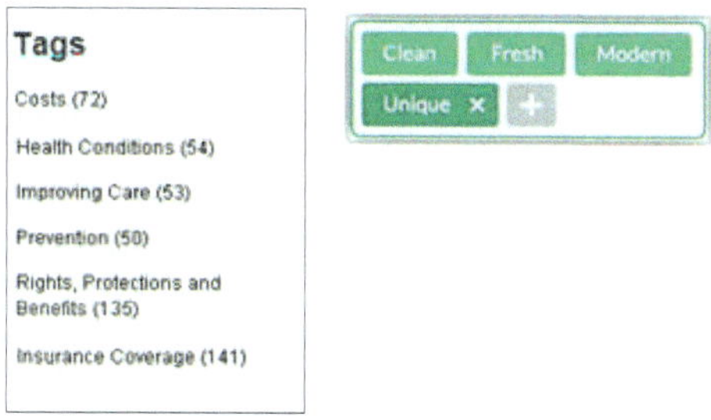

▪ 아이콘(icons)

아이콘은 사용자가 시스템을 탐색하는 데 도움이 되는 직관적인 기호로 사용되는 단순화된 이미지이다. 일반적으로 아이콘은 하이퍼링크로 연결된다.

9.5 입력 구성 요소 및 설계

사용자 인터페이스의 **입력 요소**는 사용자가 응용시스템에서 원하는 데이터의 입력을 담당하며, 입력 구성 요소에는 **다이얼로그 박스(대화 상자)**, **텍스트 박스**, **리스트 박스**, **드롭다운 리스트 박스**, **체크 박스**, **콤보 박스**, **버튼**, **라이오 버튼**, **드롭다운 버튼**, **토글(toggle)**, **날짜 선택기** 등이 있다. 먼저 입력 설계의 기본 원리를 살펴보고, 입력 구성 요소에 대해 알아본다.

■ 입력 설계의 기본 원리

- 개발 시스템에서 데이터 입력은 온라인 또는 일괄 처리 형태로 입력되도록 설계한다.
- 입력 설계의 가장 중요한 원칙은 원본 소스 또는 원본 소스에 최대한 전자 형식으로 데이터를 캡처하도록 설계한다.
- 입력 설계에서 사용자는 가능한 키 입력을 최소화되도록 설계한다.

■ 애플리케이션 윈도우

애플리케이션 창 - 대부분의 애플리케이션 윈도우는 운영체계에서 제공하는 구조를 사용하지만, 많은 애플리케이션 윈도우는 고객이 직접 만든 창을 사용하여 애플리케이션의 내용을 담는다.

■ 다이얼로그 박스(대화 상자)

다이얼로그 박스는 <그림 9.14>와 같이 사용자를 위한 메시지와 어떤 조치를 취하는 요청을 포함하는 하위 윈도우이다. 예로, 애플리케이션에서 파일 삭제에 대한 사용자의 확인을 받기 위해 대화 상자를 생성한다.

〈그림 9.14〉 다이얼로그 박스

■ 텍스트 및 패스워드 박스

텍스트 박스를 통해 사용자는 <그림 9.15>와 같이 프로그램에서 사용할 텍스트 정보를 입력할 수 있으며 한 줄 또는 여러 줄의 텍스트를 입력할 수 있다. <그림 9.15>에서 텍스트 입력 필드에는 텍스트가 미리 채워져 있고 추가 버튼이나 아이콘이 포함될 수 있다. 예로, 웹사이트에서 주소를 입력하는 경우, 초기 주소는 우편번호 검색에 의해 자동으로 주소의 앞부분이 입력되고, 그 밖의 부분은 사용자가 주소를 입력할 수 있는 부분에 해당된다.

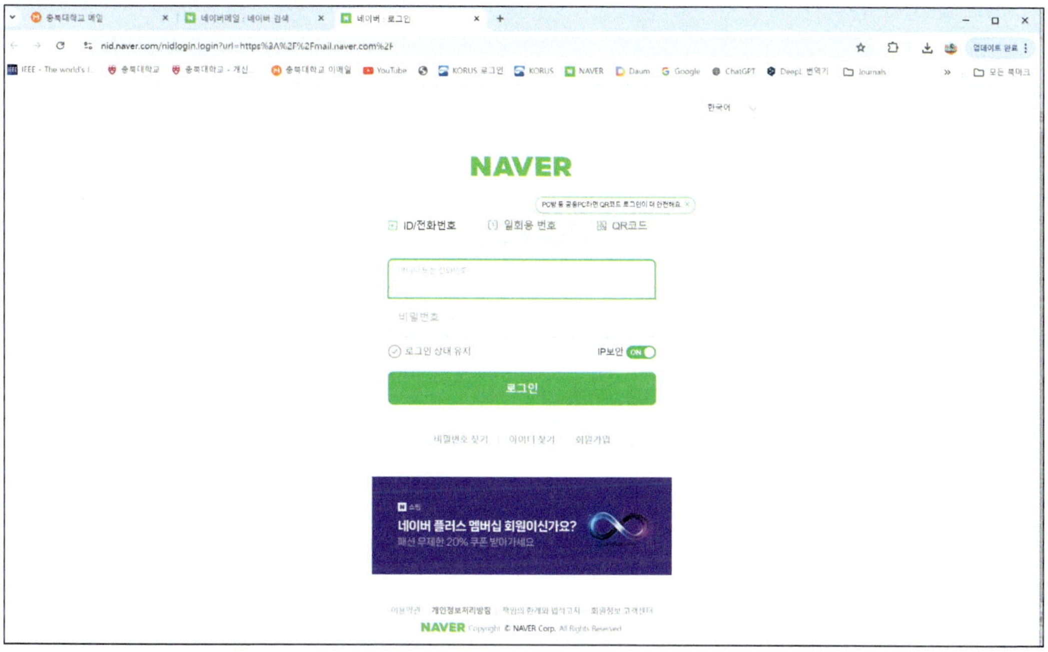

〈그림 9.15〉 텍스트 및 패스워드 박스

▪ 리스트 박스

<그림 9.16>과 같이 리스트 박스는 체크 박스와 유사하지만 더 간결하며 필요한 경우 긴 옵션 목록을 지원할 수 있다 또한 사용자가 한 번에 여러 항목을 선택할 수도 있다.

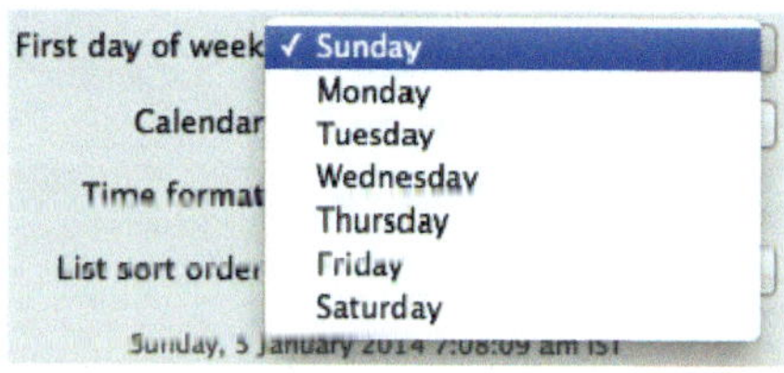

〈그림 9.16〉 리스트 박스

▪ 드롭다운 리스트 박스

드롭다운 리스트 버튼은 이를 클릭하면 사용자가 옵션 목록에서 선택할 수 있는 목록이 표시된다. 드롭다운 리스트 박스는 크기가 작으므로 화면의 공간을 많이 절약할 수 있다. 드롭다운 목록을 사용하면 라디오 버튼과 유사하게 사용자가 한 번에 하나의 항목을 선택할 수 있지만 더 컴팩트하여 공간을 절약할 수 있다. 사용자가 필요한 작업을 인식할 수 있도록 필드에 '하나 선택'과 같은 텍스트를 추가하는 것이 좋다. 예를 들어 식료품을 결제하기 위해 amazon.com을 방문했다고 가정하자. 주메뉴의 항목 중 하나에 커서를 가져가면 선택할 수 있는 목록이 표시되며, 이 목록을 드롭다운 목록이라고 한다.

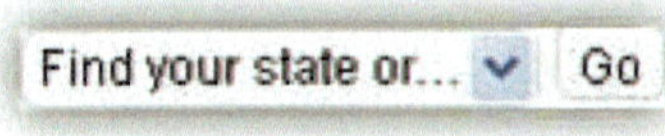

■ 체크 박스

체크 박스는 <그림 9.17>과 같이 사용자가 작은 체크 표시로 선택하거나 선택을 취소할 수 있는 작은 정사각형 모양의 데이터 입력 상자이다. 사용자가 세트에서 하나 또는 여러 옵션을 선택할 수 있다. 일반적으로 체크 박스는 세로 목록으로 표시하는 것이 가장 좋다. 또한 목록이 긴 경우 확인란을 두 개 이상의 열에 표시할 수도 있다. 예를 들어 휴가를 위해 호텔을 예약하려고 한다고 가정하자. booking.com을 방문하여 여행 목적지를 입력한다. 인터페이스 왼쪽에 예산 체크 박스, 예약 정책 등과 같은 체크 박스가 있다.

〈그림 9.17〉 체크 박스

■ 콤보 박스

콤보 박스는 <그림 9.18>과 같이 사용자 지정 값을 직접 입력하거나 목록에서 값을 선택할 수 있다. 콤보 박스는 그림 9.18>과 같이 드롭다운 리스트 또는 리스트 상자와 한 줄 입력 필드의 조합이다.

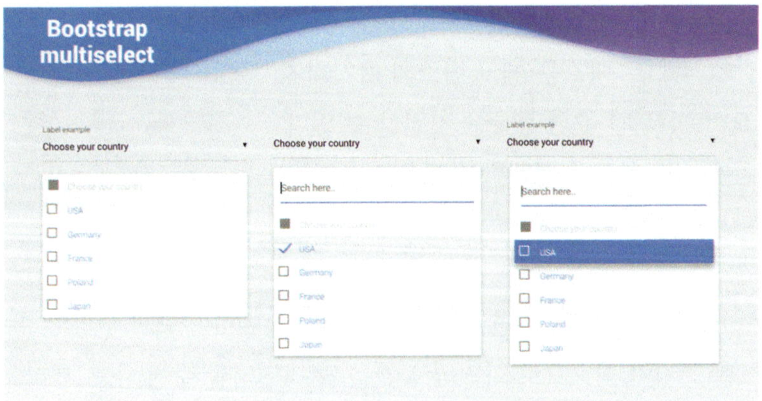

〈그림 9.18〉 콤보 박스

■ 버튼

실제 버튼을 모방하여 소프트웨어에 입력을 제출하는 데 사용된다. 버튼은 사용자에게 터치 시 특정 작업을 수행할 수 있음을 알려준다. 버튼은 터치 시 동작을 나타내며 일반적으로 텍스트, 아이콘 또는 두 가지 모두를 사용하여 레이블이 있는 도형으로 표시된다.

■ 라디오 버튼

라디오 버튼은 사용자가 한 번에 하나의 항목을 선택할 수 있도록 하는 데 사용된다. 라디오 버튼은 그룹으로 사용되며 사용자가 상호 배타적인 옵션 목록에서 하나의 옵션을 선택할 수 있다. 또한 라디오 버튼은 종종 체크 박스와 유사하지만 차이가 있다. 라디오 버튼은 여러 옵션 중에서 단지 하나의 옵션만 선택할 수 있는 반면, 체크 박스는 여러 옵션을 선택할 수 있다.

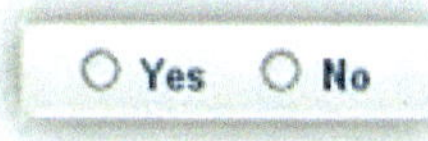

■ 드롭다운 버튼

드롭다운 버튼은 클릭하면 상호 배타적인 항목의 드롭다운 목록이 표시되는 버튼으로 구성된다.

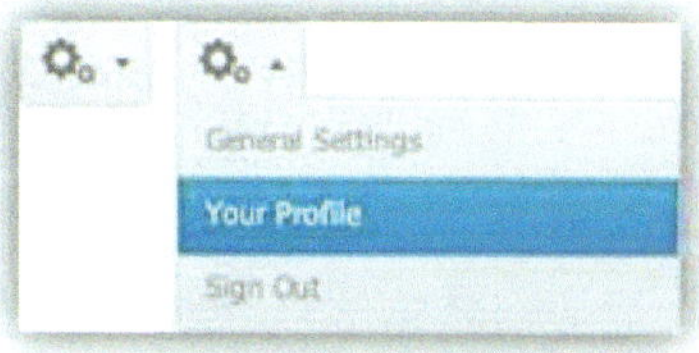

■ 토글(toggle) 버튼

토글 버튼을 사용하면 두 상태 사이에서 켜기(on) 및 끄기(off) 스위치와 같이 설정을 변경할 수 있다. 또한 스위치와 마찬가지로 설정을 켜거나 끌 수 있다. 이 버튼은 두 상태/설정이 시각적으로 구분될 때 효과적이다.

■ 날짜 선택기(date field)

날짜 선택기를 통해 사용자는 <그림 9.19>와 같이 날짜 또는 시간을 선택할 수 있다. 데이터 선택기를 사용하면 정보가 일관된 형식으로 시스템에 입력된다. 웹사이트에서 날짜를 선택하는 것은 날짜를 선택할 수 있는 작은 섹션이 표시되고, 이 부분을 날짜 필드라고 한다.

또한 날짜를 선택하면 정보가 일관된 형식으로 정형화되어 시스템에 입력되고 사용자에게 표시된다.

■ 입력 유형

입력 유형에는 텍스트, 숫자, 선택 박스 등이 가능하다. 여기서 선택 박스는 위에서 설명한 여러 가지 입력 요소 중 하나를 선택하여 사용할 수 있다.

〈그림 9.19〉 날짜 선택기 입력 메뉴

9.6 출력 구성 요소 및 설계

출력 구성 요소는 다양한 사용자 입력에 대한 결과를 표시하는 역할을 담당한다. 또한 대표적인 출력 형태에는 상세 리포트, 요약 보고서, 예외 보고서, 처리 문서(turnaround document), 그래프, 미디어(종이 또는 전자 출력) 등의 방법이 있다. 최근에는 전자 형식의 미디어 출력도 활발히 증가하고 있다.

■ 출력 설계의 기본 원리

- 출력 설계는 사용자가 보고서를 어떻게 사용하는지를 충분히 이해하고 설계하는 것이 중요하다.
- 출력 설계는 설계된 보고서가 처리하는 업무 지원에 필요한 모든 정보를 제공되도록 설계한다. 일반적으로 관리자는 보고서에서 원하는 정보가 충분히 제공되는 것을 원한다. 따라서 출력보고서는 업무처리에 필요한 정보를 충분히 제공되도록 설계되어야 한다.
- 출력 설계는 편향된 보고서가 산출되지 않도록 설계해야 한다. 일반적으로 분석가는 편향된 보고서를 설계하지 않고 편향된 보고서를 원하지 않기 때문이다.

■ 대표적인 출력 형태

- 상세 리포트
- 요약 보고서
- 예외 보고서
- 처리 문서
- 그래프
- 미디어(종이, 전자 출력 등)

9.7 도움말(helpers) 구성 요소

사용자 인터페이스 설계에서 시스템 상태를 전달하는 도움말 구성 요소에는 알림(notifications), 진행률 표시줄(progress bar), 도구 설명(tool tips), 아이콘(icons), 메시지 상자(message boxes) 등이 있다. 특히 메시지 상자는 여러 가지 유형이 소개된다. 이의 자세한 설명은 다음과 같다.

▪ 알림(notifications) 요소

알림 요소는 사용자가 볼 수 있도록 새로운 내용을 알리는 업데이트 메시지이다. 알림 요소는 일반적으로 작업의 성공적인 완료, 오류 또는 경고 메시지와 같은 항목을 표시하는 데 사용된다.

▪ 진행률 표시줄(progress bar)

진행률 표시줄은 사용자가 프로세스의 일련의 단계를 진행할 때 현재 위치를 나타낸다. 일반적으로 진행률 표시줄은 클릭할 수 없다.

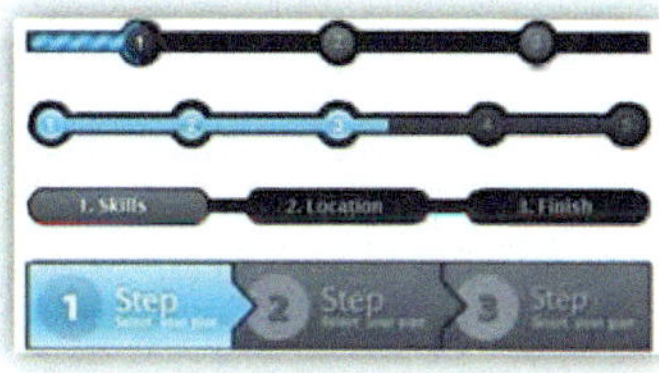

▪ 도구 설명(tool tips)

사용자는 툴팁을 통해 항목 위에 마우스를 가져가면 항목의 이름이나 용도를 나타내는 힌트를 볼 수 있다.

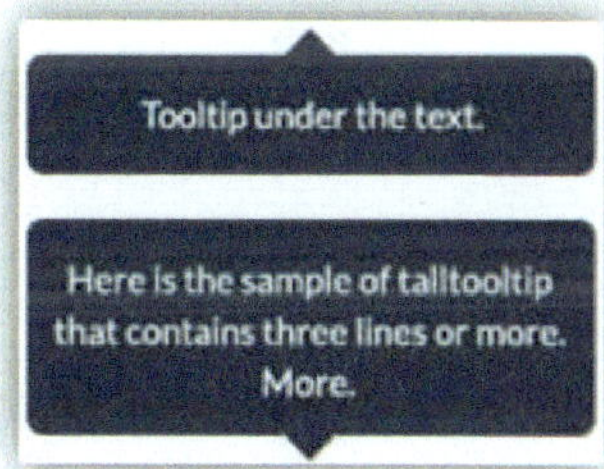

▪ 메시지 상자(message boxes)

메시지 상자(message box)는 상대방과 직접 대화할 수 없을 때 상대방에게 제공하는 짧은 정보 표현 요소이며, 사용자에게 정보를 제공하고 다음 단계로 넘어가기 전에 조치를 취해야 하는 작은 창이다. 시스템과 상호 작용할 때 사용자는 다양한 유형의 메시지를 접하게 되며, 이러한 메시지를 올바르게 표시하여 그 의미를 전달한다. 이러한 메시지 박스 유형에는 에러 메시지, 경고 메시지, 확인 메시지, 인지 메시지, 시스템 메시지, 도움 메시지 등의 다양한 형태가 있다.

- 에러 메시지(error message): 사용자가 현장 수준 유효성 검사, 화면 유효성 검사 또는 업무 규칙 위반 등의 행위를 수행하면 정확한 오류 원인과 필요한 수정 조치를 알려주는 오류 메시지가 표시되어야 한다. 오류 메시지는 이해하기 쉽고 수정하기 쉬워야 한다. 좋은 오류 메시지를 작성하기 위한 규칙은 여기에서 확인할 수 있다.
- 경고 메시지(warning message): 사용자가 시스템의 다른 부분에 업데이트를 유발하는 업데이트 작업을 수행하면 사용자에게 작업의 결과를 알리는 경고 메시지가 표시해야 한다. 사용자가 작업을 취소할 수 있도록 '계속 진행하시겠습니까?'와 같은 메시지를 프롬프트에 표시한다. 이러한 메시지가 경고 메시지이다.
- 확인 메시지(confirmation message): 사용자가 수행하려는 작업을 확인해야 하는 메시지이다. 사용자가 업데이트 작업을 수행할 때는 일반적으로 확인 메시지를 표시할 필요가 없지만, 확인 메시지가 필요한 경우에는 사용된다. 예로, 작업을 수행 중에 어떤 항목을 삭제하는 경우, 사용자의 의도를 확인하는 목적으로 '삭제하시겠습니까?'와 같은 확인 메시지를 사용한다. 또는 저장되지 않은 변경사항이 있는 화면이 존재하려고 시도하는 경우, '변경사항을 저장하시겠습니까?'라는 확인 메시지를 사용할 수 있다.
- 인지 메시지(acknowledgment message): 사용자가 작업을 완료하면 작업/작업이 성공적으로 완료되었음을 확인하는 인지 메시지를 표시한다. 예로, '성공적으로 삭제됨', '항목 업데이트됨', '변경사항 저장됨'과 같은 정보를 전달하는 메시지 유형이다. Windows 데스크톱 환경에서는 일반적으로 흰색 문자 'i'가 있는 파란색 원으로 된 기호가 있는 정보 메시지가 표시된다.
- 시스템 메시지(system message): 사용자에게 HTTP 응답, 데이터베이스 오류, 시스템 오류와 같은 순수한 시스템 메시지가 표시되는 경우는 거의 없다. 이러한 메시지는 시스템 에러로 간주하여 다른 유형의 오류 메시지 중 하나로 오류 처리를 코딩해야 한다. 이와 같이 HTTP 오류를 가로채고 403(금지됨) 404(찾을 수 없음) 503(서비스를 사용할 수 없음) 등이 실제로 무엇을 의미하는지 사용자에게 설명하는 사용자 친화적인 내용을 표시하는 것이 시스템 메시지의 유형이다.
- 도움 메시지(help message): 현재 상태에서 시스템에 사용에 도움을 주는 메시지로 사용된다. 도움 메시지는 일반적으로 온라인 문서로 제공된다.

■ 모바일 메시지 유형

전통적인 메시지 유형 중 일부는 여전히 사용되지만, 모바일 메시지는 마케팅에 훨씬 더 일반적으로 사용된다. 이러한 메시지는 모두 자동화할 수 있으므로 한 번에 많은 사용자에게 문자 메시지를 보낼 수 있다. 또한 데이터를 수집하고 분석을 제공하도록 설정할 수도 있다.

다음은 휴대폰 모바일 메시지 유형이다.

- MMS 및 SMS 메시지: MMS(multimedia messaging service) 및 SMS (short message service) 메시지는 모바일 장치의 기본 문자 메시지 앱을 사용하여 고객에게 보내는 메시지를 말합니다. SMS와 MMS는 일반적으로 문자 메시지라고도 한다. SMS와 MMS의 주요 차이점을 잘 모르겠다면 허용되는 내용에 따라 결정된다.
  - SMS 메시지는 160자만 포함할 수 있으며 멀티미디어를 포함할 수 없다.
  - MMS 메시지는 더 길 수 있으며 이미지, GIF, 동영상, 오디오 등과 같은 미디어를 포함할 수 있다. 대부분의 문자 마케팅 솔루션은 MMS 메시지를 사용하며, 이를 SMS라고 부른다.
  - 거의 모든 유형의 홍보 및 거래 메시지에 SMS 마케팅을 사용할 수 있다. SMS의 주요 용도는 프로모션 공지, 신제품 발표, 예약 수락, 예약 리마인더, 주문 확인, 주문 추적 정보, 영업시간 변경 알림 등을 들 수 있다.
- RCS(rich communication services) 메시지: 이것은 다양한 메시지 유형 중 가장 최근에 등장한 서비스이다. RCS는 플랫폼 메시지의 한 예이며, 그 목표는 내장형이다. 휴대폰에 다운로드할 필요 없이 사용하는 Facebook 메신저를 사용하는 것과 비슷하다. 앱 없이도 앱과 유사한 경험을 제공한다. RCS의 주요 용도는 스캔할 쿠폰, 항공권, 메뉴 등에 사용된다.
  - 미디어를 추가하거나 브랜드 경험을 제공하기 위해 RCS 메시지를 사용하는 것은 매우 일반적이다.
  - 결국 MMS 메시지와 마찬가지로 RCS 메시지를 사용하면 모바일 사용자에게 멀티미디어 메시지를 쉽게 보낼 수 있다.
- In-app 메시지: 이것은 잠금 화면에 표시된다는 점에서 push 알림과 유사하다. 하지만 인앱 메시지의 가장 중요한 특징은 사용자가 앱 내에서만 메시지를 수신할 수 있다는 점이다. 이것은 앱 내에서만 표시되기 때문에 중요하다.
  - 예로, 인앱 메시지는 팝업으로 표시되거나 애플리케이션 상단 근처에 표시되는 경우가 많으므로 사용자는 메시지를 지나쳐서 콘텐츠를 확인해야 한다. 따라서 소매용 앱의 경우 화면 상단에 할

인에 대한 인앱 메시지가 표시될 수 있다.

  - 이의 사용사례는 주로 프로모션 공지, 특정 제품 광고, 온보딩 및 앱 소개, 앱의 새로운 기능 보고 등이 있다.

- 알림(push notification): 알림 요소는 휴대폰 화면 상단과 잠금 화면에 표시되는 메시지 유형이다. 모바일 애플리케이션에서 받는 메시지 유형이다. 애플리케이션과 비즈니스는 언제든지 푸시 알림을 '푸시'할 수 있다. 특히 사용자는 수신을 거부할 수 있으며, 이를 사용하려면 반드시 허가를 받아야 한다. 중요한 점은 푸시 알림은 앱에서 전송되지만 앱 외부에 표시된다는 점이다.
  - 푸시 알림의 일반적인 비즈니스 용도는 프로모션 공지, 신제품 발표, 주문 또는 배송에 대한 업데이트, 로열티 멤버십 업데이트 등이 있다.

9.8 사용자 인터페이스 설계에서 국제적 및 문화적 고려사항

인터페이스 설계에서 사용자의 선호도는 매우 중요하며 설계자와 애플리케이션 개발자에게 큰 관심사이다. 인터페이스 설계의 초기 단계부터 국제화 및 지역별 특성화를 고려하면 훨씬 더 쉽게 설계할 수 있다. 즉, 처음부터 다른 시장에 맞게 쉽게 번역하고 조정할 수 있도록 사용자 인터페이스를 설계해야 한다. 예로, 다른 언어에 맞게 쉽게 변경할 수 있는 유연한 레이아웃을 사용할 수 있다.

인터페이스 설계자가 항상 주목하는 설계 접근 방식의 주요 특징 중에는 **다국어 요구사항(다국어, 스크린 이미지 공간), 문화적 차이(종교적 측면), 지역/국가별 색깔과 빈공간 차이** 등의 문제가 존재한다.

■ 다국어 요구사항

- 다국어 서비스: 글로벌 애플리케이션은 흔히 다국어 서비스 제공의 요구사항을 접한다. 이때 다국어 사용자 인터페이스를 만드는 데 따르는 어려움과 특수성을 극복할 수 있는 번역 제공업체를 찾는 것이 중요하다. 많은 번역 업체는 텍스트 번역만 처리하고 스프레드시트 파일로 콘텐츠를 받아 수동으로 다시 통합해야 한다. 하지만 이는 비효율적이다. 올바른 제공업체를 선택하면 전체 번역 프로세스를 간소화할 수 있으므로 번역 업체 선정이 글로벌 애플리케이션의 성공을 위해 아주 중요하다.
- 제공되는 서비스 언어는 다양한 문화의 독특한 측면으로 온라인 영역으로 옮길 때 번역, 표현 및 문체 요소의 품질에서 반드시 고려해야 하는 과제이다.

- 스크린 이미지 공간 차이: 일반적으로 영어 메시지는 프랑스, 스페인 국가에 비해 20~30% 적은 문자 메시지를 사용한다.
- 읽는 방향: 또 다른 다국어 요구사항은 읽는 방향 문제(reading direction)이다. 일반적으로 서양 사회에서 사용자는 주로 왼쪽에서 오른쪽으로, 위에서 아래로 읽는다. 반면 아랍 국가들은 전형적으로 오른쪽에서 왼쪽으로, 위에서 아래로 읽는다. 따라서 다국어 서비스를 위해서는 국가/지역에 따라 웹 페이지의 읽는 방향도 중요할 수 있다.

■ 문화적 차이

한 문화권에서 적절하고 받아들여지는 것이 다른 문화권에서는 받아들여지지 않을 수 있다. 예를 들어, 어떤 문화권에서는 격식을 갖춘 언어가 기대되지만 다른 문화권에서는 비인격적으로 들릴 수 있다. 사용자 인터페이스 설계의 경우 문화마다 색상, 기호, 심지어 구매 프로세스까지 다르게 사용한다는 점을 인식하는 것도 중요하다.

- 색상 선호도: 색깔과 연관되는 의미는 완전히 문화적으로 종속된다. 서양 사회에서 검정색은 흔히 죽음, 애도, 슬픔을 의미한다. 반면 동양 사회에서 흰색은 죽음과 가운 색깔로 해석한다. 특히 색상 기호는 문화마다 크게 다르며 사용자의 기대에 영향을 미칠 수 있으므로 세심히 고려해야 한다.
- 국가별 색상 차이: 녹색, 청색, 빨간색, 노랑색, 보라색 등은 문화적인 차이를 나타낸다. 예로, 미국에서 빨간색은 흥분, 향신료, 열정, 섹스, 심지어 분노를 의미한다. 멕시코에서 빨간색은 종료를 뜻하고, 영국에서 빨간색은 권위, 권력, 정부를 나타낸다. 중국에서 빨간색은 공산주의, 기쁨, 행운을 의미한다. 청색은 이스라엘에서 거룩함을 의미하고, 인도에서 사랑과 진리를 의미하고, 독일에서 충성심을 의미한다. 이와 같이 동일 색깔이라도 국가와 지역에 따라 전혀 다르게 해석되므로 인터페이스 설계 시 중요한 고려 사항이 된다.
- 메시지 속도: 메시지 내용이 깊을수록 문화권의 구성원이 메시지를 이해하는 데 시간이 더 오래 걸린다.
- 레이아웃: 사용자와 시스템 간의 커뮤니케이션 가교 역할을 하는 레이아웃에는 배너, 메뉴 항목, 방향 등의 배치가 포함된다. 출력 설계에서 레이아웃 설계도 중요한 설계 요소이다.
- 심볼: 심볼은 사용자를 위한 동작을 나타내는 '은유'를 의미하며, 문화마다 상당히 다르다. 또한 통화, 위치 및 기타 탐색 요소에 사용되는 아이콘도 지역마다 큰 차이를 보일 수 있다.
- 콘텐츠 구조: 웹사이트에서 제공하는 정보나 기능 및 그 조직의 콘텐츠는 사용하기 쉽고 정보에 쉽게

액세스할 수 있는 탐색 기능을 제공되도록 설계되어야 한다.

■ 멀티미디어 요구사항

최근에는 출력 설계에서 비디오, 애니메이션, 이미지 및 사운드를 포함한 멀티미디어 수요를 고려한 출력 설계를 진행해야 한다.

9.9 사용자 인터페이스 평가 방법

일반적인 **인터페이스 평가 방법**은 다음과 같은 방식에 의해 진행된다.

- 경험적 평가방식
- 검토회의를 통한 평가방식
- A/B 테스트
- 대화식 평가
- 정형적인 사용성 평가지표

■ 경험적 평가방식

다음은 사용자 인터페이스를 설계할 때 가장 중요한 규칙으로 <그림 9.20>과 같이 경험적 사용자 인터페이스 평가지표로 활용할 수 있다.

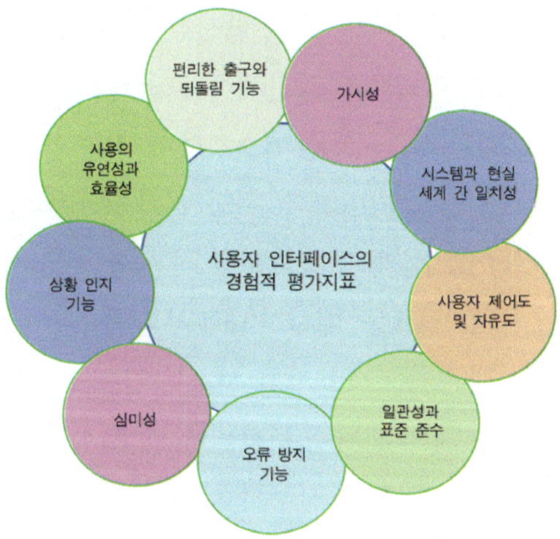

〈그림 9.20〉 사용자 인터페이스의 경험적 평가지표

(1) 시스템 상태의 가시성: 사용자는 시스템에서 현재 자신이 어디에 있는지, 무슨 일이 일어나고 있는지, 시스템이 응답하지 않는 이유의 파악을 원한다. 그렇지 않으면 사용자는 시스템이 실패된 것인지 아니면 정상적으로 수행 완료된 것인지 궁금하기 때문이다.

(2) 시스템과 현실 세계의 일치 여부: 시스템은 사용자에게 익숙한 앱을 기반으로 현실 세계에서 가져온 프로

세스를 적용해야 한다.

(3) 편리한 출구와 되돌림 기능: 시스템은 접근하기 쉬운 출구와 찾기 쉬운 홈 버튼을 제공해야 한다.

(4) 일관성 및 표준 준수: 시스템은 여러 화면에서 일관된 콘텐츠를 제공해야 하며, 버튼과 링크에 일관된 문구를 사용해야 한다.

(5) 오류 방지: 인터페이스는 항상 사용자의 오류를 예방해야 한다. 오류 처리 여부 또는 제출 양식에 오류가 존재하도록 설계되어야 한다.

(6) 상황 인지 기능: 인터페이스는 사용자가 이동 경로를 기억하지 않고도 현재 위치를 인식할 수 있도록 설계되어야 한다.

(7) 사용의 유연성과 효율성: 인터페이스는 현재 페이지를 북 마크하기 쉽게 만들어야 하고, 빈번한 프레임과 URL 변경은 피하는 것이 좋다.

(8) 심미적인 인터페이스 설계: 가장자리를 매끄럽게 처리하고 대문자를 거의 사용하지 않는다. 인터페이스는 부드러운 색상을 사용하고, 오른쪽에 정보제공을 위한 공간을 제공한다.

(9) 사용자의 오류 인식, 진단 및 복구 기능: 사용자에게 실행 취소 기능을 제공하고, 작업 수행 시 입력 오류로부터 사용자를 보호하는 기능을 제공한다.

(10) 도움말 문서 제공: 인터페이스에는 도움말 문서를 제공해야 한다.

■ 검토회의 평가방식

검토회의 평가방식은 사용자 테스트를 수행하지 않고 사용자 문제를 예측하기 위한 휴리스틱 평가의 또 다른 접근 방식이다. 검토회의는 제품과 함께 작업을 진행하면서 문제가 있는 사용성 기능을 파악하는 것이다. 대부분의 검토회의 방법에는 사용자가 참여하지 않지만, 다원적 검토회의 방법에는 사용자, 개발자 및 사용성 전문가로 구성된 팀이 참여하는 방식을 채택한다. 검토회의 방법에는 인지적 검토회의, 다원적 검토회의, 사용자 경험 검토회의의 세 가지 방법이 있다.

(1) 인지적 검토회의: 인간과 컴퓨터의 상호 작용의 각 단계에서 사용자가 문제 해결에 접근하는 방식을 시뮬레이션한다. 인지적 검토회의는 사용자가 탐색을 통해 학습하는 관찰에 기반하여 학습하기 쉬운 설계가 이뤄졌는지를 평가하는 데 중점을 두는 인지적 관점을 취한다.

(2) 다원적 검토회의: 사용자, 개발자, 사용성 연구자가 함께 작업 시나리오를 살펴보며 평가하는 방식이다. 이 과정에서 시나리오 단계에 사용된 대화 요소와 관련된 사용성 문제를 논의한다. 다원적

검토회의에서 참여하는 각 사람은 일반적인 사용자 역할을 수행하도록 요청받는다. 몇 개의 프로토타입 화면으로 구성된 사용 시나리오가 각 사람에게 배포되고, 각 사람은 서로 상의하지 않고 한 화면에서 다른 화면으로 이동하기 위해 취할 행동의 순서를 적는다. 그리고 다음 화면으로 이동하기 전에 각자가 제안한 동작에 대해 모두 토론하는 방식을 취한다.

(3) 사용자 경험(user experience, UX) 검토회의는 웹사이트 또는 애플리케이션의 사용성 및 접근성 문제를 파악하는 데 사용되는 기법이다. 정해진 프로토콜에 따라 사용자 인터페이스를 검사하고 미리 정해진 기준에 따라 평가하는 절차이다. 설계자와 비설계자가 함께 또는 공동으로 사용자 인터페이스를 평가하는 것을 강조하며, 설계 프로세스에 다양한 관점을 도입하는 데 도움을 준다. UX 검토회의 기법은 기존의 방법(휴리스틱 평가, 인지적 검토회의, 코드 리뷰)을 종합한 것으로 검토자가 사용자의 관점과 설계자 관점에서 모두 평가할 수 있게 해준다. UX 검토회의의 다면적인 특성 덕분에 검토자는 일반적인 설계 품질, 작업 중심 사용성, 보조 기술 사용성, 접근성 표준 준수, 코드 품질 등 여러 차원에 걸쳐 평가할 수 있다. UX 검토회의는 사용성 및 접근성 문제를 효과적이고 효율적으로 드러내는 결과를 생성한다. UX 검토회의는 숙련된 평가자뿐만 아니라 초보자도 수행할 수 있다. 그 결과 사용성 및 접근성 문제에 대한 포괄적이고 다차원적인 검토보고서가 생성될 수 있다.

■ 웹 분석

웹 분석은 웹사이트에서의 사용자 활동을 분석하여 설계자가 설계를 수정하여 고객을 유치하고 유지할 수 있도록 하기 위해 특별히 고안된 상호 작용 로깅(logging)의 한 유형이다. 웹 설계자와 개발자는 웹 분석을 사용하여 웹사이트 방문자의 행동을 추적할 수 있다. 얼마나 많은 사람이 사이트를 방문했는지, 어디에서 왔는지, 얼마나 오래 머물렀는지, 어떤 페이지를 방문했는지 등을 확인할 수 있다. 따라서 웹 분석은 웹 설계자를 위한 강력한 평가 도구로서 단독으로 사용하거나 다른 유형의 평가, 특히 사용자 테스트와 함께 사용할 수 있다. 웹 분석은 웹사이트에서의 사용자 상호 작용에 대한 전체적인 개요를 제공할 수 있는 반면, 소수의 일반 사용자 그룹을 대상으로 한 사용자 테스트는 해결해야 할 UX 디자인 문제에 대한 세부 사항을 파악할 수 있다. 전 세계에서 가장 많이 사용되는 웹 분석 서비스 중 하나는 Google 애널리틱스이다.

▪ A/B 테스트

이것은 소프트웨어 제품을 평가하는 또 다른 방법으로 대규모 실험을 수행하여 두 사용자 그룹이 서로 다른 두 가지 설계, 즉 하나는 대조군으로, 다른 하나는 실험 조건, 즉 테스트 중인 새 설계를 사용하여 어떻게 작동하는지 비교하는 방식이다. 이 방법을 '**A/B 테스트**'라고 하며 일반적으로 온라인에서 수행된다. 이것은 본질적으로 수백 또는 수천 명의 참가자를 대상으로 하는 통제된 실험이다. A/B 테스트는 하나의 대규모 사용자 집단에서 두 개의 유사한 참가자 그룹을 무작위로 선택하는 '피험자 간' 실험 설계이다.

▪ 정형적인 사용성 평가지표

사용자 인터페이스 **사용성(usability)**은 <그림 9.21>과 같이 사용자가 소프트웨어를 얼마나 쉽고 효율적이며 만족스럽게 상호작용할 수 있는지를 측정하는 척도이다. 좋은 사용자 인터페이스는 사용자 만족도, 참여도, 충성도를 높일 수 있는 반면, 나쁜 사용자 인터페이스는 사용자를 좌절시키고 혼란스럽게 하며 이탈을 유도할 수 있다. 따라서 사용자 인터페이스 사용성을 테스트하고 평가하는 것은 모든 소프트웨어 제품의 설계 및 개발 프로세스에서 매우 중요하다. **ISO FDIS 9241-11** 사용성에 관한 표준 지침(1997)에 의하면, 사용성은 사용자가 특정 환경에서 어떤 작업을 수행하기 위해 제품을 사용할 때 크게 인터페이스 프로세스의 효과성(effectiveness), 인터페이스의 효율성(efficiency) 및 사용자 만족도(satisfaction)의 세 가지 평가영역으로 분류된다. 여기서 '**효과성**'은 사용자가 특정 작업을 수행하여 어떤 목표를 달성하는 정확성과 완전성을 의미하며, '**효율성**'은 사용자가 작업의 정확성과 완전성을 달성하는 정도와 사용된 자원을 의미한다. '**만족도**'는 사용자가 제품을 사용하면서 느끼는 주관적인 만족 및 수용의 정도를 의미한다. 각 평가영역별 세부적인 평가 요소는 다시 <그림 9.21>과 같이 세분된다. 사용성 평가 측정기준에 대한 세부적인 내용은 다음과 같다.

- **효과성(effectiveness)**은 작업의 완성률(completion rate)과 작업을 완성하려고 시도할 때 발생하는 오류의 수(errors)를 측정하여 효과성을 측정한다. 먼저 **완료율**은 매우 이해하기 쉬운 지표이기 때문에 인기가 높은 평가지표이다. 또한 개발의 모든 단계에서 수집할 수 있다. 따라서 다음의 간단한 방정식을 사용하여 효과를 백분율로 나타낼 수 있다.

$$\text{효과성} = \frac{\text{성공적으로 완성한 작업 수}}{\text{수행한 총 작업 수}} \times 100\%$$

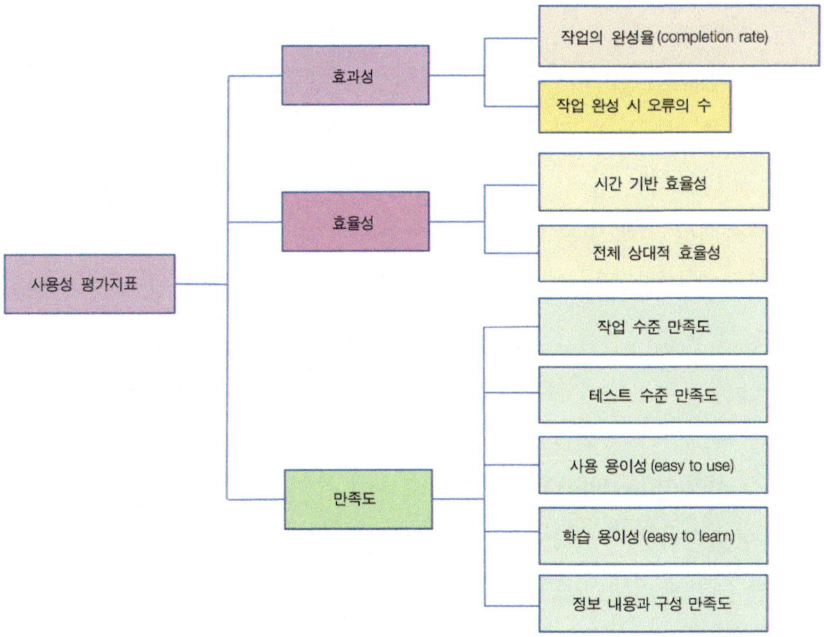

〈그림 9.21〉 사용자 인터페이스의 사용성 평가지표[ISO FDIS 9241-11]

예로, 5명의 사용자가 동일한 시스템을 사용하여 작업을 수행했다고 가정하자. 테스트 세션이 끝날 때 3명의 사용자는 작업의 목표를 달성하고 나머지 2명은 달성하지 못했다. 위의 공식을 사용하면 시스템의 전반적인 사용자 효율성은 다음과 같이 계산된다.

- 성공적으로 완료한 작업 수 = 3
- 수행한 총 작업 수 = 5
- 효율성 산출식에 위의 값을 대입하면, $\text{효과성} = \frac{3}{5} \times 100\% = 60\%$

또 다른 측정은 참가자가 작업을 완료하려고 시도할 때 발생하는 **오류의 수**를 계산하는 것이다. 오류는 사용자가 작업을 시도하는 동안 의도하지 않은 행동, 미끄러짐, 실수 또는 누락이 될 수 있다. 간단한 설명과 심각도 등급을 지정하고 각 오류를 해당 종류에 따라 분류하는 것이 이상적이다. 시간이 오래 걸릴 수 있지만, 오류의 수를 세는 것은 훌륭한 진단 정보를 제공한다. 예로, 소비자 및 비즈니스 소프트웨어를 사용하여 수행한 719개의 작업을 분석한 결과, 작업당 평균 오류 수는 0.7개로 사용자 3명 중 2명이 오류를 범한다는 결론을 내릴 수 있다. 관찰된 작업 중 오류 없이 수행된 작업은 10%에 불과하여 사용자가 작업을 수행할 때 오류를 범하는 것은 지극히 정상이라는 결론에 도달할 수 있다.

- **효율성(efficiency)**은 작업시간, 즉 참가자가 작업을 성공적으로 완료하는 데 걸리는 시간(초 및/또는 분 단위)으로 측정된다. 그리고 다음 공식에서 시작 시간에서 종료 시간을 빼면 작업을 완료하는 데 걸리는 총 작업시간을 계산할 수 있다.
  - **작업시간 = 종료시간 − 시작시간**

    그리고 다음의 시간 기반 효율성과 전체 상대적 효율성의 두 가지 방법 중 하나로 효율성을 계산한다.
  - **시간 기반 효율성(time-based efficiency)**

$$\text{시간 기반 효율성} = \frac{\sum_{j=1}^{R}\sum_{i=1}^{N}\frac{n_{ij}}{t_{ij}}}{NR},$$

    여기서 N = 총 작업 수(목표),

    R = 사용사 수

    n_{ij} = 사용자 j의 작업 i 결과, 사용자가 작업을 성공적으로 완료하면

    $n_{ij} = 1$; 그렇지 않으면 $n_{ij} = 0$.

    t_{ij} = 사용자 j가 작업 i를 완료하는 데 소요된 시간. 작업이 성공적으로 완료되지 않은 경우, 사용자가 작업을 종료하는 순간까지 시간이 측정된다.
  - **전체 상대적 효율성(overall relative efficiency)**

    전체 상대적 효율성은 모든 사용자의 총 소요 시간 대비 작업을 성공적으로 완료한 사용자의 소요 시간의 비율을 사용한다. 따라서 이 전체 상대적 효율성 계산식은 다음과 같이 표현할 수 있다.

$$\text{전체 상대적 효율성} = \frac{\sum_{j=1}^{R}\sum_{i=1}^{N}n_{ij}t_{ij}}{NR}$$

    식에서 모든 변수는 위에서 정의된 것과 같다.

- **사용자 만족도**는 각 작업 후 and/or 사용성 테스트 세션 후에 실시할 수 있는 표준화된 만족도 설문지를 통해 작업 수준 만족도와 테스트 수준 만족도에 의해 측정한다. 이외도 사용자 만족도는 사용용이성, 학습 용이성, 심미성, 정보 내용과 구성 만족도 등의 평가항목으로 평가한다. 다음은 이 중 작업 수준 만족도와 테스트 수준 만족도의 계산법을 소개한다.

- **작업 수준 만족도**

사용자가 작업을 시도한 후(목표 달성 여부와 관계없이) 즉시 설문지를 통해 해당 작업이 얼마나 어려웠는지 측정한다. 일반적으로 최대 5개의 질문으로 구성된 이러한 작업 후 설문지는 보통 5점 리커트 척도 평가의 형태를 취하며, 참가자의 관점에서 본 작업 난이도에 대한 인사이트를 제공하는 것이 목표이다.

가장 인기 있는 작업 후 설문지는 다음과 같다.

ASQ: 시나리오 종료 후 설문지(3문항)

NASA-TLX: NASA의 정신적 노력의 척도인 작업 부하 지수(5문항)

SMEQ: 주관적 정신적 노력 설문지(1문항)

UME: 사용성 규모 추정(1문항)

SEQ: 단일 용이성 질문(1문항)

위의 목록에서 Sauro는 짧고 응답, 관리 및 채점이 쉬우므로 SEQ를 사용할 것을 권장한다.

- **테스트 수준 만족도**

테스트 수준 만족도는 테스트 세션이 끝날 때 각 테스트 참가자에게 공식화된 설문지를 제공하여 측정한다. 이는 테스트 대상 시스템의 전반적인 사용 편의성에 대한 인상을 측정하는 데 사용된다. 이를 위해 다음과 같은 설문지를 사용할 수 있다(질문 수에 따라 오름차순으로 순위가 매겨짐). 자연스럽게 떠오르는 질문은 "어떤 설문지를 사용해야 할까?"이다.

SUS: 시스템 사용성 척도(10문항)

SUPR-Q: 표준화된 사용자 경험 백분위수 순위 설문지(13개 문항)

CSUQ: 컴퓨터 시스템 사용성 설문지(19개 문항)

QUIS: 사용자 상호작용 만족도 설문지(24개 문항)

SUMI: 소프트웨어 사용성 측정 인벤토리(50개 문항)

Garcia에 의하면 설문지 선택은 다음 항목에 따라 선정된다고 한다.

① 사용자 만족도 측정을 위해 할당된 예산

② 사용자가 인지하는 만족도가 전체 프로젝트에 미치는 중요성

실제로 그는 예산이 충분히 할당되어 있고 사용자 만족도가 매우 중요한 경우 SUMI를 사용해야 한다고 권장한다. 사용자 만족도 측정이 중요하지만 할당된 예산이 많지 않다면 SUS를 사용해

야 한다.

반면에 소프트웨어, 하드웨어, 모바일 디바이스에 대한 사용자 만족도를 측정할 때는 SUS를 사용하고, 웹사이트의 테스트 수준 만족도를 측정할 때는 SUPR-Q를 사용해야 한다고 Sauro는 권장한다. SUS가 선호되는 이유는 매우 정확한 결과를 제공하는 것으로 밝혀졌기 때문이다. 또한, 참가자가 쉽게 관리할 수 있는 매우 쉬운 척도로 구성되어 있어 표본 규모가 작은 경우에 사용하기에 이상적이다.

한편 Nigel Bevan은 인터페이스 사용성은 다음의 요소를 만족해야 한다고 주장하였다.

(1) 학습 용이성: 제품이 학습하기 쉬운가?
(2) 상호작용 효율성: 사용자가 특정 작업을 수행하기 위해 제품을 얼마나 효율적으로 사용하는가?
(3) 수행한 액션은 기억하기 쉬운가?
(4) 오류의 빈도 및 심각도: 작동 오류의 빈도와 심각도는 높지 않은가?
(5) 사용자 만족도

▸ **주의:** 사용자 인터페이스 평가지표에서 평가영역은 효과성, 효율성, 사용자 만족도의 세 가지 영역으로 구분된다. 단, 이 평가영역의 세부적인 평가 요소는 시스템에 따라 가감하여 사용할 수 있다. 즉 세부적인 평가 요소는 목적에 따라 가감하여 사용할 수 있다.

연습문제

9.1 사용자 인터페이스 설계 원칙 8가지를 설명하시오.

9.2 사용자 인터페이스 개발 프로세스를 열거하고, 단계별 수행내용을 설명하시오.

9.3 대학에서 학생들의 〈수강 신청 관리시스템 개발〉을 위한 사용자 인터페이스를 개발하고자 한다. 단계별로 사용자 인터페이스 개발 과정의 수행내용을 기술하시오.

9.4 그래픽 사용자 인터페이스의 구성 요소를 분류하고, 그 세부적인 구성 요소를 설명하시오.

9.5 사용자 인터페이스의 내비게이션 구성 요소를 나열하고 그 기능을 설명하시오.

9.6 사용자 인터페이스 개발에서 내비게이션 설계의 기본 원칙을 설명하시오.

9.7 사용자 인터페이스 개발에서 내비게이션 설계를 위한 내비게이션 메뉴(menu)의 종류를 열거하고 설명하시오.

9.8 사용자 인터페이스의 입력 구성 요소를 나열하고 그 기능을 설명하시오.

9.9 사용자 인터페이스의 출력 구성 요소를 나열하고 그 기능을 설명하시오.

9.10 사용자 인터페이스의 도움말(helpers) 구성 요소를 나열하고 그 기능을 설명하시오.

연습문제

9.11 사용자 인터페이스 설계에서 고려해야 할 주요 요소를 설명하시오.

9.12 사용자 인터페이스의 경험적 평가 방법의 평가지표를 설명하시오.

9.13 사용자 인터페이스의 사용성(usability) 평가 방법의 평가지표를 설명하시오.

9.14 다음의 사용자 인터페이스 평가 방법을 설명하시오.

가) 웹 분석　　　　나) A/B 테스트

9.15 모바일 메시지 유형을 열거하고 그 기능을 설명하시오.

9.16 다음 〈보기〉 중 사용자 인터페이스의 내비게이션 설계 기본 원리를 **모두 옳게** 짝지어진 것은?

> **보기**
>
> ㉠ 온라인 사이트의 사용성에 영향을 미치지 않도록 내비게이션 설계는 가능한 단순하게 만드는 것이 좋다.
> ㉡ 내비게이션 메뉴는 웹사이트의 어느 페이지에서나 사용하기 쉽고 배우기 쉽게 만들어야 한다.
> ㉢ 내비게이션 설계에는 일관된 분류, 일관된 그래픽 내비게이션 설계, 일관된 하이퍼텍스트 색상 등의 일관성을 지켜야 한다.
> ㉣ 내비게이션 영역은 다른 페이지 콘텐츠 영역과 시각적으로 대조가 높아 한눈에 띄는 것이 이상적이다
> ㉤ 사용자 인터페이스는 가능한 잠재적인 오류를 최소화할 수 있도록 설계되어야 하고, 사용자가 실수를 한 경우에는 사용자가 빨리 시스템을 재부팅하고 재실행하는 기능을 제공하여 회복할 수 있는 기능을 제공해야 한다.
> ㉥ 훌륭한 웹사이트 탐색 기능을 통해 사용자는 여러 가지 방법으로 원하는 것을 찾을 수 있도록 설계해야 한다.

① ㉠　　　　② ㉠ - ㉡
③ ㉠ - ㉡ - ㉢　　　　④ ㉠ - ㉡ - ㉢ - ㉣ - ㉥
⑤ ㉠ - ㉡ - ㉢ - ㉣ - ㉤

정답 9.16 ④

연습문제

9.17 다음 〈보기〉 중 사용자 인터페이스 설계의 기본 원리를 모두 **옳게** 짝지어진 것은?

> **보기**
>
> ㉠ 일관성과 간편성　　㉡ 사용자 활동의 최소화　　㉢ 심미성
> ㉣ 사용자 실수의 사전 예방　　㉤ 사용자 자율성

① ㉠　　② ㉠ - ㉡
③ ㉠ - ㉡ - ㉢　　④ ㉡ - ㉢ - ㉤⑤ ㉡ - ㉢ - ㉣ - ㉤

9.18 다음 중 사용자 인터페이스 설계 시 고려해야 하는 요구사항으로 **옳지 않은** 것은?

① 윈도우 스크린의 상위 상자는 주로 사용자가 시스템 항해를 위해 명령어를 입력하는 내비게이션 영역으로 사용된다.
② 윈도우 스크린의 하단 상자는 가장 아래 위치하고 시스템의 현재 상태를 나타내는 공간으로 진행 중, 처리 완료, 에러 발생과 같은 메시지를 나타내는 데 사용된다.
③ 모든 사용자 인터페이스는 스크린 프레임에 대한 제목을 주어져야 하며, 메뉴는 사용자가 현재 어디에 있는지 보여주어야 하는 상황 인지 기능을 제공해야 한다.
④ 사용자 인터페이스 설계는 간단하고 단순하게 설계하는 것이 타당하며, 이에 비해 빈공간 면적, 배치 밀도, 폰트와 그 크기, 색깔과 패턴 등의 미적 예술성 측면은 다소 중요도가 떨어진다.
⑤ 사용자 인터페이스는 초보자와 전문가의 두 그룹의 사용자를 고려하여 설계해야 하고, 초보자를 위해 항상 사용 용이성(easy to use)과 학습 용이성(easy to learn)에 관심을 두어야 한다.

정답 9.17 ③　　9.18 ④

연습문제

9.19 다음 〈보기〉 중 사용자 인터페이스의 분석 및 설계 프로세스 순서를 **옳게** 짝지어진 것은?

> **보기**
>
> ㉠ 사용자, 사용자 시나리오, 사용환경 등의 요구사항분석　　㉡ 인터페이스 표준 설계
> ㉢ 인터페이스 구조 설계　　㉣ 인터페이스 프로토타입 구현
> ㉤ 인터페이스 평가

① ㉠ – ㉢ – ㉡ – ㉣ – ㉤　　② ㉠ – ㉡ – ㉢ – ㉣ – ㉤
③ ㉠ – ㉡ – ㉢ – ㉤ – ㉣　　④ ㉠ – ㉣ – ㉡ – ㉢ – ㉤
⑤ 해당 사항 없음

9.20 다음 〈보기〉 중 ISO FDIS 9241-11의 사용자 인터페이스 평가지표의 핵심 평가영역으로 **옳게** 짝지어진 것은?

> **보기**
>
> ㉠ 효과성　㉡ 효율성　㉢ 일관성　㉣ 기능성　㉤ 사용자 만족도

① ㉠ – ㉡　　② ㉠ – ㉡ – ㉤
③ ㉡ – ㉢ – ㉣　　④ ㉡ – ㉢ – ㉣ – ㉤
⑤ 해당 사항 없음

9.21 다음 중 ISO FDIS 9241-11의 사용자 인터페이스 평가지표의 평가영역과 세부적인 평가 요소로서 **옳지 않은** 것은?

① 효과성 – 작업 완성율과 작업 완성 시 발생하는 오류의 수
② 효율성 – 시간 기반 효율성, 전체 상대 효율성
③ 사용자 만족도 – 작업 수준 만족도
④ 사용자 만족도 – 테스트 수준 만족도
⑤ 기능성 – 일관성, 심미성, 표준 준수성

정답　9.19 ①　9.20 ②　9.21 ⑤

CHAPTER 10

데이터 설계

10.1 객체지향시스템에서 추상화 수준
10.2 클래스 설계
10.3 클래스에 대한 데이터베이스 스키마 테이블 설계
10.4 추상 클래스 및 Interface 클래스 설계
10.5 물리적 데이터 저장 구조 설계
■ 연습문제

학습목표

이 장은 객체지향 시스템의 설계 단계에서 데이터 설계 표현 방법을 소개한다. 데이터 설계는 요구사항분석 단계에서 설계된 클래스 다이어그램을 구현 단계에 필요한 클래스 설계, 클래스의 데이터베이스 스키마 테이블 설계, 추상 클래스와 interface 클래스 설계, 물리적 데이터 저장 구조 설계 등의 데이터 설계 과정이다. 아울러 이의 주요 학습 목표는 다음과 같다.

- 객체지향 시스템에서 추상화 수준을 이해하고, 추상화 수준을 설명할 수 있다.
- 클래스 다이어그램에 대한 스키마 테이블 표현을 이해하고 실제 표현할 수 있다.
- 클래스 다이어그램에서 식별된 모든 클래스를 데이터베이스 스키마 테이블 설계 표현 방법을 이해하고 실제 표현할 수 있다.
- 설계된 클래스의 품질 향상을 위한 추상 클래스와 Interface 클래스 설계 개념을 이해하고, 이 방법을 적용하여 추상화 클래스와 Interface 클래스를 정의하여 리팩터링을 실현할 수 있다.
- 특정 프로그래밍 언어를 사용하여 설계된 클래스를 기술하는 방법을 이해하고 실제 프로그래밍 언어를 사용하여 표현할 수 있다.
- 소프트웨어 시스템의 물리적 아키텍처 설계 개념을 이해하고, 실제 시스템의 HW/SW/NW 물리적 아키텍처 설계 개념을 설명할 수 있다.
- 물리적 데이터 저장 구조 설계의 주요 활동 내역을 이해하고 설명할 수 있다.

데이터 설계에는 이전 단계인 요구사항분석 단계에서 산출된 클래스 다이어그램에 대한 데이터 설계 표현으로 개념적 수준의 클래스 다이어그램 표현을 논리적 수준의 스키마 테이블 표현과 클래스 명세 및 물리적 데이터 저장 구조 설계 활동을 포함한다. 따라서 **데이터 설계의 주요 활동 범위**는 <그림 10.1>과 같이 다음 사항을 포함한다.

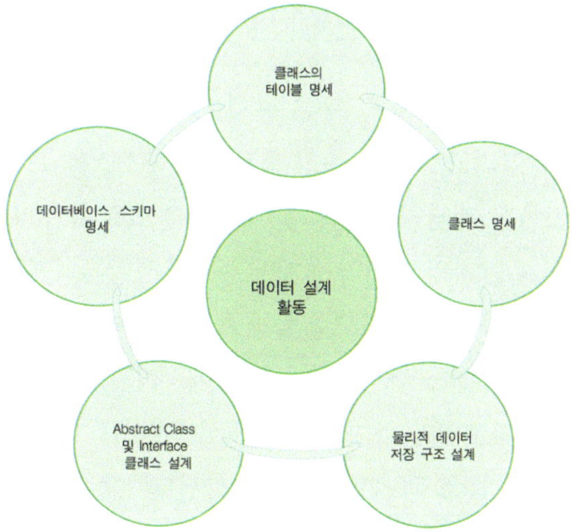

〈그림 10.1〉 데이터 설계의 주요 활동 범위

- 클래스의 스키마 테이블 명세
- 프로그래밍 언어를 이용한 클래스 명세
- Abstract class/Interface 설계
- 데이터의 물리적 아키텍처 설계

위의 데이터 설계 활동 범위에 대한 상세 설명은 순차적으로 다음과 같다.

10.1 객체지향 시스템에서 추상화 수준

객체지향 시스템에서 추상화 수준은 <그림 10.2>와 같이 **변수 추상화**, **메소드 추상화**, **클래스 수준 추상화**, **패키지 수준 추상화**, **라이브러리 수준 추상화**, **애플리케이션 시스템 수준 추상화**로 구분될 수 있다. 따라서 객체지향 시스템에서 어떤 변경은 변수, 메소드, 클래스와 객체, 패키지, 라이브러리, 애플리케이션 시스템 등의 여러 추상화 수준에서 순차적으로 발생할 수 있다. 결과적으로 이것은 속성 변수나 메소드 수준에서 변경은 상위 단계인 클래스와 객체, 패키지, 라이브러리, 응용 시스템에서 동시에 발생할 수 있다는 의미이다.

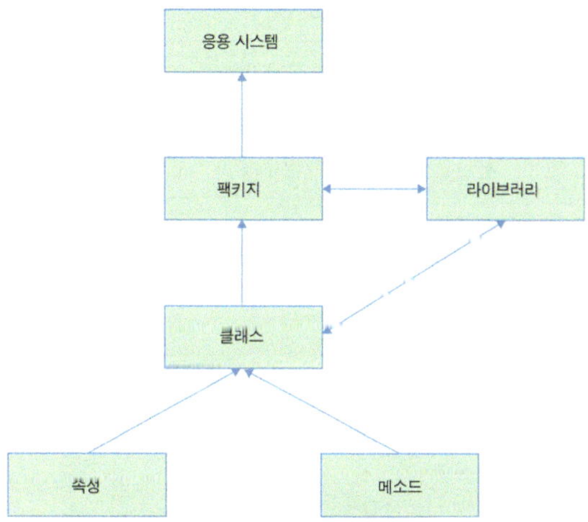

〈그림 10.2〉 객체지향 시스템에서 추상화 수준

10.2 클래스 설계

클래스 다이어그램은 문제 해결을 위해 개념적 수준에서 클래스 추출과 식별된 클래스 간의 연관관계, 그리고 이들의 속성 정보와 제약조건을 표현한다. 이러한 클래스 다이어그램 또는 객체 다이어그램 도출은 개념적 수준의 클래스 표현으로 다음의 구현 단계에서는 정보가 충분하지 못하다. 따라서 상세설계 단계의 **데이터 설계**에는 요구사항분석 단계에 산출된 클래스 다이어그램으로부터 구현 단계에 충분히 적용할 수 있도록 클래스 설계의 테이블 명세, 데이터베이스 스키마 테이블 설계, 클래스 명세를 포함한다. 본 교재에서는 클래스에 대한 CRC(Class-Responsibility Collaborator) card 명세는 그 필요성이 약하다고 판단하여 세부적인 설명은 생략한다.

<표 10.1>과 <표 10.2>는 '학생'과 '교수' 클래스에 대한 테이블 명세이고, <그림 10.3>은 Java 언어에서 두 개의 클래스 명세이다. 사실 클래스에 대한 테이블 명세는 다음 단계의 데이터베이스 스키마 테이블 명세와 거의 유사하다. 단지 그 차이점은 데이터 타입과 제약조건에 있으므로 테이블 명세와 데이터베이스 스키마 테이블 명세는 통합하여 표현할 수 있을 것이다.

〈표 10.1〉 '학생(Student)' 클래스의 테이블 명세

클래스 명칭			학생(Student)		
속성	속성 이름	데이터형	길이	외부 접근성	기타
학번	id	int	4	private	
성명	name	String	20	private	
생년월일	dob	char	6	private	'yymmdd'
성별	gender	char	1	private	M=남; F=여
전화번호	tel	char	11	private	'–' 없음
고등학교	hishschool	String	10	private	
소속학과	dnum	int	4	private	Department

```
public int insert();
public int delete();
public int update();
public String retrieve(int id);
```

Note: 변수의 외부 접근성은 private, protected, public 중 하나를 지정한다.

〈표 10.2〉 '교수(Professor)' 클래스의 테이블 명세

클래스 명칭			교수(Professor)		
속성	속성 이름	데이터형	길이	외부 접근성	기타
사번	id	int	4	private	
성명	name	String	20	private	
생년월일	dob	char	6	private	'yymmdd'
성별	gender	char	1	private	M=남; F=여
전화번호	tel	char	11	private	'–' 없음
전공	major	String	12	private	
소속학과	dnum	int	4	private	Department

```
public int insert();
public int delete();
public int update();
public String retrieve(int id);
```

Note: 변수의 외부 접근성은 private, protected, public 중 하나를 지정한다.

아울러 클래스(또는 데이터베이스 스키마)의 테이블 명세 표현은 일반적으로 다음과 같은 규칙을 적용하여 기술한다.

- 클래스 이름은 한글명과 영문명을 동시에 표시하여 구현 단계에 도움을 주어야 하고, 클래스 영문자의 첫 글자는 반드시 **대문자**를 사용한다. 또한 클래스 이름에는 의미 있는 영문 단어를 부여한다. 예로, '학생' 클래스 이름은 'Student'로 하고, '교수' 클래스는 'Professor'로 정의한다.
- 영문자 속성 명칭은 소문자로 표현하고, 가능한 **의미 있는 단어**를 사용한다. 예로, 클래스의 속성 '성명', '생년월일', '주소'는 각각 의미 있는 속성 변수 'name', 'dob', 'address' 등으로 정의될 수 있다.
- 문자형의 경우, 'String'과 'char' 타입의 차이점을 명확히 구별하여 사용한다.
- 속성의 제약조건은 필요에 따라 기본키(Primary Key, PK), 외부키(Foreign Key, FK), Not Null(NN), Unique(유일성), 초기치(Default) 제약 중 1개 이상을 동시에 설정할 수 있다.
- 외부 접근성에는 객체지향 프로그래밍 언어에서 클래스 정의 시 속성의 접근성을 제어하는 것으로 private, protected, public 중 하나를 지정한다. 여기서 private은 지역변수 선언을 의미하고, protected는 정적변수 선언을 의미하고, public은 광역변수 선언을 의미한다.

```
public class Student {
   private int id;              // 학번
   private String name;         // 성명
   private char dob;            // 생년월일
   private char gender;         // 성별
   private char tel[12];        // 전화번호
   private String highschool; // 고등학교명
   private int dnum;            // 소속학과

   public int insert();
   public int delete();
   public int update();
   public String retrieve(int id);
}
```

(a)

```
public class Professor {
   private int id;          // 사번
   private String name;   // 성명
   private char dob;        // 생년월일
   private char gender;   // 성별
   private char tel[12]; // 전화번호
   private String major;  // 전공
   private int dnum;        // 소속학과

   public int insert();
   public int delete();
   public int update();
   public String retrieve(int id);
}
```

(b)

〈그림 10.3〉 '학생'과 '교수' 클래스의 자바 표현:
(a) '학생' 클래스에 대한 클래스 명세; (b) '교수' 클래스에 대한 클래스 명세

10.3 데이터베이스 스키마 테이블 설계

앞서 10.2절은 문제 해결을 위해 설계된 클래스 다이어그램을 논리적 데이터 설계를 위한 클래스 설계 표현 방법을 알아보았다. 대부분의 소프트웨어 개발은 문제 해결에 필요한 데이터베이스 스키마 구조 설계도 요구되며, 데이터베이스 스키마 구조는 앞에서 설계한 클래스 다이어그램으로부터 설계된다. 또한 데이터베이스 스키마 구조 설계는 10.2절의 클래스 명세와 유사하다. 단지 DBMS에서 제공되는 데이터 타입과 제약조건 표현을 추가하면 거의 흡사하다. 따라서 클래스 다이어그램에서 논리적 데이터 구조 설계 표현으로 변환 시 클래스 설계 표현과 데이터베이스 스키마 테이블 표현은 하나로 통합하여 <데이터베이스 스키마 테이블 설계>로 통합하여 표현해도 무방하다. <표 10.3>과 <표 10.4>는 각각 '학생' 클래스와 '수강하다' 연관관계에 대한 데이터베이스 스키마 설계 표현이다. 이 중 <표 10.3>의 '학생' 클래스에 대한 데이터베이스 스키마 테이블 표현은 앞 절의 클래스 설계 표현인 <표 10.1>과 상당히 흡사함을 알 수 있다. 따라서 실제 프로젝트 수행 시 동일한 클래스에 대한 클래스 설계 표현과 데이터베이스 스키마 테이블 표현은 하나로 통합하여 표현도 가능하다. 다만, 어떤 응용 시스템 개발에는 흔히 설계되는 클래스 개수가 1,000 이상으로 대량이므로 별도로 불리하여 기술하는 경우가 종종 있다.

〈표 10.3〉 '학생(Student)' 클래스에 대한 데이터베이스 스키마 테이블 설계

클래스 명칭		학생(Student)	데이터베이스: Academic_db		
속성	속성 이름	데이터형	길이	외부 접근성	기타
학번	id	int	4	primary key	
성명	name	char	20	not null	
생년월일	dob	char	6	not null	'yymmdd'
성별	gender	char	1	not null	M=남; F=여
전화번호	tel	char	11	–	'–' 없음
고등학교	hishschool	Varchar	20	–	
소속학과	dnum	int	4	foreign key	Department

```
public int insert();
public int delete();
public int update();
public String retrieve(int id);
```

Note: 데이터베이스 제약조건에는 기본키 제약(PK), 외부참조 제약(FK), 널값 제약(NN), 범위 제약, 의미상 무결성 제약 등이 있다.

<표 10.4>는 6장 <그림 6.17>의 수강 신청 관리시스템에 대한 클래스 다이어그램에서 '수강하다(Takes)' 연관관계에 대한 데이터베이스 스키마 테이블의 설계 표현이다. 주요 특징을 살펴보면, 클래스 다이어그램 설계 시 연관관계에 참여하는 모든 클래스의 기본 키는 스키마 테이블 표현 시 반드시 참여하고 필요에 따라 추가적인 속성을 추가할 수 있다. 예로, '수강하다' 연관관계에는 추가적으로 '성적', '연도', '학기' 등의 속성이 추가되었음을 알 수 있다.

특히 속성 '연도'와 '학기'는 엄밀하게 보면 개설교과목을 통해 해당 교과목의 개설 연도와 학기를 검색할 수 있으나, '어떤 학생이 몇 년도 몇 학기에 무슨 교과목을 수강했는가?'라는 질의가 많이 발생하므로 약간의 데이터베이스 중복을 감수하고 일부 속성을 추가하여 클래스 다이어그램과 데이터베이스 스키마 표현을 수행한다는 점이다. 이런 기술이 데이터베이스 설계를 어렵게 하는 요인으로 작용할 수도 있다.

또한 용어 사용도 요구사항분석 단계에서는 '**데이터베이스 스키마 테이블 명세**'라는 용어를 사용하고, 상세설계 단계에서는 '**데이터베이스 스키마 테이블 설계**'라고 부른다. 즉 '~설계'라는 용어를 붙인다.

〈표 10.4〉 '수강하다(Takes)' 연관관계에 대한 데이터베이스 스키마 테이블 설계

테이블 명칭		수강하다(Takes)	데이터베이스: Academic_db		
속성	속성 이름	데이터형	길이	외부 접근성	기타
일련번호	serialNo	int	4	PK	≧ 0
학번	id	char	10	FK, NN	
개설교과목번호	courseID	**char**	**6**	FK, NN	
구분	tag	**char**	**1**	NN	전필, 전선, 교필, 교선 등
연도	year	**char**	**4**	NN	
학기	semester	**char**	**1**	NN	
성적	grade	char	1	–	

public int insert();
public int delete();
public int update();
public String retrieve(int id);					

Note: 데이터베이스 제약조건에는 기본키 제약(PK), 외부참조 제약(FK), 널값 제약(NN), 범위 제약, 의미상 무결성 제약 등이 있다.

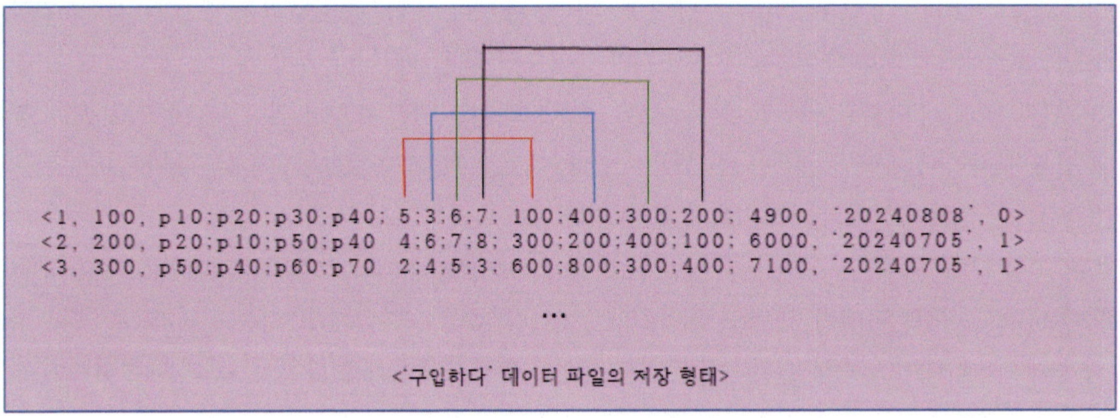

<'구입하다' 데이터 파일의 저장 형태>

〈그림 10.4〉 '구입하다' 데이터 파일의 저장 구조

또 다른 예로 <표 10.5>는 6장 <그림 6.20>의 온라인 쇼핑몰 관리시스템에 대한 클래스 다이어그램에서 '구입하다' 연관관계에 대한 데이터베이스 스키마 테이블의 설계 표현이다. 특이점은 <표 10.4>는 '어떤 학생이 개설교과목을 수강하다'라는 다대다 대응 관계를 기술하는 연관관계 클래스이다. 사실 어

떤 학생이 5개의 교과목을 수강했다면, '수강하다' 데이터베이스 테이블에 한 학생에 대해 5개의 수강 레코드가 저장된다. 반면에 <표 10.5>는 '어떤 고객이 어떤 제품을 구입하다'라는 다대다 대응 관계를 1개의 레코드로 표현한다. 예로, 한 고객이 마트에 가서 100개 물건을 구입했다면, 해당 고객이 100개 물품을 구입한 정보를 1개 레코드로 저장하여 관리한다. 이 경우 중요한 점은 고객이 어떤 날자에 여러 물건을 구입했으나, 구입 물품에 대한 검색이 자주 발생하지 않는다. 따라서 실제 '구입하다' 데이터 파일의 저장 구조는 <그림 10.4>와 같이 '어떤 고객이 여러 물품을 구입하고, 그 총액이 얼마이다'라는 사실 위주로 한 고객이 한 번에 여러 물품을 구매했다는 1개의 레코드로 저장된다.

〈표 10.5〉 '구입하다(Purchase)' 연관관계에 대한 데이터베이스 스키마 테이블 설계

클래스 명칭		구입하다(Takes)	데이터베이스: Academic_db2		
속성	속성 이름	데이터형	길이	외부 접근성	기타
일련번호	serialNo	long	8	PK	≧ 0
고객번호	id	int	4	FK, NN	
주문납품.일련번호	orderSID	**String**	**500**	FK, NN	주문/납품
개수	count	**String**	**500**	NN	전필, 전선, 교필, 교선 등
단가	price	**String**	**500**	NN	
총액	total	int	4	NN	
구입일자	day	Date	–	NN	
배송완료 태그	tag	char	1	초기치 = 0	0= 배송 안함 1= 배송 완료

```
public int insert();
public int delete();
public int update();
public String retrieve(int id);
```

Note: 데이터베이스 제약조건에는 기본키 제약(PK), 외부참조 제약(FK), 널값 제약(NN), 범위 제약, 의미상 무결성 제약 등이 있다.

이 경우 한 고객이 하루에 여러 번 물품을 구입할 수 있으므로 맨 앞에 '일련번호' 속성을 추가하여 해결한다. 위의 예에서, 첫 번째 고객 100번은 물품 'p10;p20;p30;p40'를 5×100 + 3×400 + 6×300 + 7×200 = 총액 4,900원을 2024년 8월 8일에 구입했다'라는 레코드 형태로 저장된다. 두 번째 고객 200번은 물품 'p20;p10;p50;p40'를 4×300 + 6×200 + 7×400 + 8×100 = 총액 6,000원을 2024년 7월 5일에 구

입했다라는 1개 레코드로 저장한다. 주의할 점은 마트 관리시스템에서는 각 물품을 구입한 고객보다는 한 고객이 구매한 물품 목록을 저장하여 관리하는 데 초점을 둔다.

10.4 추상 클래스 및 Interface 클래스 설계

추상 클래스(abstract class)와 interface 클래스는 객체지향 프로그래밍에서 추출(contract) 개념을 정의하는 데 사용되지만, 몇 가지 차이점이 있다. **추상 클래스와 인터페이스 클래스의 차이점**은 다음과 같이 몇 가지 측면에서 비교된다.

- 정의 측면: 추상 클래스는 객체화할 수 없고 추상 메소드와 비추상 메서드를 모두 포함할 수 있는 클래스이다. 반면 interface는 클래스가 구현해야 하는 메소드 집합을 지정하는 추출 연산이다.
- 메소드 구현: 메소드 구현 측면에서 추상 클래스는 구현된 메소드와 추상 메소드를 모두 가질 수 있다. 즉 추상 클래스에서 일부 메소드는 구현될 수 있고 다른 메서드는 추상적 메소드를 정의할 수 있고, 구체적인 메소드 내용은 하위클래스에 의해 재정의된다. 반면 interface 클래스의 모든 메소드는 기본적으로 추상적이고 인터페이스를 구현하는 다른 클래스에서 구현해야 한다.
- 상속: 하나의 클래스는 하나의 추상 클래스에서만 상속할 수 있는 반면, 하나의 클래스는 여러 interface 클래스를 통해 구현할 수 있다. 이것은 추상 클래스는 객체 유형을 표현하는 반면, interface 클래스는 메소드 집합을 나타내기 때문이다.
- 접근 제한자: 추상 클래스는 메소드와 속성에 대해 public, protected, private와 같은 접근 제한자를 가질 수 있지만, interface 클래스는 단지 public 접근 제한자만을 포함할 수 있다.
- 멤버 변수: 추상 클래스는 멤버 변수를 가질 수 있지만, 인터페이스 클래스는 변수를 가질 수 없다.

요약하면, 추상 클래스는 구체적인 하위클래스가 상속할 수 있는 기초 클래스를 제공하는 데 사용되는 반면, interface 클래스는 다른 클래스에서 구현해야 하는 메소드 집합을 정의하는 데 사용된다. 추상 클래스는 구현된 메소드와 추상 메소드를 모두 표현할 수 있는 반면에, interface 클래스는 추상적인 메소드만 가질 수 있다. 하나의 클래스는 하나의 추상 클래스에서만 상속할 수 있지만 여러 인터페이스를 통해 구현될 수 있다. 결과적으로 추상화(abstraction)란 기능의 내부 구현을 숨기고 사용자에게 기능만 보여주는 것으로 필요한 기능만 보여주고 그 기능이 어떻게 구현되는지는 이면에서 숨기는 것을 의미한다. 반면 interface클래스는 Java 언어에서 추상화를 달성하는 또 다른 방법이다. 추상 클래스와 인터페이스 클래스는 모두 추상화에 사용되며, 인터페이스와 추상 클래스는 객체지향 시스템에서 필수 전제조건이다.

▸ 추상 클래스의 활용 예제: <표 10.1>과 <표 10.2>의 '학생'과 '교수' 클래스로부터 공통 속성이 많다는 사실을 알 수 있다. 이때 공통 속성을 추출하여 새로운 상위클래스인 추상 클래스 '사람(Person)'을 정의하고, '학생'과 '교수' 클래스는 <그림 10.5>와 같이 상속 관계 'extends'를 적용하여 다시 재정의할 수 있다.

```
abstract class Person {
   private int id;
   private String name;
   private char dob;
   private char gender;
   private char tel[12];
   private int dnum;

   public int insert() { };
   public int delete() { };
   public int update() { };
   public String
   retrieve(int id) { };
}
```

(a)

```
public class Student extends Person {
   private String highschool;

   public int insert() { };
   public int delete() { };
   public int update() { };
   public String retieve(int id) { };
};

public class Professor extends Person {
   private String major;

   public int insert() { };
   public int delete() { };
   public int update() { };
   public String retrieve(int id) { };
};
```

(b)

〈그림 10.5〉 자바 언어에서 추상 클래스를 이용한 클래스 '학생'과 '교수'의 프로그램 명세:
(a) 새로운 추상 클래스 'Person' 정의; (b) 정의된 추상 클래스를 상속받아 'Student'와 'Professor' 클래스 명세

▸ interface 클래스의 정의 예제: 소프트웨어 개발에서 interface 클래스는 흔히 모든 클래스에서 자주 쓰이는 메소드 연산자 이름을 통일되게 정의할 때 많이 사용한다. 예로, 클래스의 삽입, 삭제, 갱신, 검색 연산의 경우, 동일한 프로젝트에서 한 프로그래머는 add(), drop(), renew(), find() 명칭을 사용하고, 다른 프로그래머는 insert(), delete(), update(), retrieve() 연산 이름을 사용한다면 전체적인 프

로젝트 관리 측면에서 많은 혼돈과 오해를 유발할 수 있다. 이때 메소드 연산의 표준 명칭을 interface 클래스로 정의하고 이의 상속 관계인 'implement'를 이용하여 표현한다면, 프로그램의 가독성과 이해력을 상당히 개선할 수 있다. Interface 클래스를 활용한 프로그램 예제는 <그림 10.6>과 같다.

(a)

```
interface Methods {
   public int insert() { };
   public int delete() { };
   public int update() { };
   public String retrieve(int id) { };
}
```

(b)

```
public class Student implements Methods {
   private String highschool;

   public int insert() { };
     public int delete() { };
     public int update() { };
     public String retieve(int id) { };
};

public class Professor implements Methods {
   private String major;

   public int insert() { };
     public int delete() { };
     public int update() { };
     public String retieve(int id) { };
};
```

〈그림 10.6〉 interface 클래스 정의와 이를 활용한 클래스 명세:
(a) interface 클래스 정의; (b) interface 클래스 상속을 통한 새로운 클래스 명세

위와 같이 소프트웨어 개발에서 추상 클래스와 interface 클래스 설계를 적절히 활용한다면 프로그램의 품질 향상에 상당한 기여가 예상된다. 또한 추상 클래스와 interface 클래스 정의를 통해 소프트웨어 시스템 아키텍처 설계에도 상당한 영향을 줄 것이다.

10.5 물리적 데이터 저장 구조 설계

지금까지 우리는 문제 해결에 필요한 클래스와 이의 연관관계를 식별하여 클래스 설계, 추상 클래스와 인터페이스 클래스, 데이터베이스 스키마 테이블 등의 논리적 데이터 아키텍처 설계에 중점을 두었다. 이제부터 물리적 아키텍처는 이러한 논리적 데이터 아키텍처 기능 요소를 실제 '컴퓨터 시스템의 어느 장소에 배치할 것인가?'하는 배치 계획을 수립해야 한다.

논리적 데이터 아키텍처와 물리적 저장 구조 설계의 주요 **차이점**은 논리적 아키텍처는 시스템의 기능 요소를 식별하는 것에 중점을 두는 반면에, 물리적 저장 구조 설계는 이러한 논리적 기능 요소가 저장되는 실제 기계장치를 지정하는 단계이다.

일반적인 물리적 아키텍처 설계는 **ISO/IEC 2010**에 의하면 제품, 서비스 또는 기업에 대한 설계 솔루션을 제공하는 시스템 요소 및 물리적 시스템 인터페이스의 배치 계획으로 논리적 아키텍처 요소와 시스템 요구사항을 충족하기 위한 물리적 요소의 배치 계획이다. **물리적 아키텍처 설계**는 실제 정보 기술을 통해 구현할 수 있는 기술로서 데이터에 대한 저장 시스템과 그 구성 요소의 물리적 배치 계획을 포함한다. 이것은 시스템의 물리적 요소의 구조 또는 조직 구조에 대한 설계를 의미한다. 정보시스템 설계의 주요 구성 요소는 시스템의 하드웨어(HW), 소프트웨어(SW) 및 네트워크(NW) 환경을 설명하는 물리적 아키텍처 계층이다. 물리적 아키텍처 계층 설계는 주로 운영, 성능, 보안, 문화 및 정치적 요구사항과 같은 비기능적 요구사항에서 시작된다. 물리적 아키텍처 계층 설계의 결과물에는 HW/SW/NW 아키텍처와 이의 관련 하드웨어 및 소프트웨어 사양이 포함된다. 따라서 **물리적 아키텍처 설계 요소의 주요 항목**은 다음 사항을 포함한다.

- 물리적 아키텍처(클라우드/서버 구조, 클라우드 컴퓨팅 타입 등)의 선택
- 기반 구조 설계의 전개 다이어그램(deployment diagram)
- 네트워크 모델
- 하드웨어, 소프트웨어, 네트워크 요구사양(Specification)
- 비기능적 요구사항 해결을 위한 아키텍처 설계
- 물리적 데이터베이스 설계

이 중 **물리적 데이터베이스 설계 활동에서 주요 고려사항**은 다음과 같다.

- 논리적인 설계의 데이터 구조를 보조 기억 장치상의 파일(물리적인 데이터 모델)로 사상하며, 디스크 상의 데이터베이스(또는 레코드)의 물리적 저장 위치를 어느 보조 기억 장치에 배치할 것을 결정해야 한다.
- 하나의 파일에 여러 릴레이션이 저장될 수 있다.
- 예상 빈도 등의 데이터베이스 질의와 트랜잭션들을 분석하여 조인 연산 등의 연산시간을 개선한다.
- 데이터에 대한 효율적인 접근을 제공하기 위하여 저장 구조와 접근 방법의 개선을 고려해야 한다.
- 특정 DBMS의 특성을 고려하여 물리적 데이터베이스 설계를 진행한다.
- 질의의 효율적인 지원을 위해 색인 구조를 적절히 사용하는 문제를 검토해야 한다.
- 예로, '학생' 데이터의 경우 일반적으로 속성 '학번'의 기본키를 정의하여 사용하지만, 부가적으로 '성명', '주민등록번호', '휴대폰 번호' 등의 색인 테이블을 생성하여 검색 속도를 개선할 수 있다.

연습문제

10.1 객체지향 시스템에서 일반적인 추상화 수준(abstraction levels)을 설명하시오. 또한 객체지향 시스템에서 어떤 속성의 변경은 전체적인 시스템에 어떤 영향을 주는지 설명하시오.

10.2 다음은 **〈온라인 쇼핑몰 판매 관리시스템〉**에 대한 클래스 다이어그램이다. 다음 문제에 대해 가장 효율적인 방안으로 답하시오.

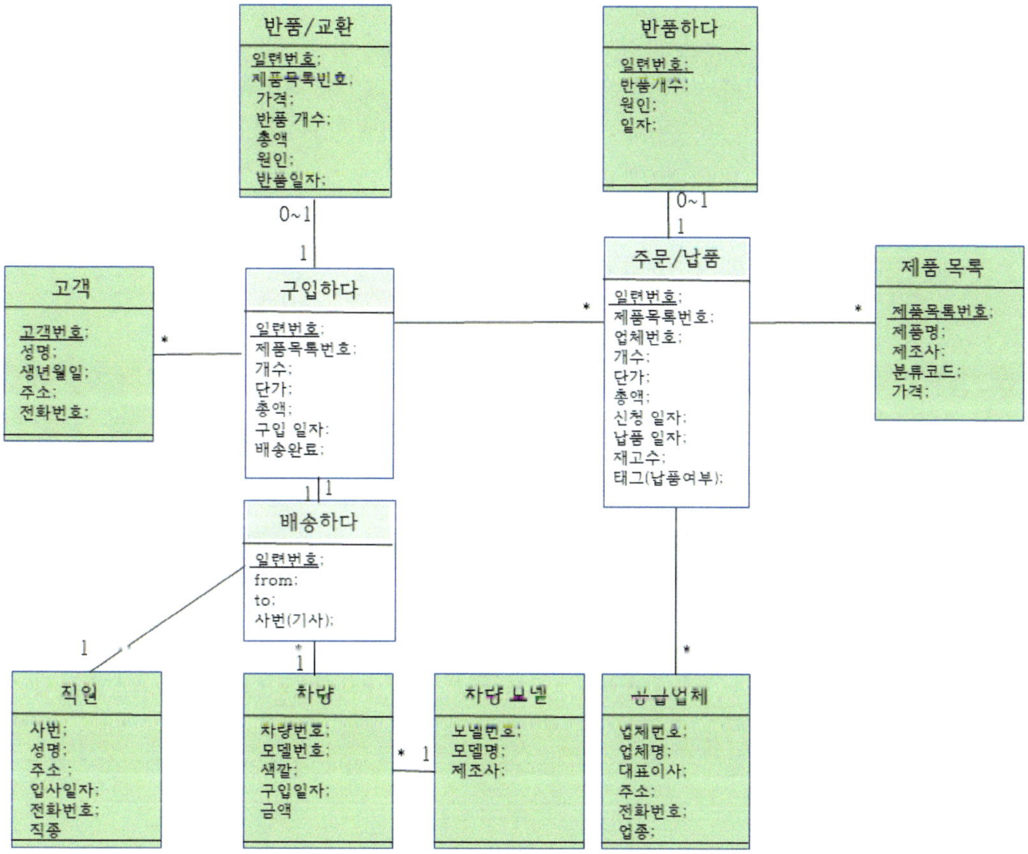

〈그림 6.20〉 온라인 쇼핑몰 관리시스템에 대한 클래스 다이어그램

연습문제

가) 위의 클래스 다이어그램에서 클래스 '고객'에 대한 데이터베이스 스키마 테이블 설계를 표현하시오.

나) 위의 클래스 다이어그램에서 연관관계 '구입하다'에 대한 데이터베이스 스키마 테이블 설계를 표현하시오. 단, 고객은 동일 종류의 제품을 반복하여 구매할 수 있고, 판매 제품은 고객으로부터 교환 또는 반품될 수 있는 모든 정보를 표현되어야 한다. 고객은 또한 한 번에 여러 개의 제품을 동시에 구입할 수 있다는 점을 고려할 것.

다) 위의 클래스 다이어그램에서 클래스 '교환 및 반품'에 대한 데이터베이스 스키마의 테이블 명세서를 작성하시오. 단, 고객은 구입 제품 중 전체 또는 일부를 교환하거나 반품할 수 있으며, 교환 또는 반품 시 제품번호, 개수, 단가, 교환 및 반품 총액, 일시, 원인 등의 정보를 기록해야 한다.

라) 위의 클래스 다이어그램에서 연관관계 '주문 및 납품하다'에 대한 데이터베이스 스키마의 테이블 명세서를 작성하시오. 단, 하나의 공급업체는 동일 종류의 제품을 반복하여 주문받아 납품할 수 있고, 납품되는 제품은 검사하여 불량품은 반품 원인과 개수를 기록하고 즉시 반품된다.

마) 위의 클래스 다이어그램에서 클래스 '급여'에 대한 데이터베이스 스키마 테이블 설계를 작성하시오. 고객은 매월 급여를 지급받으며, 분기마다 보너스도 동시에 지급받을 수 있다.

10.3 다음은 **〈수강 신청 관리시스템〉**에 대한 클래스 다이어그램이다. 다음 문제에 대해 가장 효율적인 방안을 답하시오.

가) 위의 클래스 다이어그램에서 연관관계 '수강하다'에 대한 데이터베이스 스키마 테이블 설계를 작성하시오. 단, 한 학생은 한 학기에 여러 교과목을 수강 신청할 수 있고, 한 교과목에도 여러 명의 학생이 수강 신청할 수 있다. 학생은 수강 후에 성적 등급을 부여받는다.

나) 위의 클래스 다이어그램에서 연관관계 '강의하다'에 대한 데이터베이스 스키마 테이블 명세를 작성하시오. 교수는 한 학기에 여러 개의 교과목을 강의할 수 있고, 하나의 교과목은 여러 명의 교수에 의해 팀티칭 될 수 있다.

다) 위의 클래스 다이어그램에서 클래스 '개설교과목'과 '교과목목록'에 대한 데이터베이스 스키마의 테이블 명세서를 작성하시오.

라) 위의 클래스 다이어그램에서 연관관계 '배정하다'에 대한 데이터베이스 스키마의 테이블 명세서를 작성하시오.

연습문제

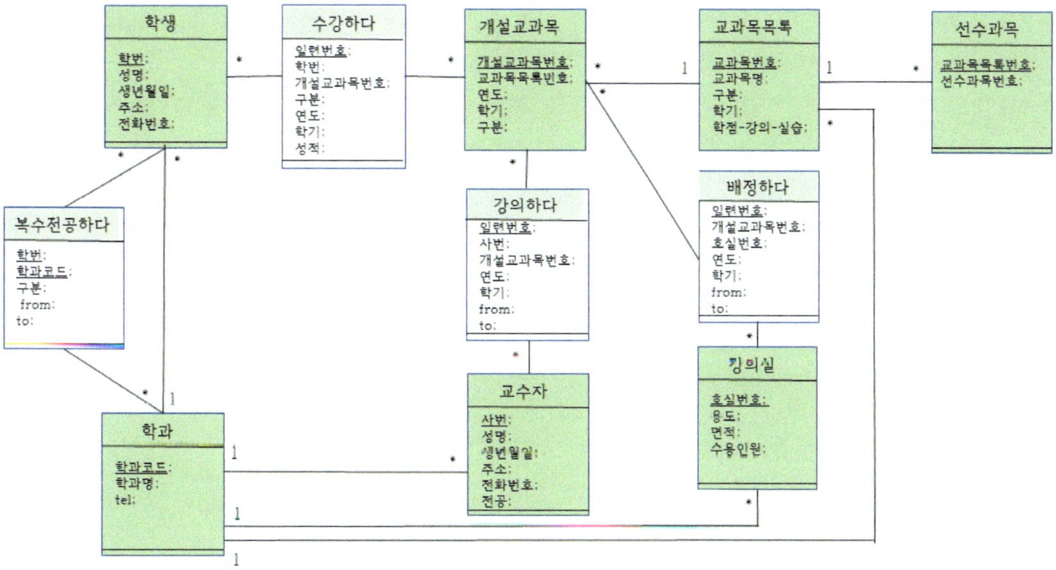

〈그림 6.17〉 수강 신청 관리시스템에 대한 클래스 다이어그램

10.4 다음은 **〈수강 신청 관리시스템〉** 개발을 위한 사용자 요구사항의 일부이다. 이 요구사항을 참조하여 다음의 개체-관계(E-R) 다이어그램을 완성하고, 다음 문제에 가장 효율적인 데이터베이스 스키마 구조가 되도록 답하시오.

> **보기**
>
> ㉠ 각 학과에는 많은 수의 학생이 학년별로 재학하고 있다.
> ㉡ 각 학과는 학년별 학기별 여러 개의 교과목을 운영하고 있다. 또한 각 학과는 매 학기 여러 개의 교과목을 개설하여 운영한다.
> ㉢ 한 학생은 한 학기에 여러 교과목을 수강할 수 있다.
> ㉣ 한 교과목에는 여러 학생이 수강할 수 있다.
> ㉤ 학생, 교수들은 자주 수강 신청 내역을 조회한다.

가) 효율적인 데이터베이스 스키마가 되도록 위의 E-R 다이어그램에서 연관관계 '수강하다' 부분을 완성하시오. 단, 필요한 속성 또는 제약조건을 추가하여 완성하시오.

나) 위의 가)번을 참조하여 연관관계 '수강하다'에 대한 데이터베이스 스키마 테이블 명세를 작성하시오. 단, 다이어그램애서 밑줄은 해당 클래스 또는 연관관계에서 기본 키(PK)를 나타낸다.

10.5 다음은 마트 관리 정보시스템 개발을 위한 사용자 요구사항의 일부이다. 이 요구사항을 참조하여 다음의 개체-관계(E-R) 다이어그램을 완성하고, 다음 문제에 가장 효율적인 데이터베이스 스키마 구조가 되도록 답하시오.

요구사항

㉠ 마트에는 여러 종류의 제품을 판매하며, 한 제품에도 여러 제품을 준비하여 판매하고 있다.
㉡ 고객은 여러 명이고, 한 고객은 한 번에 여러 개의 물건을 구입할 수 있다.
㉢ 고객은 동일 제품을 여러 번 반복하여 구입할 수 있다.
㉣ 모든 거래 내역은 데이터베이스로 저장하여 관리한다.

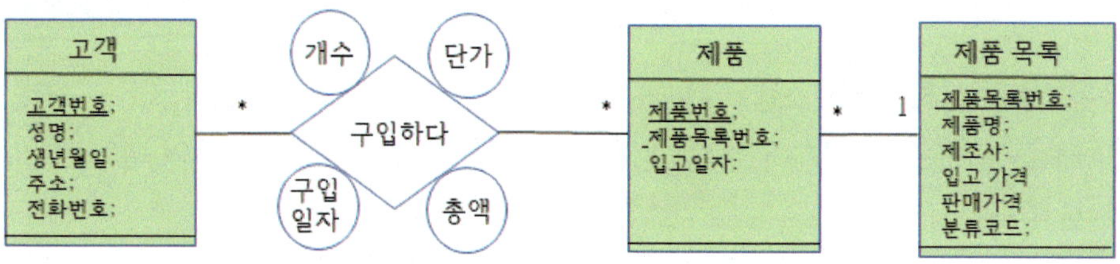

〈온라인 마트 관리 정보시스템을 위한 E-R 다이어그램의 일부〉

가) 효율적인 데이터베이스 스키마가 되도록 위의 E-R 다이어그램에서 연관관계 '구입하다' 부분을 완성하시오. 단, 필요한 속성 또는 제약조건을 추가하여 완성하시오.

나) 위의 가)번을 참조하여 연관관계 '구입하다'에 대한 데이터베이스 스키마 테이블 명세를 작성하시오. 단, 다이어그램에서 밑줄은 해당 클래스 또는 연관관계에서 기본 키(PK)를 나타낸다.

연습문제

10.6 객체지향 시스템의 데이터 설계에서 추상 클래스(abstract class)와 interface 클래스를 도입하여 얻어지는 이점을 예를 들어 설명하시오.

10.7 객체지향 시스템의 데이터 설계에서 추상 클래스(abstract class)와 interface 클래스의 차이점을 비교하여 설명하시오.

10.8 물리적 데이터베이스 설계 활동에서 주요 내용을 설명하시오,

10.9 다음 〈보기〉 중 물리적 데이터베이스 설계 활동 범위로 가장 거리가 먼 것을 모두 선택한 것은?

보기

㉠ 논리적인 설계의 데이터 구조를 보조 기억 장치의 물리적인 데이터 파일로 사상하며, 디스크 상의 데이터베이스(또는 레코드)의 물리적 저장 위치를 어느 보조 기억 장치에 배치할 것을 결정해야 한다.
㉡ 예상 빈도 등의 데이터베이스 질의와 트랜잭션들을 분석하여 조인 연산 등의 연산시간을 개선해야 한다.
㉢ 데이터에 대한 효율적인 접근을 제공하기 위한 저장 구조와 접근 방법의 개선을 고려해야 한다.
㉣ 비기능적 요구사항 해결을 위한 물리적 아키텍처 설계를 고려해야 한다.
㉤ 특정 DBMS의 특성을 고려하여 물리적 데이터베이스 설계를 진행한다.

① ㉣
② ㉠ - ㉡
③ ㉡ - ㉢ - ㉣
④ ㉢ - ㉣ - ㉤
⑤ ㉠ - ㉡ - ㉢ - ㉣ - ㉤

10.10 다음 중 물리적 아키텍처 설계에 대한 국제 표준 규격은?

① ISO/IEC 14598
② ISO/IEC 2010
③ ISO 12207
④ ISO 9000
⑤ ISO 9002

정답 10.9 ① 10.10 ②

CHAPTER 11

알고리즘 설계

11.1 메소드 알고리즘 설계
11.2 사용사례(시퀀스 다이어그램)에 대한 알고리즘 설계
11.3 질의의 SQL 설계
11.4 알고리즘 설계 규칙
11.5 비기능적 요구사항에 대한 알고리즘 설계
11.6 소프트웨어 설계명세서(SDD) 양식
11.7 소프트웨어 설계명세서 평가지표
■ 연습문제

학습목표

이 장은 객체지향 시스템 개발의 상세 설계 단계에서 알고리즘 설계 방법을 소개한다. 알고리즘 설계 활동에는 요구사항분석 단계에서 식별된 클래스의 메소드 알고리즘 설계. 시퀀스 다이어그램에 대한 알고리즘 설계, 알고리즘 설계 과정에서 필요한 데이터베이스 질의 설계, 비기능적 요구사항에 대한 소프트웨어 설계 방법을 포함한다. 이 장의 주요 학습 목표는 다음과 같이 요약된다.

- 객체지향 시스템에서 알고리즘 설계 활동 범위를 이해하고 설명할 수 있다.
- 메소드의 알고리즘 설계 방법을 이해하고, 실제 의사코드에 의한 알고리즘 설계를 수행할 수 있다.
- 시퀀스 다이어그램에서 알고리즘 설계 표현으로의 변환 방법을 이해하고, 이를 실제 적용할 수 있다.
- 알고리즘 설계 과정에서 필요한 데이터베이스 질의의 SQL 설계 방법을 이해하고 실제 질의에 대한 SQL 설계를 수행할 수 있다.
- 비기능적 요구사항에는 성능 요구사항, 부하 적응 요구사항, 스트레스 테스트 요구사항, 볼륨 요구사항, 보안 요구사항, 사용성 요구사항, 호환성 요구사항, 설치 요구사항, 제거 요구사항, 복구 요구사항, 문서 요구사항 등이 있다. 이러한 비기능적 요구사항이 시스템에 접목될 수 있도록 소프트웨어 설계 방법을 이해하고, 이의 방법을 설명할 수 있다.
- 알고리즘 설계 과정에서 소스 파일 또는 메소드 단위의 주석 처리 방법을 이해하고 실제 파일 헤더와 메소드 헤더의 주석 처리를 수행할 수 있다.
- 소프트웨어 설계 명세서에 포함돼야 하는 주요 항목을 이해하고 있으며, 실제 양식의 표준 항목을 설명할 수 있다.
- 소프트웨어 설계 명세서의 주요 평가지표를 이해하고 이를 설명할 수 있다.

알고리즘 설계에는 요구사항분석에서 정의된 각 클래스에 속하는 메소드 알고리즘 설계, 사용사례와 사용자 인터페이스(UI)에서 식별된 사용사례(시퀀스 다이어그램)에 대한 알고리즘 설계, 데이터베이스 질의 설계, 비기능적 요구사항에 대한 소프트웨어 설계, 클래스 파일에 대한 파일 헤더(file header), 메소드 헤더(method header), 메소드 알고리즘 내부의 주석 처리 방법 등을 포함한다. 이러한 **알고리즘 설계의 주요 활동 범위**는 <그림 11.1>과 같이 요약된다.

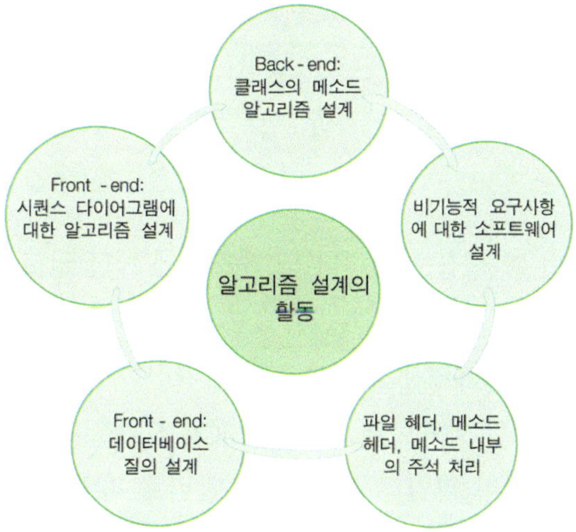

〈그림 11.1〉 알고리즘 설계의 활동 범위

- 클래스의 메소드 알고리즘 설계
- 사용사례(시퀀스 다이어그램)에 대한 알고리즘 설계
- 데이터베이스 질의 설계
- 비기능적 요구사항에 대한 소프트웨어 설계
- 파일 헤더와 메소드 헤더와 내부의 주석 처리

다음은 위의 알고리즘 설계 활동에 대한 상세설계 방법을 차례대로 소개된다.

11.1 메소드 알고리즘 설계

알고리즘 설계에서 가장 중요한 활동은 클래스에 속하는 메소드와 사용사례(시퀀스 다이어그램)에 대한 알고리즘 설계이며, 일반적으로 이 부분이 소프트웨어 설계에서 가장 높은 비율을 차지한다. 메소드 알고리즘 설계는 교재에 따라 여러 가지 형태로 기술될 수 있다. 본 교재에서는 이미 <표 6.8> 형식을 사용하여 알고리즘 기술 방법을 소개한 바와 같이 알고리즘 설계는 다음의 원칙에 근거하여 기술한다.

- 여러 가지 알고리즘 표현 방법(순서도, 의사결정 테이블, 프로그램 설계 언어, 프로그래밍 언어, 자연어 등) 중 가장 좋다고 알려진 **의사코드**(pseudo code) 형식으로 기술한다. 여기서 자연어에는 한국어, 영어, 독일어, 중국어 등의 일상적인 언어를 의미한다.
- 알고리즘 기술의 상세 정도는 구현되는 프로그램 소스 코드와 **일대일**로 대응되는 수준으로 상세히 기술하는 것이 가장 좋다. 역으로 알고리즘의 프로그램 구현에 필요한 모든 정보를 제공하는 수준으로 상세히 기술해야 한다.

예로 <표 6.8>에서 기술했던 '학생을 등록하다'의 메소드에 대한 알고리즘은 Java 프로그래밍 언어 기반으로 <그림 11.2>와 같은 형태로 표현될 수 있고, 이것은 코딩에 필요한 모든 정보를 포함하고 있다. 여기서 주목할 점은 알고리즘 설계명세의 의사코드가 '완전한 프로그램 코드가 아니라 프로그램 코드와 유사하다.'라는 사실이다. 또한 메소드 알고리즘 설계와 시퀀스 다이어그램(사용사례)에 대한 알고리즘 설계에는 <그림 11.2>와 같이 파일 또는 메소드 단위로 파일 헤더(file header)와 메소드 헤드(method header), 그리고 메소드 내부의 **주석 처리**가 요구된다. 주석 처리 방법은 12장 코딩에서 세부적으로 설명될 것이다. 사실 알고리즘 설계 단계에서 주석 처리는 소프트웨어 개발 생명주기의 다음 단계인 코딩에서 그대로 사용할 수 있으므로 매우 효율적인 설계 정보가 된다.

```
/*-----------------------------------------------------------------
 1) 메소드명: int Student::insert(int id, String name, String address,
             String tel, int dno)
 2) 매개변수: id = 학생 학번;
             name = 성명;
             address = 주소;
             tel = 전화번호;
             dno = 소속학과;
 3) 기능: 학생 'Student' 테이블에 하나의 학생 정보를 등록한다.
 4) 반환값: Returns 0 if successful, otherwise returns an error code.
 5) 알고리즘
-----------------------------------------------------------------*/
```

```
Student::insert(int id, String name, String address, String tel, int dno)
{
   // 1. 데이터베이스에 연결한다.
   const mysql = require('mysql');
   const connection = mysql.createConnection({
         host: 'ip_address',
         user: 'id',
         password: 'password',
         database: 'Web-Project'});
  // 2. Student 데이터베이스에서 해당 id를 검색하여 존재 여부를 확인한다.
   const query = 'SELECT * FROM customer WHERE sno = ?';
   // 3. 질의(Query) 수행 결과에 따라 메시지를 반환한다.
   connection.query(query, [id], (err, results) => {
   if (err) {
     console.error('Error was found in Student:', err);
     callback(err);
   } else {
     console.log('Student found:', results[0]);
     callback(null, results[0]);
   }
   // 4. 질의 수행을 마치고 MySQL 트랜잭션을 종료한다.
   connection.end();
}
```

〈그림 11.2〉 클래스 메소드 알고리즘 설계명세: 좋은 예제

```
/*--------------------------------------------------------------------
 1) 메소드명: int Student::insert(int id, String name, String address,
             String tel, int dno)
 2) 매개변수: id = 학생 학번;
             name = 성명;
             address = 주소;
             tel = 전화번호;
             dno = 소속학과;
 3) 기능: 학생 'Student' 테이블에 하나의 학생 정보를 등록한다.
 4) 반환값: Returns 0 if successful, otherwise returns an error code.
 5) 알고리즘
--------------------------------------------------------------------*/
Student::insert(int id, String name, String address, String tel, int dno)
{
```

```
    1. 데이터베이스에 연결한다.
    2. Student 데이터베이스에서 해당 id를 검색하여 존재여부를 확인한다.
    3. 질의(Query)를 실행한다.
    4. 질의 수행을 마치고 MySQL 트랜잭션을 종료한다.
}
```

〈그림 11.3〉 클래스 메소드 알고리즘 설계명세: 나쁜 예제(1)

```
/*-----------------------------------------------------------------
  1) 메소드명: int Student::insert(int sid, String name, String address,
              String tel, int dno)
  2) 매개변수: sid = 학생 학번;
              name = 성명;
              address = 주소;
              tel = 전화번호;
              dno = 소속학과;
  3) 기능: 학생 'Student' 테이블에 하나의 학생 정보를 등록한다.
  4) 반환값: Returns 0 if successful, otherwise returns an error code.
 5) 알고리즘
-----------------------------------------------------------------*/
Student::insert(int sid, String name, String address, String tel, int dno)
{
   const mysql = require('mysql');
   const connection = mysql.createConnection({
         host: 'ip_address',
         user: 'id',
         password: 'password',
         database: 'Web-Project'});
   const query = 'SELECT * FROM customer WHERE id = ?';
   connection.query(query, [sid], (err, results) => {
   if (err) {
     console.error('Error was found in Student:', err);
     callback(err);
   } else {
     console.log('Student found:', results[0]);
     callback(null, results[0]);
   }
   connection.end();
}
```

〈그림 11.4〉 클래스 메소드 알고리즘 설계명세: 나쁜 예제(2)

▸ **Note**: <그림 11.2>, <그림 11.3>, <그림 11.4>의 메소드 알고리즘 설계명세를 비교할 때, 가장 이상적인 알고리즘 표현은 <그림 11.2>의 의사코드 형태이다. <그림 11.2>의 알고리즘 설계는 Java 기반의 프로그램 코드와 알고리즘의 주요 내용을 설명하는 주석문을 포함하여 알고리즘의 이해와 가독성, 코드 구현 및 테스트, 유지보수 등에 높은 품질 향상이 기대된다.

반면 <그림 11.3>은 알고리즘의 기본적인 처리 내용은 포함하고 있으나, 프로그램 구현할 때 프로그래머는 일일이 코드 구현에 필요한 정보를 찾기 위해 관련 전문 도서 검색이나 자료를 수집해야 하는 불편함이 있고, 심할 경우 설계명세서에서 한 줄이 구현 단계에서 많은 양의 프로그램 코드로 변환되는 비상사태를 발생시킬 수 있으므로 좋지 못하다. 하지만 요구사항분석 단계에서 메소드 명세는 인터페이스, 기능, 매개변수, 리턴값과 함께 <그림 11.3>의 알고리즘 설계의 프로세스(메소드) 추상화 수준에는 적합할 수 있다. 이것도 또한 설계 단계에서 많은 양의 작업을 유발하므로 좋지 못하다. <그림 11.4>는 대부분이 Java 프로그래밍 언어 기반의 프로그램 코드로 알고리즘을 기술하였으므로 프로그램의 가독성과 유지보수에 품질 저하와 어려움을 유발할 수 있으므로 좋지 못하다.

11.2 사용사례(시퀀스 다이어그램)에 대한 알고리즘 설계

6.4절에서 표현했던 사용사례에 대한 시퀀스 다이어그램은 시스템의 사용 시나리오이자 나중에 사용자 인터페이스에서 각 메뉴 또는 서브메뉴의 이벤트와 연결되는 프로그램으로 그 알고리즘 설계 규모도 아주 크다. 시퀀스 다이어그램에 대한 알고리즘 설계도 클래스의 메소드 알고리즘 설계와 같이 구현에 필요한 모든 정보가 포함되도록 **의사코드 형태**로 상세히 기술한다. 흔히 front-end에서 수행되는 사용사례에 대한 알고리즘 설계는 JSP, PHP, Javascript 등의 언어로 표현되므로 back-end에서 수행되는 클래스의 메소드 알고리즘 설계와 다소 차이가 있을 수 있음을 주지하기 바란다.

▸ <그림 11.5>는 6.4절의 <그림 6.8> 연관관계 '제품을 구매하다'의 시퀀스 다이어그램에 대한 알고리즘 설계명세로서 의사코드를 이용하여 <그림 11.5>와 같은 형식으로 기술될 수 있다. 이 알고리즘 표현은 한 가지 사례로서 조직에 따라 변형 서식을 사용할 수 있을 것이다.

```
/*-----------------------------------------------------------------
 1) 메소드명: int Purchase::insert(int sid, String name, String address,
            String tel, int dno)
 2) 매개변수: sid = 학생 학번; name = 성명; address = 주소; tel = 전화번호;
            dno = 소속 학과;
 3) 기능: 학생 'Student' 테이블에 하나의 학생 정보를 등록한다.
 4) 반환값: Returns 0 if successful, otherwise returns an error code .
 5) 알고리즘
-----------------------------------------------------------------*/
Purchase::insert(int sid, String name, String address, String tel, int dno)
{
   // 1. 데이터베이스에 연결한다.
   const mysql = require('mysql');
   const connection = mysql.createConnection({
         host: 'ip_address',
         user: 'id',
         password: 'password',
         database: 'Web-Project'});
  // 2. Student 데이터베이스에서 해당 id를 검색하여 존재 여부를 확인한다.
   const query = 'SELECT * FROM customer WHERE sid = ?';
   // 3. 질의(Query) 수행 결과에 따라 메시지를 반환한다.
   connection.query(query, [sid], (err, results) => {
   if (err) {
     console.error('Error was found in Student:', err);
     callback(err);
   } else {
     console.log('Student found:', results[0]);
     callback(null, results[0]);
   }
   // 4. 질의 수행을 마치고 MySQL 트랜잭션을 종료한다.
   connection.end();
}
```

〈그림 11.5〉 사용사례 '제품을 구매하다'에 대한 시퀀스 다이어그램에 대한 메소드 알고리즘 설계명세

- <그림 6.9>와 같이 복합형 사용사례의 알고리즘 설계명세는 JSP, PHP, 웹 스크립트 프로그램 또는 Python과 같은 인터페이스 언어를 통해 알고리즘 설계를 시도한다.

11.3 질의의 SQL 설계

응용 프로그램 개발은 내부적으로 단순형 사용사례와 복합형 사용사례에 대한 데이터베이스 질의 작성이 요구된다. 예로, '학생' 데이터베이스에서 "컴퓨터과학과와 컴퓨터공학과에 속하는 모든 학생의 정보를 검색하라."와 같은 질의에 대한 SQL 질의 작성이 요구된다. 질의 복잡도에 따라 하나의 질의가 몇 페이지 분량의 아주 긴 SQL 문장으로 표현될 수 있다. 따라서 각 응용 프로그램의 알고리즘 설계에 필요한 SQL 질의 작성이 필수적이며, 응용 프로그램 개발 과정계획에 반드시 포함되어야 한다. 질의 표현 형식은 다음과 같이 표현될 수 있다.

질의 1

"컴퓨터과학과와 컴퓨터공학과에 속하는 모든 학생의 정보를 검색하라."

```
SQL> SELECT s.*
      FROM Student s, Department d
      WHERE (d.dname = '컴퓨터과학과' or dname = '컴퓨터공학과')
             and d.dno = s.dno;      // 조인 연산
```

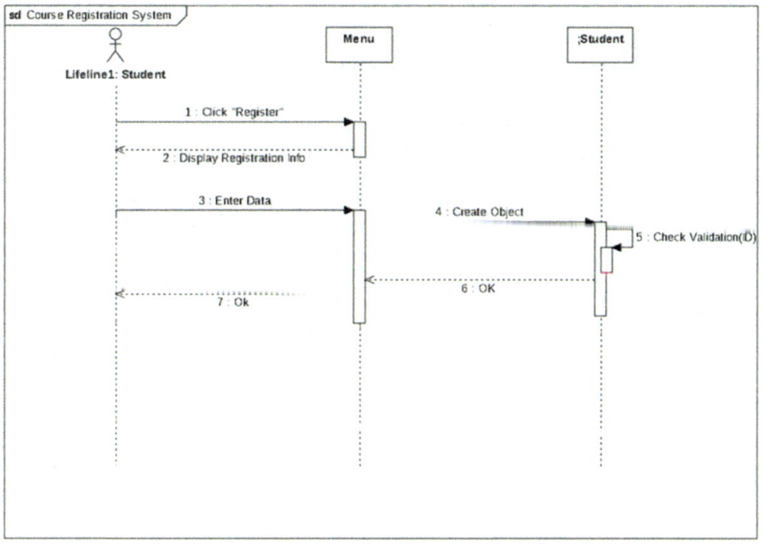

참고: 〈그림 6.8〉 사용사례 '학생을 등록하다'에 대한 시퀀스 다이어그램

11.4 비기능적 요구사항에 대한 알고리즘 설계

비기능적 요구사항에는 성능 요구사항, 부하 적응 요구사항, 스트레스 테스트 요구사항, 볼륨 요구사항, 보안 요구사항, 사용성 요구사항, 호환성 요구사항, 설치 요구사항, 제거 요구사항, 복구 요구사항, 문서 요구사항 등이 있다. 알고리즘 설계 단계에서는 이러한 모든 비기능적 요구사항이 시스템에 반영될 수 있도록 시스템에 접목하는 설계 방안을 마련해야 한다.

11.5 알고리즘 설계 규칙

객체지향 프로그래밍에서 코딩은 보통 기관마다 <알고리즘 또는 코딩 규칙 표준화 지침서>를 유지하고, 이의 표준화 규칙에 따라 알고리즘을 설계한다. 이것은 여러 명이 참여하는 대규모 프로젝트의 경우 반드시 지켜져야 하며, 작은 규모의 프로젝트 경우도 이러한 알고리즘 또는 코딩 규칙 매뉴얼을 준수하여 코딩하는 것이 일반적이다. 일반적인 **알고리즘 설계 규칙**은 다음과 같다.

- 알고리즘은 의사코드(pseudo code)로 작성한다.
- 알고리즘의 앞부분에는 메소드 헤더를 둔다. 메소드 헤더의 기술 방법은 12장 코딩 규칙을 따른다.
- 알고리즘 몸체는 적절히 주석문을 기술하는 것이 아주 중요하다. 그 이유는 적절한 주석은 전체적인 알고리즘 흐름을 파악하는 데 도움을 주기 때문이다. 또한 가독성을 높이기 위해 적절한 띄어쓰기와 들여쓰기 규칙을 적용한다. 이 부분은 12장의 코딩 규칙을 따른다.
- 패키지, 클래스, 인터페이스, 속성, 변수, 상수, 메소드, 파일 등의 이름을 명명할 때, 의미 있는 이름을 부여한다. 예로, 학생 클래스는 'Student'로 정의하고, 이의 속성으로 '학번은 'id', 성명은 'name', 주소는 'address' 등과 같이 의미 있는 이름을 부여해야 한다. 역으로 변수명으로 'a', 'b' 같이 의미가 부여되지 않은 이름은 적합하지 않다.
- 클래스와 인터페이스 이름의 첫 글자는 대문자로 하고, 명사(동사 아님)를 사용한다. 예로, 학생 클래스는 첫 글자를 대문자로 하여 'Student'로 정의한다. 단, 인터페이스 이름은 명사나 형용사를 사용한다.
- 메소드 이름은 소문자로 시작하고, 연속되는 단어의 첫 글자는 사람의 이해를 돕기 위해 대문자로 구별한다. 메소드 이름은 흔히 동작을 나타내므로 동사로 정의한다. 또한 메소드는 기능에 따라

'set', 'get'등의 접두사를 사용한다. <그림 11.7>에서 메소드 insert(), delete(), update(), retrieve()는 첫 문자는 소문자로 시작하고, 모두 동사로 정의한다. 클래스의 어떤 속성값을 새롭게 읽어오는 경우, 'getName(int id), getAddress(int id)'와 같이 명명할 수 있다. 반면 클래스의 어떤 속성값을 새로운 값으로 변경하는 경우, 'setName(int id, String name), setAddress(int id, String address)'와 같이 명명될 수 있다.

```
public interface Runnable {
   public int insert();
   public int delete();
   public int update();
   public String retrieve(int id);
}
```

〈그림 11.7〉 Interface 정의의 예세

- 생성자 또는 set 메소드가 매개변수로 객체의 속성에 전달하는 경우, 매개변수 이름은 클래스의 필드명과 같게 하는 것이 좋다.
- 변수 또는 속성 이름은 첫 문자는 소문자로 시작하고, 연속되는 단어의 첫 문자는 대문자로 한다. 예로, 변수 'newCustomer', 'oldCustomer', 'newAddress'과 같이 정의될 수 있다.
- 상수 이름은 대문자를 사용하고 단어 사이에는 밑줄(_)을 사용한다. 그 예제는 <그림 11.8>과 같다.

```
public class Constants {
   public static final double PI 3.141519;
   public static final int MAX_VALUE 100;
   public static final int MIN_VALUE 0;
}
```

〈그림 11.8〉 상수 정의의 예제

11.6 소프트웨어 설계명세서(SDD) 양식

소프트웨어 설계명세서에는 <표 11.1>의 소프트웨어 설계명세서(SDD) 양식과 같이 1) 시스템 개요, 2) 설계상 고려사항, 3) HW/SW/NW 인터페이스 설계, 4) 사용자 인터페이스(스크린 이미지) 설계, 5) 시스템 아키텍처 설계, 6) 데이터 설계 및 데이터베이스 스키마 테이블 설계, 7) 사용사례(시퀀스 다이어그램)에 대한 알고리즘 설계, 8) 클래스의 메소드 알고리즘 설계, 9) 비기능적 요구사항에 대한 소프트웨어 설계 등을 포함한다. 각 항목에 대한 기술 방법은 다음과 같다.

11.6.1 개요

개요 부분에는 개발 시스템의 설계목표, 설계범위, 시스템 개요, 용어 정의 등을 포함한다. 부가적으로 프로젝트 관리의 효율성을 위해 요구사항명세서의 작업분해 도와 사용사례 다이어그램을 복사하여 첨부하는 것을 권장한다. 이 부분에서 항상 설계에서 사용되는 용어 정의는 설계자 또는 고객과의 의사소통에 중요하므로 반드시 정의하는 것이 좋다.

11.6.2 설계상 고려사항

설계상 고려사항에는 설계에 이뤄지는 가정 조건(assumptions), 설계 제약사항, 설계 환경, 설계 방법론, 성능 문제, 설계상의 위험분석과 이의 해결책 등을 기술한다. 이 부분은 필요에 따라 항목을 가감하여 사용할 수 있을 것이다.

11.6.3 외부 인터페이스 설계

외부 인터페이스 설계에는 개발하는 시스템의 HW/SW/NW 외부 인터페이스를 설계하여 명세한다. 특히 개발하는 시스템과 다른 시스템과의 HW/SW/NW 외부 인터페이스의 API를 명확하게 기술한다.

11.6.4 사용자 인터페이스(스크린 이미지) 설계

사용자 인터페이스(스크린 이미지) 설계에는 소프트웨어 개발의 사용자 인터페이스 설계로 주로 사용자 인터페이스 설계 원칙과 관리자용, 고객용(end-user), App용 등의 그래픽 사용자 인터페이스인 스크린 이미지 설계를 의미한다. 필요에 따라 App용 사용자 인터페이스도 관리자용, 고객용으로 구분하여 개발할 필요가 있다. 그래픽 사용자 인터페이스(GUI)에서 각 메뉴 또는 서브메뉴는 사용사례 명세와 사용사례 다이어그램에서 파악된 사용사례와 거의 일치하며, front-end 측면에서 실행되는 응용 프로그램이 될 것이다.

11.6.5 시스템 아키텍처 설계

시스템 아키텍처 설계에는 시스템 개발 관련 HW/SW/NW 아키텍처 설계로 구분되며, 각 분야별로 아키텍처 설계(클라우드 컴퓨팅 모델)와 물리적 배치도, 시스템 사양 등의 내용을 기술한다. 또한 시스템 아키텍처 설계는 서버 측면과 클라이언트 측면을 구분하여 표현할 수도 있다. 세부적으로 HW 및 NW의 경우, 모듈별 하드웨어 아키텍처 설계, 물리적인 하드웨어 배치도, 배치되는 장비 사양 등을 포함한다. SW의 경우 시스템을 구성하는 클래스 계층과 클래스 간의 상호작용을 기술하고, 소프트웨어 아키텍처 설계와 도입하는 소프트웨어 세부 사양(규격)과 물리적 배치도 등을 포함한다. 따라서 아키텍처 설계, 물리적 배치도는 주로 그림(또는 다이어그램)으로 설계되고, 시스템 사양은 주로 표(table) 형태로 기술된다. 참고로 아키텍처 설계는 향후 시스템의 확장성, 유지보수성, 유용성, 신뢰성, 테스트 가능성 등을 고려하여 설계해야 한다.

11.6.6 데이터 설계와 데이터베이스 스키마 테이블 설계

이 부분에서 요구사항분석 단계에서 추출된 클래스 다이어그램을 기반으로 모든 클래스와 클래스 간의 관계(relationships)에 대해 클래스의 테이블 설계 및 프로그래밍 언어를 이용한 클래스 설계를 포함한다. 여러 명이 참여하는 프로젝트의 경우, 이 데이터 설계 부분은 대부분 팀원 간의 데이터 공유 문제로 인해 요구사항분석 단계에서 이뤄지는 일반적이다. 따라서 요구사항분석 단계-기초설계 단계가 충분히 실행되었다면 그 내용은 거의 동일할 수 있다.

이외도 내부 및 외부 데이터 설계 내용으로 back-end & front-end의 내부 데이터 구조 설계와 글로벌 데이터 구조인 데이터베이스 설계 내용을 포함한다. 설계 단계에서 데이터베이스 설계는 데이터베이스 스키마의 테이블 명세서 표현과 SQL 등의 직접적인 구현적 표현도 좋은 사례가 된다.

11.6.7 사용사례(시퀀스 다이어그램)에 대한 알고리즘 설계

이 부분은 요구사항분석 단계의 사용사례 다이어그램과 사용사례 명세에서 식별된 모든 사용사례에 대한 구현 알고리즘을 설계하는 것으로 시스템개발시 주로 front-end 측의 사용자 인터페이스(또는 사용자 시나리오) 알고리즘 설계에 해당한다. 예를 들어, 각 클래스는 클래스를 정의하는 속성(필드)과 이를 처리하는 메소드가 개발되면, 이를 사용하는 사용사례는 여러 개의 클래스 메소드 호출에 의해 알고리즘으로 표현되며 이를 의사코드 형태의 알고리즘으로 기술해야 한다. 실제 구현 단계에서 사용사례 알고리즘은 주로 JSP 프로그램, Java, 또는 Python과 같은 응용 프로그램으로 구현하는 것이 일반적이다. 따라서 이를 'front-end 프로그램'이라 부른다.

11.6.8 클래스의 메소드 알고리즘 설계

이 부분은 각 클래스에 포함되는 메소드 알고리즘 설계로서 주로 의사코드 형태로 기술한다. 메소드 알고리즘 설계는 1) 메소드 이름, 2) 기능, 3) 매개변수 설명, 4) 반환값, 5) 알고리즘 등의 정보를 포함한다. 알고리즘 상세 수준은 구현 단계의 소스 코드와 일대일로 대응되는 수준으로 상세히 기술하는 것이 좋다. 이렇게 상세히 기술되어야 구현 단계에서 프로그래머가 별다른 고민 없이 코딩할 수 있기 때문이다. 끝으로 비기능적 요구사항에 대한 소프트웨어 설계는 요구사항분석 단계에서 분석된 비기능적 요구사항이 시스템에 반영될 수 있도록 도입 방안을 설계하고, 이후 테스트 단계에서 모두 검증해야 한다.

11.6.9 비기능적 요구사항에 대한 소프트웨어 설계

비기능적 요구사항에는 성능 요구사항, 부하 적응 요구사항, 스트레스 테스트 요구사항, 볼륨 요구사항, 보안 요구사항, 사용성 요구사항, 호환성 요구사항, 설치 요구사항, 제거 요구사항, 복구 요구사항, 문서 요구사항 등이 있다. 이 부분은 이러한 비기능적 요구사항이 시스템에 반영될 수 있도록 시스템에 접목하는 소프트웨어 설계를 수행한다. 설계 항목은 시스템에 따라 가감될 수 있고, 다음의 테스트 단계에서 각 항목을 검증해야 한다.

11.6.10 테스트 계획수립

이 부분은 구현을 마치고 단위테스트 단계에서 적용할 테스트 케이스와 이의 예상 결과를 설계하여 제공한다. 일반적으로 단위테스트 방법에는 블랙박스 테스트와 화이트박스 테스트가 있다. 현장에서는 주로 블랙박스 테스트에 초점을 두며, 화이트박스는 시간적인 제한으로 모든 방법을 적용하지 못하므로 선별적인 테스트 방법에 대한 테스트 케이스와 예상 결과의 작성이 요구된다. 또한 설계 단계에서는 통합테스트 계획수립 내용도 포함되어야 한다.

〈표 11.1〉 소프트웨어 설계명세서(SDD) 양식

1. 개요
    1.1 설계목표
    1.2 설계범위
    1.3 시스템 개요
    1.4 작업분해도(WBS)
    1.5 용어 정의

2. 설계상 고려사항
    2.1 설계 가정
    2.2 설계 제약사항
    2.3 설계 환경
    2.4 설계 방법
    2.5 성능 문제
    2.6 위험분석 및 해결방안

3. 외부 인터페이스 설계
    3.1 하드웨어 인터페이스 설계
    3.2 소프트웨어 인터페이스 설계
    3.3 통신 인터페이스 설계

4. 사용자 인터페이스(스크린 이미지) 설계
    4.1 사용자 인터페이스 설계 원칙
    4.2 관리자용 사용자 인터페이스 설계
    4.3 고객용(엔드유저) 사용자 인터페이스 설계
    4.4 App용 사용자 인터페이스 설계

5. 시스템 아키텍처 설계
    5.1 하드웨어 아키텍처 설계
        5.1.1 모듈 1 설계
        5.1.2 모듈 2 설계
    ...
    5.2 소프트웨어 아키텍저 설계
    5.3 네트워크 모델 설계
    5.4 시스템 배치도
    5.5 HW/SW/NW 장비 사양

6. 데이터 설계
    6.1. 클래스의 테이블 명세 및 클래스 명세
    6.2 Abstract Class와 Interface 설계
    6.3 내부 및 외부 데이터 구조 설계

7. 데이터베이스 스키마 테이블 설계
   7.1 클래스 A의 데이터베이스 스키마 테이블 설계
   7.2 클래스 B의 데이터베이스 스키마 테이블 설계
   7.3 클래스 C의 데이터베이스 스키마 테이블 설계
   ...

8. 사용사례(시퀀스 다이어그램)에 대한 메소드 알고리즘 설계(분량이 많음)
   8.1 사용사례 A의 알고리즘 설계
   8.2 사용사례 B의 알고리즘 설계
   8.3 사용사례 C의 알고리즘 설계
   ...

9. 메소드 알고리즘 설계(분량이 많음)
   9.1 클래스 A::메소드 알고리즘
      9.1.1 A::insert() 알고리즘 설계
      9.1.2 A::delete() 알고리즘 설계 ...
   9.2 클래스 B::메소드 알고리즘
   9.3 클래스 C::메소드 알고리즘 ...

10. 비기능적 요구사항에 대한 소프트웨어 설계
    10.1 성능 요구사항에 대한 소프트웨어 설계
    10.2 신뢰성 요구사항에 대한 소프트웨어 설계
    10.3 부하 및 스트레스 요구사항에 대한 소프트웨어 설계
    10.4 보안 요구사항에 대한 소프트웨어 설계
    10.5 운영(용량) 요구사항에 대한 소프트웨어 설계
    10.6 사용자 인터페이스 요구사항에 대한 소프트웨어 설계
    10.7 통신 인터페이스 요구사항에 대한 소프트웨어 설계
    10.8 호환성 요구사항에 대한 소프트웨어 설계
    10.9 안정성 및 가용성 요구사항에 대한 소프트웨어 설계
    10.10 확장성 요구사항에 대한 소프트웨어 설계
    10.11 유지보수성 요구사항에 대한 소프트웨어 설계
    10.12 설치 요구사항에 대한 소프트웨어 설계
    10.13 복구 요구사항에 대한 소프트웨어 설계
    10.14 법적 규정 및 환경 요구사항에 대한 소프트웨어 설계
    10.15 위험분석 및 제약 요구사항에 대한 소프트웨어 설계

11. 테스트 계획수립
    11.1 블랙박스 테스팅의 테스트 케이스 및 예상 결과
    11.2 화이트박스 테스팅의 테스트 케이스 및 예상 결과
    11.3 통합테스트 계획

12. 결론
참고문헌
부록 1. 사용사례 다이어그램
　　2. 클래스 다이어그램
　　3. 시퀀스 다이어그램 및 사용사례 명세
　　4. HW/SW/NW 외부 인터페이스 명세
　　5. 사용자 인터페이스(스크린 이미지) 명세

11.7 소프트웨어 설계명세서 평가지표

소프트웨어 설계명세서에 포함되는 주요 항목에는 <표 11.1>과 같이 외부 인터페이스 설계, 사용자 인터페이스(스크린 이미지) 설계, 시스템 아키텍처 설계, 데이터 설계, 사용사례 구현 알고리즘 설계, 클래스 메소드의 알고리즘 설계, 비기능적 요구사항에 대한 소프트웨어 설계, 테스트 준비사항 등을 포함한다. 따라서 **소프트웨어 설계명세서 평가지표**는 <표 11.2>와 같이 구현 단계에서 모든 설계 항목이 완전히 설계 되었는지를 평가해야 한다. 일반적으로 평가 척도는 5점 척도를 사용하지만, 설계명세서는 구현 단계 이전에 미완성된 부분은 완전히 보완되어야 하므로 단순히 설계 항목의 완성(○), 보통(△), 미흡(×)의 3점 척도이면 충분할 것이다. 그 이유는 모든 불충분 항목은 반드시 충분히 수정하여 완전한 설계명세서가 작성되어야 하기 때문이다.

〈표 11.2〉 소프트웨어 설계명세서(SDD)의 평가지표

평가영역	평가항목	평가 점수 (○, △, ×)	비고
문서 개요	설계목표, 설계범위, 시스템 개요, 용어 정의 등의 완성노		
외부 인터페이스 설계	HW 외부 인터페이스 설계		
	SW 외부 인터페이스 설계		
	NW 외부 인터페이스 설계		
사용자 인터페이스 (스크린 이미지) 사용성	메인 메뉴 배치도		
	서브 메뉴 배치도		
	상황 인지도 표현		
	미적 감각(글꼴, 크기, 색깔, 공간)		

평가영역	평가항목	평가 점수 (○, △, ×)	비고
	학습 용이성		
	사용 편리성		
	일관성 유무		
시스템 아키텍처 설계	HW 아키텍처 설계		
	SW 아키텍처 설계		
	NW 아키텍처 설계		
데이터 설계	CRC cards 설계		
	클래스 설계		
	Abstract class/interface 설계		
	내부/외부 자료구조 설계		
데이터베이스 스키마 테이블 설계	국영문 테이블 이름 명명		
	국영문 속성 명명		
	데이터 타입과 길이		
	제약조건 설정		
사용사례 알고리즘 설계	메소드 헤더 주석		
	메소드 내부 주석		
	알고리즘 인터페이스 정의		
	알고리즘 표현		
클래스 메소드의 알고리즘 설계	파일 헤더 주석		
	메소드 헤더 주석		
	메소드 내부 주석		
	알고리즘 인터페이스 정의		
	알고리즘 기술 수준		
비기능적 요구사항에 대한 소프트웨어 설계	항목별로 완성도 검사		
테스트 계획수립	블랙박스 테스트: 동치분해		
	블랙박스 테스트: 경계값 분석		
	블랙박스 테스트: 상태기반 테스팅		
	통합테스트 계획수립		
종합 평가			

연습문제

11.1 파일 헤더 주석에 포함되는 항목을 열거하시오. 또한 실제로 파일 헤더 주석의 예문을 작성해 보시오.

11.2 메소드 헤더 주석에 포함되는 항목을 열거하시오. 또한 실제로 메소드 헤더 주석의 예문을 작성해 보시오.

11.3 메소드 알고리즘 설계의 좋은 예와 나쁜 예를 들어 보이시오. 그리고 그 이유를 설명하시오.

11.4 사용사례 알고리즘과 클래스 메소드 알고리즘의 차이점을 설명하시오. 실제 구현 단계에서 사용사례 알고리즘은 어떻게 동작하는지를 설명하시오.

11.5 소프트웨어 설계명세서(SDD)에 포함되는 항목을 열거하시오. 실제 소프트웨어 설계명세서의 양식을 작성해 보시오.

11.6 소프트웨어 알고리즘 설계에서 수행해야 하는 일을 설명해 보시오.

11.7 소프트웨어 설계명세서의 주요 평가 요소를 열거하시오.

11.8 다음 〈보기〉 중 알고리즘 설계의 모든 활동 범위로서 **옳게** 짝지어진 것은?

> **보기**
>
> ㉠ Front-end의 시퀀스 다이어그램에 대한 알고리즘 설계
> ㉡ Front-end의 알고리즘 설계에 필요한 질의 설계
> ㉢ Back-end의 클래스 메소드 알고리즘 설계
> ㉣ 모든 비기능석 요구사항에 대한 알고리즘 설계
> ㉤ 파일 헤더, 메소드 헤더 및 메소드 내부 주석 처리

정답 11.8 ④

연습문제

① ㉠ - ㉡
② ㉠ - ㉡ - ㉢
③ ㉠ - ㉡ - ㉢ - ㉣
④ ㉠ - ㉡ - ㉢ - ㉣ - ㉤
⑤ 해당 사항 없음

11.9 다음 〈보기〉 중 소프트웨어 개발 생명주기에서 설계 단계의 활동 범위로서 **옳지 않은** 것은?

> **보기**
> ㉠ 시퀀스 다이어그램에 대한 알고리즘 설계
> ㉡ 알고리즘 설계
> ㉢ 데이터 설계
> ㉣ 시스템 아키텍처 설계
> ㉤ HW/SW/NW 인터페이스 명세
> ㉥ 기능적 요구사항과 비기능적 요구사항 명세
> ㉦ 테스트 계획수립

① ㉦
② ㉤ - ㉥
③ ㉤ - ㉥ - ㉦
④ ㉠ - ㉡ - ㉢ - ㉣ - ㉦
⑤ ㉠ - ㉡ - ㉢ - ㉣ - ㉤ - ㉥

11.10 다음 〈보기〉 중 알고리즘 설계명세서(SDD)의 주요 평가지표로서 **모두 옳게** 짝지어진 것은?

> **보기**
> ㉠ 시스템 아키텍처 설계
> ㉡ 데이터 설계
> ㉢ 클래스 메소드 알고리즘 설계
> ㉣ 사용사례에 대한 알고리즘 설계
> ㉤ 비기능적 요구사항에 대한 소프트웨어 설계
> ㉥ 사용자 인터페이스 설계
> ㉦ 외부 인터페이스 설계
> ㉧ 테스트 계획수립

① ㉠ - ㉡ - ㉢
② ㉡ - ㉢ - ㉣ - ㉥
③ ㉡ - ㉢ - ㉣ - ㉥ - ㉦
④ ㉠ - ㉡ - ㉢ - ㉣ - ㉤ - ㉥ - ㉦
⑤ ㉠ - ㉡ - ㉢ - ㉣ - ㉤ - ㉥ - ㉦ - ㉧

PART 5

코딩 및 테스트

CHAPTER 12 코딩 규칙

CHAPTER 13 테스트 방법론

CHAPTER 12

코딩 규칙

12.1 좋은 프로그래밍 코드의 품질
12.2 명명 규칙
12.3 문장 및 수식 표현 규칙
12.4 오류 처리 규칙
12.5 이식성을 고려한 코딩 규칙
12.6 주석 달기
12.7 코드 품질 향상 기법
■ 연습문제

학습목표

이 장에서는 소프트웨어 설계를 완성한 후 프로그램 코딩 단계에서 좋은 프로그램 코딩을 위해 지켜야 하는 코딩 규칙, 주석 달기, 코딩을 완성한 후에 적용하는 코드 품질 향상 기법에 대해 학습한다. 그 세부적인 학습 목표는 다음과 같다.

- 좋은 프로그래밍의 주요 목표를 이해하고 설명할 수 있다.
- 코딩 단계에서 프로그램 코드 품질 향상의 주요 목표를 이해하고 설명할 수 있다.
- 프로그램을 코딩할 때 변수명, 클래스 이름, 메소드 이름의 명명 규칙을 이해하고 실제 적용할 수 있다.
- 프로그램을 코딩할 때 적용하는 클래스 이름의 명명 규칙을 이해하고 설명할 수 있다.
- 프로그램을 코딩할 때 적용하는 메소드 이름의 명명 규칙을 이해하고 설명할 수 있다.
- 프로그램을 코딩할 때 적용하는 변수명의 명명 규칙을 이해하고 설명할 수 있다.
- 프로그램을 코딩할 때 문장과 수식 표현에 적용하는 표준 및 규칙을 이해하고 설명할 수 있다.
- 프로그램 코딩에서 어떤 연산을 처리한 후 반드시 검사해야 하는 에러 처리 방법을 이해하고 그 예를 들어 설명할 수 있다.
- 이식성을 고려한 코딩 방법을 이해하고 실제 프로그램에 적용할 수 있다.
- 파일 헤더, 메소드 헤더, 메소드 바디 부분에 주석 달기 방법을 이해하고 프로그램에 적용할 수 있다.
- 코딩을 완성하고 테스트 단계로 넘어가기 이전에 코드 품질 향상 기법의 종류를 열거하고 설명할 수 있다.
- 코드 리펙토링 기법을 이해하고 그 효과를 설명할 수 있다.
- 코드 인스펙션에서 수행하는 주요 검사 항목과 검사 내용을 설명할 수 있다.
- 정적 분석에 의한 코드 품질 향상 기법의 개념을 이해하고 설명할 수 있다.
- 동적 분석에 의한 코드 품질 향상 기법의 개념을 이해하고 설명할 수 있다.
- McCabe's 싸이클로매틱 복잡도에 의한 정적 분석을 설명할 수 있다.

코딩 단계는 소프트웨어 개발 생명주기(SDLC)에서 중요한 단계이다. **코딩 작업**은 설계명세를 소프트웨어 애플리케이션의 기초가 되는 소스 코드로 변환하는 단계이다. 이 단계에서 개발자는 구상한 소프트웨어에 생명을 불어넣는 코드를 작성한다. 코딩 단계는 소프트웨어 아키텍처와 시스템 요구사항이 정의되는 설계 단계가 완료된 후 수행된다. 프로그래머는 설계가 완성되면 개발자는 이러한 설계를 기능적인 소스 코드로 변환하는 작업을 수행한다. 이 단계에서 프로그래머는 Java, Python, C++ 또는 JavaScript와 같은 프로그래밍 언어를 사용하여 소프트웨어가 의도한 기능을 수행될 수 있도록 필요한 지침을 작성한다. 이들은 논리적 알고리즘을 신중하게 구현하고, 사용자 인터페이스를 만들고, 데이터베이스와 서버 간의 연결 등을 설정한다. 코딩 단계에서는 세부 사항에 주의를 기울이고 설계 사양을 엄격하게 준수하는 것이 중요하다. 프로그래머는 개발팀의 다른 구성원들이 이해하기 쉽고 읽기 쉬우며 유지보수가 가능한 코드를 작성하는 것을 목표로 둔다. 이 단계에서 코딩 결함이나 논리적 오류를 식별하고 해결하기 위해 테스트(testing)와 디버깅(debugging)도 중요한 역할을 수행한다.

개발 단계에서 구현되는 소스 코드는 소프트웨어의 요구사항과 소프트웨어 설계명세서(SDD)를 기반으로 하며 계획된 모든 기능이 실현되는 것을 보장해야 한다. 특히 **코딩 작업은 설계명세서를 기반으로 수행한다**. 프로그래머는 이 과정에서 코드를 작성하면서 여러 구성 요소를 통합하는 경우가 많이 발생한다. 이러한 구성 요소는 소프트웨어의 서로 다른 모듈 또는 기능일 수 있으며, 통합은 이들이 원활하게 함께 작동하도록 하는 데 매우 중요하다. 구현 단계에서 구성 요소 테스트는 지속적인 활동이며, 반드시 수반되는 활동이다. 프로그래머는 소프트웨어가 구현되는 동안 각 부분을 테스트하여 버그를 조기에 발견하고 수정한다. 코딩이 진행되면서 코드 검토는 필수적인 요소가 된다. 팀원들은 서로의 코드가 품질과 표준을 준수하는지 검토하고 잠재적인 문제를 파악한다. 이 관행은 프로젝트 전반에 걸쳐 코드 품질과 일관성을 유지하는 데 도움을 준다. 한편 이 테스트는 종종 단위테스트를 통해 수행되며, 단위테스트는 작은 코드 조각의 정확성을 확인하는 자동화된 테스트 도구를 사용한다.

이 장에서는 코딩 단계에서 지켜야 하는 코딩 표준 및 지침을 소개하고, 코드 작성 시 지켜야 하는 문장과 수식 표현 규칙, 오류 처리 규칙, 이식성을 고려한 코딩 규칙, 주석 달기 방법 등을 소개한다. 또한 테스트 이전 단계에서 코드 품질 향상 기법인 리팩토링, 코드 인스펙션, 정적 분석과 동적 분석, McCabe's 싸이클로매틱 복잡도에 의한 정적 분석, 동적 분석, 페어 프로그래밍 방법을 소개한다. 이러한 코딩 표준 및 지침은 일관되고 읽기 쉽고 유지보수 가능한 코드를 보장하여 효율적인 개발 및 오류 감지를 촉진한다. 또한 표준 명명 규칙, 들여쓰기 및 문서화 방식을 표준화하여 복잡성을 줄이고 코드 재사용을 촉진한다. 이러한 규칙을 준수하면 전반적인 소프트웨어 품질과 개발 효율성 향상에 기여할 것이다. 특히 코딩 표준 및 지침은 초기 코딩 단계에서 오류를 감지하는 데 많은 도움을 제공하므로 소프트웨어 프로젝트에서 발생하는 추가 비용을 줄여주는 효과가 있다. 또한 코딩 표준은 보안과 안전을 강화한다. 소프트웨어 코딩 표준은 안전하고 신뢰할 수 있으며 안전하고 테스트 및 유지보수가 가능한 코드를 생성하는 검증된 프로그래밍 기술을 이식하는 데 목표를 둔다.

특히 코딩을 완성한 후 테스트 단계 이전에 수행하는 코드 품질 향상의 주요 목표는 주로 코드의 **'가독성'**과 **'유지보수성'** 향상에 목표를 둔다. 다음은 코드 품질 향상을 위해 지켜야 하는 코딩 표준과 지침, 문장과 수식 표현 규칙, 주석 달기, 이식성을 고려한 코딩 기법, 여러 가지 코드 품질 향상 기법인 리팩토링, 코드 인스펙션, 정적 분석과 동적 분석을 중심으로 상세히 설명한다.

12.1 좋은 프로그래밍 코드의 품질

코딩 단계에서 모든 개발자가 노력해야 할 좋은 프로그래밍 코드의 주요 특성은 과연 무엇일까? 좋은 프로그래밍의 목표는 여러 가지가 있다. 일반적으로 좋은 프로그래밍 코드란 **읽기 쉽고, 이해하기 쉬운 프로그램 코드**이다. 또한 좋은 프로그래밍 코드란 **구현이 쉽고 유지보수 작업이 수월한 것**을 의미한다. Weinberg의 실험에 의하면, 좋은 프로그래밍의 목표를 모두 만족하는 것은 어렵다고 말한다. 실험에서 5개 팀이 같은 문제에 대해 프로그램 코딩을 수행하였는데, 코딩 작업 목표를 다음과 같이 여러 가지 환경을 설정하고 그 결과를 비교하였다.

- 코드 작성에 드는 노력의 최소화
- 문장 수의 최소화
- 소요되는 메모리와 CPU 자원의 최소화
- 프로그램 명확성의 최대화
- 프로그램 출력 명확성의 최대화

그 결과 프로그램 명확성의 최대화를 목표로 작성된 코드는 이해하기 쉽지만, 프로그램이 길어지고 사용 메모리량은 커지는 것으로 나타났다. 다시 말하면, 어느 목표로 코딩을 작성하면 다른 목표는 희생되는 것으로 나타났다.

> 일반적으로 좋은 프로그램(코드)은 효율적이고, 확장, 가능하며 유지보수가 편리한 소프트웨어를 의미한다.

모든 개발자가 노력해야 하는 **좋은 프로그램 코드가 갖는 주요 특성**은 다음과 같다. 이것은 사실 14장에서 소개하는 소프트웨어 품질 평가 요소와 거의 유사하다.

- 가독성: 가독성은 좋은 프로그래밍 코드의 가장 중요한 품질 요소이다. 코드는 다른 개발자를 포함하여 코드를 작업하는 모든 사람이 읽기 쉽고 이해할 수 있어야 한다. 잘 정리되고 구조화된 코드는 이해하기 쉽고, 유지보수 및 업데이트가 용이하다. 따라서 코드의 가독성을 높이기 위해 항상 적절한 명명 규칙, 들여쓰기 및 주석을 사용해야 한다.
- 유지보수성: 유지보수성은 개발이 이뤄지고 시간이 지나도 코드의 기능과 지원 기능을 유지할 수 있는 능력이다. 좋은 프로그래밍 코드는 유지보수, 수정 및 업데이트가 용이해야 한다. 각 부분이 분리되어 있고 그 밖의 코드에 영향을 주지 않고 변경할 수 있는 모듈식 코드를 작성해야 한다. 이렇게 하면 코드는 다른 부분에 영향을 주지 않고 쉽게 변경할 수 있다.
- 효율성: 효율성은 좋은 프로그래밍 코드의 또 다른 중요한 측면이다. 효율적인 프로그래밍 코드는 메모리 및 CPU 성능과 같은 자원을 최소로 사용하고 실행 속도가 빨라야 한다. 이것은 수행 지연이나 충돌 없이 원활하게 수행되어야 하는 크고 복잡한 애플리케이션에 필수적인 요소이다.
- 신뢰성: 좋은 프로그래밍 코드는 신뢰할 수 있고 예측 가능해야 한다. 항상 예상되는 결과를 생성하고 충돌이나 오작동이 없어야 한다. 코드는 철저한 테스트를 거쳐야 하며, 신뢰성을 보장하기 위해 모든 테스트 케이스를 고려해야 한다.
- 확장성: 확장성은 증가하는 데이터와 트래픽을 처리할 수 있는 코드의 능력이다. 좋은 프로그래밍 코드는 속도 저하나 충돌 없이 대량의 데이터를 처리할 수 있도록 설계되어야 한다. 코드를 설계하고 개발할 때 확장성을 고려하여 향후 성장에 대응할 수 있도록 하는 것이 중요하다.
- 보안성: 보안은 모든 소프트웨어에서 매우 중요하며, 좋은 프로그래밍 코드는 보안을 염두에 두고 설계되어야 한다. 즉 취약점을 피하기 위한 보안 코딩 규칙을 준수하고 무단 접근 및 데이터 유출을 방지하기 위한 조치를 구현해야 한다.
- 테스트 용이성: 테스트 용이성은 코드의 정확성을 검증하기 위해 자동화된 테스트를 작성하는 능력

이다. 좋은 프로그래밍 코드는 테스트하기 쉬워야 하며, 테스트는 개발 프로세스의 필수적인 부분이다. 이를 통해 코드의 모든 부분이 올바르게 작동하는지 확인하고 모든 문제를 즉시 식별하고 해결할 수 있다.

- 일관성: 일관성은 좋은 프로그래밍 코드의 핵심 요소이다. 코드는 스타일, 구조 및 형식에 일관성이 있어야 한다. 이렇게 하면 읽기 쉽고 이해하기 쉽고 여러 프로그래머가 혼동 없이 동일한 코드에서 작업할 수 있다.

결론적으로 좋은 프로그래밍 코드는 좋은 소프트웨어의 핵심 요소이다. 특히 프로그래밍 코드의 **가독성, 유지보수성, 효율성, 확장성, 보안, 테스트 용이성 및 일관성**에 중점을 두면 코드의 품질을 최고 수준으로 유지할 수 있다. 따라서 좋은 프로그래밍 코드는 기능적인 코드를 작성하는 것뿐만 아니라 가독성, 유지보수성 및 업데이트하기 쉬운 코드를 작성해야 하는 것임을 명심해야 한다.

다음은 좋은 프로그래밍 코드를 작성하기 위해 코딩 단계에서 지켜야 하는 코딩 표준 및 지침을 소개하고, 코드 작성 시 지켜야 하는 문장과 수식 표현 규칙, 오류 처리 규칙, 이식성을 고려한 코딩 규칙, 주석 달기 방법 등을 순차적으로 소개한다.

12.2 명명 규칙

컴퓨터 프로그래밍에서 변수(variable)는 연관된 기호 이름과 짝을 이루는 추상적(가상) 저장 위치이다. 변수 이름은 읽기 쉽고 이해하기 쉬우며, 추후 유지보수를 편리하게 하는 데 아주 결정적 역할을 제공한다. 따라서 코드를 보기 좋고 읽기 쉽게 하는 변수 이름을 지정하는 표준 규칙이 있다면 유지보수에 많은 도움을 준다. 또한 변수의 의미 있고 설명적인 이름을 선택하는 것은 프로그램의 유지보수 및 디버깅 용이성, 가독성, 이해력 증진, 코드 재사용성 측면에서 필수적이다. 이외도 명확하고 일관된 변수 명명 규칙의 사용은 팀원 간의 코드를 쉽게 이해하고, 효과적인 협업을 촉진하고, 통신 장벽을 줄이고, 코드 검토와 토론을 더욱 효율적으로 진행할 수 있는 장점을 제공한다. 이러한 목적을 위해 일반적으로 변수 이름을 선언할 때마다 항상 고려해야 하는 **변수명, 클래스 이름, 메소드 이름의 명명 규칙**은 <그림 12.1>과 같다.

- 클래스 이름은 의미 있는 명사를 사용하고 첫 문자는 대문자를 사용한다. 예로, '학생', '학과' 클래스는 'Student', 'Department' 등의 명사형을 사용한다.
- 인터페이스 이름은 명사나 형용사를 사용한다. 예로, interface Runnable { }과 같다.
- 메소드 이름은 의미 있는 동사를 사용하고, 첫 글자는 소문자로 시작하고 연속되는 단어의 첫 문자는 대문자로 구별한다. 예로, calculate(), move() 등과 같은 동사형을 사용한다. 또한 메소드 이름은 일반적으로 많이 사용하는 관례를 따른다. 예로, getName(), setName(), isValid()과 같이 일반적인 사용 형태를 사용한다. 메소드 이름을 소문자로 사용하는 이유는 메소드 호출과 생성자 호출을 구별하기 위한 것이다.
- 생성자 이름은 클래스 이름과 동일하고 첫 글자는 대문자로 시작한다.
- 클래스, 메소드, 변수 이름은 모두 의미 있는 단어를 사용한다. 이것은 그 이름만 보아도 그 의미 파악을 쉽게 할 수 있기 때문이다. 예로, 't = x + y +z'는 단순히 3가지 숫자를 더하라는 뜻이나 그 의미 파악이 어렵다. 이것을 동일한 의미를 갖는 total = kor + eng + math으로 표현한다면, 국어, 영어, 수학 점수를 더하여 그 합계를 'total'에 저장한다는 의미임을 쉽게 알 수 있다.
- 변수명이 긴 경우 첫 글자는 소문자로 하고 연속되는 단어의 첫 글자는 대문자로 하여 의미 파악을 쉽게 한다. 사용 중인 프로그래밍 언어 또는 스타일 가이드에 따라 적절한 대소문자 또는 밑줄로 구분하는 명명 규칙을 사용한다. 예로, '사람 이름'의 변수명에는 'firstName' 또는 'first_name' 같은 형식을 사용한다. 최근에는 'firstName', 'lastName' 같은 유형을 선호한다.
- 변수명은 가능한 전체적으로 일관성 있는 명명 규칙을 따른다.
- 변수명은 간결하면서도 설명력이 있는 이름을 사용하고, 가능한 발음이 가능한 이름을 사용한다.
- 변수명은 가능한 목적, 의미 또는 역할을 잘 전달할 수 있는 설명적인 단어를 사용한다. 변수명은 의도를 잘 표시할 수 있는 이름을 사용하고, 상황에 따라 명사형, 동사형 또는 형용사형을 사용할 수 있다. 예로, 학생의 학번, 성명, 주소 등의 변수명에는 프로그램 이해를 도와주는 id, name, address 같은 변수명을 사용할 수 있다.
- 변수명은 가능한 숫자 사용을 피하는 것이 좋다.
- 전역 변수 사용은 가능한 제한적으로 사용하고, 전역 변수 이름에서 첫 글자는 대문자(예: Count)로 시작한다. 상수 이름은 대문자만 사용하여 구성해야 한다(예: CONSDATA).
- 상수명은 대문자만을 사용하고 단어 사이에는 밑줄을 사용한다. 예로, 'NUM_OF_COUNT = 100'과 같은 형태를 사용한다.

- 패키지 이름에는 패키지 이름 앞에 인터넷 도메인 이름을 거꾸로 붙여준다. 예로, 'DBserver' 패키지의 경우, 도메인 이름인 'seoul.ac.kr'를 거꾸로 붙여서 'kr.ac.seoul.DBserver'로 패키지 이름을 부여한다.
- 가능한 프로그래밍 언어가 갖는 전통적인 관례를 준수한다.
- 변수명에는 지나치게 약자 사용을 피하는 것이 좋다. 단, 너무 긴 변수명은 간단한 약어를 사용할 수 있으나, 너무 많이 약어를 사용하면 코드 이해를 어렵게 하므로 약어 사용을 자제하는 것이 좋다.
- 변수명으로 프로그램 언어의 키워드 사용을 피해야 한다.

〈그림 12.1〉 클래스, 인터페이스, 메소드, 속성의 명명 규칙

12.3 문장 및 수식 표현 규칙

프로그램에서 제어 흐름을 나타내는 구조는 블록 문장 구조를 사용하는 것이 좋다. 대표적으로 if ~ else문의 경우 <그림 12.2>와 같은 형식을 선택하여 사용한다. 블록 구조 형식은 사용하는 코드 편집기에서 제공하는 문장 구조 형식에 따라 다를 수 있다<그림 12.2>. 분명한 것은 프로그램의 가독성을 높이는 데 목적을 두고 이에 맞는 좋은 문장 구조와 블록 구조를 사용해야 한다. 아울러 프로그램에서 블록이 바뀔 때마다 **3~4칸씩 들여 쓰고, 변수와 변수 사이, 변수와 연산자 사이에는 반드시 1칸씩 띄어쓰기** 규칙을 지키는 것도 프로그램의 가독성을 높이는 데 중요하다.

```
void char calculate(int kor, int eng, int math)
{
   int total;
   float avg;
   char grade;

   total = kor + eng + math; // 합계
   avg = (float) total / 3.0;   // 평균

   // 성적 등급을 계산하는 부분
   if (avg >= 90)
   {
      grade = 'A';
```

```
void char calculate(int kor, int eng, int math)
{
   int total;
   float avg;
   char grade;

   total = kor + eng + math; // 합계
   avg = (float) total / 3.0;   // 평균

   // 성적 등급을 계산하는 부분
   if (avg >= 90) {
      grade = 'A';
   }
```

```
   }
   else if (avg >= 80)
   {
      grade = 'B';
   }
   else if (avg >= 70)
   {
      grade = 'C';
   }
   else if (avg >= 60)
   {
      grade = 'D';
   }
   else
      grade = 'F';

   return grade;
}
```

(a)

```
   else if (avg >= 80) {
      grade = 'B';
   }
   else if (avg >= 70) {
      grade = 'C';
   }
   else if (avg >= 60) {
      grade = 'D';
   }
   else
      grade = 'F';

   return grade;
}
```

(b)

〈그림 12.2〉 프로그램에서 블록 구조 형식

따라서 프로그램의 가독성을 높이기 위해 사용하는 **문장 및 수식 표현 코딩 규칙**은 <그림 12.3>과 같이 요약된다.

- (문단 사이 줄 띄우기) 프로그램에서 문장 내용이 많이 바뀔 때마다 한 줄씩 띄어 쓴다. 예로, <그림 12.2>에서 합계와 평균을 계산하는 부분과 성적 등급을 계산하는 부분 사이에 한 줄을 띄어 쓰는 것이 좋다. 이것은 책에서 문단과 문단 사이에 들여쓰기하거나 일정 간격을 띄우는 것과 같으며, 가독성을 높이는 효과가 있다. 반대로 문단 사이의 너무 많은 줄 띄우기는 가독성을 떨어뜨릴 수 있으므로 적절히 사용해야 한다.
- (띄어쓰기) 각 블록의 시작과 끝에는 3~4칸씩 들여쓰기를 해야 한다. 예로, if 문장, for 문장, while 문장 등의 내부는 3~4칸씩 들여쓰기를 지킨다.
- (블록의 시작과 끝부분) 모든 블록의 시작을 알리는 중괄호는 문장의 끝부분 또는 새로운 줄에서 시작하고, 블록의 종류를 알리는 중괄호는 새로운 줄에서 시작한다.

- (중첩된 블록) 중첩된 블록 간에는 다시 새로운 블록의 시작 부분에서 3~4칸씩 들여 쓴다.
- (수식 표현) 수식에서 변수와 변수 사이, 변수와 연산자 사이에는 한 칸씩 띄어 쓴다. 이것은 프로그램의 가독성을 높이는 데 중요하다. 예로, 수식 total = kor + eng + math;에서 변수와 연산자 사이에는 한 칸씩 띄어 쓰는 것이 좋다.
- (오류 반환 값 및 예외 처리 규칙) 오류 조건이 발생한 모든 메소드는 디버깅을 단순화하기 위해 0 또는 1을 반환하도록 한다. 일반적으로 모든 메소드는 정상적으로 종료한다면 0 또는 1을 반환하고, 그 밖의 경우 에러 코드를 반환하도록 정의한다.
- (주석 처리) 코드는 이해하기 쉽도록 적절히 주석 처리되어야 한다. 명령문에 대한 주석은 코드의 이해도를 높여준다.
- (매개변수 개수) 메소드 정의 시 반드시 호출 메소드와 피호출 메소드 간의 매개변수(parameter) 개수가 일치하는지를 확인해야 한다. 프로그래밍 언어에 따라 메소드 정의 시 매개변수가 잘못 정의되었음에도 프로그램 수행은 지속되고 이따금 프로그램이 중단되거나 오동작을 일으키는 문제점이 발생하고 이러한 버그 찾기가 어려운 경우가 종종 있다.
- (**변수 초기화**) 어떤 프로그램을 반복적으로 수행하는 경우, 반드시 프로그램을 재시작할 때마다 변수 초기화를 해야 한다. 이렇게 변수 초기화가 필요한 부분을 별도의 메소드로 정의하여 사용하면 효율적이다. 이러한 변수 초기화가 이뤄지지 않으면 메모리 파손을 일으키지 않을 때까지는 정상적으로 동작하지만, 사용 가능한 메모리 공간을 벗어나면 프로그램 수행이 오동작을 일으킬 수 있고 그 에러 찾기도 상당히 어려울 수 있다.
- (메소드 길이) 메소드의 길이는 너무 길어서는 안 된다. 메소드가 길면 이해하기가 매우 어렵기 때문이다. 가능한 한 메소드는 한 가지 기능만을 수행할 수 있도록 설계하는 것이 가장 바람직하다. 여러 기능은 작은 작업을 완료하기 위해 작은 기능의 여러 메소드로 분리하여 개발해야 한다.
- 프로그램에서 가능한 GOTO 문을 사용하지 않는다. GOTO 문은 프로그램을 구조화되지 않게 만들어 프로그램의 이해도를 떨어뜨리고 디버깅도 어렵게 만들기 때문이다.
- (코드 줄 길이) 가독성을 높이려면 줄 길이를 제한하는 것이 좋다. 보통 한 문장은 80자 또는 120자를 넘지 않는 줄 길이를 권장한다.
- (공백) 프로그램에서 공백을 효과적으로 사용하여 코드 가독성을 향상하는 것이 아주 중요하다. 또한 과도하고 불필요한 공백은 피하도록 한다.
- (오류 처리) 모든 프로그램은 적절한 오류 처리를 반드시 구현하고 오류를 명확하게 전달해야 한

다. 오류와 예외를 식별하고 적절히 대응하는 것이 중요하다. 오류 보고, 로깅 및 처리에 대한 명확한 가이드라인이 있으면 코드의 신뢰성이 높아지고 시간이 지남에 따라 오류를 방지할 수 있다.

- 프로그램에서 다음과 같은 처리는 명확히 구별하여 처리해야 한다.

  ① **if (a == 0) ~ ;**

  ② **if (a <= 0) ~ ;**

  ③ **if (a = 0) ~ i ;**

  그냥 넘어갈 수 있지만, ①의 조건문은 정상적으로 a 값이 0이면 'true'으로 정상 처리된다. 반면에 ②의 조건문은 사용자가 의도하지 않게 0보다 작은 값이나 큰 값을 입력하면 전혀 다른 결과를 생성할 수 있으므로 이런 부분의 코딩을 주의해야 한다. **특히 C언어에서 ③과 같은 경우는 상당히 주의하여 사용해야 한다.**

〈그림 12.3〉 프로그램에서 수식 표현 규칙

12.4 오류 처리 규칙

프로그램 코딩에서 어떤 연산을 처리한 다음 반드시 그 에러를 검사하고 처리해야 한다. 에러를 검사하지 않으면, 에러로 인해 시스템이 중단되거나 프로그램의 오동작을 일으킬 수 있기 때문이다. <그림 12.4>는 **반드시 오류 처리해야 하는 몇 가지 프로그램 사례**이다.

- (수식 예외 오류) 나눗셈 연산(i.e. $\frac{\text{분자}}{\text{부모}}$)에서 부모 식은 반드시 '0'이 아니어야 한다. 따라서 나눗셈 연산을 수행하기 전에는 반드시 부모가 0인지를 검사해야 한다. 분모가 '0'이면, 프로그램은 무한 루프에 빠질 수 있다. 다음은 나눗셈 연산의 예제이다

```
if (count == 0) {
  printf("An error in division occurs.\n");
  exit(1); // 프로그램을 종료시킨다.
}
avg = total / count;
```

- (배열의 인덱스 오류) 배열의 인덱스가 범위를 벗어나면 예외 오류를 발생한다. 항상 배열을 사용

하는 경우 배열 인덱스가 음수값을 갖는지 혹은 한도를 벗어나지 않는지를 반드시 검사해야 한다. 특히 for 문에서 루프의 반복 횟수를 정의할 때 항상 주의 깊게 확인해야 한다. 다음의 예제에서 for 문은 $i = 0 \sim 99$까지 반복적으로 수행된다.

```
int data[100];
for (int i = 0; i < 100; i++)
    data[i] = 0;
```

위의 문장에서 흔히 다음과 같은 실수를 범한다.

```
for (int i = 0; i <= 100; i++) 혹은
for (int i = 1; i <= 100; i++) 혹은
for (int i = 1; i < 100; i++)
```

- (스트링 처리 오류) C 프로그래밍 언어에서 strcpy(), sprintf() 등의 문자열 처리 함수는 입력 매개변수 문자열의 끝부분이 'null'로 끝나야 한다. 이런 경우 의도하지 않게 다음 주소의 값이 함께 연결되어 엉뚱한 결과를 초래할 수 있다.
- (메모리 할당 문제) 메모리 할당 문장에는 반드시 메모리 할당이 정상적으로 이뤄졌는지를 검사해야 한다. 그렇지 않으면 할당되지 않은 메모리 공간에 어떤 값을 할당하여 시스템을 파손할 수 있기 때문이다. 예로,

```
char *ptr;
ptr = (char *) malloc(sizeof(int) * 10);
if (ptr == null) { // 메모리 할당을 실패하면, 프로그램은 종료시켜야 한다.
  printf("Memory allocation is failed. \n");
  exit(1);
}
// 메모리 할당이 성공하면, 할당된 메모리 공간을 사용한다.
for (i = 0; i < 10; i++)
   *(ptr + i) = 10 + i;
```

- (메모리 해제와 누수 오류) 메모리 할당에 의해 생성된 변수는 그 사용이 완료되면 반드시 메모리를 해제하여 정상적으로 운영체계에 의해 메모리가 관리될 수 있도록 해제해야 한다. 그렇지 않으면 계속하여 메모리가 사용 중으로 메모리 누수가 발생한다. 반면에 메모리 해제 시 이미 해제된 자원의 변수를 또다시 반복하여 해제하는 오류도 발생하므로 확인이 필요하다.

〈그림 12.3〉 프로그램에서 수식 표현 규칙

12.5 이식성을 고려한 코딩 규칙

일반적으로 프로그램 코딩은 단편적으로 에러 없이 잘 수행되고 가독성 좋고, 이해하기 좋으면 좋은 프로그램이라 판단할 수 있다. 따라서 프로그램 작성 시 유지보수성, 재사용성, 이식성 등도 반드시 고려해야 한다. 예로, 프로그램에서 흔히 사용하는 수학 연산을 처리하는 함수인 cos(), sin(), tan(), 그리고 printf(), scanf() 등의 라이브러리 함수도 이식성을 고려한다면, <그림 12.5>와 같이 코딩 규칙을 지켜야 한다.

- 흔히 사용하는 cos(), sin(), tan() 등의 삼각함수, 그리고 printf(), scanf() 등의 입출력 라이브러리 사용 시 프로그램에서 직접적인 사용을 피하는 것이 좋다. #define 문과 같은 매크로 처리를 사용하면, 프로그램의 유지보수성을 크게 향상시킨다. 예로, 어떤 시스템을 다른 운영체계로 이식하는 경우, 수학 연산 처리 함수를 #define에 의한 매크로 문장을 정의하여 사용한다면, 이식 과정에서 단지 #define 부분만 수정하면 모든 이식 과정은 종료된다. 그렇지 않다면 프로그램에서 관련 부분을 모두 찾아 변경해야 하므로 그 유지보수 효율성의 차이는 엄청나다. 그 예는 다음과 같다.

```
#define COS(x) cos(x)
#define SIN(x) sin(x)
#define PRINTF(x) printf(x)
#define SCANF(x) scanf(x)
```

  위의 매크로 문장을 정의하고 프로그램에서 단지 COS(x), SIN(x), PRINTF(x), SCANF(x) 등의 매크로를 사용하면 프로그램의 유지보수성은 대폭 향상된다.

- 소프트웨어 개발에서 사용자 인터페이스는 여러 장치마다 구현 방법이 다르다. 예로, 주변에서 많이 사용하는 응용 프로그램의 경우, 여러 종류의 컴퓨터(운영체계 차이로 인함)와 스마트폰 등에 따라 그 프로그램의 인터페이스가 아주 다르다. 이 문제는 처음부터 여러 장치에서 동작할 수 있도록 운영환경을 지원하는 것이 중요하다. 그렇지 않으면 운영 장치가 변경될 때마다 다시 이식 환경에 맞게 프로그램의 동작 환경설정을 다시 해야 하므로 유지보수성, 이식성이 아주 떨어짐을 알 수 있다.

〈그림 12.5〉 이식성을 고려한 프로그램 코딩 규칙

12.6 주석 달기

프로그램 코팅에서 지켜야 할 주석 처리는 파일 헤더(file header), 메소드 헤더(method header), 메소드 내부 주석 처리(comments) 등이 있으며, 그 밖의 사항은 11.4절의 알고리즘 설계 규칙에 따른다.

12.6.1 파일 헤더 주석

다른 프로그래머가 소스 코드를 처음 선택하거나 소스 파일을 읽을 때 가장 먼저 보는 것이 바로 소스 코드 파일의 시작 부분에 있는 파일 헤더(file header) 주석이다. 이를 통해 프로그램 파일의 용도, 파일에 포함된 내용, 파일에서 수행하는 작업, 파일에서 수행하는 이유, 저작권 등을 이해하는 데 도움을 준다. 이 파일 헤더는 또한 파일의 내부, 외부 및 간단한 이력 정보를 제공하여 유지보수 이력을 관리한다. 결과적으로 코드를 더 잘 이해하고 유지보수하려면 다양한 모듈의 헤더가 일부 표준 형식과 정보를 따라야 한다. 그 내용을 요약하면 다음과 같으며, 그 항목은 필요에 따라 추가하여 사용할 수 있다.

- 클래스(또는 파일) 이름
- 파일의 용도(개요)
- 저자
- 작성 일자
- 버전 정보
- 클래스에서 지원되는 기능(메소드)
- 모듈에서 액세스하는 전역 변수
- 수정 내역
- 저작권 표시

파일 헤더에서 저작권은 저작권을 뜻하는 'Copyright' 또는 ⓒ, (C) 등으로 표시하고, 발행년도(예: 2023년), 저작권자(법인명 또는 개인명), 주의 사항 등을 포함하며, 법적으로 형식이 아주 중요하므로 잘 알아두자. 특히 저작권자 표현에서 by, for는 사용하지 않아야 하며, 또는 made by Mr. LEE 혹은 그림 by Mr. LEE 등은 법적으로 인정되지 않으므로 주의 바란다. <그림 12.6>은 올바른 저작권 표기 방법의 사례이다.

- 개인 저작권: 다음 형식 중 하나를 선택하여 사용한다.

  Copyright 2021. 홍길동 All rights reserved.

  ⓒ 2021. 홍길동 All rights reserved.

  (c) 2021. 홍길동 All rights reserved.

- 회사 법인 저작권: 다음 형식 중 하나를 선택하여 사용한다.

  Copyright 2021. ABC Co. All rights reserved.

  Copyright 2021. ABC INC. All rights reserved.

  ⓒ 2021. ABC Co., Ltd. All rights reserved.

  (c) 2021. ABC Corp. All rights reserved.

〈그림 12.6〉 파일 헤더 주석에서 올바른 저작권 표시 사례

```
/*--------------------------------------------------------------
* Class Name or File Name: Student
* Description: 클래스 '학생'을 정의하고, 관련 메소드를 포함한다.
* Included Methods:
*       public int insert();
*       public int delete();
*       public int update();
*       public int retrieve();
* Programmer: Senior Engineer Dr. Hong, Gil Dong
* Date : September 01, 2023
* Version: release 1.0 on 01/03/2022
*          release 2.0 on 03/03/2023
* Global variables accessed by the module: None
* Change Histories: insert() was updated by 홍길동 03/03/2022.
*                   delete() was updated by 홍길동 03/03/2023.
*
ⓒCopyright 2023 HONG, Gil Dong in Chungbuk National University Department of Computer Science,
Republic of Korea. All rights reserved. Contact us e-mail: * jongyun@chungbuk.ac.kr Tel:
+82-43-261-2789(O)
-------------------------------------------------------------*/
```

〈그림 12.7〉 프로그램 파일 헤더의 예제

<그림 12.7>은 일반적인 파일 헤더 주석의 사례이다. 파일 헤더에는 위에서 설명했던 항목들이 대부분 포함되며, 필요에 따라 항목을 추가하여 표현할 수 있다.

12.6.2 메소드 헤더 주석

프로그램 파일에는 많은 메소드가 정의되는데, 각 메소드에는 메소드 선언 바로 앞에 메소드 헤더 주석이 있어야 한다. 일반적으로 메소드 헤더에는 메소드 명칭, 메소드 기능 설명, 매개변수 설명, 반환치 등을 포함한다. 메소드 기능 설명에는 전제조건과 후제조건을 명시해야 한다. 전제조건(precondition)은 메소드를 입력하기 전에 충족해야 하는 요구사항이며, 후제조건(postcodition)은 메소드를 실행한 후의 결과를 의미한다. 따라서 메소드 헤더에는 다음의 항목을 기술한다.

- 메소드 이름
- 메소드 기능 설명
- 매개변수 설명
- 반환치 설명

<그림 12.8>은 메소드 헤더의 예문이다. 메소드 헤더는 <그림 11.9>와 같이 파일에서 정의하는 메소드 알고리즘을 기술하기 전에 명시해야 하며, 메소드 헤더를 기술하면 각 메소드를 식별하기 쉽고 프로그램의 유지보수성과 가독성을 높이는 장점이 있다.

```
/*-----------------------------------------------------------------
* Method Name: int Student::insert(int id, String name, String address, int dnum)
* Function: '학생' 데이터베이스에 새로운 학생을 추가하는 기능을 수행한다.
* Parameter: id = 학생 학번
*            name = 성명
*            address = 주소
*            dnum = 학과 코드
* Return Value: 0 if it performs completely; an error code otherwise.
-----------------------------------------------------------------*/
int insert(int id, String name, String address, int dnum)
{
   Connect the database;
```

```
    If failed, return an error code;

    Add a new student into the STUDENT database;
    If failed, return an error code;

    return OK;
}

/*-------------------------------------------------------------
* Method Name: int Student::delete(int id)
* Function: '학생' 데이터베이스에서 지정된 학생을 삭제한다.
* Parameter: id = 학생 학번
* Return Value: 0 if it performs completely; an error code otherwise.
-------------------------------------------------------------*/
int delete(int id)
{
    Connect the database;
    If failed, return an error code;

    Delete a student from the STUDENT database;
    If failed, return an error code;

    return OK;
}
```

〈그림 12.8〉 프로그램 파일의 파일 헤더의 예제

12.6.3 메소드 내부 주석 처리

메소드 알고리즘의 몸체 부분도 적당한 주석을 포함해야 한다. 일반적인 메소드 알고리즘 내부의 주석 처리 규칙은 다음과 같다.

- 메소드 알고리즘의 주요 처리 단계를 강조하여 표시한다.
- 긴 계산식이나 조건문은 설명해야 한다.
- 복잡하거나 특이한 코드는 명확히 설명해야 한다.
- 버그가 예상되고 의심되는 위치를 표시해야 한다.

- 개선하거나 강화를 계획하는 위치를 표시한다.

메소드 알고리즘의 몸체 부분의 주석 예문은 <그림 12.9>의 프로그램과 같다. 메소드 내부의 주석 처리 규칙을 참조하여 메소드 내부의 주요 처리 단계마다 주석을 처리하는 것은 프로그램의 이해도를 높이고 프로그램의 유지보수성을 높여준다.

```
/*-----------------------------------------------------------------
 1) 메소드명: int insert(ListNode *first, int num)
 2) 매개변수: first = 단방향 연결리스트의 첫 번째 노드를 가리키는 포인터
             num = 새롭게 추가할 노드의 값
 3) 기능: 단방향 연결리스트의 맨 앞에 새로운 노드(num)를 추가한다.
 4) 반환값: 정상적인 수행 완료이면 OK를 반환하고, 그렇지 않으면 에러 코드
           MEMORY_ALLOCATION_FAILED를 반환한다.
 5) 알고리즘
-----------------------------------------------------------------*/
struct ListNode { // 연결리스트의 노드 구조
   int data;
   struct ListNode *link;
};

struct ListNode * first = null; // 연결리스트 포인터를 정의하고 초기화함

insert(ListNode *first, int num)
{
   ListNode *cur, *prev = null;

   // 1. 하나의 새로운 연결노드의 메모리를 할당받음
   ListNode *temp ← (ListNode *) malloc(sizeof(struct ListNode));
   if (temp is null) {
      printf("Memory allocation in insert() was failed. \n");
      return MEMORY_ALLOCATION_ERROR;
   }

   // 2. 할당받은 노드에 data 값을 설정함
   temp->data ← num;

   // 3. 연결리스트 first == null인 경우 새로운 노드로서 추가한다.
   if (first) {
```

```
    temp->link ← null;
    first ← temp;
    break;
  }
  else if (temp->data <= first->data) {
     //4. 기존의 first에 첫 번째 노드로서 추가한다.
     temp->link ← first;
     first = temp;
     break;
  } else { //5. 리스트 중간노드 또는 마지막 노드로 추가한다.
     for (cur = first; cur != null; prev = cur, cur = cur->link) {
        prev->link ← temp;
        if (cur == null) { // 맨 마지막 노드로서 삽입한다.
           temp->link = null;
           break;
        } else if (temp->data <= cur->data) { // 중간노드로서 삽입한다.
           temp->link ← prev->link;
           break;
        } // if-else 문장
     }  / for 문장
  } // if-else 문장

  return OK;
}
```

〈그림 12.9〉 단방향 연결리스트에 새로운 노드를 추가하는 삽입 연산의 알고리즘 설계 예제

12.7 코드 품질 향상 기법

코드 품질 향상 기법은 프로그램 코딩을 완성하고 테스트 단계를 진행하기 전에 코드 품질 향상을 시도하는 방법임을 인지 바란다. 프로그램 코딩을 완성한 후 본격적으로 테스트 단계가 시작되기 전에는 주로 '가독성'과 '유지보수성'에 문제가 없는가를 검사하는 데 목표를 둔다. 아울러 코드 품질 향상 기법에는 리펙토링(refactoring), 인스펙션(inspection), 정적 분석(static analysis), 페어 프로그래밍 등의 방법이 있다. 또한 작성한 프로그램 코딩이 규칙에 따라 잘 이뤄졌는지 등을 상세히 검사해야 한다. 다음은 각 방법에 대해 상세히 설명한다.

12.7.1 리팩토링

리팩토링(refactoring)은 '외부적으로 코드의 기능 변경 없이 코드의 내부적인 구조를 재구성하는 작업'이다. 리팩터링의 목적은 코드의 중복을 줄이고, 프로그램의 가독성을 높이고, 유지보수를 편하게 하고, 성능을 향상하고, 코드 수정을 쉽게 하고, 새로운 버그가 발생할 위험을 줄이는 작업이다. 한편 버그를 없애거나 새로운 기능을 추가하는 행위는 리팩토링의 범위가 아니다. 사용자가 보는 외부 화면은 그대로 두면서 내부 논리 구조를 바꾸고 개선하는 유지보수 행위이다. 즉 **리팩터링**은 기존 코드를 재구조화하여 외부 동작을 변경하지 않고 내부 구조를 변경하는 체계적인 기술이다. 리팩터링의 핵심은 어떤 프로그램을 더 작은 일련의 작은 조작으로 분해하여 본래의 동작을 보존하는 변환이다. 일반적으로 소프트웨어 시스템에서 코드 중복이 발생하는 부분을 더 작은 조작의 메소드로 분해하고 이를 호출하는 방식으로 코드를 변환하여 중복을 최소화하고 기능을 단순화하는 데 사용된다.

따라서 각 리팩터링 후에는 시스템이 완전히 작동하는 상태로 유지되므로 재구조화 중에 시스템이 심각하게 손상될 가능성을 줄여준다. 또한 리팩터링의 잠재적인 목표는 소프트웨어의 설계, 구조 및 구현을 개선하는 동시에 소프트웨어의 기능을 보존하는 것이다. 리팩토링은 코드의 가독성을 향상시키고 복잡성을 감소시키는 효과를 가지며, 이러한 이점은 소스 코드의 유지보수성을 개선하고 확장성을 개선하기 위해 더 단순화하고, 깔끔하거나, 표현력이 뛰어난 내부 아키텍처 또는 객체 모델을 만들 수 있게 한다. 그리고 소프트웨어 엔지니어는 더 빠르게 수행되거나 더 적은 메모리를 사용하는 프로그램을 작성하는 프로그램의 성능 향상이 리팩터링의 또 다른 목표이다.

일반적으로 리팩터링은 일련의 표준화된 기본 마이크로 리팩터링을 적용하는데, 각 리팩터링은 소프트웨어의 동작을 보존하거나 최소한 기능적 요건에 대한 코딩 규칙을 준수하지 않는 부분에 대해 프로그램 소스 코드의 작은 변경 작업이다. 많은 개발환경에서 이러한 기본 리팩터링의 기계적 측면을 수행하기 위한 자동 지원을 제공한다. 코드 리팩터링을 잘 수행하면 소프트웨어 개발자가 기본 논리를 단순화하고 불필요한 수준의 복잡성을 제거하여 시스템의 숨겨진 또는 유휴 오류나 취약성을 발견하고 해결하는 데 도움이 될 수 있다. 그러나 잘못 수행되면 외부 기능을 변경하지 않거나 새로운 버그를 도입하거나 둘 다에 대한 요구사항을 충족하지 못할 수 있다.

리팩토링에서 수행하는 작업 범위는 다음과 같다.

• 메소드 재구성(분해): 이러한 리팩터링에는 복잡한 메소드를 더 작고 관리하기 쉬운 조각으로 분해하는 작업이다. 개발자는 메소드를 더 작고 구체적인 부분으로 분할 함으로써 코드의 가독성과 유지보수성을 향상시킬 수 있다.

• 중복 제거: 이 리팩터링에는 중복 코드를 제거하여 코드를 더 간결하고 유지 관리하기 쉽게 만드는 작업을 포함한다. 중복 코드를 제거함으로써 개발자는 버그 발생 가능성을 줄이고 코드의 성능도 향상시킬 수 있다. 또한 코드의 특정 문제를 해결하기 위해 고안된 다른 많은 유형의 리팩터링이 있다. 개발자는 적절한 리팩터링 기술을 파악하고 적용함으로써 소프트웨어의 전반적인 품질과 유지보수성을 향상시킬 수 있다. <그림 12.10>은 중복 제거 리팩토링의 예제로서 그림 12.10b는 그림 12.10a의 중복 제거 리팩토링 결과이다.

```
public Position walkNorth()
{
  var player = getPlayer();
  player.move("N");
  return player.newPosition;
}

public Position walkSouth()
{
  var player = getPlayer();
  player.move("S");
  return player.newPosition;
}

public Position walkEast()
{
  var player = getPlayer();
  player.move("E");
  return player.newPosition;
}
```

(a) 리팩토링 이전

```
/*---------------------------------
  왼쪽 프로그램은 중복 제거 리펙토링에
  의해 다음과 같이 난순화될 수 있다.
---------------------------------*/
public walk(string direction)
{
   var player = getPlayer();
   player.move(direction);
   return player.newPosition;
}
```

(b) 리팩토링 이후

〈그림 12.10〉 중복 제거 리팩토링의 예세

- **메소드 단순화:** 리팩토링은 중복되거나 불필요한 코드를 제거하여 메서드를 단순화하는 작업을 포함한다. 이렇게 하면 코드를 더 쉽게 이해할 수 있고, 수행해야 하는 작업의 양을 줄여 성능을 향상시킬 수 있다.
- **변수, 메서드 및 클래스 이름 변경하기:** 리팩터링에는 변수, 메소드 및 클래스의 이름을 더 설명적이고 이해하기 쉽도록 변경하는 작업을 포함한다. 이렇게 하면 코드의 가독성을 높이고 개발자가 더 쉽게 작업할 수 있다.
- **클래스 간의 기능 이동:** 리팩터링은 코드의 전반적인 설계를 개선하기 위해 클래스 또는 객체 간에 코드를 이동하는 것을 포함한다. 관련 기능을 함께 그룹화하고 관련 없는 기능을 분리함으로써, 개발자는 코드의 모듈성과 유지보수성을 향상시킬 수 있다.
- **객체 클래스 및 인터페이스 추출:** 리팩터링은 관련 기능을 캡슐화하기 위해 새로운 클래스 또는 인터페이스를 만드는 작업을 포함한다. 이렇게 하면 코드 구조가 개선되고 소프트웨어의 다른 부분에서 코드를 더 쉽게 재사용할 수 있다.
- **일반화 및 상세화:** 리팩터링은 코드를 더 유연하게 또는 더 구체적으로 만들기 위해 일반화하거나 상세화하는 작업을 포함한다. 예로, 유사 클래스로부터 상위클래스를 추출하는 일반화 작업과 반대로 상위클래스로부터 하위클래스를 정의하는 상세화 작업을 들 수 있다. 개발자는, 보다 일반적이거나 보다 상세한 코드를 작성함으로써 코드의 모듈성과 유지보수성을 향상시킬 수 있다.
- **조건문 통합:** 리팩터링에는 조건문을 단순화하고 통합하여 가독성을 높이고 이해하기 쉽게 만드는 작업을 포함한다. 중복되거나 불필요한 조건을 제거함으로써 개발자는 코드의 성능과 유지보수성

```
def check_marks(marks):
    if marks >= 60:
        if marks >= 75:
            return "Prime Class"
        else:
            return "First Class"
    else:
        return "Fail"
```

(a) 리팩토링 이전

```
def check_marks(marks):
    if marks >= 75:
        return "Prime Class"
    elif marks >= 60:
        return "First Class"
    else:
        return "Fail"
```

(b) 리팩토링 이후

〈그림 12.11〉 조건문 통합 리팩토링의 예제

을 개선할 수 있다. <그림 12.11>은 파이썬에서 조건문 통합의 리팩토링 예제로서 <그림 12.11b>는 <그림 12.11a>의 조건문 통합 리팩토링의 결과이다.

끝으로 리팩터링 자동화 도구는 코드의 품질과 유지보수성을 개선하고자 하는 소프트웨어 개발자에게 필수적이다. 이러한 도구는 리팩터링 기술을 식별하고 적용하는 데 자동화된 지원을 제공하여 개발자가 코드를 더 쉽고 빠르게 개선할 수 있도록 도움을 제공함으로 관련 도구 사용을 권장한다. 최근에 많이 사용되는 리팩토링 도구에는 IntelliJ IDEA, Eclipse, Visual Studio, ReSharper, SonarQube, CodeClimate, JUnit 등이 있다[4].

12.7.2 코드 인스펙션

소프트웨어공학에서 **코드 인스펙션(Code Inspection)**은 코드를 검토하여 코드에 잠재된 결함이 있는가를 확인하는 프로세스이다. 그 목적은 프로그래밍 언어의 문제를 수정하여 소프트웨어가 최고의 성능을 발휘하도록 하는 데 있다. 엔지니어는 소프트웨어 제품을 만들고 코드를 작성한 후 코드 검사를 통해 코드가 명령을 실행하는 데 걸리는 시간을 최소화하는 방법을 찾는다. 검사에서 발견된 문제를 해결하면 엔지니어는 소프트웨어의 내부 구조와 보안 기능을 개선할 수 있다. 소프트웨어 엔지니어는 또한 코드 검사를 통해 프로그램이 효율적으로 작동하는지 확인한다. 예로, 프로그램 기능에 문제가 발생하여 코드가 의도한 것과 다른 명령을 실행하는 경우 언어의 결함 위치와 수정 방법을 파악할 수 있다. 소프트웨어 제품 구축은 시간이 많이 소요되는 과정이며, 고객은 최종 제품의 성능에 대해 특정한 기대치를 갖는다.

코드 인스펙션을 성공적으로 수행한다면 엔지니어의 작업에 대한 동료 검토가 가능하며, 엔지니어는 프로젝트를 철저하게 검토하고 업계 표준을 충족한다는 확신을 얻을 수 있다. 코드 인스펙션은 프로그래머, 소프트웨어 설계자, 테스트 엔지니어 등이 참여하여 코드 검토를 진행한다. 동료의 작업을 검토할 때는 코드의 설계, 스타일, 기능 및 테스트를 평가한다. 많은 단계를 고려할 때 검토자는 체계적이고 세부적인 접근 방식을 채택해야 한다. <표 12.1>은 코드 인스펙션의 체크리스트로서 코드가 올바른지 검토하는 데 도움을 준다.

4 https://newdigitalstreet.com/code-refactoring/ 많이 사용되는 리팩토링 도구이다.

〈표 12.1〉 코드 인스펙션 체크리스트

검토 항목	검토 내용
SW 아키텍처 계층성	• 소프트웨어 아키텍처는 요구사항에 따라 프레젠테이션, 비즈니스, 데이터 레이어(예: MVC) 등으로 분할되었는가? • 코드는 front-end 및 back-end 계층에 따라 HTML, JavaScript, CSS 파일 등으로 잘 분리되었는가? • 클래스에는 소속된 패키지를 표현하였는가?
기능성	• 요구사항에서 빠진 것은 없는가? • 코드에서 미흡하게 구현된 기능은 없는가? • 사용자나 다른 개발자가 좋아할 만한 추가 기능이 있는가?
가독성	• 코드는 들여쓰기 규칙을 잘 지켜졌는가? • 일관된 명명 규칙을 사용하고 있는가? • 코드가 읽기 쉽고 체계적이고 이해하기 쉬운 구조인가? • 클래스와 메소드는 너무 길지 않은가?
성능 효율성	• 전체 실행 속도를 떨어트리는 병목 현상을 일으키는 코드는 없는가? • 불필요한 반복문이나 루프는 없는가? • 불필요한 if-else 문장의 반복은 없는가? • 메모리, CPU 등 자원을 과도하게 사용하는 영역은 없는가?
에러 처리 및 디버깅 능력	• 코드는 실행 중단을 일으키지 않고 예기치 않은 문제를 포착하고 이를 처리할 수 있는 오류 처리 능력을 갖추고 있는가? • 코드는 디버깅과 문제 해결을 쉽게 하는 로깅 기능을 포함하고 있는가?
보안성	• 코드는 보안 위협에 취약하게 할 수 있는 패턴은 없는가? • 코드는 민감한 정보를 노출시킬 수 있는 잠재적인 데이터 유출 위험은 없는가? • 데이터는 안전하고 적절하게 관리되고 있는가? • 코드는 다가오는 위협이나 악의적인 해킹 공격으로부터 시스템 보안을 위협할 수 있는 부분은 없는가?
테스트 완성도	• 단위테스트를 위한 테스트 케이스는 충분히 생성하여 검사되었는가? • 통합테스트는 충분히 수행하였고, 새로운 코드가 다른 코드와 원활하게 작동하는지 검사하였는가? • 주요 기능이 엄격하게 검사되도록 테스트에서 잠재적인 에지 케이스를 충분히 고려되었는가?
코드 중복성	• 코드 중복은 없는가? • 코드 라인 수는 최적화되어 더 이상 줄일 수 없는가?
코드 명확성과 종속성	• 코드는 알고리즘 설계와 일치하는가? • 코드에서 기존의 최신 라이브러리, 프레임워크 또는 컴포넌트 간의 종속성은 최신 상태인가? • 중복되거나 오래된 종속성은 적절히 처리되었는가? • 종속성이 신뢰할 수 있고 적극적인 유지보수가 이루어지고 있으며, 품질 표준을 충족하고 있는가?
문서와 주석처리 수준	• 프로그램 파일에는 파일 헤더가 기술되었는가? • 모든 메소드에는 메소드 헤더가 기술되었는가? • 메소드 내부에 적절한 주석 처리는 충분히 이뤄졌는가?

검토 항목	검토 내용
	• 메소드 및 클래스에 첨부된 포괄적인 주석은 충분한가? • 모듈이나 컴포넌트에는 충분한 주석이 기술되었는가? • 문서는 지속적으로 개정되고 최신 상태로 유지되고 있는가?
코딩 표준 준수성	• 코딩 표준은 잘 준수되었는가? • 클래스, 인터페이스, 메소드, 변수 등의 명칭은 의미 파악이 쉽고, 명명 규칙은 잘 준수되었는가?

12.7.3 정적 분석과 동적 분석

정적 분석(static analysis)은 프로그램을 실행하지 않고 소스 코드를 자동으로 검사하는 디버깅 방법이다. 정적 코드 분석(static code analysis)은 코드 분석 도구가 수행하는 작업으로 코딩 규칙 집합에 대해 코드 집합을 분석하는 것이다. 이를 통해 개발자는 코드를 이해하고 코드가 규정을 준수하고 안전하고 보안이 유지되는지 확인하는 것을 도와준다. 여기서 정적 코드 분석, 정적 분석, 소스 코드 분석은 종종 같은 의미로 사용된다. 정적 코드 분석은 취약점으로 이어질 수 있는 소스 코드의 약점을 해결한다. 물론 수동 소스 코드 검토를 통해서도 이러한 작업을 수행할 수 있지만, 자동화 도구를 사용하는 것이 훨씬 더 효과적이다. 정적 분석은 일반적으로 코딩 가이드라인을 준수하는지를 검사하는 데 사용된다. 또한 **ISO 26262**와 같은 업계 표준을 준수했는지를 검사하는 데도 자주 사용된다.

- **코드 분석은 코딩을 완성하고 소프트웨어 테스트를 시작되기 전에 수행된다.** DevOps를 실행하는 경우, 정적 코드 분석은 '**생성**' 단계에서 수행된다. **정적 코드 분석을 통해 개발자는 소스 코드에 문제가 있는지 조기에 알 수 있고, 또한 이러한 문제 해결을 더 쉽게 하는 효과를 준다.** 따라서 정적 코드 분석은 테스트 방법론 이전에 코드 품질을 높이는 방법으로 사용된다.

코드 분석 도구(Code Analysis Tool)에는 1) 정적 코드 분석 도구와 2) 동적 코드 분석 도구의 두 가지 유형이 있다. 그렇다면 **정적 분석과 동적 분석의 차이점**은 무엇일까? 두 가지 유형의 코드 분석 도구는 모두 결함을 감지한다. 가장 큰 차이점은 개발 생명주기에서 결함을 발견하는 위치에 있다.

- 첫째, **정적 코드 분석 도구**는 프로그램을 실행하지 않고 잠재적인 코드 오류를 찾아내는 솔루션이다. 정적 코드 분석은 프로그램을 실행하기 전에(예: 코딩과 단위테스트 사이) 결함을 식별한다.

- 둘째, **동적 코드 분석 도구**는 프로그램을 실행하면서 오류를 찾아내는 솔루션이다. 동적 코드 분석은 프로그램을 실행한 후(예: 단위테스트 중) 결함을 식별한다. 일부 코딩 오류는 단위테스트 중에 오류를 드러나지 않을 수도 있다.

따라서 동적 코드 분석에서 놓칠 수 있는 결함은 정적 코드 분석이 발견할 수 있는 결함이 있다. 이러한 정적 코드 분석 도구의 접근 방식은 네 가지 유형이 있다.

- 데이터 흐름 정적 분석: 데이터 흐름은 스트림 처리와 관련이 있다.
- 제어 흐름 정적 분석: 제어 흐름은 기본적으로 명령문이나 명령이 실행되는 방식이다.
- 순환 복잡도(Cyclomatic Complexity) 분석: 순환 복잡도는 코드나 흐름도에서 만들어진 제어 흐름 그래프에서 독립 경로의 수를 정의하여 각 독립 경로에 대해 최소한의 테스트 케이스를 설계할 수 있도록 한다. 순환 복잡도 분석은 13.3.3절에서 자세히 설명된다.
- 코드 중복 분석

정적 분석은 어떤 단계를 거쳐 수행될까? 다음은 정적 분석을 수행하는 단계이다.

- 1단계 계획: 이 단계에는 테스트할 항목 정의, 목표 설정, 테스트 범위 결정 및 테스트 전략 준비가 포함된다. 여기에는 테스트할 소프트웨어 구성 요소를 식별하고, 테스트 방법을 개발하고, 테스트할 도구를 식별하는 것이 포함된다.
- 2단계 아티팩트 준비: 소스 코드, 디자인 문서, 요구사항 문서, 테스트 케이스 등 필요한 아티팩트를 준비하는 단계이다.
- 3단계 정적 분석: 이 단계에서는 코드를 실행하지 않고 특수 정적 분석 도구를 사용하여 코드가 코딩 표준 준수, 코드 품질 및 보안 문제를 검토하고 분석하는 정적 분석을 수행한다.
- 4단계 코드 검토 수행: 코드 검토는 소규모 전문가팀이 코드를 체계적으로 검토하고 다양한 방법을 사용하여 잠재적인 오류를 찾는 방식으로 수행된다. 코든 검토는 앞 절의 코드 인스펙션에 의해 수행된다.
- 5단계 버그 보고 및 문서화: 정적 테스트 중에 식별된 버그가 보고되고 문서화한다.
- 6단계 결과 분석: 정적 테스트 중에 수집된 결과를 분석하여 소프트웨어 제품의 품질을 결정한다.

정적 코드 분석 도구(Static Code Analysis Tool)는 소스 코드를 실행하지 않고도 잠재적인 코딩 오류를 분석하는 소프트웨어이다. 개발자는 이러한 도구를 사용하여 소프트웨어 개발 프로세스에서 버그나 보안 위험과 같은 문제를 식별하고 수정할 수 있다. 정적 코드 분석기는 코드 컴파일 이전에 사용하여 소프트웨어의 구문 및 의미론 모델을 구축하고, 구문 모델에 일련의 규칙 검사기를 적용하여 코드가 규칙을 위반하는지 검사한다. 정적 코드 검사기는 패턴 매칭 알고리즘을 사용하여 수로 다음과 같은 오류를 탐색하는 데 사용한다.

- 잘못된 구문 사용
- 안전하지 않은 함수 사용
- 코딩 규칙 위반 사례
- 사용되지 않은 변수
- 죽은 코드
- 무한 루프
- 정의되지 않은 값을 갖는 변수

이러한 정적 분석 도구의 도입 목표는 다음과 같이 요약된다.

- 오류의 조기 발견이다. 정적 분석을 개발 프로세스에 통합함으로써 개발자는 오류를 조기에 발견하여 더 큰 문제가 되기 전에 해결할 수 있다. 이렇게 하면 디버깅 및 유지보수에 필요한 시간과 노력이 줄어들고 코드의 안정성과 보안을 보장하는 데 도움을 준다.
- 정적 테스트는 소프트웨어 개발 초기에 버그가 감지되므로 SW 생산의 결함을 줄여준다.
- 빠른 오류 수정과 개발 비용 절감이다. 정적 테스트는 결함을 조기에 발견하여 동적 테스트와 관련된 비용을 줄이는 데 도움을 준다. 정적 테스트는 쉬운 버그 수정으로 소프트웨어 개발 초기에 버그를 식별하는 데 사용되며, 이로 인해 버그 수정을 매우 쉽게 한다. 소프트웨어 개발 생명주기 초기에 문제를 해결하면 나중에 버그 및 기타 문제를 수정하는 것보다 개발 비용을 줄일 수 있다. 이렇게 하면 시간과 자원을 절약하고 프로젝트 일정에 영향을 줄 수 있는 지연이나 기타 문제의 위험을 줄일 수 있는 장점이 있다.
- 시간 절약이다. 버그를 조기에 발견하면 버그를 수정하는 데 필요한 많은 시간, 노력 및 비용을 절약

하는 데 도움을 준다.

- 코드 품질을 개선한다. 코딩 표준 및 모범사례 준수를 검사하여 소프트웨어 제품의 전반적인 소프트웨어 품질을 향상시킨다. 정적 분석 도구는 코딩 표준 위반 및 코드 품질에 영향을 줄 수 있는 기타 문제를 식별하는 데 도움을 준다. 이러한 문제를 조기에 해결함으로서 개발자는 코드가 잘 작성되고 유지보수가 용이하며 디버깅을 쉽게 한다.
- 보안 강화이다. 정적 분석 도구는 코드의 보안 취약점을 식별하여 개발자가 코드를 생산 환경에 배포하기 전에 이러한 문제를 해결할 수 있게 해준다. 이를 통해 소프트웨어 보안에 영향을 미칠 수 있는 보안 침해 및 기타 문제의 위험을 줄일 수 있는 장점이 있다.

정적 분석 도구는 일반적으로 GitHub와 같은 DepOps 플랫폼에 통합되어 코드 검사를 자동화한다. 이를 통해 개발자는 작업 중 실시간으로 피드백을 받아 문제를 해결하고 깨끗한(clean) 코드를 제공할 수 있다. 정적 분석은 **ISO 26262, DO-178C, IEC 62304, IEC 61508 및 EN 50128**과 같은 안전 표준에 따라 애플리케이션을 구축하는 일부 기업에서 적극적으로 권장하거나 필수적으로 요구된다. 정적 분석은 조직에서 찾기 어려운 결함을 발견하고 MISRA, AUTOSAR C++, CERT, CWE, OWASP 등의 코딩 표준을 준수하여 소프트웨어 안전, 보안 및 신뢰성을 개선하는 데 도움을 준다. 그리고 최근에 인기 있는 정적 테스트 자동화 도구는 <표 12.2>와 같이 다양한 제품이 사용되고 있다.

〈표 12.2〉 정적 테스트 자동화 도구

제품명	주요 특징
SonarQube	코드 품질 유지에 가장 적합
ReSharper	코드 리팩터링에 가장 적합
CodeClimate	GitHub 사용자에게 적합
CAST	대규모 소프트웨어 평가 수행에 가장 적합
Codacy	CI/CD 통합에 가장 적합
Synk Code	보안 테스트에 가장 적합
Veracode Static Analysis	취약점 스캔 및 커버리지에 가장 적합
Synopsys Coverity	데브옵스 팀에 가장 적합
Fortify 정적 코드 분석기(SCA)	엔터프라이즈 보안에 적합

제품명	주요 특징
PVS Studio	게임 개발자를 위한 최고의 솔루션
PMD	최고의 오픈소스 코드 분석기
Infer	모바일 개발자를 위한 베스트

한편 수작업에 의한 정적 코드 분석이 아니라 정적 코드 분석 자동화 도구 사용으로 얻어지는 이점은 다음과 같다. 요약하면, 최고의 정적 코드 분석 자동화 도구는 속도, 깊이, 정확성의 이점을 제공한다.

- 오류 탐지 속도와 이의 수정작업 속도가 빠르다. 개발자가 수동으로 코드를 검토하는 데는 시간이 걸린다. 자동화된 도구는 훨씬 더 빠르다는 장점이 제공한다. 정적 코드 검사는 문제를 조기에 해결하고, 코드에서 오류가 있는 위치를 정확히 찾아낸다. 따라서 오류를 더 빨리 수정할 수 있다. 또한 조기에 발견된 코딩 오류는 수정하는 데 드는 비용도 적게 든다.
- 테스트 방법은 모든 가능한 코드 실행 경로를 커버할 수 없다. 하지만 정적 코드 분석기는 가능하다. 정적 코드 분석기는 빌드 작업 시 코드를 검사한다. 적용한 규칙에 따라 코드에서 잠재적인 문제가 있을 수 있는 부분을 심층적으로 분석할 수 있기 때문이다.
- 수동 소스 코드 검토는 인적 오류가 발생하기 쉽다. 반면에 자동화된 코드 분석 도구는 코드의 모든 줄을 스캔하여 잠재적인 문제를 식별하므로 에러 탐색의 정확도가 높다는 장점을 제공한다. 이를 통해 테스트를 시작하기 전에 최고 품질의 코드를 확보할 수 있는 장점을 제공한다. 결국 코딩 표준을 준수할 때 품질은 매우 중요하다.

동적 분석(또는 '동적 코드 탐사'라고 부름)은 소프트웨어가 실행되는 동안 프로그램을 테스트하고 평가하는 프로세스이다. 동적 분석은 실행 중 애플리케이션의 버그, 메모리 문제, 충돌을 진단하고 수정하는 기능을 향상시킨다.

동적 코드 분석 도구(Dynamic Code Analysis Tool)는 프로그램을 수행하는 동안 어떤 변수나 조건이 상태를 추적하여 보고하는 것으로 일반적으로 프로그램 테스트 단계에서 사용하는 '**디버거(debugger)**'를 연상하면 좋을 것이다. 동적 코드 분석은 실행 중인 애플리케이션의 잠재적인 버그를 분석하고 테스트한다. 동적 분석은 실행 중인 애플리케이션을 검사하고 애플리케이션의 소스 코드가 어떻게 동작하는지 검사하여 버그를 찾아 수정하고, 성능 병목 현상을 파악하거나, 보안 문제를 검색하는 데 일상적으로 사용된다. 따라서 동적 분석은 코딩 다음 단계인 테스트 단계에서 수행하는 작업으로 이해하면 된다. 동적 코드 분석의 주요 목표는 코드를 실행하기 전에 잠재적인 버그나 보안 위협을 조기에 발견하여 제품을 적용하기 전에 디버깅하고 수정할 수 있도록 지원하는 것이다. 이를 요약하면 다음과 같다.

- 코드의 버그 탐색
- 코드 실행에서 병목 현상 탐색
- 보안 문제 검색

이러한 오류나 위협을 억제하지 못하면 업무 중단, 금전적 손실 또는 비즈니스 고객 손실로 이어질 수 있을 것이다. 최근에 가장 인기 있는 코드 동적 분석 도구에는 Smartbear, gcov, Code Pulse, Enlightn, IROH.JS, Valgrind, CHAP, Wasabi, MobSF, HCL AppScan 등이 있다.

또한 정적 코드 분석과 동적 코드 분석의 주요 차이점은 다음과 같다.

- 정적 코드 분석은 코드가 실행되기 전에 수행된다는 점입니다. 반대로 동적 코드 분석은 코드를 실행하는 동안 수행된다.
- 정적 코드 분석기는 전체 코드 기반으로 데이터, 입력 또는 출력 오류를 탐사하지만, 동적 코드 분석기는 실행 중인 코드 기반의 일부만 탐사한다.
- 동적 코드 분석기의 장점은 메모리 누수, 널 포인터 참조 및 동시성 문제와 같이 정적 코드 분석기가 보기에는 너무 복잡한 취약성이나 위협을 탐지하는 데 도움을 준다.

12.7.4 McCabe's 순환 복잡도에 의한 정적 분석

McCabe의 순환 복잡도 복잡도(cyclomatic complexity)는 정적 분석의 한 방법으로 제어프로그램에 대한 흐름 그래프에서 폐쇄된 영역(region)의 개수 또한 분기의 개수로 계산된다. 또한 제어 흐름 그래프 G를 구성하는 정점의 개수 V, 선분의 개수 E가 있다면, McCabe의 싸이클로매틱 순환 복잡도는 다음과 같이 계산된다.

$$\begin{aligned} McCabe's\,\text{수} &= \text{제어 흐름 그래프에서 영역}(region)\text{의 개수} \\ &= E - V + 2 \\ &= \text{분기의 개수} \end{aligned}$$

예로, <그림 13.11>에서 McCabe의 싸이클로매틱 복잡도는 다음과 같이 계산된다.

- V(G) = 영역의 개수 = 5. 바깥 영역 R1과 폐쇄 영역인 R2, R3, R4, R5에 의해 McCabe's 복잡도는 5이다.
- V = 6, E = 9, V(G) = E − V + 2 = 9 − 6 + 2 = 5

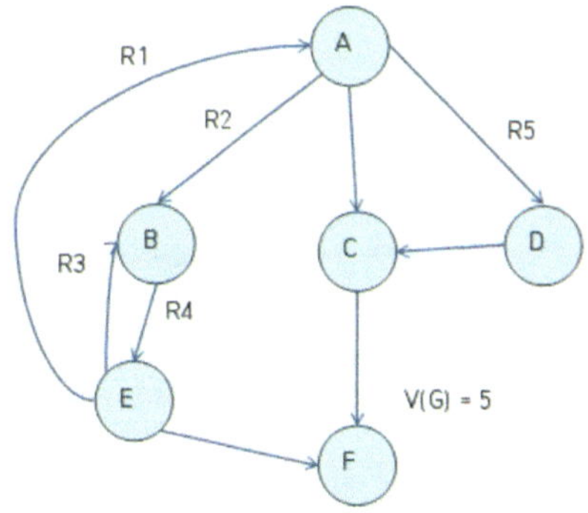

〈그림 13.11〉 McCabe's 복잡도를 위한 제어 흐름 그래프의 예제

프로그램에서 영역의 수는 반복분의 루프와 조건문의 선택 경로가 많을수록 증가한다. 선택 경로가 많다는 것은 프로그램이 그만큼 복잡하다는 의미이며, 이 싸이클로 복잡도는 프로그램 복잡도의 척도이다. 이 방법은 실제 현장에서 정적 분석의 프로그램 검토 방법으로 많이 사용되지 않는 상태이다.

12.7.5 페어 프로그래밍

페어 프로그래밍(Pair Programming)은 두 명의 프로그래머가 하나의 워크스테이션에서 함께 작업하는 소프트웨어 개발 기법이다. 페어 프로그래밍은 애자일 개발방법론 중의 하나로 두 사람의 프로그래머가 작업하는 방식으로 하나의 워크스테이션에서 두 명의 개발자가 함께 작업하는 형태이다. 한 명의 드라이버는 코드를 작성하고 다른 한 명의 관찰자인 네비게이터는 드라이버가 작성한 코드를 계획하고 검토하는 방식으로 프로그램의 품질을 높이는 방법이다. 두 프로그래머는 또한 그 역할을 바꿀 수 있다. 한 사람은 코드를 검토하고, 그 사이 관찰자는 작업의 '전략적' 방향도 고려하며 개선 아이디어와 향후 해결해야 할 문제를 제시한다. 이는 운전자가 관찰자를 안전망과 가이드로 삼아 현재 작업을 완료하는 '전술적' 측면에 모두 주의를 집중할 수 있도록 하기 위한 것이다.

- 드라이버(driver)는 키보드를 소유하고 코드를 작성하는 사람으로 네비게이터가 설명한 논리적 방식대로 실제 코드를 작성하는 역할을 수행한다. 드라이버는 네비게이터와 논의 할 수 있도록 작성하는 모든 코드에 대해 말로 설명하며 작업을 진행한다. 또한 드라이버는 네비게이터의 질문과 의견에 적극적으로 응한다. 드라이버는 네비게이터의 가이드를 이해하려고 노력하며 현재의 목표를 완수하는 데 집중하는 역할을 담당한다.

- 네비게이터(navigator)는 문제 해결 방법을 논리적으로 생각하고, 그 과정을 상대에게 말로 설명하는 역할을 담당한다. 이때 코드를 직접 말하거나 작성하지 않는다. 네비게이터의 핵심 역할은 '어떤 식으로 문제를 해결할 수 있는지 명확히 설명하는 것'이다. 네비게이터는 드라이버가 코드를 작성하는 동안 관찰자(observer)의 입장으로 코드를 검토하고 지식을 전달하며 생각을 공유한다. 코드의 세부 사항은 드라이버에게 맡기고, 드라이버보다 넓은 관점으로 설계, 구조에 대한 문제와 버그를 파악하는데 집중하는 역할을 담당한다.

연습문제

12.1 다음 〈보기〉 중 좋은 프로그래밍 코드가 갖춰야 할 **모든** 특성은?

> **보기**
> ㉠ 가독성 ㉡ 유지보수성 ㉢ 효율성 ㉣ 확장성 ㉤ 테스트 용이성 ㉥ 보안성

① ㉠ - ㉡
② ㉠ - ㉡ - ㉢
③ ㉠ - ㉡ - ㉢ - ㉣
④ ㉠ - ㉡ - ㉢ - ㉣ - ㉤
⑤ ㉠ - ㉡ - ㉢ - ㉣ - ㉤ - ㉥

12.2 프로그램 개발 생명주기에서 코딩 단계 이후의 진행 과정으로 **옳은** 것은?

① 코드 작성–코드 인스펙션–정적 분석–단위테스트–통합테스트
② 코드 작성–단위테스트–통합테스트–코드 인스펙션–정적 분석
③ 코드 작성–단위테스트–코드 인스펙션–정적 분석–통합테스트
④ 코드 인스펙션–정적 분석–코드 작성–단위테스트–통합테스트
⑤ 해당 사항 없음

12.3 다음의 제어 그래프에서 McCabe의 싸이클로매틱 복잡도는 얼마인가?

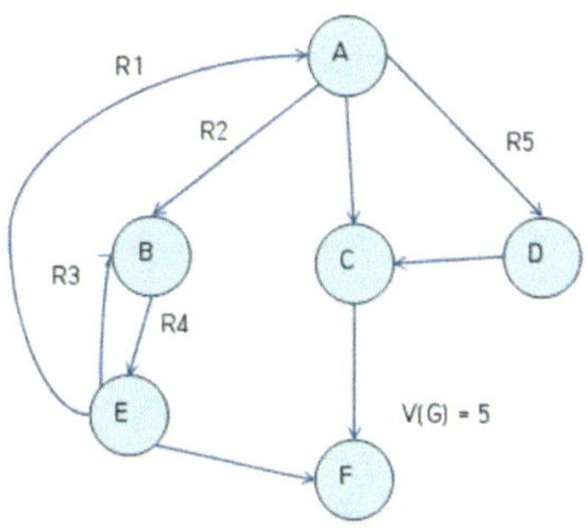

① 3 ② 5 ③ 6 ④ 7 ⑤ 8

12.4 다음 중 코드 작성을 완성하고 테스트 단계 이전에 적용하는 코드 품질 향상 기법으로 **옳지 않은** 것은?

① 리팩토링
② 코드 인스펙션
③ 정적 분석
④ 단위테스트
⑤ 페어 프로그래밍

정답 12.1 ⑤ 12.2 ① 12.3 ② 12.4 ④

연습문제

12.5 다음 〈보기〉 중 리펙토링에 대한 설명으로 옳은 것을 **모두** 선택한 것은?

> **보기**
>
> ㉠ 리펙토링은 외부적으로 코드의 기능 변경 없이 코드의 내부 구조를 재구성하는 작업이다.
> ㉡ 리펙토링의 목적은 코드의 중복을 줄이고 프로그램의 가독성을 높이는 데 있다.
> ㉢ 리펙토링의 목적은 코드의 유지보수 관리를 편하게 하는 데 있다.
> ㉣ 리펙토링 범주에는 코드의 버그를 없애거나 새로운 기능을 추가하는 행위를 포함하지 않는다.
> ㉤ 리펙토링을 진행하면 점점 프로그램 단위가 커지고 다소 코드의 손상이 발생할 수 있다,

① ㉠ - ㉡
② ㉠ - ㉡ - ㉢
③ ㉠ - ㉡ - ㉢ - ㉣
④ ㉠ - ㉡ - ㉢ - ㉣ - ㉤
⑤ 해당 사항 없음

12.6 다음 중 리펙토링에서 수행하는 **작업 범위만** 연결된 것은?

① 매소드 재구성-메소드 단순화-중복 제거-조건문 통합
② 클래스, 메소드, 변수 이름 재명명하기-메소드 통합
③ 클래스 및 인터페이스 추출-클래스 일반화 및 상세화-클래스 통합
④ 클래스간의 기능 이동하기-클래스 통합
⑤ 해당 사항 없음

12.7 다음 〈보기〉 중 코드 인스펙션에서 수행하는 **주요 검토 항목만**을 선택한 것은?

> **보기**
>
> ㉠ SW 아키텍처 계층성-소프트웨어 프로그램이 front-end, back-end에 따라 적절한 계층 구조 및 패키지 기술이 잘 되었는가?
> ㉡ 기능성-요구사항에 빠지거나 미흡한 부분은 없는가?
> ㉢ 가독성-코드의 가독성은 좋은가?
> ㉣ 에러 처리 능력-코드의 에러 처리 대처 능력은 완전한가?

정답 12.5 ③ 12.6 ① 12.6 ④

연습문제

ⓜ 코드 중복성-코드 중복은 없는가?
ⓗ 코드는 코딩 표준 규칙을 준수하고 주석 처리는 모두 포함되었는가?

① ⓛ - ⓒ
② ⓛ - ⓒ - ⓡ
③ ⓖ - ⓛ - ⓒ - ⓡ - ⓜ
④ ⓖ - ⓛ - ⓒ - ⓡ - ⓜ - ⓗ
⑤ 해당 사항 없음

12.8 다음 중 정적 분석의 적용 대상이 **아닌** 것은?

① 잘못된 구문 사용이나 안전하지 않은 함수 사용 탐색
② 무한 루프 탐색
③ 코딩 규칙 위반 사례
④ 프로그램을 수행하는 동안 어떤 변수나 조건의 상태 추적
⑤ 사용되지 않은 변수, 정의되지 않은 값을 갖는 변수, 죽은 코드 등의 탐색

12.9 다음 〈보기〉 중 정적 분석에 대한 설명으로 **옳은 것만** 선택한 것은?

보기

ⓖ 정적 분석은 코딩을 완성한 후 단위테스트 단계에서 수행한다.
ⓛ 정적 분석은 코딩을 완성한 후 적용하는 코드 품질 향상 기법의 일종이다.
ⓒ 정적 분석의 도입 목표는 오류의 조기 발견과 SW 생산 결함을 줄이는 데 있다.
ⓡ 정적 분석은 코딩 표준 및 모범사례 준수를 검사하여 소프트웨어 제품의 전반적인 소프트웨어 품질을 향상시킨다.
ⓜ 정적 분석은 프로그램을 수행하는 동안 어떤 변수나 조건의 상태를 추적하여 코드 오류를 탐색하는 역할을 담당한다.

① ⓖ - ⓜ
② ⓖ - ⓛ - ⓜ
③ ⓛ - ⓒ - ⓡ
④ ⓖ - ⓛ - ⓒ - ⓡ
⑤ 해당 사항 없음

정답 12.8 ④ 12.9 ③

연습문제

12.10 다음 〈보기〉 중 동적 분석에 대한 설명으로 **옳은 것만** 선택한 것은?

> **보기**
>
> ㉠ 동적 분석은 코딩을 완성한 후에 테스트 단계 이전에 수행하는 코드 품질 향상 기법이다.
> ㉡ 동적 분석은 코드의 버그 탐색, 코드 실행에서 병목 현상 탐색, 보안 문제 검색을 목표로 한다.
> ㉢ 동적 분석은 프로그램을 수행하는 동안 어떤 변수나 조건의 상태를 추적하여 코드 오류를 탐색하는 역할을 담당한다.
> ㉣ 동적 분석은 프로그램을 수행하면서 오류를 탐색하는 디버깅 단계라고 볼 수 있다.

① ㉠
② ㉠ - ㉡
③ ㉠ - ㉡ - ㉢
④ ㉠ - ㉡ - ㉢ - ㉣
⑤ 해당 사항 없음

12.11 다음 중 동적 분석에 대한 설명으로 **옳지 않은** 것은?

① 동적 분석은 코딩을 완성한 후 테스트 단계에서 수행하는 코드 품질 향상 기법이다.
② 코드의 버그를 탐색하는 데 목표를 둔다.
③ 코드 실행에서 병목 현상을 탐색하는 데 목표를 둔다.
④ 보안 문제를 검색하는 데 목표를 둔다.
⑤ 동적 분석은 프로그램을 수행하는 동안 어떤 변수나 조건의 상태를 추적하여 코드 오류를 탐색을 위해 수행한다.

12.12 코드 작성이 완성된 후 테스트 단계를 시작하기 전에 수행하는 코드 품질 향상 기법을 개념과 그 종류를 설명하시오.

12.13 이식성을 고려한 코딩 규칙을 예를 2가지 이상 드시오.

정답 12.10 ④ 12.11 ①

연습문제

12.14 코드 주석 달기에 대해 다음 문제에 답하시오.

가. 어떤 코드 파일에 대해 파일 헤더의 예문을 작성하시오.

나. 메소드 헤더의 예문을 작성하시오.

12.15 코드 인스펙션에서 검사하는 항목과 검사 내용을 설명하시오.

12.16 정적 분석 관련 다음 문제에 답하시오.

가. 정적 분석의 개념과 목적은 무엇인가?

나. 정적 분석은 소프트웨어 개발 생명주기 중 어느 단계에서 수행되는가?

다. 정적 분석과 테스트 방법과의 차이점은 무엇인가?

라. 정적 분석과 동적 분석의 차이점은 무엇인가?

12.17 페어 프로그램 기법의 개념을 아는 대로 설명하시오.

12.18 페어 프로그램에서 다음의 역할을 설명하시오.

가. 드라이버

나. 내비게이터

CHAPTER 13

테스트 방법론

13.1 테스트 기초

13.2 단위테스트 - 블랙박스 테스트

13.3 단위테스트 - 화이트박스 테스트

13.4 통합테스트

13.5 시스템테스트

13.6 인수 테스트

13.7 테스트 자동화 도구

■ 연습문제

학습목표

이 장에서는 개발하는 소프트웨어의 테스트 생명주기(Software Test Life Cycle)를 이해하고 각 단계별 테스트 방법론과 테스트 자동화 도구를 이해하는데 학습 목표를 두며, 세부적인 학습 목표는 다음과 같다.

- 소프트웨어 테스트 관련 오류(error), 결함(defect), 버그, 실패(failure) 등의 용어를 이해하고, 이들 간의 관계를 설명할 수 있다.
- 소프트웨어 테스트 생명주기를 이해하고, 그 주요 단계별 테스트 방법론을 설명할 수 있다.
- 단위테스트-블랙박스 테스트의 주요 방법을 설명하고 그 테스트 방법을 예를 들어 설명할 수 있다.
- 사용사례(은행의 입금 업무)에 대한 원인-결과 그래프(cause-effect graph)를 표현하고, 그 사용사례의 시나리오가 잘 수행되는지를 설명할 수 있다.
- 사용사례(은행의 입금 업무)에 대한 상태-전환 다이어그램(state transition diagram)의 변환 과정을 충분히 이해하고, 그 사용사례의 시나리오가 잘 수행되는지를 설명할 수 있다.
- 단위테스트에서 화이트박스 테스트의 주요 방법을 설명하고 그 테스트 방법을 예를 들어 설명할 수 있다.
- 어떤 테스트 프로그램의 예를 들고 이에 대해 단위테스트의 화이트박스 테스트를 위한 제어 흐름 그래프(control flow graph)를 그리고, 이의 문장 커버리지, 분기 커버리지, 조건 커버리지, 경로 커버리지의 테스트 케이스를 생성할 수 있다.
- 단위테스트 방법인 블랙박스 테스트와 화이트박스 테스트 방법의 기본 개념을 설명하고 그 차이점을 설명할 수 있다.
- 통합테스트 방법의 주요 접근 방식을 이해하고 통합테스트의 주요 접근 방식을 비교하여 설명할 수 있다.
- 시스템테스트 방법의 개념을 이해하고, 시스템테스트에서 수행하는 주요 테스트 방법을 설명할 수 있다.
- 인수테스트 방법의 개념을 이해하고, 인수테스트 단계에서 수행하는 주요 테스트 방법을 설명할 수 있다.
- 정적 분석 도구와 동적 분석 도구의 테스트 자동화 도구의 개념을 이해하고, 그 차이점을 설명할 수 있다.
- 테스트 케이스 자동 생성 도구의 개념을 설명하고, 그 종류를 예를 들고 그 특징을 설명할 수 있다.
- 단위테스트 자동화 도구의 개념을 설명하고, 그 종류의 예를 들고 그 특징을 설명할 수 있다.

소프트웨어 테스트 방법론에는 프로그램이 예상대로 잘 작동하는지 확인하기 위해 테스트하는 것으로 다양한 전략 또는 접근 방식이 있다. 일반적으로 **테스트 방법론**에는 단위테스트, 통합테스트 및 시스템테스트, 인수테스트를 포함하여 전방 테스트(front-end test)와 후방 테스트(back-end test), 기능 테스트와 비기능 테스트 등을 포함한다. 개발 프로세스에서 다양한 테스트 방법론을 활용하는 목적은 소프트웨어가 여러 환경과 다양한 플랫폼에서 성공적으로 작동할 수 있는지 확인하기 위한 것이다. 이러한 테스트는 일반적으로 기능 테스트와 비기능 테스트로 구분할 수 있다. 기능 테스트는 업무 요구사항에 따라 소프트웨어를 테스트하는 것이다. 기능 테스트는 주로 설계팀과 업무 분석가가 제공한 사용사례에 대해 소프트웨어의 각 부분이 예상대로 작동하는지 확인하는 테스트 유형이다. 이러한 **기능 테스트 방법**은 일반적으로 다음과 같은 순서로 수행된다.

- 단위테스트
- 통합테스트
- 시스템테스트
- 인수테스트

비기능 테스트 방법에는 소프트웨어의 운영 측면에 초점을 맞춘 모든 테스트 유형으로 다음의 테스트를 포함한다. 이외도 비기능 테스트 방법에는 요구사항 분석 단계에서 식별된 모든 **비기능적 요구사항 테스트**를 수행한다.

- 성능 테스트(Performance Testing)
- 사용성 테스트(Usability Testing)
- 호환성 테스트(Compatibility Testing)
- 보안 테스트(Security Testing)
- 회귀 테스트(Regression Testing)

최종사용자가 쉽게 사용할 수 있는 고품질 소프트웨어를 출시하기 위한 핵심은 기능 및 비기능 테스트를 완벽히 진행하여 고장 없고 신뢰성 높은 강력한 테스트 프레임워크를 구축하는 데 있다. 다음은 위의 주요 테스트 방법에 대해 자세히 알아본다.

13.1 테스트 기초

이 절에서는 프로그램이 비정상적으로 작동할 때마다 모든 용어가 사용된다는 것을 이해했으므로 오류, 결함, 하자, 버그 및 실패의 차이점에 대해 알아보자.

13.1.1 오류, 결함, 하자, 버그, 실패

소프트웨어 테스트에서 **버그(bug)**는 결함의 비정형적인 용어로서 소프트웨어가 요구사항대로 작동하지 않는 것을 의미한다. 프로그램 오류가 발생하면 프로그램이 고장 나게 되는데, 테스트 엔지니어는 이를 버그라고 부른다. 품질 분석가(QA)는 버그를 발견하면 버그 보고서 템플릿을 사용하여 버그를 재현하고 기록하는 작업을 수행한다.

하자(defect)란 소프트웨어가 요구사항대로 작동하지 않는 것을 의미하는 전문용어이다. 이것은 소프트웨어의 실제 결과와 예상 결과 간의 편차 있음을 의미한다. 즉 프로그래머가 코드 내부에서 발견한 버그를 **결함**이라고 할 수 있다. 프로그램의 문제가 오류로 이어진다는 것은 개발자가 요구사항을 잘못 이해했거나 요구사항이 올바르게 정의되지 않아 개발자의 코딩 **오류(error)**로 인해 실수가 발생한다. 이때 개발자는 오류라는 용어를 사용한다. **결함(fault)**은 소프트웨어에서 고장 허용치(fault tolerance)를 벗어나는 코드 작성으로 인해 프로그램이 원하는 대로 작동하지 않는 현상을 의미한다. 이것은 주로 자원 부족, 잘못된 수행단계, 부적절한 데이터 정의 등에 의해 발생한다.

결과적으로 많은 결함은 소프트웨어의 **장애**로 이어지고, 이것은 소프트웨어/애플리케이션 또는 해당 모듈에 치명적인 문제가 발생하여 시스템이 응답하지 않거나 고장나는 것을 의미한다. 다시 말해, 최종사용자가 제품에서 문제를 감지하면 그 특정 문제의 **실패(failure)**라고 할 수 있다. 하나의 결함으로 인해 한 번의 장애가 발생하거나 여러 번의 장애가 발생할 수 있다. 예를 들어 은행관리 시스템에서 최종사용자가 송금을 시도할 때 금액 이체 모듈이 작동하지 않는 경우 제출 버튼이 작동하지 않는다. 이것은 **거래 실패**이다.

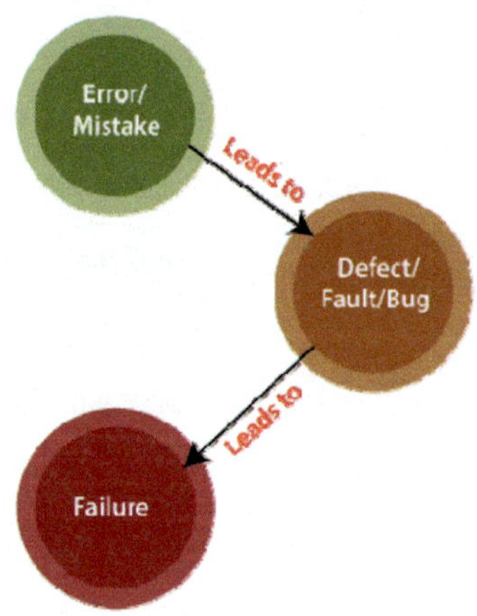

〈그림 13.1〉 에러, 하자, 결함, 실패 간의 연관 관계

최종적으로 어떤 작업 실패는 <그림 13.1>과 같이 최초에 개발자가 요구사항을 잘못 이해하거나 요구사항이 올바르게 정의되지 않아 개발자의 **이해 오류(error)**나 **실수**를 일으키고, 이 오류는 계속하여

프로그램의 **하자(defect), 결함(fault)** 또는 **버그**를 야기하고, 이러한 소프트웨어의 하자, 결함, 버그는 결과적으로 어떤 작업 **실패**를 발생시킨다는 것을 알 수 있다.

13.1.2 소프트웨어 테스트 생명주기

소프트웨어 테스트 생명주기(Software Testing Life Cycle)는 개발자와 테스터가 프로그램의 품질과 기능을 평가하기 위해 수행하는 활동으로 소프트웨어 회사가 고품질 소프트웨어의 표준을 충족하기 위해 따를 수 있는 잘 정의된 구조를 제시한다. 소프트웨어 테스트 생명주기에는 여러 단계가 있으며 각 단계마다 고유한 초점과 목표가 있다. 각 이전 단계의 목표가 다음 단계의 효율성에 직접적인 영향을 미치기 때문에 테스트 단계의 순서를 따르는 것이 중요하다. 소프트웨어 테스트 수명 주기의 세부적인 일부 사항은 회사에 따라 다를 수 있지만, 모두 생산 전에 소프트웨어의 문제를 식별하고 수정하는 것을 체계화한다는 전반적인 목표는 동일하다.

소프트웨어 테스트 생명주기의 각 단계에서 개발자는 소프트웨어의 특정한 특성을 평가하고 소프트웨어가 사용하기에 적합성 여부를 평가한다. 테스트 중 다양한 평가를 통해 소프트웨어 제품의 배포에 들어가기 전에 오류와 결함을 파악할 수 있다. 이러한 문제를 조기에 발견하고 해결하면 평판과 고객의 신뢰를 유지하는 데 도움이 된다. 특히 조기에 효과적인 소프트웨어 테스트는 재정적으로도 막대한 손실을 예방한다. **소프트웨어 테스트 생명주기**에는 일반적으로 다음의 4단계 테스트 단계를 거쳐 수행된다.

- 단위테스트(Unit Testing): 이 단계에서 프로그램은 특정 단위 또는 기능 및 절차에 의한 평가를 거쳐 각 단위가 자체적으로 정상 작동하는지 검사한다. 개발자는 일반적으로 테스터의 정식 테스트를 위해 소프트웨어를 제공하기 전에 블랙박스 테스트를 통해 프로그램의 외형적인 기능을 테스트하고, 화이트박스 테스트를 사용하여 소프트웨어의 코드와 내부 구조를 평가한다. 단위테스트는 코드가 변경될 때마다 수행할 수 있으므로 문제를 신속하게 해결할 수 있다. 일반적으로 단위테스트는 다음과 같은 절차에 의해 진행된다. 다음 절에서 이를 상세히 설명한다.
  - **블랙박스 테스트**
  - **화이트박스 테스트**
- 통합테스트(Integration Testing): 단위테스트가 완료된 모든 프로그램을 하나로 묶어 전체 프로그램에 대한 소프트웨어 기능의 상호작용 방식에 대한 문제를 찾아내는 작업이다. 통합테스트를 통해 개발자는 함께 실행되는 단위의 전반적인 효율성을 검사한다. 개발된 프로그램은 단위테스트와 통

합테스트를 거쳐 드디어 정상적으로 동작하는 소프트웨어 제품으로 탄생하는 것이다.

- 시스템 테스트(System Testing): 이것은 단위테스트와 통합테스트를 마치고 전체 소프트웨어가 완전한 통합 소프트웨어 제품으로 안정적인가를 테스트하는 첫 번째 단계로서 소프트웨어 제품이 목적을 얼마나 잘 수행하는지 확인한다. 이를 위해 개발자는 소프트웨어 개발에 관여하지 않은 독립적인 테스터에게 소프트웨어를 전달하여 공정한 평가에 따른 테스트 결과를 보장한다. 시스템테스트는 일반적으로 소프트웨어가 **고객의 요구사항**을 충족하는지 확인하기 때문에 매우 중요한 단계이다.
- 인수테스트(Acceptance Testing): 소프트웨어 테스트의 마지막 단계로서 소프트웨어 제품을 출시하고 실제 고객 환경에서 사용 준비 상태를 평가하는 작업이다. 테스터는 소프트웨어 제품의 고객을 대표하는 그룹과 함께 인증 테스트를 수행한다. 인수테스트는 소프트웨어 제품이 사용자의 요구사항을 충족하는지, 개발 중 소프트웨어가 경험하는 모든 변경사항을 사용에 적합성 여부를 확인하는 것이다. 대표 개인은 소프트웨어에서 고객이 원하는 것이 무엇인지를 정확히 제공할 수 있기 때문에 이 단계에서 매우 중요하다. 소프트웨어가 인수테스트를 통과하면 이제 소프트웨어 제품은 고객에 의해 운영 단계로 넘어간다. 인수테스트는 보통 **α-테스트**와 **β-테스트**의 두 단계를 거쳐 진행된다.

또한 위의 네 가지 주요 테스트 단계 이외에도 추가적인 소프트웨어 테스트 단계가 필요하다. 추가적인 테스트 과정은 주로 **비기능적 요구사항 테스트 방법**으로 다음 방법을 포함한다.

- 성능 테스트(Performance Testing): 테스터는 소프트웨어가 다양한 시나리오와 작업 부하를 얼마나 잘 처리하는지 평가한다. 성능 테스트에는 여러 가지 하위 유형이 있다. 일반적인 성능 테스트는 실제 사용자 조건을 재현하여 일반적인 시나리오에서 소프트웨어가 어떻게 작동하는지 확인하는 부하 테스트를 실행한다. 또 다른 성능 테스트는 스트레스 테스트로서 테스터가 의도적으로 소프트웨어에 과부하를 가하여 소프트웨어가 실패하기 전에 처리할 수 있는 양을 알아본다,
- 사용성 테스트(Usability Testing): 사용성이란 사용자가 서비스를 사용할 때 얼마나 쉽게 목표를 달성할 수 있는지를 측정하는 것을 말한다. 이는 일반적으로 성공률과 고객 만족도를 포함하는 '사용성 테스트'라는 용어에 따라 확립된 연구 방법론을 통해 측정된다. 사용성은 더 큰 사용자 경험(UX)의 한 부분이다. UX가 제품의 전반적인 경험을 설계하는 것을 포괄하는 반면, 사용성은 제품이 사

용자에게 최대한 잘 작동하도록 하는 메커니즘에 중점을 둔다. 테스터는 최종사용자의 관점에서 소프트웨어에 접근하여 사용자 인터페이스(UI)와 설계가 이해하기 쉬운지, 소프트웨어의 사용 방법이 쉬운지 등을 시험한다. 이상적으로는 사용자가 스스로 소프트웨어를 학습하고 만족스러운 경험을 할 수 있어야 한다. 사용성 인터페이스의 기본적인 **평가 준거(evaluation criteria)**는 다음과 같은 평가 기준에 대한 사용자 만족도를 측정하여 시험한다. 자세한 사항은 15장을 참조 바란다.

- 사용 편리성(easy to use)
- 학습 용이성(easy to learn)과 이해 용이성(easy to understand)
- 사용자 에러의 예방/취소/재실행 기능
- 높은 업무 효율성
- 시스템의 현재 상태 가시성
- 일관성

- 호환성 테스트(Compatability Testing): 이것은 일명 '**이식성 테스트**'로서 소프트웨어가 다양한 운영체제, 모바일 플랫폼, 웹브라우저 등의 컴퓨팅 환경에서 의도한 대로 작동하는지를 평가한다. 이러한 환경에는 실행되는 소프트웨어에 대한 자체 사양이 있으므로 소프트웨어가 이러한 다양한 사양을 모두 충족하는지 확인하는 것이 중요하다.
- 보안성 테스트(Security Testing): 위협, 위험 및 취약성 측면에서 소프트웨어를 평가하는 것이다. 테스터는 소프트웨어에서 사용자의 개인 데이터를 해커에게 노출시키거나 소프트웨어를 악성 소프트웨어에 결함이 있는지 검사한다. 테스터가 이러한 결함을 발견하면 개발자는 코딩을 통해 결함을 보완해야 한다.
- 회귀 테스트(Regression Testing): 테스트 수명 주기 전반에 걸쳐 수행되는 절차이다. 개발자가 소프트웨어에 변경 사항을 구현한 후 테스터는 회귀 테스트를 수행하여 이전에 테스트한 기능 작동이 그대로 유지되는지 확인해야 한다. 이것은 소프트웨어 기능의 일관성을 보장하는 데 도움을 주는 좋은 방법이다.

이외도 시스템테스트 범위는 요구사항 분석 단계에서 정의된 비기능적 요구사항에 따라 추가적인 테스트 방법을 추가하여 진행될 수 있다.

13.1.3 테스트 케이스

테스트 케이스(Test Cases)는 개발된 프로그램이 사용자의 요구사항을 예상대로 정확히 작동하는지 확인하기 위해 사전에 설계된 입력값, 실행 조건, 예상치 등으로 구성된 절차적 문서 작업이다. 테스트 케이스는 실제로 테스트를 시작하기 전에 무엇을 테스트할지 정의해야 한다.

테스트 케이스와 관련 용어로서 **테스트 오라클(Test Oracles)**은 William E. Howden의 논문에서 처음 소개되었으며, 다양한 종류의 오라클에 대한 추가 작업은 Elaine Weyuker에 의해 탐구되었다. 테스트 오라클은 프로그램이 테스트를 통과했는지 실패했는지 판단하는 메커니즘 활동으로 프로그램을 테스트하는데 필요한 테스트 케이스를 의미하며, 이것은 대부분 사람이 직접 프로그램에 예상되는 출력의 계산에 의해 생성된다. 테스트 오라클과 프로그램의 출력 결과 사이에 불일치가 있는 경우, 결과에 결함이 있다고 선언하기 전에 먼저 테스트 오라클이 생성한 결과를 확인한다. 인간 오라클(사람이 생성한 테스트 오라클을 말함)은 일반적으로 프로그램의 요구사항을 사용하여 프로그램의 올바른 동작이 무엇인지 결정하는 데 사용된다. 오라클이 올바른 동작을 결정할 수 있도록 시스템의 동작을 명시적으로 지정하고 사양 자체에 오류가 없는 것이 중요하고, 실제로 올바른 동작을 명시해야 한다. 한편 프로그램이나 모듈의 사양에서 테스트 오라클이 자동으로 생성되는 시스템도 있다. 테스트 오라클의 사용에는 주어진 테스트 케이스 입력에 대해 테스트 중인 시스템의 출력을 테스트 오라클이 해당 소프트웨어가 가져야 한다고 판단한 출력과 비교하는 작업이 포함된다.

테스트 오라클은 다음 중 하나가 될 수 있다.

- 동일한 입력을 받아 동일한 출력을 생성하는 프로그램(테스트 중인 시스템과는 별개)
- 특정 입력에 대해 올바른 출력을 제공하는 문서
- 사람이 주어진 입력에 대해 올바른 출력을 계산하는 데 사용할 수 있는 문서화 알고리즘
- 어떻게든 출력을 보고 올바른지 여부를 알 수 있는 인간 도메인 전문가 또는 그 출력이 올바른지 알 수 있는 다른 방법

13.2 단위테스트 - 블랙박스 테스트

단위테스트(unit testing)는 소프트웨어에서 사용하는 클래스, 컴포넌트 또는 모듈 단위의 코딩을 마치고 가장 작은 기능적 단위인 메소드 단위로 테스트하는 프로세스이다. 단위테스트는 소프트웨어의 개별 구성 요소(1개의 메소드 또는 사용사례)가 제대로 작동하고 설계된 대로 작동하는지를 테스트하는 첫 번째 단계로서 보통 개발자가 직접 수행하는 경우가 많고, 코드 수준에서 확인하는 프로세스이다. 개발자는 일반적으로 소프트웨어 기능을 테스트하는 팀에 넘기기 전에 단위테스트를 실행한다. 단위테스트는 일반적으로 메소드 단위로 진행되고 코드 품질을 보장하는 데 도움이 되며, 소프트웨어 개발의 필수 요소이다. 단위테스트는 모듈식 사고 패러다임을 적용하고 테스트 범위와 품질을 개선한다. 또한 단위테스트 자동화를 사용하면 사용자와 개발자는 더 많은 시간을 코딩에 집중할 수 있다. **단위테스트 방법**은 대표적으로 다음과 같이 두 가지 방법으로 분류된다.

- 블랙박스 테스트
- 화이트박스 테스트

블랙박스 테스트(black-box testing)는 시스템의 내부 작동에 대한 사전 지식이 없는 상태에서 시스템 기능을 테스트하는 것으로 테스트 대상인 개발 시스템에 대해 입력을 제공하고 시스템에서 반응하는 출력의 관찰을 통해 시스템이 정상적으로 반응하는지, 응답시간, 사용성 문제 및 안정성 문제를 파악하는 테스트 방식이다. **블랙박스 테스트의 개념도**는 <그림 13.2>와 같다. 블랙박스 테스트는 최종사용자가 시스템이 어떻게 코딩되거나 설계되었는지를 고려하지 않고 단지 자신의 입력에 대해 기대되는 응답으로 이행하는지를 검사하는 방법이다. 이 과정에서 블랙박스 테스트는 UI/UX, 웹 서버 또는 애플리케이션 서버, 데이터베이스, 종속성 및 통합 시스템을 포함한 모든 관련 하위 시스템을 평가한다.

대표적인 블랙박스 테스트 기법에는 다음과 같다.

- 동치 클래스 분할
- 경계값 분석
- 원인과 결과 그래프
- 상태 전환 그래프

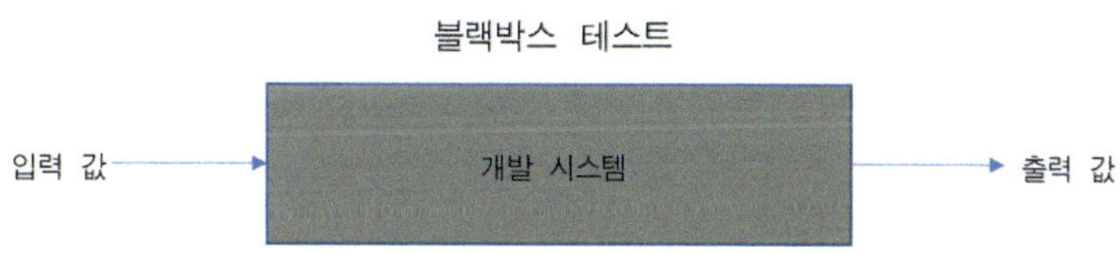

〈그림 13.2〉 블랙박스 테스트의 개념도

13.2.1 동치 클래스 분할

동치 클래스 분할(equivalence class partitioning)은 소프트웨어 테스트에서 가능한 입력을 동치 클래스 집합으로 나누고 각 클래스에서 대표적인 입력 집합을 찾아 테스트하는 기법이다. 동치 클래스에 속하는 모든 요소는 같은 출력을 낼 것으로 예상되므로 동치 클래스 집합에서는 단일 값만을 테스트한다. 이렇게 하면 생성 및 실행해야 하는 테스트 케이스의 수를 줄이면서 테스트 케이스를 제공할 수 있다.

예로, '성적'의 입력 범위가 $0 \le score \le 100$이라면, <그림 13.3>과 같이 정상적인 동치 클래스인 $0 \le score \le 100$의 범위와 2개의 비정상적인 동치 클래스인 $score < 0$와 $score > 100$에 속하는 { -10, 50, 110 } 등의 테스트 커버리지를 생성하여 테스트할 수 있다.

	$score < 0$	$0 \le score \le 100$	$score > 100$
테스트 커버리지	{ -10 }	{ 50 }	{ 110 }

〈그림 13.3〉 동치 클래스 분해에 의한 '성적' 변수에 대한 테스트 커버리지

다른 예로, <대학교의 성적 처리 프로그램>에서 성적에 따라 학점을 부여하는 동치 클래스 분할은 다음과 같은 테스트 영역으로 구분되고, 각 분할 영역의 대표적인 중간값을 선택하여 {95, 85, 75, 65, 55}의 테스트 커버리지를 생성하여 정상적으로 작동하는지를 검사할 수 있다. 단, 테스트 커버리지는 검사자에 따라 범위 내에서 {92, 82, 72, 62, 52}와 같이 다소 다른 값을 선택하여 검사할 수 있다.

- score $\ge$ 90이면, grade = 'A'이다.
- 80 $\le$ score $\le$ 89이면, grade = 'B'이다.
- 70 $\le$ score $\le$ 79이면, grade = 'C'이다.
- 60 $\le$ score $\le$ 69이면, grade = 'D'이다.
- score $\le$ 59이면, grade = 'F'이다.

13.2.2 경계값 분석

경계 분석(boundary analysis testing)은 소프트웨어 테스트에서 프로그램 입력 영역의 '경계값'을 식별하고 이의 주변값을 테스트하는 기법이다. 이러한 값은 프로그램이 제대로 처리하도록 설계되지 않았을

수 있는 특수한 경우나 에지 케이스를 포함하는 경우가 많기 때문에 오류가 발생할 가능성이 높다는 개념을 활용한 방법이다. **경계값 분석**에는 두 가지 유형의 경계 테스트가 있다.

- 내부 경계 테스트: 허용되는 최소값 및 최대값과 같이 입력 영역의 가장자리 바로 안쪽에 있는 입력값에 중점을 두어 테스트한다.
- 외부 경계 테스트: 허용되는 최소값 및 최대값보다 약간 높거나 낮은 값과 같이 입력 영역의 가장자리 바로 바깥쪽에 있는 입력 값에 중점을 테스트한다.

경계값 분석은 오류를 찾아내고 프로그램이 입력 변수의 중간에 있는 값뿐만 아니라 모든 입력값에 대해 올바르게 작동하는지 확인하기 위한 중요한 기술이다. 이를 통해 눈에 띄지 않을 수 있는 버그를 식별하고 수정하는 데 도움을 주는 테스트 방법이다. 예로, '성적'의 입력 범위가 $0 \leq score \leq 100$인 경우, 경계값 분석에 의한 테스트 커버리지는 <그림 13.4>와 같이 '성적' 변수의 입력으로 경계값인 { -1, 0, 1, 99, 100, 101 }의 테스트 케이스를 생성하여 테스트할 수 있다.

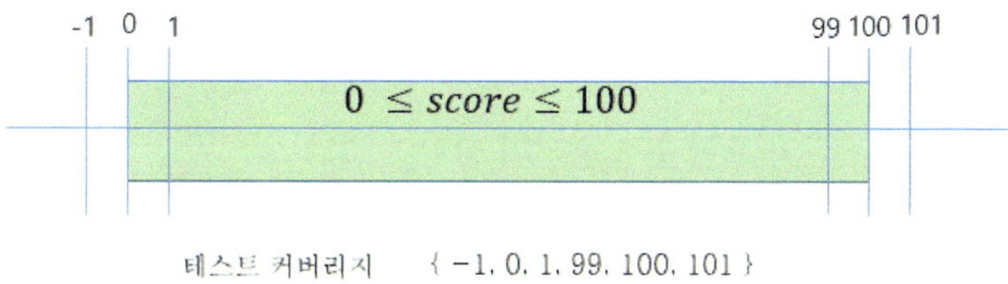

〈그림 13.4〉 경계값 분석에 의한 '성적' 변수의 테스트 케이스

다른 예로, 위의 <대학교의 성적 처리 프로그램>에서 학점 부여가 정상적으로 작동하는지를 위한 경계값 분석의 테스트 커버리지는 다음과 같이 생성하여 테스트할 수 있다.

{ 101, 100, 99, 91, 90, 89, 81, 80, 79, 71, 70, 69, 61, 60, 59, 1, 0, -1 }

13.2.3 원인-결과 그래프

원인-결과 그래프(cause-effect graph) 테스트는 어떤 시나리오에 대해 그 원인과 결과를 연결하는 방향성을 가진 그래프로 표현하여 시스템의 정상적인 동작 시나리오를 테스트하는 방식이다. 원인(cause)

은 구별되는 입력 조건이고, 결과(effect)는 구별되는 출력 조건이다. 그래프에서 원인을 나타내는 노드는 좌측에 위치하고 결과를 나타내는 노드는 우측에 위치한다. 또한 모든 노드는 1('참' 또는 '있음')과 0('거짓' 또는 '없음')의 두 가지 상태를 가진다.

원인-결과 그래프 테스트의 주요 특징은 다음과 같다.

- 원인-결과 그래프를 통해 요구사항명세를 입력 조건과 출력 조건 간의 논리적 관계로 표현하고, 이를 기반으로 테스트 케이스를 도출한다.
- 원인-결과 그래프의 '원인(causes)'은 입력 조건을 의미하고 '결과(effects)'는 입력 조건에서 얻어진 결과를 의미한다. 따라서 원인-결과 그래프는 원인과 결과 간의 논리적 관계를 AND, OR, NOT 같은 boolean 연산자를 사용하여 나타낸다.
- 원인-결과 그래프 테스트는 테스트 출력이 여러 입력의 조합(combinations)에 의존하는 시나리오에서 사용하기 적절한 기법이다.

원인-결과 그래프 테스트는 어떤 원인을 그 결과와 연결하는 방향성을 가진 그래프로서 그 표현법은 다음과 같은 요소들로 구성된다.

- **IDENTITY** 연산은 다음과 같이 표현된다. 원인이 참이면 결과도 참이고, 원인이 거짓이면 결과도 거짓임을 의미한다.

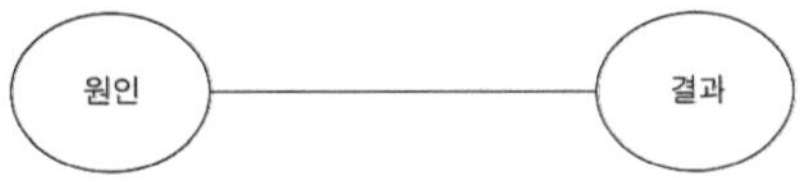

- **AND** 연산은 하나 이상의 원인 집합을 가질 수 있고, 다음과 같이 표현된다. 결과1이 참이려면 원인1과 원인2가 모두 참이어야 한다를 나타낸다.

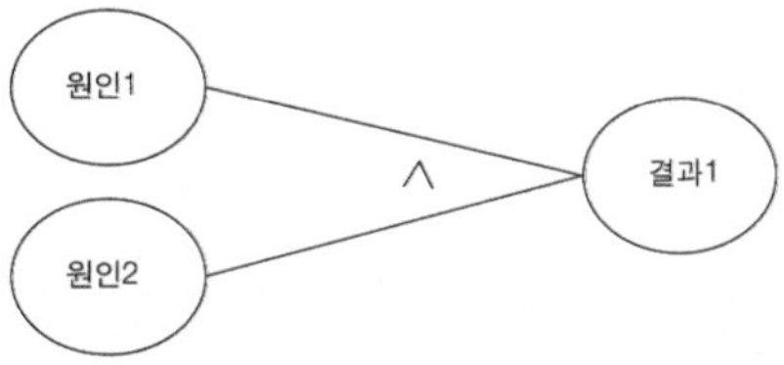

- **OR** 연산은 하나 이상의 원인 집합을 가지며, 다음과 같이 표현된다. 결과1이 참이 되려면 원인1 또는 원인2가 참이어야 한다를 나타낸다.

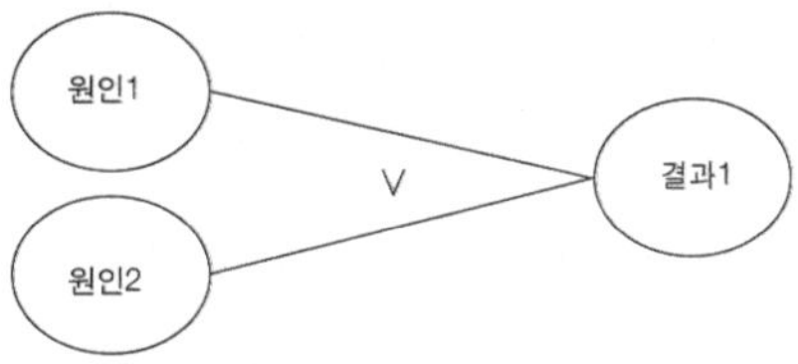

- **NOT** 연산은 결과1이 참이 되려면 원인1이 거짓이어야 한다는 것을 나타내며, 그 표현은 다음과 같다.

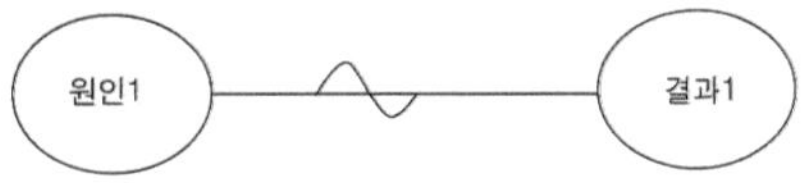

- 여러 원인을 결합하는 중간노드(intermediate nodes)가 원인-결과 사이에 위치할 수도 있다. 다음은 결과1이 참이 되려면 (원인1 Ù원인2) Ú원인3 이 충족되어야 함을 표현한다.

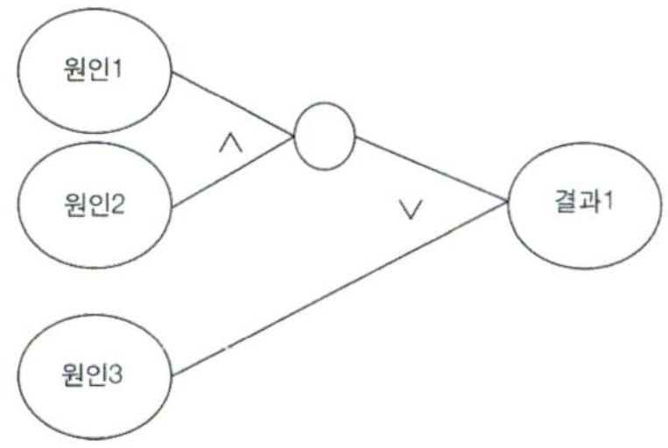

- 불가능한 원인 조합 또는 결과 조합을 표현하기 위해 제약(constraints)이 추가될 수도 있다(그래프에서 점선과 제약 심볼을 표기하여 나타냄). 원인에 적용 가능한 제약 심볼은 E(exclusive), I(Inclusive), O(one and only one), R(Requires)이다.
- E 제약: 원인1과 원인2 중 많아야 하나가(at most one) 참이 될 수 있음을 나타낸다. 즉, 두 원인이 동시에 참일 수 없다는 것을 나타낸다.

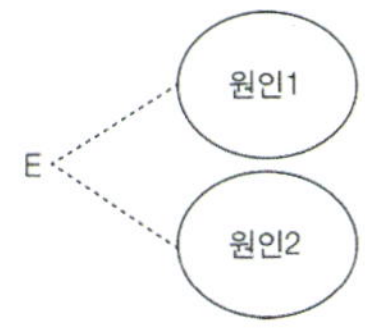

- I 제약: 원인1, 원인2, 또는 원인3 중 적어도 하나는 참이어야 함을 나타낸다. 즉 모두가 동시에 거짓일 수는 없다는 것을 나타낸다.

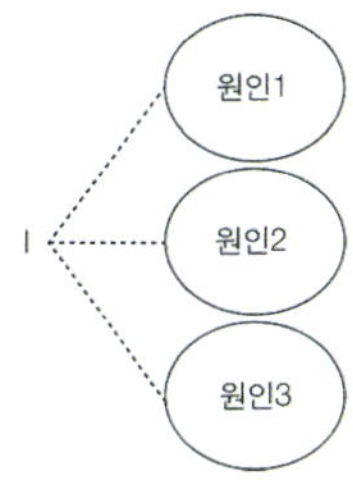

- O 제약: 원인1과 원인2 중 오로지 하나만 참이어야 함을 나타낸다.

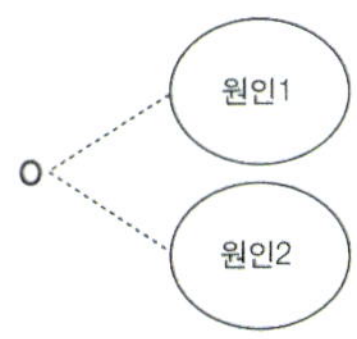

- R 제약: 원인1이 참이 되려면 원인2도 반드시 참이어야 함을 나타낸다. 즉 원인1이 참이면서 원인2가 거짓인 경우는 불가능하다.

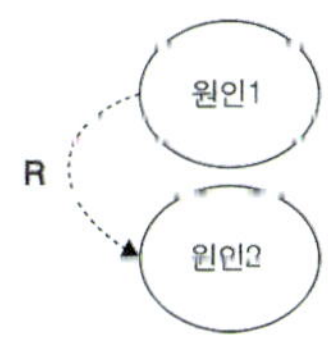

- 결과에 적용가능한 제약 심볼로 **M(Mask)**가 있다. 다음은 결과1이 참이면 결과2는 강제로 거짓이 된다를 표현한다.

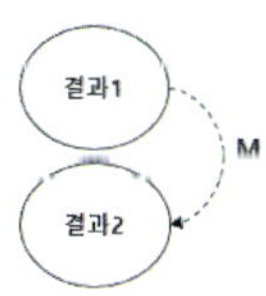

예로, 은행의 ATM에서 <입금> 작업에 대한 원인-결과 그래프를 도시하면 <그림 13.5>와 같다. ATM의 '입금' 작업은 입금 단계에서 카드 또는 통장 불량, 비밀번호 불량, 지폐 불량, 지폐 계수기 불량 등의 원인이 발생할 수 있고, 이로 인해 결과는 계좌 인식 실패 오류, 비밀번호 오류, 불량 지폐 오류, 금액계수 실패 오류, 입금 성공 등의 상태가 발생할 수 있다.

결과적으로 ATM 관리시스템의 입금 작업은 <그림 13.5>의 원인-결과 그래프를 통해 전체적인 시나리오 동작 과정을 쉽게 테스트할 수 있다.

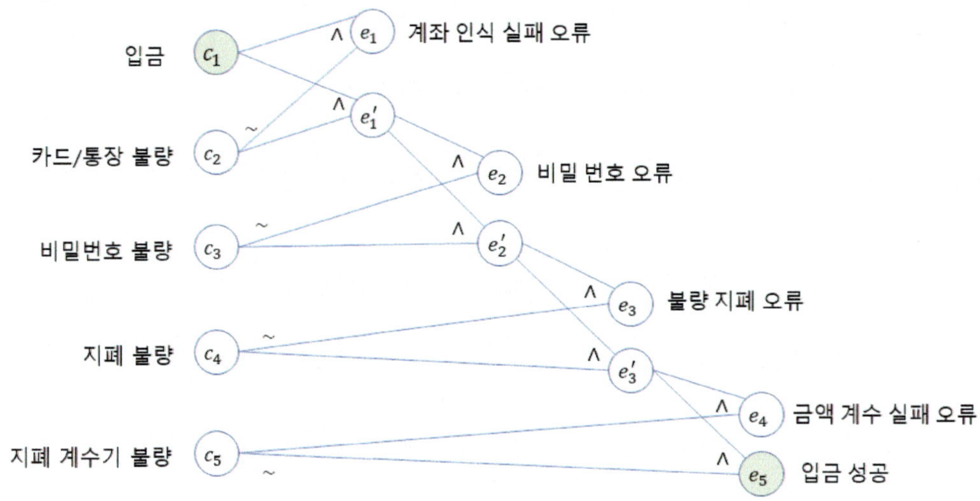

〈그림 13.5〉 은행 ATM에서 '입금' 작업에 대한 원인-결과 그래프

- 원인(cause):

  c_1: 입금

  c_2: 카드/통장 불량

  c_3: 비밀번호 불량

  c_4: 지폐 불량

  c_5: 지폐 계수기 불량

- 결과(effect):

  e_1: 계좌인식 실패 오류

  e_2: 비밀번호 오류

e_3: 불량 지폐 오류

e_4: 금액계수 실패 오류

e_5: 입금 성공

13.2.4 상태 전환 테스트

상태 전환 테스트(state transition testing)는 상태 전환 테스트의 기본 개념은 프로그램이 거칠 수 있는 모든 가능한 상태와 전환을 식별한 다음 테스트 케이스를 만들어 프로그램이 각 상태에서 올바르게 작동하고 상태 간에 유효한 전환을 수행하는지 테스트하는 방법이다. 즉 프로그램이 여러 상태 또는 모드 간에 전환할 때 프로그램의 동작을 테스트하는 블랙박스 테스트 기법이다. 상태 전환 테스트는 다양한 입력 조건에 따라 애플리케이션의 상태 변화를 검사하기 위해 수행하는 소프트웨어 테스트의 한 유형이다. 전달된 입력의 조건을 변경하고 상태 변화를 관찰하며, 기본적으로 시퀀스로 전달되는 다양한 입력 조건에 대한 애플리케이션의 동작을 관찰하기 위해 수행되는 블랙박스 테스트 기법이다. 이 유형의 테스트에서는 양수 및 음수 입력값이 모두 제공되고 시스템의 동작을 관찰한다. 상태 전환 테스트는 기본적으로 다양한 시스템 전환을 테스트해야 하는 경우에 사용된다. 여기서 상태는 프로그램이 발생할 수 있는 조건 집합이며, 전환은 한 상태에서 다른 상태로 변경되는 것을 말한다.

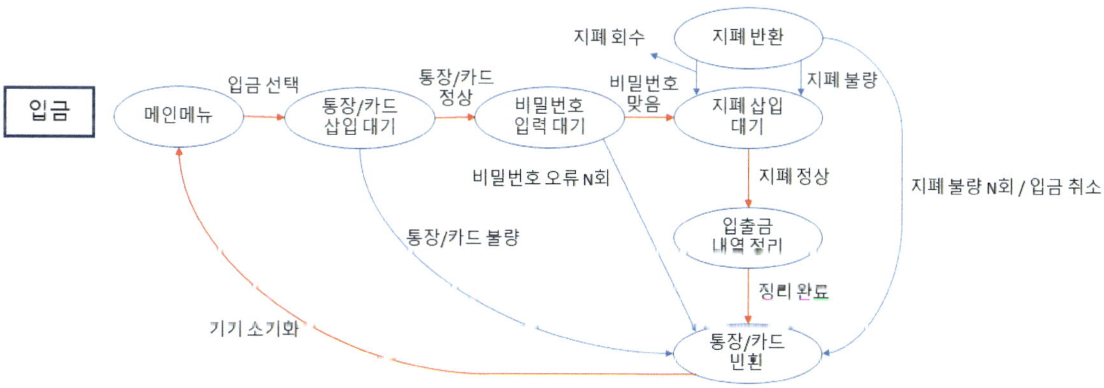

〈그림 13.6〉 은행 ATM에서 '입금' 작업에 대한 상태 전환 다이어그램

상태 전환 테스트는 시스템의 동작 시나리오를 상태 전환 다이어그램으로 표현하여 각 상태마다 발생하는 이벤트에 대해 정상적으로 동작하는지를 확인한다. 상태 전환 다이어그램은 특정 입력에 따라 시

스템 상태가 정상적으로 변하는지를 보여주며, 다음의 네 가지 주요 구성 요소로 표현된다.

- 상태(state): 사각형으로 표현
- 전환(transition): 화살표로 표현
- 이벤트(event):
- 액션(action)

예로, 고객이 은행 ATM을 사용하는 경우 발생할 수 있는 상태 전환 다이어그램은 <그림 13.6>과 같이 표현할 수 있다. ATM은 초기에 idle 상태로 일정한 영상을 보여주고 있고, 고객이 ATM 화면을 터치하면 '입금, 출금, 예금 조회, 계좌 이체' 등의 작업을 선택할 수 있다. 여기서는 '입금' 작업을 선택하고, 이에 대한 상태 전화 다이어그램을 그려보자. 고객이 '예금'메뉴를 선택하면 '카드 또는 통장을 입력하세요.'라는 메시지를 듣게 된다. 계속하여 고객 인증 절차에 따라 '비밀번호' 입력을 요청받고, 비밀번호를 입력한다. 이 과정에서 입력된 비밀번호 올바른 경우와 잘못된 경우의 이벤트에 따라 시스템 상태는 다르게 작동한다. 이와 같이 고객이 원하는 서비스 선택에 따라 다른 수행 절차가 진행되고, 이 과정에서 올바른 '액션'을 수행해야 한다. 이때 올바른 액션과 그릇된 액션 시나리오에 따라 다른 상태 전환이 이뤄진다. 이러한 과정을 그림으로 표현한 것이 **상태 전환 다이어그램**이다.

▸ **주의**: 소프트웨어 개발 과정에서 테스트는 실제 모든 테스트 케이스에 대해 테스트가 거의 불가능하므로 블랙박스 테스트 단계에서 종료되는 경우가 많다. 그 이유는 화이트박스 테스트는 테스트 자동화 도구를 사용하거나 특별한 경우가 아니면 너무 많은 테스트 케이스 발생으로 현장에서 적용이 어려운 경우가 많아 생략될 수 있다.

13.3 단위테스트 - 화이트박스 테스트

화이트박스 테스트(White-box testing) 기법은 일명 '구조 테스트' 또는 '코드 기반 테스트'라고 불리며, **프로그램의 내부 구조와 동작을 검사하는 소프트웨어 테스트 방식**으로 블랙박스 테스트의 방법과 반대된다. 화이트박스 테스트는 프로그램의 내부 구조와 작동을 테스트하는 소프트웨어 테스트 방법이다. 테스터는 소스 코드에 액세스할 수 있으며 이 지식을 사용하여 코드 수준에서 소프트웨어의 정확성을 검증할 수 있는 테스트 케이스를 설계한다. 또한 화이트박스 테스트는 소프트웨어의 내부 로직, 흐름 및 구조를 테스트하는 데 사용되며, 테스터는 테스트 케이스를 생성하여 코드 경로와 논리 흐름을 검사하여 지정된 요구사항을 충족하는지 검사한다.

화이트박스 테스트를 진행하는 이유는 개발자가 프로그램 내부 소스 코드의 유효성과 그 실행 과정을 검사하여 소스 코드가 어떤 경로로 실행되며, 불필요한 코드 혹은 테스트되지 못한 부분을 검사하기 위함이다. 화이트박스 테스트를 하는 부분은 대개 코드의 실행 경로를 확인해야하기 때문에 시중에 나와 있는 커버리지 분석 도구를 많이 활용된다. 또한 화이트박스 테스트 기법은 블랙박스 검사 기법에 비해 많은 무료 테스트 도구도 있고 판매되는 제품도 있다. **화이트박스 테스트**는 <그림 13.7>과 같이 대표적인 문장 커버리지 테스트, 분기 커버리지 테스트, 조건 커버리지 테스트, 경로 커버리지 테스트 등의 순서를 거쳐 진행한다.

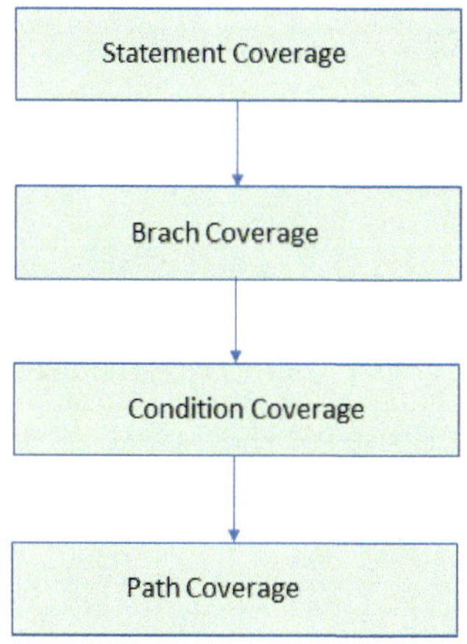

〈그림 13.7〉 화이트박스 테스트의 수행 절차

- 문장 커버리지(statement coverage) 테스트
- 분기 커버리지(branch coverage) 테스트
- 조건 커버리지(conditional coverage) 테스트
- 경로 커버리지(path coverage) 테스트

화이트박스 테스트 검증기준의 적용은 <그림 13.8>과 같이 **문장 커버리지, 분기 커버리지, 조건 커버리지, 경로 커버리지 순서대로** 진행한다. 화이트박스 테스트 수행에서 경로 커버리지, 다중 조건 커버리지, 변경 조건 커버리지 적용은 방대한 테스트 케이스의 발생으로 실제 테스트 현장에는 적용이 쉽지 않다. 다만 테스트 자동화 도구에 의한 테스트를 진행하는 경우 화이트박스 테스트가 가능할 수 있으며, 수작업에 의한 화이트박스 테스트 적용은 실제 어렵다는 것을 주지 바란다.

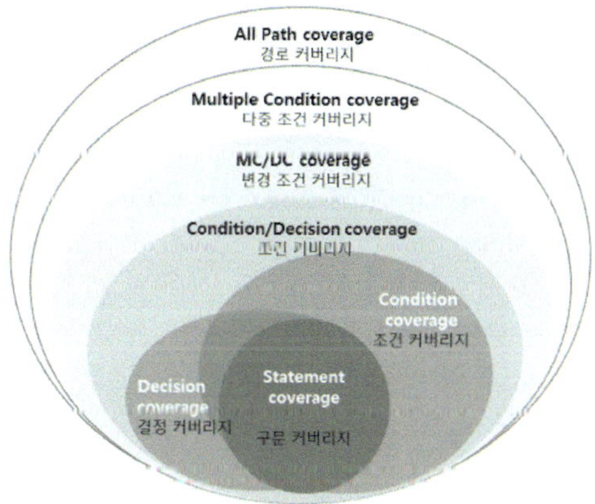

〈그림 13.8〉 화이트박스 테스트 검증기준의 포함 관계

화이트박스 테스트 방법을 적용하려면, 먼저 프로그램에 대한 **제어 흐름 그래프**를 작성하고, 이를 통해 위의 네 가지 테스트 검증기준을 생성하여 검사를 진행한다. 다음은 테스트하는 프로그램에서 제어 흐름 그래프의 작성 방법과 이로부터 네 가지 테스트 검증기준의 생성 방법을 알아본다.

13.3.1 제어 흐름 그래프

제어 흐름 그래프(control flow graph)는 프로그램의 제어 흐름을 시각적으로 표현한 것으로 프로그램이 다양한 명령문과 의사 결정 지점을 통해 어떻게 진행되는지를 나타내는 그래프이다. 제어 흐름 그래프는 Frances E. Allen이 개발했으며, 흐름 분석에 부울 연결 행렬을 사용한 Reese T. Prosser의 아이디어에서 영감을 받았다고 한다. 제어 흐름 그래프에서 사용하는 기호는 <그림 13.9>와 같이 5가지 요소로 구성된다.

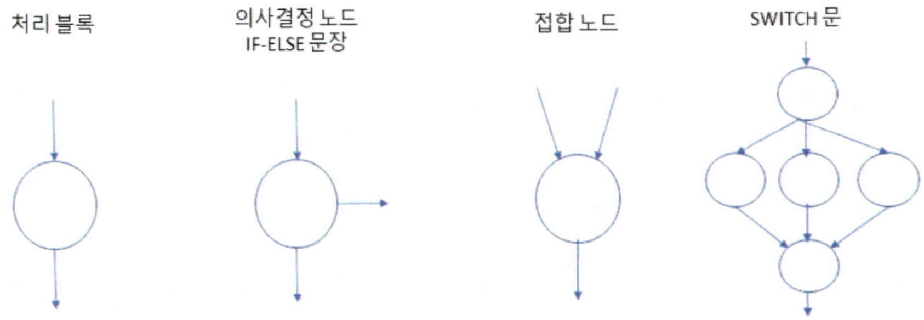

〈그림 13.9〉 제어 흐름 그래프에서 사용하는 기호들

- 노드(node): 프로그램에서 한 문장을 처리하는 블록으로 원으로 표현한다.
- 선분(edge): 문장과 문장 사이의 제어 흐름으로 방향성 직선으로 표현한다.
- 의사결정 노드: 프로그램의 IF 문의 조건을 판결하는 지점으로 **원** 또는 **다이아몬드** 모양으로 표현한다.
- 접합 노드(junction node): 프로그램에서 최소 세 개의 노드가 만나는 지점을 나타낸다. 여러 분기노드가 다시 하나의 경로로 합쳐지거나 여러 경로로 분리되는 지점을 나타내는 데 사용된다. 간단히 접합 노드는 서로 다른 노드가 하나의 노드로 연결되는 지점을 나타내는 데 사용된다.
- Switch 문장 노드: switch-case 문장 구조

예로, <그림 13.10a>의 간단한 프로그램에 대한 제어 흐름 그래프를 생성해 보자. 제어 흐름 그래프 생성을 위해 먼저 프로그램의 각 라인에 번호를 부여한다.

1	read x;
2	read y;
3	while $x \neq y$ do
4	if x > y then
5	x = x - y;
	else
6	y = y - x;
	end if;
7	end while;
8	gcd = x;

(a)

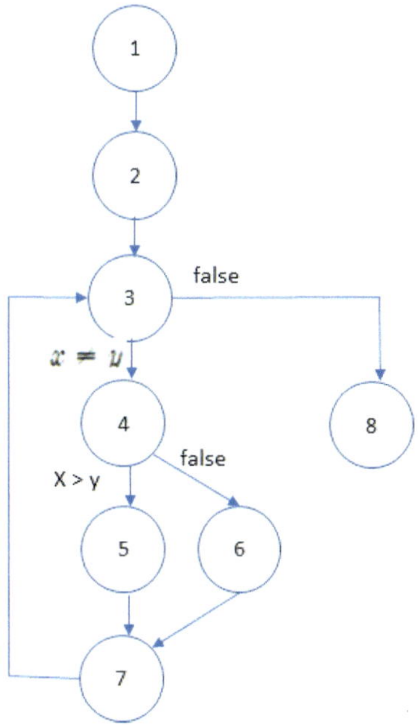

(b)

〈그림 13.10〉 테스트 프로그램 예제와 이에 대한 제어 흐름 그래프
(a) 테스트 프로그램의 예제; (b) 테스트 프로그램에 대한 제어 흐름 그래프

13.3.2 테스트 검증기준: 문장·분기·조건·경로 커버리지

제어 흐름 커버리지 테스트에는 문장 커버리지, 분기 커버리지, 경로 커버리지, 조건 커버리지 등이 있다. 각 테스트 방법에는 장단점이 있으며, 하나의 기법으로 모든 결함을 완벽하게 검사할 수 없으므로 이 테스트 커버리지를 단계적으로 적용하여 검사한다. 다음은 주요 4가지 테스트 커버리지 기법에 대한 설명이다.

- 문장 커버리지(statement coverage): 이것은 테스트 프로그램에서 코드의 모든 문장이 한 번 이상 실행되는지 검사하는 것이다. 예로, <그림 13.10>의 제어 흐름 그래프에서 문장 커버리지는 다음과 같이 생성된다.

  1-2-3-4-5-7-8

  1-2-3-4-6-7-8

- 분기 커버리지(branch coverage): 이것은 '결정 커버리지(decision coverage)'라고도 하며, 프로그램에서 모든 가능한 분기/결정 지점(예: if-else 조건)에서 참, 거짓을 발생하는 모든 테스트 케이스를 검사한다. 분기 커버리지는 프로그램의 모든 분기점이 적어도 한 번 이상 실행되는지를 검사하는 기법이다. 이것은 분기점에 숨겨진 오류를 발견하고 모든 프로그램 분기의 오류가 없는지 확인하는 데 매우 중요하다. 예로, 분기 커버리지는 GPS에서 가능한 모든 경로를 탐색하는 것과 같다. 또한 교차로에서 분기 테스트는 모든 가능한 경로가 유효한 목적지로 연결되는지 확인하기 위해 직진, 좌회전, 우회전하는 것이 포함하여 검사하는 것과 같다. 따라서 이 방법은 프로그램이 예기치 않게 동작할 수 있는 오류를 식별하는 데 도움이 되므로 중요하다. 분기 커버리지를 달성하려면 다음 사항을 모두 충족해야 한다.
  - 모든 의사결정 지점을 커버해야 한다.
  - 모든 논리 연산자를 커버해야 한다.
  - 모든 루프를 커버해야 한다.

  분기 커버리지 테스트를 완성하려면 테스터는 프로그램의 모든 다른 분기점을 실행하는 테스트 케이스를 생성해야 한다. 이 작업은 수동으로 수행하거나 테스트 케이스를 자동으로 생성할 수 있는 관리 도구의 도움을 받아 수행할 수 있다. 분기 커버리지가 100% 만족한다는 것은 모든 분기점이 적어도 한 번 이상 실행되었고 오류가 발견되지 않았음을 의미한다.

  예로, <그림 13.10>의 제어 흐름 그래프에서 분기 발생 지점은 3번 문장에서 루프의 반복 조건인 참, 거짓을 판별하는 지점과 4번 문장의 if-else 문장에서 참, 거짓을 판별하는 지점이 해당된다. 따라서 <그림 13.10>의 제어 흐름 그래프에서 분기 커버리지는 다음과 같이 생성된다.

  1-2-3-4-5-7-8

  1-2-3-4-6-7-8

  1-2-3-8

- 조건 커버리지(condition coverage): 이것은 어떤 질문에 대해 가능한 모든 답을 확인하는 것과 같다. 테스트 프로그램의 논리 조건에서 가능한 모든 조합이 올바른 결과를 생성하는가를 검사하는 방법이다. 조건 커버리지는 각 조건의 참 또는 거짓 결과를 보고하며, 조건 범위는 조건을 서로 독립적으로 측정한다. 특히 조건 커버리지는 if 문장이나 while 문장의 조건식을 상세히 검사하는 방법이다. 예로, 'if (x > 5 or y < 10)' 코드에 대한 조건 커버리지는 조건식이 참, 거짓이 되는 모든 경우의 테

스트 케이스를 생성하여 검사한다. 이에 대한 조건 커버리지는 { (x, y) | (10, 5), (10, 15), (3, 5), (3, 15)} 등의 4가지 테스트 케이스 생성이 가능하다. 여기서 테이스 케이스의 값은 테스터에 따라 다소 차이가 있을 수 있다.

x	y	결과값	테스트 케이스
x 〉 5 (true)	y 〈 10 (true)	true	x = 10, y = 5
x 〉 5 (true)	y ≥ 10 (false)	true	x = 10, y = 15
x ≤ 5 (false)	y 〈 10 (true)	true	x = 3, y = 5
x ≤ 5 (false)	y ≥ 10 (false)	false	x = 3, y = 15

다른 예로, <그림 13.10>의 제어 흐름 그래프에서 조건 커버리지는 다음과 같다.

$x \neq y$	$x > y$	테스트 케이스
$x \neq y$ (true)	x > y (true)	x = 10, y = 5
$x \neq y$ (true)	x ≤ y (false)	x = 5, y = 10
x = y (false)	x ≤ y (false)	x = 5, y = 5

- 경로 커버리지(path coverage): 이것은 프로그램 수행에서 처음부터 끝까지 발생할 수 있는 모든 경로의 결과를 검사하는 기법이다. 프로그램이 시작해서 종료될 때까지 접근 가능한 모든 경로를 테스트한다. 경로 커버리지는 우체부가 자신의 경로에 있는 모든 집에 우편물을 배달할 수 있는지 확인하는 것과 같은 원리이다. 우체부는 가능한 모든 경로가 포함되는지 확인해야 한다. 경로 커버리지 테스트는 애플리케이션 프로그램의 모든 실행 경로가 사용사례에 포함되는지 검사한다. 이를 통해 모든 실행 경로가 기능적이고 효율적이며 필요한지 확인할 수 있다. 따라서 경로 커버리지는 프로그램에서 도달할 수 있는 모든 경로에 대한 테스트 케이스를 생성하여 검사하는 방법이다.

예로, <그림 13.10>의 제어 흐름 그래프에서 경로 커버리지는 다음과 같다.

1-2-3-4-5-7-8

1-2-3-4-6-7-8

1-2-3-8

13.3.3 또 다른 테스트 검증기준 생성의 예제

테스트 검증기준 생성의 예제는 <그림 13.11>과 같이 사전에 프로그램에 대한 제어 흐름 그래프를 생성해 주고 이에 대한 테스트 검증기준을 생성을 시도할 수 있다.

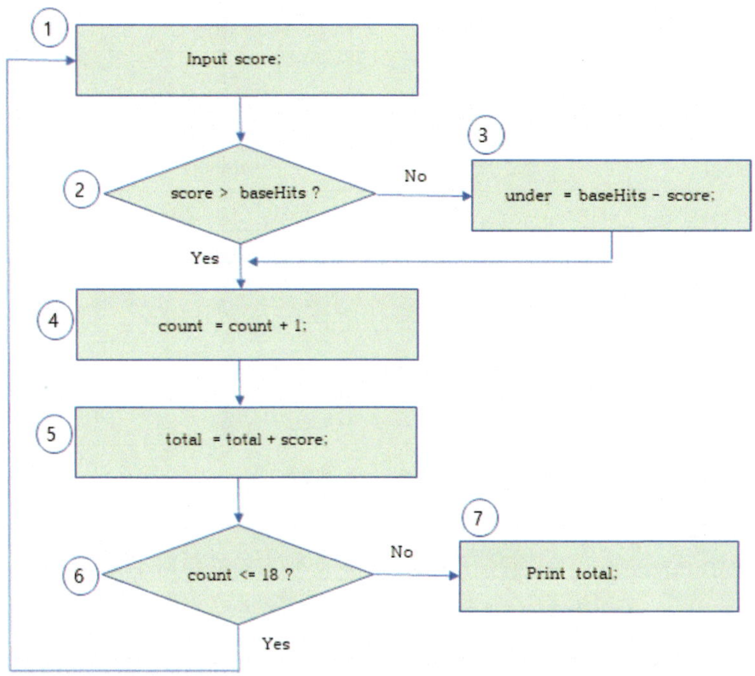

〈그림 13.11〉 테스트 검증기준 생성을 위한 제어 흐름 그래프 예제

<그림 13.11>의 제어 흐름 그래프에 대한 테스트 검증기준은 다음과 같다.

- 문장 커버리지:

  1-2-3-4-5-6-7

- 분기 커버리지: 이것은 분기점이 정상적으로 동작하는지를 테스트하기 위한 검증기준으로 Yes, No를 통과하는 다음 경로만 있으면 모든 분기점은 검증된다.

  1-2-3-4-5-6-7

  1-2-4-5-6-1

- 경로 커버리지: 제어 흐름 그래프에서 발생할 수 있는 모든 경로 커버리지는 다음과 같다.

  1-2-3-4-5-6-7

  1-2-3-4-5-6-1

  1-2-4-5-6-7

  1-2-4-5-6-1

- 조건 커버리지: 제어 흐름 그래프에서 생성할 수 있는 조건 커버리지는 다음의 네 가지 경우이다.

  score > baseHits

  score <= baseHits

  count <= 18

  count > 18

13.4 통합테스트

소프트웨어를 구성하는 모든 모듈은 코딩과 단위테스트를 마치고 다른 모듈과 통합하여 특정 작업이나 활동을 수행하는 소프트웨어 제품으로 탄생한다. 일반적으로 이러한 구성 요소는 이미 개별적인 모듈 단위는 잘 동작하지만 다른 모듈과 통합하면 에러를 발생할 수 있다. 이 경우 통합테스트는 통합된 소프트웨어 프로그램이 전체적으로 예상대로 작동하는지와 각 모듈 간의 상호 작용이 원활하게 이루어지는지를 검사하는 작업이다. 즉 **통합테스트(integration test)**는 코딩과 단위테스트를 마치고 통합된 소프트웨어 프로그램의 다양한 모듈이 서로 잘 작동하는지 확인하는 작업이다.

통합테스트는 소프트웨어를 구성하는 여러 개의 모듈이 서로 통합될 때 코드 충돌로 인해 드러나는 결함을 찾는 데 있다. 예로, 소프트웨어 모듈 간의 충돌은 하위 시스템 버전 간의 비호환성, 데이터 형식 충돌 또는 서로 다른 처리 로직 등 여러 가지 이유로 발생한다. 통합테스트는 이러한 소프트웨어 구성 요소 간의 통신 문제를 정확히 찾아내는 것이다. 이러한 통합테스트는 애플리케이션의 사용자 시나리오 또는 사용사례별로 진행되는 경우가 많다. 통합테스트는 개발자 또는 테스트 전문그룹에 의해 수행될 수 있으며 일반적으로 자동화된 기능 테스트와 수동 테스트의 조합으로 수행될 수 있다.

통합테스트의 유형에는 여러 가지 전략이 있으며, 가장 일반적인 두 가지 접근 방식은 다음과 같다.

- 빅뱅 통합 방식(big-bang testing)
- 상향식 통합 방식(bottom-up testing)
- 하향식 통합 방식(top-down testing)
- 혼합 통합법(hybrid testing)

최근에는 top 9 통합테스트 도구에는 Citrus, SITA (Smart Integration Test Accelerator), LDRA, Rational Integration Tester, Tessy, Validata MSG, Protractor, VectorCAST/C++, VectorCAST/ADA 등이 있다. 이것은 아직 국내에는 거의 도입되지 않고 있는 실정이다.

13.4.1 빅뱅 통합

빅뱅 통합테스트는 소프트웨어를 구성하는 모든 모듈을 한 번에 모두 통합하고 테스트를 진행하는 방식이다. 빅뱅 통합테스트는 모든 시스템의 모듈 및 구성 요소를 하나의 단위 또는 소프트웨어로 연결하여 전체적으로 한번에 테스트하는 방식이다. 이는 소프트웨어 테스트에 더 접근하기 쉽고 간단한 접근 방식이지만, 이 접근 방식에서는 버그 감지 및 격리, 개별 인터페이스 테스트가 어려운 경우가 많이 발생한다. 결과적으로 빅뱅 통합테스트는 흔히 소프트웨어를 구성하는 모든 모듈을 한 번에 통합하여 테스트하기 때문에 한 번에 너무 많은 오류가 발생으로 오류의 위치와 원인을 찾기가 어렵고 단점이 있다.

빅뱅 통합테스트는 모든 모듈 및 하위 모듈 테스트 접근 방식을 거치지 않고 더 빠른 테스트 프로세스를 선호하는 호스 사이에서 매우 인기가 있다. 빅뱅 통합테스트 방식의 **장점**은 다음과 같다. 첫째, 소프트웨어 구성 요소 간의 종속성이 낮은 단순하고 작은 규모의 시스템에 적합하다. 둘째, 모든 모듈이 동시에 통합되므로 테스트 환경설정이 용이하고 주요 테스트 단계가 하나로 통합되므로 관리 및 조정 노력이 최소화된다.

반면 그 단점은 다음과 같다.

첫째, 통합테스트를 시작하려면 모든 모듈이 개발될 때까지 기다려야 하므로 모듈 수가 많은 대규모 시스템의 경우 비용과 시간이 많이 소요되는 단점이 있다. 둘째, 테스트 전에 모든 모듈이 개발될 때까지 기다리면 결함 발견이 늦어지고, 특정 모듈의 버그를 격리하고 정확히 찾아내기 어렵다. 결과적으로 여러 개의 통합 모듈이 복잡하게 얽혀 있으므로 에러 디버깅하기 어려운 단점이 있다.

13.4.2 하향식(top-down) 통합

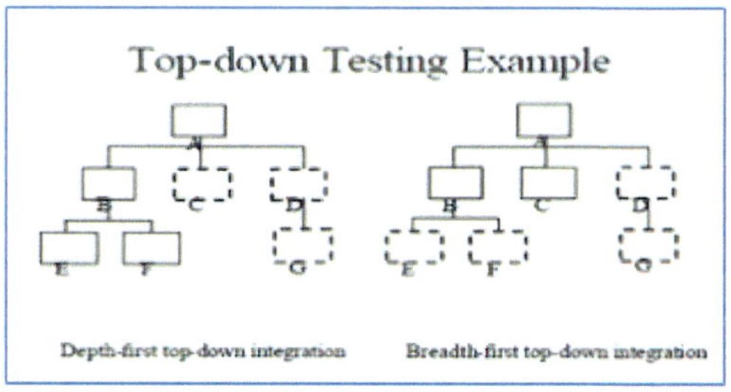

〈그림 13.12〉 하향식 통합테스트 방식의 예제

하향식 통합테스트는 <그림 13.12>와 같이 먼저 메인 모듈을 중심으로 테스트하고 이어서 다른 하위 모듈과 하위 루틴을 테스트하는 접근 방식이다. 이 방식에서 하위 모듈과 하위 루틴은 단계적으로 시스템에 통합되며, 이를 위해 통합되지 않은 모듈에 대한 더미 모듈(dummy module)인 **스텁(stub)**이 필요하고 기존 소프트웨어와 유사한 출력을 생성하는 기능만을 수행한다. 이러한 하향식 테스트 방식은 먼저 메인 모듈 또는 루틴을 테스트한 다음, 하위 모듈 및 하위 루틴에 대한 테스트를 실행하므로 이를 하향식 통합테스트라고 한다.

테스트 드라이버(Test Driver)는 <그림 13.13a>와 같이 테스트 모듈을 호출하는 더미 프로그램으로 주로 메인 모듈과 상위 모듈을 더미 프로그램으로 구성한다. **테스트 스텁(Test Stub)**은 <그림 13.13b>와 같이 호출되는 하위 모듈에 대한 임시 대체 모듈로서 실제 소프트웨어에서와 동일한 모듈명을 갖고 그 기능은 단지 간단한 출력만을 제공하는 더미 프로그램이다. 여기서 테스트 스텁이란 하향식 통합을 진행하면서 아직 통합되지 않은 하위 모델에 속하는 요소들의 메소드 인터페이스만을 기술하는 것을 의미한다.

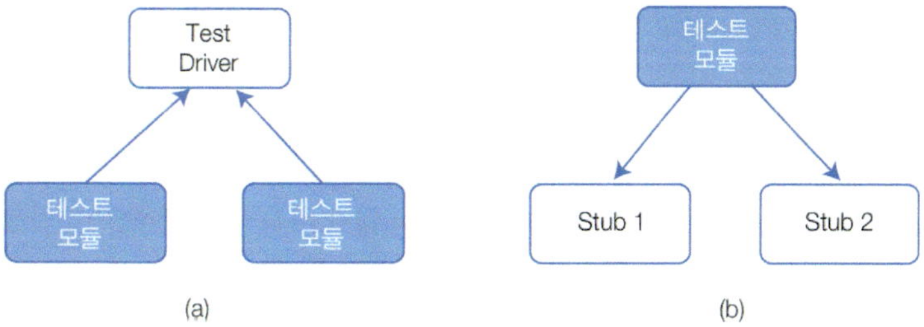

〈그림 13.13〉 통합테스트에서 필요한 테스트 스텁과 드라이버: (a) 테스트 스텁(Test Stub); (b) 테스트 드라이버

13.4.3 상향식(bottom-up) 통합

점진적 상향식 통합테스트는 하향식 통합 방식의 반대 개념으로 <그림 13.14>와 같이 모든 모듈을 한 번에 테스트하는 대신에 로직과 기능이 밀접하게 관련된 모듈을 먼저 통합하여 테스트하고 점진적으로 다른 모듈을 통합하여 테스트하는 방식이다. 모든 모듈의 통합테스트가 완성되면 통합테스트는 종료된

다. 점진적 상향식 통합테스트는 빅뱅 테스트보다 더 전략적인 테스트이므로 사전에 상당한 계획이 필요하다. 이때 상향식 통합테스트 방식에서는 상위 메인 모듈을 통합하여 실행될 수 있도록 하는 **테스트 드라이버**가 필요하다. 따라서 상향식 통합테스트에서는 먼저 하위 모듈 또는 하위 루틴의 테스트를 진행하고, 점진적으로 메인 모듈 또는 상위 루틴을 테스트하는 방식이다. 이것이 바로 '상향식 통합테스트'라고 불리는 이유이다.

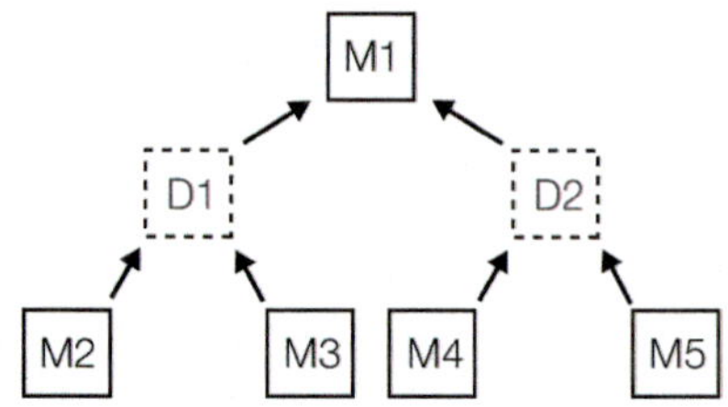

〈그림 13.14〉 상향식 통합테스트 방식

점진적 상향식 통합테스트 방식의 **장점**은 다음과 같다.

첫째, 모듈이 개발되는 즉시 통합되어 검사되므로 빅뱅 테스트에 비해 결함을 더 빨리 발견할 수 있다. 품질관리팀이 테스트를 시작하기 위해 모든 모듈을 사용할 수 있을 때까지 기다릴 필요가 없다. 둘째, 모듈을 비교적 작은 그룹으로 테스트하기 때문에 결함을 더 쉽게 찾아낼 수 있다. 점진적 상향식 통합테스트의 전략적 특성은 프로젝트 관리에 활용할 수 있다. 예로, 품질관리자는 긴급성, 우선순위 또는 자원 가용성에 따라 어떤 모듈을 먼저 테스트할지 선택할 수 있다. 셋째, 이 방식은 문제를 조기에 찾아내어 해결하므로 치명적인 장애가 발생할 위험도 크게 줄어드는 장점이 있다.

반면에 그 단점은 다음과 같다.

첫째, 철저한 사전 계획이 필요하다. 프로젝트 규모에 따라 수행해야 할 테스트의 총수가 엄청나게 많아질 수 있으므로 상당한 조직 자원이 필요하다. 이 접근법으로 대규모 통합테스트 프로젝트를 조정하는 것은 복잡할 수 있다. 시스템을 작은 단위로 세분화하기 전에 시스템의 완전한 정의와 로직이 필요하다. 둘째, 프로젝트의 초기 단계에서는 특정 시스템 기능을 아직 사용할 수 없어 스텁(stub)과 드라이버(실제 구성 요소의 대체물로 사용되는 모의 구성 요소)가 필요하다. 셋째, 초기 단계의 시스템 기능 부족은 신중하게 문서화하지 않으면 나중에 시스템의 사각지대로 이어질 수도 있는 단점이 있다.

13.4.4 혼합식(hybrid) 통합

혼합 통합테스트는 <그림 13.15>와 같이 하향식 통합 테스트 방법과 상향식 통합 테스트 방법을 부분적으로 결합한 연쇄식 통합테스트 방식이다. 결과적으로 혼합 통합테스트 방식은 하위 모듈을 상위 모듈과 함께 테스트하고, 상위 모듈은 테

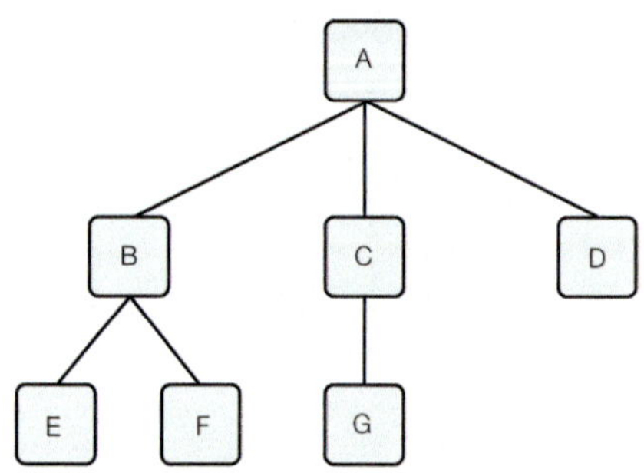

〈그림 13.15〉 연쇄식 혼합 통합테스트 방식의 예제

스트를 위해 하위 모듈과 통합을 동시에 진행하며 테스트하는 방법이다. 이 두 가지 통합 테스트 방법의 긍정적인 측면을 모두 활용하기 때문에 대부분의 소프트웨어 통합테스트에는 혼합 통합테스트 방법을 채택하여 진행한다. 따라서 **혼합 통합테스트 방식이 더 효율적이고 비용 효율적이며 시간 효율적**이다.

13.4.5 통합테스트의 범주

위에서는 통합테스트 접근 방식을 설명하였다. 또한 시스템 통합이 완성된 다음, 통합테스트에서 실행해야 하는 업무 범주에는 다음 사항을 포함한다. 첫째, 시스템에서 사용자 인터페이스는 잘 동작하는지를 테스트한다. 둘째, 각 사용사례가 잘 동작하는지를 테스트한다. 셋째, 시스템과 시스템, 모듈과 모듈 사이의 상호작용이 잘 이뤄지는지를 테스트한다. 넷째, 시스템과의 인터페이스는 잘 이뤄지는지 등을 테스트해야 한다.

- 사용자 인터페이스 테스트
- 사용사례 테스트
- 상호작용 테스트
- 시스템 인터페이스 테스트

13.5 시스템테스트

개발된 프로그램은 단위테스트와 통합테스트를 거쳐 상용 소프트웨어로 탄생한다. 이때 양도되는 소프트웨어는 고객이 원하는 모든 기능을 제공하는지 확인하는 기능 테스트를 수행한다. 또한 비기능적 요구사항인 성능 요구사항, 보안 요구사항, 사용성 요구사항, 호환성 요구사항 등에 대해 성능 테스트, 보안 테스트, 사용성 테스트, 호환성 테스트 등을 수행한다. 이외도 추가적인 비기능적 요구사항에 대해 별도의 테스트를 수행할 수 있다. 이렇게 통합테스트가 완료된 소프트웨어는 고객에게 인도되기 전에 소프트웨어가 정상적으로 작동하는지를 테스트하는 작업을 **시스템테스트(System Test)**라고 한다. 시스템테스트는 통합 소프트웨어 시스템이 전체적으로 지정된 요구사항을 충족하는지 확인하는 블랙박스 테스트 방법이다.

소프트웨어의 기능을 처음부터 끝까지 테스트하며 일반적으로 제품을 생산에 투입하기 전에 개발팀과 별도의 테스트 팀에서 수행된다. 따라서 소프트웨어의 시스템테스트 범위에는 기능 테스트(사용자 시나리오와 사용사례)와 비기능 테스트(성능 테스트, 보안 테스트, 사용성 테스트, 호환성 테스트 등)를 포함하며, 그 세부적인 분류는 다음과 같다.

- **기능 테스트(functional test)**
  이것은 소프트웨어의 기능과 특징이 요구사항대로 작동하고 지정된 요구사항을 준수하는지 확인한다. 테스터는 기능 테스트 케이스를 사용하여 내부 코드에 신경 쓰지 않고 애플리케이션의 입력, 출력 및 상호 작용만을 검증한다.
- **비기능 테스트(non-functional test)**
  기능 테스트와 달리 비기능 테스트는 시스템 기능과 관련 없는 소프트웨어의 측면을 평가한다. 비기능 테스트에는 요구사항분석서의 비기능적 요구사항에서 제시되었던 다음의 품질 속성을 검사한다.
  - 성능 테스트
  - 사용성 테스트
  - 확장성 테스트
  - 보안성 테스트
  - 안정성 테스트

다음은 이러한 시스템 테스트 방법에 대해 자세히 알아보자.

13.5.1 기능 테스트 - 요구사항 기반 테스트

기능 테스트는 소프트웨어의 요구사항에 중점을 둔다. 기능 테스트는 작업의 출력만 확인하며 해당 작업을 수행할 때 시스템의 중간 상태는 확인하지 않는다. 다시 말하면, 기능 테스트는 소프트웨어 기능적 요구사항에서 제시된 요구 기능을 완성 제품에서 정확히 제공되는지를 확인하는 작업이다. 따라서 기능 테스트의 판단 기준은 요구사항명세서에서 제시된 기능적 요구사항의 항목에 따라 결정된다.

통합테스트와 기능 테스트는 모두 여러 구성 요소가 서로 간에 상호 작용하므로 간혹 유사하다고 생각할 수 있으나 그 개념은 완전히 다르다. 그 차이점은 다음과 같다. 통합테스트는 개발된 소프트웨어의 구성 요소인 클래스, 사용사례, 메소드 등을 하나로 통합하여 원하는 소프트웨어 제품을 생성하고 통합 소프트웨어가 원하는 요구사항을 충족하는지를 검사하는 작업이다. 반면 기능 테스트는 완성 소프트웨어 제품이 요구사항명세서에 정의된 대로 모든 기능을 정확히 수행하는지를 확인하는 작업이다.

13.5.2 성능 테스트

성능 테스트는 다양한 조건에서 소프트웨어 제품이 어떻게 작동하는지 확인하는 비기능 테스트 기법이다. 성능 테스트는 완성된 소프트웨어가 특정한 작업 환경에서 어떻게 작동하는지 평가하는 작업이다. 이러한 테스트는 소프트웨어의 안정성, 속도, 확장성, 응답성을 측정하는 데 도움을 준다. 예로, 성능 테스트는 많은 수의 요청을 실행할 때 응답시간을 관찰하거나 상당한 양의 데이터에서 시스템이 어떻게 작동하는지 확인할 수 있다. 또는 소프트웨어의 성능 요구사항을 충족하는지 확인하고, 병목 현상을 찾아내며, 데이터 전송이 폭주하는 동안에 안정성을 측정하는 등의 작업을 수행한다.

결과적으로 성능 테스트는 실제 사용자 상황에서 응답성과 안정성을 테스트하는 것이 목표이며, 주요 성능 테스트에는 다음의 네 가지 유형이 있다.

- 부하 테스트(Load Testing): 소프트웨어, 애플리케이션 또는 웹사이트에 점점 더 많은 양의 시뮬레이션 수요를 발생하여 설계된 대로 처리할 수 있는지를 검증하는 프로세스이다.
- 스트레스 테스트(Stress Testing): 이 방법은 한 걸음 더 나아가 소프트웨어가 최대 부하 또는 그 이상에서 어떻게 반응하는지 측정하는 데 사용된다. 스트레스 테스트의 목표는 현실적인 부하 시나리오와 비현실적인 부하 시나리오를 모두 적용하여 소프트웨어가 중단될 때까지 과부하에 적용시험을 하는 것이며, 이를 통해 소프트웨어의 실패 지점을 찾을 수 있다.
- 내구성 테스트(Endurance Testing): 일명 '담금 테스트(Soak Testing)'라고 하며, 장시간에 걸쳐 특정 양의 시뮬레이션 부하에서 소프트웨어가 얼마나 견디는지를 분석하는 테스트 방법이다. 내구성 테스트의 목표는 시스템을 지속적으로 사용했을 때 어떻게 작동하는지 이해하는 것이므로 부하 또는 스트레스 테스트(몇 시간 후에 종료하도록 설계됨)보다 더 긴 프로세스이다. 내구성 테스트의 중요한 부분은 메모리 누수를 발견하는 데 도움을 준다.
- 스파이크 테스트(Spike Testing): 다양한 시간 동안 상당히 큰 규모의 동시 사용자 또는 시스템 활동이 발생했을 때 소프트웨어가 어떻게 반응하는지 확인하는 데 사용되는 부하 테스트의 한 유형이다. 이상적으로는 부하가 갑자기 급격하게 증가했을 때 어떤 일이 발생하는지 이해하는 데 도움을 준다.

13.5.3 사용성 테스트

사용성 테스트(Usability Test)는 최종사용자 관점에서 소프트웨어의 사용 편리성을 측정하는 테스트 방법으로 주로 시스템테스트 단계에서 수행된다. 사용성 테스트의 목표는 소프트웨어의 눈에 보이는 사용자 인터페이스의 설계와 미학이 소프트웨어를 사용하는 다양한 프로세스가 의도된 작업 수행에 부합하는지를 판단하는 것이다. 사용성 테스트는 최종사용자가 개별 기능이나 시스템 전체를 직관적으로 사용할 수 있는지 검토할 수 있는 좋은 방법이다. 어떤 개발자는 일관성이 없거나 어렵게 설계된 사용자 인터페이스를 사용자 매뉴얼을 만들고 이를 학습하여 사용하라는 식으로 접근하는 경우가 있으나 이것은 가장 좋지 않은 방법이다. 따라서 일반적으로 좋은 사용자 인터페이스 설계 원리는 하향식(top-down approach)으로 별도의 소프트웨어 사용법을 배우지 않아도 쉽게 사용할 수 있고 일관성 있고 단순하고 이해하기 쉽고 배우기 쉽도록 설계하는 것이다.

좋은 사용자 인터페이스 설계는 사용자의 학습 용이성(easy to learn)과 사용 용이성(easy to use)와 직관성을 높이므로 소프트웨어 제품 개발에서 상당히 중요한 요소이다. 일반적으로 많이 사용되는 소프트웨어의 사용성 테스트 평가 기준은 다음과 같다. 이외도 필요에 따라 다양한 평가 요소를 추가하여 사용할 수 있다.

- 일관성(consistency): 사용자 인터페이스 배치 일관성
- 단순성(simplicity): 직관성
- 사용자 친화적인 좋은 설계(use-friendly design)
- 미적 아름다움(aesthetics): 글자, 색깔 등
- 사용자 만족도(satisfaction)
- 사용자 피드백 용이성(feedback)
- 에러로부터 회복 능력(에러 예방 능력)
- 현재 상태 표시(status indicator)

13.5.4 호환성 테스트

호환성 테스트(Compatibility Test)는 소프트웨어가 다양한 환경에서 어떻게 작동하는지 측정하는 데 사용된다. 개발 제품이 최종사용자의 다양한 운영체계, 플랫폼, 브라우저 또는 해상도 구성과 호환되는지 확인하는 테스트 방법이다. 호환성 테스트의 목표는 최종사용자가 사용할 것으로 예상되는 모든 환경(운영체계, 플랫폼, 브라우저 또는 해상도 등)에서 소프트웨어의 기능이 일관되게 작동하는지를 확인하는 것이다.

13.5.5 보안성 테스트

보안성 테스트(Security Testing)는 시스템의 정보와 데이터가 보호되는지 확인하는 데 사용되는 비기능적 소프트웨어 테스트 기법이다. 소프트웨어의 약점을 조사하여 무단 액세스 또는 정보 손실을 초래할 수 있는 시스템의 허점과 보안 위험을 의도적으로 찾아내는 것이 목표이다. 보안성 테스트 방법에는 여러 가지 유형이 있으며, 각 유형은 보안의 6가지 기본 원칙을 검증하는 데 목적이 있다. 이외도 많은 유형의 해킹 요소를 반영하여 추가적인 보안성 테스트 방법을 수행하는 것이 일반적이다.

- 무결성(integrity)
- 비밀보호 능력(confidentiality) 또는 기밀성
- 인증(authentication)
- 권한 부여(authorization)
- 가용성(availability)
- 부인방지(non-repudiation)

13.6 인수테스트

인수테스트는 소프트웨어 테스트 생명주기의 마지막 단계로서 소프트웨어 제품을 최종적으로 고객에 인도할때 개발자의 기술 지원과 함께 고객이 마지막으로 평가하는 단계이다. 인수테스트에는 제품이 원래의 모든 업무 기준을 준수하고 최종사용자의 요구사항을 충족하는지 확인하는 것이 포함된다. 이를 위해서는 제품을 내부 및 외부에서 모두 테스트해야 하므로 최종사용자에게 베타-테스트용 제품을 제공하여 품질보증팀과 함께 베타-테스트(β-test)를 진행한다. 베타-테스트는 실제 잠재 고객으로부터 피드백을 얻고 최종 사용성 문제를 테스트하는 방법이다.

알파테스트(α-테스트)는 일종의 승인 테스트이다. 최종사용자에게 소프트웨어 제품을 출시하기 전에 가능한 모든 문제와 버그를 식별하기 위해 수행하는 마지막 검증과정이다. 단, 알파테스트는 개발조직 내부 직원인 테스터가 수행한다. 주요 목표는 일반 사용자가 수행할 수 있는 작업을 식별하고 테스트하는 것에 초점을 둔다. **베타테스트(β-테스트)**는 실제 고객 환경에서 소프트웨어 제품을 사용자에 의해 테스트하는 것으로 외부 작업의 한 형태로 간주 될 수 있다. 이것은 제품을 고객에게 배송하기 전 최종 테

스트 작업으로 고객으로부터 직접적인 테스트 피드백을 얻을 수 있는 장점을 제공한다. 일반적으로 소프트웨어의 베타 버전은 제품 품질에 대한 피드백을 얻기 위해 제한된 수의 소프트웨어 제품을 최종사용자에게 출시하여 테스트한다. 이러한 베타테스트는 제품 실패 위험을 줄이고 고객 검증을 통해 제품 품질을 향상시키는 장점을 제공한다.

알파테스트와 베타테스트의 주요 차이점은 다음과 같이 비교된다.

- α-테스트
  - 테스트 데이터로서 인위적인 데이터를 사용
  - 개발환경에서 최종적으로 개발팀의 테스터가 진행
- β-테스트
  - 테스트 데이터로 실제 데이터 사용
  - 고객의 사용환경에서 개발팀의 지원으로 실제 최종사용자(end user)에 의해 진행

13.7 테스트 자동화 도구

수동 테스트와 자동 테스트를 구분하는 것이 중요하다. 수동 테스트는 애플리케이션을 클릭하거나 적절한 테스트 도구를 사용하여 소프트웨어 및 API와 상호 작용하는 방식으로 직접 테스트하는 방식이다. 사람이 직접 테스트 환경을 설정하고 테스트를 실행해야 하므로 비용이 많이 들고, 테스터가 테스트 스크립트에서 오타를 내거나 단계를 생략할 수 있으므로 인적 오류가 발생할 수 있다. 반면에 자동화 테스트는 미리 작성된 테스트 스크립트를 실행하는 기계에 의해 테스트를 수행하는 방식이다. 이러한 자동화 테스트는 클래스의 단일 메소드를 확인하는 것부터 사용자 인터페이스에서 일련의 복잡한 작업을 수행해도 동일한 결과가 나오는지 확인하는 것까지 복잡도가 다양할 수 있다. 수동 테스트보다 훨씬 더 강력하고 신뢰할 수 있지만, 자동화 테스트의 품질은 테스트 스크립트를 얼마나 잘 작성했는지에 따라 달라질 수 있다. 테스트를 이제 막 시작하려는 경우 지속적 통합 튜토리얼을 읽고 첫 번째 테스트 스위트를 작성하는 데 도움을 받을 수 있다.

13.7.1 테스트 케이스 생성 자동화 도구

자동화된 테스트 케이스 생성은 소프트웨어 도구를 사용하여 테스트 케이스를 자동으로 생성하는 프로세스이다. 자동화된 테스트 케이스 생성은 사람이 직접 테스트하는 데 필요한 시간과 작업을 줄이고 개발 프로세스 초기에 버그를 발견하여 소프트웨어 품질을 향상시키기 위한 것이다. 테스트 케이스 생성 동화된 도구는 검색 기반 테스트, 모델 기반 테스트, 무작위 테스트 등 다양한 방법으로 테스트 케이스를 생성한다. 이러한 방법을 사용하여 많은 코드를 포괄하는 테스트 케이스를 만들고, 버그를 찾고, 소프트웨어 표준을 충족하는지 확인할 수 있다. 자동적인 테스트 케이스 생성 도구는 다음과 같이 모델 기반 접근 방식, 코드 기반 접근 방식, 행위 기반 접근 방식에 의해 테스트 케이스를 생성한다.

- 모델 기반 접근 방식: 이 방법은 테스트 케이스로 소프트웨어 시스템 모델을 사용하는 모델 기반 방법으로 생성된다. UML(통합 모델링 언어) 또는 SysML과 같은 소프트웨어 시스템 모델을 사용하여 테스트 케이스를 직접 또는 자동으로 생성하는 방식이다. 모델 기반 방법은 웹 앱, 모바일 앱 및 임베디드시스템과 같은 다양한 종류의 소프트웨어 시스템에 대한 테스트 케이스를 만드는 데 사용할 수 있다. 모델 기반 방법의 장점은 수작업 테스트에서는 처리할 수 없는 엣지 테스트 케이스를 포함하여 많은 소프트웨어 시스템을 포괄하는 테스트 케이스를 생성할 수 있고, 구현에 종속되지 않는 테스트 케이스를 생성할 수 있는 장점이 있다.
- 코드 기반 접근 방식: 이것은 소프트웨어 시스템의 소스 코드를 기반으로 테스트 케이스를 생성하는 방식이다. 이러한 방법을 사용하여 웹 앱, 데스크톱 앱 및 모바일 앱과 같은 다양한 종류의 소프트웨어에 대한 테스트 케이스를 만들 수 있다. 코드 기반 방법의 장점은 소프트웨어 시스템이 실제로 사용되는 방식을 다루는 테스트 케이스를 만들 수 있으므로 더 정확하고 신뢰할 수 있고, 또한 구현에 특정한 테스트 케이스를 만들 수 있으므로 버그 및 기타 문제를 찾는 데 더 효과적이다.
- 행위 기반 접근 방식: 이 방식은 소프트웨어 시스템이 동작 방식에 따라 웹 앱, 데스크톱 앱, 모바일 앱 등 다양한 소프트웨어 시스템에 대해 테스트 케이스를 생성하는 방식이다. 이 방식의 장점은보다 정확하고 신뢰할 수 있도록 소프트웨어 시스템의 실제 동작을 반영하는 테스트 케이스를 생성할 수 있다. 또한 이 동작 방식은 행위(동작)에 특정한 테스트 케이스를 생성할 수 있으므로 버그와 문제를 더 잘 찾아내는 데 효과적이다.

〈표 13.1〉 테스트 케이스 생성 자동화 도구

<table>
<tr><th>주요 유형</th><th>제품</th></tr>
<tr><td>프레임워크
전용 도구</td><td>• Selenium
- 자동화된 테스트 케이스를 생성하기 위한 프레임워크 전용 도구이다.
- Chrome, Safari, Firefox 및 Opera와 함께 다른 브라우저에서도 원활한 테스트 자동화를 수행할 수 있다.
- Selenium은 여러 대의 컴퓨터에서 동시에 테스트를 실행할 때 매우 유용하고, Windows, Mac, Linux 및 UNIX와 같은 다양한 운영 체제(OS)에서 작동한다.
• JUnit
- 자동화된 테스트 케이스를 만들기 위해 많이 사용되는 또 다른 프레임워크 전용 도구이다.
- Java 프로그래밍 언어의 경우, 반복해서 사용할 수 있는 자동화된 테스트를 만들고 실행하는 데 사용되는 테스트 프레임워크이다. JUnit은 Eclipse 및 NetBeans와 같은 많은 Java IDE와 함께 작동하도록 만들어졌으며, 예측된 결과가 발생하는지 테스트하기 위한 다양한 단언 메서드가 제공된다.</td></tr>
<tr><td>언어 독립적인
자동 생성 도구</td><td>• Pex
- 자동화된 테스트 케이스를 생성하는 도구로서 모든 언어에서 작동하는 유명한 도구이다. NET 애플리케이션에서 테스트 케이스를 자동으로 생성하는 Microsoft 연구 프로젝트에서 개발된 것으로 Pex는 테스트하는 코드를 살펴보고 다양한 방식으로 작동하는 일련의 입력을 제공한다. Pex는 사용하기 쉬운 인터페이스를 가지고 있으며 Visual Studio와 함께 작동할 수 있는 장점이 있다.
• APEX Suite
- EvoSuite는 모든 프로그래밍 언어에서 사용할 수 있는 또 다른 도구로서 자동화된 테스트 케이스를 만드는 데 자주 사용된다. 이 도구는 Java 애플리케이션을 위한 JUnit 테스트 케이스를 자동으로 생성하는 오픈 소스 도구이다. 이 도구는 Eclipse 및 IntelliJ IDEA와 같은 많은 Java IDE를 함께 사용할 수 있는 장점이 있다.</td></tr>
</table>

결국 소프트웨어 비즈니스에서 테스트 케이스 생성 자동화 도구는 점점 더 대중화되고 있다. 모델 기반 접근 방식, 코드 기반 접근 방식, 동작 기반 접근 방식은 테스트 케이스 자동화 생성에 사용되는 가장 중요한 방법 중 일부이다. 각 방법에는 고유한 이점이 있으며 다양한 종류의 소프트웨어 시스템에 대한 테스트 케이스를 생성하는 데 사용할 수 있다.

테스트 케이스 생성 자동화 도구에는 프레임워크 전용 생성 도구와 언어 독립적인 생성 도구의 주요 유형이 있다. <표 13.1>은 최근에 대표적인 테스트 케이스 생성 자동화 도구의 예이다. 마지막으로 시중에는 여러 가지 테스트 케이스 생성 자동화 도구가 사용되고 있다. 일부는 특정 프레임워크에서만 작동하는 반면, 다른 일부는 모든 언어에서 작동할 수 있다. 사용 중인 컴퓨터 언어와 프로젝트의 요구사항에 따라 어떤 자동화 도구가 가장 적합한지 결정해야 할 것이다.

13.7.2 단위테스트 자동화 도구

일반적으로 모든 소프트웨어는 단위테스트, 통합테스트, 시스템테스트, 인증테스트의 4단계테스트 과정을 거쳐 완성된다. 단위테스트는 소프트웨어의 사소한 기능 부분을 개별적으로 테스트하여 단위별로 원활하게 실행되는지 확인하는 프로세스이다. 단위테스트는 개별 소프트웨어 구성 요소의 기능, 정확성 및 효율성을 확인하는 데 사용되는 프로그램 테스트 방법이다. 이 단위테스트는 다른 모든 테스트가 구축되는 토대가 되며, 단위테스트의 정확성과 철저함은 소프트웨어 전체적인 성능에 막대한 영향을 미치는 중요한 요소이다. 이러한 단위테스트 단위에는 사용 절차, 고유기능, 프로그램의 모듈 등이 될 수 있다.

이러한 단위테스트는 소프트웨어 개발에서 매우 중요한 부분이다. 단위테스트를 수행하지 않거나 대충 수행한다면 나중에 실행 단계에서 문제가 발생하여 이를 해결하는 데 더 많은 시간, 비용, 인력이 손실이 발생할 수 있다. 일반적인 단위테스트의 목표는 다음과 같다.

- 코드의 정확성 확인
- 코드의 독립적인 영역 분리를 위함
- 소프트웨어 개발 초기에 버그 해결
- 코드에 대한 프로그래머의 이해도 제고
- 변경사항을 쉽게 적용할 수 있도록 하기 위함
- 코드 재사용 가능성 제고

최근에 인기 있는 단위테스트 지동화 도구는 <표 13.2>와 같이 요약된다. 단위테스트 자동화 도구는 나름대로 자바, 데이터베이스, 프로그래밍 인어 등의 특정한 프로그래밍 언어 환경과 밀접한 관계를 갖는다는 것을 알 수 있다.

〈표 13.2〉 단위테스트 자동화 도구

제품명	주요 특징
JUnit	• **Java** 프로그래밍을 공개적으로 지원하는 단위테스트 프레임워크이다. • JUnit은 데이터를 코드에 추가하기 전에 테스트를 적용하며, JUnit을 사용하면 개발자의 효율성을 높이고, 소프트웨어 코드 일관성을 보장하며, 디버깅에 소요 시간 낭비를 없앨 수 있다. Junit은 짧은 시간 내에 테스트 케이스를 실행할 수 있다.
NUnit	• JUnit과 매우 유사하며, NUnit 역시 오픈 소스 단위테스트 도구이다. JUnit과의 차이점은 NUnit이 .NET 프레임워크용으로 개발되었다. 처음에는 **C#** 프로그래밍 언어를 사용하여 개발되었다. • NUnit은 데이터 기반 테스트를 강력하게 지원하며, 콘솔 런너를 사용하여 수많은 테스트를 로드하고 수행하는 병렬 테스트 개념도 지원한다.
DBUnit	• DBUnit은 JUnit 확장으로 만들어졌으며, 단위테스트에 흥미로운 추가 기능을 제공한다. DBUnit의 필수 기능 중 하나는 테스트 기간 사이에 **데이터베이스**를 알려진 상태로 설정하는 것이므로 데이터베이스를 사용하는 프로젝트에 아주 유용하다. 이렇게 하면 테스트 후 데이터베이스 중단으로 인해 발생할 수 있는 다양한 문제를 방지하는 데 큰 도움이 된다. • 스트리밍 모드에서 갱신된 DBUnit은 방대한 데이터 세트에 효과적으로 작업할 수 있다. 또한 DBUnit은 XML 데이터 세트에 대한 데이터 가져오기 및 내보내기를 중개할 수도 있다. • 마지막으로, 개발자는 데이터베이스가 주어진 함수에 필요한 값 세트와 일치하는지 확인하기 위해 DBUnit을 사용할 수 있다.
HTMLUnit	• HTMLUnit은 **Java**로 작성된 오픈 소스 도구로 존재하는 단위테스트 도구이다. **JavaScript**를 지원하며 양식, 하이퍼링크, 표 등과 같은 기능을 사용하여 웹사이트를 조작한다. • HTMLUnit을 사용하면 Java 테스트 코드가 다양한 그래픽 사용자 인터페이스(GUI) 형식의 페이지를 볼 수 있다. JUnit 또는 TestNG 환경 내에서 웹 애플리케이션을 테스트하는 데 사용된다. • 또한 HTMLUnit을 사용하면 수신된 웹 페이지의 구조와 정보에 액세스할 수 있다. 이 테스트 도구는 TCP/IP(전송 제어 프로토콜) 및 HTTP와 같은 영역에서 브라우저 동작을 복사할 수 있는 기능을 제공한다. 이를 통해 하이퍼텍스트를 탐색하고 웹 페이지를 검색할 수 있다.
Embunit	• 주로 **임베디드 소프트웨어** 개발에 사용되며, 하지만 C 또는 C++ 프로그래밍 언어로 작성된 소프트웨어에 대해 개발자와 독립 테스터가 사용하는 단위테스트 도구이다. Embunit을 사용하면 개발자는 단위테스트 작성에 얽매이지 않고 테스트 동작을 정의하는 데 집중할 수 있다. • Embunit은 JUnit과 유사하게 구조화되어 있으며 모든 하드웨어 플랫폼에 유연하게 적용할 수 있다. 이 도구는 최종 테스트 결과를 XML 형식으로 생성한다. Embunit의 데스크톱 버전은 무료이지만 기업에서는 엔터프라이즈 버전에 대한 비용을 지불해야 한다.

13.7.3 인기 있는 테스트 자동화 도구

테스트 자동화 도구(Test Automation Tool)를 선택할 때 고려해야 할 선택 기준은 소프트웨어의 가치이다. Selenium, Protractor 등의 무료 자동화 도구는 테스터 커뮤니티에서 꽤 인기가 있는 테스트 도구이다. 오픈소스 소프트웨어를 사용하면 라이선스 가격이 저렴하고 맞춤형 솔루션을 만들거나 협업을 확장할 수 있는 등 많은 이점이 있다. 반면 오픈소스 자동화 도구를 사용 시 가장 큰 단점은 보안 문제이다. 따라서 보안 매개변수, 확장성, 강력한 기능, 전담 지원 등에 세심한 주의를 기울여야 하는 프로젝트에는 오픈소스 테스트 자동화 도구가 적합하지 않을 수 있다. 이 경우에는 기업용 테스트 도구의 선택이 더 적합할 수 있다. 오픈소스 도구의 또 다른 단점은 환경설정 시간이 오래 걸리는 문제, 제한된 기능 가용성, 구체적이지 않거나 이해하기 어려운 보고 등이 있다. 이러한 무료 자동화 테스트 솔루션은 개인 테스터와 중소기업에 도움이 될 수 있다. 하지만 상용 소프트웨어는 대기업 지향적이고 안전하며 현명하게 선택한다면 해당 대상 테스트에 필요한 모든 기능을 갖추고 있다는 점을 기억하는 것이 좋다.

다음은 최근에 인기 있는 테스트 자동화 도구의 주요 특징을 비교하여 설명한다.

- Selenium
  - 셀레늄은 웹 애플리케이션을 위한 자동화 테스트 도구 중 **최고의 제품**이다. 크로스 브라우저 테스트를 위한 강력한 도구이며 호환성, 통합, 스모크, 정상, end-to-end, 회귀 테스트 등 다양한 테스트 유형에 사용할 수 있다. 모든 주요 브라우저(Chrome, Firefox 등) 및 플랫폼과 호환되며 다양한 디바이스 환경에서 매우 중요한 크로스 플랫폼 기능을 제공한다. 웹드라이버, IDE, 그리드로 구성된 Selenium은 하나의 도구가 아니라 웹브라우저 자동화를 위한 도구 상자라고 할 수 있다.
  - 셀레늄은 상세한 테스트 스크립트 생성을 지원하여 보다 체계적인 테스트 프로세스를 위한 워크플로우를 개선하였다. 라이선스가 무료이다. 하지만 처음에는 오픈소스 도구이기 때문에 환경설정 및 유지관리에 인력이 필요할 수 있으므로 Selenium 사용 어려울 수 있으나 가장 인기 있는 테스트 자동화 도구이다.
- LambdaTest
  - LambdaTest는 **웹사이트**를 위한 온라인 클라우드 기반 크로스 브라우저 테스트 플랫폼이다. Selenium 자동화 그리드를 통해 작동한다. 여기서 온라인과 클라우드 기반이 키워드가 될 수 있는데, 이는 사내 Selenium 인프라를 유지 관리하고 실행하는 것을 피할 수 있기 때문이다. 여러 브라우저와 환경에서 병렬 테스트를 실행하는 등 셀레늄 그리드의 모든 장점을 갖추고 있다. 여기에는 최신 브라우저와 레거시 브라우저를 위한 기능이 포함되며 Microsoft, Linux 및 MacOS를 포함한 모든 운영 체제를 지원한다.
  - 또 다른 장점은 명령 스크린샷(Selenium과 같음)뿐만 아니라 스크립트 실행의 비디오 녹화도 제

공하므로 보고 기능이 향상되었다는 점이다. 속도와 충돌을 파악하기 위한 최고의 자동화된 성능 테스트 도구 중 하나이다. LambdaTest는 **UI 불일치, 디자인 응답성, 코드 유효성 검사** 등의 문제를 파악하는 데도 효과적이다.

- Protractor
  - Angular 및 AngularJS 애플리케이션을 위한 최고의 **통합테스트** 도구 중 하나이다. 통합테스트는 별도의 하위 시스템이 단일 시스템으로 통합되었을 때 어떻게 작동하는지 확인하는 것을 목표로 한다. Google 팀은 처음에 Angular 앱을 테스트하기 위해 Protractor를 개발했으며, 나중에 오픈소스 프레임워크로 출시되었다.
  - Protractor의 가장 강력한 기능은 NodeJS, Selenium WebDriver, Jasmine, Cucumber 및 Mocha와 같은 효과적이고 스마트한 도구와 기술을 한 지붕 아래에서 호스팅 한다는 것이다. Protractor는 Selenium 웹드라이버의 래퍼로 구축되었기 때문에 Selenium에서 지원되는 모든 기능이 Angular 기능과 함께 지원된다. 현재 Protractor는 angular 또는 non-angular 애플리케이션도 지원한다. Protractor의 또 다른 장점은 테스트하는 동안 웹 페이지와 테스트 동기화의 수고를 덜어주기 때문에 테스트에 대기 또는 휴면 시간을 추가할 필요가 없다는 것이다. Protractor는 수년 동안 Angular 팀의 공식적인 end-to-end 자동화 테스트 도구로 사용되어 왔다.
- Cypress.io
  - Front-end 개발자와 테스터를 대상으로 하는 end-to-end 테스트를 위한 최신 테스트 도구이다. 이것은 JavaScript 기반 자동화 프레임워크로 **통합 및 단위테스트** 기능을 제공한다. 이 도구는 Mocha 기반으로 개발되었으며, 공식 웹사이트에서는 Cypress를 사용하면 "테스트 환경설정, 작성, 실행 및 디버깅을 쉽게 할 수 있다."라는 장점이 있다.
  - 테스트를 실행하는 동안 스냅샷을 찍을 수 있는 기능, 간편한 디버깅, 네트워크 트래픽 제어, 자동 대기 및 코드 가독성 덕분에 end-to-end 자동화 테스트 도구에서 매우 매력적이다. 또한 시각적 테스트 기능으로 다양한 브라우저에서 UI가 올바르게 표시되는지 테스트를 보장한다.
  - Cypress 웹 기반 앱 테스트의 가장 큰 장점은 실제 브라우저에서 테스트를 실행하는 것이다. 이 기능은 현재 Cypress가 셀레늄과 경쟁하는 데 큰 장점이다. Cypress의 또 다른 장점은 '테스트와 개발을 동시에 수행할 수 있도록 구축되었다.'는 것이다. 이를 통해 시간을 절약하고 개발 주기를 단축할 수 있는 장점이 있다. Cypress의 가장 큰 단점은 자바스크립트에서만 실행된다는 점이

다. 고급 자바스크립드 기술이 필요하지만, 테스트 자동화 도구 개발자들은 오히려 이를 장점으로 내세우는 경향이 있다. 따라서 Cypress는 새롭고 빠른 것을 시도하고자 하는 숙련된 자바스크립트 테스터에게 front-end cross browser 테스트에 이상적인 도구가 될 수 있다.

- Apache Jmeter
  - 이것은 **자동화된 성능 테스트 도구의 별**이다. 주로 컴퓨터, 네트워크, 소프트웨어 프로그램 또는 장치의 속도, 응답성, 안정성을 분석하고 측정하는 데 사용된다. 또한 테스터는 성능 평가 및 GUI 테스트에 Apache Jmeter를 사용하여 다양한 조건에서 인터페이스가 예상대로 상호 작용하는지 확인하여 기능 및 사용성을 모두 보장할 수 있다.
  - JMeter의 장점 중 하나는 GUI를 사용하고 설명서를 따라가면 프로그래밍 언어를 몰라도 테스트 시나리오를 작성할 수 있다는 것이다. 하지만 JMeter는 Java 기반 소프트웨어이므로 JMeter 성능 테스트를 성공적으로 수행하려면 Java의 기본 사항을 인지하고 있는 것이 바람직하다.
- Appium
  - Appium은 네이티브, 하이브리드 및 모바일 애플리케이션에 사용하기 위한 오픈소스 테스트 자동화 프레임워크이다. WebDriver 프로토콜을 사용하여 iOS, Android 및 Windows 앱을 구동하며, Appium은 좋은 **모바일 애플리케이션 테스트 도구**로 알려진다.
  - Appium의 가장 매력적인 특징은 공급업체가 제공하는 프레임워크를 내부적으로 사용하는 클라이언트-서버 프로토콜을 지정하는 Selenium WebDriver API를 활용하므로 테스트한 동일한 앱을 여러 플랫폼에 배포할 수 있다는 장점이다. 여러 테스트 케이스에서 테스트 스크립트와 구성 요소를 재사용하면 효율성과 일관성이 향상된다. Appium의 또 다른 장점은 실제 기기 및 에뮬레이터에서 테스트할 수 있다는 것이다. 이는 테스트 프로세스에서 매우 중요할 수 있다.

    Appium의 주요 단점으로는 까다로운 환경설정, 시간이 많이 걸리는 테스트 관리, 도구 사용의 학습 시간이 오래 걸린다는 것이다. 이러한 단점에도 불구하고 가장 인기 있는 자동화 도구 중 하나이다.

연습문제

13.1 소프트웨어 테스트 관련 다음 용어를 비교하여 설명하시오.

가. 오류(error), 실수(mistakes)
나. 결함(defect), 버그(bug)
다. 실패(failure)
라. 테스트 케이스

13.2 소프트웨어 테스트 생명주기를 설명하고, 각 단계별 주요 테스트 방법을 설명하시오.

13.3 정수 0~100 범위의 성적 데이터를 입력받아 합계와 평균을 계산하고 평균에 따라 학생의 성적 등급(grade)을 부여하는 프로그램을 작성한다고 가정하자. 단, 성적은 평균에 따라 A, B, C, D, F의 등급을 부여한다. 다음 문제에 답하시오.

가. 블랙박스 테스트-동치 클래스 분할에 의한 테스트 케이스를 생성하시오.
나. 블랙박스 테스트-경계값 분석에 의한 테스트 케이스를 생성하시오.
다. 블랙박스 테스트-원인-결과 그래프를 그리고 시나리오가 작동하는 과정을 보이시오.

13.4 은행의 ATM에서 '출금' 작업에 대해 다음 문제에 답하시오.

가. ATM-출금 작업에 대한 원인-결과 그래프를 그리시오.
나. ATM- 출금 작업에 대한 상태 전환 그래프를 그리시오.

13.5 온라인 쇼핑몰에서 '고객이 물품을 구매하다'라는 시나리오 대한 상태 전환 그래프를 그리시오.

연 습 문 제

13.6 다음 프로그램에 대해 화이트박스 테스트 관련 다음 문제에 답하시오.

1	`read x;`
2	`If x >= 10 then`
3	`  x = x + 2;`
4	`  print x + 2;`
	`Else`
5	`  print x - 2;`
	`End if;`
6	`While x > 20 then`
7	`  If x > 90 then`
8	`    print “Good”;`
	`  Else if`
9	`    print “Bad”;`
	`  End if;`
10	`  x = x - 1;`
11	`End while;`

가. 위의 프로그램에 대한 논리 제어 그래프를 그리시오.

나. 문장 검증기준은?

다. 분기 검증기준은?

라. 조건 검증기준은?

마. 경로 검증기준은?

13.7 다음의 삽입정렬 프로그램과 이의 제어 흐름 그래프에 대해 다음의 화이트박스 테스트 검증기준을 생성하시오.

	`/*----------------------------------------------------------------`
	`This is the insertion program of input array`
	`----------------------------------------------------------------*/`

	`insertion(int data[], n)`
	`{`
①	`  int i, j, key;`

연습문제

	for (②i = 1; ③i < n; ⑫i++) {
④	key = data[i];
	for (⑤j = $i-1$; ⑥j >= 0 && data[j] > key; ⑨j--) {
⑦	data[j+1] = data[j];
⑧	} // for loop
⑩	data[j++] = key;
⑪	} // for loop
⑬	}

〈삽입정렬 프로그램의 예제〉

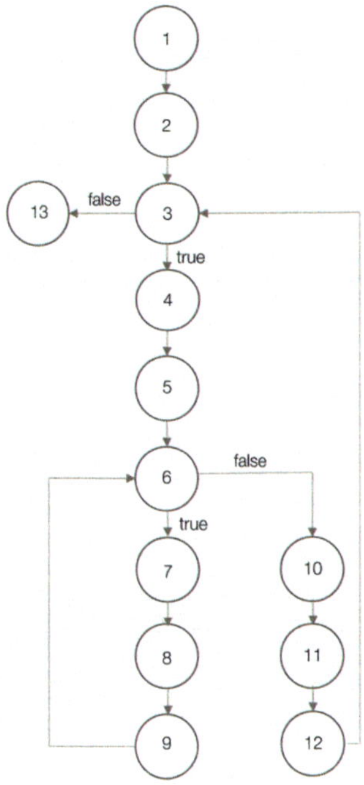

〈삽입정렬 프로그램에 대한 제어 흐름 그래프〉

가. 문장 검증기준은?

나. 분기 검증기준은?

다. 조건 검증기준은?

라. 경로 검증기준은?

연습문제

13.8 통합테스트 방법의 종류를 설명하고, 주요 장단점을 비교하시오.

13.9 시스템테스트 방법에서 수행하는 테스트 범위를 모두 설명하시오.

13.10 인수테스트 방법에서 수행하는 테스트 범위를 모두 설명하고, 시스템테스트와 인수테스트의 차이점을 설명하시오.

13.11 테스트 케이스 자동 생성 도구의 예를 들고 그 특징을 설명하시오.

13.12 단위테스트 자동화 도구의 예를 들고 그 특징을 설명하시오.

13.13 다음은 화이트박스 테스트를 위한 예제 프로그램과 제어 흐름 그래프이다. 화이트박스 테스트의 테스트 검증기준으로 맞지 않는 것은?

```
1  read x;
2  If x > 5 and y = 3 then
3     result = ‘Yes’;
4     print result;
5  End if;
6  If x = 6 or z > 4
7     result = ‘No’;
8     print result;
9  End if;
```

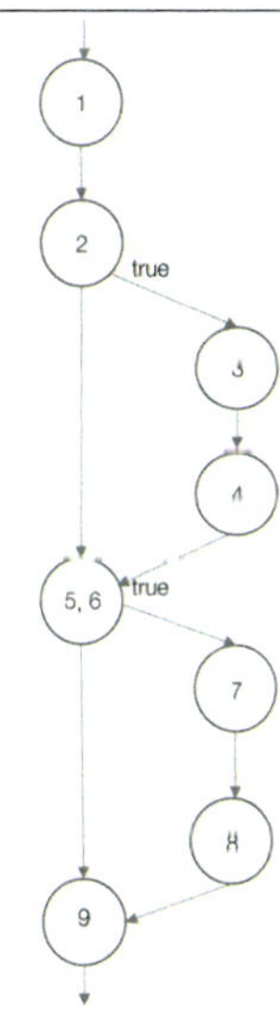

연습문제

가. 문장 검증기준: 1,2,3,4,5,6,7,8,9

나. 분기 검증기준: 1,2,3,4,5,6,7,8,9; 1,2,5,6,9

다. 조건 검증기준: 1,2,3,4,5,6,7,8,9; 1,2,5,6,9

라. 경로 검증기준: 1,2,3,4,5,6,7,8,9; 1,2,3,4,5,6,9; 1,2,5,6,9; 1,2,5,6,7,8,9

마. 모두 잘못됨

정답 13.13 ⑤

PART 6

유지보수와 품질관리

CHAPTER 14 유지보수

CHAPTER 15 품질관리와 품질보증

CHAPTER 14

유지보수

14.1 유지보수 개념과 종류
14.2 유지보수 프로세스와 추진전략
14.3 소프트웨어 형상 관리
14.4 역공학
14.5 유지보수 도구
■ 연습문제

학습목표

이 장에서는 소프트웨어 개발이 완성된 이후, 소프트웨어 유지보수 개념과 그의 종류를 소개한다. 그리고 소프트웨어 유지보수 전략과 유지보수 프로세스의 개념을 설명하고, 소프트웨어의 효율적인 유지보수를 위한 형상 관리(Configuration Management, CM)의 개념을 설명하고, 형상 관리 관련 형상 관리 항목, 주요 형상 관리 활동, 형상 변경제어 절차, 형상 관리 담당자의 역할과 책임, 형상 관리 계획서 작성 방법 등의 개념을 소개한다. 또한 소프트웨어 관리를 위한 역공학의 개념을 소개한다. 따라서 이 장의 주요 학습 목표는 다음과 같이 요약된다.

- 소프트웨어 유지보수의 개념을 이해하고 이를 설명할 수 있다.
- 소프트웨어 유지보수 작업의 활동 범위를 이해하고 이를 설명할 수 있다.
- 소프트웨어 유지보수의 주요 대상을 설명할 수 있다.
- 유지보수 작업의 5가지 종류인 정정형 유지보수(Corrective Maintenance), 적응형 유지보수(Adaptive Maintenance), 완전형 유지보수(Perfective Maintenance), 예방적 유지보수(Preventive Maintenance), 패치형 유지보수(Patching Maintenance)의 개념을 이해하고 설명할 수 있다.
- 소프트웨어 유지보수 프로세스 7단계를 이해하고 설명할 수 있다.
- 소프트웨어 유지보수 전략을 이해하고 설명할 수 있다.
- 소프트웨어 형상 관리의 개념을 이해하고 설명할 수 있다. 또한 형상 관리 도입의 필요성과 형상 관리 적용에서 얻어지는 기대 효과를 설명할 수 있다.
- 주요 형상 관리 항목(CI)의 의미를 이해하고 그 항목을 설명할 수 있으며, 정보시스템에서 주요 형상 관리 항목 6가지 종류를 설명할 수 있다.
- 주요 형상 관리 활동 범위 5가지를 이해하고 설명할 수 있다.
- 소프트웨어 형상 변경제어 절차를 이해하고 설명할 수 있다.
- 소프트웨어 형상 관리 관련 프로젝트 관리자, 형상 관리자, 형상 관리위원회, 프로젝트팀원 등의 역할과 책임을 이해하고 설명할 수 있다.
- 형상 관리 계획서에 포함되는 내용을 이해하고 형상 관리 계획서의 양식을 설명할 수 있다.
- 소프트웨어공학에서 역공학의 개념을 이해하고 설명할 수 있다.

소프트웨어 유지보수(Software Maintenance)란 소프트웨어 시스템을 고객에게 전달된 후 수정하는 프로세스이다. 소프트웨어 유지보수는 소프트웨어가 제품으로 개발된 후 사용자가 사용하기 시작하면서부터 폐기될 때까지 오류를 수정하거나 새로운 기능을 추가하기 위해 소프트웨어를 변경하는 작업이다.

14.1 유지보수 개념과 종류

소프트웨어 유지보수란 소프트웨어의 수명 주기 동안 소프트웨어의 적절한 기능, 안정성 및 신뢰성을 보장하기 위해 수행하는 활동이다. **소프트웨어 유지보수의 목표**는 소프트웨어 시스템이 정확하고 효율적이고 안전하게 작동하고 사용자의 요구사항이 지속적으로 충족하도록 하는 것이다. **소프트웨어 유지보수 작업 활동**에는 오류(버그) 수정, 성능 개선, 기능 향상 및 최적화, 소프트웨어의 보안 보장, 소프트웨어 갱신 작업을 포함하는 광범위한 활동이다. 또한 소프트웨어 변경은 불가피하므로 항상 변경사항의 평가, 제어관리 및 변경 작업을 위한 메커니즘을 개발해야 한다. 소프트웨어 유지보수는 일상생활에서 발생하는 어떤 문제에도 소프트웨어가 살아남을 수 있도록 하는 필수 요소이다. 소프트웨어에 아무리 많은 투자를 해도 이상 현상이 발생하지 않는 것은 불가능하기 때문이다. 한편 소프트웨어 유지보수 문제는 관리 및 기술적 문제이다. 관리 문제에는 고객 우선순위와의 연계, 인력 배치, 책임 할당, 비용 추산 등이 포함된다. 기술적 문제에는 제한된 이해, 영향 분석, 테스트 및 유지보수 가능성 측정 등이 포함된다. **소프트웨어가 배포된 후 수행되는 모든 작업은 유지보수로 간주된다**. 이러한 유지보수 작업은 시간이 지나도 소프트웨어의 가치를 보존한다. 고객 기반을 확장하고, 새롭고 추가적인 요구사항을 충족하고, 사용하기 쉽고, 더 효율적이며, 최신 기술을 도입함으로써 가치를 높일 수 있다. 유지보수는 수십 년에 걸쳐 진행될 수 있지만, 초기 유지보수 작업은 일반적으로 3년 미만이다.

또한 소프트웨어 시스템을 계획하고 개발할 때 소프트웨어 유지보수에 필요한 소요 예산과 노력을 고려하는 것도 중요하고, 테스트 및 검증, 버전 관리, 이해관계자와의 커뮤니케이션을 포함하는 잘 정의된 유지보수 프로세스를 마련하는 것이 중요하다. 소프트웨어 유지보수는 특히 규모가 크고 복잡한 시스템의 경우 비용이 많이 들고 복잡할 수 있다는 점에 유의해야 한다. 따라서 소프트웨어 프로젝트의 계획 및 개발 단계에서 유지보수에 드는 비용과 노력을 고려해야 한다. 또한 테스트, 백업, 버그 수정과 같은 정기적인 유지보수 활동을 포함하는 명확한 유지관리 계획을 세우는 것도 중요하다.

소프트웨어 유지보수의 **필요성**은 다음과 같은 목적에서 시작된다.

- 오류 수정
- 시스템의 성능 개선
- 기능 향상과 최적화
- 설계 개선
- 사용자 요구사항의 변화 반영
- 소프트웨어의 보안 보장
- 다른 시스템과의 인터페이스 실현
- 다양한 소프트웨어의 수용 능력 확대
- 소프트웨어 갱신
- 소프트웨어 폐기

소프트웨어 유지보수는 소프트웨어 개발 생명주기(SDLC)의 중요한 부분이다. 소프트웨어 시스템을 갱신하고 성능을 개선하기 위해 소프트웨어 시스템의 모든 부분을 수정하는 작업이 주요 초점이다. **소프트웨어 유지보수 대상**에는 소프트웨어 코드와 해당 문서, 사용자 설명서, 교육 자료의 수정이 포함될 수 있다. 이를 통해 소프트웨어가 최신 상태로 유지되고 사용자의 요구를 지속적으로 충족할 수 있다. 따라서 소프트웨어 유지보수 대상은 다음의 항목을 포함한다.

- 프로그램 코드
- 관련 문서
- 사용자 설명서
- 교육 자료

소프트웨어 유지보수는 사전 예방적 유지보수와 사후 대응적 유지보수 유형으로 분류된다. **사전 예방적 유지보수**에는 문제가 발생하지 않도록 예방 조치를 취하는 것이 포함되며, **사후 대응적 유지보수**에는 이미 발생한 문제를 해결하는 것이 포함된다. 유지보수는 본래 개발팀, 회사내 유지보수 관리팀 또는 타사 유지보수 제공업체 등 다양한 이해관계자가 수행할 수 있다. 유지보수 활동은 계획되거나 사전에 계획되지 않을 수도 있다. 계획된 유지보수 활동에는 업데이트 및 백업과 같이 사전에 예약된 정기적인 유지보수 작업을 포함한다. 계획되지 않은 유지보수 활동은 사후 대응적인 활동으로 시스템 충돌이나 보안 침해와 같이 예기치 않은 이벤트에 의해 시작된다. 또한 소프트웨어 유지보수에는 소프트웨어를 새 버전 또는 플랫폼으로 업그레이드하는 작업도 포함될 수 있다. 이것은 기술의 변화를 따라잡고 소프트웨어가 다른 시스템과 호환성을 유지하도록 하기 위해 필요할 수 있는 작업이다. 소프트웨어 유지보수의 성공 여부는 사용자, 개발자, 경영진을 포함한 이해관계자와의 효과적인 의사소통에 달려있다. 정기적인 업데이트와 보고서는 이해관계자에게 정보를 제공하고 유지관리 프로세스에 참여시키는 데 도움이 될 수 있다.

소프트웨어 유지보수는 다섯 가지 유형의 유지보수를 각각 다른 이유와 목적으로 수행한다. 어떤 소프트웨어는 운용되는 동안 한 가지, 두 가지 또는 모든 유형의 유지보수 작업을 거쳐 관리될 수 있다. 이러한 **유지보수 작업의 종류**는 다음과 같이 5가지로 분류될 수 있다.

- 정정형 유지보수(Corrective Maintenance): 소프트웨어 시스템의 오류 및 버그 수정을 위한 유지보수 작업으로 오류를 찾아 문제를 해결하는 하자보수 개념이다. 소프트웨어 정정형 유지보수는 소프트웨어를 비롯한 모든 유지보수의 전형적이고 고전적인 형태이다. 이것은 또한 소프트웨어에 결함이나 오류 등 문제가 발생했을 때 필요하다. 소프트웨어 공급업체는 고객이 제출한 버그 리포트로 인해 정정형 유지보수가 필요한 문제를 해결할 수 있는 경우가 많다. 고객이 발견하기 전에 결함을 인지하고 처리할 수 있다면 회사의 평판과 신뢰도를 높일 수 있는 추가적인 이점이 있다.
- 적응형 유지보수(Adaptive Maintenance): 하드웨어나 소프트웨어의 변경, 정부 정책, 업무 규칙 등의 환경 변화를 소프트웨어에 반영하는 작업으로 시스템의 기능에는 변화가 없다. 적응형 소프트웨어 유지보수는 소프트웨어 관련 정책 및 규칙뿐만 아니라 변화하는 기술과도 관련이 있다. 여기에는 운영 체제 변경, 클라우드 스토리지, 하드웨어 등이 포함된다. 이러한 변경이 수행되면 소프트웨어는 새로운 요구사항을 적절히 충족하고 계속 원활하게 실행될 수 있도록 적응해야 한다. 완전형 유지보수와 차이점은 새로운 기능의 추가 없이 기존 기능을 유지보수한다.
- 완전형 유지보수(Perfective Maintenance): 일명 **'기능보완 유지보수'**로서 소프트웨어 시스템의 기능, 성능 및 안정성을 개선하고 소프트웨어 시스템을 재구성하여 변경 가능성을 개선하는 기능보강 수정작업이다. 이것은 주로 새롭거나 혹은 변경된 사용자 요구사항을 수용하는 유지보수 작업이다. 시스템의 기능적 향상에 관한 것으로 시스템의 성능을 향상시키거나 사용자 인터페이스를 개선하기 위한 활동을 포함한다. 유지보수 활동 중 가장 큰 업무량 및 비용을 차지하는 유지보수 작업이다. 시장에 출시된 모든 제품과 마찬가지로, 소프트웨어가 대중에게 공개되면 새로운 문제와 아이디어가 수면 위로 떠오른다. 사용자들은 소프트웨어에 새로운 기능이나 요구사항이 필요함을 알게 되

고, 이를 통해 자신의 필요에 가장 적합한 도구로 만들 수 있다. 이때 완정형 소프트웨어 유지 관리가 필요하다. 완정형 소프트웨어 유지보수는 필요에 따라 새로운 기능을 추가하고 해당 소프트웨어에서 관련성이 없거나 효과가 없는 기능을 제거하여 소프트웨어를 조정하는 것을 목표로 한다. 이 프로세스는 시장과 사용자의 요구가 변화함에 따라 소프트웨어의 관련성을 유지한다.

- 예방적 유지보수(Preventive Maintenance): 예방적 유지보수에는 최적화, 문서 갱신, 시스템 검토 및 테스트, 백업과 같은 예방 조치 구현 등의 향후 문제를 방지하기 위해 수행하는 유지보수 작업이다. 예방적 소프트웨어 유지보수는 소프트웨어가 가능한 한 오랫동안 원하는 대로 작동할 수 있도록 미래를 내다보는 것이다. 예방적 유지보수에는 필요한 변경, 업그레이드, 조정 등이 포함된다. 예방적 소프트웨어 유지보수는 당장은 큰 문제가 아닐 수 있지만 향후 더 큰 문제로 발전할 수 있는 작은 문제를 해결할 수 있는 장점이 있다. 이를 잠재적 결함이라고 하며, 이를 감지하고 수정하여 실제 결함으로 이어지지 않도록 하는 것이 중요하다.
- 패치형 유지보수(Patching Maintenance): 주로 경영진의 압력으로 인해 시행되는 긴급 수정작업이다. 패치는 수정 유지보수를 위해 수행되지만 적절한 영향 분석이 부족하여 향후 예기치 않은 오류를 발생할 수 있다.

소프트웨어 유지보수가 가져오는 **주요 이점**은 다음과 같이 요약된다.

- 신뢰성 향상: 소프트웨어를 정기적으로 유지관리하면 오류, 버그 및 보안 결함을 식별하고 수정하여 소프트웨어의 안정성을 향상에 기여한다.
- 성능 향상: 소프트웨어 유지관리를 통해 병목 현상과 취약점을 파악하고 최적화하여 응답시간과 실행 속도를 개선함으로써 소프트웨어의 성능을 향상에 기여한다.
- 비용 감소: 유지보수는 소프트웨어를 완전히 교체하는 것보다 비용이 적게 들고, 소프트웨어의 수명을 연장하고 교체 비용을 피할 수 있다.
- 사용자 만족도 향상: 정기적인 소프트웨어 유지보수는 소프트웨어의 최신성과 관련성을 유지하여 사용자 만족도와 채택률을 높이는 데 도움을 준다. 정기적인 유지보수를 통해 새로운 기능을 추가하고 소프트웨어를 최신 상태로 유지하여 변화하는 사용자의 요구를 충족할 수 있다.
- 소프트웨어 품질 향상: 정기적인 소프트웨어 유지보수를 통해 소프트웨어가 정확하고 효율적으로 작동하고 사용자의 요구를 지속적으로 충족할 수 있도록 보장한다.

- 소프트웨어 수명 연장: 적절한 소프트웨어 유지보수를 통해 소프트웨어의 수명을 연장하여 더 오랜 기간 사용할 수 있고 비용이 많이 드는 교체 필요성을 줄일 수 있다.
- 비용 절감: 정기적인 소프트웨어 유지보수를 통해 더 크고 비용이 많이 드는 문제가 발생하는 것을 방지하여 전반적인 소프트웨어 소유 비용을 절감할 수 있다.
- 전반적인 업무의 효율성과 생산성을 향상: 정기적인 소프트웨이 유지보수를 통해 소프트웨어가 업무 환경의 변화하는 요구사항에 부합하는 상태를 유지할 수 있다.
- 경쟁 우위: 정기적인 소프트웨어 유지보수는 기능, 성능 및 사용자 경험을 개선하여 경쟁 우위를 유지하는 데 도움이 될 수 있다.
- 규정 준수: 소프트웨어 유지보수는 소프트웨어가 관련 규정과 표준을 준수하는 데 도움이 될 수 있다. 이것은 규정 준수가 중요한 의료, 금융, 정부 등의 산업에서 특히 중요하다.
- 협업 개선: 정기적인 소프트웨어 유지보수는 개발자, 테스터, 사용자 등 여러 팀 간의 협업을 개선하는 데 도움이 될 수 있다. 이것은 더 나은 의사소통과 더 효과적인 문제 해결로 이어질 수 있다.
- 고장시긴 김소: 소프트웨어 유지보수는 시스템 장애나 오류로 인한 고장시간을 줄이는 데 도움이 될 수 있다. 이것은 업무 운영에 긍정적인 영향을 미치고 매출이나 고객 손실의 위험을 줄일 수 있다.
- 확장성 향상: 정기적인 소프트웨어 유지보수는 소프트웨어의 확장성을 보장하고 증가하는 사용자 수요를 처리하는 데 도움이 될 수 있다. 이것은 성장하는 업무나 많은 사용자가 사용하는 소프트웨어의 경우 특히 중요할 수 있다.
- 보안 강화: 유지보수에는 보안 업데이트와 패치가 포함되어 있어 잠재적인 위협과 공격으로부터 소프트웨어를 보호하는 데 도움을 준다. 보안 패치는 잠재적인 위협으로부터 소프트웨어를 보호하는 데 필수적이다. 유지보수를 통해 보안 결함을 식별하고 수정하여 회사의 데이터와 사용자의 안전을 보장할 수 있다.

14.2 유지보수 프로세스와 추진전략

소프트웨어 유지보수 프로세스에는 유지보수 유형과 시행 중인 소프트웨어 유지보수 계획에 따라 변경될 수 있는 다양한 소프트웨어 유지보수 기술이 포함된다. 소프트웨어 유지보수의 프로세스는 일반적인 소프트웨어 개발 생명주기(SDLC)인 '요구사항분석-설계-코딩-테스트-시스템테스트-인수테스트' 등의 단계를 거쳐 진행된다.

14.2.1 소프트웨어 유지보수 프로세스

따라서 소프트웨어 유지보수는 기존의 시스템(AS-IS 모델)에서 수정 사항과 새로운 요구사항을 식별하고, 이를 반영하기 위한 '설계-코딩-테스트-시스템테스트-인수테스트' 등 새로운 시스템(TO-BE 모델)의 개발 단계를 거쳐 개발된다. 일반적으로 TO-BE 모델의 유지보수 개발 과정은 전통적인 소프트웨어 개발 생명주기와 거의 흡사하다.

소프트웨어 유지보수 프로세스 모델은 <그림 14.1>과 같이 다음 단계를 거쳐 수행한다.

- ① 문제 식별 단계: 이 단계는 소프트웨어의 어떤 부분을 수정(또는 유지보수)해야 하는지 결정하는 프로세스이다. 이 단계에서 기술팀은 소프트웨어 수정 요청을 식별하고 각각에 식별 번호를 할당한다. 그런 다음 개발자는 각 수정 요청을 평가하여 유지보수 활동의 유형(적응형, 수정형, 예방형, 완전형)을 결정한다. 분류가 끝나면 각 수정 요청의 우선순위를 정하여 처리 순서를 결정한다.
- ② 문제 분석 단계: 이 단계는 기존의 요구사항분석 단계에 해당하는 것으로 변경의 잠재적 영향을 이해하는 것을 포함하여 제안된 수정 요구사항을 분석하는 프로세스이다. 이 단계에서는 개발자가 소프트웨어에 적용될 수 있는 변경사항을 계획한다. 이 단계에는 또한 요구되는 변경 사항에 대한 비용 분석과 모든 수정 요구사항의 타당성 분석과 범위를 결정한다. 문제 분석 단계의 주요 활동 내용은 다음과 같다.
  - 기존 소프트웨어의 이해
  - 제안된 수정 요구사항 분석

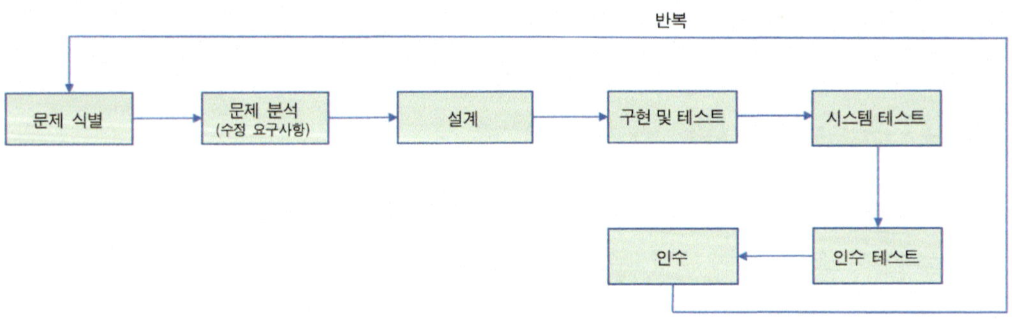

〈그림 14.1〉 소프트웨어 유지보수 프로세스

- 소프트웨어에 적용할 수 있는 변경사항 계획
- 요구되는 변경사항에 대한 비용 분석과 타당성 분석
- 기존의 요구사항분석 단계와 같이 간단한 소프트웨어 기초설계 작업 포함될 수 있음

- ③ 설계 단계: 이 단계는 요구사항에 대해 새로운 변경사항을 반영하는 소프트웨어 설계를 진행한다. 이 단계에서 개발자는 이전 단계에서 지정한 요구사항에 따라 교체 또는 수정이 필요한 새 모듈을 생성한다. 또한 안전 및 보안 문제를 해결하는 테스트 케이스를 생성하여 시스템을 검증한다. 소프트웨어 유지보수의 설계 단계에는 다음과 같은 여러 활동이 포함된다,
  - 소프트웨어 모듈 문서 수정
  - 새로운 설계에 대한 테스트 케이스 개발
  - 변경사항 반영에 대한 회귀 테스트
- ④ 구현: 프로그래머가 새 모듈을 구현하고 단위테스트, 통합테스트를 수행하는 프로세스이다. 구현 단계는 개발자가 코드를 수정하고, 사양을 추가하고, 새로운 기능을 통합하고, 전체 소프트웨어를 수정하는 단계이다. 구현 단계의 입력은 설계 단계 결과물, 소스 코드, 수정된 시스템 및 프로젝트 문서 등이다.
- ⑤ 시스템테스트: 소프트웨어 제품을 출시 전에 소프트웨어와 시스템을 테스트하는 단계이다. 시스템테스트에는 모듈 자체, 시스템 및 모듈, 전체 시스템을 한 번에 테스트하는 것이 포함된다. 이 단계에서는 개발/테스트 팀이 새 모듈과 시스템 간의 통합테스트를 수행한다. 이것은 유지보수 프로세스 중에 소프트웨어를 수정한 후 소프트웨어에 새로운 결함이 발생하지 않도록 하기 위해 수행한다. 마지막으로 개발자는 회귀 테스트 절차에 따라 시스템을 철저하게 검사한다. 그런 다음 테스트 검토보고서와 업데이트된 소프트웨어 설명서를 작성한다.
- ⑥ 인수테스트: 사용자가 요구한 수정 사항을 수락할 수 있는지를 검사하는 단계이다. 이 단계는 사용자가 진행 중인 문제를 파악하고 보다 효과적인 구현 및 변경을 위한 권장 사항을 생성할 수 있으므로 중요한 단계이다. 인수테스트는 내부 사용자 또는 제3 자에 의해 완전히 통합된 시스템의 테스트를 진행한다. 인수테스트의 목표는 고객의 작업 환경에서 새로운 기능이 수정 요청에 명시된 요구사항을 충족하는지 확인하는 것이다. 입력되는 정보에는 인수테스트 계획, 사용사례, 절차 및 완전히 통합된 시스템 등으로 구성된다.
- ⑦ 인수: 마지막으로 유지보수한 소프트웨어 제품을 갱신하거나 새로운 소프트웨어를 새롭게 설치

하는 단계이다. 이 단계는 최종적으로 유지보수의 변경사항을 고객에게 전달되는 시기이다. 인수테스트가 성공적으로 완료되면 팀은 최종사용자에게 업데이트된 소프트웨어를 제공한다. 또한 소프트웨어의 작동 및 하드웨어 사양을 설명하는 매뉴얼과 도움말 파일로 구성된 철저한 문서도 동시에 제공한다.

14.2.2 소프트웨어 유지보수 비용

소프트웨어 유지보수 비용은 높을 수 있다. 하지만 그렇다고 해서 소프트웨어 유지보수의 중요성이 부정되는 것은 아니다. 소프트웨어 유지보수 비용은 경우에 따라 전체 소프트웨어 프로세스 주기의 최대 3분의 2 또는 SDLC 프로세스의 50% 이상을 차지할 수 있다. 소프트웨어 유지보수 비용은 여러 가지 요인으로 인해 발생하며 구체적인 상황에 따라 달라질 수 있다. 시간이 지남에 따라 기술(및 코딩 언어)이 변화하기 때문에 소프트웨어가 오래될수록 유지보수 비용이 더 많이 든다. 오래된 소프트웨어를 오늘날의 기술에 맞게 개선하는 것은 특정 상황에서 매우 비용이 많이 드는 과정일 수 있다. 또한 소프트웨어 엔지니어가 특정 소프트웨어를 업그레이드하거나 유지보수할 때 항상 정확한 문제를 찾아내지 못할 수도 있다. 이로 인해 시행착오 적인 방법을 사용하게 되고, 이로 인해 많은 시간이 소요될 수 있다.

현장에서 일반적으로 사용되는 **유지보수 비용 모델**은 다음과 같다.

- 시간 및 재료(T&M) 모델: 이 모델에서 유지보수 비용은 개발자가 소요하는 시간과 유지보수 작업 중에 사용되는 **자원**에 따라 다르게 청구되는 비용 모델이다. 유연성을 제공하지만, 작업의 복잡성과 기간에 따라 비용이 변동될 수 있는 단점이 있다.
- 고정 가격 모델: 고정 가격 모델에서는 유지보수 비용이 사전에 합의되는 형태이다. 예측 가능성은 제공하지만, 유지보수 중 예상치 못한 변경이나 문제에 유연하게 대처하기에는 부족할 수 있는 단점이 있다. 국내에서 공공분야 상용 소프트웨어 유지보수 요율은 2023년 기준으로 보통 개발 비용의 **14~15%**를 계획한다.
- 가치 기반 가격 책정 모델: 이 모델은 고객이 인식하는 유지보수 서비스의 가치를 평가하고 그에 따라 비용을 설정하는 형태이다. 유지보수 활동을 통해 실질적인 가치와 **ROI**를 제공하는 데 중점을 두는 모델이다.

또한 올바른 유지보수 비용 모델을 선택하는 것 외에도 소프트웨어의 수명 가치를 최적화하기 위해 유지보수 모범사례를 구현해야 한다.

14.2.3 소프트웨어 유지보수 전략

모든 소프트웨어 회사는 효과적이고 완벽한 방식으로 소프트웨어 유지보수를 처리할 수 있는 구체적인 전략을 마련해야 한다. 문서화는 소프트웨어 개발에서 중요한 전략 중 하나이다. **소프트웨어 문서**가 최신 상태가 아니면 소프트웨어 업그레이드가 불가능할 수도 있다. 소프트웨어 관련 문서에는 코드의 작동 방식, 잠재적인 문제에 대한 해결방법 등에 대한 정보가 포함되어야 한다. 품질보증(Quality Assurance, QA)은 또한 소프트웨어 유지보수 계획의 중요한 부분이기도 하다. 품질보증은 초기 소프트웨어 출시 전에도 중요하지만, 소프트웨어가 올바르게 개발되었는지 확인하고 필요할 때 변경할 수 있는 인사이트를 제공하기 위해 프로세스 초기(계획 단계부터)에도 포함될 수 있다.

소프트웨어 유지보수는 소프트웨어의 수명, 안정성 및 효율성을 위해 필수적이다. 다음은 소프트웨어 유지보수 프로세스를 개선하기 위한 몇 가지 **모범사례**이다.

- 명확한 문서화 구축: 코드 베이스, 아키텍처, 설계 결정에 대한 명확한 문서화, 인라인 주석, README 파일, 종합적인 사용자 매뉴얼을 확보하여 보다 쉽게 이해하고 문제를 해결할 수 있도록 한다.
- 버전 관리 시스템 도입: 체계적인 코드 관리를 위해 Git과 같은 버전 관리 시스템을 사용하는 것도 좋다. 이러한 시스템을 사용하면 수정 사항을 추적하고 원활하게 협업하며, 문제 발생 시 변경사항을 롤백할 수 있어 안정적인 코드 베이스를 유지하고 효율적인 팀워크를 도모할 수 있다.
- 테스트 자동화 도구 도입과 정기적인 코드 검토체계: 단위테스트, 통합테스트, end-to-end 테스트를 위한 테스트 자동화 도구를 도입하여 소프트웨어 기능을 검증하는 것도 중요하다. 동료 검토를 실시하여 문제를 파악하고 코드 품질을 향상시키고 팀원 간에 지식을 공유하는 체계 도입도 중요하다. **End-to-end (E2E) 테스트**는 시작부터 끝까지 소프트웨어 제품의 작동 순서를 검증하는 소프트웨어 테스트 방법론이다. E2E 테스트는 시스템의 모든 구성 요소가 실제 시나리오에서 실행될 수 있는지 검증한다.
- 보안 업데이트의 우선순위 설정: 보안 업데이트와 패치에 대한 경계를 늦추지 말고 취약점을 즉시 해결하는 것도 중요하다. 보안 감사 루틴을 확립하고 업계 표준 및 모범사례를 준수하여 강력한 소프트웨어 보안을 유지하는 것이 중요하다.

- CI/CD(Continuous Integration and Continuous Delivery) 실현: CI/CD 파이프라인을 통해 연속적으로 소프트웨어 빌드, 테스트 및 배포 프로세스를 자동화하는 것도 중요하다. 이러한 규칙은 소프트웨어 업데이트 중 오류를 최소화하여 철저한 테스트와 생산 환경으로의 원활한 통합을 보장한다.
- 상시적인 성능 모니터링, 분석 및 최적화: 실시간 성능 추적을 위한 강력한 모니터링 도구를 도입하는 것도 중요하다. 병목 현상과 문제를 사전에 파악하면 적시에 개입하여 사용자 경험을 개선하고 소프트웨어 안정성을 유지할 수 있다.
- 지속적인 학습, 사용자 피드백 및 지원 제도: 팀 내에서 지속적인 학습 문화를 조성하고 관련 교육, 학술대회, 워크샵에 참석하여 진화하는 기술과 모범 사례에 대한 최신 정보를 얻고, 사용자 피드백을 적극적으로 받아들이고 분석하여 즉각적인 문제를 해결하고 지속적인 개선에 기여한다.
- 확장성 및 향후 변화에 대비 체계: 미래의 요구사항을 예측하고 확장성을 염두에 두고 소프트웨어 아키텍처를 설계하는 것이 중요하다. 잘 설계된 모듈식 아키텍처는 변화하는 요구사항에 쉽게 적응할 수 있어 향후 유지보수 작업의 복잡성을 줄여준다.

14.3 소프트웨어 형상 관리

형상 관리(Configuration Management, CM)는 SW 및 HW 제품 수명 전반에 걸쳐 제품의 성능, 기능 및 물리적 속성과 요구사항, 설계 및 운영 정보의 일관성을 유지관리하기 위한 시스템 관리 프로세스이다. 본래 형상 관리 프로세스는 무기 시스템, 군용 차량 및 정보시스템과 같은 복잡한 시스템의 생명주기 동안 변화를 관리하기 위해 군사 공학에서 널리 사용되어 왔다. 군대 밖에서 형상 관리 프로세스는 정보기술 서비스 관리와 도로, 교량, 운하, 댐, 건물과 같은 토목 공학 및 그 밖의 산업 분야에도 함께 사용되는 개념이다.

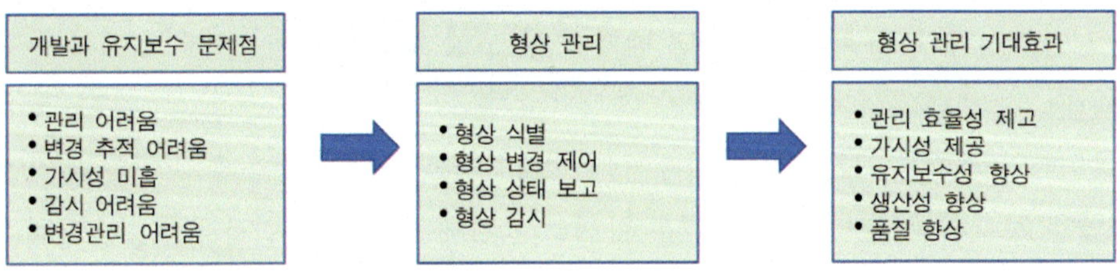

〈그림 14.2〉 형상 관리의 필요성과 추진 목표

소프트웨어 형상 관리는 정보관리시스템의 구성 항목을 추적하여 관리하는 정보관리 프로세스이다. 정보관리 시스템은 다양한 정보 기술 자산으로 구성되며, 정보 기술 자산에는 소프트웨어(개발문서, 매뉴얼, 프로그램 등), 서버 또는 서버 클러스터 등이 있다. 따라서 **소프트웨어 형상 관리**는 소프트웨어 시스템을 구성하는 모든 데이터의 변경사항을 추적하고 모니터링하는 시스템 관리 프로세스이다. **형상 관리**란 **IEEE-Std-1042**에 의하면 형상 관리 항목(configuration items, CI)을 식별하여 그 기능적, 물리적 특성을 문서화하고, 이의 모든 변경을 제어하고, 변경 처리 상태를 기록하고 보고하며, 명시된 요구사항에 부합하는지 확인하는 기술적이고 관리적인 감독 및 감시 활동이다. 결과적으로 형상 관리의 목표는 프로젝트 관리 효율성 제고, 가시성 제공, 재사용성 향상, 유지보수성 향상, 프로젝트 생산성 제고, 품질 향상 등에 초점을 둔다.

형상 관리의 필요성, 형상 관리 활동, 형상 관리의 기대효과는 <그림 14.2>와 같이 명확히 요약된다. 소프트웨어 개발과 유지보수 과정에서 일반적으로 관리의 어려움, 산출물의 추적 어려움, 가시성 미흡, 감시 미흡, 산출물의 무절제한 변경 등이 항상 문제점으로 대두된다. 이러한 문제점 해결을 위해 형상 관리제도를 마련하고, 형상 관리제도를 통해 프로젝트 수행과정에서 형상 관리 대상 식별, 형상 변경제어, 형상 상태 보고, 형상 감시 등의 주요 활동을 수행한다.

14.3.1 형상 관리 항목

형상 관리 항목(CI)이란 형상 관리시스템에서 취급하는 **형상 관리 대상**을 의미한다. 대표적인 형상 관리 항목(CI)에는 개별적인 하드웨어, 소프트웨어, 네트워크, 시설물, 공급업체 등의 구성 요소가 있다. **형상 관리 프로세스**에는 주요 형상의 식별, 변경 관리, 상태 회계 및 감사라는 기본 요소를 구현하고 활성화하여 프로세스와 도구의 조합을 통해 형상 관리 항목(CI)의 수명을 감독하는 것이다. 결과적으로 이러한 형상 관리시스템은 제품의 테스트 부족 및 다른 형상 관리 항목과의 비호환성과 관련된 오류의 발생을 방지하는 것을 목표로 한다. 그리고 주요 형상 관리 항목은 다음과 같다.

주요 **형상 관리 항목(CI)**에는 시스템을 구성하는 하드웨어, 소프트웨어, 네트워크, 문서, 시설물, 공급업체, 서비스 등의 형상 관리 항목을 포함하며, 세부적으로 그 종류는 다음과 같다.

1. 하드웨어 형상 관리 항목(CI):

- 서버(물리적 서버 및 가상 서버)
- 스토리지 장치(디스크 어레이, 스토리지 영역 네트워크)
- IoT 장치
- 음성 장비(PBX 및 IVR 시스템)
- 프린터 및 스캐너
- 최종사용자 장치(노트북, 데스크톱, 모바일 장치) 등

2. 소프트웨어 형상 관리 항목(CI):

- 운영체계
- 소프트웨어/애플리케이션
- 업무용 소프트웨어
- 유틸리티 프로그램(시스템 백업 도구, 바이러스 백신 등)
- 소프트웨어 라이선스
- 미들웨어
- 데이터베이스 및 데이터베이스 기술서
- 서비스 품목 등

3. 네트워크 형상 관리 항목(CI):

- IP 주소 및 서브넷
- DNS(도메인 이름 시스템) 구성
- 네트워크 장치(게이트웨어, 라우터, 스위치, 허브)
- LAN, WAN 및 VLAN 정보
- 방화벽 정보
- 무선 액세스 포인트
- 네트워크 브리지

- 네트워크 세그먼트 등

4. 문서 형상 관리 항목(CI):

- 프로젝트 계획서
- 개발문서(요구사항명세서, 설계명세서, 테스트 계획서, 검토보고서 등)
- 유지보수 문서
- 사용자 매뉴얼
- 구성 및 설치 가이드
- 네트워크 다이어그램
- 프로세스 문서
- 서비스 수준 협약서(Service Level Agreements, SLA)
- 운영 수준 협약서(Operation Level Agreements, OLA)
- 경험 수준 협약서(Experience Level Agreements, XLA)
- 외부 형상 관리 항목(고객 계약서 등)
- 인터페이스 형상 관리 항목
- 내부 형상 관리 항목(프로젝트 자산 등) 등

5. 시설물 형상 관리 항목(CI):

- 데이터센터, 통신실, 서버실
- HVAC(난방, 환기, 공조) 시스템
- 배터리 및 백업 시스템(UPS 상세정보)
- 전력 분배 장치(PDU)
- 물리적 보안 시스템 등

6. 공급업체 형상 관리 항목(CI):

- 공급업체 계약 및 협약서
- 공급업체 정보 및 연락처 세부 정보
- 공급업체 및 계약 데이터베이스 정보 등

형상 관리 항목(CI)이라는 용어는 최종 사용 기능을 충족하고, 고유한 요구사항, 기능 또는 제품과 관계되며, 형상 관리시스템에서 고유한 제어를 위해 지정된 제품, 제품의 할당된 구성 요소 또는 둘 다에 적용될 수 있다. 형상 관리 항목 및 관련 제품 구성 정보 버전과 승인된 변경사항은 현재 승인된 모든 구성 감사의 기초를 형성한다. 형상 관리 항목은 다른 모든 형상 관리 항목 및 관련 제품 구성 정보와 구별될 수 있도록 고유하게 식별되도록 관리해야 한다. 변경 구현자의 관점에서 형상 관리 항목은 변경사항으로 인해 제품 내에 '어떤 항목'이 영향을 받는지를 나타내야 한다. 형상 관리 항목의 특정 기준 버전을 변경하면 변경의 영향을 받는 정보에 대한 수정 사항이 포함된 기준의 새 버전이 생성된다. 형상 관리 항목의 부품 번호는 새 부품 또는 업데이트된 부품이 더 이상 기존 부품과 기능적 또는 물리적으로 상호 호환 여부에 따라 변경될 수 있다. 소프트웨어 형상 관리 항목의 버전은 항상 변경사항이 구현될 때마다 변경내용을 반영한다. 변경의 영향을 검토할 때 반드시 질문해야 할 두 가지 질문은 다음과 같다.

- 어떤 형상 관리 항목이 영향을 받나요?
- 형상 관리 항목과 관련 형상 관리 정보 및 인터페이스는 어떤 영향을 받나요?

형상 관리 항목은 여러 가지 관리 속성으로 표시된다. 이러한 속성은 모든 형상 관리 항목에 공통적으로 적용될 수 있다. 예로, 생성하는 형상 관리 항목의 식별자, 기능 설명, 수명 주기 종료 또는 형상 관리 항목 변경을 승인하는 업무 소유자 및 이를 지원하고 변경을 구현하는 기술 소유자(관리자) 등이며, 지정된 형상 관리 항목 유형에 따라 추가 속성이 지정될 수 있다. 하드웨어 장치에는 일부 속성, 데이터베이스 서버에는 다른 속성, 애플리케이션 및 인증서에는 다른 속성이 추가될 수 있다. 일반적으로 형상 관리 항목은 다음의 속성에 의해 표현된다.

여기서 형상 관리 항목의 식별자는 다른 항목과 구별되는 유일성을 가져야 한다. 따라서 이를 통해 어떤 항목을 다루고 있는지 인식할 수 있어야 한다. 예로, 하드웨어 장치의 식별자는 고유성을 갖는 장치 제조업체, 모델, 유형 및 일련번호 등이 될 수 있다.

일반적으로 형상 관리 항목(CI)은 다음과 같은 속성을 부여하여 관리한다.

- 고유 식별자
- 모델 또는 버전 번호

- 이름 또는 레이블
- 유형(하드웨어, 소프트웨어, 문서, 시설물, 공급업체 등)
- 목적
- 소유권자(소속과 담당자)
- 중요도
- 약어 설명
- 이외도 다음의 추가 정보에 의해 관리될 수 있다.
  - 지원 세부 정보
  - 공급업체 세부 정보
  - 위치(물리적 및 논리적)
  - 상태
  - 비용 및 재무 정보
  - 보증 정보
  - 보안 요구 사항

14.3.2 형상 관리 활동

형상 관리의 목표는 정보 기술 서비스 및 인프라의 구성 요소를 정의하여 제어하고 정확한 구성 정보를 유지하는 것이다. 소프트웨어 형상 관리 활동에는 다른 서비스 관리 프로세스를 지원하기 위해 형상 관리 항목을 효율적으로 관리하는 절차로서 소프트웨어 시스템의 가용성을 높이고 더 효율적으로 해결할 수 있도록 지원한다. 따라서 **소프트웨어 형상 관리의 주요 활동**에는 전체 정보 기술 서비스 및 형상 관리 대상을 식별하고 이의 기준선을 설정하고, 유지 관리하고 해당 구성 요소에 대한 변경을 제어하는 절차로 관리된다. 또한 공식적인 승인을 기반으로 통제된 환경으로의 형상 관리 항목의 릴리스 및 운영되도록 보장한다. 형상 관리 프로세스는 이러한 모든 활동을 포괄하며 자산을 효과적으로 추적하고 모니터링할 수 있도록 한다. 이러한 **소프트웨어 형상 관리의 주요 활동**은 <그림 14.3>과 같이 형상 관리 계획수립, 형상 관리 항목 식별, 형상 변경제어, 형상 상태 보고, 형상 확인 및 감시의 5가지 기본 활동으로 요약된다.

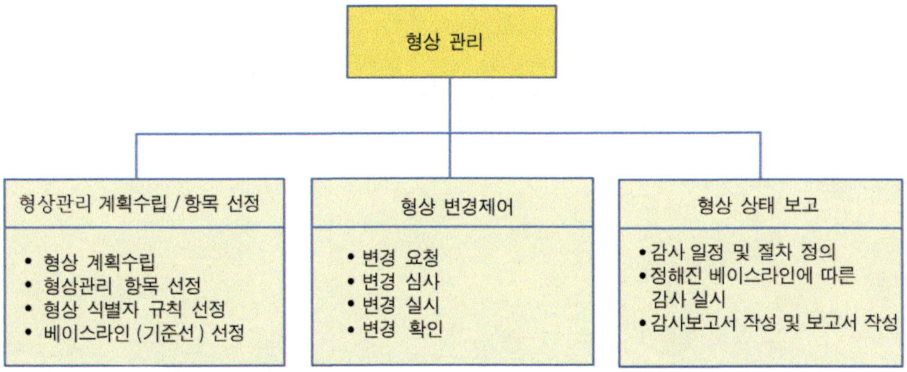

〈그림 14.3〉 형상 관리의 주요 활동 범위

- **형상 관리 계획수립:** 조직을 위한 서비스 관리자의 기능, 범위 및 목표를 계획할 수 있는 활동 계획을 수립한다. 성공적인 형상 관리는 개발 전, 개발 중에 계획되어야 한다.
- **형성 관리 항목(CI) 식별:** 형상 관리 대상을 식별하고 레이블을 지정하고, 형상 관리 항목에는 자산 식별자, 연락처, 자산 네트워크 관계, 모델 또는 버전 데이터 등의 정보를 데이터베이스에 입력하여 관리한다.
- **형상 변경제어**
  - **변경제어:** 형상에 대한 변경 요청이 있을 경우, 변경 여부와 변경 활동을 통제하는 것으로 정보시스템 구성 요소와 관련 모든 정보를 최신의 정확한 상태로 유지할 수 있는 활동을 수행한다. 형상 관리 구성 요소는 변경 승인 요청(RFC)과 같은 제어 문서를 통해서만 추가, 수정 또는 제거할 수 있다.
  - 마스터 데이터 관리: 다른 관리 조직에서 관리되는 마스터 참조 데이터를 조정할 수 있는 활동을 포함한다.
- **형상 상태 보고:** 형상 변경에 대한 모든 내용을 기록하고 보고하는 것으로 생명주기 동안 각 정보시스템 구성 요소와 관련 현재 및 과거 데이터에 대한 보고서를 작성하여 관리한다. 상태 계정에서는 추적할 수 있는 구성 요소를 변경한다.
- **형상 감사:** 형상 항목이 요구사항에 맞도록 잘 변경되었는지 확인하는 것으로 정보시스템 구성 요소의 물리적 존재를 확인하고 검증하며 데이터베이스에 올바르게 기록되었는지 관리한다.

14.3.3 형상 변경제어 절차

형상 변경 활동을 수행하기 위해서는 형상 변경을 통제하는 조직과 형상 변경의 체계적인 수행 절차, 형상 변경에 필요한 공식적인 문서양식 등이 필요하다. 일반적으로 형상 변경제어 절차는 변경해야 하는 형상 관리 대상을 식별하고 이의 처리 절차를 규정한다. **형상 변경제어와 관련 상설기구**는 사용자, 개발자, 테스트 부서, 기술검토위원회 등이 있으며, 임시 기구로서 형상관리위원회가 있다. 형상관리위원회는 형상관리관련 위원들로 구성되며, 기술검토위원회는 실무자를 위원으로 구성한다. **형상 변경제어 절차**는 <그림 14.4>와 같이 크게 **5단계**에 걸쳐 진행된다.

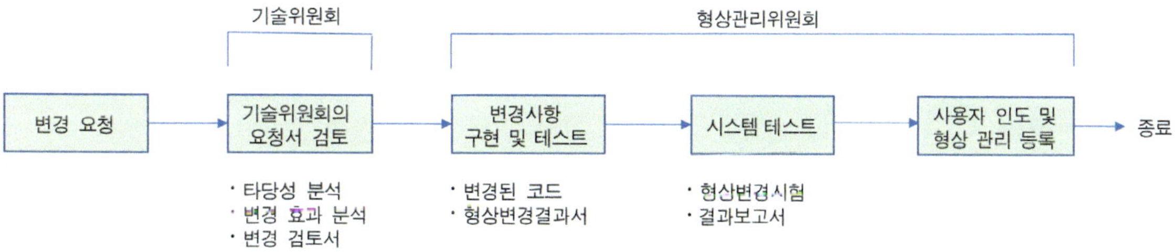

〈그림 14.4〉 형상 변경제어 절차

- 1단계(변경요청서 제출): 사용자나 담당 부서에서 기능 향상이나 오류 수정을 위해 형상 관리 항목에 대한 변경요청서를 작성하여 기술검토위원회에 제출하는 것으로 시작된다. 변경 대상에는 형상 관리 항목인 **프로그램, 요구사항명세서, 설계명세서, 사용자 매뉴얼** 등이 포함된다.
- 2단계(변경요청서 검토): 기술검토위원회는 제출된 변경요청서의 **타당성과 변경 효과**를 분석하고 문제 해결을 담당하는 책임자와 부서를 결정하고 변경검토서를 작성한다. 변경검토서에는 변경요청서를 기반으로 변경해야 하는 대상과 변경에 대한 구현 방법을 포함하는 **변경검토서**를 작성한다. 변경검토서가 완성되면 형상관리관은 관련 개발자를 할당하여 변경 작업을 준비하도록 하며, 이때 개발자 범위에는 시스템 분석관과 프로그래머가 포함된다. 이렇게 작성된 변경검토서는 형상관리위원회의 형상 관리자에게 제출된다.
- 3단계(변경사항 구현 및 테스트): 형상관리자(또는 형상관리위원회)는 변경검토서를 확인하고 관련 개발자에게 할당하고, 개발자는 변경 요청에 대한 **문제 해결** 방안을 마련하고 문제를 해결하고 자체적인 테스트도 진행한다. 테스트 작업에는 작은 단위의 단위테스트와 전체적인 통합테스트 작업을 포함한다. 개발자는 문제 해결이 완료되면 **형상변경결과서**를 작성하여 개발책임자의 승인을 거

쳐 형상 관리자에게 제출한다. 이 단계는 소프트웨어 개발 생명주기에서 변경사항에 대한 요구사항 명세, 설계, 코딩과 단위테스트, 통합테스트의 수행을 포함한다.

- 4단계(시스템테스트): 형상 관리자는 형상변경결과서를 접수하면 테스트 부서에 테스트를 의뢰한다. 시스템테스트는 통합테스트를 완료한 항목을 대상으로 요구사항명세서에 제시된 기능을 만족하는지 여부를 테스트한다. 테스트 부서는 테스트를 끝내고 **형상변경시험결과서**를 작성하여 형상관리자에게 제출한다.
- 5단계(사용자 인도 및 형상 관리 등록): 형상 관리자는 합격된 형상 변경 요청에 대한 변경 형상 항목을 형상 관리 항목에 등록하고 시스템 형상 변경에 반영하며, 최종적으로 변경된 시스템을 사용자에게 인도한다. 이렇게 형상 변경 요청사항은 모두 완성된다.

14.3.4 형상 관리 담당자

형상 관리자 범위에는 형상 관리 담당자(형상관리관)와 임시 소모임 형태의 형상관리위원회가 있다. 이의 역할과 책임은 다음과 같다.

- 프로젝트 관리자: 프로젝트 관리자는 형상 관리에서 형상 관리 담당자를 선정하고 형상관리위원회를 구성하며, 최종적으로 형상 관리 계획서를 승인하는 역할을 수행한다. 따라서 제정된 형상 관리 계획서에 따라 프로젝트 진행에서 발생하는 모든 형상 관리가 원활히 관리될 수 있도록 조치할 수 있게 한다.
- 형상 관리자(Configuration Manager): 형상 관리자는 보통 프로젝트팀원 중 전체 흐름을 볼 수 있는 중간 개발자 이상에서 선발한다. 형상 관리자의 역할은 어떤 구성 요소가 형상 관리 대상이 되는지, 어떤 표준과 절차를 따라야 하는지, 어떤 역할과 책임이 할당되는지, 어떤 자원과 도구가 필요한지 등 형상 관리 프로세스의 범위와 목표를 정의할 책임이 있다. 또한 형상 관리자는 프로젝트 또는 시스템에 대한 형상 관리 전략 수립, 정책, 프로세스, 방법 및 도구를 문서화하는 형상 관리 계획을 개발하고 유지 관리하는 책임이 있다. 형상 관리 계획은 또한 프로젝트 또는 시스템 요구사항, 사양 및 목표에 부합해야 하며 이해관계자의 승인을 받고 정기적으로 검토해야 한다. 따라서 **형상 관리자의 주요 역할**은 형상 관리 계획서를 작성하고 이에 따라 형상 변경 통계하고 관리하고 주기적으로 형상 상태를 감시하고 보고하는 역할을 담당하며, 그 세부적인 역할은 다음과 같이 요약된다.
  - 형상 관리 범위와 목표 정의

- 형상 관리 프로세스, 방법 및 도구의 최적화 등의 포함하는 형상 관리 계획서 작성
- 형상 관리 표준과 절차 개발
- 형상 관리 전략과 정책 수립
- 베이스라인(기준선) 설정
- 형상 관리 환경 구축 및 형상 관리 저장소 생성
- 변경 완료 승인
- 형상 변경제어
- 형상 상태 보고
- 형상 감시

• 형상관리위원회(Configuration Control Board): 형상관리위원회의 책임은 형상 관리 항목의 변경을 수락 또는 거절, 형상 관리 항목의 통제를 거쳐 형상을 변경되도록 하는데 있다. 따라서 형상관리위원회는 형상 항목의 변경으로 영향을 받는 관계자들로 구성함으로 보통 프로젝트 관리자, 형상 담당자, 품질 담당자, 기술 담당자 및 고객 담당자 등이 참여한다. 형상관리위원회는 변경내용의 중요도에 따라 '1급 형상 통제 위원회'와 '2급 형상 통제 위원회'로 분리하여 구성한다. 이러한 **형상관리위원회의 주요 역할**은 다음과 같이 요약된다.
  - 형상 관리 항목 결정
  - 베이스라인 수립 여부 결정
  - 승인된 변경에 대한 책임 및 보증
  - 베이스라인의 변경 요청이 필요한 경우, 이에 대한 검토 및 승인
  - 베이스라인 라이브러리에 산출물들의 완료 승인

• 프로젝트팀원: 팀원은 각자가 담당하는 형상 관리 대상을 작성하고, 프로젝트 관리자 또는 형상 관리자의 지시에 따라 형상 관리 항목을 작성하고 변경사항을 기록하고 형상 관리 대상의 상태를 보고하는 의무를 갖는다. 또한 프로젝트팀원은 형상 관리 계획서를 준수하여야 하며, 계획서의 적용이 불가능한 경우 사전에 프로젝트 관리자에게 보고하여 별도의 지시를 따라야 한다.

14.3.5 형상 관리 계획서

형상 관리의 목적은 프로젝트 생명주기 동안 프로젝트 관리 효율성 향상, 유지보수성 향상, 가시성 제

공, 생산성 향상, 제품의 품질 향상 등을 확보하기 위한 활동이다. 프로젝트 관리자는 프로젝트에 맞는 형상 관리 계획서를 준비하여 프로젝트 수행에 적용해야 한다. 이러한 형상 관리 계획서에는 프로젝트 전반에 걸쳐 변경을 관리해야 할 형상관리 대상을 선정하고, 이들의 변화를 관리하여 산출물의 무결성을 확보하고 유지하기 위해 필요한 활동과 조직을 정의하며, 그 양식은 <표 14.1>과 같다.

〈표 14.1〉 형상 관리 계획서 양식

1. 형상 관리 개요
   1.1 목적
   1.2 형상 관리 관련 근거/표준/적용기법
   1.3 형상 관리 정책 방향
   1.4 사업통제기관의 승인사항에 대한 명확한 정책과 판단 근거 제시
   1.5 사업 수행기관: 사업통제기관, 사업주관기관, 사업관리기관, 용역업체

2. 형상 관리 조직 및 역할
   2.1 조직
   2.2 역할: 형상 관리자와 형상관리위원회 운영 기준/역할
   2.3 형상 관리 절차

3. 주요 형상 관리 활동
   3.1 형상 관리 범위
   3.2 형상 관리 항목 식별 및 기준선(baseline) 관리
   3.3 문서 버전 관리
   3.4 소스 코드 버전 관리
   3.5 형상 평가·감사실시·형상 관리 상태 보고·시정조치 계획
   3.6 형상 백업 관리: 백업 주기 및 방법
   3.7 매뉴얼 배포 계획

4. 형상 변경 관리
   4.1 변경 요청
   4.2 변경에 따른 영향평가
   4.3 변경심의
   4.4 변경 절차
      - 문서 변경 절차
      - 프로그램 소스 변경 절차

5. 형상 관리 도구, 기법 및 방법론
   5.1 형상 관리시스템
   5.2 형상 관리 도구
   5.3 형상 관리 인력, 교육 등 형상 관리 수행에 필요 자원
   5.4 형상 백업 및 복구 방안

6. 기타사항

프로젝트에서 형상 관리 대상(CI)은 프로젝트를 구성하는 요소로서 프로젝트에서 발생하는 모든 문서 및 프로그램 소스, 보고서 일체를 말한다. 하드웨어의 경우 하드웨어 사양을 기술하는 문서를 통해 관리되며, 모든 형상 관리 대상은 유일한 식별자를 부여하여 관리한다.

기준선(Baseline)이란 소프트웨어 시스템 개발은 각 단계별로 구분되고, 각 단계에서 획득된 정보는 검토된 후 다음 단계의 기초 자료로 사용된다**[IEEE 1024]**. 시스템을 정의하기 위해 각 단계에서 공식적으로 검토하고 이때 합의되어 설정된 기준을 의미한다. 기준선은 공식적인 변경 관리 절차를 통해서만 변경할 수 있다. 따라서 기준선은 소프트웨어 개발의 특정 시점에서 형상 관리 항목이 소프트웨어 개발에 하나의 완전한 산출물로서 사용될 수 있는 상태의 집합이며, 책임이 있는 관리를 통해 공식적으로 검토 및 동의 되고 추후 개발의 기초가 되고 오직 **공식적인 변경 통제 절차에 의해서만 변경**될 수 있는 상태이다[IEEE 1024].

14.4 역공학

일반적으로 **역공학(Reverse Engineering)**은 사람이 만든 것으로부터 거꾸로 설계 정보를 추출하고 추출된 정보를 바탕으로 이를 시스템을 재현하는 프로세스이다. 역공학의 주요 목적은 시스템이 어떻게 작동하는지 확인하는 데 있다. 따라서 역공학을 수행하는 목적은 여러 가지 이유가 있다. 첫째, 역공학은 사물이 어떻게 작동하는지 알기 위해 사용된다. 둘째, 역공학은 몇 가지 개선사항을 추가하여 다시 제품을 만드는 것이다. 이러한 **역공학의 활동 범위**에는 다음 사항을 포함한다.

- 적절한 시스템 문서화 제공
- 손실된 정보 복구

- 유지보수 지원
- 소프트웨어 재사용 기능 제공
- 예상치 못한 결함이나 결함 발견
- 특정 용도에 맞는 혁신적인 프로세스 구현
- 효율성과 성능의 개선 방법의 문서화

소프트웨어 시스템에서 역공학은 코드 분석을 통해 제품의 설계 방법과 요구사항을 복구하는 프로세스이다. 소프트웨어 역공학의 중요성이 커지고 있는 이유는 기존의 여러 소프트웨어 제품이 적절한 문서가 부족하거나, 프로그램 구조가 매우 비정형화되어 있거나, 일련의 유지보수 작업을 통해 구조가 저하되었기 때문이다. 소프트웨어 역공학은 소프트웨어 설계에 사용되며, 역공학을 통해 개발자나 프로그래머는 소스 코드를 모르거나 알면서도 기존 소프트웨어에 새로운 기능을 추가할 수 있다. 사실 소프트웨어 제품 개발 과정에서 소프트웨어 개발방법론이 충분히 반영되었다면 역공학은 필요하지 않다.

소프트웨어 시스템에서 역공학은 다음과 같은 목적으로 사용된다.

역공학은 소프트웨어 테스트에도 유용하며, 테스터가 바이러스 및 기타 악성 코드를 연구하거나 탐지하는 데 도움이 된다. 소프트웨어 역공학은 소프트웨어 시스템의 내부 구조와 설계를 분석하고 이해하는 프로세스이다. 따라서 소프트웨어 역공학은 소프트웨어 시스템에 대한 이해를 높이고, 손실되거나 액세스할 수 없는 소스 코드를 복구하고, 보안 또는 규정 준수 목적으로 시스템의 동작을 분석하는 데 자주 사용된다.

- 악성 코드 분석: 역공학은 악성 코드의 작동 방식을 이해하고 악성 코드가 악용하는 취약점을 파악하여 대응책을 개발하는 데 사용된다.
- 기존 시스템의 이해와 유지보수: 역공학은 원래 개발자가 더 이상 지원하지 않는 레거시 시스템을 이해하고 유지 관리하는 데 사용할 수 있다.
- 지적 재산 보호: 역공학은 코드나 기타 자산의 무단 사용을 식별하고 방지하여 지적 재산 도용을 탐지하고 예방하는 데 사용할 수 있다.
- 보안: 역공학은 백도어, 취약한 암호화 및 기타 약점과 같은 시스템의 보안 취약점을 식별하는 데 사용된다.
- 규정 준수(Compliance): 역공학은 시스템이 접근성, 보안 및 개인정보보호와 같은 규정 준수 표준을

충족하는지 확인하는 데 사용된다.

- 독점 소프트웨어의 역공학: 독점하는 소프트웨어의 작동 방식을 이해하거나, 소프트웨어를 개선하거나 유사한 기능을 갖춘 새로운 소프트웨어를 만들기 위해 사용된다.
- 경쟁 제품을 만들기 위한 소프트웨어 역공학: 유사한 기능을 하는 제품을 만들거나 제품에서 미흡한 기능을 파악하여 해당 기능을 통합한 새로운 제품을 만드는 경우에 사용될 수 있다.

이러한 역공학은 복잡하고 시간이 많이 소요되는 프로세스이므로 이를 효과적으로 수행하기 위해 필요한 기술, 도구 및 지식을 갖추는 것이 중요하다. 역공학은 일부 관할권에서는 불법이거나 제한될 수 있으므로 역공학의 법적, 윤리적 영향을 고려하는 것이 중요하다는 것을 인지 바란다. **역공학의 지원 도구**는 다음과 같은 소프트웨어가 있다.

- Program Slicer
- Static Analyzer
- Dynamic Analyzer
- Data Flow Analyzer
- Cross-Referencer
- Dependency Analyzer
- Transformation Tool

14.5 유지보수 도구

유지보수 도구에는 대표적으로 형상 관리 도구, 테스트 지원 도구와 테스트실행 도구, 버전 관리 도구 등이 포함된다. 다음은 위의 도구에 대해 상세히 기술한다. 주요 유지보수 도구는 현재 많이 사용되고 있는 소프트웨어 제품군을 중심으로 설명된다.

14.5.1 형상 관리 도구

형상 관리는 소프트웨어 시스템을 구성하는 형상 항목(CI)을 식별하고 정리 및 제어하는 프로세스이다. 형상 항목에는 코드, 문서, 하드웨어, 소프트웨어, 데이터 등 기능이 정의되어 있고 변경할 수 있는 구성 요소이다. 형상 관리는 프로젝트 생명주기 전반에 걸쳐 형상 항목의 일관성, 호환성 및 기능을 보장한다. 형상 관리시스템은 형상 관리를 구현하는 데 도움이 되는 도구이다. 형상 관리시스템의 몇 가지 예로는 **Puppet, Chef, Ansible** 등이 있다. 형상 관리는 복잡성을 관리하고, 위험을 줄이고, 효율성을 개선할 수 있으므로 소프트웨어 프로젝트 관리에 필수적이다. 기본적으로 형상 관리 도구는 다음과 같은 특성을 제공한다.

- 버전 관리: 진화하는 소프트웨어 구성을 추적하고 관리하는 기능을 제공한다.
- 자동화: 소프트웨어 구성을 설정, 배포 및 관리하는 반복적인 작업을 줄여준다.
- 협업: 이해관계자들이 협업하고, 구성을 공유하고, 변경사항을 추적하고, 충돌을 해결할 수 있는 중앙 집중식 플랫폼을 제공한다.
- 일관성: 여러 환경에 걸쳐 일관된 구성을 적용하여 애플리케이션이 다양한 설정에서 예측할 수 있게 작동하도록 한다.

형상 관리 도구에는 다음과 같은 두 가지 유형이 있다.

- 에이전트 기반 도구
- 에이전트 없는 도구

에이전트 기반 도구는 관리하려는 시스템에 에이전트를 설치해야 한다. 에이전트 없는 도구는 관리하려는 시스템에 에이전트나 소프트웨어가 필요하지 않은 특성이 있다. Puppet과 Chef는 에이전트 기반 도구의 두 가지 예이다. Ansible은 에이전트 없는 도구이다.

- Puppet: 대규모 형상 관리에 가장 적합한 도구로서 복잡한 인프라를 관리하고 유지 관리하는 강력한 기능으로 잘 알려진 강력한 구성 관리 도구이다. Puppet은 팀을 지원한다. 마스터 에이전트 아키텍처를 사용하여 확장성과 중앙 집중식 제어 기능을 제공한다. 이를 통해 관리자는 중앙 Puppet 서버에서 수천 개의 노드를 효율적으로 관리할 수 있다. 광범위한 IT 환경 전반에서 일관성과 효율성을 유지하면서 많은 노드를 처리할 수 있는 장점이 있다. Puppet은 서버를 배포, 형상 및 관리하는 데 사용되는 형상 관리 도구이다. 마스터-슬레이브 아키텍처를 사용하며, Puppet 마스터가 있고, 클라이언트에는 마스터에서 구성을 가져오는 Puppet 에이전트를 실행하는 형태로 사용한다.

- Chef: 인프라 구성과 관리하는 데 탁월한 자동화 플랫폼이다. Puppet과 유사한 마스터-슬레이브 아키텍처를 사용한다. Chef는 IaC를 활용하여 읽기 쉽고 관리하기 쉬운 코드를 통해 인프라 구성 요소를 생성, 프로비저닝 및 유지 관리할 수 있는 인프라 관리 자동화를 최적화한다. 전체적인 접근 방식을 제공하여 사용자가 프로비저닝, 구성 및 관리 작업을 효율적으로 자동화할 수 있다. 또한 Chef는 인프라 일관성 있는 관리를 보장하고, Chef를 통해 팀은 여러 환경에서 일관되게 변경사항을 구현하고, 정책을 적용하고, 구성을 관리할 수 있으므로 수동 작업을 줄일 수 있다. Chef는 형상 파일에 Ruby DSL라는 형상 언어를 사용한다.
- Ansible: 애플리케이션 배포에 탁월하며, 다양성과 단순성으로 인해 다양한 애플리케이션 배포 및 구성 관리 시나리오에서 탁월한 성능을 제공한다. Ansible은 특히 다양한 환경에서 애플리케이션의 설정 및 형상을 자동화하여 배포 프로세스를 간소화한다. 또한 웹 서버, 데이터베이스 및 미들웨어 배포를 효율적으로 관리한다. 여러 서버 또는 인프라 구성 요소에서 일관된 구성을 유지하여 형상 관리가 쉬워진다. Ansible은 소프트웨어 설치 구성 갱신과 같은 작업의 완료를 보장하고 여러 시스템에 걸쳐 보안 정책을 균일하게 적용하는 장점이 있다.
- SaltStack: 빠른 속도와 확장성에 가장 적합한 형상 관리 도구로서 뛰어난 속도, 확장성, 다용도로 인정받는 강력한 형상 관리 및 자동화 도구이다. 이러한 속도 덕분에 대규모 인프라를 관리하는 데 매우 효율적이다. SaltStack은 팀을 지원한다. YAML 또는 Jinja를 사용하여 상태라고 하는 사용자 정의 구성을 생성한다. 이는 원하는 시스템 상태를 정의하여 다양한 플랫폼에서 형상 관리, 소프트웨어 설치 및 시스템 업데이트를 용이하게 한다. SaltStack의 주요 특징은 이벤트 중심 아키텍처로서 변경사항이나 문제에 신속하게 대응하며, 이를 통해 인프라 전반에서 트리거되는 이벤트에 실시간으로 대응할 수 있다. 또한 복잡한 워크플로를 조정하고 분산된 시스템에서 명령을 고속으로 실행하여 대규모 클러스터 또는 클라우드 환경을 관리하는 데 이상적이다.
- Jira Service Management: 어떤 문제 관리에 가장 적합한 도구이다. Jira Service Management는 개발, IT 및 업무팀 간의 워크플로를 가속화 한다. Jira를 기반으로 구축된 팀은 다음과 같은 Jira Service Management 프로세스를 통해 인시던트 및 문제 관리를 간소화할 수 있다. 첫째, 사용자 지정 가능한 워크플로를 통해 신속하게 인시던트를 기록, 추적 및 해결한다. 사용자는 인스턴트를 만들고 우선순위를 지정하고, 솔루션에 대해 공동으로 작업하고, 업데이트를 전달할 수 있다. 둘째, Jira Service Management는 인스턴트 해결 프로세스를 간소화하고, 응답시간을 단축하며, 다운타임

을 최소화한다. 셋째, 문제 관리 기능을 통해 반복되는 인스턴트의 근본 원인을 파악한다. 팀은 관련 인스던트를 연결하고, 근본 원인을 분석하고, 장기적인 솔루션을 구현할 수 있다. 넷째, 실시간 업데이트, 상태 추적 및 중앙 집중식 커뮤니케이션 채널을 통해 팀 협업을 촉진한다. 이를 통해 모든 사람이 최신 정보를 얻고 서로 협력하여 팀워크와 효율성을 향상시킬 수 있다. 다섯째, Jira Service Management를 Jira Software 및 Confluence와 같은 Atlassian 도구와 통합하여 이슈 추적, 공동 작업 및 지식 공유를 위한 통합 플랫폼을 확보한다. 사용자 지정 가능한 워크플로 및 자동화 규칙은 회사의 특정 요구사항에 맞게 조정한다.

14.5.2 테스트 지원 도구

소프트웨어 테스트 도구는 테스터가 소프트웨어의 품질과 안정성을 보장하기 위해 소프트웨어를 테스트하는 과정에서 도움을 주는 애플리케이션 또는 프레임워크이다. 이러한 테스트 지원 도구는 테스트 프로세스의 다양한 측면을 자동화하여 보다 효율적이고 효과적이며 관리하기 쉽게 만들도록 설계된다. 이러한 도구를 사용하여 기능 테스트와 비기능 테스트를 모두 자동화할 수 있다. 이러한 테스트 지원 도구의 종류에는 테스트 케이스 관리 도구, 테스트 케이스 생성 도구, 테스트 경로 생성 도구, 테스트 데이터 준비 도구, 테스트 실행 도구, 크로스 브라우저 테스트 도구, 커버리지 측정 도구, 성능 테스트 도구, 버그 리포트 도구, 화면 캡처·녹화 도구, 로그 분석 도구 등을 포함한다. 다음은 이러한 테스트 지원 도구의 기능과 지원 제품에 대한 상세히 알아본다.

- 테스트 케이스 관리 도구: 테스터의 삶은 테스트 케이스와 버그를 중심으로 움직인다. 다양한 기능의 테스트 케이스를 관리하기 위해 테스트 케이스 관리 도구가 사용된다. 테스트 케이스 관리 도구의 예로는 TestRail, Practitest, TestCollab 등이 있다.
- 테스트 케이스 생성 도구: 소프트웨어 테스트 케이스 생성은 초기에는 테스트 케이스를 수동으로 생성하지만 테스트 케이스 생성에 반복할 수 있는 패턴이 있는 경우 테스트 케이스 생성 도구를 사용한다. 일부 팀은 이러한 도구를 자체적으로 만들기도 하지만 표준 테스트 케이스 생성 기술을 위해 상용화 도구가 있다.
- 테스트 데이터 준비 도구: 많은 양의 테스트 데이터로 테스트 케이스를 테스트해야 하는 경우 테스트 데이터 준비 도구를 사용하는 것이 유용하다. 특히 성능 또는 안정성 테스트 중 데이터 생성에 매우 유용할 수 있다. 이러한 도구는 개발자뿐만 아니라 테스터가 기능 테스트 및 승인 과정에서도 사용

할 수 있다. 테스트 데이터 준비 도구의 주요 기능은 다음과 같다.

- 데이터베이스 및/또는 파일에서 필요한 데이터 레코드를 추출합니다;
- 데이터 도난의 우려 없이 테스트 목적으로 사용할 수 있도록 프로덕션 데이터의 데이터 클린징
- 테스트를 쉽게 하기 위한 데이터 및 기록 재배치;
- 요구사항에 따라 기존 데이터를 설정하거나 새로운 데이터를 생성하는 경우
- 대량 테스트를 위해 유사한 테스트 데이터(템플릿에서)를 대량으로 생성하는 경우

주로 사용되는 **테스트 데이터 준비 도구**는 다음과 같다:

- MOCKAROO: 최대 1,000행의 실제 테스트 데이터를 CSV, JSON, SQL 및 Excel 형식으로 생성한다.
- DATPROF: 데이터 마스킹, 하위 집합, 프로비저닝 및 검색 지원
- Informatica: 엔터프라이즈 클라우드 데이터 관리 및 데이터 통합
- CA 테스트 데이터 관리자(Datamaker): 고성능 데이터 하위 집합, 데이터 마스킹, 테스트 매칭 등을 제공한다. 이 도구는 테스트 데이터 리포지토리에 테스트 데이터를 생성, 저장, 재사용한다.

• 테스트 실행 도구: 이것은 직접 소프트웨어 테스트를 실행하는 테스트 도구이다. 원래 테스트 실행 도구는 테스트 단계를 녹화하고 재생하는 것으로 시작되었기 때문에 녹화 및 재생 도구라고도 한다. 하지만 요구사항이 바뀌고 테스트가 복잡해지면서 녹화 및 재생만으로는 충분하지 않게 되었다. 필요에 따라 단계를 편집할 수 있도록 단계를 생성하기 위한 스크립팅 지원이 필요하다. 테스트 실행 도구는 다음과 같다.

  - Selenium: 녹화된 테스트를 필요한 스크립팅 언어로 변환하는 기능을 지원한 최초의 도구 중 하나이다. 이를 통해 변화하는 요구사항에 따라 테스트 사례를 더 쉽게 유지 관리할 수 있다.
  - Testsigma: 최근에는 코드나 스크립트를 작성하지 않고도 이러한 테스트를 유지 관리할 수 있는 코드리스/스크립트리스 테스트 도구도 있다. 이러한 도구 중 하나는 간단한 영어로 테스트 케이스를 작성할 수 있는 Testsigma이다. Testsigma는 백엔드에서 AI를 사용하여 모든 유지관리 관련 작업의 효율성을 높이기 때문에 테스트 케이스도 쉽게 편집하고 유지 관리할 수 있는 도구이다.
  - TestRigor: 웹, 모바일, 데스크톱 애플리케이션 및 API를 테스트하기 위해 설계된 생성 AI 기반 테스트 자동화 플랫폼이다. 간단한 영어 명령어를 사용하여 테스트를 자동화할 수 있으므로 기술 전문가가 아닌 사용자도 쉽게 테스트할 수 있는 장점이 있다.

- Avo Assure: 간단히 몇 번의 버튼 클릭으로 비즈니스 프로세스의 End-to-End 테스트를 수행할 수 있는 또 다른 코드 없는 자동화 테스트 도구이다. 이 도구는 웹, 모바일, 데스크톱, ERP 애플리케이션, 메인프레임, 관련 에뮬레이터 등 다양한 플랫폼에서 사용할 수 있다.
- Micro Focus UFT: 이것은 이전에 QTP(Quick Test Professional)로 알려진 통합 기능 테스트 도구이며, 기능, 회귀 및 서비스 테스트를 위해 설계된 자동화된 테스트 도구이다. 자동화된 GUI 테스트를 효율적으로 수행할 수 있다.
- TestComplete: 웹, 모바일 및 데스크톱 앱의 기능 테스트를 실행하는 데 도움을 주는 자동화된 테스트 도구이다. 사용자는 Python, VBScript, JavaScript와 같은 다양한 언어를 사용하여 테스트 스크립트를 만들 수 있다. 또한 키워드 중심 테스트, 데이터 중심 테스트 등 다양한 테스트 방법론을 지원한다.
- LambdaTest: 사용자가 모바일 및 웹 앱에 대한 크로스 브라우저 테스트를 생성하고 실행할 수 있는 또 다른 유명한 클라우드 기반 자동화된 테스트 도구이다.
- BrowserStack: 웹, 데스크톱, 모바일 앱 전반에서 테스트를 지원하는 또 다른 인기 있는 자동화된 클라우드 기반 크로스 브라우저 테스트 도구이다.
- Appium: 모바일 애플리케이션을 테스트할 수 있는 오픈 소스 테스트 자동화 도구이다. Android와 iOS 플랫폼을 모두 지원하며, 네이티브, 하이브리드 및 모바일 웹 애플리케이션을 자동화할 수 있다.
- Katalon: 웹, 모바일, 데스크톱 및 API 테스트를 위한 로우코드 테스트 자동화 도구로서 스크립트리스 테스트와 스크립트 기반 테스트를 모두 지원한다.
- SmartBear의 SoapUI: SOAP 및 HTTP를 포함한 다양한 웹 서비스를 테스트하기 위한 자동화된 기능 및 비기능 테스트 도구이다. API 테스트도 지원하는 오픈 소스 테스트 도구이다.
- Cypress: 웹 애플리케이션을 테스트하기 위해 특별히 설계된 오픈 소스 전방(front-end) 테스트 자동화 도구로서 가장 널리 사용되는 프레임워크 중 하나인 JavaScript를 기반으로 한다.

• 크로스 브라우저 테스트 도구: 이 도구는 다양한 브라우저와 기기에서 테스트 케이스를 실행하는 데 도움을 준다. 대표적인 크로스 브라우저 테스트 도구에는 Browserstack, Browserling 등이 있다. 테스트 실행 도구가 크로스 브라우저 테스트 도구와 통합되면 테스트 도구가 더욱 유용해진다.

• 커버리지 측정 도구: 이것은 테스트가 커버한 항목의 수를 측정하여 테스트의 철저함을 측정하는 데

사용된다. 항목은 여러 줄의 코드나 메소드, 구성 요소 또는 조건이 될 수 있다. 커버리지 측정 도구의 예로는 코드 커버리지 도구를 들 수 있다. 코드가 작성된 프로그래밍 언어에 따라 다양한 코드 커버리지 도구가 있다. 오픈 소스 코드 커버리지 도구에는 자바용 Cobertura, 자바와 코볼용 Codecover, 파이선 Coverage.py, 자바용 EMMA 등이 있다.

- 성능 테스트 도구: 성능 테스트의 목적은 부하가 다양한 경우에도 애플리케이션이 예상되는 표준에 따라 작동할 수 있는지 확인하는 것이다. 성능 테스트는 시스템이 안정적이고 예상대로 작동하는지 확인하는 메트릭을 측정하는 데 사용된다. 이러한 지표는 애플리케이션의 기능에 따라 달라질 수 있다. 하지만 가장 일반적으로 측정되는 성능 지표에는 속도, 응답시간, 안정성, 자원 사용량, 확장성 등이 있다. 대표적인 성능 테스트 도구에는 LoadNinja, Apache JMeter, WebLOAD, LoadUI Pro, Gatling 등이 있다.
- 버그 리포트 도구: 테스터가 테스트 케이스를 실행하거나 임시 테스트를 수행할 때 버그를 발견하면 이러한 버그를 보고할 수 있는 도구가 필요하다. 이러한 도구는 소프트웨어 개발 생명주기의 다른 도구와도 쉽게 통합된다. 대표적인 버그 보고 도구에는 Bugzilla, BugHerd, Mantis Bug Tracker, The Bug Genie 등이 있다.
- 화면 캡처·녹화 도구: 테스터가 버그를 신고할 때는 개발자와 경영진이 버그를 완전히 이해할 수 있도록 모든 정보를 제공해야 한다. 이를 위해 가장 좋은 방법은 스크린샷과 화면 녹화본을 보내는 것이다. 가장 많이 사용되는 화면 캡처·녹화 도구에는 Screencastify(Chrome 확장 프로그램에서 화면 녹화용), Apowersoft(모바일 화면 캡처를 위한 무제한용), Snipping Tool(화면 캡처 및 녹화를 위한 윈도우 도구) 등이 있다.
- 로그 분석 도구: 모든 애플리케이션은 사용 중에 로그를 생성한다. 이것은 테스트할 때 이러한 로그는 테스터에게 매우 유용할 수 있기 때문이다. 또한 버그 리포트에도 일부 로그 정보를 추가해야 할 수도 있다. 이러한 로그 분석 도구에는 **Graylog,** Nagios, Elastic Stack, LOGalyze 등이 있다.

이 외에도 테스터는 일상생활에서 다양한 테스트 지원 도구를 사용하여 테스트 작업을 쉽게 수행할 수 있다.

14.5.3 버전 관리 도구

버전 관리(Version Control)는 시간이 지남에 따라 파일 또는 파일 집합에 대한 변경사항을 관리하고 기록하는 프로세스이다. 이를 통해 소스 코드의 기록을 추적하고, 다른 버전과 비교하고, 이전 상태로 되돌리고, 다른 개발자와 공동 작업할 수 있게 도와준다. 버전 관리 시스템은 버전 관리를 구현하는 데 도움이 되는 도구이다. 버전 관리는 코드 품질을 유지하고 오류를 방지하며 팀워크를 촉진할 수 있으므로 소프트웨어 개발에 필수적이다.

버전 관리 시스템을 사용하면 텍스트 기반 파일과 폴더를 추적할 수 있으며, 다음과 같은 많은 장점이 있다.

- 누가 파일을 변경했는지 확인할 수 있다.
- 여러 버전의 파일을 쉽게 만들 수 있다.
- 이전 버전으로 쉽게 롤백할 수 있다.
- 병렬로 함께 여러 명이 작업하기 쉽다.
- 파일과 폴더를 다른 사람들과 쉽게 공유할 수 있다.

최근에 인기 있는 버전 관리 시스템에는 **Git, CVS, Subversion(SVN), Mercurial** 등이 있다. 이의 세부적인 설명은 다음과 같다.

- Git: 버전 관리시스템에 탁월 성능을 나타낸다. Git는 원래 Linux 커널의 창시자인 Linus Torvalds가 개발하였으며, 무료 오픈 소스 분산 버전 관리 시스템이다. 현재 시장에서 가장 유명한 버전 관리 도구 중 하나인 Git은 비선형 개발을 강력하게 지원하는 무료 오픈소스 크로스 플랫폼 분산 버전 관리 도구이다. 소규모 프로젝트부터 대규모 프로젝트까지 모든 것을 빠르고 효율적으로 처리한다. Git를 사용하면 코드 갱신과 함께 형상 관리를 간소화하는 데 도움이 되는 통합된 변경 내역을 받는다. 이러한 접근 방식은 협업을 간소화하고, 롤백 기능을 용이하게 하며, 환경 전반에서 일관성을 보장한다. Git에 콘텐츠를 저장할 수 있으며, Git는 주로 코드를 저장하는 데 사용되지만, 네트워크 장치의 형상 파일과 같은 모든 텍스트 파일에 사용할 수 있다. 즉 사용자는 Git에 점점 더 많은 파일을 추가하고 이러한 파일은 변경할 수 있고, Git은 모든 변경사항을 추적할 수 있다. 여기서 분산 버전 제어 시스템이란 로컬 및 원격 저장소에 리포지토리를 사용한다는 의미이며, 파일이 로컬 서버에만

저장되는 것이 아니라 모든 파일이 개발자의 로컬 컴퓨터에도 저장된다. 이의 주요 기능은 다음과 같다.

- 분산 리포지토리 모델
- HTTP, FTP 등 기존 시스템 및 프로토콜과 호환성
- 기록의 암호화 인증
- 플러그 가능한 병합 전략
- 툴킷 기반 설계
- 코드 변경사항을 쉽게 추적 가능

• CVS: 또 다른 무료 오픈 소스 버전 관리 도구이자 가장 오래된 버전 관리 시스템으로 개발자들이 여전히 선호하는 버전 관리 도구이다. 팀이 작업 중인 코드를 확인하고 변경사항을 체크인하는 데 도움이 된다. 주요 기능은 다음과 같다.

- 크로스 플랫폼을 지원하는 성숙한 기능
- 강력하고 모든 기능을 갖춘 강력한 명령줄
- 클라이언트-서버 리포지토리 모델
- 프로젝트의 기록 스냅샷을 유지함
- 익명 읽기 액세스
- 프로젝트의 고급 분기 기능 제공

• SVN: Apache Subversion(SVN)은 오픈소스 무료 버전 제어 도구로서 CVS의 문제를 극복하기 위해 만들어졌다. CollabNet에서 개발한 SVN은 데이터 손상을 방지하기 위해 원자 연산 개념을 사용하며, 환경설정 및 관리가 쉬우며 TortoiseSVN과 같은 GUI 도구의 이점을 제공한다. 주요 특징은 다음과 같다.

- 빈 디렉터리를 지원한다
- Windows, 주요 IDE 및 애자일 도구와 잘 통합된다.
- 인벤토리, 워크플로, 보안 관리 기능을 제공한다.
- 클라이언트-서버 리포지토리 모델
- 공간 효율적인 저장소 지원
- 디렉터리에 버전이 관리된다.

- Bazaar: 분산형 클라이언트-서버 리포지토리 모델을 기반으로 하는 무료 오픈소스 버전 관리 도구이다. 가장 다능한 버전 관리 도구로 꼽히는 Bazaar는 중앙 집중식 및 분산식 등 다양한 형태의 워크플로를 지원하며 사용자 친화적인 환경을 제공한다.
  주요 특징은 다음과 같다.
- 강력한 크로스 플랫폼
- Python 2, Pyrex 및 C로 작성됨
- Launchpad and Sourceforge를 통해 무료 호스팅 서비스 제공
- 높은 자장 효율성과 속도 제공
- 사용하기 쉬운 플러그인 시스템 제공
- 디렉터리 추적 기능 지원

• Bitbucket: Git의 분산 버전 제어 기능을 사용하고 pull request(GitHub에서 소스 코드 변경사항을 검토하고 논의하기 위해 생성되는 요청으로 개발자는 이를 통해 코드 변경을 메인 프로젝트에 통합하는 목적임)를 통해 협업 개발을 위한 원활한 환경을 제공한다. 팀은 코드 변경사항을 검토하고, 수정을 제안하고, 업데이트를 기본 코드 베이스에 통합하기 위한 구조화된 프로세스를 지원할 수 있다. 지속적인 통합 및 지속적인 배포(CI/CD) 파이프라인과의 통합으로 소프트웨어 배포 프로세스를 간소화하며, 팀은 애플리케이션 빌드, 테스트 및 배포를 자동화하여 개발 생명주기 전반에 걸쳐 일관된 품질과 안정성을 보장할 수 있다.

• Beanstalk: 배포 및 호스팅 코드를 관리에 편리한 호스팅 솔루션으로 팀이 스마트한 소프트웨어 애플리케이션을 만들 수 있도록 도와주는 간단한 버전 관리 소프트웨어이다. 암호화, 2단계 인증, 비밀번호 보호 기능을 활용하여 보안을 최대한 보장하므로 원격지에서 근무하는 개인에게 이상적인 도구이다. 주요 특징은 다음과 같다.
- 서브버전(SVN) 및 Git 호스팅 제공
- 브라우저 내 코드 편집 기능
- 코드 검토 도구
- 자동 및 수동 배포
- 안전한 이중화 인프라
- 코드 검토 관리 프로세스 간소화

- Mercurial: 무료 오픈소스 분산형 소스 제어 관리 도구로서 간단하고 직관적인 사용자 인터페이스를 제공한다. Python으로 작성되어 모든 규모의 프로젝트를 효율적으로 처리하는 것으로 잘 알려져 있다. Mercurial은 소프트웨어 개발자를 위한 도구로 Microsoft Windows 및 FreeBSD, macOS, Linux와 같은 유닉스 계열 시스템에서 지원된다. 주요 특징은 다음과 같다.
  - 빠르고 강력한 도구로 높은 성능과 확장성
  - 배우기 쉽다.
  - 가볍고 휴대성이 뛰어남
  - 완전 분산형 협업 개발 지원
  - 일반 텍스트와 이진 파일을 모두 강력하게 처리함
  - 고급 브랜칭 및 병합 기능 제공
- Perforce Helic Core: 클라이언트-서버 및 분산 리비전 제어 도구인 Helic Core는 Perforce Software에서 개발하였다. 원활한 팀 협업을 위해 단일 플랫폼으로 설계되었고, 이 도구는 중앙 집중식 및 분산식 개발 워크플로를 모두 지원한다. 대규모 개발 환경에 적합한 헬릭스 코어는 유닉스 계열, Windows, OS X 플랫폼을 지원한다. 주요 특징은 다음과 같다.
  - 모든 파일 유형과 크기를 지원한다.
  - DevOps를 지원한다.
  - 유연한 브랜칭을 제공한다.
  - 단일 소스를 유지한다.
  - 파일 수준 자산 관리를 수행한다.
  - 코드 변경사항을 정확하게 추적하여 완벽한 Git 에코시스템을 지원한다.
- TFS(Team Foundation Server): 이것은 전체 애플리케이션 생명주기 소스 코드 관리, 프로젝트 관리, 보고, 자동 빌드, 테스트, 릴리스 관리 및 요구사항 관리를 포괄하는 Microsoft의 버전 제어 제품이다. 클라이언트-서버, 분산 리포지토리 모델을 기반으로 DevOps 기능을 구현하고 Visual Studio 팀 서비스(VSTS)를 통해 Windows, 크로스 플랫폼 OS 지원을 제공한다. 주요 특징은 다음과 같다.
  - 온라인과 온프레미스의 두 가지 형태로 제공된다.
  - 지속적 통합, 팀 빌드 및 단위테스트 통합을 지원한다.
  - 여러 IDE의 백엔드로 사용할 수 있다.

- 브랜칭 및 병합 작업을 지원한다.
- 소스 제어에서 코드 기반을 꾸준하고 안정적으로 구현하기 위한 사용자 지정 체크인 정책을 제공한다.

- IBM Rational ClearCase: 소프트웨어 형상 관리 도구에 기반한 클라이언트-서버 리포지토리 모델인 IBM Rational ClearCare는 엔터프라이즈 버전 제어관리의 선두주자이다. 협업과 자동화를 개선하도록 설계된 이 제품은 정교한 작업 공간 관리, 병렬 개발 지원, 빌드 감사 기능을 제공하여 생산성 향상에 도움을 준다. 또한 AIX, Windows, z/OS(제한된 클라이언트), HP-UX, Linux, Linux on z Systems, Solaris 등 다양한 운영 체제를 지원한다. 주요 특징은 다음과 같다.
  - Visual Studio와 통합된다.
  - 병렬 개발을 처리한다.
  - 디렉터리의 분기, 레이블 지정 및 버전 관리가 가능하다.
  - 저장소 크기가 큰 대용량 이진 파일을 처리한다.
  - SCM 모범사례를 적용한다.

연습문제

14.1 소프트웨어 유지보수의 개념과 그 추진 목표를 설명하시오.

14.2 다음의 유지보수의 종류에 대한 개념을 설명하시오.

가. 정정형 유지보수(Corrective Maintenance)
나. 적응형 유지보수(Adaptive Maintenance)
다. 패치형 유지보수(Patching Maintenance)
라. 완전형 유지보수(Perfective Maintenance)
마. 예방적 유지보수(Preventive Maintenance)

14.3 유지보수의 필요성을 설명해 보시오

14.4 소프트웨어 유지보수 프로세스를 설명하고, 기존의 소프트웨어 개발 생명주기 프로세스와의 차이점을 비교하여 설명하시오.

14.5 형상 관리 관련 다음 문제에 답하시오.

가. 소프트웨어 형상 관리의 개념을 설명하시오.
나. 형상 관리의 필요성과 형상 관리 추진에서 얻어지는 기대효과를 설명하시오.
다. 주요 형상 관리 항목을 열거해 보시오.

14.6 다음의 형상 관리 항목을 열거하시오.

가. 하드웨어 형상 관리 항목(CI)
나. 소프트웨어 형상 관리 항목
다. 네트워크 형상 관리 항목
라. 네트워크 형상 관리 항목

연습문제

마. 문서 형상 관리 항목
바. 시설물 형상 관리 항목
사. 공급업체 형상 관리 항목
아. 서비스 형상 관리 항목

14.7 형상 관리 활동의 5가지 핵심 요소를 설명하시오.

14.8 소프트웨어 형상 변경제어 절차를 설명하고, 소프트웨어 개발 생명주기의 각 단계와의 차이점을 설명하시오,

14.9 소프트웨어 형상 관리에서 다음의 형상 관리 담당자의 주요 역할과 책임을 설명하시오.

가. 프로젝트 책임자
나. 형상 관리자(형상 담당관)
다. 형상관리위원회
라. 프로젝트팀원

14.10 소프트웨어 형상 관리 계획서에 포함되는 주요 항목을 중심으로 그 양식을 기술하시오.

14.11 소프트웨어 형상 관리에서 기준선(baseline)이란 무엇인가? 그 의미를 설명하시오. 또한 기준선의 예를 들어 보이시오.

14.12 End-to-End(E2E) 테스트의 개념을 설명하시오.

14.13 소프트웨어공학에서 역공학의 개념을 설명하고, 소프트웨어공학에서 역공학의 필요성을 설명하시오.

연습문제

14.14 대표적인 형상 관리 도구의 제품에 대해 열거하고 주요 특징을 설명하시오.

14.15 대표적인 테스트 지원 관리 도구의 종류와 그 제품군을 설명하시오.

14.16 대표적인 버전 관리 도구의 제품에 대해 열거하고 주요 특징을 설명하시오.

14.17 소프트웨어 형상 관리를 위한 IEEE 가이드라인은?

① ISO/IEC 9899　　② IEEE-Std-1042
③ IEEE 828　　④ IEEE 829
⑤ IEEE 1024

14.18 소프트웨어 형상 관리에 대한 국제 표준은?

① ISO/IEC 9899　　② IEEE-Std-1042
③ IEEE 828　　④ IEEE 829
⑤ IEEE 1024

14.19 소프트웨어 테스트에 대한 국제 표준은?

① ISO/IEC 9899　　② IEEE-Std-1042
③ IEEE 828　　④ IEEE 829
⑤ IEEE 1024

정답　14.17 ⑤　14.18 ③　14.19 ④

연습문제

14.20 다음 〈보기〉 중 소프트웨어 유지보수의 주요 모든 대상으로 **옳은** 것은?

> **보기**
> ㉠ 프로그램 코드 ㉡ 관련 개발 문서 ㉢ 채용공고문 ㉣ 사용자 설명서 ㉤ 교육 자료 ㉥ 작업지시서

① ㉠ – ㉡
② ㉢ – ㉥
③ ㉠ – ㉡ – ㉣ – ㉤
④ ㉠ – ㉡ – ㉢ – ㉣ – ㉤
⑤ ㉠ – ㉡ – ㉢ – ㉣ – ㉤ – ㉥

14.21 다음 중 대표적인 소프트웨어 유지보수 종류에 속하지 **않는** 것은?

① 정정형 유지보수(Corrective Maintenance)
② 적응형 유지보수(Adaptive Maintenance)
③ 일체형 유지보수(Matched Maintenance)
④ 예방적 유지보수(Preventive Maintenance)
⑤ 패치형 유지보수(Patching Maintenance)

14.22 다음 〈보기〉의 소프트웨어 유지보수 프로세스 7단계 순서로 **옳게** 나열한 것은?

> **보기**
> ㉠ 문제 분석 ㉡ 문제 식별 ㉢ 설계 ㉣ 구현 및 테스트 ㉤ 인수테스트 ㉥ 시스템테스트 ㉦ 인수

① ㉠ – ㉡ – ㉢ – ㉣ – ㉤ – ㉥ – ㉦
② ㉠ – ㉡ – ㉢ – ㉣ – ㉥ – ㉤ – ㉦
③ ㉡ – ㉠ – ㉢ – ㉣ – ㉤ – ㉥ – ㉦
④ ㉡ – ㉠ – ㉢ – ㉣ – ㉥ – ㉤ – ㉦
⑤ ㉡ – ㉠ – ㉢ – ㉣ – ㉥ – ㉦ – ㉤

14.23 다음 중 주요 형상 관리 항목(CI)의 범위와 그 예로서 **옳지 않은** 것은?

① 하드웨어 형상 관리 항목 – 서버, 스토리지 장치, IoT 장치
② 소프트웨어 형상 관리 항목 – 운영체계, 소프트웨어, 데이터베이스 및 데이터베이스 기술서, 소프트웨어 라이선스, 미들웨어, 서비스 품목

정답 14.20 ③ 14.21 ③ 14.22 ④ 14.23 ④

연습문제

③ 네트워크 형상 관리 항목 - IP 주소 및 서브넷, DNS(도메인 이름 시스템) 구성, 네트워크 장치(게이트웨어, 라우터, 스위치, 허브), LAN/WAN/VLAN/네트워크 브리지/방화벽 정보, 네트워크 세그먼트
④ 문서 형상 관리 항목 - 개발자 이력서, 홍보물, 데이터센터 및 통신실, 서버실 정보
⑤ 공급업체 형상 관리 항목 - 공급업체 계약 및 협약서, 공급업체 정보 및 연락처 세부 정보, 공급업체 및 계약 데이터베이스 정보

14.24 다음 〈보기〉 중 소프트웨어 유지보수의 주요 형상 관리 활동 범위에 속하는 **모든** 요소는?

보기
㉠ 형상 관리 계획수립　　㉡ 형성 관리 항목(CI) 식별　　㉢ 형상 변경제어
㉣ 형상 상태 보고　　㉤ 형상 감사　　㉥ 형상관리위원회 위치 선정

① ㉠ - ㉡　　② ㉠ - ㉡ - ㉢
③ ㉠ - ㉡ - ㉢ - ㉣　　④ ㉠ - ㉡ - ㉢ - ㉣ - ㉤
⑤ ㉠ - ㉡ - ㉢ - ㉣ - ㉤ - ㉥

14.25 다음 〈보기〉의 소프트웨어 형상 변경제어 절차로 **옳은** 것은?

보기
㉠ 변경 요청서 제출　　㉡ 기술위원회 변경요청서 검토　　㉢ 변경 사항 구현 및 테스트
㉣ 사용자 인도 및 형상 관리 등록　　㉤ 시스템테스트　　㉥ 인수

① ㉠ - ㉡ - ㉢ - ㉣ - ㉤　　② ㉠ - ㉡ - ㉢ - ㉤ - ㉣
③ ㉠ - ㉡ - ㉢ - ㉣ - ㉤ - ㉥　　④ ㉡ - ㉠ - ㉢ - ㉣ - ㉥
⑤ ㉡ - ㉠ - ㉢ - ㉣ - ㉥ - ㉤

정답　14.24 ④　　14.25 ②

연습문제

14.26 다음 중 소프트웨어 형상 관련자의 역할에 대한 설명으로 **옳지 않은** 것은?

① 프로젝트 관리자는 형상 관리에서 형상 관리 담당자를 선정하고 형상관리위원회를 구성하며, 최종적으로 형상 관리 계획서를 승인하는 역할을 담당한다.

② 형상 관리자는 보통 프로젝트팀원 중 전체 흐름을 볼 수 있는 중간 개발자 이상에서 선발하며, 그 역할은 어떤 구성 요소가 형상 관리 대상이 되는지, 어떤 표준과 절차를 따라야 하는지, 어떤 역할과 책임이 할당되는지, 어떤 자원과 도구가 필요한지 등 형상 관리 프로세스의 범위와 목표를 정의할 책임이 있다.

③ 형상 관리자는 이외도 프로젝트 또는 시스템에 대한 형상 관리 전략 수립, 정책, 프로세스, 방법 및 도구를 문서화 하는 형상 관리 계획을 개발하고 유지관리의 책임이 있다.

④ 형상관리위원회의 책임은 형상 관리 항목의 변경을 수락 또는 거절, 형상 관리 항목의 통제를 거쳐 형상을 변경되도록 하는 데 있다.

⑤ 형상관리위원회는 형상 항목의 변경으로 영향을 받는 관계자들로 구성하며, 보통 고객 담당자를 제외하고 프로젝트 관리자, 형상 담당자, 품질 담당자, 기술 담당자 등으로 참여한다.

14.27 다음 중 소프트웨어 형상 관리에 대한 설명으로 **옳지 않은** 것은?

① 소프트웨어 형상 관리는 소프트웨어 시스템을 구성하는 모든 데이터의 변경사항을 추적하고 모니터링하는 시스템 관리 프로세스이다.

② IEEE-Std-1042에 의하면, 형상 관리란 형상 관리 항목(configuration items, CI)을 식별하여 그 기능적, 물리적 특성을 문서화하고, 이의 모든 변경을 제어하고, 변경 처리 상태를 기록하고 보고하며, 명시된 요구사항에 부합하는지 확인하는 기술적이고 관리적인 감독 및 감시 활동이다.

③ 소프트웨어 형상 관리 항목(CI)에는 주로 관련 개발문서와 교육 자료 위주로 선정하여 관리한다.

④ 소프트웨어 형상 관리의 주요 활동은 형상 관리 계획수립, 형상 관리 항목 식별, 형상 변경제어, 형상 상태 보고, 형상 확인 및 감시의 5가지 기본 활동으로 구성된다.

⑤ 대표적인 형상 관리 항목(CI)에는 개별적인 하드웨어, 소프트웨어, 네트워크, 시설물, 공급업체 등의 구성 요소가 있다.

정답 14.26 ⑤ 14.27 ③

CHAPTER 15

품질관리와 품질보증

15.1 품질 개념
15.2 품질 평가모델의 분류
15.3 소프트웨어 품질 평가모델
15.4 품질관리(QC) 활동
15.5 품질보증(QA) 활동
15.6 소프트웨어 품질보증 계획
15.7 프로세스 품질 평가모델
15.8 품질보증 도구
■ 연습문제

학습목표

이 장에서는 품질관리의 개념의 시작으로 소프트웨어 제품 품질 평가모델과 업무 프로세스 품질 평가모델을 소개하고, 소프트웨어 제품에 대한 품질의 외적 및 내적 평가 요소를 소개한다. 그리고 소프트웨어 업체의 대표적인 업무 프로세스 평가모델인 CMMI, SPICE를 소개한다. 또한 품질 관련 품질관리(QC), 품질보증(QA), 종합 품질경영(TQM)의 개념과 그 활동 범위의 차이점을 알아본다. 끝으로 소프트웨어 품질보증 계획의 목표와 품질보증 계획서 작성 방법을 학습한다. 따라서 이 장의 주요 학습 목표는 다음과 같이 요약된다.

- 고품질 소프트웨어의 개념을 이해하고 설명할 수 있다.
- 품질관리(QC), 품질보증(QA), 종합 품질경영(TQM)의 개념을 이해하고 그 차이점을 설명할 수 있다.
- 소프트웨어 품질 특성 모델인 소프트웨어 제품 품질 평가모델, 프로세스 품질 특성 평가모델 관련 표준 모델을 이해하고 설명할 수 있다.
- 소프트웨어 제품 품질 평가모델의 표준 모델을 설명할 수 있다.
- 소프트웨어 제품 품질 외적 평가 요소와 내적 평가 요소의 차이점을 설명하고, 각각의 평가 요소를 나열하고 설명할 수 있다.
- 소프트웨어 내부 품질을 개선하는 방법을 이해하고 설명할 수 있다.
- 품질관리(QC)의 개념을 설명하고 그 활동 범위를 나열할 수 있다.
- 품질보증(QA)의 개념을 설명하고 그 활동 범위를 나열할 수 있다.
- 품질관리(QC)와 품질보증(QA)의 활동 범위 차이점을 설명할 수 있다.
- 소프트웨어 품질관리(QC) 방법을 열거하고, 그 개념을 설명할 수 있다.
- 소프트웨어 품질 계획의 목표를 설명하고, 소프트웨어 품질계획서에 포함되는 항목을 나열할 수 있다.
- 소프트웨어 업체(개발 또는 유지보수)의 업무 프로세스 품질 평가모델의 종류를 열거하고, 주요 차이점을 설명할 수 있다.
- CMMI와 SPICE 프로세스 품질 평가모델의 주요 차이점을 이해하고 설명할 수 있다.
- CMMI 프로세스 품질 평가모델의 개념을 이해하고 설명할 수 있다.
- SPICE 프로세스 품질 평가모델의 개념을 이해하고 설명할 수 있다.

소프트웨어 품질은 소프트웨어 제품의 바람직한 특성을 설명하는 연구 및 실무 분야로 정의된다. 소프트웨어 품질 관리는 결함 관리와 품질 특성 모델이라는 두 가지 접근 방식으로 구분된다. 첫째, **소프트웨어 결함**이란 최종사용자의 요구사항을 충족하지 못하는 모든 것을 의미한다. 일반적인 소프트웨어 결함에는 설계, 기능 논리, 데이터 관계, 프로세스 타이밍, 유효성 검사, 코딩 오류에서 요구사항을 놓치거나 잘못 이해한 경우를 포함한다. **소프트웨어 결함 관리 접근 방식**은 결함의 수와 관리를 기반으로 한다. 소프트웨어 결함은 일반적으로 오류 심각도에 따라 분류되며, 각 결함의 숫자는 계획수립에 사용된다. 보다 성숙한 소프트웨어 개발 조직은 결함 누출 매트릭스 및 제어 차트와 같은 도구를 사용하여 개발 프로세스 역량을 측정하고 개선한다. 둘째, 소프트웨어 품질 특성 모델의 접근 방식은 **ISO/IEC 25010(2011)**과 같은 소프트웨어 품질 모델에서 가장 잘 나타난다. 이 표준은 각각 하위 특성으로 구성된 8가지 품질 특성의 계층 구조로 설명된다. 이 부분은 15.3절에서 상세히 설명된다.

15.1 품질 개념

소프트웨어 품질(Software Quality)은 제품이 얼마나 우수하고 신뢰할 수 있는지를 보여준다. 고품질 소프트웨어 제품은 '목적의 적합성' 측면에서 정의된다. **고품질 소프트웨어 제품**이란 다음의 두 가지로 정의된다.

- **고객이 만족하는 소프트웨어**가 되어야 한다. 좋은 소프트웨어란 '요구사항의 모든 기능을 수행하고 유지보수가 용이한 **고품질**이어야 하며, **고객이 만족**하는 소프트웨어'가 되어야 한다. 고객이 원하는 모든 요구사항을 만족하고 결합 없는 소프트웨어일지라도 고객이 만족하지 않으면 좋은 소프트웨어가 될 수 없다.
- 좋은 품질의 소프트웨어는 **'결함 없는 소프트웨어'**를 의미한다. 우수한 품질의 제품은 사용자가 원하는 기능을 정확하게 수행해야 한다. 소프트웨어 제품에서 사용 적합성은 기능적으로 요구사항명세서에 명시된 대로 모든 기능을 수행해야 한다. 하지만 기능적으로 정확한 소프트웨어를 항상 '고품질 제품'이라고 생각하지 않을 수 있다. 다른 예로, 사용자가 필요로 하는 모든 것을 갖추고 있지만 사실상 이해하기 어렵고 유지보수가 불가능한 수준의 코드가 있는 제품도 있다. 따라서 제품에 대한 '목적 적합성'이라는 일반적인 품질 구성은 만족스럽지 않을 수 있다.

따라서 소프트웨어 품질의 주요 목적은 '소프트웨어 제품이 요구사항을 충족하도록 적절하게 개발되고 유지되는지 확인하는 것'이다. 소프트웨어 품질의 **3C**는 **일관성(Consistency), 완전성(Completeness), 정확성(Correctness)**이다. 소프트웨어 품질은 **품질관리(QC), 품질보증(QA), 총체적 품질관리(TQM)** 등의 개념으로 정의되며, 이들 간의 관계는 <그림 15.1>과 같다. 품질관리 체계는 점차 단순한 품질검사(Inspection)에서 품질관리(QC), 품질보증(QA), 종합 품질경영 체계(TQM)로 변화하고, 품질 패러다임도 점차 제품 품질보증에서 좋은 제품을 생산하기 위한 프로세스 보증 차원으로 진화한다.

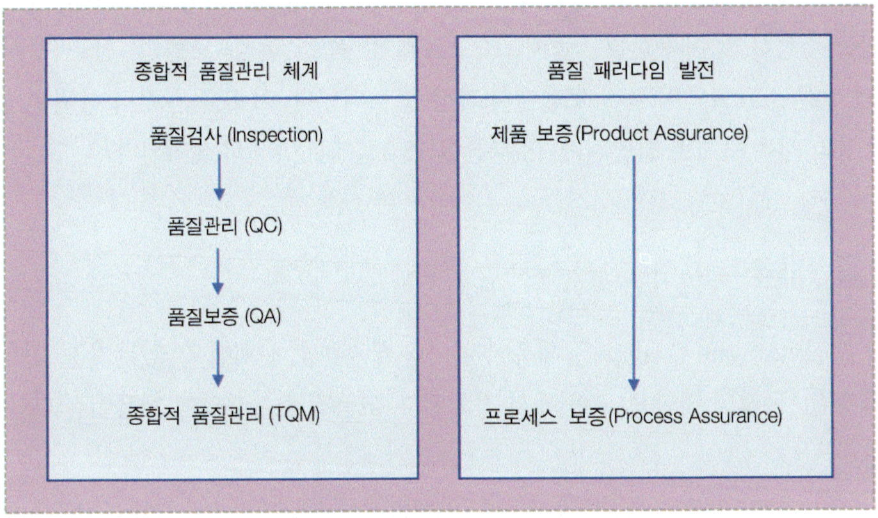

〈그림 15.1〉 품질관리, 품질보증, 총체적 품질관리 간의 관계

- 품질관리(Quality Control, QC): 품질관리의 주요 임무는 **결함**이 있는 장치를 감지하여 제거하고 결함을 유발하는 원인을 찾는 데 목표를 둔다. 또한 **버그**를 수정하는 데에도 도움이 된다. 품질관리는 결함이 있는 장치를 감지하여 제거하는 것뿐만 아니라 결함의 원인을 파악하는 데에도 목표를 둔다. 따라서 품질관리는 단순히 제품을 불합격시키는 것이 아니라 결함의 원인을 찾아 해결하는 것을 목표로 한다. 하드웨어 장치를 생산하는 공장에서 품질관리(QC)는 제조 생산 공정에서 발생하는 제품의 결함을 찾아 제거하고 결함의 원인을 파악하는 활동이며, 이것은 좁은 의미의 품질 활동을 의미한다. 또한 소프트웨어 프로그램 개발과정에서 품질관리(QC)는 프로그램 개발 단계에서 발생하는 결함을 찾아 제거하는 활동을 의미한다.

  품질관리는 품질보증의 부분 집합이다. 품질관리팀은 개발된 제품이 조직의 품질 표준을 충족하는지 확인하는 데 목표를 둔다. 이것은 사용자 인터페이스 결함, 설계 결함, 접근성 문제 또는 보안 격차와 같은 소프트웨어 제품의 결함은 브랜드 평판에 돌이킬 수 없는 손상을 입힐 수 있기 때문이다. 회사는 체계적인 품질관리 프로세스를 통해 제품이 사업 요구사항과 고객의 기대치를 충족하도록 수정하고 보완한다. **소프트웨어 품질관리(QC) 작업활동 범위**는 다음과 같다.

- 제품 오류 또는 결함 식별
- 계획 단계에서 설정한 품질 요구사항 테스트
- 규정 또는 업계 표준 준수 보장 테스트
- 테스트 보고서 작성 및 유지관리
- 제품 출시 전에 수정해야 하거나 다음 반복 작업까지 기다릴 수 있는 버그 문서화
- 품질 또는 사용자 경험을 개선할 수 있는 영역 결정

• 품질보증(Quality Assurance, QA): 품질관리의 다음으로 획기적인 발전은 품질보증 방법의 개발이다. 품질보증은 **조직 차원**에서 좋은 품질의 제품을 만드는 데 도움을 주며, 보안 검사를 통해 제품을 통과시킴으로써 제품의 품질을 개선하는 데 목표를 둔다. 품질보증(QA) 개념은 품질관리(QC)의 범위를 포함한다. 아울러 품질보증(QA)은 종합 품질경영(TQM의 부분 집합이다. 이외도 품질보증의 역할은 품질관리(QC)의 기능인 고품질 릴리스를 보장하는 데 도움이 되는 제품개발 중에 발생하는 일련의 활동과 절차가 포함되며, 또한 소프트웨어 개발 조직 전체의 팀원이 제품 품질을 검증하기 위해 테스트를 논의, 계획 및 실행하는 것이 포함된다. 따라서 품질보증은 조직 전체에 영향을 미치는 정책과 절차를 수립하고, 또한 품질보증에는 사업에서 정의한 표준은 물론 ISO 25010과 같은 적용 가능한 기술 표준 또는 의료 기관의 HIPAA와 같은 산업 표준을 준수해야 한다. 조직은 모든 제품 릴리스가 이러한 표준을 충족할 수 있도록 품질보증 정책을 수립해야 한다. 다음은 **품질보증(QA)의 작업 활동 범위**이다.

- 요구사항 조사분석
- 설계 및 프로토타이핑
- 프로그래밍 및 코드 검토
- 버전 관리
- 지속적 통합/지속적 릴리즈 배포(CI/CD);
- 구성 관리
- 테스트 계획 및 실행

- 릴리스 관리
- 배포 및 통합
- 고객 수용 및 피드백

궁극적으로 효과적인 품질보증은 항상 변화하는 부분을 주시해야 하며, 항상 모든 제품에 대한 고객의 기대치를 충족하기 위해서는 부지런함과 지속적인 적응이 필요하다. 예로, 어제 효과가 있었던 것이 오늘은 효과가 없을 수도 있으므로 품질보증 정책은 제품 공급과 함께 항상 진화해야 한다.

- 종합 품질경영(Total Quality Management, TQM): 프로세스 측정을 통해 모든 절차가 정기적이고 지속적으로 개선되어야 함을 점검하고 보장하는 품질 활동이다. **총체적 품질관리**는 프로세스 측정을 통해 조직이 따르는 절차를 지속적으로 개선하는 것을 포함하며, 또한 품질보증보다 한 단계 더 나아가 상시적인 프로세스 개선을 포함한다. 이것은 단계적인 문서화를 넘어 **역공학**을 통해 최적화하는 데까지 나아간다. TQM과 관련된 용어로는 **비즈니스 프로세스 리엔지니어링(BPR)**이 있다. 현대 시대 품질보증의 기본 전제는 조직의 프로세스가 적절하고 엄격하게 준수된다면 제품의 품질이 우수해야 한다는 것이다. 새로운 품질 기능에는 생산 프로세스를 인식하고, 정의, 분석 및 개선하기 위한 지침을 포함된다.
- 품질관리(QC), 품질보증(QA) 간의 차이점: 두 용어에 대한 혼동은 흔하며 어떤 작업이 어떤 범주에 속하는지에 대한 의견 차이도 존재한다. 품질보증(QA)과 품질관리(QC)의 차이점을 논의할 때, 후자는 전자의 일부이므로 일부 중복되는 부분이 있다는 점이다. 품질관리(QC)와 품질보증(QA)을 구분하는 주요 차이점은 다음과 같다. 자세한 내용은 15.4절과 15.5절을 참고 바란다.
  - 사전 대응(Proactive) vs. 사후 대응(reactive): 품질보증은 프로젝트의 시작 단계부터 관여하여 제품의 범위를 유지하고 테스트할 수 있도록 필요한 모든 품질 지침을 안내한다. 품질보증의 목표는 처음부터 버그를 최소화하기 위한 프레임워크를 구축하는 것이며, 프로그래머의 작업 방식에도 영향을 미친다. **품질보증(QA)**은 제품에 품질을 통합하고 품질을 보장하는 방법까지 통제하는 반면에, 품질관리(QC)는 개발 완료된 제품에 대해 남은 결함을 식별하고 수정하거나 분류하여 대응하는 데 초점을 둔다. 결국 **품질관리(QC)**는 소프트웨어 생산 과정에서 발생하는 제품의 오류 또는 결함의 제거와 예방에 초점을 둔다.
  - 발생 시점의 차이: 품질보증(QA)은 소프트웨어 개발 생명주기(SDLC)에 전 과정에 걸쳐 활동한다. 품질보증은 소프트웨어 개발 단계뿐만 아니라 소프트웨어 품질의 구현, 시행 및 보장하기 위한

지속적인 활동이다. 반면에 품질관리(QC)는 개발 제품에 오류나 결함이 없는지 테스트할 때 수행되는 품질 활동이다. 따라서 품질관리는 제품의 최초 출시 전후에 모두 수행된다고 할 수 있다.

- 프로세스(Process) vs. 제품(Product)의 작업 초점: 품질보증과 품질관리의 주요 차이점 중 하나는 작업의 초점이 어디에 있는지에 있다. 품질보증은 주로 교육, 문서화, 모니터링 및 감사를 포함하여 품질을 개선하는 **프로세스(process)와 절차(procedure)**에 중점을 둔다. 반면에 품질관리(QC)는 주로 개발 단계에서 남아있는 결함을 찾기 위해 **제품(product)**에 초점을 맞춥니다. 품질관리 전문가는 소프트웨어 테스트, 베타 또는 카나리아 테스트 등 다양한 방법으로 이러한 문제를 발견한다.

15.2 품질 평가모델의 분류

소프트웨어 품질 평가모델은 ① 제품 품질 특성 평가모델, ② 프로세스 품질 특성 평가모델의 두 가지로 분류된다. **제품 품질 특성 평가모델**은 주로 완성 제품의 품질에 대해 평가하고, **프로세스 품질 특성 평가모델**은 주로 개발 및 유시보수의 업무 프로세스를 평가한다. 다음은 이에 대해 상세히 설명한다.

15.2.1 제품 품질 평가모델

제품이란 시스템 또는 소프트웨어 제품을 가리킨다. 제품 품질 평가모델에는 **ISO/IEC 9126, ISO/IEC 14598, ISO/IEC 12119, ISO/IEC 25000** 등의 모델이 존재한다. 이 모델은 주로 소프트웨어 제품의 품질 특성을 평가하는 모델이다. 다음은 이 모델에 대한 개략적인 설명이다.

- ISO/IEC 9126: ISO/IEC 9126 모델의 품질 평가 요소는 다음과 같다. 최근에는 ISO/IEC 9126보다는 **ISO/IEC 25010**의 제품 품질 특성 모델이 표준화 모델로 자리잡고 있으므로 이에 대한 자세한 내용은 생략한다. 다음은 ISO/IEC 9126 품질 평가 요소의 평가항목이다.
  - 매우 일반화된 개념으로 품질을 정의한다.
  - 고객 관점에서 품질 특성을 정의한다.
  - 계량적으로 측정하고 평가하기 위한 품질 요소, 특성을 정의한다.
  - 내부 척도와 외부 척도로 정의한다.
  - 제품 품질 평가 요소에는 기능성, 신뢰성, 사용성, 효율성, 유지보수 용이성, 이식성 등의 품질 영역과 그 하위 평가 요소로 구성된다.

- ISO/IEC 14598: ISO/IEC 14598 모델은 **공급자-구매자 간의 품질**을 평가하기 위한 모델이다. 그 세부적인 품질 평가 요소는 다음과 같다.
  - 반복성: 특정 제품에 대해 동일한 평가자가 동일 기준으로 평가할 때 동일한 결과가 나와야 한다.
  - 재생산성: 특정 제품을 다른 평가자가 동일 기준으로 평가할 때 동일한 결과가 나와야 한다.
  - 공정성: 평가가 특정 결과를 내기 위해 불공정하게 평가하면 안 된다.
  - 객관성: 주관적 판단을 최소화하고 객관적 자료를 근거로 삼아야 한다.
- ISO/IEC 12119: ISO/IEC 12119 모델은 패키지 소프트웨어의 제품 품질 요구사항 및 테스트를 위한 국제 표준 규격 모델이다. 주로 기능성, 신뢰성, 사용성, 이식성 등을 평가한다.
- ISO/IEC 25000: 여러 표준 규격에서 오는 혼란을 없애고자 일관성 있고, 통일되도록 여러 표준 문서를 통합한 제품 품질 평가모델이다. 대표적으로 **ISO/IEC 25010** 제품 품질 특성 모델이 표준 모델로 사용되고 있다. 15.3절은 이에 대해 상세히 설명한다.

15.2.2 프로세스 품질 평가모델

프로세스 품질 평가모델은 소프트웨어 개발과 유지보수 업무 프로세스 품질을 평가하는 모델로서 **ISO 9000**, **ISO 12207**, **CMMI**, **SPICE** 등의 모델이 있다. 다음은 이 모델에 대한 개략적인 설명이며, 자세한 사항은 15.7절에서 설명된다.

- ISO 9000: ISO 9000은 품질관리와 보증을 위한 표준 모델이다. 제품 설계에서부터 생산 시설, 검사 등 전반적으로 규격 준수 여부를 확인하고 인증한다. 즉 ISO 9000은 사용자에게 신뢰감을 주기 위한 프로세스 품질 평가모델이다.
- ISO 12207: ISO 12207 모델은 개발 생명주기 프로세스 표준을 위한 모델이다. 기본 개발 생명주기, 지원 생명주기, 조직 생명주기로 나뉘어 있다.
- CMMI: CMMI(Capability Maturity Model Integration)은 프로세스 능력을 평가하는 모델로 프로세스 표준화(표준 프로세스)의 기준과 방향을 제시한다.
- SPICE: SPICE는 소프트웨어 개발 및 유지보수 프로세스 평가를 위한 프레임워크를 제공하며, 정보시스템 분야에 특화된 프로세스 품질 표준이자 인증 규격의 역할을 하고 있는 모델이다. 15.7절은 프로세스 품질 특성 모델로 CMMI, SPICE에 대해 상세히 설명한다.

15.3 소프트웨어 품질 평가모델

소프트웨어 제품의 품질 특성 모델은 이전까지 ISO/IEC 9126 모델이 사용되었으나 폐기된 상태이고 현재는 <그림 15.3>의 **ISO/IEC 25010**이 소프트웨어 제품 품질 특성 모델의 표준 모델이 사용되고 있다.

15.3.1 소프트웨어 내부 품질과 외부 품질 평가지표

소프트웨어 품질 특성 모델은 일명 '**소프트웨어 품질 평가지표**'로 이해할 수 있다. 소프트웨어 품질 특성 모델에는 <그림 15.2>와 같이 소프트웨어의 외부 품질과 내부 품질에 의해 평가될 수 있으며, 각 평가영역에는 하위의 평가 요소로 구성된다. 소프트웨어 제품의 품질 평가 요소는 외부 품질 요소와 내부 품질 요소의 두 종류로 분류된다. 첫째, **외부 품질 요소**는 주로 사용자 관점에서 소프트웨어 제품에 대해 느끼는 품질 평가 요소이다. 둘째, **내부 품질 요소**는 개발자 측면에서 소프트웨어 제품에 대해 느끼는 품질 평가 요소이다.

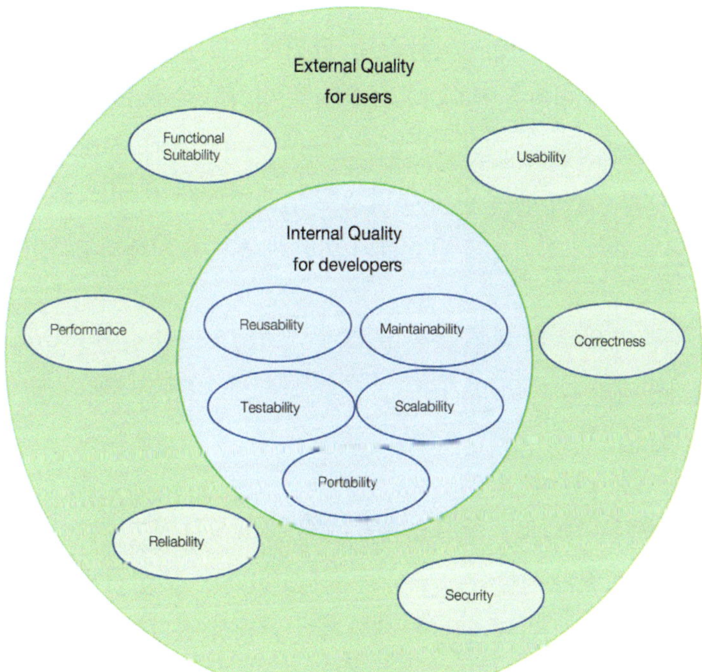

〈그림 15.2〉 소프트웨어 제품의 외부 및 내부 품질 요소

- **외부 품질(External Quality)**은 소프트웨어를 사용할 때 외부 사용자가 인지하는 소프트웨어의 유용성을 나타내는 품질 특성이다. 즉 외부 품질은 사용자 편리성, 버그 없는 작동 등 사용자가 중요하게 생각하는 부분의 품질 요소이다. 외부 품질은 기능 테스트, QA 및 고객 피드백을 통해 측정할 수 있고, 고객에게 직접적으로 영향을 미치는 품질 요소이다. 예로, 사용자는 사용하기 쉽고, 의도한 대로 작동하며, 작업을 빠르게 수행하기를 원한다. 일반적으로 사용자는 소프트웨어 제품의 품질을 이야기할 때 외부 품질을 언급하는 경우가 많다. 이러한 외부 품질 평가 요소에는 **기능 적합성**, **신뢰성**, **사용성**, **성능 효율성**, **보안성** 등의 5가지가 있다.
- **내부 품질(Internal Quality)**은 개발자가 인지하는 소프트웨어 제품의 품질 특성으로 소프트웨어 시스템의 **구축 방식**과 관련된다. 소프트웨어를 사용할 때 직접 보거나 경험할 수는 없지만 소프트웨어 개발 및 비용에 영향을 미치는 요소이다. 내부 품질은 유지보수성 등 사용자에게 보이지 않으나 고객에게 간접적으로 영향을 주는 품질 요소이다. 따라서 내부 품질 요소는 주로 개발자 중심의 품질 요소로서 **유지보수성(테스트 용이성, 재사용성, 확장성, 가독성)**, **이식성**, **호환성** 등의 3가지가 있다. 내부 품질은 훨씬 더 세분화된 측정으로 이해하기 쉬운 코드, 복잡성, 중복, 컴포넌트 재사용 등을 고려한다. 내부 품질은 사전에 정의된 표준, 단위테스트 등을 통해 측정할 수 있고, 프로그램을 관리하고 추론하는 능력에 영향을 준다. 내부 품질을 평가하는 요소는 주로 프로그램이 앞으로 새로운 요구사항에 쉽게 대처할 수 있는지? 프로그램이 불가피하게 증가하는 데이터량을 처리할 수 있을 만큼 효율적인지? 시스템을 중단하지 않고도 업데이트할 수 있도록 도메인 로직이 프레임워크에서 분리되어 있는지? 기존 기능을 보호하기 위한 테스트가 진행되었는지? 등을 검사한다.

이러한 소프트웨어 제품의 외부 및 내부 품질 요소는 <그림 15.3>과 같이 **ISO/IEC 25010**의 품질 특성 모델에 의해 8개의 평가영역과 각 하위 평가영역으로 정의된다. 다음은 8개의 평가영역과 이의 하위 평가 요소를 상세히 설명한다.

- 기능 적합성(Functional Suitability): 소프트웨어 제품이 명시적·암시적 요구사항(기능)을 충족하는 정도를 평가한다. 소프트웨어 제품이 요구사항명세서(SRS)에 명시된 요구사항을 완전히 제공한다면 올바른 소프트웨어 제품으로 평가된다. 세부적인 기능성 평가항목에는 기능 정확성, 기능 타당성, 기능 성숙도 등이 있다.
- 신뢰성(Reliability): 소프트웨어 시스템 또는 구성 요소가 지정 기간 동안 지정된 조건에서 지정된 기

능을 수행할 때 의도한 대로 정상적으로 작동하는 정도를 평가한다. 소프트웨어는 수행되는 동안 장애가 적을수록 더 신뢰할 수 있는 제품으로 평가받는다. 소프트웨어 엔지니어는 의도적으로 소프트웨어가 실패하도록 계획하지 않기 때문에 신뢰성은 실수의 수와 유형에 따라 달라진다. 설계자는 소프트웨어를 쉽게 구현하고 변경할 수 있도록 하고 철저하게 테스트하며, 장애가 발생하더라도 시스템이 이를 처리하거나 쉽게 복구할 수 있는지 확인함으로써 신뢰성을 향상시킬 수 있다. 하위 평가 항목에는 소프트웨어 제품의 성숙성, 결함 수용성, 복구 용이성, 가용성 등이 있다.

- 사용성(Usability): 소프트웨어 시스템이 제공하는 원하는 효과, 사용 편리성, 효율성, 만족도 등의 정도를 평가한다. 완전히 다른 등급의 사용자(예: 전문 사용자와 초보 사용자)가 단순히 상품의 기능을 호출할 수 있다면 소프트웨어는 높은 사용성을 갖는다. 하위 평가항목에는 소프트웨어 제품의 이해 용이성(easy to understand), 학습 용이성(easy to learn), 운영성, 사용자 인터페이스 미학(미적 정도), 사용자 오류 보호, 접근성 등이 있다.
- 성능 효율성(Performance Efficiency): 소프트웨어 시스템이 사용하는 CPU, 메인 메모리, 하드디스크, 네트워크 대역폭 등의 자원 사용량에 대한 성능을 평가한다. 소프트웨어 제품의 효율성이 높을수록 CPU 시간, 메인 메모리, 디스크 공간, 네트워크 대역폭 등의 자원을 적게 사용한다. 이것은 소프트웨어 운영 비용을 절감하기 위해 고객에게 중요하다. 세부적인 평가항목에는 시간 효율성, 자원 활용성, 기억용량이 있다.
- 보안성(Security): 개인 또는 다른 제품이나 시스템이 권한 유형 및 레벨에 따라 적합한 데이터 접근 수준을 갖도록 소프트웨어 시스템의 정보 및 데이터 보호 수준을 평가한다. 소프트웨어 시스템의 보안성은 여러 가지 해킹 위험 환경으로부터 데이터 보호 수준을 평가한다. 세부적인 평가항목에는 기밀성, 무결성, 부인방지성, 책임성, 인증성 등이 있다. 하지만 보안성 평가 요소는 현장에서 이외도 필요에 따라 추가적으로 세부적인 평가항목을 추가하여 사용할 수 있을 것이다.
- 유지보수성(Maintainability): 소프트웨어 시스템의 사용환경 및 요구사항의 변화에 적응시키기 위해 소프트웨어 제품이 개선 및 수정할 수 있는 효과성 및 효율성의 정도를 평가한다. 소프트웨어에 오류가 발생하면 간단히 수정할 수 있고, 상품의 기능에 새로운 기능을 간단히 변경할 수 있는 소프트웨어라면 좋은 유지보수성을 가졌다고 평가한다. 세부적인 평가항목에는 소프트웨어 시스템의 분석성, 수정 가능성, 시험가능성, 모듈성, 재사용성 등이 있다.
- 이식성(Portability): 소프트웨어 시스템을 다른 하드웨어, 소프트웨어, 운영체계 및 새로운 사용환경

으로 이식할 때의 효과성 및 효율성 정도를 평가한다. 예로, 소프트웨어 제품이 여러 패키지 환경, 여러 종류의 컴퓨터, 유사 코드의 제품으로 간단히 설치되어 사용할 수 있다면, 이식성이 좋은 제품으로 평가된다. 세부적인 평가항목에는 환경 적응성, 설치 용이성, 치환성이 있다.

- 호환성(Compatability): 소프트웨어 시스템 또는 구성 요소가 동일한 하드웨어 또는 소프트웨어 환경에서 다른 제품과 정보를 교환하거나 필요한 기능을 수행할 수 있는 정도를 평가한다. 세부적인 평가항목에는 상호공존성, 상호운용성이 있다.

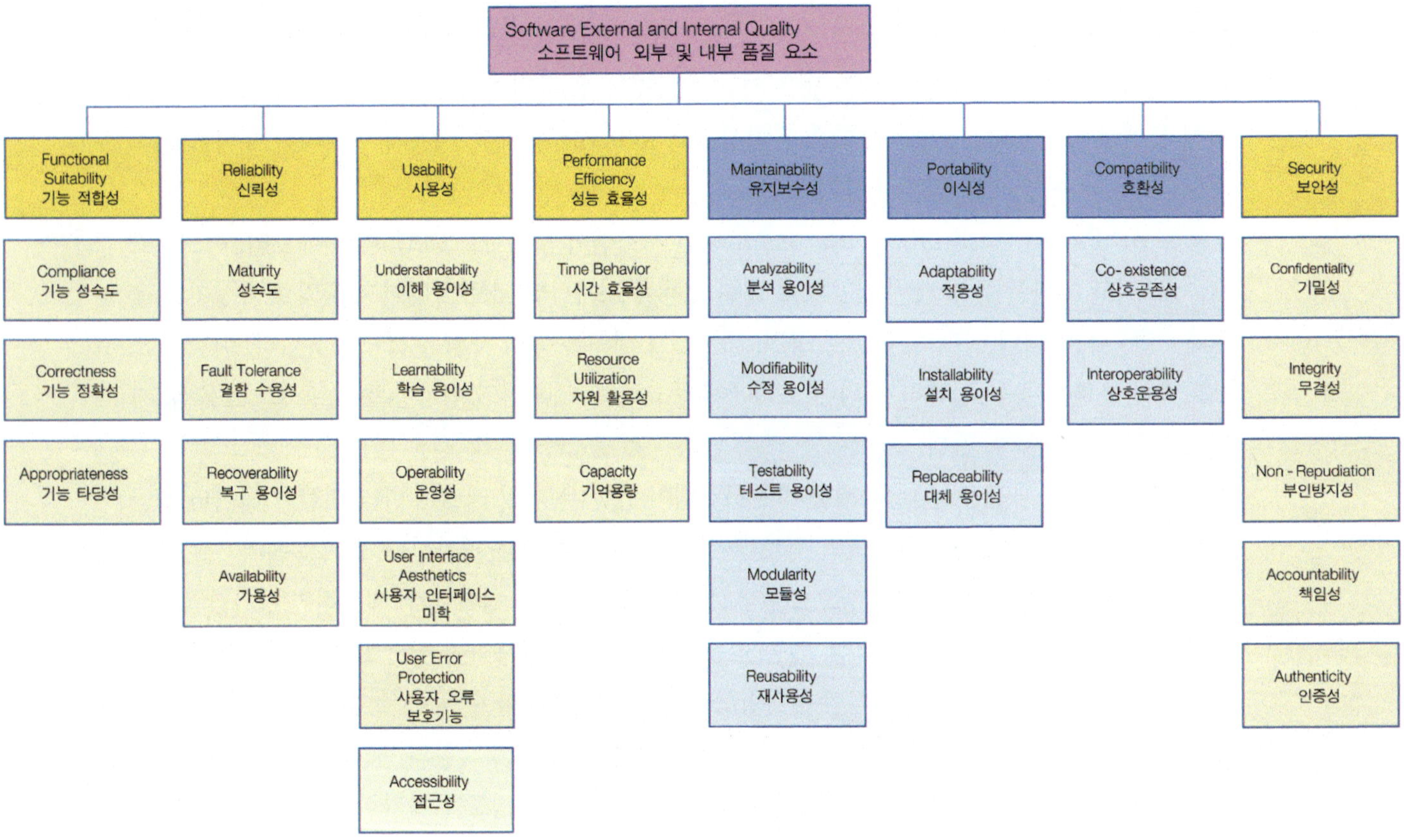

〈그림 15.3〉 ISO/IEC 25010 품질 특성 모델

위의 소프트웨어 품질 특성 모델에 대한 세부적인 평가 요소는 <표 15.1>과 같이 요약된다.

〈표 15.1〉 소프트웨어 품질 특성 모델의 세부적인 평가 요소 설명

품질 평가영역		하위 평가 요소	내용
외부품질요소 (사용자 측면)	기능 적합성	기능 성숙도	소프트웨어 시스템에서 제공하는 기능 집합이 관련 모든 작업 및 사용자 목표를 만족시키는 정도
		기능 정확성	소프트웨어 시스템이 올바른 결과를 제공하는 정확도 수준을 평가함
		기능 타당성	기능이 관련 작업 및 목표의 달성을 용이하게 하는 수준
	신뢰성	성숙성	소프트웨어 시스템 또는 구성 요소가 일반적인 상황에서 신뢰성에 대한 요구사항을 충족하는 정도
		결함 수용성	하드웨어 또는 소프트웨어에 결함이 있음에도 불구하고 소프트웨어 시스템이 의도한 대로 작동하는 정도
		복구 용이성	소프트웨어 시스템이 중단 또는 고장 시 문제가 발생한 데이터를 직접 복구하고 원하는 시스템 상태를 재설정할 수 있는 수준을 평가함
		가용성	소프트웨어 시스템이 사용 가능하고 사용을 위해 필요할 때 접근 용이성의 수준을 평가함
	사용성	이해 용이성	소프트웨어 시스템이 사용자 자신의 요구에 적합한지 여부를 이해할 수 있는 정도를 평가함
		학습 용이성	사용자가 소프트웨어 시스템을 특정 목표를 달성할 수 있도록 사용하기 위해 효과적, 효율적이며 위험에서 자유롭고 만족스럽게 학습할 수 있는 수준
		운영성	사용자가 소프트웨어 시스템을 쉽게 작동하고 제어할 수 있는 수준을 평가함
		사용자 인터페이스 미학	사용자 인터페이스의 구조가 사용자에게 만족스럽고 원할한 상호 작용을 가능하게 하는 정도를 평가함
		사용자 오류 보호 기능	사용가가 소프트웨어 시스템 이용 중 오류 상황을 만들지 않도록 보호하는 수준을 평가함
		접근성	광범위한 특성 및 능력을 가진 다양한 사용자가 소프트웨어 시스템을 사용할 수 있는 정도를 평가함
	성능 효율성	시간 효율성	소프트웨어 시스템의 기능을 수행할 때 응답 처리 시간 및 속도가 요구사항을 충족하는 정도
		자원 활용성	소프트웨어 시스템에서 기능을 수행할 때 사용하는 자원의 양과 유형이 요구사항을 충족하는 수준을 평가함
		기억용량	소프트웨어 시스템 파라미터의 최대 한도가 요구사항을 충족하는 정도를 평가함
	보안성	기밀성	소프트웨어 시스템이 접근 권한이 있는 사용자만 데이터에 접근할 수 있도록 보장하는 정도를 평가함
		무결성	소프트웨어 시스템 또는 구성 요소가 컴퓨터 프로그램 또는 데이터에 대한 무단 접근 또는 수정을 방지하는 정도

품질 평가영역		하위 평가 요소	내용
		부인방지성	사건이나 행동이 나중에 부인 될 수 없도록 행동이나 사건이 발생했음을 증명할 수 있는 정도를 평가함
		책임성	소프트웨어 시스템에서 어떤 작업을 고유하게 추적할 수 있는 수준을 평가함
		인증성	대상 또는 자원의 신원이 요청에 대한 응답인 것을 입증 될 수 있는 수준을 평가함
내부품질요소 (개발자 측면)	유지 보수성	분석 용이성	소프트웨어 시스템의 부품 중 하나 이상에 대한 의도된 변경의 영향을 평가하거나 제품의 결함 또는 고장 원인을 진단하거나 수정할 부품을 식별할 수 있는 효과성과 효율성의 정도를 평가함
		수정 용이성	결함 또는 기존 제품 품질을 저하시키지 않고 소프트웨어 제품을 효율적으로 수정할 수 있는 정도
		테스트 용이성	시스템, 제품 또는 구성품에 대한 테스트를 수행하여 기준에 충족되었는지 여부를 확인할 때, 그 기준의 효율성 및 효과성의 정도를 평가함
		모듈성	소프트웨어 시스템 또는 이의 구성 요소에 대한 변경이 다른 구성 요소에 미치는 영향을 최소화하는 개별 구성 요소로 구성된 정도
		재사용성	자산을 둘 이상의 소프트웨어 시스템에서 사용하거나 다른 자산을 생성하는 데 재사용할 수 있는 정도를 평가함
	이식성	적응성	소프트웨어 시스템이 기존과 다르거나 업그레이드된 하드웨어, 소프트웨어, 운영체계 및 새로운 사용환경에 효과적, 효율적으로 적응할 수 있는 정도
		설치 용이성	특정 환경에서 소프트웨어 시스템을 성공적으로 설치 및 제거할 수 있는 효과성 및 효율성 정도
		대체 용이성	제품이 동일한 환경, 동일한 목적의 다른 소프트웨어 제품을 교체할 수 있는 정도
	호환성	상호 공존성	제품이 다른 제품에 해로운 영향을 미치지 않고 다른 제품과 공통된 환경 및 자원을 공유하면서 필요한 기능을 효율적으로 수행할 수 있는 정도
		상호 운용성	둘 이상의 소프트웨어 시스템 또는 구성 요소가 정보를 교환하고 교환된 정보를 사용할 수 있는 정도를 평가함

소프트웨어 제품에 대한 품질 평가는 위와 같은 소프트웨어 제품의 품질 특성 모델을 기반으로 <표 15.2>의 평가지표에 의해 평가할 수 있다. 하위 평가 요소의 점수는 5점 척도로 평가하며, 점수의 범위는 0~4로 채점하는 것이 효율적이며, 평가영역별 점수 배점은 소프트웨어 제품에 따라 다르게 배분할 수 있을 것이다. 또한 이러한 품질 평가지표는 소프트웨어 특성에 따라 일부 하위 평가 요소를 추가 또는 삭제하여 사용할 수 있을 것이다. 특히 '보안성' 평가영역의 경우 소프트웨어 제품에 따라 더욱 상세한 하위 평가 요소를 추가하여 사용할 수 있을 것이다.

〈표 15.2〉 소프트웨어 품질 평가지표

품질 평가영역	하위 평가 요소	점수					비고
		0	1	2	3	4	
기능 적합성	기능 성숙도						
	기능 정확성						
	기능 타당성						
신뢰성	성숙도						
	결함 수용성						
	복구 용이성						
	가용성						
사용성	사용 용이성(easy to use)						
	학습 용이성(easy to learn)						
	운영성						
	사용자 인터페이스 미학						
	사용자 오류 보호 능력						
	접근성						
성능 효율성	시간 효율성						
	자원 활용성						
	필요한 기억용량						
보안성	기밀성						
	무결성						
	부인방지						
	책임성						
	인증성						
유지보수성	분석성						
	수정 가능성						
	테스트 용이성						
	모듈성						
	재사용성						
	확장성						
	가독성						
이식성	환경 적응성						
	설치 용이성						
	치환성(치환 용이성)						
호환성	상호 공존성						
	상호 운용성						

15.3.2 소프트웨어 내부 품질과 외부 품질의 관계

여기서 중요한 점은 내부 품질이 좋지 않으면 유지보수가 어렵다는 데 있다. 시간이 지나면서 프로그램 코드가 엉망이면 소프트웨어에 새로운 기능을 추가하거나 기존 기능을 변경하는 유지보수는 매우 어렵고 시간이 많이 소요될 수 있다. 또한 새로운 버그가 더 쉽게 발생하여 외부 품질과 고객 만족도가 낮아질 것이다. Dimitris Stavrinoudis, Michalis Xenos에 의하면, "**내부 품질에서 낮은 점수를 받은 소프트웨어 제품은 외부 품질 측정에서도 낮은 점수를 받을 것이 분명하다.**"는 것이다. 단기적으로는 내부 품질 저하를 피할 수 있지만, 곧 다시 문제가 되어 돌아올 것이 분명하기 때문이다. 결과적으로 <그림 15.4>처럼 소프트웨어의 내부 품질이 좋으면 외부 품질을 개선하는 데 도움이 되고, 외부 품질이 높아지면 고객 만족도가 높아진다는 점이다. 또한 내부 품질이 높으면 코드를 수정하거나 새로운 기능을 추가하기가 더 쉽기 때문에 장기적으로 소프트웨어 개발 비용도 절감할 수 있다.

〈그림 15.4〉 내부 품질, 외부 품질과 고객 만족도 간의 관계

15.3.3 소프트웨어 내부 품질을 개선하는 방법

소프트웨어 내부 품질을 개선하는 방법은 다음과 같다.

- 소프트웨어 품질을 측정하라. 먼저 정적 소프트웨어 분석 도구에 구현된 품질 메트릭을 사용하여 소프트웨어 내부 품질을 측정하는 것이다. 어떤 메트릭이 가장 적합한지에 대한 과학적 합의는 없지만, 품질 메트릭이 내부 품질에 대한 정보를 제공한다는 점에는 동의한다. 가장 일반적인 소프트웨어 품질 메트릭은 다음과 같다.
  1) McCabe의 순환 복잡도(cyclomatric complexity) 평가
  2) Halstead's 매트릭
  3) 유지보수성 지수(Maintainability index)
  4) 메소드의 응집력 부족(Lack of Cohesion in Methods, LCOM)

5) 상속의 깊이

예를 들어, Radon은 Python에서 McCabe의 복잡성과 스테드 메트릭을 계산할 수 있는 오픈 소스 도구이다. 또한 Radon은 몇 가지 기존 메트릭을 결합한 하이브리드 메트릭인 유지보수성 지수를 계산할 수 있으므로 단일 메트릭보다 더 신뢰할 수 있는 결과를 제공할 수 있다. 내부 품질을 개선하려면 형상 관리(CI) 파이프라인에 도구를 설정하여 각 커밋 또는 병합에 대한 메트릭을 측정한다. 측정을 통해 올바른 방향으로 나아가고 있는지 확인할 수 있다.

- 보이스카우트 문화를 조성하라. 코드의 품질을 개선하는 것은 캠프장을 깨끗하게 유지하는 것과 비슷하다. "캠프장은 항상 찾은 곳보다 더 깨끗하게 떠나야 한다."는 보이스카우트 규칙이 있다. 프로그램 코드도 마찬가지이다. 항상 처음 시작할 때보다 더 나은 상태로 코드를 남기는 것을 목표로 해야 한다. 깔끔한 코드에 익숙해지고 그 사용을 장려하는 것이 중요하다.
- 모든 코드를 검토하라. 팀과 함께 상호 간의 모든 요청사항을 검토하여 모든 것이 잘 되었는지를 확인하는 체계를 확립하는 것이다. 검토 시 확인해야 할 사항에 대한 체크리스트를 만들고, 다양한 내부 품질 속성을 검토하는 것이 중요하다.
- 리팩터링(refactoring)을 개발 프로세스의 일부로 만들어라. 리팩터링은 코드가 하는 일을 변경하지 않고 코드의 구조를 변경하는 것을 의미한다. 코드를 깔끔하고 관리하기 쉽게 유지하는 데 도움이 된다. 이러한 리팩터링 작업은 백로그에서 별도의 추가 작업이 아니라 일상적인 개발 프로세스에서 수행해야 한다.
- 설계 원칙을 따르라. **DRY(Don't Repeat Yourself), YAGNI(You aren't going to need it), KISS(Keep It Simple, Stupid), SOLID** 등의 증명된 소프트웨어 설계 원칙을 사용하라. 여기서 DRY는 '코드에서 같은 것을 반복하지 않기'이다. DRY는 변경 가능성이 있는 정보의 반복을 줄이고, 변경 가능성이 적은 추상화로 대체하거나 시작 단계부터 중복을 피하는 데이터 정규화를 사용하는 소프트웨어를 개발하려는 것이다. YAGNI는 프로그래머가 필요하다고 간주할 때까지 소프트웨어 기능을 추가하지 않는 것이 좋다는 익스트림 프로그래밍(XP)의 원칙이다. SOLID는 다음의 약자이다.
  1) S-Single-responsibility Principle: 클래스는 변경해야 할 이유가 하나만 있어야 하며, 이는 클래스에는 하나의 직업만 있어야 한다는 의미이다.
  2) O-Open-closed Principle: 개체 또는 엔티티는 확장을 위해 열려 있어야 하지만 수정을 위해 닫혀 있어야 한다. 즉, 클래스 자체를 수정하지 않고도 클래스를 확장할 수 있어야 한다는 것이다.

3) L-Liskov Substitution Principle: 모든 서브클래스는 기본 클래스 또는 부모 클래스로 치환 가능해야 한다.
4) I-Interface Segregation Principle: 고객이 사용하지 않는 인터페이스를 구현하도록 강요해서는 안 되며, 고객이 사용하지 않는 메소드에 의존하도록 강요해서는 안 된다는 것이다. 즉 고객이 원하지 않는 기능을 개발해 놓고, 고객에게 사용을 강요하지 말라는 것이다.
5) D-Dependency Inversion Principle: 클래스는 상세화가 아닌 추상화에 의존해야 한다. 상위 모듈은 하위 모듈에 의존해서는 안 되고 추상화에 의존해야 한다는 뜻이다. 이 원칙은 디커플링을 허용한다.

- 상속보다 구성 관계(Composition)를 사용하라. 상속 대신 구성 관계를 사용하면 일반적으로 소프트웨어 디자인에 더 높은 유연성을 부여하여 내부 품질을 향상시킬 수 있다.
- 느슨하게 결합된 아키텍처를 사용하라. 느슨하게 결합 된 시스템은 시스템의 한 부분의 수정이 나머지 부분에 도미노 효과를 미치지 않기 때문에 유지보수가 더 쉽다.

15.3.4 소프트웨어 내부 품질과 외부 품질의 중요성

소프트웨어 제품에서 외부 품질과 내부 품질 중 어느 것이 더 중요한지 궁금할 수 있다. 그 해답은 둘 다에 집중하라는 것이다. 내부 품질이 좋으면 변화하는 사용자 요구에 맞춰 제품을 변경하기가 더 쉽다. 또한 외부 품질이 좋으면 사람들이 제품을 사용하고 비용을 지불할 가능성이 더높다. 따라서 소프트웨어 제품을 장기적으로 성공시키려면 두 가지를 모두 고려해야 하며, 두 가지 모두에 주의를 기울여야 한다. 여기서 중요한 점은 소프트웨어 품질을 각각 고유한 목적과 측정 및 개선 방법이 있는 두 가지 범주로 나눌 수 있다는 점을 인식하는 것이다. 이러한 구분은 특정 작업이 왜 중요한지, 어떤 이점을 가져다주는지 이해하는 데 도움이 된다. 이렇게 하면 원하는 결과를 극대화하기 위해 작업이나 백로그 항목의 우선순위를 쉽게 정할 수 있다. 장기적으로 소프트웨어 제품의 성공을 보장하려면 이 두 가지 품질을 모두 똑같이 고려해야 한다. 소프트웨어 제품의 내부 품질과 외부 품질의 차이점은 <표 15.3>과 같다.

〈표 15.3〉 외부 품질과 내부 품질의 차이점

항목	외부 품질	내부 품질
개념	• **사용자**가 소프트웨어를 사용할 때 보고 느끼고 경험할 수 있는 것에 초점을 둠 • 최종사용자(end users) 관리 관점에서 품질 평가 요소	• 사용자가 보거나 경험할 수 없는 것에 초점 • **개발자** 관점에서 품질 평가 요소
주요 평가 요소	• 기능 적합성 • 신뢰성 • 사용성 • 성능 • 정확성 • 보안	• 유지보수성 • 재사용 가능성 • 테스트 용이성 • 확장성 • 이식성
영향을 주는 주요 대상	• 최종사용자의 만족도	• 개발자의 생산성
품질 측정 방법	• 고객 만족도 • 보고된 버그 수 • 페이지 로드 시간 • 변경 실패율 • 가동 시간	• 순환 복잡도 • Halstead's metrics • LCOM 또는 상속 깊이 등의 객체 지향 관련 품질 메트릭 • 유지보수성 지수

15.4 품질관리(QC) 활동

소프트웨어 **품질관리(Quality Control, QC)**란 소프트웨어 제품이 고객에게 최고의 가치를 제공하는 품질 목표를 달성하고, 향후 소프트웨어 제품을 개발하는 조직 능력을 지속적으로 개선하기 위해 사용하는 일련의 절차이다. 소프트웨어 품질관리는 프로젝트를 위해 설계된 접근 방식, 기술, 방법 및 프로세스가 올바르게 준수되는지 확인하는 데 사용되는 소프트웨어 개발 프로세스이다. **품질관리 주요 활동**에는 소프트웨어 제품이 정의된 품질 표준을 충족하는지를 확인하고, 소프트웨어 제품의 요구사항을 충족하는지의 '사용 적합성'을 검사하는 기능을 포함한다. 소프트웨어 품질관리는 일반적으로 **'테스트'**라고 하며, 테스트 방법은 <그림 15.5>와 같이 **단위테스트, 통합테스트, 시스템테스트, 인수테스트** 등과 연관된다. 이러한 소프트웨어 품질관리(QC)는 소프트웨어 제품이 고객에게 최고의 가치로 품질 목표를 달성하고, 향후 소프트웨어 제품을 생산하는 조직의 능력을 지속적으로 개선하기 위해 조직에서 사용하는 일련의 테스트 절차이다. <그림 15.5>는 **테스트(단위테스트, 통합테스트, 시스템테스트, 인수테스트 등)**

⊂ **품질관리(QC)** ⊂ **품질보증(QA)** ⊂ **종합 품질경영(TQM)** 간의 포함 관계를 설명한다.

따라서 **소프트웨어 품질관리**는 기능적 요구사항 및 비기능적 요구사항(신뢰성, 성능 및 사용성 등)의 품질관리를 포함한다. 또한 소프트웨어가 예측할 수 없는 시나리오에서도 잘 작동하고 상대적으로 낮은 결함률을 유지할 수 있는 능력을 말한다. 이렇게 지정된 품질관리 절차와 개략적인 요구사항은 품질검사, 유효성 검사 및 소프트웨어 테스트의 개념으로 이어진다. 소프트웨어 품질관리의 주요 목표는 소프트웨어 시스템의 결함을 발견하고, 소프트웨어 시스템이 실제 운영 상황에서 사용 가능한지 평가하는 데 있다.

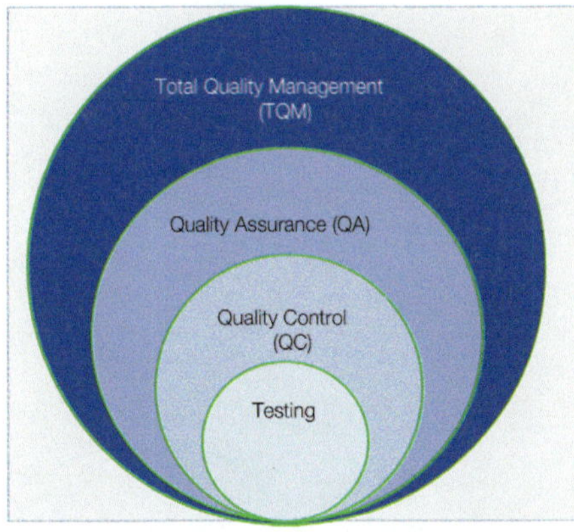

〈그림 15.5〉 품질관리(QC), 품질보증(QA), 종합 품질경영, 테스트 간의 관계

따라서 소프트웨어 품질관리는 품질검사와 품질 검증의 두 가지 사항을 포함한다.

- 품질검사(Quality Verification)

  품질검사는 '소프트웨어 제품을 제대로 만들고 있는가?' 즉 소프트웨어가 요구사항을 준수하는지를 검토하는 것이다. 품질검사는 주로 소프트웨어 개발 과정에서 좋은 제품이 생산되도록 개발 단계별로 수행하는 검사 활동이다. 이 과정은 소프트웨어 제품 개발 과정에서 결함을 식별하고 교정을 수행하는 좁은 의미의 품질관리(Quality Control, QC)이다. 이와 같이 검증(Verification)은 제품, 서비스 또는 시스템이 일련의 설계 요구사양을 충족하는지 확인하기 위한 것이다. 개발 단계에서 검증 절차는 제품, 서비스 또는 시스템의 일부 또는 전체를 모델링하거나 시뮬레이션하는 특수 테스트를 수행한 다음 모델링 결과에 대한 검토 또는 분석을 수행하는 것이 포함된다. 개발 후 검증 절차는 제품, 서비스 또는 시스템이 시간이 지남에 따라 초기 설계 요건, 사양 및 규정을 계속 충족하는지 확인하기 위해 특별히 고안된 테스트를 정기적으로 반복하는 것을 포함한다. 제품, 서비스 또는 시스템이 개발 단계 시작 시 부과된 규정, 사양 또는 조건을 준수하는지 평가하는 데 사용되는 프로세스이다. 검증은 개발, 확장 또는 생산 단계에서 이루어질 수 있다. 품질검사는 종종 내부 프로세스로 진행되는 경향이 있다.

- 품질 검증(Quality Validation)

  '올바른 제품을 만들고 있는가?' 즉 소프트웨어는 사용자가 실제로 필요로 하는 기능을 수행하는지를 검사하는 것이다. 이것은 고객 차원에서 소프트웨어 제품이 원하는 기능을 수행하는지를 검사하는 활동으로 품질보증(Quality Assurance, QA)에 해당하며, 주로 예방 활동에 초점을 둔다. 넓은 의미에서 품질보증 활동은 <그림 15.4>와 같이 개발 과정에서 수행하는 품질검사(QC) 활동도 포함한다.

일반적으로 **소프트웨어 품질관리(QC) 활동 범위**에는 다음 사항을 포함한다.

- 프로젝트 결과물이 정의된 품질 표준을 충족하는지 모니터링하고 확인한다.
- 데이터 선별에 대한 가정과 기준, 데이터 관련 다양한 요소의 문서화 여부를 검사한다.
- 데이터 입력 및 참조의 복사 오류를 검사한다.
- 데이터베이스 파일의 무결성을 검사한다.
- 데이터 일관성을 검사한다.
- 처리 단계 간의 현황 데이터의 이동이 올바른지 검사한다.
- 데이터, 데이터베이스 파일 등의 불확실성을 검사한다.
- 내부 문서 검토를 수행한다.
- 재계산을 초래하는 방법론 및 데이터 변경사항을 검사한다.
- 완전성 점검을 수행한다.
- 이전 결과와 현재 결과를 비교한다.

▸ **주의**: **소프트웨어 품질관리(QC)**는 제품의 결함을 찾아내어 정해진 기준에 따라 제품의 적합성을 검증하는 데 초점을 둔다. 반면 **품질보증(QA)은** 소프트웨어 결과물, 문서, 프로세스 등 제품의 높은 품질을 지속적으로 유지하고 결함을 방지하기 위한 프로세스와 표준을 포함하는 점에서 소프트웨어 품질관리와 구별된다.

소프트웨어 품질관리(QC) 방법에는 직접적인 검토회의, 공식적인 기술 심사, 인스펙션, 코드 검토, 소프트웨어 테스트 등의 방법을 통해 진행한다. 다음은 이에 대한 상세한 설명이다.

15.4.1 검토회의

검토회의(Walkthrough)는 비공식적인 분석기법이다. 검토회의에서는 일련의 사람들이 프로그램 코드를 보고 질문에 답하는 방식으로 진행한다. 작성자가 일부 질문에 답할 수 없는 경우에는 다른 사람이 그 질문을 받아 답변할 수 있다. 개발팀의 일부 구성원에게는 검토회의 이전에 코드를 제공하여 사례를 읽고 이해할 수 있도록 해야 한다. 각 팀원은 몇 가지 테스트 사례를 선택하고 직접 코드 실행을 시뮬레이션한다. 검토회의의 주요 목표는 코드 검토회의를 통해 다양한 관점에서 알고리즘 및 논리적 오류를 발견하는 데 있다. 토론은 발견된 오류를 수정하는 방법이 아니라 오류를 발견하는 데 초점을 맞춰야 한다는 점이다.

15.4.2 공식적인 기술 검토

공식적인 기술 검토의 주요 목표는 기능, 논리 또는 구현의 오류를 발견하고, 검토 중인 소프트웨어가 요구사항을 충족하는지 확인하고, 소프트웨어를 통일된 방식으로 개발하고, 소프트웨어가 미리 정의된 표준에 따라 표현되었는지 확인하며 프로젝트를 보다 관리하기 쉽게 만드는 것이다. 검토회의에 참여하는 사람은 개발자, 팀장, 검토 리더 등의 2~3명의 검토자로 구성한다.

15.4.3 인스펙션 회의

인스펙션(Inspection) 회의는 프로그램의 이상 징후와 결함을 발견하기 위해 소스 코드의 표현을 검토하는 사람으로 구성한다. 인스펙션에서 시스템 실행은 필요하지 않으므로 구현 전에 시도할 수 있으며, 소프트웨어 시스템의 모든 표현에 적용할 수 있다. 이 방법은 프로그램 오류를 발견하는 데 효과적인 기법으로 알려져 있다. 인스펙션은 개발자가 코드를 검사할 준비가 되었는지 확인한 경우에만 수행해야 한다. 개발자는 주로 코드에 대해 몇 가지 탁상 검사와 검토회의를 수행하여 이를 결정한다. 이러한 인스펙션을 통과한 코드는 그룹 검사를 위해 전달된다.

15.4.4 코드 검토

코드 검토는 고품질 코드를 생성하기 위해 코딩 오류를 줄이기 위한 매우 비용 효율적인 전략이며, 모듈에 대한 코드 검토는 모듈이 성공적으로 컴파일되고 모든 구문 오류가 제거된 후에 진행한다. 코드 검토의 검사 항목은 다음의 데이터 오류, 제어 결함, 입력 및 출력 결함 검사에 중점을 둔다.

데이터 오류: 모든 프로그램 변수가 값이 사용되기 전에 초기화되었는가? 버퍼 오버플로의 가능성은 없는가? 문자열을 사용하는 경우 구분 기호가 명시적으로 지정되어 있는가? 등을 검사한다.

- 제어 결함: 각 조건문에 대해 조건이 올바른가? 문장의 경우 가능한 모든 경우를 고려하고 있는가? 복합문이 올바르게 괄호로 묶여 있는가? 등을 검사한다.
- 입력 및 출력 결함: 모든 입력 변수가 사용되었는가? 모든 출력 변수가 출력되기 전에 값이 할당되었는가? 등을 중점적으로 검사한다.

15.4.5 테스트 진행

소프트웨어 테스트는 시스템 결함을 발견하기 위해 수행되는 확인 및 검증 프로세스이다. 결함 테스트 방법에는 소프트웨어 시스템의 결함을 찾기 위한 결함 테스트인 단위테스트, 통합테스트, 시스템테스트 등의 방법을 수행한다. 성공적인 결함 테스트는 시스템에 결함이 있음을 드러내는 테스트이다. 이후 검증 테스트는 소프트웨어가 요구사항을 충족하는지 확인하는 데 사용되며, 성공적인 검증 테스트는 요구사항이 제대로 구현되었음을 보여주는 테스트이다. 최종적으로 인수테스트를 통해 사용자는 일상적인 업무 수행에 있어 소프트웨어의 적용 가능성과 유용성을 평가할 수 있다. 이 테스트는 요구사항에서 소프트웨어가 수행해야 한다고 명시한 것과는 반대로 사용자가 소프트웨어가 수행해야 한다고 생각하는 것을 검사한다. 이 평가는 주로 테스터가 수행하지만, 개발자, 소프트웨어 최종사용자, 품질보증 전문가가 함께 참여하여 진행한다. 결과적으로 소프트웨어 품질관리(QC)는 개발 과정에서 소프트웨어 품질을 높이기 위한 테스트 과정이며. **테스트**에는 단계적으로 <그림 15.6>과 같이 다음의 과정을 거쳐 진행된다.

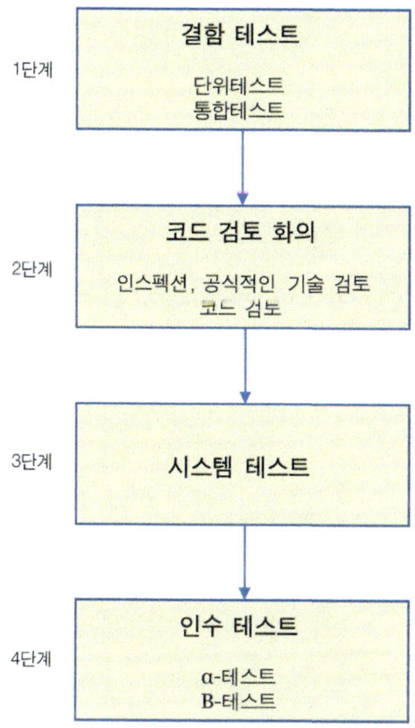

〈그림 15.6〉 소프트웨어 개발 과정에서 테스트 진행 단계

- 결함 테스트(단위테스트, 통합테스트)
- 검토회의, 인스펙션 회의, 공식적인 기술 검토, 코드 검토 등의 진행
- 시스템테스트(개발환경에서 요구사항 충족 검증 테스트)
- 인수테스트(α -테스트, β -테스트)

15.5 품질보증(QA) 활동

소프트웨어 품질보증(SQA)은 소프트웨어 제품의 품질과 안정성을 보장하는 소프트웨어 개발 프로세스의 중요한 구성 요소이다. **소프트웨어 품질보증**은 소프트웨어 개발과 병행하는 프로세스로서 **소프트웨어 개발 프로세스**를 개선하여 어떤 문제가 더 큰 문제로 발전하기 전에 예방하는 데 중점을 둔다. 따라서 소프트웨어 품질보증은 소프트웨어 프로세스 전반에 적용되는 일종의 보호 활동이다. 소프트웨어 품질보증은 제품의 품질을 보장하기 위해 사용되는 소프트웨어공학의 프로세스 및 방법을 관리하기 위해 설계된 방법론과 관행을 모두 포함하며, 소프트웨어 결함을 예방하는 데 중점을 둔다.

15.5.1 품질보증의 기본적인 구성 요소

견고하고 신뢰할 수 있고 사용자의 기대치를 충족하는 소프트웨어 제품을 개발하려면 소프트웨어 품질보증(QA)의 기본적인 구성 요소를 이해하는 것이 중요하다. 소프트웨어 품질보증은 소프트웨어 개발 생명주기(SDLC) 전반에 걸쳐 소프트웨어 제품의 품질을 보장하기 위해 설계된 다양한 사례, 방법론 및 프레임워크를 포함한다. 다음은 **소프트웨어 품질보증의 기본적인 구성 요소**에 대한 상세한 설명이다.

- 품질 계획: 프로젝트에는 품질 계획에 대한 구체적인 품질 표준을 정의하고 이러한 표준을 달성하는 데 필요한 프로세스를 결정하는 것을 포함한다. 이 단계에서는 품질 목표가 무엇이고 품질의 측정 방법에 대한 기초를 설정한다. 품질 계획에는 품질 정책, 품질 목표 및 소프트웨어 제품 승인 기준 수립을 포함한다.
- 품질 표준과 관리 방법, 지침서 준비: IEEE, ISO 및 기타 표준 조직에서는 광범위한 소프트웨어공학의 표준 및 관련 문서를 제작한다. 이와 같이 품질보증에는 채택된 표준을 따르고 모든 작업 결과물이 이를 준수하는지 확인하는 데 있다.
- 기술 검토 및 프로젝트 감사: 기술 검토는 소프트웨어 엔지니어를 위해 소프트웨어 엔지니어가 수행하는 품질관리 활동이며, 이 목적은 오류를 찾아내는 것이다. 프로젝트 감사는 소프트웨어 엔지니어링 작업에 대한 품질 지침이 준수되는지 확인하기 위해 품질보증 직원이 수행하는 검토 유형이다.
- 품질관리(QC) 기능: 품질관리는 개발중 및 개발 후에 소프트웨어 제품을 검사하고 테스트하여 품질 표준을 시행하는 프로세스이다. 품질관리 활동에는 다음 사항이 포함된다.

  1) 테스트: 테스트는 오류를 찾는 하나의 주요 목표를 가진 품질관리 기능이다. 품질보증의 임무는

소프트웨어의 주요 목표를 위해 테스트가 적절하게 계획되고 효율적으로 수행되는지 확인해야 한다. 즉 소프트웨어를 체계적으로 실행하여 오류를 식별하고 기능이 지정된 요구사항을 충족하는지 확인한다.

2) 검사 및 검토: 코드 검토, 디자인 검토, 요구사항 검토 등 소프트웨어에 대한 공식 및 비공식 검토를 통해 프로세스 초기에 결함을 파악한다.

- 품질보증(QA)을 통한 프로세스 개선: 품질관리가 결과물에 초점을 맞춘다면, 품질보증은 제품을 만드는 데 사용되는 프로세스를 개선하는 데 중점을 두며, 다음 사항을 포함한다.

1) 프로세스 표준화: 표준화된 프로세스를 개발하고 준수하여 변동성을 줄이고 예측 가능성을 높인다.

2) 프로세스 평가 및 개선: CMMI(역량 성숙도 모델 통합) 및 ISO 9001과 같은 모델과 표준을 사용하여 프로세스의 효과성과 효율성을 지속적으로 평가한다.

3) 지속적인 품질 개선: 일본식 이름인 '카이젠(Kaizen)'으로도 불리는 지속적인 개선 원칙은 품질보증에 필수적인 요소이다. 여기에는 피드백과 반복 학습을 기반으로 모든 프로세스를 개선하려는 지속적인 노력이 포함된다. 회고, 사후 분석, 프로세스 개선 세션과 같은 기법은 성공과 실패를 분석하고 교훈을 구현하는 데 사용된다.

- 품질경영(Quality Management, QM): 여기에는 소프트웨어의 품질 유지 및 향상과 관련된 모든 활동이 포함되며, 다음 사항을 포함한다.

1) 리더십: 조직의 리더십이 품질 기초를 이해하고 지원하도록 보장해야 한다.

2) 자원 관리: 품질 표준을 유지하기 위해 리소스를 효과적으로 할당하고 관리한다.

3) 위험관리: 품질보증에는 위험관리 활동이 적절하게 수행되고 위험 관련 비상 계획이 수립되었는지 확인한다. 결과적으로 소프트웨어 품질에 영향을 미칠 수 있는 위험을 식별, 분석 및 완화해야 한다.

4) 안전 관리: 품질보증 조직은 소프트웨어 오류의 영향을 평가하고 위험을 줄이는 데 필요한 단계를 시작할 책임이 있다.

5) 보안 관리: 품질보증에는 소프트웨어 보안을 달성하기 위해 적절한 프로세스와 기술이 사용되도록 보장해야 한다.

6) 품질 교육: 모든 소프트웨어 조직은 소프트웨어 엔지니어링 관행을 개선하기를 원한다. 개선의 주요 요인은 소프트웨어 엔지니어, 관리자 및 기타 이해관계자에 대한 교육이다. 품질보증 조직

은 교육 프로그램의 주요 제안자이자 후원자인 소프트웨어 프로세스 개선에 앞장서야 한다.

- 오류·결함 수집 및 분석: 품질보증에는 단순히 품질관리의 테스트를 통해 오류를 찾고 수정하는 것도 중요하지만, 오류가 어떻게 발생하는지, 오류를 제거하는 데 가장 적합한 소프트웨어공학 활동이 무엇인지 더 잘 이해하기 위해 오류 및 결함 데이터를 수집하고 분석해야 한다. 이를 통해 오류의 발생 패턴 분석, 이를 통한 예방 대책 등을 마련해야 한다.
- 변경관리: 품질보증은 적절한 변경관리 관행이 확립되었는지 주기적으로 확인해야 한다.
- 소프트웨어 품질 메트릭 및 평가: 품질 메트릭(평가지표)과 측정은 품질관리 활동의 효과를 평가하는 데 매우 중요하다.

  일반적인 소프트웨어 품질 메트릭은 다음과 같다.

  1) 결함 밀도: 소프트웨어에서 확인된 결함의 수를 소프트웨어의 크기로 나눈 값이다.
  2) 코드 커버리지: 테스트 중에 실행되는 코드의 양을 측정하는 지표로서 테스트 범위를 이해하는 데 도움을 준다.
  3) 고객 만족도: 소프트웨어의 성능 및 기능에 대한 사용자의 피드백이다.
- 예방 및 시정 조치: 품질보증에는 소프트웨어 품질을 높이기 위한 예방 조치와 결함이 발생했을 때 문제를 해결하기 위한 시정 조치 계획을 마련해야 한다.
  1) 예방 조치 방법: 잠재적 부적합 또는 결함의 원인을 제거하기 위해 취한 조치
  2) 시정 조치 방법: 발견된 부적합 또는 결함의 원인을 제거하기 위해 취한 조치

15.5.2 품질보증 활동 범위

소프트웨어 품질보증의 주요 활동 범위는 다음 사항을 포함한다.

- 프로젝트 감사
- 품질 시스템 검토
- 품질 표준, 품질관리 방법, 지침서 등의 개발
- 조직 내 품질 시스템의 효과를 요약한 최고 경영진을 위한 문서 작성

  품질 시스템은 조직 전체의 책임이며, 모든 조직에는 다양한 품질 시스템 활동을 수행하는 전담 품질 부서가 있다. 품질 시스템은 최고 경영진의 지원을 받아야 한다. 회사 고위층에서 품질 시스템에 대한 지원이 없으면 일부 직원 만에 의한 품질 시스템을 진지하게 받아들이기 어려울 것이다.

- 품질보증 계획수립: 프로젝트 전반에 걸쳐 품질보증을 어떻게 수행할지 계획을 세워야 한다. 어떤 소프트웨어공학 활동이 프로젝트에 가장 적합한지 생각해 보고, SQA 팀 기술 수준을 확인하는 것이 중요하다.
- 체크포인트 설정: 소프트웨어 품질보증팀은 체크포인트를 설정해야 한다. 다양한 체크포인트에 대해 수집된 데이터를 기반으로 프로젝트의 성과를 평가하는 것이 중요하다.
- 변경 영향 측정: 오류를 수정하기 위한 변경으로 인해 더 많은 오류가 다시 발생하는 경우가 있으므로 변경이 프로젝트에 미치는 영향을 측정해야 한다. 새로운 변경사항을 재설정하여 이 수정 사항이 전체 프로젝트와 호환되는지 확인 작업을 포함한다.
- 다중 테스트 전략: 단일 테스트 접근 방식에 의존하지 마라. 사용 가능한 테스트 접근 방식이 많으면 모든 방법을 활용하라.
- 좋은 관계 관리: 작업 환경에서는 프로젝트 개발에 참여하는 다른 팀과 좋은 관계를 관리하는 것이 필수적이다. 품질보증팀과 개발팀의 관계가 나쁘면 프로젝트에 직접적으로 나쁜 영향을 미친다. 특히 정치 목적으로 접근하지 않는 것이 중요하다.
- 기록 및 보고서 유지: 이해관계자의 인식과 향후 참조를 위해 테스트 케이스, 결함, 변경 및 주기를 포함한 모든 품질보증 기록을 포괄적으로 문서화하고 공유하라.
- 소프트웨어공학 활동 검토: 품질보증 그룹은 프로세스를 식별하고 문서화한다. 또한 소프트웨어 제품의 정확성을 검증해야 한다. 또한 소프트웨어 제품의 정확성을 충분히 검증해야 한다.
- 품질 편차 처리 정형화: 소프트웨어 품질 편차를 꼼꼼하게 추적하고 문서화한다. 편차 처리는 반드시 정해진 처리 절차를 따라 진행하도록 한다.

15.5.3 품질보증 조직

품질보증 조직은 15.5.1절에서 품질보증의 기본적인 구성 요소와 밀접한 관계가 있다. **품질보증 조직**은 경영자 직속의 부서 또는 센터 형태를 운영하며 품질보증 내용에 맞는 품질보증 센터의 역할과 책임은 <그림 15.7>과 같이 품질 계획수립, 품질관리(QC), 품질보증(QA), 품질경영(QE), 품질 메트릭 및 평가 등으로 구분된다. 첫째, 어떤 기관에서 추진하는 품질 계획수립이다. **품질 계획수립**에는 품질 비전, 품질 목표, 품질 가치, 품질 정책, 제품 승인 기준 수립, 품질 표준과 관리 방법, 모든 품질 지침서, 기술 동향 분석 등을 포함한다. 둘째, 품질관리(QC) 부문은 주로 품질 표준과 지침에 따라 현장에서 규정 준수가 잘 지켜지는지를 검토하고 검사하는 역할이다. 따라서 **품질관리** 역할에는 기술 검토와 프로젝트 감사, 모든 산출물 검토와 검사, 테스트 전략기획, 변경사항 관리와 영향평가 등을 포함한다. 소프트웨어 품질관리(QC)에는 수입품 품질관리, 개발 주기 품질관리, 최종 제품 품질관리 등으로 나누어 관리될 수 있다. 셋째, **품질보증** 부문은 품질관리에서 발견된 오류 패턴을 분석하고 이에 대한 예방 대책 마련, 지속적인 변화와 혁신 추진, 지속적인 품질 개선, 프로세스 표준화와 프로세스 평가 및 개선, 품질 시스템 검토, 기록 및 문서(산출물) 형상 관리 등을 포함한다. 넷째, **품질경영(QE) 또는 품질 기술** 부문은 품질 운영에 필요한 자원 관리, 위험관리, 안전 관리, 보안 관리, 품질 교육훈련 등을 포함한다. 다섯째, **품질 메트릭 및 평가** 부문은 품질 평가 기준(지표)를 개발하고 실제 이를 기반으로 품질 평가 수행을 담당한다. 품질 평가 부분에는 품질 메트릭(평가지표) 준비, 체크포인트 설정, 품질 평가, 표준 준수 여부 평가, 고객과 상호작용 모니터링, 규정 준수 모니터링, 고객 만족도 평가, 고객 의견 경청과 공유, 결함 밀도 측

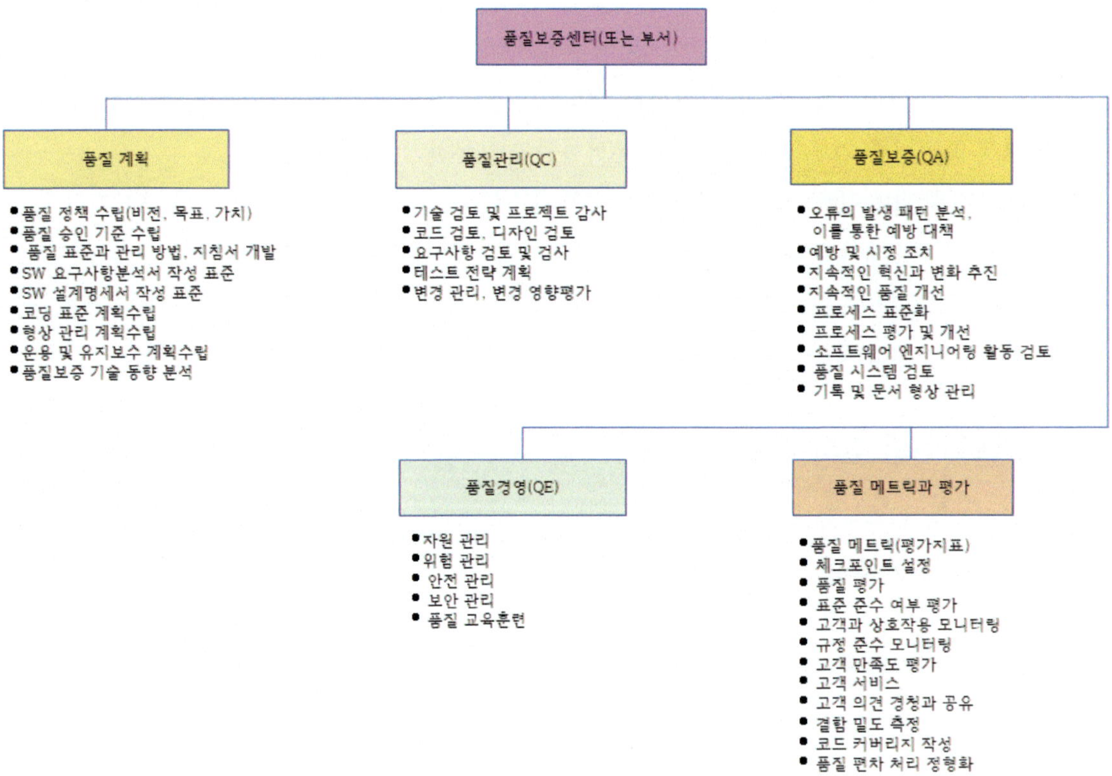

〈그림 15.7〉 품질보증센터의 기능과 역할

정, 코드 커버리지 작성, 품질 편차 처리 정형화 등을 통한 고객이 느끼는 품질 수준을 평가하고 이의 개선책을 준비하여 개선하는 데 뒷받침하는 역할을 담당한다.

이러한 **품질보증센터**의 조직은 기관에서 추진하는 목적에 따라 다소 차이가 있을 수 있으나, 다음과 같이 분류하여 요약할 수 있다.

- 품질 계획
  - 품질 비전, 품질 목표, 품질 가치, 품질 정책 및 품질 승인 기준 수립
  - 품질 표준과 관리 방법, 지침서 개발
  - 요구사항분석서 작성 표준, 설계명세서 작성 표준, 코딩 표준 계획수립
  - 형상 관리 계획수립
  - 운용 및 유지보수 계획수립
  - 품질보증 기술 동향 분석
- 품질관리(QC)
  - 기술 검토 및 프로젝트 감사
  - 소프트웨어 요구사항 검토, 설계 검토, 코드 검토, 기능 검토, 프로세스 검토, 관리 검토, 소프트웨어 형상 관리 계획 검토, 프로젝트 완료 후 계획 검토 등[IEEE 730-1089]
  - 소프트웨어 검사
  - 테스트 전략계획
  - 변경관리, 변경 영향평가
- 품질보증(QA)
  - 오류의 발생 패턴 분석, 이를 통한 예방 대책
  - 예방 및 시정 조치
  - 혁신과 변화 추진
  - 지속적인 품질 개신
  - 프로세스 표준화
  - 프로세스 평가 및 개선
  - 소프트웨어 엔지니어링 활동 검도
  - 품질 시스템 검토

- 기록 및 문서 형상 관리
- 품질경영(Quality Engineering, QE) 및 교육훈련
  - 자원 관리
  - 위험관리
  - 안전 관리
  - 보안 관리
  - 품질 교육훈련
- 품질 메트릭 및 평가
  - 품질 메트릭 준비
  - 체크포인트 설정
  - 품질 평가
  - 표준 준수 여부 평가
  - 고객과 상호작용 모니터링
  - 규정 준수 모니터링
  - 고객 만족도 평가
  - 고객 서비스, 고객 의견 경청과 공유
  - 결함 밀도 측정
  - 코드 커버리지 작성
  - 품질 편차 처리 정형화

일반적으로 이러한 **품질보증 센터** 부서는 회사 경영자의 직속 기관이나 사업본부 산하의 직속 기관 형태로 운영하며, 고객과의 품질 서비스를 직접적으로 소통한다.

15.5.4 품질 측정 및 개선 전략

소프트웨어 제품의 품질을 효과적으로 측정하고 개선하기 위해 품질보증 조직은 다음 사항에 초점을 두어야 한다.

- 핵심 성과 지표(KPI): 소프트웨어 제품의 고품질을 유지하기 위해서는 반드시 결함 밀도, 테스트 커버리지, 고객 만족도 평가와 같은 좋은 품질 메트릭을 사용해야 한다.
- 피드백 루프: 고객 및 이해관계자 피드백을 사용하여 프로세스를 개선해야 한다.
- 품질 감사: 일정한 제품을 유지하기 위해 항상 품질 표준을 준수하고 개선이 필요한 영역을 식별하기 위한 정기적인 감사가 필수적이다.

15.6 소프트웨어 품질보증 계획

소프트웨어 품질보증 계획의 주요 목표는 시장에서 소프트웨어 제품이나 서비스에 어떤 문제와 버그가 없음을 보장하고, 소프트웨어 요구사항 명세서(SRS)에 나열된 모든 요구사항을 충족한다는 것을 보장하는 데 있다. **소프트웨어 품질보증 계획**은 다음의 세 가지 목적으로 사용된다.

- 관련 팀에 할당된 품질보증 업무를 결정한다.
- 검토, 감사, 검사가 필요한 영역 목록을 결정한다.
- 소프트웨어 품질보증의 작업 산출물을 결정한다.

품질보증 계획(Quality Assurance Planning, QAP)은 제품이나 서비스의 품질을 보장하기 위한 체계적인 품질보증 프로세스, 절차 및 표준을 설명하는 문서 집합이다. 이것은 품질관리의 핵심 구성 요소이며 다양한 산업 분야에서 결과물의 일관된 품질 수준을 설정하고 유지하는 데 사용된다. 소프트웨어 제품이나 서비스의 경우 품질보증 계획은 일반적인 개발, 프로토타입 제작, 디자인, 생산 및 릴리스 주기와 함께 준비하여 사용한다.

15.6.1 품질보증 계획의 목표

소프트웨어 품질보증 계획의 목적과 목표는 소프트웨어 제품이나 서비스가 지정된 품질 표준 및 요구사항을 충족하는지 확인하는 데 있다. 이 품질보증 계획은 프로젝트 또는 조직 활동 전반에 걸쳐 품질보증 프로세스를 구현하기 위한 로드맵 역할을 담당한다. **품질보증의 구체적인 목표**는 프로젝트나 산업의 성격에 따라 달라질 수 있지만, 공통 요소는 다음과 같다.

- 표준 및 규정 준수
  - 프로젝트 또는 제품이 관련 산업 표준, 규제 요구사항 및 기타 적용 가능한 지침을 준수하는지 확인하는 데 있다.
  - 법적 및 규제 의무를 충족하기 위해 확립된 품질 표준을 준수하고 유지하는 데 있다.
- 고객 만족도 향상
  - 고객의 기대를 충족하거나 초과하는 제품이나 서비스를 제공하여 고객 만족도를 높인다.
  - 고객 요구사항을 식별하고 우선순위를 지정하며 이를 품질보증 프로세스에 통합하여 긍정적인 고객 경험을 창출할 수 있다.
- 결함 예방
  - 프로젝트 생명주기의 초기 단계에서 결함, 오류 또는 문제를 방지하기 위한 조치를 구현할 수 있다.
  - 결함의 잠재적 원인을 식별하고, 근본 원인을 분석하고, 결함 발생을 제거하거나 최소화하기 위한 사전 조치를 취할 수 있다.
- 일관성과 신뢰성 향상
  - 제품 및 서비스 개발 또는 제공을 위해 일관되고 안정적인 프로세스를 구축한다.
  - 결과물의 품질이 시간이 지나도 프로젝트의 여러 단계에 걸쳐 일관되게 유지되도록 하여 안정성과 예측 가능성을 높인다.
- 프로세스 개선
  - 프로세스를 지속적으로 개선하여 효율성, 효율성 및 전반적인 품질을 향상시킨다.
  - 피드백 메커니즘을 구현하고, 정기적인 프로세스 평가를 수행하고, 품질보증 프로세스를 최적화하기 위한 개선 기회를 식별한다.
- 위기관리
  - 프로젝트 또는 제품의 품질에 영향을 미칠 수 있는 위험을 식별하고 관리한다.
  - 품질 목표 달성에 영향을 미칠 수 있는 위험을 평가, 완화 및 모니터링하는 전략을 개발한다.
- 명확한 역할과 책임 정의
  - 품질보증 활동과 관련된 역할과 책임을 명확하게 정의한다.
  - 팀 구성원이 품질을 유지 및 개선하고 책임과 협업을 촉진하는 데 있어 자신의 역할을 이해하도록 한다.

- 문서화 및 추적성 제공
  - 품질 관련 활동 및 결정을 추적하고 추적하기 위한 강력한 문서화 프로세스를 구축한다.
  - 투명성, 책임성, 개발 또는 생산 프로세스 추적 기능을 가능하게 하는 포괄적인 기록을 생성한다.
- 교육 및 역량
  - 팀 구성원이 품질보증 업무를 수행하는 데 필요한 역량을 갖추고 적절한 교육을 받았는지 확인한다.
  - 품질보증에 관련된 개인의 기술과 지식을 향상시키기 위해 지속적인 교육을 제공한다.
- 지속적인 모니터링 및 보고
  - 품질 지표를 모니터링하고 품질보증 활동 상태에 대해 보고한다.
  - 정기적인 모니터링 및 보고 메커니즘을 구현하여 진행 상황을 추적하고 문제를 식별하고, 품질을 유지 또는 개선하기 위한 데이터 기반 결정을 내려준다.

품질보증 계획을 이러한 목표에 맞춰 조정함으로써 조직은 변화와 개선 기회에 적응하고 고품질 제품이나 서비스를 지속적으로 제공하기 위한 강력한 프레임워크를 구축할 수 있는 장점이 있다.

15.6.2 소프트웨어 품질보증 계획의 예제

고품질 소프트웨어 개발을 보장하려면 소프트웨어 품질보증(SQA) 계획을 수립하는 것이 필수적이다. 소프트웨어 품질보증(SQA) 계획에는 쉽게 문서화하고 참조할 수 있도록 목적, 참조, 구성 및 관리, 도구, 코드 제어, 테스트 방법론, 문제 보고 및 해결 조치 등과 같은 여러 구성 요소가 포함된다. **소프트웨어 품질보증 계획**을 세울 때 고려해야 하는 요소는 다음과 같다.

- 프로젝드 목표 이해
  - 소프트웨어 개발 프로젝트의 목표, 목표 및 범위를 명확하게 이해한다. 이것은 프로제트의 특정 요구사항에 맞는 품질보증 계획을 조정하는 네 중요하기 때문이다.
- 품질보증 계획의 목표
- 품질 표준 정의
  - 소프트웨어가 준수해야 하는 관련 품질 표준, 지침 및 모범 사례를 식별하고 문서화한다. 여기에는 산업 표준, 규제 요구사항 및 내부 조직 표준이 포함될 수 있다.

- 이해관계자 참여
  - 품질보증 계획수립에 개발자, 테스터, 프로젝트 관리자, 고객 등 주요 이해관계자를 참여시킨다. 그들 모두의 관점과 요구사항이 고려되었는지 확인하는 것이 중요하다.
- 명확한 역할과 책임 설정
  - 품질보증 계획 활동에 참여하는 개인이나 팀의 역할과 책임을 명확하게 정의한다. 여기에는 품질보증 관리자, 테스터, 개발자 및 프로젝트 관리자와 같은 역할이 포함된다.
- 테스트 프로세스 확립
  - 테스트 유형(단위테스트, 통합테스트, 시스템테스트, 인수테스트 등), 테스트 기술 및 사용할 도구를 포함하는 테스트 프로세스를 정의한다. 각 테스트 단계의 성공 기준을 명확하게 제공한다.
- 자동화된 테스트를 테스트 프로세스에 통합
  - 가능하면 자동화된 테스트를 테스트 프로세스에 통합한다. 테스트 자동화는 특히 반복 및 회귀 테스트의 경우 효율성, 적용 범위 및 테스트의 반복성을 향상시킬 수 있다.
- 테스트 계획 및 사례 문서화
  - 소프트웨어의 기능적 및 비기능적 요구사항을 포괄하는 포괄적인 테스트 계획 및 테스트 사례를 개발한다. 테스트 문서는 테스터를 위한 참고 자료 역할을 하며 포괄적인 적용 범위를 보장한다.
- 코드 검토를 개발 프로세스 일부로 구현
  - 코드 검토 단계를 개발 프로세스의 일부로 통합한다. 코드 검토는 개발 생명주기 초기에 결함을 식별하여 코드 품질을 개선하고 결함이 후기 단계에 도달할 가능성을 줄이는 데 도움을 준다.
- CI(지속적 통합) 및 CD(지속적 배포) 활용
  - CI/CD 방식을 구현하여 통합 및 배포 프로세스를 자동화한다. 이를 통해 변경사항이 정기적이고 일관되게 검사하여 통합 문제의 위험이 줄어들고 전반적인 소프트웨어 품질이 향상된다.

위의 항목을 기반으로 소프트웨어 품질보증 계획서[IEEE 730 참조]의 양식은 <표 15.4>와 같다. 이 양식은 기관의 품질 목표에 따라 다소 변경하여 사용할 수 있을 것이다.

〈표 15.4〉 소프트웨어 품질보증 계획서 양식

1. 프로젝트 목표와 범위
    1.1 프로젝트 목표
    1.2 프로젝트 범위
2. 품질보증 계획의 목표
3. 이해관계자 식별
4. 조직과 역할
    4.1 품질보증 조직
    4.2 역할과 책임 설정
5. 품질보증 활동 정립
    5.1 품질 표준과 기준 정의 (국제 표준, 국내 표준, 사내 표준)
    5.2 품질 메트릭 정의
    5.3 품질 검토, 감사, 테스트 및 기타 품질관리 계획
    5.4 주기적인 프로세스 혁신 계획
    5.5 지속적인 품질 시스템 모니터링과 개선
6. 문서 프로세스와 검토 절차
    6.1 프로젝트 계획서 작성 표준
    6.2 소프트웨어 요구사항명세서(SRS) 작성 표준
    6.3 소프트웨어 설계명세서(SDD) 작성 표준
    6.4 테스트 보고서 작성 지침
    6.5 문서 검토 절차
    6.6 문서 보고 체계
7. 테스트 계획 및 테스트 프로세스 확립
    7.1 테스트 프로세스(단위테스트, 통합테스트, 시스템테스트, 인수 테스트 등) 확립
    7.2 검토와 검사 절차 및 승인 기준
    7.3 테스트 방법과 도구
    7.4 테스트 계획 및 사례 문서화
8. 변경관리 및 문제 보고

8.1 변경 관리 프로세스
8.2 문제 보고 프로세스
9. 형상 관리 계획
9.1 형상 관리 대상(문서, 코드, 미디어 등)
9.2 형상 관리 방법
10. 위험관리
10.1 위험 요소 식별 및 평가
10.2 위험 요소의 완화 및 해결 전략
11. 자원 관리 및 품질보증 교육
11.1 자원 할당 계획
11.2 교육훈련 계획
12. 공급자 관리 계획
12.1 공급자 자격 요건
12.2 공급자 관리 지침
참고문헌

15.7 프로세스 품질 평가모델

앞의 15.3절은 소프트웨어 품질 평가모델을 소개하였다. 이 절에서는 좋은 소프트웨어 개발을 위한 소프트웨어 개발 업체(또는 조직)의 프로세스 품질 평가모델을 알아본다. 소프트웨어 개발 조직의 업무 프로세스 성숙도 평가모델은 대표적으로 미국의 **CMMI**, ISO/IEC 15504의 **SPICE** 모델이 대표적이다. 특히 SPICE 프로세스 품질 평가모델은 5개의 업무 프로세스 영역에 대해 0에서 5까지 6등급에 걸쳐 2차원 평가모델로서 소프트웨어 업체의 업무 프로세스 성숙도 평가 참조 모델로 발전하였다. 다음은 CMMI, SPICE 평가모델에 대해 자세히 알아본다.

15.7.1 CMMI

CMMI(Capability Maturity Model Integration)는 소프트웨어 개발 업체의 프로세스 개선 활동을 효율

적으로 지원하기 위한 모델이다. CMMI는 소프트웨어 개발 및 전산장비 운영 업체들의 업무 능력 및 조직의 성숙도를 평가하기 위한 모델이다. 본래 CMMI는 기존 CMM을 발전시킨 것으로 기존에 소프트웨어 품질보증 기준으로 사용되던 SW-CMM과 시스템 엔지니어링 분야의 품질보증 기준으로 사용되던 SE-CMM을 통합하여 개발한 후속 평가모델이다. CMMI는 1~5단계까지 있으며, 5단계가 가장 높은 수준이다. CMMI는 소프트웨어 개발 및 전산장비 운영 분야의 품질 관련 국제 공인 기준으로 사용되고 있다. 즉, CMMI는 소프트웨어 개발 및 운영 업체의 업무 프로세스 능력이 얼마나 성숙되었는지를 평가하는 모델로서 전 세계 106개국에서 도입하여 적용하고 있는 산업계 표준(de facto)이다. 1984년 미국 국방성은 우수한 소프트웨어 개발업체를 평가하기 위한 객관적인 기준을 만들기 위해 카네기멜론 대학에 SEI(Software Engineering Institute)를 설립하였고, 1991년 SEI에서 조직의 소프트웨어 개발 및 유지보수 능력을 향상시키기 위한 핵심 사례들로 구성된 모델인 SW-CMM을 발표하였다.

이후 SEI는 SW-CMM의 긍정적인 영향을 바탕으로 SW-CMM뿐만 아니라 SE-CMM(시스템 엔지니어링 능력 성숙도 모델), IPD-CMM(통합된 제품개발 능력 성숙도 모델) 등 다른 영역에 대한 성숙도 평가모델도 추가적으로 개발하였다. 하지만 조직의 관리자들은 SW-CMM과 SE-CMM, IPD-CMM에 대해 모델 상호간의 중첩된 부분과 다른 구조로 인해 현장에 적용하는데, 많은 어려움과 비용이 따른다고 토로하였고, 이에 따라 SEI는 1998년부터 CMM 관련 모델들을 근간으로 통합 모델인 CMMI의 개발에 착수하여 2002년 1월 마침내 CMMI V1.1을 발표하게 되었다. 이후 2006년에 CMMI V1.2를 발표하면서 CMMI-DEV(CMMI for Development, 시스템 개발을 위한 CMMI), CMMI-ACQ(CMMI for Acquisition, 시스템 획득을 위한 CMMI), CMMI-SVC(CMMI for Service, 서비스를 위한 CMMI)의 세 가지 유형으로 구분하였고, 2010년 보완된 버전인 V1.3이 발표되었다. 이후 SEI는 2012년 CMMI 연구소(CMMI Institute)를 설립하고 CMMI 관련 모든 업무를 이관하였다. CMMI 연구소는 국방산업을 중심으로 개발된 CMMI 모델이 자동차, 통신, 의료, 금융 등과 같은 다양한 유형의 산업계에 적용되었고, 산업계로부터 다양한 요구를 반영하기 위해 개정작업을 수행하고자 2018년 3월 CMMI V2.0을 발표하였다.

CMMI는 조직의 업무 프로세스를 5단계의 성숙도 레벨과 6단계의 역량 레벨로 나누어 평가한다. 이와 관련하여 20여 개의 프로세스 영역을 지원하며, 이에 대한 4가지 지식체계와 4가지 분류를 제공하고 있다. **CMMI에서 평가하는 프로세스 영역**은 <표 15.5>와 같이 크게 4가지로 분류되며, 각 프로세스의 하위 프로세스 영역은 다음과 같다.

- **프로세스 관리(Process Management) 영역:** 프로세스 관리 영역은 프로세스를 정의하고, 전개하고, 적용하고, 감시하고, 조정하고, 평가하여 개선하기 위한 프로젝트 간의 활동을 포함한다. 프로세스 관리 프로세스 영역은 다음과 같이 5개의 하위 프로세스 영역으로 구분된다.
  - 조직 프로세스 중점(Organizational Process Focus, OPF)-레벨3
  - 조직 프로세스 정의(Organizational Process Definition, OPD)-레벨3
  - 조직 훈련(Organizational Training, OT)-레벨3
  - 조직 프로세스 성과(Organizational Process Performance, OPP)-레벨4
  - 조직의 혁신 및 이행(Organizational Innovation and Deployment, OID)-레벨5
- **프로젝트 관리(Project Management) 프로세스:** 프로젝트 관리 프로세스 영역은 프로젝트를 계획하고 감시하고 통제하는 프로젝트 관리 활동을 다룬다. CMMI의 프로젝트 관리 프로세스 영역은 다음과 같다.
  - 프로젝트 계획(Project Planning, PP)-레벨2
  - 프로젝트 감시 및 통제(Project Monitoring and Control, PMC)-레벨2
  - 공급자 계약 관리(Supplier Agreement Management, SAM)-레벨2
  - 통합 프로젝트 관리(Integrated Project Management, IPM)-레벨3
  - 위험관리(Risk Management, RSKM)-레벨3
  - 정량적 프로젝트 관리(Quantitative Project Management, QPM)-레벨4
- **엔지니어링(Engineering) 프로세스:** 엔지니어링 프로세스란 소프트웨어 개발 및 운영 관련하여 계획, 요구사항분석, 설계, 구현 및 단위테스트, 통합테스트, 시스템테스트, 인수테스트, 유지보수 등의 단계를 포함한다. 엔지니어링 프로세스 영역은 소프트웨어 개발과 엔지니어링 단계에 포함되는 유지보수 활동을 포함한다. 또한 엔지니어링 프로세스 영역은 소프트웨어공학과 시스템 공학을 하나의 제품개발 프로세스로 통합하고 제품 기반 프로세스 개선 전략을 지원한다. CMMI의 엔지니어링 프로세스의 하위 프로세스 영역은 다음과 같다.
  - 요구사항 개발(Requirements Development, RD)-레벨3
  - 요구사항 관리(Requirements Management, REQM)-레벨2
  - 기술 솔루션(Technical Solution, TS)-레벨3
  - 제품통합(Product Integration, PI)-레벨3

- 검증(Verification)-레벨3
- 확인(Validation)-레벨3

• 지원(Support) 프로세스: 지원 프로세스 영역은 제품의 개발 및 유지보수를 지원하는 활동 프로세스를 포함한다. 다른 프로세스들이 제대로 수행될 수 있도록 하는 프로세스이다. 일반적으로 지원 프로세스 영역은 프로젝트를 목표로 하며, 조직에 대한 일반적인 프로세스들이다. 예를 들어 PPQA는 프로세스의 객관적 평가와 모든 프로세스 영역에서 정의되는 작업 산출물을 제공하기 위한 모든 프로세스 영역에 사용될 수 있다. 모든 PA들에서 사용할 수 있는 기능들을 제공하며, 몇몇 일반 사례들을 구현하는 것을 도와준다. CMMI의 지원 프로세스 영역은 다음과 같다.

- 형상 관리(Configuration Management, CM)-레벨2
- 프로세스 및 제품 품질보증(Process and Product Quality Assurance, PPQA)-레벨2
- 측정 및 분석(Measurement and Analysis, MA)-레벨2
- 통합 조직변경(Organizational Environment for Integration, OEI)-레벨3
- 결정분석 및 해결(Decision Analysis and Resolution, DAR)-레벨3
- 원인분석 및 해결(Causal Analysis and Resolution, CAR)-레벨3

〈표 15.5〉 CMMI에서 조직의 업무 프로세스 성숙도 평가 체계

성숙도	프로세스 관리 프로세스 5개 영역	프로젝트 관리 프로세스 6개 영역	엔지니어링 프로세스 6개 영역	지원 프로세스 6개 영역
레벨5	• OID: 조직혁신 및 전개			• CAR: 원인분석 및 해결
레벨4	• OPP: 조직 프로세스 이행	• QPM: 정량적 프로젝트 관리		
레벨3	• OPF: 조직 프로세스 중점 • OPD: 조직 프로세스 정의 • OT: 조직 교육훈련	• IPM: 통합프로젝트 관리 • RSKM: 위험관리 • ISM: 통합 공급자 관리	• RD: 요구사항개발 • TS: 기술 솔루션 • PI: 제품통합 • VER: 검증 • VAL: 확인	• DAR: 의사결정 분석 해결 • OEI: 통합조직 변경
레벨2		• PP: 프로젝트 계획 • PMC: 프로젝트 감시·통제 • SAM: 공급자계약관리	• REQM: 요구사항관리	• CM: 형상 관리 • PPQA: 프로세스·제품 품질보증 • MA: 측정 및 분석
레벨1	–	–	–	–

CMMI는 소프트웨어 업체에서 조직의 업무 프로세스 개선을 통한 소프트웨어 개발 과정에서의 비용, 품질, 일정 등 모든 것을 충족하고 일정 수준 이상의 성숙도 레벨로 진입하기 위한 최소한의 기준 제시와 반드시 수행해야 할 활동들의 집합으로 업무 프로세스의 성숙도 평가 및 개선을 위한 모델이다. CMMI 모델은 각 프로세스 영역(Process Areas)의 특정 목표와 공통 목표의 달성 정도를 측정함으로써 프로세스 개선 수준을 평가한다. 또한 CMMI는 조직의 SW 개발뿐만 아니라 시스템설계, 하드웨어, 운영 등 시스템통합(System Integration, SI) 사업 전반에 대한 프로세스를 평가하고 정의하는 방법인 SCAMPI (Standard CMMI Appraisal Method for Process Improvement)를 제공한다. 특히 소프트웨어 제품 또는 서비스의 개발, 획득, 유지보수하기 위한 조직의 공정 및 관리 능력을 향상시키기 위한 가이드 제공과 이를 통해 프로세스 개선 시 필요한 목표와 체계의 제공이 가능하다. 5단계로 구성되는 CMMI의 성숙도 레벨은 평가 조직의 프로세스를 개선 및 평가하기 위해 실행해야 할 실행지침을 포함하며, 성숙한 조직의 각 레벨마다 특징은 다음과 같다. 다음은 CMMI의 5단계 성숙도 평가모델에서 각 레벨에서 충족해야 하는 성숙도 수준이다.

- 레벨 1(Initial): 개인의 역량에 따라 프로젝트의 성공과 실패가 좌우되는 수준이며, 소프트웨어 개발 프로세스는 거의 없는 상태를 의미한다. 레벨 1 수준의 조직 특성은 다음과 같다.
  - 표준화된 프로세스 없이 프로젝트 수행 결과 예측이 곤란한 조직
  - 적용 프로세스는 전혀 없음
- 레벨 2(Managed): 프로세스에 의해 프로젝트가 통제되는 수준으로 조직은 프로세스에 대한 어느 정도의 훈련이 되었다고 볼 수는 있으나, 일정이나 비용과 같은 **관리 프로세스** 중심 프로세스 수준에 초점을 두는 수준이다. 기존 유사 성공사례를 응용하여 반복적으로 사용한다.
  - 기본적인 프로세스에 의해 프로젝트가 관리되고 있는 조직 수준임
  - 레벨 2에서 갖춰진 업무 프로세스는 다음과 같다.
    요구사항 관리(Requirement Management)
    프로젝트 계획(Project Planning)
    프로젝트 감시 및 제어(Project Monitoring & Control)
    공급자 계약 관리(Supplier Agreement Management)
    측정과 분석(Measurement & Analysis)
    프로세스와 제품 품질보증(Process & Product Quality Assurance)

형상 관리(Configuration Management)

- 레벨 3(Defined): 레벨 2에서는 프로젝트를 위한 프로세스가 존재하는 반면, 레벨 3에서는 조직을 위한 **표준 업무 프로세스**가 존재한다. 모든 프로젝트는 조직의 프로세스를 가져다 상황에 맞게 조정하여 승인받아 사용하는 수준이다.
  - 표준 업무 프로세스가 정의되어 프로젝트가 통제되는 조직 수준임
  - 레벨 3에서 갖춰진 업무 프로세스는 다음과 같다.

    요구사항 개발(Requirement Development)

    기술적 해결(Technical Solution)

    제품 통합(Product Integration)

    검증(Verification)

    조직 프로세스 중점 (Organization Process Focus)

    조직 프로세스 정의(Organization Process Definition)

    조직 훈련(Organization Training)

    통합된 프로젝트 관리(Integrated Project Management)

    통합된 공급자 관리(Integrated Supplier Management)

    위험(Risk Management)

    결정 분석 및 해결(Decision Analysis & Revolution)

    통합을 위한 조직 환경(Organizational Environment for Integration)

    통합된 팀 구성(Integrated Teaming)
- 레벨 4(Quantitatively Managed): 레벨 4에서 조직은 소프트웨어 프로세스와 소프트웨어 품질에 대한 정량적인 측정이 가능한 수준이다. 조직은 표준 업무 프로세스를 구축하고 있으며, 각 프로젝트에서 측정된 결과를 일괄적으로 수집하고 분석하여 품질 평가를 위한 기준으로 하는 수준이다.
  - 프로젝트 활동이 정략적으로 관리·통제되고 성과 예측이 가능한 조직 수준이다.
  - 레벨 4에서 갖춰진 업무 프로세스는 다음과 같다.

    조직적 프로세스 성과(Organizational Process Performance)

    정량적인 프로젝트 관리(Quantitative Project Management)
- 레벨 5(Optimizing): 레벨 5에서는 지속적인 개선에 치중한다. 조직적으로 최적화된 프로세스를 적

용하여 다시 피드백을 받아 개선하는 상위 단계이다.

- 지속적인 개선 활동이 정착화되고 최적의 관리로 프로젝트가 수행되는 조직
- 레벨 5에서 갖춰진 업무 프로세스는 다음과 같다.
  조직혁신 및 이행(Organization Innovation & Deployment)
  분석과 해결(Casual Analysis & Revolution)

따라서 CMMI 평가모델의 특징은 조직의 업무 프로세스 성숙도를 레벨 1에서 레벨 5까지 평가하는 1.5 차원 프로세스 평가모델로 볼 수 있으며, 각 레벨마다 요구되는 프로세스 성숙도 수준이 충족하는지를 평가하는 모델이다. 세계적으로 많은 소프트웨어 업체는 조직의 프로젝트 수행 능력 향상을 위해 CMMI를 적용하고 있으며, 국내、외에서 최근 프로젝트 참여나 제품 공급을 위한 전제조건으로 제시되는 경우가 늘어나면서 IT서비스 기업은 물론 많은 제조, 금융권 기업 등이 CMMI 인증 획득을 추진하고 있는 추세이다. 흔히 CMMI 도입의 타당성을 얘기하면서 투자 대비 효과를 언급한다. 프로젝트 일정 준수율이나 생산성, 품질, 비용, 고객만족도 측면에서 많은 효과가 있는 것으로 나타나고 있다. 물론 이런 긍정적인 효과를 본 조직이 전체적으로 많지는 않지만 충실하게 CMMI를 적용한 조직에서는 이러한 긍정적인 효과를 얻을 수 있을 것이다. 하지만 국내 기업들의 CMMI 적용의 효과는 조사 결과만큼 좋지 못한 것이 사실이다. 이러한 원인은 국내 소프트웨어 개발 문화의 차이와 CMMI 적용방식의 차이 등에서 찾을 수 있을 것이다.

15.7.2 SPICE 프로세스 평가모델

SPICE(Software Process Improvement and Capability dEtermination) 또는 **ISO/IEC 15504**는 소프트웨어 개발 프로세스 및 관련 업무 관리 능력에 대한 표준 평가모델이다. 즉 SPICE(또는 ISO/IEC 15504)는 조직의 소프트웨어 개발 프로세스 전반을 심사하고 그 결과에 따라 조직의 개발 프로세스 개선과 개발자의 개발 능력을 향상시킴으로서 소프트웨어 개발 위험을 통제하기 위한 목적으로 ISO에서 추진하는 소프트웨어 품질 표준화 심사 평가모델이다. ISO/IEC 15504는 공급되는 제품(소프트웨어, 시스템 및 IT 서비스)에 대한 조직의 역량을 판단하기 위한 조직의 프로세스 성숙도 평가 참조 모델이다. ISO/IEC 15504는 국제표준화기구(ISO)와 국제전기기술위원회(IEC)의 공동 표준 중 하나로서 ISO와 IEC의 공동 분과위원회인 ISO/IEC JTC1 SC7에서 개발되었고, 처음에는 프로세스 생명주기 표준인 ISO/IEC 12207과 Boots, Trillium, CMM(Capability Maturity Model) 등의 여러 프로세스 모델을 국제 표준으로

통합하여 제안한 프로세스 평가모델로서 소프트웨어 프로세스에 대한 개선 및 능력 측정 기준을 제시하고 있다. 이후 ISO/IEC 15504는 2015년 3월부터 ISO/IEC 33000:2015 정보기술 프로세스 평가로 대체되었다.

SPICE 도입 배경은 ISO 900-3에서 해결하지 못하는 소프트웨어 분야 특성과 프로세스 측면을 개선하고자 추진되었으며, '무엇(what)이다.'라고는 있고 '어떤 방법(how)이다.'라는 구체성이 없는 ISO 12207의 단점을 해결하기 위한 실천적 방안의 필요성에서 출발하였다. SPICE의 주요 특징은 다음과 같다.

- ISO 12207 소프트웨어 생명주기 프로세스를 포함하는 프로세스와 프로세스 성숙도를 2차원으로 평가하는 모델이다.
- 소프트웨어 사업자의 성숙도 평가 수단으로 사용가능하다.
- 기존의 프로세스 평가모델인 CMM, ISO 9000의 장점을 수용한 통합 프로세스 평가모델이다.

SPICE(또는 ISO/IEC 15504)에서 프로세스 성숙도 평가방식은 CMM과 마찬가지로 조직의 프로세스를 개선하기 위한 활동을 지원하기 위하여 현재의 프로세스 상태를 파악하여 성숙한 능력 수준을 측정한다. SPICE에서 정의하고 있는 프로세스는 5개의 종류로 구분되며, 세부 프로세스는 40개로 정의된다. 또한 프로세스 성숙도 수준은 각 수준별 측정관점에 따라 0에서 5사이의 6개 수준으로 평가한다. 소프트웨어 기업에 평가되는 프로세스 모델은 다음과 같이 5가지 프로세스로 분류하고, 각 업무 프로세스마다 0에서 5까지의 6개 수준으로 평가된다. 먼저 평가대상인 5가지 프로세스 모델은 다음과 같다.

- 고객-공급자 프로세스: 소프트웨어를 개발하여 고객에게 전달하는 것을 지원하고, 소프트웨어를 정확하게 운용하고 사용하도록 지원하는 프로세스로 구성된다.
- 엔지니어링 프로세스: 시스템과 소프트웨어 제품을 개발하는 프로세스(요구사항분석, 소프트웨어 설계, 구현 및 단위테스트, 통합)와 유지보수 프로세스들로 구성된다.
- 지원 프로세스: 소프트웨어 생명주기에서 다른 프로세스에 의해 이용되는 프로세스로서 문서화, 형상 관리, 품질보증, 검증, 확인, 검토 등의 개발 활동을 지원하는 프로세스로 정의된다.
- 관리 프로세스: 소프트웨어 생명주기에서 프로젝트 관리자(PM)가 사용하는 프로세스로서 프로젝트 관리, 품질관리, 위험관리 등의 프로세스로 구성되어 있다.
- 조직 프로세스: 조직의 업무 목적을 수립하고, 조직이 업무 목표를 달성하는 데 도움을 주는 프로세

스로서 프로세스 정의, 심사, 개선, 인적자원 관리, 기반 구조, 평가, 재사용 프로세스로 구성된다.

또한 소프트웨어 회사에서 업무 프로세스를 고객-공급자 프로세스, 엔지니어링 프로세스, 지원 프로세스, 관리 프로세스, 조직 프로세스로 구분하고, 각 프로세스의 성숙도는 <표 15.6>과 같이 0에서 5까지의 6개 수준으로 평가하는 방식이다. 레벨 0(Incomplete Level)은 어떤 업무에 대한 표준업무 프로세스가 정의되지 않았고 프로세스 목적을 달성하지 못한 수준을 말한다. 설령 원하는 프로세스 목적을 달성된 경우도 업무 프로세스에 의해 이뤄진 결과가 아닌 담당자의 업무 능력에 따라 과다 산출하거나 목표에 미달할 수 있는 수준을 나타낸다. 둘째, 레벨 1(Performed Level)은 해당 프로세스의 업무 목적은 달성하였으나 실제 프로세스에 의해 계획되거나 달성 과정이 추적되지 않는 수준이다. 셋째, 레벨 2(Managed)는 업무 프로세스가 계획되고 관리되며, 이에 따라 생산된 작업 산출물이 규정된 표준과 요구사항에 부합한 수준이다. 넷째, 레벨 3(Established)는 표준업무 프로세스를 계획하여 사용하고 있고 관리되고 있는 수준이다. 레벨 4(Predictable)는 표준업무 프로세스 성숙도에 대한 정량적인 평가와 이해가 이뤄지고 있는 수준이다. 레벨 5(Optimizing)는 정의된 표준업무 프로세스가 지속적으로 개선되고 있는 수준이다.

따라서 SPICE는 <15.6>과 같이 어떤 소프트웨어 회사 조직에서 5가지 업무 프로세스 영역마다 0에서

〈표 15.6〉 프로세스 성숙도 평가 5단계

레벨	측정관점
5 Optimizing (최적화 수준)	정의된 표준업무 프로세스가 지속적으로 개선되고 있는 수준이다.
4 Predictable (예측 가능 수준)	표준업무 프로세스 성숙도에 대한 정량적인 평가와 이해가 이뤄지고 있는 수준이다.
3 Established (확립 수준)	표준업무 프로세스가 정의된 프로세스에 의해 계획되고 사용하고 관리되는 수준이다.
2 Managed (관리 수준)	업무 프로세스가 계획되고 관리되고, 작업 산출물이 규정된 표준과 요구사항에 부합한 수준이다.
1 Performed (실행 수준)	업무 프로세스가 정의되었고 이에 따라 업무 목적은 달성하였으나 계획되거나 달성 과정이 추적되지 않는 수준이다.
0 Incomplete (미완성 수준)	프로세스가 정의되지 않았거나 프로세스 목적을 달성하지 못한 수준이다.

5까지의 5점 척도로 측정하는 **2차원** 업무 프로세스 성숙도 평가모델이다. SPICE 모델을 통해 어떤 조직에서 업무 프로세스마다 업무 수행 능력의 성숙도를 평가할 수 있다. 예로, <그림 15.7>에 의하면, 이 조직은 프로세스 성숙도는 다음과 같이 해석된다.

- 첫째, 이 조직의 고객-공급자 프로세스는 레벨 2로서 업무 프로세스가 계획되고 관리되고 있으며, 작업 산출물이 계획된 프로세스에 의해 생성되고 있는 수준임을 의미한다.
- 둘째, 이 조직의 소프트웨어 개발 엔지니어링 프로세스(요구사항분석, 설계, 구현 및 단위테스트, 통합테스트 등과 유지보수)는 레벨 4로서 업무 프로세스가 정량적으로 평가되어 관리되고 있는 수준을 의미한다. 개발 엔지니어링 프로세스 레벨 4는 이미 레벨 1~4의 수준을 모두 충족하고 있다는 의미이다.
- 셋째, 조직의 지원 프로세스는 레벨3으로 프로젝트의 문서화, 형상 관리, 품질보증, 검증, 확인, 검토 등의 개발 활동이 정의된 업무 프로세스에 의해 계획되고 사용되고 관리되는 수준을 의미한다. 이것은 조직의 지원 프로세스 레벨 3은 이미 레벨 1~3의 수준을 충족하고 있다는 의미이다.
- 넷째, 조직의 관리 프로세스는 레벨 5로서 조직에서 프로젝트 관리자가 사용하는 프로젝트 관리, 품질관리, 위험관리 등의 관리 프로세스가 정량적으로 평가되고 지속적으로 개선되고 있는 완벽한 수

〈표 15.7〉 SPICE에 의한 조직의 업무 프로세스 성숙도 평가모델 예시

레벨 \ 프로세스	고객-공급자 프로세스	엔지니어링 프로세스	지원 프로세스	관리 프로세스	조직 프로세스
5 최적화 수준					
4 예측 가능 수준					
3 확립 수준					
2 관리 수준					
1 실행 수준					
0 미완성 수준					

준임을 의미한다.

- 다섯째, 조직 프로세스는 레벨 1로서 조직의 업무 목적을 수립하고 원만한 업무 목표를 달성하고 있으나, 조직에서 업무 프로세스의 정의, 심사, 개선, 인적자원 관리, 기반 구조, 평가, 재사용 프로세스 등의 과정이 추적되지 않는 수준을 의미한다.

따라서 SPICE 프로세스 평가모델은 <그림 15.8>의 흐름도와 같이 조직에서 어떤 프로세스가 정의되어 있고 모든 산출물은 정의된 업무 프로세스에 의해 계획되고 사용되고 관리되고 있으며, 업무 프로세스는 정량적으로 평가되어 관리되고 있으며, 지속적으로 업무 프로세스가 개선되고 있는지에 따라 조직의 업무 프로세스 성숙도를 평가하는 방식이다.

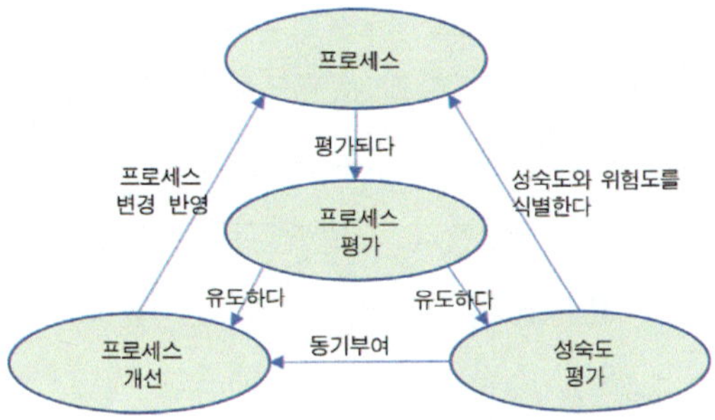

〈그림 15.8〉 SPICE 평가모델에서 프로세스 성숙도의 처리 흐름도

이러한 SPICE 평가모델의 장점은 다음과 같이 요약된다.

- 다양한 소프트웨어 개발 방법론과 함께 사용할 수 있어 CMMI에 비해 적용 범위가 더 넓다.
- 성숙도 수준보다는 업무 프로세스 역량 평가에 중점을 두어 조직의 업무 프로세스의 성숙도 평가에 상세한 수단을 제공한다.
- 개별 프로세스 내에서 특정 강점과 약점을 파악하는 데 유용하다.

15.7.3 CMMI와 SPICE 평가모델의 차이점

CMMI와 SPICE 평가모델은 모두 소프트웨어 프로세스 개선을 위한 효과적인 프레임워크이지만, 개발 방법론, 조직 구조, 구체적인 개선 목표 등 다양한 요소에 따라 조직에서 적합한지, 여부 등에서 차이점이 존재한다. 조직은 프로세스 개선 여정에 가장 적합한 모델을 선택하기 전에 조직의 요구사항을 신중하게 평가하여 적합한 프로세스 평가모델을 채택하여 사용해야 한다. <표 15.8>은 CMMI와 SPICE 평가모델의 차이점 비교로서 적용 범위, 프로세스 측정 범위, 평가 접근 방식, 채택 범위, 핵심 용어 사용 범주, 채택 시 주요 이점을 중심으로 주요 특징을 요약한 것이다.

〈표 15.8〉 CMMI와 SPICE 평가모델의 차이점

항목	CMMI	SPICE
정의	미국 카네기멜론 대학 소프트웨어공학연구소(SEI)에서 개발한 프로세스 평가모델	프로세스 평가 및 개선을 위한 국제 표준(ISO/IEC 15504)에서 개발됨
주요 특징	프로세스 성숙도 레벨마다 충족해야 하는 업무 프로세스 품질 수준을 평가함	평가 대상인 5가지 프로세스 영역별로 레벨 0에서 5까지 업무 프로세스 품질 수준을 평가함. 프로세스 영역별 다른 성숙도를 보일 수 있음
적용 범위	주로 특정 관행 및 성숙도 수준을 사용하는 조직을 대상으로 사용 가능	다양한 소프트웨어 개발 방법론에 적용 가능
프로세스 측정	사전 정의된 성숙도 수준 및 프로세스 영역의 업무 목표를 달성하는 데 중점을 두고 있다.	특정 속성을 사용하여 개별 업무 프로세스의 성숙도를 평가하는 데 중점을 두고 있다.
평가 접근 방식	정의된 성숙도 측정기준을 가진 구조적이고 단계적인 접근 방식	유연하고 프로세스 중심의 성숙도 평가 위주의 접근 방식
조직에서 채택 범위	미국 및 다른 국가의 대규모 소프트웨어 업체에서 널리 사용됨	광범위한 글로벌 조직에서 사용
핵심 용어	성숙도 수준, 프로세스 영역, 평가	역량 수준, 프로세스 평가 모델(PAM), 프로세스 참조 모델(PRM)
주요 이점	산업계에서 충분히 인정받고 있음. 프로세스 평가와 개선을 위한 명확한 로드맵 제공하고 지속적인 개선 문화를 장려함	다양한 소프트웨어 개발 방법론에 대한 유연성 및 적응력 향상, 개별 프로세스 역량에 대한 상세한 평가 제공, 프로세스 내 특정 강점과 약점 파악에 도움을 줌

15.8 품질보증 도구

소프트웨어 품질보증(QA)은 소프트웨어가 품질 표준을 충족하거나 초과하도록 보장하기 위해 다양한 도구에 크게 의존한다. 이러한 도구는 프로세스를 자동화하고, 테스트 활동을 관리하고, 코드를 분석하고, 팀원 간의 커뮤니케이션과 협업을 촉진하는 데 도움을 준다. 다음은 소프트웨어 품질관리에서 일반적으로 사용되는 몇 가지 필수 도구에 대한 설명이다.

15.8.1 테스트 관리 도구

테스트 관리 도구는 테스트 케이스 생성, 실행, 추적 및 보고를 포함한 테스트 프로세스를 구성하고 관리하는 데 도움을 준다. 이러한 도구는 문서를 유지하고 모든 테스트 단계가 체계적으로 수행되도록

하는 데 매우 중요하다. 주요 테스트 관리 도구는 다음의 제품이 있다.

- TestRail: 종합적인 테스트 케이스 관리를 제공하여 팀이 테스트 작업을 조직하고 테스트 활동에 대한 실시간 인사이트를 얻을 수 있도록 도와준다.
- 품질 센터/ALM(애플리케이션 수명 주기 관리): Micro Focus에서 개발한 이 도구는 테스트 관리, 자동화, 결함 추적 등의 기능을 제공하여 요구사항부터 배포까지 모든 범위의 테스트 요구사항을 지원한다.
- Zephyr: 테스트 수명 주기의 모든 측면을 관리하기 위해 Jira 및 기타 DevOps 도구와 통합됩니다.

15.8.2 테스트 자동화 도구

자동화된 테스트 도구는 형상 관리에서 중요한 역할을 하며, 팀이 자동으로 테스트를 실행하여 새로운 변경사항이 기존 기능을 손상시키지 않도록 해야 한다. 주요 테스트 자동화 도구에는 다음의 제품이 있다.

- Selenium: 웹 브라우저 자동화를 위한 강력한 도구인 Selenium은 여러 언어와 프레임워크를 지원하므로 웹 애플리케이션 테스트를 위한 다용도 선택이 가능합니다.
- JUnit/TestNG: 테스트 방법과 예상 결과를 식별하기 위한 주석을 제공하는 Java 단위 테스트용 프레임워크이다.
- Cypress: 최신 웹용으로 제작된 최신 웹 테스트 도구로, 더 빠르고 안정적인 end-to-end 테스트를 제공한다.

15.8.3 정적 분석 도구

정적 분석 도구는 소스 코드를 실행하기 전에 분석하여 잠재적인 보안 취약성, 버그 및 기타 코드 품질 문제를 찾아낸다. 주요 정적 분석 도구에는 다음의 제품이 있다.

- SonarQube: 20개 이상의 프로그래밍 언어에서 버그, 취약점 및 코드 냄새를 스캔합니다.
- 정적 코드 분석기 강화: 애플리케이션 코드의 보안 취약점을 식별하여 안전한 코드 검토를 위한 포괄적인 솔루션을 제공한다.

- ESLint: JavaScript 및 JSX용 플러그형 린팅 유틸리티로, 코드에서 문제가 있는 패턴을 식별하는 데 유용합니다.

15.8.4 성능 테스트 도구

성능 테스트 도구는 다양한 부하 조건에서 애플리케이션의 동작을 이해하기 위해 애플리케이션에 대한 사용자 액세스를 시뮬레이션하는 데 사용된다. 주요 성능 테스트 도구에는 다음의 제품이 있다.

- JMeter: 웹 애플리케이션을 중심으로 다양한 서비스의 성능을 분석하고 측정하기 위한 오픈 소스 부하 테스트 도구이다.
- LoadRunner: 클라우드 및 On-premise 애플리케이션을 위한 다양한 테스트 도구를 제공하여 애플리케이션 소프트웨어를 사용하는 수천 명의 사용자를 동시에 시뮬레이션하고 주요 구성 요소의 성능을 기록하고 나중에 분석할 수 있다.
- Gatling: 비동기 처리 및 통합 기능에 중점을 둔 Scala, Akka 및 Netty 기반의 고성능 부하 테스트 프레임워크이다.

15.8.5 코드 커버리지 도구

코드 커버리지 도구는 테스트 중에 프로그램의 소스 코드가 실행되는 정도를 측정하여 테스트 케이스 집합에서 실행되지 않는 프로그램 영역을 이해하는 데 도움을 준다. 주요 코드 커버리지 도구에는 다음의 제품이 있다.

- Cobertura: 테스트에서 액세스하는 코드의 비율을 계산하는 무료 Java 도구입니다.
- 이스탄불: 문, 줄, 함수 및 분기 커버리지를 계산하는 JavaScript 테스트 커버리지 도구이다.
- JaCoCo: Java 코드 커버리지에 널리 사용되는 라이브러리로서 Maven 및 Gradle과 직접 통합된다.

연습문제

15.1 고품질 소프트웨어의 개념을 설명하시오.

15.2 소프트웨어 품질 관련 다음 용어를 비교하여 설명하시오.

가. 품질관리(QC)　　나. 품질보증(QA)　　다. 총체적 품질관리(TQM)

15.3 소프트웨어 품질 평가모델은 크게 (㉠), (㉡)의 두 가지로 분류된다. 괄호 ㉠, ㉡에 알맞은 용어를 답하시오.

15.4 다음 〈보기〉 중 소프트웨어 제품의 **모든** 성능 테스트 도구를 선택한 것은?

> **보기**
> ㉠ JMeter　㉡ SonarQube　㉢ LoadRunner　㉣ ESLint　㉤ Gatling

① ㉠ – ㉡
② ㉠ – ㉢ – ㉤
③ ㉡ – ㉢ – ㉣ – ㉤
④ ㉠ – ㉡ – ㉢ – ㉣ – ㉤
⑤ 해당 사항 없음

15.5 다음 중 SPICE 프로세스 품질 성숙도 품질 특성의 표준 모델은?

① ISO/IEC 15504
② ISO/IEC 25010
③ ISO/IEC 14598
④ ISO/IEC 12119
⑤ ISO/IEC ISO 12207

15.6 다음 중 SPICE 프로세스 평가모델에서 관리하는 프로세스 영역이 **아닌** 것은?

① 고객–공급자 프로세스
② 관리 프로세스
③ 인사 프로세스
④ 엔지니어링 프로세스
⑤ 지원 프로세스

정답　15.4 ②　15.5 ①　15.6 ③

연습문제

15.7 다음은 CMMI의 5단계 성숙도 평가모델에서 각 레벨에서 충족해야 하는 성숙도 수준이다. 옳지 **않은** 것은?

① 레벨1: 모든 영역이 정의되지 않음
② 레벨2: 프로젝트 관리 프로세스(프로젝트 계획, 프로젝트 감시/통제, 공급자계약관리); 엔지니어링 프로세스(요구사항관리); 지원 프로세스(형상 관리, 프로세스·제품 품질보증, 측정 및 분석)
③ 레벨3: 프로젝트 관리 프로세스(조직 프로세스 중점, 조직 프로세스 정의) 엔지니어링 프로세스
④ 레벨4: 프로세스 관리 프로세스(조직 프로세스 이행) 프로젝트 관리 프로세스(정량적 프로젝트 관리)
⑤ 레벨5: 프로세스 관리 프로세스(조직혁신 및 전개) 지원 프로세스(원인분석 및 헤결)

15.8 다음 중 CMMI 프로세스 평가모델에서 관리하는 프로세스 영역이 **아닌** 것은?

① 고객-공급자 프로세스
② 프로세스 관리 프로세스
③ 프로젝트 관리 프로세스
④ 엔지니어링 프로세스
⑤ 지원 프로세스

15.9 다음 중 소프트웨어 품질보증 계획의 목표로 옳지 **않은** 것은?

① 프로세스를 지속적으로 개선하여 효율성, 효율성 및 전반적인 품질을 향상시킨다.
② 제품 및 서비스 개발 또는 제공을 위해 특별하고 독특한 업무 프로세스를 구축한다.
③ 프로젝트 또는 제품의 품질에 영향을 미칠 수 있는 위험을 식별하고 관리한다.
④ 품질 관련 활동 및 결정을 추적하고 추적하기 위한 강력한 문서화 프로세스를 구축한다.
⑤ 정기적인 모니터링 및 보고 메커니즘을 구현하여 진행 상황을 추적하고 문제를 식별하고, 품질을 유지 또는 개선하기 위한 데이터 기반 결정을 내려준다.

15.10 다음 중 소프트웨어 품질관리 방법으로 자주 사용되지 **않는** 것은?

① Code-and-Fix 방법 적용
② 공식적인 기술 검토
③ 인스펙션
④ 검토회의
⑤ 소프트웨어 테스트 방법(단위테스트, 통합테스트, 시스템테스트, 인수 테스트 등)

정답 15.7 ③ 15.8 ① 15.9 ② 15.10 ①

연습문제

15.11 다음 〈보기〉 중 소프트웨어 품질관리(QC) **활동 범위만을** 선택한 것은?

> **보기**
>
> ㉠ 프로젝트 결과물이 정의된 품질 표준을 충족하는지 모니터링하고 인한다.
> ㉡ 데이터 입력 및 참조의 복사 오류를 검사한다.
> ㉢ 데이터 일관성을 검사하고, 내부 문서 검토를 수행한다.
> ㉣ 품질 표준과 관리 방법, 지침서 등을 준비한다.
> ㉤ 기술 검토와 프로젝트를 정기적으로 감사한다.

① ㉠ - ㉡
② ㉠ - ㉡ - ㉢
③ ㉠ - ㉡ - ㉢ - ㉣
④ ㉠ - ㉡ - ㉢ - ㉣ - ㉤
⑤ 해당 사항 없음

15.12 다음 〈보기〉 중 소프트웨어 품질보증(QA) **활동 범위만을** 선택한 것은?

> **보기**
>
> ㉠ 프로젝트 결과물이 정의된 품질 표준을 충족하는지 모니터링하고 확인한다.
> ㉡ 품질보증 계획을 수립하고, 품질 시스템을 검토한다.
> ㉢ 품질보증 활동을 통한 업무 프로세스를 개선한다.
> ㉣ 품질 표준과 관리 방법, 지침서 등을 준비한다.
> ㉤ 기술 검토와 프로젝트를 정기적으로 감사한다.

① ㉠ - ㉡
② ㉡ - ㉢ - ㉣
③ ㉡ - ㉢ - ㉣ - ㉤
④ ㉠ - ㉡ - ㉢ - ㉣ - ㉤
⑤ 해당 사항 없음

정답 15.11 ② 15.12 ③

연습문제

15.13 다음 중 소프트웨어 내부 품질을 개선하는 방법으로 **옳지 않은** 것은?

① 정적 소프트웨어 분석 도구로 구현된 품질 메트릭을 사용하여 소프트웨어 내부 품질을 측정하는 것이 중요하다.
② 코드의 품질을 개선하는 것은 캠프장을 깨끗하게 유지하는 것처럼 깔끔한 코드에 익숙해지게 하고 깔끔한 코드의 사용을 장려하는 것이 좋다.
③ 리팩터링(refactoring)을 개발 프로세스의 일부로 편성하는 것이 중요하다.
④ 팀원과 함께 모든 요청사항을 검토하여 모든 것이 잘 되었는지를 확인하는 체계를 확립하는 것이 중요하다.
⑤ 필요 시 소프트웨어 설계 원칙을 어기더라도 빠른 처리 속도와 적은 메모리량 사용을 추구하는 것이 중요하다.

15.14 다음은 소프트웨어 제품의 품질 평가모델에 대한 설명으로 **옳지 않은** 것은?

① 내부 품질(Internal Quality)은 개발자가 인지하는 소프트웨어 제품의 품질 특성으로 소프트웨어 시스템의 구축 방식과 연관된다.
② 외부 품질(External Quality)은 소프트웨어를 사용 시 외부 사용자가 인지하는 소프트웨어의 품질 특성이다.
③ 소프트웨어 제품의 내부 품질 평가 요소는 주로 개발자 중심의 품질 요소로서 유지보수성, 이식성, 호환성, 성능 효율성, 신뢰성 등이 있다.
④ 소프트웨어 제품의 외부 품질 평가 요소에는 기능 적합성, 보안성, 사용성 등이 있다.
⑤ ISO/IEC 25010는 8개의 평가영역과 각 하위 평가영역의 소프트웨어 품질 특성을 정의하는 평가모델이다.

15.15 다음 〈보기〉 중 소프트웨어 제품의 **모든** 외부 품질 평가 요소는?

보기
㉠ 기능 적합성 ㉡ 보안성 ㉢ 이식성 ㉣ 사용성 ㉤ 신뢰성

① ㉣ – ㉤
② ㉠ – ㉡
③ ㉠ – ㉡ – ㉢
④ ㉠ – ㉡ – ㉣ – ㉤
⑤ ㉠ – ㉡ – ㉢ – ㉣ – ㉤

정답 15.13 ⑤ 15.14 ③ 15.15 ④

연습문제

15.16 다음 〈보기〉 중 소프트웨어 제품의 **모든** 내부 품질 평가 요소는?

보기
㉠ 유지보수성 ㉡ 이식성 ㉢ 호환성 ㉣ 사용성 ㉤ 신뢰성

① ㉣ - ㉤
② ㉠ - ㉡ - ㉢
③ ㉠ - ㉡ - ㉢ - ㉣
④ ㉠ - ㉡ - ㉢ - ㉣ - ㉤
⑤ 해당 사항 없음

15.17 다음 중 소프트웨어 제품 품질 특성 모델의 표준 모델은?

① ISO/IEC ISO 12207
② ISO/IEC 25010
③ ISO/IEC 14598
④ CMMI

15.18 소프트웨어 제품의 품질 평가모델과 **가장 거리가 먼** 것은?

① ISO/IEC 14598
② ISO/IEC 15000
③ ISO/IEC 12119
④ ISO 12207

15.19 소프트웨어 개발 및 유지보수 프로세스 품질 평가모델과 **가장 거리가 먼** 것은?

① ISO/IEC 14598
② ISO 9000
③ ISO 12207
④ CMMI ⑤ SPICE

15.20 다음 중 소프트웨어의 사용성의 하위 평가 요소로 **옳지 않은** 것은?

① 사용 용이성과 학습 용이성
② 접근성
③ 신뢰성
④ 사용자 인터페이스 미학
⑤ 사용자 오류 보호 능력

정답 15.16 ② 15.17 ② 15.18 ④ 15.19 ① 15.20 ③

APPENDIX

부록 1. 〈소프트웨어 개발 문서 및 평가지표 양식 목록〉

부록 2. 〈표 3.1〉 시스템 요청서 양식

부록 3. 〈표 4.1〉 소프트웨어 개발을 위한 시스템 제안서 양식

부록 4. 〈표 6.9〉 소프트웨어 요구사항명세서(SRS) 양식

부록 5. 〈표 6.10〉 소프트웨어 요구사항명세서(SRS) 평가지표

부록 6. 〈표 11.1〉 소프트웨어 설계명세서(SDD) 양식

부록 7. 〈표 11.2〉 소프트웨어 설계명세서(SDD)의 평가지표

부록 8. 〈표 14.1〉 형상 관리 계획서 양식

부록 1. <소프트웨어 개발 문서 및 평가지표 양식 목록>

번호	문서양식	비고
1	소프트웨어 개발 생명주기 단계별 주요 산출물	〈표 2.1〉
2	시스템 요청서 양식	〈표 3.1〉
3	소프트웨어 개발을 위한 시스템 제안서 양식	〈표 4.1〉
4	소프트웨어 요구사항명세서(SRS) 양식	〈표 6.9〉
5	소프트웨어 요구사항명세서(SRS) 평가지표	〈표 6.10〉
6	소프트웨어 설계명세서(SDD) 양식	〈표 11.1〉
7	소프트웨어 설계명세서(SDD)의 평가지표	〈표 11.2〉
8	하드웨어 사양(Hardware Specifications)	〈표 7.1〉
9	LAN 네트워크 사양(Network Specifications)	〈표 7.2〉
10	소프트웨어 제품 사양(Software Product Specifications)	〈표 7.3〉
11	파일 헤더	12.6.1절
12	메소드 헤더	12.6.2절
13	메소드 내부 주석 처리	12.6.3절
14	코드 인스펙션 체크리스트	〈표 12.1〉
15	소프트웨어 품질 평가지표	〈표 15.2〉

부록 2. <표 3.1> 시스템 요청서 양식

1. 추진 목표 및 내용
   1.1 사업 목표
   1.2 개발범위 및 내용
   1.3 기능적 모델링: 사용사례 다이어그램
2. 대상 고객
3. 프로젝트 개요
4. 프로젝트 스폰서
   4.1 프로젝트 정의
   4.2 사업의 사례 분석‘
   4.3 필요 자금 충당계획
   4.4 이해관계자
   4.5 예상되는 문제점 및 해결책
5. 사업 추진 배경 및 필요성
   5.1 매출 증가율
   5.2 시장 점유율 증가율
   5.3 고객 서비스 개선
   5.4 제품 하자율 개선
   5.5 공급-획득 프로세스 개선
6. 비즈니스 요구사항
   6.1 사업 측면의 요구사항
   6.2 제품이 제공하는 기능과 특징의 요구사항
   6.3 사용자 또는 이해관계자 요구사항
   6.4 시스템 요구사항
7. 작업계획
   7.1 업무분석체계(WBS)-작업계획
8. 인력 계획
9. 자원 계획
   9.1 장비 소요계획

9.2 자재 소요계획
10. 일정계획
11. 예산계획
12. 사업의 타당성 분석
    12.1 경제적 타당성
    12.2 기술적 타당성
    12.3 조직적 타당성
    12.4 법적 및 환경적 타당성
    12.5 일정계획 타당성
13. 특별한 문제점 또는 제약사항
    13.1 시스템 구현 관련 이슈
    13.2 제약사항
14. 시스템 대안(3~4가지 가능한 솔루션)
15. 요약(권장 사항 포함)
부록(각종 문서, 단계별 요약, 서신 등)

부록 3. <표 4.1> 소프트웨어 개발을 위한 시스템 제안서 양식

1. 제안서 요약
    1.1 개발 목표
    1.2 개발내용
    1.3 작업분해도(WBS)
    1.4 용어 정의
2. 시스템 요청서
    2.1 프로젝트 스폰서
    2.2 시스템 사용자들
    2.3 사업 필요성
    2.4 특별한 문제점과 제약사항
3. 요구사항 분석
    3.1 기능적 요구사항
    3.2 비기능적 요구사항

3.3 도메인 요구사항
4. 작업계획
4.1 CPM 네트워크와 소작업 목록
4.2 간트 챠트(Gant chart) 일정계획
5. 조직구성 및 직무 기술 계획
5.1 인력 구성
5.2 직무 기술
6. 사업 타당성 분석(경제적, 기술적, 조직적, 법적)
6.1 경제적 타당성
6.2 기술적 타당성
6.3 조직적 타당성
6.4 법적 타당성
7. 사용자 인터페이스 명세
8. 기능적 모델링
8.1 사용사례 다이어그램
8.2 사용사례 명세
9. 구조적 모델링
9.1 클래스 다이어그램
9.2 CRC cards과 클래스 명세
9.3 데이터베이스 스키마 명세
9.4 자료구조 명세
10. 행위 모델링
10.1 사용사례에 대한 시퀀스 다이어그램
10.2 액티비티 다이어그램
11. 클래스의 메소드 알고리즘 명세
12. 기술 관리 방법
12.1 표준 개발방법론
12.2 변경관리
12.3 위험관리
12.4 진도관리
12.5 업무보고 일정계획
12.6 문제점 해결방안
13. 유지보수계획
14. 설치 및 인수계획
15. 그 밖의 위험분석 및 제약사항
부록
참고문헌

※ 위의 목차는 프로젝트 규모에 따라 절(section)을 장(chapter)으로 확대 또는 축소하여 편집할 수 있다.

부록 4. <표 6.9> 소프트웨어 요구사항명세서(SRS) 양식

1. 개요
   1.1 개발목표
   1.2 개발범위 및 내용
   1.3 제품 가치
   1.4 대상 고객
   1.5 사용 시나리오
   1.6 작업분해도(WBS)
   1.7 용어 정의
2. 기능적 요구사항
   2.1 사용사례 분석
   2.2 데이터 처리 흐름도
   2.3 시스템 작업내용
   2.4 관리 기능
   2.5 트랜잭션 처리 작업
   2.6 모든 화면에 대해 수행되는 작업의 세부 사항
3. 도메인 요구사항
4. 비기능적 요구사항 (필요에 따라 선택하여 기술함)
   4.1 성능 요구사항
   4.2 신뢰성 요구사항
   4.3 부하 및 스트레스 요구사항
   4.4 보안 요구사항
   4.5 운영(용량) 요구사항
   4.6 사용성 요구사항
   4.7 호환성 요구사항
   4.8 안정성 및 가용성 요구사항
   4.9 확장성 요구사항
   4.10 유지보수성 요구사항
   4.11 설치 요구사항
   4.12 복구 요구사항
   4.13 법적 규정 및 환경 요구사항
   4.14 위험분석 및 제약 요구사항
   4.15 문서 산출물 요구사항
5. 외부 인터페이스 요구사항
   5.1 사용자 인터페이스 요구사항 및 GUI 명세(또는 설계)
   5.2 하드웨어 인터페이스 요구사항
   5.3 소프트웨어 인터페이스 요구사항

5.4 통신 인터페이스 요구사항

6. 기능적 모델링
   6.1 사용사례 다이어그램
   6.2 사용사례 명세
7. 구조적 모델링
   7.1 클래스 다이어그램
   7.2 클래스의 테이블 명세와 클래스 명세
   7.3 데이터베이스 스키마 명세
   7.4 Abstract와 Interface 클래스 명세
   7.5 그 밖의 자료구조 명세
8. 행위 모델링
   8.1 사용사례에 대한 시퀀스 다이어그램
   8.2 액티비티 다이어그램(선택 사항)
9. 클래스의 메소드 알고리즘 명세 (실제 많은 분량 차지함)
   9.1 클래스 A::메소드 알고리즘 ...
   9.2 클래스 B::메소드 알고리즘 ...
10. 요구사항 검토 결과
11. 결론

부록

참고문헌

부록 5. <표 6.10> 소프트웨어 요구사항명세서(SRS) 평가지표

<table>
<tr><th>관리번호</th><td></td><th>담당부서</th><td>개발1팀</td></tr>
<tr><th>평가대상</th><td>(예1) 클래스
(예2) 메소드</td><th></th><td>(예1) Employee
(예2) Employee::insert()</td></tr>
<tr><th>평가 일자</th><td>20 년 월 일</td><th rowspan="2">판정 결과</th><td rowspan="2">PASS / FAIL</td></tr>
<tr><th>평가자</th><td>(인)</td></tr>
</table>

<table>
<tr><th colspan="2" rowspan="2">평가항목</th><th colspan="5">점수(V)</th><th rowspan="2">서술식 평가</th></tr>
<tr><th>0</th><th>1</th><th>2</th><th>3</th><th>4</th></tr>
<tr><th rowspan="5">완전성
(　점)</th><th>기능적 요구사항</th><td></td><td></td><td></td><td></td><td></td><td rowspan="11"></td></tr>
<tr><th>도메인 요구사항</th><td></td><td></td><td></td><td></td><td></td></tr>
<tr><th>비기능적 요구사항</th><td></td><td></td><td></td><td></td><td></td></tr>
<tr><th>사용사례 다이어그램</th><td></td><td></td><td></td><td></td><td></td></tr>
<tr><th>사용사례 명세</th><td></td><td></td><td></td><td></td><td></td></tr>
<tr><th rowspan="6"></th><th>클래스 다이어그램</th><td></td><td></td><td></td><td></td><td></td></tr>
<tr><th>스키마 테이블 표현</th><td></td><td></td><td></td><td></td><td></td></tr>
<tr><th>클래스 정의</th><td></td><td></td><td></td><td></td><td></td></tr>
<tr><th>사용자 인터페이스(UI) 명세</th><td></td><td></td><td></td><td></td><td></td></tr>
<tr><th>사용사례의 시퀀스 다이어그램</th><td></td><td></td><td></td><td></td><td></td></tr>
<tr><th>클래스 메소드 알고리즘 명세</th><td></td><td></td><td></td><td></td><td></td></tr>
<tr><th rowspan="2">정확성
(정확히/자세히)</th><th>정확성</th><td></td><td></td><td></td><td></td><td></td><td rowspan="2"></td></tr>
<tr><th>상세성</th><td></td><td></td><td></td><td></td><td></td></tr>
<tr><th rowspan="4">일관성
(표준 형식/
표준 용어)</th><th>문서 표준 적용과 일관성</th><td></td><td></td><td></td><td></td><td></td><td rowspan="4"></td></tr>
<tr><th>소스 코드 일관성</th><td></td><td></td><td></td><td></td><td></td></tr>
<tr><th>문서의 표준 용어 적용</th><td></td><td></td><td></td><td></td><td></td></tr>
<tr><th>소스 코드의 표준 규칙 적용</th><td></td><td></td><td></td><td></td><td></td></tr>
<tr><th rowspan="3">검증 가능성
(내용 추적성)</th><th>검증 가능성(클래스, DB)</th><td></td><td></td><td></td><td></td><td></td><td rowspan="2"></td></tr>
<tr><th>추적 가능성(back-end의 클래스와 메소드 명세)</th><td></td><td></td><td></td><td></td><td></td></tr>
<tr><th>추적 가능성(front-end의 GUI, 사용사례,
시퀀스 다이어그램)</th><td></td><td></td><td></td><td></td><td></td><td></td></tr>
<tr><th>수정 용이성</th><th>수정 용이성</th><td></td><td></td><td></td><td></td><td></td><td></td></tr>
<tr><th rowspan="3">가독성과
이해 가능성</th><th>문서 가독성</th><td></td><td></td><td></td><td></td><td></td><td rowspan="3"></td></tr>
<tr><th>코드 가독성</th><td></td><td></td><td></td><td></td><td></td></tr>
<tr><th>이해 가능성</th><td></td><td></td><td></td><td></td><td></td></tr>
</table>

부록 6. <표 11.1> 소프트웨어 설계명세서(SDD) 양식

1. 개요
   - 1.1 설계목표
   - 1.2 설계범위
   - 1.3 시스템 개요
   - 1.4 작업분해도(WBS)
   - 1.5 용어 정의

2. 설계상 고려사항
   - 2.1 설계 가정
   - 2.2 설계 제약사항
   - 2.3 설계 환경
   - 2.4 설계 방법
   - 2.5 성능 문제
   - 2.6 위험분석 및 해결방안

3. 외부 인터페이스 설계
   - 3.1 하드웨어 인터페이스 설계
   - 3.2 소프트웨어 인터페이스 설계
   - 3.3 통신 인터페이스 설계

4. 사용자 인터페이스(스크린 이미지) 설계
   - 4.1 사용자 인터페이스 설계 원칙
   - 4.2 관리자용 사용자 인터페이스 설계
   - 4.3 고객용(엔드유저) 사용자 인터페이스 설계
   - 4.4 App용 사용자 인터페이스 설계

5. 시스템 아키텍처 설계
   - 5.1 하드웨어 아키텍처 설계
     - 5.1.1 모듈 1 설계
     - 5.1.2 모듈 2 설계
   - …
   - 5.2 소프트웨어 아키텍처 설계
   - 5.3 네트워크 모델 설계
   - 5.4 시스템 배치도
   - 5.5 HW/SW/NW 장비 사양

6. 데이터 설계
   - 6.1. 클래스의 테이블 명세 및 클래스 명세
   - 6.2 Abstract Class와 Interface 설계

6.3 내부 및 외부 데이터 구조 설계

7. 데이터베이스 스키마 테이블 설계
    7.1 클래스 A의 데이터베이스 스키마 테이블 설계
    7.2 클래스 B의 데이터베이스 스키마 테이블 설계
    7.3 클래스 C의 데이터베이스 스키마 테이블 설계
    ...

8. 사용사례(시퀀스 다이어그램)에 대한 메소드 알고리즘 설계(분량이 많음)
    8.1 사용사례 A의 알고리즘 설계
    8.2 사용사례 B의 알고리즘 설계
    8.3 사용사례 C의 알고리즘 설계
    ...

9. 메소드 알고리즘 설계(분량이 많음)
    9.1 클래스 A::메소드 알고리즘
        9.1.1 A::insert() 알고리즘 설계
        9.1.2 A::delete() 알고리즘 설계 ...
    9.2 클래스 B::메소드 알고리즘
    9.3 클래스 C::메소드 알고리즘 ...

10. 비기능적 요구사항에 대한 소프트웨어 설계
    10.1 성능 요구사항에 대한 소프트웨어 설계
    10.2 신뢰성 요구사항에 대한 소프트웨어 설계
    10.3 부하 및 스트레스 요구사항에 대한 소프트웨어 설계
    10.4 보안 요구사항에 대한 소프트웨어 설계
    10.5 운영(용량) 요구사항에 대한 소프트웨어 설계
    10.6 사용자 인터페이스 요구사항에 대한 소프트웨어 설계
    10.7 통신 인터페이스 요구사항에 대한 소프트웨어 설계
    10.8 호환성 요구사항에 대한 소프트웨어 설계
    10.9 안정성 및 가용성 요구사항에 대한 소프트웨어 설계
    10.10 확장성 요구사항에 대한 소프트웨어 설계
    10.11 유지보수성 요구사항에 대한 소프트웨어 설계
    10.12 설치 요구사항에 대한 소프트웨어 설계
    10.13 복구 요구사항에 대한 소프트웨어 설계
    10.14 법적 규정 및 환경 요구사항에 대한 소프트웨어 설계
    10.15 위험분석 및 제약 요구사항에 대한 소프트웨어 설계

11. 테스트 계획수립
    11.1 블랙박스 테스팅의 테스트 케이스 및 예상 결과
    11.2 화이트박스 테스팅의 테스트 케이스 및 예상 결과
    11.3 통합테스트 계획

12. 결론
참고문헌
부록 1. 사용사례 다이어그램
  2. 클래스 다이어그램
  3. 시퀀스 다이어그램 및 사용사례 명세
  4. HW/SW/NW 외부 인터페이스 명세
  5. 사용자 인터페이스(스크린 이미지) 명세

부록 7. <표 11.2> 소프트웨어 설계명세서(SDD)의 평가지표

평가영역	평가항목	평가 점수 (○, △, ×)	비고
문서 개요	설계목표, 설계범위, 시스템 개요, 용어 정의 등의 완성도		
외부 인터페이스 설계	HW 외부 인터페이스 설계		
	SW 외부 인터페이스 설계		
	NW 외부 인터페이스 설계		
사용자 인터페이스 (스크린 이미지) 사용성	메인 메뉴 배치도		
	서브 메뉴 배치도		
	상황 인지도 표현		
	미적 감각(글꼴, 크기, 색깔, 공간)		
	학습 용이성		
	사용 편리성		
	일관성 유무		
시스템 아키텍처 설계	HW 아키텍처 설계		
	SW 아키텍처 설계		
	NW 아키텍처 설계		
데이터 설계	CRC cards 설계		
	클래스 설계		
	Abstract class/interface 설계		
	내부/외부 자료구소 설계		
데이터베이스 스키마 테이블 설계	국영문 테이블 이름 명명		
	국영문 속성 명명		

평가영역	평가항목	평가 점수 (○, △, ×)	비고
	데이터 타입과 길이		
	제약조건 설정		
사용사례 알고리즘 설계	메소드 헤더 주석		
	메소드 내부 주석		
	알고리즘 인터페이스 정의		
	알고리즘 표현		
클래스 메소드의 알고리즘 설계	파일 헤더 주석		
	메소드 헤더 주석		
	메소드 내부 주석		
	알고리즘 인터페이스 정의		
	알고리즘 기술 수준		
비기능적 요구사항에 대한 소프트웨어 설계	항목별로 완성도 검사		
테스트 계획수립	블랙박스 테스트: 동치분해		
	블랙박스 테스트: 경계값 분석		
	블랙박스 테스트: 상태기반 테스팅		
	통합테스트 계획수립		
종합 평가			

부록 8. <표 14.1> 형상 관리 계획서 양식

1. 형상 관리 개요
   - 1.1 목적
   - 1.2 형상 관리 관련 근거/표준/적용기법
   - 1.3 형상 관리 정책 방향
   - 1.4 사업통제기관의 승인사항에 대한 명확한 정책과 판단 근거 제시
   - 1.5 사업 수행기관: 사업통제기관, 사업주관기관, 사업관리기관, 용역업체

2. 형상 관리 조직 및 역할
    2.1 조직
    2.2 역할: 형상 관리자와 형상관리위원회 운영 기준/역할
    2.3 형상 관리 절차

3. 주요 형상 관리 활동
    3.1 형상 관리 범위
    3.2 형상 관리 항목 식별 및 기준선(baseline) 관리
    3.3 문서 버전 관리
    3.4 소스 코드 버전 관리
    3.5 형상 평가·감사실시·형상 관리 상태 보고·시정조치 계획
    3.6 형상 백업 관리: 백업 주기 및 방법
    3.7 매뉴얼 배포 계획

4. 형상 변경 관리
    4.1 변경 요청
    4.2 변경에 따른 영향평가
    4.3 변경심의
    4.4 변경 절차
        - 문서 변경 절차
            - 프로그램 소스 변경 절차

5. 형상 관리 도구, 기법 및 방법론
    5.1 형상 관리시스템
    5.2 형상 관리 도구
    5.3 형상 관리 인력, 교육 등 형상 관리 수행에 필요 자원
    5.4 형상 백업 및 복구 방안

6. 기타사항

참고문헌

CHAPTER 1 : 참고문헌 (개요)

The 3 types of computer software, https://www.futurelearn.com/info/courses/ computer-systems/0/steps/53500

Software and its Types, https://www.geeksforgeeks.org/software-and-its-types/

Different Types of Software with Examples - A Complete Guide, https://squareboat.com/blog/different-types-of-software-with-examples

Difference between Program and Software, https://www.tutorialspoint.com/difference-between-program-and-software

Difference between Software and Program, https://www.geeksforgeeks.org/difference-between-software-and-program/

Share of projects delivered on time by professional service organizations within software companies worldwide from 2015 to 2023, https://www.statista.com/statistics/936785/software-professional-services-worldwide-projects-delivered-on-time/ // 2015년부터 2023년까지 전 세계 소프트웨어 기업 내 전문 서비스 조직이 제시간에 납품한 프로젝트의 비율.

Cowboy Coding: Code & Fix Model, https://study.com/academy/lesson/cowboy- coding-code-fix-model.html

Code and Fix Model, https://www.collidu.com/presentation-code-and-fix-model

Code and fix model, https://productcoalition.com/the-code-and-fix- model-2cabd4c48166

Code and fix model, https://study.com/academy/lesson/cowboy-coding-code-fix-model.html

Front-end-engineering design (FEED), https://en.wikipedia.org/wiki/Front-end_engineering

Front-end-engineering design (FEED), https://www.petroplat.com/conceptual-design-feed-detailed-design/

Embedding of plant design process, https://www.researchgate.net/figure/ Embedding-of-plant-design-process_fig1_228609283

Software Crisis – Software Engineering, https://www.geeksforgeeks.org/ software-engineering-software-crisis/

Share of projects delivered on time by professional service organizations within software companies worldwide from 2015 to 2023, https://www.statista.com/statistics/936785/software-professional-services-worldwide-projects-delivered-on-time/

Systems and software engineering–Vocabulary, ISO/IEC/IEEE std 24765:2010(E), 2010, IEEE Systems and software engineering. // 소프트웨어공학 정의

B. W. Boehm, Software Engineering, IEEE Transactions on Computers, 25(12), pp.1226 - 1241, December 1976. https://doi.org/10.1109/TC.1976.1674590 // 소프트웨어공학 정의

IEEE Standard Glossary of Software Engineering Terminology, IEEE std 610.12-1990, 1990. // 소프트웨어공학 정의

Software Engineering, https://en.wikipedia.org/wiki/Software_engineering, Wikipedia.

Paul R. Croll, An Overview of IEEE Software Engineering Standards and Knowledge Products, IEEE SESC/Computer Sciences Corporation, https://users.encs.concordia.ca/~eceweb/capstone/Software/Presentation/An%20Overview%20of%20IEEE%20Software%20Engineering%20Standards%20and%20Knowledge%20Products.pdf, 2000

Edna Dias Canedo, Giovanni Almeida Santos. 2019. Factors Affecting Software Development Productivity: An empirical study. In XXXIII Brazilian Symposium on Software Engineering (SBES 2019), September 23–27, 2019, Salvador, Brazil. ACM, New York, NY, USA, 10 pages. https://doi.org/10.1145/3350768.3352491

The People, Process, Technology (PPT) Framework, https://whatfix.com/blog/people-process-technology-framework/, 2024.

PPT framework, https://www.gettyimagesbank.com/view/ppt-framework-people-process-technology-infographic-3-point-with-big/2160148265

Software Life Cycle Processes, https://aws.amazon.com/ko/what-is/sdlc/

IEEE/EIA 12207.0-1996, 1996.

What Is SDLC? Understand the Software Development Life Cycle, https://stackify.com/what-is-sdlc/, 2024.

The IEEE Software Engineering Standards Committee (SESC), http://computer.org/standard/sesc/ 또는 http://computer.org/stand

최은만 저, 새로 쓴 소프트웨어공학, 정익사, 2019.

최은만 저, 소프트웨어공학, 정익사, 2011.

David Tegarden, Alan Dennis, Barbara Haley Wixom, Systems Analysis and Design with UML, 4th edition, Wiley, 2012.

CHAPTER 2 : 참고문헌 (소프트웨어 개발 프로세스 모델)

What is SDLC (Software Development Life Cycle)?, https://aws.amazon.com/ ko/what-is/sdlc/

Data-Oriented Design, https://learn.saylor.org/mod/book/view.php?id=72399& chapterid=67395

What is a software process model? Top 7 models explained, https://www.educative.io/blog/software-process-model-types

Software Development Process, https://www.geeksforgeeks.org/software- development-process/

Software Development Life Cycle (SDLC) & Process Model + Prototyping, https://2hiidevdang.tistory.com/12

Top 8 Software Development Life Cycle (SDLC) Models used in Industry, https://www.geeksforgeeks.org/top-8-software-development-models-used-in- industry/, 2024.

10 Best Software Development Methodologies, https://www.uptech.team/blog/ software-development-methodologies

Top 12 Software Development Methodologies, https://www.tatvasoft.com/blog/ top-12-software-development-methodologies-and-its-advantages-disadvantages/

Comparison between Agile model and other models in Software Engineering, https://www.geeksforgeeks.org/software-engineering-comparison-between-agile-model-and-other-models/ , 2024.

What is Extreme Programming (XP)?, https://www.geeksforgeeks.org/ software-engineering-extreme-programming-xp/, 2024.

The IEEE Software Standards Comittee (SESC), http://computer.org/standard /sesc/

Eric J. Braude and Michael E. Bernstein, Software Engineering Modern Approaches, 2nd edition, Waveland Press Inc., 2016.

P. Coad and E. Yourdon, Object-Oriented Design, Prentice Hall, Yourdon Press, 1991.

Georg Jacobs, Christian Konrad, Joerg Berroth, Thilo Zerwas, Hregor Hopfner, and Kathrin Spütz, Function-oriented Model Based Product Development, in Design Methodology for Future Products, pp.243-263, Dec. 2021.

Robert G. Fichman and Chris F. Kemerer, Object-oriented and conventional analysis and design methodologies, IEEE Computer, 25(10), 1992.

Structured Analysis and Structured Design (SA/SD), https://www.geeksforgeeks.org/structured analysis-and-structured-design-sa-sd/

Structured analysis and design technique,

https://en.wikipedia.org/wiki/Structured_analysis_and_design_technique //

Data-Oriented vs. Object-Oriented Programming: Choosing the Right Paradigm for Your Project https://www.linkedin.com/pulse/data-oriented-vs-object-oriented-programming-choosing-iman-irajdoost-laece/

ISO/IEC/IEEE12207, Systems and software engineering —Software life cycle processes, 1st edition, 2017.11.

SDLC Software Design Phase, https://www.includehelp.com/basics/software- design-phase-in-sdlc.aspx // SDLC Software Development Methods

Waterfall Model, https://www.geeksforgeeks.org/waterfall-model/

Waterfall Model, https://www.tutorialspoint.com/sdlc/sdlc_waterfall_model.htm

Waterfall Model, https://www.javatpoint.com/software-engineering-waterfall-model

Waterfall Model, https://www.atlassian.com/agile/project-management/waterfall-methodology?utm_source=gdn&utm_medium=paid-display&campaign=21252494340&adgroup=&device=c&devicemodel=&placement=&aceid=&creative=&adtype=&gclid=EAIaIQobChMIrKuUzrSBiAMVZ9QWBR0M4glHEAMYAyAAEgLz4vD_BwE&country=&network=x&targetid=&gad_source=1

Prototyping Model, https://www.geeksforgeeks.org/software-engineering- prototyping-model/

Prototyping Model – Software Engineering, https://www.geeksforgeeks.org/software-engineering-prototyping-model/

Prototype Model, https://www.javatpoint.com/software-engineering-prototype-model

Prototype Model in Software Engineering: A Complete Guide, https://www.theknowledgeacademy.com/blog/prototype-model-in-software-engineering/

Software Prototyping Model and Phases, https://www.geeksforgeeks.org/software-prototyping-model-and-phases/

What is Spiral Model in Software Engineering?, https://www.geeksforgeeks.org/software-engineering-spiral-model/

Spiral Model, https://www.sciencedirect.com/topics/computer-science/ spiral-model

V Model, https://ko.wikipedia.org/wiki/V_%EB%AA%A8%EB%8D%B8

Evolutionary Model – Software Engineering, https://www.geeksforgeeks.org/software-engineering-evolutionary-model/

Evolutionary Model In Software Engineering | Examples | Pros & Cons, https://unstop.com/blog/evolutionary-model-in-software-engineering

Agile Model, https://www.javatpoint.com/software-engineering-agile-model

Agile Development Models – Software Engineering, https://www.geeksforgeeks.org/software-engineering-agile-development-models/

What is Agile software development?, https://kruschecompany.com/agile- software-development/

What Is Agile Methodology in Project Management?, https://www.wrike.com/project-management-guide/faq/what-is-agile-methodology-in-project-management/

Agile software development, https://en.wikipedia.org/wiki/Agile_software_ development

Extreme Programming, https://en.wikipedia.org/wiki/Extreme_programming

What is Extreme Programming (XP)?, https://www.geeksforgeeks.org/software-engineering-extreme-programming-xp/

Extreme Programming: Values, Principles, and Practices, https://www.altexsoft.com/blog/extreme-programming-values-principles-and-practices/

CHAPTER 3 : 참고문헌 (프로젝트 계획 수립과 비용 산정)

Atkinson, Roger. Project management: cost, time and quality, two best guesses and a phenomenon, its time to accept other success criteria, International Journal of Project Management. 17(6):337–342, December 1999. // 프로젝트 삼중 제약

What Is a Project? Definition, Types & Examples, https://www.projectmanager. com/blog/project-definition

Project management triangle, https://en.wikipedia.org/wiki/Project_ management_triangle

The project triangle, https://support.microsoft.com/en-us/office/the-project-triangle-8c892e06-d761-4d40-8e1f-17b33fdcf810

Project, https://dictionary.cambridge.org/dictionary/english/project

Project Management Triangle: What It Is, How to Use It, https://asana.com/ko/resources/project-management-triangle

System Request, https://en.wikipedia.org/wiki/System_request

System request a document that describes the business, https://www.coursehero.com/file/p7qaqlo/System-Request-a-document-that-describes-the-business-reasons-for-building-a/

What is Project Management?, https://www.pmi.org/about/what-is-project- management

프로젝트 관리, https://ko.wikipedia.org/wiki/%ED%94%84%EB%A1%9C%EC%A0%9D

%ED%8A%B8_%EA%B4%80%EB%A6%AC

Project Management, https://en.wikipedia.org/wiki/Project_management

What is project management?, https://monday.com/blog/project-management/ guide-to-project-management/

What is a project manager? Responsibilities and best practices explained, https://www.atlassian.com/work-management/project-management/project-manager

What is a project manager?, https://www.pmi.org/about/what-is-a-project-manager

Project Manager Roles and Responsibilities [8 Key Roles], https://activecollab.com/blog/project-management/project-manager-roles-and-responsibilities

14 Key project manager roles and responsibilities, https://www.proofhub.com/articles/project-manager-roles-responsibilities

What is a Work Breakdown Structure?, https://www.workbreakdownstructure.com/

Work breakdown structure, https://en.wikipedia.org/wiki/Work_breakdown_ structure

Work Breakdown Structure (WBS), https://www.projectmanager.com/guides/work- breakdown-structure

Work Breakdown Structure (WBS) In Project Management, https://www.forbes.com/advisor/business/what-is-work-breakdown-structure/

What Is Critical Path Method (CPM), https://www.simplilearn.com/tutorials/ project-management-tutorial/critical-path-method

What are Gantt charts?, https://www.atlassian.com/agile/project- management/gantt-chart

Gantt chart, https://en.wikipedia.org/wiki/Gantt_chart

What Is a Gantt Chart? (Examples & Templates), https://www.projectmanager.com/guides/gantt-chart

The best free project management software in 2024, https://zapier.com/blog/free-project-management-software/

The Best Project Management Software for 2024, https://www.pcmag.com/picks/the-best-project-management-software

6 Steps to Accurately Estimate Software Development Costs, https://www.softkraft.co/software-development-cost-estimation/

Software Cost Estimation, https://www.javatpoint.com/software-cost-estimation

Software Development Costs: 9 Key Factors & Budget Tips, https://savvycom software.com/blog/software-development-costs/

12 Factors That Affect Software Development Cost,

https://fullscale.io/blog/12-factors-that-affect-software-development-cost/

Project Size Estimation Techniques – Software Engineering, https://www.geeksforgeeks.org/software-engineering-project-size-estimation-techniques/

Kunal Chopra, Monika Sachdeva, and Sunil Dhawan, Classification of Software Projects Based on Software Metrics: A Review, International Conference on Communication, Computing & Systems (ICCCS–2014), pp. 118-123, 2014

Sizing Software Development Projects, https://docs.kedehub.io/kede-manage/kede-software-sizing.html

Cost Estimation Models in Software Engineering, https://www.geeksforgeeks.org/cost-estimation-models-in-software-engineering/

What is the COCOMO model?, https://www.educative.io/answers/ what-is-the-cocomo-model

COCOMO Model – Software Engineering, https://www.geeksforgeeks.org/software-engineering-cocomo-model/

COCOMO Model, https://www.javatpoint.com/cocomo-model

COCOMO, https://en.wikipedia.org/wiki/COCOMO,

Estimation Techniques - Function Points, https://www.tutorialspoint.com/estimation_techniques/estimation_techniques_function_points.htm

Functional Point (FP) Analysis – Software Engineering, https://www.geeksforgeeks.org/software-engineering-functional-point-fp-analysis/

Functional Point (FP) Analysis, https://www.javatpoint.com/software-engineering-functional-point-fp-analysis

Functional Point Analysis – Introduction and Fundamentals, https://www.fingent.com/blog/function-point-analysis-introduction-and-fundamentals/

Software Project Team Organization, https://www.geeksforgeeks.org/software- project-team-organization/

Agile Software Development Team Structure: The 2024 Outlook, https://relevant.software/blog/what-agile-software-development-team-structure-looks-like/

Software Development Team Structure – Deciding Factors, Approaches, Roles and Responsibilities, https://www.geeksforgeeks.org/software-development –team-structure

Risk Management in Software Development: How to Mitigate Challenges and Ensure Project Success, https://www.comidor.com/blog/productivity/risk-management-software-development/

What are the 3 types of risk management?,

https://www.6clicks.com/resources/answers/what-are-the-3-types-of-risk-management

Risk Management in Software Development Projects,
https://codilime.com/blog/risk-management-in-software-development-projects/

Feasibility Study in Software Engineering,
https://www.shiksha.com/online-courses/articles/feasibility-study-in-software-engineering/

Types of Feasibility Study in Software Project Development,
https://www.geeksforgeeks.org/types-of-feasibility-study-in-software-project-development/

What is a Feasibility Study In Software Engineering,
https://ellow.io/define-feasibility-study-in-software-engineering/

Software Feasibility Study: Its Types and How to Write,
https://relevant.software/blog/software-feasibility-study/

Project Documentation: 15 Essential Project Documents,
https://www.projectmanager.com/blog/great-project-documentation

8 Essential Project Management Documents You Need to Know About,
https://www.epicflow.com/blog/8-essential-project-management-documents-you-need-to-know-about/

CHAPTER 4 : 참고문헌 (요구사항분석)

Requirements Engineering: A Complete Overview for Beginners,
https://www.theknowledgeacademy.com/blog/requirements-engineering/ // 요구사항 엔지니어링 프로세스

Types of Requirements in Software Engineering, https://www.theknowledge academy.com/blog/types-of-requirements-in-software-engineering/

Requirements Engineering Process in Software Engineering,
https://www.geeksforgeeks.org/software-engineering-requirements-engineering-process/

Software Requirements and their types,
https://www.naukri.com/code360/library/software-requirements-and-their-types

Classification of Software Requirements – Software Engineering, https://www.geeksforgeeks.org/software-engineering-classification-of-software-requirements // 기능적 요구사항

Key Types of Non-Functional Requirements, https://content.altexsoft.com/media/2019/11/key-types-of-non-functional-requirements.png.webp // 비기능적 요구사항

What are the types of requirements in software engineering,

https://www.bacareers.in/what-are-the-types-of-requirements-in-software-engineering/

Functional and Nonfunctional Requirements: Specification and Types, https://www.altexsoft.com/blog/functional-and-non-functional-requirements-specification-and-types/

Requirement Analysis Techniques, https://www.visual-paradigm.com/guide/requirements-gathering/requirement-analysis-techniques/

Requirements Analysis: Methods and Best Practices, https://ashok-s-nair.medium.com/engineering-requirements-analysis-methods-and-best-practices-6e0c7cc9ddfa

What is Requirement Analysis in Software Engineering?, https://intellipaat.com/blog/what-is-requirement-analysis/ // Requirements Analysis Tools

How to Write a Software Proposal (With Examples), https://www.proposify.com/blog/how-to-write-a-software-proposal

Project Proposal:An Enterprise Information System for retailcompanies' internal inventory management, https://elc.polyu.edu.hk/inscribe/wp-content/uploads/2017/11/ i3Project-Proposal.pdf

How to Propose a New It System Professionally, https://www.larksuite.com/en_us/topics/business-communication/how-to-propose-a-new-it-system-professionally

How to Design A Process Plant in 10 Steps, https://indiworks.co.za/blog/the-10-steps-of-piping-design-and-process-plant-engineering/

FEED (Front End Engineering Design), https://www.chiyodacorp.com/en/ service/ple/feed/

Conceptual Design, FEED & EPIC, https://www.petroplat.com/conceptual-design- feed-detailed-design/

Conceptual Design, Front End Engineering Design & Detailed Design, https://velosiaims.com/service/engineeringservices/conceptual-design-engineering/

[플랜트산업] 2. Engineering-설계, https://powergenerate.tistory.com/5

Wikipedia, Front-end engineering, https://en.wikipedia.org/wiki/ Front-end_engineering

Software Requirement Specification (SRS) Format, https://www.geeksforgeeks.org/software-requirement-specification-srs-format/ // 소프트웨어 요구사항명세서 양식

CHAPTER 5 : 참고문헌 (소프트웨어 설계 원리)

6 Software design principles used by successful engineers, https://swimm.io/learn/system-design/6-software-design-principles-used-by-successful-engineers

Principles of Software Design, https://www.geeksforgeeks.org/principles-of- software-design/

Software Design Principles, https://www.javatpoint.com/software-engineering- software-design-principles

Software Design Principles: Building a Solid Foundation for Your Code, https://medium.com/@i.vikash/software-design-principles-building-a-solid-foundation-for-your-code-8ad92987f7d9

Software Modularity, https://www.modularmanagement.com/blog/software- modularity // 모듈화

What is modularity in software design and how does it benefit software development?, https://www.secoda.co/glossary/modularity

Wikipedia, Modularity, https://en.wikipedia.org/wiki/Modularity

What is modularity?, https://www.lenovo.com/us/en/glossary/modularity/?orgRef= https%253A%252F%252Fwww.google.co.kr%252F&srsltid=AfmBOopChJK2UiEDp7wz8qBoNhTqcqkGWJFsoUstH541VAeiPluhqtA9

Introduction to Divide and Conquer Algorithm, https://www.geeksforgeeks.org/ introduction-to-divide-and-conquer-algorithm/

Divide and Conquer Algorithm, https://www.geeksforgeeks.org/divide-and-conquer/

Wikipedai, Divide-and-Conquer Algorithm, https://en.wikipedia.org/wiki/Divide –and-conquer_algorithm

Wikipedai, Abstraction, https://en.wikipedia.org/wiki/Abstraction

Wikipedai, Abstraction (computer science), https://en.wikipedia.org/wiki/ Abstraction_(computer_science)

정보통신기술용어해설, Abstraction 추상화, http://www.ktword.co.kr/test/view/ view.php?m_temp1=3026&id=1465

Niklaus Wirth, Program Development by Stepwise Refinement, ACM, Vol. 14, No. 4, April 1971, pp. 221-227.

Stepwise Refinement, https://www.sciencedirect.com/topics/computer-science/ stepwise-refinement

Stepwise Refinement, https://learnlearn.uk/alevelcs/stepwise-refinement/

Stepwise Refinement, https://www.cs.cornell.edu/courses/JavaAndDS/ stepwise/stepwise.html

CIE A-Level Computer Science Notes, Stepwise Refinement, https://www.tutorchase.com/notes/cie-a-level/computer-science/9-2-5-stepwise-refinement

Stepwise Refinement, https://www.cs.uct.ac.za/mit_notes/software/htmls/ ch07s09.html

Information hiding, https://www.sciencedirect.com/topics/computer-science/ information-hiding

Information hiding, https://en.wikipedia.org/wiki/Information_hiding

Information hiding, https://nordvpn.com/ko/cybersecurity/glossary/information-hiding/?srsltid=AfmBOorHkNnxM5AvcPIePOTyd4KgFxE73KDgS5kNl42R1h3SFp6DZQh0

Coupling and Cohesion – Software Engineering, https://www.geeksforgeeks.org/software-engineering-coupling-and-cohesion/

Cohesion and Coupling in Software Engineering, https://www.engati.com/glossary/cohesion-and-coupling

Coupling and Cohesion in Software Engineering, https://www.scaler.com/topics/cohesion-and-coupling-in-software-engineering/

System Architecture Catalogues, https://www.linkedin.com/advice/0/what-common-system-design-patterns-software-architecture

Strategies moving into design a software, https://www.oreilly.com/library/view/system-analysis-and/9781118057629/16_chap07.html

In-house Software Development vs. Outsourcing: What's The Best Option?, https://distantjob.com/blog/in-house-software-development/ // in-house software development approach

Building Software: In-house Development, Outsourcing, or Customizing Off-the-Shelf Solutions – Which Path to Choose?, https://www.globema.com/ inhouse-outsourcing-customization/

Refactoring, https://refactoring.com/

Code Refactoring, https://en.wikipedia.org/wiki/Code_refactoring

CHAPTER 6 : 참고문헌 (객체지향 분석-기초설계)

Classification of Software Requirements – Software Engineering, https://www.geeksforgeeks.org/software-engineering-classification-of-software-requirements/

What are the types of requirements in software engineering?, https://www.techtarget.com/searchsoftwarequality/answer/What-are-requirements-types // 소프트웨어 요구사항 종류

Sequence Diagram, https://steady-hello.tistory.com/132

SDLC Software Design Phase, https://www.includehelp.com/basics/software- design-phase-in-sdlc.aspx //

SDLC Software Development Methods

Software Design Process – Software Engineering, https://www.geeksforgeeks.org/software-engineering-software-design-process/

What is data modelling?, https://powerbi.microsoft.com/en-us/ what-is-data-modeling/

What is data modeling?, https://www.ibm.com/topics/data-modeling

Wikipedia, Data Modeling, https://en.wikipedia.org/wiki/Data_modeling

Data Modeling, https://www.qlik.com/us/data-modeling

What is data modeling?, https://aws.amazon.com/what-is/data-modeling/

UML Class Diagram Tutorial, https://www.lucidchart.com/pages/ uml-class-diagram // All UML Diagrams

Class Diagrams, https://mermaid.js.org/syntax/classDiagram.html

Class Diagram | Unified Modeling Language (UML), https://www.geeksforgeeks.org/unified-modeling-language-uml-class-diagrams/ // Class, Class Diagram

UML 다이어그램 도구, https://www.microsoft.com/ko-kr/microsoft-365/visio/uml

UML tools, https://www.javatpoint.com/uml-tools

UML Diagrams Overview, https://www.uml-diagrams.org/uml-25-diagrams.html

Unified Modeling Language, https://en.wikipedia.org/wiki/Unified_Modeling_ Language

UML Class Diagram Tutorial, https://www.visual-paradigm.com/guide/uml-unified -modeling-language/uml-class-diagram-tutorial/

UML Use Case Diagram Tutorial, https://www.lucidchart.com/pages/uml- use-case-diagram

Use Case Diagrams | Unified Modeling Language (UML), https://www.geeksforgeeks.org/use-case-diagram/

Use-case-diagram, https://en.wikipedia.org/wiki/Use_case_diagram

Wikipedia, Frontend and backend, https://en.wikipedia.org/wiki/Frontend _and_backend

Frontend and backend, https://www.geeksforgeeks.org/frontend-vs-backend/

Front-End vs. Back-End: What's the Difference?, https://www.computerscience.org/bootcamps/resources/frontend-vs-backend/

What are the six types of relationships in UML class diagrams?, https://blog.visual-paradigm.com/what-are-the-six-types-of-relationships-in-uml-class-diagrams/

UML Association vs Aggregation vs Composition, https://www.visual-paradigm.com/guide/uml-unified-modeling-language/uml-aggregation-vs-composition/

The UML 2 class diagram, https://developer.ibm.com/articles/the-class-diagram/

Sequence Diagram, https://en.wikipedia.org/wiki/Sequence_diagram

What is Deployment Diagram?, https://www.visual-paradigm.com/guide/uml-unified-modeling-language/what-is-deployment-diagram/ // UML Daigrams

"Deployments". Unified Modeling Language 2.5.1. OMG Document Number formal/2017-12-05. Object Management Group Standards Development Organization (OMG SDO). December 2017. p. 653.

UML Sequence Diagram Tutorial, https://www.lucidchart.com/pages/uml-sequence-diagram

What is Sequence Diagram?, https://www.visual-paradigm.com/guide/uml-unified-modeling-language/what-is-sequence-diagram/

Flowchart Symbols, https://www.smartdraw.com/flowchart/flowchart-symbols.htm

Flowchart Elements, https://www.tutorialspoint.com/programming_methodologies/programming_methodologies_flowchart_elements.htm

Flowchart Symbols and Notation, https://www.lucidchart.com/pages/flowchart symbols-meaning-explained

What is PseudoCode: A Complete Tutorial, https://www.geeksforgeeks.org/what-is
-pseudocode-a-complete-tutorial/

Pseudocode: What It Is and How to Write It, https://builtin.com/data-science/ pseudocode

Software Requirement Specification (SRS) Format, https://www.geeksforgeeks.org/software-requirement-specification-srs-format/

Software requirements specification, https://en.wikipedia.org/wiki/Software_ requirements_specification

Software Requirements Specifications, https://www.computer.org/resources/software-requirements-specifications

E.A. Giakoumakis and G.Xylomenos, Evaluation and selection criteria for software requirements specification standards, IEE/BCS SOFTWARE ENGINEERING JOURNAL, 11(5), pp. 307–319, 1996.

Roxana Saavedra, Luciana Ballejos, Mariel Ale, Software Requirements Quality Evaluation: State of theart and research challenges, 14th Argentine Symposium on Software Engineering (ASSE 2013), pp.240-257, 2013.

Roxana Saavedra and Luciana Ballejos, Mariel Ale, Quality Properties Evaluation for Software Requirements Specifications: An Exploratory Analysis, CIbSE, 2013, wer.inf.puc-rio.br

Top 10 Requirements Tracking Tools And Softwares for 2024, https://visuresolutions.com/requirements-management-traceability-guide/requirements-tracking-tools/

10 Best Requirements Management Tools Reviewed For 2024, https://thedigitalprojectmanager.com/tools/requirements-management-tools/

CHAPTER 7 : 참고문헌 (소프트웨어 아키텍처 설계)

Wikipedia, 4+1 architectural view model, https://en.wikipedia.org/wiki/4%2B1_ architectural_view_model

Philippe Kruchten, Architectural Blueprints—The "4+1" View Model of Software Architecture, IEEE Software 12(6), pp. 42-50, November 1995.

Visual Paradigm, 4 + 1 Views in Modeling System Architecture with UML https://guides.visual-paradigm.com/4-1-views-in-modeling-system-architecture-with-uml/

Medium, 4+1 view model of architecture, https://medium.com/2b-1-better-2day/4-1-view-model-of-architecture-1a1794ff8110

Types of Software Architecture Patterns, https://www.geeksforgeeks.org/types-of-software-architecture-patterns/

Top Software Architecture Patterns: Know Everything from Meaning to Types and More, https://radixweb.com/blog/software-architecture-patterns

Common Types of Software Architecture, https://blog.dreamfactory.com/common-types-of-software-architecture

10 Software Architecture Patterns You Must Know About, https://www.simform.com/blog/software-architecture-patterns/

10 Types of Software Architecture Patterns, https://distantjob.com/blog/software-architecture-patterns/

https://www.dau.edu/cop/se/documents/software-product-specification-sps-data-item-description-did // 소프트웨어 제품 사양

KissHuseyin et. al., BUSINESS MODELS FOR CLOUD COMPUTING: EXPERIENCES FROM DEVELOPINGMODELING & SIMULATION AS A SERVICE APPLICATIONS IN INDUSTRY, Proceedings of the 2015 Winter Simulation Conference, L. Yilmaz, W. K. V. Chan, I. Moon, T. M. K. Roeder, C. Macal, and M. D. Rossetti, eds., pp.2656-2667, 2015.

Cloud Computing: Why Should Businesses Do It in 2023?, https://fayedigital.com/blog/cloud-computing-for-businesses-2023/ // 클라우드 컴퓨팅 비즈니스 모델

What is network infrastructure?, https://drivenets.com/resources/education-center/what-is-network-infrastructure/

Deployment diagram, https://en.wikipedia.org/wiki/Deployment_diagram

What is Deployment Diagram?, https://www.visual-paradigm.com/guide/uml-unified-modeling-language/what-is-deployment-diagram/

Deployment Diagram Tutorial, https://www.lucidchart.com/pages/uml- deployment-diagram

CHAPTER 8 : 참고문헌 (설계 패턴)

Christopher Alexander, The Pattern of Streets, JOURNAL OF THE AIP, Vol. 32, No. 5, pp. 273-278, September, 1966,

https://www.tutorialspoint.com/design_pattern/abstract_factory_pattern.htm // software design pattern

https://en.wikipedia.org/wiki/Software_design_pattern // software design pattern

https://www.geeksforgeeks.org/factory-method-for-designing-pattern/?ref=lbp // software design pattern

https://www.geeksforgeeks.org/creational-design-pattern/?ref=lbp // software design pattern

https://inpa.tistory.com/entry/GOF-□-반복자Iterator-패턴-완벽-마스터하기

https://www.geeksforgeeks.org/observer-pattern-set-1-introduction/ //옵저버 패턴

https://www.geeksforgeeks.org/null-object-design-pattern/ // 널 객체 패턴

CHAPTER 9 : 참고문헌 (인터페이스 설계)

Graphic User Interface Elements, https://psu.pb.unizin.org/ist110/chapter/ 7-3-graphical-user-interfaces/

Graphic User Interface Elements, https://en.wikipedia.org/wiki/List_of_graphical_ user_interface_elements

Graphic User Interface Elements, https://www.mongodb.com/resources/basics/gui

ISO 9241-11:2018, Ergonomics of human-system interaction — Part 11: Usability: Definitions and concepts

8 Key Principles of UI Design, https://acodez.in/principles-of-ui-design/

User Interface Design, https://www.geeksforgeeks.org/software-engineering -user-interface-design/

User Interface Design, https://www.javatpoint.com/software-engineering-user- interface-design

Principles and Patterns of User Interface Design, https://www.geeksforgeeks.org/principles-and-patterns-of-user-interface-design/

Usability metrics, https://usabilitygeek.com/usability-metrics-a-guide-to-quantify- system-usability/

Measuring the Intangible. Usability Metrics, https://www.eleken.co/blog-posts/ usability-metrics

Lissna, Usability metrics, https://www.lyssna.com/blog/usability-metrics/

Usability Testing Metrics, https://www.uxtweak.com/usability-testing/metrics/

CHAPTER 10 : 참고문헌 (데이터 설계)

Understanding Abstraction in OOP, https://dev.to/m__mdy__m/understanding- abstraction-in-oop-1abp

What is an Abstraction in Object-Oriented Programming, https://medium.com/@FirstBitSolutions/what-is-an-abstraction-in-object-oriented-programming-28a9f9501e23

What is Abstraction in OOPS?, https://www.digitalocean.com/community/tutorials/what-is-abstraction-in-oops

What is Abstraction in OOPS? Definition, Types, and Advantages, https://pwskills.com/blog/what-is-abstraction-in-oops-definition-types-and-advantages/

Wikipedia, Abstraction (computer science), https://en.wikipedia.org/wiki/ Abstraction_(computer_science)

Design Descriptions, https://wildart.github.io/MISG5020/SDD.html

How to Create a Software Design Document?, https://clickup.com/blog/software- design-document/

Wikipedia, Software design description, https://en.wikipedia.org/wiki/Software_ design_description

CHAPTER 12 : 참고문헌 (코딩 규칙)

Coding Standards and Guidelines, https://www.geeksforgeeks.org/coding- standards-and-guidelines/

Coding Standards For Quality and Compliance, https://www.perforce.com/resources/ qac/coding-standards

Wikipedia, Coding conventions, https://en.wikipedia.org/wiki/Coding_conventions

Codacy, Coding Standards: What Are They and Why Are They Important?, https://blog.codacy.com/coding-standards

A complete Guide to Coding Standards and Best Practices, https://www.lambdatest.com/learning-hub/coding-standards

Refactoring, https://refactoring.com/

Refactoring, https://refactoring.guru/ko/refactoring

Wikipedia, 리팩토링, https://ko.wikipedia.org/wiki/%EB%A6%AC%ED%8C%A9%ED%84%B0%EB%A7%81

What Is Code Inspection in Software Engineering? (With Steps), https://www.indeed.com/career-advice/career-development/what-is-code-inspection-in-software-engineering

What is Code Inspection in Software Engineering ?, https://www.geeksforgeeks.org/what-is-code-inspection-in-software-engineering/

Ultimate 10-Step Code Review Checklist, https://swimm.io/learn/code-reviews/

ultimate-10-step-code-review-checklist

Code Review Checklist, https://www.codereviewchecklist.com/

The Ultimate Code Review Checklist for Developers,
https://www.codemotion.com/magazine/backend/code-review-checklist-for-developers/

Static analysis (static code analysis),
https://www.techtarget.com/whatis/definition/static-analysis-static-code-analysis

What Is Static Analysis? Static Analysis Tools + Static Code Analyzers Overview,
https://www.perforce.com/blog/sca/what-static-analysis

Static Analysis in Software Testing, https://testsigma.com/blog/static-analysis-in- software-testing/

Types of Static Analysis Methods, https://www.geeksforgeeks.org/types-of-static- analysis-methods/

Static Analysis and Dynamic Analysis, https://www.parasoft.com/blog/static- analysis-and-dynamic-analysis/

What Is Dynamic Analysis?, https://totalview.io/blog/what-dynamic-analysis

What is Dynamic Testing? (Types and Methodologies), https://www.browserstack.com/guide/dynamic testing

Dynamic Testing | What it is ,Types ,& Step by Step Process, https://testsigma.com/blog/dynamic-testing/

Cyclomatic complexity: developer's guide, https://www.sonarsource.com/learn/ cyclomatic-complexity/

Cyclomatic Complexity Defined Clearly, With Examples, https://linearb.io/blog/cyclomatic-complexity

Wikipedia, Pair programming, https://en.wikipedia.org/wiki/Pair_programming

https://newdigitalstreet.com/code-refactoring/ // 리팩토링 자동화 도구

CHAPTER 13 : 참고문헌 (테스트 방법론)

Difference between Bug, Defect, Error, Fault & Failure,
https://www.javatpoint.com/bug-vs-defect-vs-error-vs-fault-vs-failure

Software Testing – Bug vs Defect vs Error vs Fault vs Failure,
https://www.geeksforgeeks.org/software-testing-bug-vs-defect-vs-error-vs-fault-vs-failure/

Types of Software Testing, https://www.geeksforgeeks.org/types-software-testing/

Software Testing Methodologies: A Complete Guide,
https://www.indeed.com/career-advice/career-development/testing-methodologies

Pulsion, Software Testing Methodologies Guide,
https://www.pulsion.co.uk/blog/software-testing-methodologies-guide/

Software Testing Techniques, https://www.geeksforgeeks.org/software- testing-techniques/

Unit Testing – Software Testing, https://www.geeksforgeeks.org/unit-testing- software-testing/

Unit Testing: Definition, Examples, and Critical Best Practices, https://brightsec.com/blog/unit-testing/

Black Box Testing – Software Engineering, https://www.geeksforgeeks.org/software-engineering-black-box-testing/

Black Box Testing on Real Devices Made Easy, https://www.browserstack.com/guide/black-box-testing

Cause Effect Graphing in Software Engineering, https://www.geeksforgeeks.org/cause-effect-graphing-in-software-engineering/

Cause and Effect Graph in Black box Testing, https://www.javatpoint.com/cause-and-effect-graph-technique-in-black-box-testing

White Box Testing, https://www.imperva.com/learn/application-security/ white-box-testing/

White box Testing – Software Engineering, https://www.geeksforgeeks.org/ software-engineering-white-box-testing/

Wikipedia, White-box testing, https://en.wikipedia.org/wiki/White-box_testing

Black Box Vs White Box Testing, https://www.practitest.com/resource-center/ article/black-box-vs-white-box-testing/

Control Flow Testing, https://www.javatpoint.com/control-flow-testing- in-white-box-testing

Software Testing Techniques, https://www.uio.no/studier/emner/matnat/ifi/ INF1050/v09/undervisningsmateriale/testingteknikk2009.pdf

Control Flow Graph In Software Testing, https://testsigma.com/blog/ control-flow-graph-in-software-testing/

Lecture 24: Control Flow Graphs, https://home.cs.colorado.edu/~kena/classes/5828/s99/lectures/lecture24.pdf

Integration Testing – Software Engineering, https://www.geeksforgeeks.org/ software-engineering-integration-testing/

What Is Integration Testing? Types, Tools, and Best Practices, https://www.spiceworks.com/tech/devops/articles/what-is-integration-testing/

Integration Testing: What it is, Best Practices & Examples, https://testsigma.com/guides/integration-testing/

Integration testing, https://www.javatpoint.com/integration-testing

System Testing – Software Engineering, https://www.geeksforgeeks.org/ system-testing/

System Testing : What is it, Why, Types & How to Perform?, https://testsigma.com/guides/system-testing/

How Automatic Test Case Generation is Revolutionizing Software Testing, https://www.practitest.com/resource-center/blog/automatic-test-case-generation/

Top 15 Automation Testing Tools, https://katalon.com/resources-center/blog/ automation-testing-tools

Best Automation Testing Tools for 2024, https://www.browserstack.com/guide/ best-automation-testing-tools

Most Popular Unit Testing Tools in 2024, https://www.hypertest.co/unit-testing/most-popular-unit-testing-tools

CHAPTER 14 : 참고문헌 (유지보수)

Software Maintenance – Software Engineering, https://www.geeksforgeeks.org/ software-engineering-software-maintenance/

Software Maintenance, https://www.javatpoint.com/software-engineering-software -maintenance

The Four Types Of Software Maintenance & How They Help Your Organization, https://www.castsoftware.com/glossary/four-types-of-software-maintenance-how-they-help-your-organi zation-preventive-perfective-adaptive-corrective

Software Maintenance Overview, https://www.tutorialspoint.com/software_ engineering/software_maintenance_overview.htm

What is Software Maintenance: Importance, Types, Phases, and Models, https://www.simform.com/blog/software-maintenance/

Software Maintenance Process Models, https://www.naukri.com/code360/library/software-maintenance-process-models

System configuration management – Software Engineering, https://www.geeksforgeeks.org/software-engineering-system-configuration-management/

Configuration management, https://www.atlassian.com/microservices/ microservices-architecture/configuration-management

Software Configuration Management, https://www.javatpoint.com/software- configuration-management

The Software Configuration Management Process: 5 Steps, https://thectoclub.com/topics/software-configuration-management-process/

Re-engineering – Software Engineering, https://www.geeksforgeeks.org/ software-engineering-re-engineering/

Reverse Engineering – Software Engineering, https://www.geeksforgeeks.org/s oftware-engineering-reverse-engineering/

Reverse and Re-Engineering in Software Engineering, https://riyagoel192.medium.com/reverse-and-re-engineering-in-software-engineering-7e88bf4558de

Configuration Management Tools: Examples, What to Try & How to Find the Right One, https://www.puppet.com/blog/configuration-management-tools

Top 10 Configuration Management Tools You Need to Know About, https://www.upguard.com/blog/configuration-management-tools

Wikipedia, Comparison of open-source configuration management software, https://en.wikipedia.org/wiki/Comparison_of_open-source_configuration_management_software

System configuration management – Software Engineering, https://www.geeksforgeeks.org/software-engineering-system-configuration-management/

Software Configuration Management, https://www.javatpoint.com/software- configuration-management

Software Configuration Management, https://www.javatpoint.com/software- configuration-management

Software Testing Tools, https://www.geeksforgeeks.org/software-testing-tools/

Software Testing Tools, https://www.javatpoint.com/software-testing-tools

The Top 10 Version Control Tools, https://logit.io/blog/post/version-control -tools/

20 Best Version Control Tools Reviewed For 2024, https://thectoclub.com/tools/best-version-control-tools/

CHAPTER 15 : 참고문헌 (품질관리와 품질보증)

Quality Assurance, Quality Control, and Testing — the Basics of Software Quality Management, https://www.altexsoft.com/whitepapers/quality-assurance-quality -control-and-testing-the-basics-of-software-quality-management/

Software Quality Assurance – Software Engineering, https://www.geeksforgeeks.org/software-engineering-software-quality-assurance/

Software Quality Assurance, Quality Control, and Testing – the Basics of Software Quality Management, https://testfort.com/blog/qa-qc-testing- the-basics-of-quality-management

Quality Assurance (QA) vs Quality Control (QC), https://www.geeksforgeeks.org/ differences-between-quality-assurance-and-quality-control/

Software Quality, https://www.javatpoint.com/software-engineering-software- quality

Software Quality – Software Engineering, https://www.geeksforgeeks.org/software-engineering-software-quality/

What is Software Quality?, https://asq.org/quality-resources/software-quality

What is Software Quality? https://www.computer.org/resources/ what-is-software-quality

Quality Assurance vs. Quality Control: QA and QC Explained, https://www.applause.com/blog/quality-assurance-qa-vs-quality-control-qc/ // 품질관리(QC)와 품질보증(QA)의 차이점

6 QA testing methodologies and techniques in 2024, https://www.globalapptesting.com/blog/qa-testing-methodologies-and-techniques

Difference between quality control, quality assurance and quality management, https://blog.falcony.io/en/difference-between-quality-control-assurance-and-management

https://www.linkedin.com/pulse/distinguish-between-qc-qa-tqm-wasim-shakoor/

Distinguish between QC, QA & TQM, https://www.linkedin.com/pulse/distinguish-between-qc-qa-tqm-wasim-shakoor/

Quality ASSURANCE & Quality control, https://asq.org/quality-resources/quality-assurance-vs-control

ISO/IEC 25010 Standards, https://iso25000.com/index.php/en/iso-25000- standards/iso-25010

Software Quality Metrics, https://www.tutorialspoint.com/software_quality_management/software_quality_management_metrics.htm // Product Metrics, Process Metrics, Project Metrics

Software Quality Metrics, https://www.tutorialspoint.com/software_quality_management/software_quality_management_metrics.htm // Overview of Product quality metrics, In-process quality metrics, Maintenance quality metrics

Internal vs. External Software Quality - And How To Improve Them, https://mattilehtinen.com/articles/internal-vs-external-software-quality-and-how-to-improve-them/

Internal vs. External software quality, https://supakon-k.medium.com/internal-vs-external-software-quality-d00cb3abacd4

Mariana Falco and Gabriela Robiolo, PRODUCT QUALITY EVALUATION METHOD(PQEM): TO UNDERSTAND THE EVOLUTION OFQUALITY THROUGH THE ITERATIONS OF ASOFTWARE PRODUCT, International Journal of Software Engineering & Applications (IJSEA), 12(5), September 2021.

10 Software Development Quality Metrics (And What to Do About Them), https://7pace.com/blog/software-development-quality-metrics

Software Quality Metrics: Selecting the Right Metrics for Any Project, https://www.sealights.io/software-quality/software-quality-metrics-selecting-the-right-metrics-for-any-project/

Wikipedia, Software quality control, https://en.wikipedia.org/wiki/Software_ quality_control

Software Quality Assurance Plan in Software Development, https://www.geeksforgeeks.org/software-quality-assurance-plan-in-software-development/

What is CMMI?, https://cmmiinstitute.com/

CMMI 모델에 대한 기본 이해, https://blog.naver.com/bluegriffin/40107678383

CMMi, https://itwiki.kr/w/CMMi#google_vignette

Capability Maturity Model Integration, https://en.wikipedia.org/wiki/Capability_ Maturity_Model_Integration

Software Process Improvement and Capability Determination (SPICE), https://www.techtarget.com/searchsoftwarequality/definition/Software-Process-Improvement-and-Capability-dEtermination

SPICE (Software Process Improvement and Capability Determination) in software engineering, https://rashandeepsingh.medium.com/spice-software-process-improvement-and-capability-determination-in-software-engineering-292fa32bdfb7

ISO/IEC 15504, https://en.wikipedia.org/wiki/ISO/IEC_15504

Top 10 Software Quality Assurance Tools For The Professionals, https://s2-labs.com/blog/quality-assurance-tools/

Top 10 Best Test Management Tools for 2024, https://www.testmonitor.com/blog/ top-10-best-test-management-tools-for-2024

Top 15 Automation Testing Tools, https://katalon.com/resources-center/blog/ automation-testing-tools

Top 5 Best Automated Software Testing Tools, https://brainhub.eu/ library/automated-software-testing-tools

What Is Static Analysis? Static Analysis Tools + Static Code Analyzers Overview, https://www.perforce.com/blog/sca/what-static-analysis

20 Best Code Analysis Tools In 2024, https://thectoclub.com/tools/ best-code-analysis-tools/

Static analysis (static code analysis), https://www.techtarget.com/whatis/ definition/static-analysis-static-code-analysis

Types of Static Analysis Methods, https://www.geeksforgeeks.org/types-of-static- analysis-methods/

Popular Performance Testing Tools, https://www.browserstack.com/guide/ performance-testing-tools

Top 8 Performance Testing Tools, https://www.practitest.com/resource-center/ blog/top-performance-testing-tools/

Popular Code Coverage Tools, https://www.browserstack.com/guide/ code-coverage-tools

INDEX

α-테스트 61, 498, 524
β-테스트 498, 524
1:0~다 관계 259
2차원 업무 프로세스 성숙도 평가모델 625
3-계층 클라이언트-서버 구조 308
3계층 클라이언트-서버 구조 309
3번의 클릭 규칙 373
4+1 관점의 소프트웨어 설계 304
5W1H 기법 172

A

a part of~ 또는 consist-of 261
A/B 테스트 403
abstract class 422
Abstract Factory 333, 334
abstraction 205, 422
Acceptance Testing 498
acknowledgment message 396
active observation 175
Adapter 341
Adaptive Maintenance 543
aesthetics 371
aggregation 257
agile process model 69
algorithm 280
an effort adjustment factor, EAF 116
application software 28
architecture styles 306
authentication 523
authorization 523
availability 523

B

back-end 251, 439
Back-end 서버 251, 273, 308, 314, 317
Baseline 561
Basic Design 186
behavioral design pattern 333, 348
BEP 138
big-bang testing 516
black-box testing 501
bottom-up testing 516
boundary analysis testing 502
branch coverage 509, 512
breadcrumb 388
Break-Even Points, BEP 139
Bridge 341, 343
bug 496
Builder 333, 335

C

CaaS 316
CaaS(Containers as a Service) 314
cascaded navigation menu 386
categorical data 207
cause-effect graph 503
Chain of responsibility 348, 350
child class 233
CI 551, 552
Class 209, 232, 233
Class Diagram 228
Client-Server, CS 307
clone() 메소드 338
close-ended questions 174
CMMI(Capability Maturity Model Integration) 588, 616~619, 627
CMMI의 5단계 성숙도 평가모델 620
COCOMO(Constructive Cost Model) 109, 112~113
Code Analysis Tool 479
Code Inspection 477
Code-and-Fix 모델 30
Cohesion 212
coincidental cohesion 214
Command 348, 350
Common Coupling 215
communication cohesion 213
Communicational Coupling 216
Compatability 592
Compatability Testing 499
Compatibility Test 522
Composite 341, 343
composition 257
Conceptual Design 186

Conceptual Model 231
Conceptual World 231
condition coverage 512
conditional coverage 509
confidentiality 523
Configuration Control Board 559
configuration items, CI 551
Configuration Management, CM 550
Configuration Manager 558
confirmation message 396
consist-of 261~262
Content Coupling 215
context awareness 371
Control Coupling 215
control flow graph 510
Corrective Maintenance 543
COSMIC-ISO/IEC 19761(2011) 118
Coupling 213, 214
CPM 네트워크 다이어그램 97, 100, 104
CRC(Class-Responsibility Collaborator) card 명세 416
creational design patterns 333
creative design pattern 333
critical path 99
Customizing off-the shelf solutions 219
Cyclomatic Complexity 480, 596

D

data 207
Data Coupling 215
Data Element Type, DET 123
Data Modeling 229
Data Structured Coupling 216
data-driven approach 52
date field 393
debugger 483
decision coverage 512
Decorator 341, 344
defect 496
Dependency 262
dependency 257
deployment 50
deployment diagram 320
derived class 233
description 49
design 60
design pattern 331
DET 125
DevOps 엔지니어 132
Divide-and-Conquer 199
DO-178C 482
Draw.io 237, 240
driver 485
Drop-down menu 379
dropdown navigation menu 384
Dynamic Code Analysis Tool 483

E

E-R 다이어그램 266, 267
effectiveness 403
efficiency 403, 405
Effort 114
EI 120, 124
EIF 120, 124, 126
embedded system 114
EN 50128 482
Endurance Testing 521
Engineering 618
EO 120, 124
EPC(Engineering-Procurement-Construction) 187
EQ 120, 124
equivalence class partitioning 502
error 496
error message 396
Eternal Inputs, EI 121
evaluation criteria 499
Event-Driven Architecture, EDA 312
Extend 관계 245
Extends 관계 243
External Coupling 215
External Inquiries, EQ 122
External Outputs, EO 121
External Quality 590
eXtreme Programming, XP 76

F

Facade 341, 345
Factory Method 333, 336
failure 496

fault 496
FEED 186
file header 468
FiSMA-ISO/IEC 29881(2008) 정보 기술 119
flowchart 280
Flyweight 341, 346
focus group 173
footer navigation menu 387
Front-end 134, 251, 439
Front-end 클라이언트 251, 272~273, 308, 314, 317
front-end 프로그램 446
FTR 123
Function Point Analysis, FPA 109
function points, FP 118
function-oriented approach 52
functional cohesion 213
Functional Coupling 216
functional modelling 240
functional requirements 48, 158
Functional Suitability 590
functional test 520

G

Gant chart 97, 102, 104
Generalization 246
Generalization, 'is-a' 관계 260

H

Halstead's 매트릭 596
hamburger navigation menu 386
help message 396
helpers 378
hierarchical team organization 129
HTML 프로토타입 375
hybrid testing 516

I

IaaS(Infrastructure as a Service) 314~315
icons 389
IEC 61508 482
IEC 62304 482
IEEE 1024 561
IEEE 730 614
IEEE 830:2009 품질 모델 293
IEEE 표준 729 158
IEEE-Std-1042 551
IFPUG 110, 119
IFPUG-ISO/IEC 20926(2009) 119
ILF 120, 124, 125
In-app 메시지 397
in-house software development 218
Include 관계 243, 245
information hiding 211
inheritance 234, 257
inspection 473, 602
integration test 515
Integration Testing 497
integrity 523
interface 클래스 422~423
Internal Quality 590
International Function Point Users Group, IFPUG 110
Interpreter 348, 351
ISO 12207 588
ISO 26262 479, 482
ISO 9000 588
ISO FDIS 9241-11 403~404
ISO/IEC 12119 587, 588
ISO/IEC 14598 587, 588
ISO/IEC 15504 616, 622, 623
ISO/IEC 2010 425
ISO/IEC 25000 587, 588
ISO/IEC 25010 588, 589, 590
ISO/IEC 25010 품질 특성 모델 592
ISO/IEC 25010(2011) 583
ISO/IEC 9126 587, 589
ISO/IEC/IEEE 12207 57, 58
Iterator 348, 352

J

J2EE 설계 패턴 360
Joint Application Design, JAD 167
Joint Application Development, JAD 177

K

KLOC 114
KPI 611

L

Lack of Cohesion in Methods, LCOM 596
layout 369
load balancing 165
Load Testing 521
loader 28
LOC 기반 프로젝트 비용 산출 공식 114
LOC(Line of Code) 109
logical cohesion 214
logical value 230
Logical World 231

M

Maintainability 591
Maintainability index 596
maintenance 50
Mark-II-ISO/IEC 20968(2002) 119
massive dropdown menu 384
McCabe's 순환 복잡도 484, 596
McCabe의 싸이클로매틱 순환 복잡도 484
Mediator 348, 353
Mega menu 379, 380
mega navigation menu 384
Memento 348, 354
menu 383
message boxes 395
Method 56
method description 282
milestone 90
Mini-world 230
MMS 및 SMS 메시지 397
Model-View-Controller, MVC 306
Modular Programming 202, 205
Modularity 201
Module 202
MVC 306
MVC 구조 306

N

navigation 378
navigator 486
Nearshore Outsourcing 220
NESMA-ISO/IEC 24570(2005) 119
Net Present Value, NPV 139
Non-functional Requirements, NFR 48, 160, 288
non-functional test 520
non-operational data 208
non-repudiation 523
notifications 395
NPV 138
Null object 348, 355
numerical data 207

O

Object 56, 233
Object Management Group Specification for Automated Function Point 119
Object pool 333, 337
object-oriented approach 52
objects 206
observation 175
Observer 348, 356
Offshore Outsourcing 220
OMG 119
Onshore Outsourcing 220
open-ended questions 174
Operational Data 208, 229, 232
organic 113, 115
outsourcing 220
overall relative efficiency 405

P

PaaS(Platform as a Service) 314, 316
pagination 389
Pair Programming 485
parent class 233
passive observation 175
Patching Maintenance 544
path coverage 509, 513
Perfective Maintenance 543
Performance Efficiency 591
Performance Testing 498
person-month(men per month) 113
PERT(Program Evaluation Review Technique) 차트 97, 99
physical value 230
Physical World 231

pipeline 61
PK 267, 268
plant 185
PO 133
popup navigation menu 386
Portability 591
PPT 프레임워크 35
Present Value, PV 139
Preventive Maintenance 544
Proactive 586
procedural cohesion 213
process 45
Process Management 618
product backlog 70
Proejct Management Life Cycle 96
Program 26
progress bar 395
project 87
Project Management 96, 618
project management triangle 88
project manager 96
project selection 94
Prototype 333, 338
Proxy 341, 346
pseudo code 280, 281, 436
push notification 398
Putnam 모델 109
PV 130

Q

Quality Assurance, QA 585, 601, 605, 609
Quality Control, QC 584, 599, 600, 603~604, 609
qualitative data 207
Quality Assurance Planning, QAP 611
Quality Engineering, QE 610
Quality Management, QM 605
Quality Validation 600
Quality Verification 600
quantitative data 207
Questionnaires or Surveys 174

R

rapid prototyping model 62
RCS(rich communication services) 메시지 397
reactive 586
real world 230
Record Element Type, RET 122
refactoring 217, 473, 474
Regression Testing 499
relationships 256
Reliability 590
Requirement Analysis 168
Requirement Validation 170
requirements 158
requirements analysis 60
requirements engineering process 166
requirements engineering, RE 166
requirements specification 169
Return on Investment, ROI 139
Reverse Engineering 561
ROI 138

S

SaaS(Software as a Ser 314, 316
satis 403
Scale-out 164
Scale-up 164
scope 89
scrum 69
scrum board 70
SDD 142
search box 388
Security 591
Security Testing 499, 523
semi-detached 113, 115
Sequence Diagram 228, 271, 272
sequential cohesion 213
Sequential Coupling 215
Service-Oriented Architecure, SOA 311
shadowing 168
Singleton 333, 338
slider 389
Soak Testing 521
Software 26
Software Crisis 32
software design 303
software design description, SDD 49

software development life cycle, SDLC 37
Software Development Life-Cycle, SDLC 59
Software Development Methods 53
Software Development Models or Software Development Methodologies 59
Software Engineering Standards Committee (SESC) 34
Software Life Cycle 37
Software Maintenance 541
Software Product Specifications, SPS 322
Software Quality 583
Software Requirement Specification, SRS 286
software requirements 157
Software Requirements Specification, SRS 47, 111, 168, 181
Software Testing Life Cycle 497
specia 257
Specialization 260
specification 47
SPICE 588, 616, 622, 623, 627
SPICE 프로세스 평가모델 622, 626
SPICE 프로세스 품질 평가모델 616
Spike 76
Spike Testing 521
Spiral Model 64
Sprint 69
sprint backlog 70
SQA 604
SQL 질의 작성 441
SRS 48, 142
stake 171
stakeholders 89
Stamp Coupling 215
StarUML 237, 238
State 348, 356
State Transition Diagram 272
state transition testing 507
statement coverage 509, 511
static analysis 473, 479
static code analysis 479
Static Code Analysis Tool 481
stepwise refinement 209
Strategy 348, 357
Stress Testing 521
strong entity 259
structural design pattern 333, 340
structured analysis/design/programming 54
structured interview 172
stub 517
subclass 233
super class 233
Support 619
System Definitions 46
system message 396
System Proposal 181
System Request 46, 90
system software 27
System Test 519
System Testing 498

T

tags 389
task 87
TDI 128
Template Method 348, 358
temporal cohesion 214
Temporal Coupling 215
Test Automation Tool 528
Test Cases 500
Test Driver 517
Test Oracles 500
Test Stub 517
the three-clicks rule 373
Time 114
toggle 390, 393
tool tips 395
top horizontal navigation menu 383
top-down testing 516
Total Quality Management, TQM 586
transition process 57

U

UI 143
UI/UX 요구사항 108

UML(Unified Modeling Language) 234~235
UML 다이어그램 236, 237, 305
UML 배치 다이어그램 320
Unadjusted Function Point, UFP 127
Unit Testing 497, 501
Usability 403, 591
Usability Test 521
Usability Testing 498
Use Case 157, 178, 240~241, 245, 253
Use-Case Description 253
Use-Case Diagram 228, 241
User Requirements Definition 168, 181
user story map 179
utility software 28
UX/UI 설계자 132

V

V-model 66~67
Verification 600
Version Control 570
vertical side navigation menu 387

W

Walkthrough 601
warning message 396
waterfall model 59
WBS 104
weak entity 259
weak relationship 259
Web 응용시스템 308
White-box testing 508
work 87
Work Breakdown Structure 97
Work Breakdown Structure, WBS 98
Wrapper 341

X

XP 모델 77

Z

zero to more 259

ㄱ

가격 대비 수익 추정 모델 109
가독성 458
가용성 523
가중치 조정 기준 127
가치 기반 가격 책정 모델 548
간트 차트 97, 102, 104
강성 개체 259
개념 모델 231
개념 세계 231
개념설계 186
개념적 모델링 231
개발 관점-소프트웨어 아키텍처 설계 305
개발 목표와 내용 286
개발 인력 114
개발기간 114
개방형 설문 174
개체-관계 다이어그램 229
객체 56, 206, 233
객체 관리 그룹 119
객체 다이어그램 416
객체 풀 패턴 333, 337
객체지향 개발방법론 55
객체지향 모델링 방법 228
객체지향 방법론 60
객체지향 접근 방식 52, 53, 56
객체지향 중심 문제 해결 방법 229
객체지향 패러다임 55
거래 실패 496
건설적 비용 모델 109
검증 600
검증 및 보증 프로세스 57
검토회의 601
검토회의 평가방식 401
결정 커버리지 512
결함 496
결합 테스트 방법 603
경계 분석 502
경계값 분석 503, 501
경고 메시지 396
경량급 설계 패턴 346
경량급 패턴 341, 346
경로 커버리지 513
경로 커버리지 테스트 509
경제성 요구사항 165
경제적 타당성 46, 138

경제적 타당성 평가 138
경험적 추정 모델 108
경험적 평가방식 400
계단식 내비게이션 메뉴 386
계단식 메뉴 386
계약 프로세스 57
계층형 아키텍처 309
계층형 팀 조직 129
계획수립 46
고객 만족도 596
고객-공급자 프로세스 623
고정 가격 모델 548
고품질 소프트웨어 제품 583
공급 프로세스 57
공급업체 형상 관리 항목 553
공동 애플리케이션 개발 177
공동 애플리케이션 설계 167
공식적인 기술 검토 601, 602
공통 커플링 215
관계 표현 256
관리 프로세스 623
관찰 175
구성 관계 262
구성관계 261
구조 다이어그램 237
구조적 모델링 228, 256, 266
구조적 모델링(또는 데이터 모델링) 183
구조적 분석/설계/프로그래밍 54
구조적 설계 패턴 333, 340, 347, 348
구조적 설계 패턴의 유형 341
구조화된 질문서 172
구현 60
구현 프로세스 57
국가별 색상 차이 399
국제 기능점수 사용자 그룹 110
국제 기능점수 사용자 모델 110
권한 부여 523
규제 요구사항 158
근거리 아웃소싱 220
기능 모델링 240
기능 적합성 590
기능 중심 개발방법론 54
기능 중심 접근 방식 52, 53, 54
기능 커플링 216
기능 테스트 495, 519, 520
기능 테스트 방법 495
기능적 모델링 183, 228
기능적 요구사항 48, 158, 287~288
기능적 요구사항 목록 159
기능적 응집력 213
기능점수 118
기능점수 계산법 120
기능점수 기반 비용추정 112
기능점수 기반 비용추정 모델 123
기능점수 분석 109
기능점수 유형별 복잡도 조정 기준 127
기능점수 자동화 객체 관리 그룹 사양 119
기밀성 523
기반 구조 관리 프로세스 57
기본 COCOMO 112
기본설계 186
기본키 267, 268
기본형 113, 115
기술 관리 프로세스 57
기술 프로세스 57
기술적 위험 135
기술적 타당성 140
기술적 타당성 평가 139
기준선 561
기초설계 60, 180, 186

ㄴ

나선형 모델 64, 65, 75
날짜 선택기 390, 393
내구성 테스트 521
내부 경계 테스트 503
내부 논리 파일 120, 124, 125
내부 논리적 파일 120
내부 품질 590, 596, 598
내부 품질 요소 589
내비게이션 376, 377, 378
내비게이션 메뉴 종류 383
내비게이션 설계 379, 381
내비게이션 제어 유형 382
내비게이션 종류 370
널 객체 설계 패턴 355
널 객체 패턴 348
네비게이터 486
네트워크 사양 323
네트워크 인프라 설계 318, 319

네트워크 형상 관리 항목 552
노력 조정 계수 116, 117
논리 세계 231
논리적 관점-데이터 설계 305
논리적 데이터 아키텍처 425
논리적 모델링 231
논리적 응집력 214
논리적인 값 230
능동적 관찰 175

ㄷ

다국어 요구사항 398
다대다 관계 259
다대다(N:M) 관계 258
다대일(N:1) 관계 257
다이얼로그 박스 390
다이얼로그 박스(대화 상자) 390
단계적 정제 209, 210
단위테스트 60, 446, 495, 497, 501, 527
단위테스트 방법
단위테스트 자동화 도구 527~528
단위테스트의 목표 527
담금 테스트 521
대화 상자 390
데이터 207
데이터 계층 307
데이터 구조적 커플링 216
데이터 모델링 229, 230
데이터 서버 308
데이터 설계 304, 415, 416
데이터 설계 활동 범위 415
데이터 요소 타입 123, 125
데이터 중심 개발방법론 55
데이터 중심 아키텍처 310
데이터 중심 접근 방식 53, 55
데이터 중심 패러다임 55
데이터 지향 접근 방식 52
데이터 추상화 208
데이터 커플링 215
데이터 흐름 정적 분석 480
데이터베이스 스키마 테이블 419, 420, 421
데이터베이스 스키마 테이블 명세 269
데이터베이스 스키마 테이블 설계 416, 418, 419
데코레이터 패턴 341, 344
도구 설명 395
도구의 종류 566
도메인 요구사항 159, 288
도움 메시지 396
도움말 376
도움말 구성 요소 395
도움말 요소 378
동적 모델링 270
동적 분석 483
동적 코드 분석 484
동적 코드 분석 도구 480, 483
동적 코드 탐사 483
동치 클래스 분할 502
동치 클래스 분할 501
드라이버 485
드롭다운 내비게이션 메뉴 384
드롭다운 리스트 박스 390, 391
드롭다운 메뉴 379, 380, 384
드롭다운 버튼 390, 393
디버거 483
띄어쓰기 규칙 462

ㄹ

라디오 버튼 393
라이브러리 수준 추상화 415
라이오 버튼 390
레코드 요소 타입 122, 125
로그 분석 도구 569
로더 28
로드 밸런싱 165
로컬 내비게이션 371
리스트 박스 390
리스트 박스 391
리팩터링 217
리팩터링 자동화 도구 477
리팩토링 473, 474

ㅁ

마스터 프로젝트 일정계획 104
마일스톤(또는 요약) 일정계획 104
매트릭스 팀 구조 130~131
머멘토 설계 패턴 354
머신러닝 기반 모델 109
멀티미디어 요구사항 400
메가 내비게이션 메뉴 384
메가 메뉴 379~380

메멘토 패턴 348
메소드 56
메소드 명세 282
메소드 알고리즘 설계 435, 436, 446
메소드 알고리즘 설계명세 440
메소드 재구성(분해) 475
메소드 추상화 415
메소드 헤더 470
메소드의 응집력 부족 596
메소드의 인터페이스 284
메시지 상자 395
메시지 속도 399
메인 내비게이션 370
명령어 패턴 348, 350
명명 규칙 460
명세 47, 49, 169
모델 기반 접근 방식 525
모델-뷰-컨트롤러 구조 306
모듈 202, 203, 204
모듈 설계 67
모듈식 프로그래밍 202
모듈화 201, 204, 205
모듈화 프로그래밍 205
모바일 메시지 유형 397
무결성 523
무료 자동화 도구 528
문서 분석과 검토 173
문서 형상 관리 항목 553
문서양식 표준지침 142
문장 및 수식 표현 코딩 규칙 463
문장 커버리지 511
문장 커버리지 테스트 509
문장과 수식 표현 규칙 457
문화적 차이 399
물리 세계 231
물리적 관점-물리적 배치 설계 305
물리적 데이터베이스 설계 426
물리적 배치 설계 304
물리적 아키텍처 설계 425
물리적 아키텍처 설계 요소 425
물리적 저장 구조 설계 425
물리적인 값 230
미니세계 230
미조정 기능점수 127
미학 371
민주적 팀 구조 131

ㅂ

바닥글 내비게이션 메뉴 387
반결합형 113
반복자 패턴 348, 352
반복적 증감형 프로세스 모델 67, 68
반연결형 115
발행·구독 모델 356
배너 영역 369
배치 요구사항 369
배치도 320
배포 다이어그램 321
배포 사양 322
버그 496
버그 리포트 도구 569
버전 관리 570
버전 관리 도구 570
버튼 390, 393
범주형 데이터 207
법적 타당성 141
법적 타당성 조사 141
베타테스트 523
벤치마킹 177
변경관리 606
변수 추상화 415
보안 요구사항 288
보안성 요구사항 164
보안성 테스트 499, 523
보안성 테스트 방법 523
보완성 591
부모 클래스 233, 260
부인방지 523
부하 테스트 521
분기 커버리지 512
분기 커버리지 테스트 509
분류 데이터 207
분석적 추정 기법 109
분할-정복 설계 원리 200
분할과 정복 방식 199
브레인스토밍 175, 176
브리지 패턴 341, 343
블랙박스 테스트 446, 497, 501
블랙박스 테스트 기법 501
블랙박스 테스트의 개념도 501
블록 문장 구조 462
비기능 테스트 495, 520
비기능 테스트 방법 495

비기능적 요구사항 48, 160, 288, 442, 446
비기능적 요구사항 테스트 165, 498
비밀보호 능력 523
비용 드라이버 116
비운영 데이터 208
비즈니스 요구사항 92, 158
빅뱅 통합 방식 516
빅뱅 통합테스트 516
빌더 패턴 333, 335

ㅅ

사업 타당성 분석 102
사용 시나리오 286
사용사례 157, 178, 179, 240, 241, 245, 252, 253, 274
사용사례 다이어그램 178, 228, 237, 241, 246, 248
사용사례 명세 253
사용사례 분석 178
사용사례 알고리즘 설계 304
사용사례 일반화 244
사용사례 테스트 519
사용 사례의 일반화 246
사용성 403, 591
사용성 테스트 498, 521
사용성 테스트 평가 기준 522
사용성 평가시표 404
사용성(또는 사용 편리성) 162
사용자 만족도 403, 405, 499
사용자 분석 374
사용자 스토리 179, 252
사용자 스토리 맵 179, 180
사용자 요구사항 157
사용자 요구사항 정의서 168, 181
사용자 인터페이스 162, 163, 383
사용자 인터페이스 개발 프로세스 373
사용자 인터페이스 구성 요소 376
사용자 인터페이스 구조 375
사용자 인터페이스 명세 182
사용자 인터페이스 설계 304, 306, 367, 369, 371, 398
사용자 인터페이스 설계 대상 369
사용자 인터페이스 설계 원리 367
사용자 인터페이스 설계 표준지침 143
사용자 인터페이스 설계의 기본 원리 368
사용자 인터페이스 요구사항 285, 289
사용자 인터페이스 종류 367
사용자 인터페이스 테스트 519
사용자 인터페이스 평가 방법 400
사용자 인터페이스 상세설계 112
사용자 인터페이스(스크린 이미지) 설계 444
사용자 환경 분석 374
사이트 이동 경로 388
사전 대응 586
사전 예방적 유지보수 542
사후 대응 586
사후 대응적 유지보수 542
삼진 연결 259
삽입정렬 284
상단 수평 내비게이션 메뉴 383
상세 COCOMO 112, 118
상세 프로젝트 일정계획 104
상세설계 60
상세화 257, 260, 476
상속 257
상속의 깊이 597
상속한다 234
상용 솔루션 커스터마이징 219
상위 상자 369
상위클래스 233, 260
상태 머신 다이어그램 237
상태 모델링 271
상태 전환 그래프 501
상태 전환 다이어그램 271, 272, 508
상태 전환 테스트 507
상태 패턴 348, 356
상향식 통합 방식 516
상호작용 개요 다이어그램 237
상호작용 다이어그램 237, 271
상호작용 테스트 519
상황 인지 368, 371
색상 선호도 399
생명주기 모델 관리 프로세스 57
생산시스템의 4대 요소 89
생산의 3요소 89
생성형 설계 패턴 333, 334, 340, 348
서비스 중심 구조 311, 312

설계 60
설계 단계 49
설계 요구사항 158
설계 정의 프로세스 57
설계 패턴 306, 331, 332
설계명세서 49
설계명세서 작성 표준지침 142
설문조사 168, 174
설문조사 방식 174
성능 요구사항 161
성능 테스트 498, 521
성능 테스트 도구 569, 629
성능 효율성 591
소스 코드 457
소프트웨어 25, 26, 52, 105
소프트웨어 개발 과정 59
소프트웨어 개발 비용 106, 107
소프트웨어 개발 비용 예측 110
소프트웨어 개발 비용추정 준비 5단계 프로세스 110
소프트웨어 개발 생명주기 37, 46, 59
소프트웨어 개발 생명주기 단계별 주요 산출문 50
소프트웨어 개발 접근 방식 45, 52
소프트웨어 개발 주기와 단계별 주요 산출물 47
소프트웨어 개발 프로세스 모델 59
소프트웨어 개발과 운영 167
소프트웨어 개발방법론 53
소프트웨어 개발방식 53
소프트웨어 개발의 최종 목표 35
소프트웨어 결함 583
소프트웨어 결함 관리 접근 방식 583
소프트웨어 기초설계 168, 227
소프트웨어 기초설계 내용 48
소프트웨어 기초설계 작업 181
소프트웨어 기초설계 항목 289
소프트웨어 메스릭스 109
소프트웨어 분류 체계 27
소프트웨어 비용추정 모델 108
소프트웨어 생명 주기 37
소프트웨어 생명주기 프로세스 57
소프트웨어 생명주기 프로세스 리스트 58
소프트웨어 설계 180, 227, 303
소프트웨어 설계 원리 199, 217
소프트웨어 설계 패턴 306, 331, 332
소프트웨어 설계 패턴의 분류 332
소프트웨어 설계 활동 범위 304
소프트웨어 설계명세서 49, 50, 60, 444, 449
소프트웨어 설계명세서 평가 지표 449
소프트웨어 설계명세서 양식 447
소프트웨어 설계의 작업 범위 304
소프트웨어 설계의 작업 활동 범위 304
소프트웨어 시스템 구축 218
소프트웨어 시스템 구축 전략 218
소프트웨어 아키텍처 설계 217, 303, 304
소프트웨어 아키텍처 유형 306
소프트웨어 요구사항 157
소프트웨어 요구사항 명세서 111
소프트웨어 요구사항 분석 방법 157
소프트웨어 요구사항 유형 158
소프트웨어 요구사항명세서 168, 181, 290
소프트웨어 요구사항명세서 평가지표 292
소프트웨어 요구사항분석 227
소프트웨어 위기 32
소프트웨어 유지보수 541, 544
소프트웨어 유지보수 대상 542
소프트웨어 유지보수 비용 548
소프트웨어 유지보수 작업 활동 541
소프트웨어 유지보수 전략 549
소프트웨어 유지보수 프로세스 545
소프트웨어 유지보수 프로세스 모델 546
소프트웨어 인터페이스 요구사항 285
소프트웨어 제품 사양 322
소프트웨어 제품의 품질 특성 모델 589
소프트웨어 테스트 601
소프트웨어 테스트 도구 566
소프트웨어 테스트 방법론 495
소프트웨어 테스트 생명주기 497
소프트웨어 품질 583
소프트웨어 품질 관리 583
소프트웨어 품질 메트릭 596, 606

소프트웨어 품질 특성 모델 583, 592, 593
소프트웨어 품질 평가모델 587
소프트웨어 품질 평가지표 589, 595
소프트웨어 품질관리 585, 599, 600, 603
소프트웨어 품질관리 방법 601
소프트웨어 품질관리 활동 범위 601
소프트웨어 품질보증 604
소프트웨어 품질보증 계획 611, 613, 614
소프트웨어 품질보증 계획서 양식 615
소프트웨어 품질보증의 기본적인 구성 요소 604
소프트웨어 품질의 3C 584
소프트웨어 프로젝트 계획 89
소프트웨어 프로젝트팀 128
소프트웨어 형상 관리 551
소프트웨어 형상 관리 항목 552
소프트웨어 형상 관리 활동 555
소프트웨어공학 34, 36
손익분기점 138, 139
솔루션 아키텍처 설계자 134
수동적 관찰 175
수석 프로그래머 130
수석 프로그래머 팀 조직 129
수익률 139
수직 측면 내비게이션 메뉴 387
수직적 확장성 164, 165
수집 프로세스 57
수치 데이터 207
수평적 확장성 164, 165
순서도 280
순차적 응집력 213
순차적 커플링 215
순환 복잡도 분석 480
스크럼 69
스크럼 마스터 133
스크럼 보드 70
스크럼 회의 73
스탬프 커플링 215
스텁 517
스토리보드 375, 376
스트레스 테스트 521
스파이크 76
스파이크 테스트 521
스프린트 69
스프린트 개발 생명주기 69
스프린트 계획 회의 70
스프린트 구현목록 71, 72
스프린트 백로그 70
스프린트 현황판 73
스프린트 회고 73
슬라이더 389
시간 및 재료(T&M) 모델 548
시간적 응집력 214
시간적 커플링 215
시나리오 305
시나리오-사용 사례 관점 305
시설물 형상 관리 항목 553
시스템 25
시스템 메시지 396
시스템 분석 프로세스 57
시스템 설계 67
시스템 소프트웨어 27
시스템 아키텍처 303
시스템 아키텍처 설계 445
시스템 요구사항 157
시스템 요청서 46, 90, 91, 94, 182
시스템 유형 113
시스템 인터페이스 테스트 519
시스템 제안서 48, 181, 184
시스템 테스트 498
시스템 특성 반영기준 128
시스템/소프트웨어 요구사항 정의 프로세스 57
시스템정의서 46
시스템테스트 60, 61, 495, 519, 547
시스템테스트 범위 519
시정 조치 방법 606
시퀀스 다이어그램 228, 237, 271, 272, 274, 275, 276, 277, 278
신뢰성 590
신뢰성 요구사항 163, 288
실패 496
심볼 399
싱글톤 설계 패턴 338, 339
싱글톤 패턴 333
싸이클로매틱 복잡도 485

ㅇ

아웃소싱 220

아이콘 389
아키텍처 설계 67
아키텍처 설계 프로세스 57
아키텍처 설계자 132
안정성 및 가용성 요구사항 289
안정성 요구사항 164
알고리즘 280
알고리즘 명세 282
알고리즘 설계 435, 436, 446
알고리즘 설계 규칙 442
알고리즘 표현 방법 280, 436
알림 398
알림 요소 395
알파테스트 523
애자일 모델 75
애자일 소프트웨어 개발팀 133
애자일 프로세스 모델 69, 74, 75
애플리케이션 계층 307
애플리케이션 서버 308
애플리케이션 시스템 수준 추상화 415
애플리케이션 윈도우 390
액터 일반화 244
액터의 일반화 246
약성 개체 259
약성 연관관계 259
어댑터 설계 패턴 341
어댑터 패턴 341
업무 분석가 132
업무 프로세스 성숙도 평가 체계 619
업무 프로세스 성숙도 평가모델 616, 625
업무분석 173
업무분석 프로세스 57
업무분석체계 97, 98
업무처리 절차 표준지침 142
에러 메시지 396
엔지니어링 관리자 131
엔지니어링 프로세스 618, 623
역공학 561
역공학의 지원 도구 563
연관 내비게이션 371
연관관계 243, 257, 420
연관관계 클래스 420
예방 조치 방법 606
예방적 유지보수 544
예산계획 93
오류 496
오류 처리 규칙 457
오류·결함 수집 및 분석 606
오프쇼어 아웃소싱 220
온쇼어 아웃소싱 220
옵저버 설계 패턴 356
옵저버 패턴 348, 356
완전형 유지보수 543
외부 경계 테스트 503
외부 인터페이스 설계 444
외부 인터페이스 요구사항 285, 289
외부 인터페이스 파일 120, 124, 126
외부 입력 120, 121, 124
외부 질의 120, 122, 124
외부 출력 120, 121, 124
외부 커플링 215
외부 품질 590, 596, 598
외부 품질 요소 589
요구사항 157, 158
요구사항 검증 170
요구사항 공학 프로세스 157
요구사항 관리 소프트웨어 도구 295
요구사항 도출 167
요구사항 도출(또는 분석) 171
요구사항 명세 169
요구사항 분석 기술 178
요구사항 수집 방법 157
요구사항 엔지니어링 166
요구사항 엔지니어링 프로세스 166
요구사항 정의단계 168
요구사항 추출 방법 171
요구사항공학 166
요구사항명세 작성 170
요구사항명세서 47, 48, 285
요구사항명세서 작성 표준지침 142
요구사항분석 47, 60, 66, 168, 182, 229
용량 요구사항 288
우연적 응집력 214
운영 데이터 208, 229, 232
운영 및 이식성 162
운영 요구사항 288
운영 프로세스 57
워크숍 168
원인-결과 그래프 506
원인-결과 그래프 테스트 503, 504

원인과 결과 그래프 501
웹 분석 402
웹-서버 308
웹서버 308
위험 요소 135~137
위험관리 프로세스 57
윈도우 레이아웃 다이어그램 375~376
윈도우 사용자 인터페이스 377, 378
유지보수 50, 61, 97, 187
유지보수 도구 563
유지보수 비용 모델 548
유지보수 작업의 종류 543
유지보수 프로세스 57
유지보수성 458, 591
유지보수성 요구사항 289
유지보수성 지수 596
유틸리티 내비게이션 371
유틸리티 소프트웨어 28
응용 소프트웨어 28
응집도 213
응집력 212, 213
의사결정 관리 프로세스 57
의사코드 280~203, 446
의사코드 형식 436
이벤트 기반 아키텍처 312
이벤트 중심 구조 312
이식성 591
이식성 테스트 499
이식성과 호환성 요구사항 161
이식성을 고려한 코딩 규칙 457
이해관계자 171
이해관계자 및 요구사항 정의 프로세스 57
익스트림 76
익스트림 프로그래밍 76
익스트림 프로그래밍 모델의 생명주기 78
인력 114
인력관리 프로세스 57
인수 547
인수테스트 61, 495, 498, 523, 547
인스펙션 473, 601
인스펙션 회의 602
인증 523
인지 메시지 396
인터뷰 168, 171
인터뷰 방식 172
인터페이스 173
인터페이스 구성 요소 377
인터페이스 구현 375~376
인터페이스 분석 173
인터페이스 설계 398
인터페이스 요구사항 158, 374
인터페이스 요구사항분석 373
인터페이스 평가 376
인터페이스 표준 요소 375
인터페이스 프로토타입 구현 375
인터프리터 패턴 348, 351
일 87
일대다(1:N) 관계 257
일대일(1:1) 관계 257
일반화 246, 260, 476
일반화 관계 244
일정 타당성 조사 141
일정계획 93, 102
일정계획 수립 과정 102
임계경로 99, 101
임베디드시스템 114, 115
입력 구성 요소 390
입력 설계 390
입력 요소 376, 377, 390
입력 유형 394
입력화면 복잡도 판단 기준 125

ㅈ

자식 클래스 233, 260
자원 계획 93
자체 개발 218
작업 87
작업 방법(기술) 93
작업 수준 만족도 406
작업계획 92, 182
작업내용 및 사용 시나리오 분석 374
작업분해도 97, 98, 104
작업분해도 112
장애 496
저작권 468
저작권 표기 방법 468
적응형 유지보수 543
전개 50, 61
전개 프로세스 57

전략 설계 패턴 357
전략 패턴 348, 357
전문가 130
전방 개발자 134
전체 상대적 효율성 405
전형적인 소프트웨어 개발팀 131
절차 중심 개발방식 52
절차 중심 패러다임 54
절차적 응집력 213
점진적 상향식 통합테스트 517, 518
정량적 데이터 207
정보관리 프로세스 57
정보은닉 211
정성적 데이터 207
정적 분석 473, 479, 480, 482
정적 분석 도구 482, 628
정적 코드 분석 479, 484
정적 코드 분석 도구 479, 481
정적 코드 분석 도구의 접근 방식 480
정적 코드 분석 자동화 도구 483
정적 테스트 자동화 도구 482
정정형 유지보수 543
정형적인 사용성 평가지표 403
제어 커플링 215
제어 흐름 그래프 510, 514
제어 흐름 정적 분석 480
제어 흐름 커버리지 테스트 511
제품 587
제품 가치 286
제품 기능목록 71, 72
제품 배송 관리자 134
제품 백로그 70
제품 소유자 131, 133
제품 품질 특성 평가모델 587
조건 커버리지 512
조건 커버리지 테스트 509
조직 프로세스 623
조직구성 182
조직적 타당성 140
종속 관계 257, 262
종합 품질경영 586
좋은 내비게이션 설계 방법 379
좋은 프로그래밍 코드 458, 460
좋은 프로그램(코드) 459
주석 달기 방법 457
주석 예문 472
주석 처리 468
주석 처리 규칙 471
주요 항목 425
중간 COCOMO 116
중간 상자 369
중급 COCOMO 112
중복 제거 475
중재자 설계 패턴 353
중재자 패턴 348
지식관리 프로세스 57
지원 프로세스 619, 623
직무 기술 계획 182
진척 관리 71
진행률 표시줄 395
진화형 프로세스 모델 68
집계 관계 257, 262
집계 관계(has-a 관계) 260

ㅊ

참조되는 파일 타입 123
책임의 사슬 설계 패턴 350
책임의 사슬 패턴 348, 350
체크 박스 390, 392
총체적 품질관리 584, 586
추상 클래스 422
추상 팩토리 설계 패턴 334
추상 팩토리 패턴 333, 334
추상화 205, 208, 210, 422
추상화 대상 208, 209, 232
추상화 수준 415
출력 구성 요소 394
출력 설계 394
출력 요소 376, 378
출력 형태 394
출력보고서 복잡도 판단 기준 125

ㅋ

커버리지 측정 도구 568
커스터마이징 219
커플링 213, 214, 215
컴포넌트 202
컴포지션 257
컴포지션 관계 261, 262
컴포지트 패턴 341, 343
코드 검토 601, 602
코드 기반 접근 방식 525

코드 동적 분석 도구 484
코드 분석 479
코드 분석 도구 479
코드 인스펙션 477
코드 인스펙션 체크리스트 478
코드 중복 분석 480
코드 커버리지 도구 629
코드 품질 향상 458
코드 품질 향상 기법 473
코딩 50, 67
코딩 단계 457
코딩 작성 표준지침 143
코딩 작업 457
코딩 작업 목표 458
코딩 표준 및 지침 457
콘텐츠 구조 399
콘텐츠 커플링 215
콤보 박스 390, 392
크로스 브라우저 테스트 도구 568
클라우드 컴퓨팅 구조 317
클라우드 컴퓨팅 비즈니스 모델 314
클라우드 컴퓨팅 서비스 비즈니스 모델 315
클라우드 컴퓨팅 아키텍처 313
클라이언트-서버 아키텍처 307
클래스 209, 232, 233, 417
클래스 다이어그램 220, 229, 255~256, 266~267, 416, 419
클래스 메소드 알고리즘 설계 304
클래스 명세 416
클래스 설계 269
클래스 설계의 테이블 명세 416
클래스 수준 추상화 415

ㅌ

타당성 검사 항목 138
타당성 분석 47, 93, 138
타당성 조사 138
타이밍 다이어그램 237
탐색 박스 388
태그 389
테스트 50, 60, 599
테스트 검증기준 514
테스트 관리 도구 627, 628
테스트 데이터 준비 도구 566, 567
테스트 드라이버 517
테스트 방법 599
테스트 방법론 495
테스트 수준 만족도 406
테스트 스텁 517
테스트 실행 도구 567
테스트 오라클 500
테스트 자동화 도구 524, 528, 529
테스트 진행 단계 603
테스트 케이스 446, 500
테스트 케이스 관리 도구 566
테스트 케이스 생성 도구 566
테스트 케이스 생성 동화된 도구 525
테스트 케이스 생성 자동화 도구 526
테이블 명세 표현 417
텍스트 및 패스워드 박스 390
텍스트 박스 390
템플릿 메소드 패턴 348, 358
토글 390
토글 버튼 393
통신 다이어그램 237
통신 응집력 213
통신 인터페이스 요구사항 285, 289
통신 커플링 216
통합 프로세스 57
통합테스트 60, 495, 497, 515
통합테스트 계획수립 446
통합테스트 도구 516
통합테스트의 범주 519
통합테스트의 유형 515
투자 대비 수익률 138

ㅍ

파사드 설계 패턴 345
파사드 패턴 341
파생 클래스 233
파이프-필터 아키텍처 310
파이프라인 61
파이프라인 구조 309
파일 헤더 주석 468
팝업 내비게이션 메뉴 386
팝업 메뉴 386
패치형 유지보수 544
패키지 수준 추상화 415
팩토리 메소드 패턴 333, 336, 337

페어 프로그래밍 485
페이지 매김 389
평가 기준 292
평가 기준(지표) 608
평가 준거 499
평가 프로세스 57
평가지표 293
폐기 프로세스 57
폐쇄형 설문 174
페어 프로그래밍 473
포커스 그룹 168, 173
포트폴리오 관리 프로세스 57
폭포수 모델 59, 60, 61, 62, 66, 67
품질 감사 611
품질 검증 600
품질 계획 604, 609
품질 계획수립 607
품질 기술 608
품질 메트릭 610
품질 평가 610
품질 표준과 관리 방법 604
품질검사 600, 601
품질경영 605, 608, 610
품질관리 584, 586~587, 600, 604, 607, 609
품질관리 프로세스 57
품질보증 584~586, 601, 605, 608~609, 611
품질보증 계획 611
품질보증 도구 627
품질보증 조직 607
품질보증 프로세스 57
품질보증 활동 범위 606
품질보증 관리자 132
품질보증센터 608, 609
프레젠테이션 계층 307
프로그래밍 언어로 구현된 프로토타입 375
프로그램 26
프로그램 개발자 131
프로그램 코딩 규칙 467
프로세스 45
프로세스 관리 영역 618
프로세스 관점-알고리즘 설계 305
프로세스 성숙도 평가 5단계 624
프로세스 중심 개발방식 52
프로세스 표준화 605
프로세스 품질 특성 평가모델 587
프로세스 품질 평가모델 588
프로젝트 87
프로젝트 개요 92
프로젝트 계획, 수주 및 준비 활동 96
프로젝트 계획관리 프로세스 57
프로젝트 관리 94, 96, 105, 138
프로젝트 관리 도구 105
프로젝트 관리 방법 183
프로젝트 관리 삼각형 88
프로젝트 관리 생명주기 96
프로젝트 관리 책임자 96
프로젝트 관리 표준지침 141~142
프로젝트 관리 프로세스 618
프로젝트 관리 활동 96, 97
프로젝트 관리자 96, 131, 558
프로젝트 범위 89
프로젝트 보조 130
프로젝트 비서 130
프로젝트 비용 산출 방법 114
프로젝트 선정 94
프로젝트 스폰서 92
프로젝트 이해관계자 89
프로젝트 일정계획 90, 104
프로젝트 제안서 91
프로젝트 조직 관리 프로세스 57
프로젝트 평가 및 제어 프로세스 57
프로젝트팀원 559
프로토타이핑 기법 176
프로토타이핑 모델 62
프로토타입 모델 63
프로토타입 모델의 개발 과정 62, 63
프로토타입 테스트 168
프로토타입 패턴 333, 338
프록시 패턴 341, 346
플랜트 185
플랜트 구축 및 운영 절차 186
플랜트 설계 29
플랜트 엔지니어링 절차 185
플랜트 종류 185
피드백 루프 611
피사드 패턴 345

ㅎ

하단 상자 369
하드웨어 25
하드웨어 사양 322
하드웨어 인터페이스 요구 사항 285
하드웨어 형상 관리 항목 552
하위클래스 233, 260
하자 496
하향식 통합 방식 516
하향식 통합테스트 517
핵심 성과 지표 611
햄버거 내비게이션 메뉴 386
행위 기반 접근 방식 525
행위 다이어그램 237
행위 모델링 183, 228
행위 설계 패턴 333, 348, 349, 359
현 자산가치 138, 139
현실 세계 230
현재가치 138, 139
협업 다이어그램 271
형상 감사 556
형상 관리 550, 551, 563
형상 관리 계획서 560
형상 관리 계획서 양시 560
형상 관리 계획수립 556
형상 관리 담당자 558
형상 관리 대상 551
형상 관리 도구 564
형상 관리 프로세스 57, 550
형상 관리 항목 551, 552, 554
형상 관리시스템 564
형상 관리자 558
형상 관리자 범위 558
형상 변경제어 556
형상 변경제어 절차 557
형상 상태 보고 556
형상 항목 563
형상관리위원회 559
형성 관리 항목 식별 556
호환성 592
호환성 요구사항 162, 288
호환성 테스트 499, 522
혼합 통합법 516
혼합 통합테스트 518
화면 캡처·녹화 도구 569
화이트박스 테스트 446, 497, 508~509
확인 메시지 396
확장성 요구사항 164, 289
활동 다이어그램 237
활용성 요구사항 163
회귀 테스트 499
효과성 403
효율성 403, 405
휴리스틱 기법 109

고품질 · 고효율을 위한 **소프트웨어공학**

1판 1쇄 인쇄 2025년 02월 15일
1판 1쇄 발행 2025년 02월 28일
저 자 이종연
발 행 인 이범만
발 행 처 **21세기사** (제406-2004-00015호)
경기도 파주시 산남로 72-16 (10882)
Tel. 031-942-7861 Fax. 031-942-7864
E-mail : 21cbook@naver.com
Home-page : www.21cbook.co.kr
ISBN 979-11-6833-177-8

정가 40,000원